“十二五”普通高等教育本科国家级规划教材
中国科学技术大学国家基础科学人才培养基地物理学丛书
主　编　杨国桢　　副主编　程福臻

原子物理与量子力学(下册)

(第二版)

朱栋培　陈宏芳　石名俊　编著

科学出版社
北京

内 容 简 介

本书根据普通物理与理论物理的内在联系和各自特点，将原子物理和量子力学两部分内容放在一个统一的框架下统筹安排，从理论与实际的结合上讲述科学规律的发现、归纳与应用的整个过程，加强整体性和系统性，避免不必要的重复.

本书分上、下两册. 下册内容包括外场中的原子、多体问题、分子结构和能谱、散射、量子测量、量子态的非定域性和量子关联.

本书可作为普通高等院校物理或应用物理专业本科生学习原子物理学和量子力学的教材，也可供相关专业的师生参考使用.

图书在版编目(CIP)数据

原子物理与量子力学. 下册/朱栋培，陈宏芳，石名俊编著. —2 版. —北京：科学出版社，2015. 6
(中国科学技术大学国家基础科学人才培养基地物理学丛书/杨国桢主编)
"十二五"普通高等教育本科国家级规划教材
ISBN 978-7-03-043839-3

Ⅰ. ①原… Ⅱ. ①朱…②陈…③石… Ⅲ. ①原子物理学-高等学校-教材②量子力学-高等学校-教材 Ⅳ. ①O562 ②O413. 1

中国版本图书馆 CIP 数据核字(2015)第 054686 号

责任编辑：窦京涛 王 刚 / 责任校对：张凤琴
责任印制：张 伟 / 封面设计：迷底书装

科学出版社 出版
北京东黄城根北街 16 号
邮政编码：100717
http://www.sciencep.com
北京凌奇印刷有限责任公司印刷
科学出版社发行 各地新华书店经销
*
2008 年 7 月第 一 版 开本：787×1092 1/16
2015 年 6 月第 二 版 印张：20 7/8
2024 年 11月第十五次印刷 字数：423 000

定价：52. 00 元

(如有印装质量问题，我社负责调换)

第二版丛书序

2008 年这套丛书正式出版，至今使用已五年，回想当初编书动机，有一点值得一提. 我初到中国科学技术大学理学院担任院长，一次拜访吴杭生先生，向他问起科大的特点在哪里，他回答在于它的本科教学，数理基础课教得认真，学生学得努力，特别体现在十年 CUSPEA 考试(中美联合招收赴美攻读物理博士生考试)中，科大学生表现突出. 接着谈起一所大学对社会最重要的贡献是什么，他认为是培养出优秀的学生，当前特别是培养出优秀的本科生. 这次交谈给了我很深的印象和启示. 后来一些参加过 CUSPEA 教学的老教师向我提出，编一套科大物理类本科生物理教材，我便欣然同意，并且在大家一致的请求下担任了主编. 我的期望是，通过编写这套丛书将 CUSPEA 教学的一些成果能保留下来，进而发扬光大.

应该说这套书是在十年 CUSPEA 班的教学内容与经验基础上发展出来的，它所涵盖的内容有相当的深度与广度，系统性与科学的严谨性突出；另外，注重了普通物理与理论物理的关联与融合、各本书物理内容的相互呼应. 但是，使用了五年后，经过教师的教学实践、与学生的互动，发现了一些不尽如人意的地方和错误，这次能纳入"'十二五'普通高等教育本科国家级规划教材"是个很好的修改机会，同时大家也同意出版配套的习题解答，也许更便于校内外的教师选用. 为大学本科生教学做一点贡献是我们的责任，也是我们的荣幸. 盼望更多的使用本套书的老师和同学提出宝贵建议.

杨国桢

2013 年 10 月于合肥

第一版丛书序

2008 年是中国科学技术大学建校五十周年. 值此筹备校庆之际，由几位长年从事基础物理教学的老师建议，编著一套理科基础物理教程，向校庆五十周年献礼. 这一建议在理学院很快达成了共识，并受到学校的高度重视和大力支持. 随后，理学院立即组织了在理科基础物理教学方面有丰富教学经验的老师，组成了老、中、青相结合的班子，着手编著这套丛书，并以此进一步推动理科基础物理的教学改革与创新.

中国科学技术大学在老一辈物理学家、教育家吴有训先生、严济慈先生、钱临照先生、赵忠尧先生、施汝为先生的亲自带领和指导下，一贯重视基础物理教学，历经五十年如一日的坚持，现已形成良好的教学传统. 特别是严济慈和钱临照两位先生在世时身体力行，多年讲授本科生的力学、理论力学、电磁学、电动力学等基础课. 他们以渊博的学识、精湛的讲课艺术、高尚的师德，带领出一批又一批杰出的年轻教员，培养了一届又一届优秀学生. 这套丛书的作者，应该说都直接或间接受到过两位先生的教诲. 出版这套丛书也是表达作者对先生的深深感激和最好纪念.

这套丛书共九本:《力学与理论力学(上、下)》、《电磁学与电动力学(上、下)》、《光学》、《原子物理与量子力学(上、下)》、《热学　热力学与统计物理(上、下)》. 每本约 40 万字，主要是为物理学相关专业本科生编写的，也可供工科专业物理教师参考. 每本书的教学学时约为 72 学时. 可以认为，这套丛书系列不仅是普通物理与理论物理横向关联、纵向自洽的基础物理教程，同时更加适合我校理科人才培养的教学安排，并充分考虑了与数学教学的相互配合. 因此，在教材的设置上，《力学与理论力学(上、下)》、《电磁学与电动力学(上、下)》中，上册部分分别是普通物理内容，而下册部分为理论物理内容. 还要指出的是，在《原子物理与量子力学(上、下)》、《热学　热力学与统计物理(上、下)》中，考虑到普通物理与理论物理内容的界限已不再那样泾渭分明，而比较直接地用现代的、实用的概念、物理图像和理论来阐述，这确实不失为是一种有意义的尝试.

这套丛书在编著过程中，不仅广泛吸取了校内老师的经验，采纳了学生的意见，而且还征求了中国科学院许多相关专家的意见和建议，体现了“所系结合”的特点. 同时，还聘请了兄弟院校及校内有丰富教学经验的教授进行双重审稿，期望将其错误概率降至最低.

历经几年，在科学出版社大力支持下，这套丛书终于面世，愿她能在理科教学改革与创新中起到一点作用，成为引玉之砖，共同来促进物理学教学水平的提高及其优秀人才的培养，并望广大师生及有关专家们继续提出宝贵意见和建议，以便改进. 最后，对方方面面为这套丛书编著与出版的完成所付出艰辛努力及其给予关心、帮助的同志表示深切感谢！

中国科学技术大学理学院院长

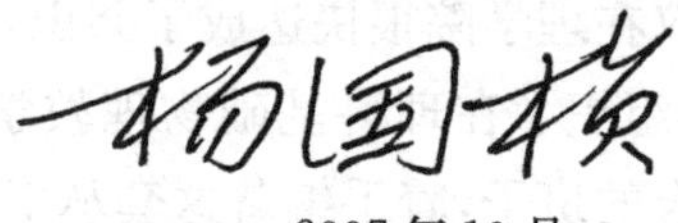

院士

2007 年 10 月

第二版前言

本书在 2008 年出版后，除中国科学技术大学外，一些兄弟院校也在教学中使用，反馈了很好的意见。

现在再版，除了改正编排等方面的错漏外，主要有两处大的变动。

测量是量子物理中非常基础、内容丰富而又充满疑猜的部分。本版专门加写了这方面的内容，作为第 10 章"量子测量"。

对原来的"量子态的非定域性和纠缠特性"作了改写和更新，按内容顺序变为第 11 章，题目也改为"量子态的非定域性和量子关联"。

虽然在实际教学中不断发现一些错漏并做了改正，但书中不当之处依然会存在，恳请读者继续指正。

编　者

2014 年 1 月

第一版前言

本书的基础是作者在中国科学技术大学讲授原子物理和量子力学两门课程的讲义.

原子物理和量子力学是普通高校物理专业学生必修的两门基础课,分属普通物理和理论物理,过去都是分开教学.这两门课实际是实验与理论、基础与提高的关系.本书根据普通物理与理论物理的内在联系和各自特点,将这两门课有机地贯通在一起讲授,加强整体性和系统性,避免不必要的重复,提高教学质量.

本书包括原子物理(近代物理)与量子力学的内容,现在是放在一个统一的框架下,授课教师可统筹安排,从理论与实际的结合上讲清科学规律的发现、归纳与应用的整个过程.这样的安排可能更加符合科学的历史和实际.

本书一般需要讲两个学期.对于只需了解原子物理、近代物理基础和量子力学基本框架的学生,只需学习上册就可以了.而对于需要学习上、下两册的学生,在教学安排上,可以把上册的第5章(原子核、粒子和宇宙演化)安排在最后讲.

现在这种写法,只是我们的一种尝试,不当之处在所难免,恳请读者提出批评和建议.

编　者

2007年8月

目　　录

第 6 章　外场中的原子

6.1　定态微扰论

研究量子体系的行为，在很大程度上和很多情形下就是求解薛定谔方程. 而薛定谔方程是一个二阶偏微分方程，势能的形式也多种多样，所以可以精确求解的具体问题是很少的. 虽然日益发展的计算机技术可以帮助人们得到很好的数值解，但是仍然有必要了解在具体的物理物理问题中寻求近似解的方法.

对于量子体系的哈密顿量不含时的情形，若精确解难以求得，近似方法之一即是我们首先将要讨论的定态微扰论.

6.1.1　非简并情形

考虑一个与时间无关的哈密顿量 $\hat{H}$，如果我们可以把它写成如下形式：

$$\hat{H} = \hat{H}_0 + \hat{H}' \tag{6.1.1}$$

虽然在很多情形下 $\hat{H}_0$ 确实可以理解为另外某个哈密顿量，但是这种看法并不是必须的. 我们所希望的或所要求的，只是力学量 $\hat{H}_0$ 的本征方程，即

$$\hat{H}_0 \mid n^{(0)}\rangle = E_n^{(0)} \mid n^{(0)}\rangle \tag{6.1.2}$$

易于求解. 这里的 n 泛指描述量子体系的量子数，它可以是一个数，如能级的标记；也可以是若干个数，如包括角动量量子数以及角动量的 z 分量的量子数. 在目前讨论的非简并情形中，本征态和本征值是一一对应的. 另外，为了易于计算和讨论，假设 $\hat{H}_0$ 的能级是离散的.

我们面临的问题就是，利用易于求解的(6.1.2)式以及它已知的解，获得由(6.1.1)式表示的哈密顿量的本征值及本征态的近似解，即寻求如下本征方程的近似解：

$$(\hat{H}_0 + \hat{H}') \mid n\rangle = E_n \mid n\rangle \tag{6.1.3}$$

$\hat{H}'$被视作对于 $\hat{H}_0$ 的扰动，称为微扰项. 有如此说法则意味着相比于 $\hat{H}_0$ 而言，$\hat{H}'$是“很小”的，然而这二者都是算子，言其大小是很不严谨的，在下面的讨论中将给出 $\hat{H}'$被当成“微”扰项的条件.

(6.1.2)式的解已然知晓，方程(6.1.3)则是希望求解的. 暂且考察如下形式的本征方程：

$$(\hat{H}_0+\lambda\hat{H}')\mid n\rangle=E_n\mid n\rangle \tag{6.1.4}$$

其中的实参数λ连续地从0变化到1. $\lambda=0$对应于(6.1.2)式，$\lambda=1$对应于(6.1.3)式. 引入参数λ意味着可以“控制”微扰项$\hat{H}'$对于量子系统的影响程度.

在详细阐述之前，我们通过下面的例子说明参数λ的作用和意义.

两能级体系 设某个量子系统有哈密顿量

$$\hat{H}=\begin{pmatrix}E_1^{(0)} & \lambda H'_{12}\\ \lambda H'_{21} & E_2^{(0)}\end{pmatrix}$$

设H'_{12}和H'_{21}都是实数，而$\hat{H}$是厄米的，故$H'_{12}=H'_{21}$. 该哈密顿量的本征方程易解，其本征值为

$$\begin{Bmatrix}E_1\\ E_2\end{Bmatrix}=\frac{E_1^{(0)}+E_2^{(0)}}{2}\pm\left[\frac{(E_1^{(0)}-E_2^{(0)})^2}{4}+\lambda^2H'^2_{12}\right]^{1/2}$$

设想$\hat{H}=\hat{H}_0+\lambda\hat{H}'$，而

$$\hat{H}_0=\begin{pmatrix}E_1^{(0)} & 0\\ 0 & E_2^{(0)}\end{pmatrix},\quad \lambda\hat{H}'=\lambda\begin{pmatrix}0 & H'_{12}\\ H'_{21} & 0\end{pmatrix}$$

将$\lambda\hat{H}'$当作微扰项，依据近似的观点，本征值E_1和E_2可以按照λ的幂次展开. 当$\lambda|H'_{12}|\ll|E_1^{(0)}-E_2^{(0)}|$时，有

$$\begin{aligned}E_1&=E_1^{(0)}+\frac{\lambda^2H'^2_{12}}{E_1^{(0)}-E_2^{(0)}}+\cdots\\ E_2&=E_2^{(0)}+\frac{\lambda^2H'^2_{12}}{E_2^{(0)}-E_1^{(0)}}+\cdots\end{aligned} \tag{6.1.5}$$

可见参数λ可作为能量本征值的级数展开的一个标记，其幂次标志了展开项的阶数，也可说是表示了近似解的精确程度. 令$\lambda=1$，便可得到关于哈密顿量$\hat{H}_0+\hat{H}'$的本征值的级数展开. 而级数的收敛需有条件

$$|H'_{12}|\ll|E_1^{(0)}-E_2^{(0)}| \tag{6.1.6}$$

继续考察(6.1.4)式. 设其能量本征值可如上述示例中的(6.1.5)式那样作级数展开

$$E_n=E_n^{(0)}+\lambda E_n^{(1)}+\lambda^2E_n^{(2)}+\cdots \tag{6.1.7}$$

相应地，本征态也作类似的展开

$$\mid n\rangle=\mid n^{(0)}\rangle+\lambda\mid n^{(1)}\rangle+\lambda^2\mid n^{(2)}\rangle+\cdots \tag{6.1.8}$$

将(6.1.7)、(6.1.8)式代入(6.1.4)式，令方程两边λ^k的系数相等，有

λ^0项：
$$(\hat{H}_0-E_n^{(0)})\mid n^{(0)}\rangle=0 \tag{6.1.9}$$

λ^1项：
$$(\hat{H}_0-E_n^{(0)})\mid n^{(1)}\rangle=(E_n^{(1)}-\hat{H}')\mid n^{(0)}\rangle \tag{6.1.10}$$

λ^2 项： $$(\hat{H}_0 - E_n^{(0)})\mid n^{(2)}\rangle = (E_n^{(1)} - \hat{H}')\mid n^{(1)}\rangle + E_n^{(2)}\mid n^{(0)}\rangle \tag{6.1.11}$$

……

λ^r 项：$$(\hat{H}_0 - E_n^{(0)})\mid n^{(r)}\rangle = (E_n^{(1)} - \hat{H}')\mid n^{(r-1)}\rangle + E_n^{(2)}\mid n^{(r-2)}\rangle + \cdots + E_n^{(r)}\mid n^{(0)}\rangle \tag{6.1.12}$$

(6.1.9)式描述的是系统未受扰动时的情形，也称为0级近似，所有的非简并的 $|n^{(0)}\rangle$ 构成了正交归一且完备的基.因此，$|n\rangle$ 可以表示为

$$\mid n\rangle = \sum_{n'}\mid n'^{(0)}\rangle\langle n'^{(0)}\mid n\rangle \tag{6.1.13}$$

在继续求解更高级的近似之前，考虑态的归一化，即最终得到的 $|n\rangle$ 需是归一的.有多种使之归一的办法，这里选择如下设定：

$$\langle n^{(0)}\mid n\rangle = 1 \tag{6.1.14}$$

这一设定尚不足以保证 $\langle n|n\rangle=1$，但是，$|n\rangle$ 的归一化可以在得到了它的某一阶近似展开的具体形式后进行.引入(6.1.14)式主要是为了以后的推导更为简明.

注意到 $|n\rangle$ 的展开(6.1.8)式，有

$$\langle n^{(0)}\mid n\rangle = \langle n^{(0)}\mid n^{(0)}\rangle + \lambda\langle n^{(0)}\mid n^{(1)}\rangle + \lambda^2\langle n^{(0)}\mid n^{(2)}\rangle + \cdots = 1$$

上式对任意的 λ 均应成立，故有

$$\langle n^{(0)}\mid n^{(r)}\rangle = 0,\quad r > 0 \tag{6.1.15}$$

这表明态的高级修正项——即若干个 $|n^{(r)}\rangle(r>0)$——与0级项是正交的.

考虑(6.1.10)式，它对应于一级修正(或者说一级近似). $|n^{(1)}\rangle$ 可展开为

$$\mid n^{(1)}\rangle = \sum_{n'\neq n} a_{n'}^{(1)}\mid n'^{(0)}\rangle \tag{6.1.16}$$

(6.1.16)式右端的求和中不含有 $n'=n$ 这一项，这是由(6.1.15)式决定的.将(6.1.16)式代入(6.1.10)式，有

$$\sum_{n'\neq n} a_{n'}^{(1)}\langle m^{(0)}\mid(\hat{H}_0 - E_n^{(0)})\mid n'^{(0)}\rangle = \langle m^{(0)}\mid(E_n^{(1)} - \hat{H}')\mid n^{(0)}\rangle$$

注意到 $\langle m^{(0)}|\hat{H}_0 = E_m^{(0)}\langle m^{(0)}|$，并且将矩阵元 $\langle m^{(0)}|\hat{H}'|n^{(0)}\rangle$ 简记为 H'_{mn}，有

$$(E_m^{(0)} - E_n^{(0)})a_m^{(1)} = E_n^{(1)}\delta_{mn} - H'_{mn} \tag{6.1.17}$$

当 $m=n$ 时，得到能量本征值的一级修正

$$E_n^{(1)} = \langle n^{(0)}\mid\hat{H}'\mid n^{(0)}\rangle = H'_{nn} \tag{6.1.18}$$

当 $m\neq n$ 时，得到系数 $a_m^{(1)}$

$$a_m^{(1)} = \frac{H'_{mn}}{E_n^{(0)} - E_m^{(0)}} \tag{6.1.19}$$

代入(6.1.16)式，得到态的一级修正

$$| n^{(1)} \rangle = \sum_{m \neq n} \frac{H'_{mn}}{E_n^{(0)} - E_m^{(0)}} | m^{(0)} \rangle \tag{6.1.20}$$

方程(6.1.18)和(6.1.19)即是一级近似的修正，在一级近似下，体系的本征值为

$$E_n = E_n^{(0)} + E_n^{(1)} \tag{6.1.21}$$

本征态为

$$| n \rangle = | n^{(0)} \rangle + | n^{(1)} \rangle \tag{6.1.22}$$

然后对(6.1.22)式归一化.

继续考虑由方程(6.1.11)给出的二级修正，其过程与一级近似的计算类似. 实际上，能量本征值的修正结果可以立即给出，在方程(6.1.11)的两端左乘$\langle n^{(0)} |$，有

$$\langle n^{(0)} | (\hat{H}_0 - E_n^{(0)}) | n^{(2)} \rangle = \langle n^{(0)} | (E_n^{(1)} - \hat{H}') | n^{(1)} \rangle + \langle n^{(0)} | E_n^{(2)} | n^{(0)} \rangle$$

并且利用$\langle n^{(0)} | n^{(1)} \rangle = \langle n^{(0)} | n^{(2)} \rangle = 0$，有

$$E_n^{(2)} = \langle n^{(0)} | \hat{H}' | n^{(1)} \rangle \tag{6.1.23}$$

再将$| n^{(1)} \rangle$的表达式(6.1.20)代入，得

$$E_n^{(2)} = \sum_{m \neq n} \frac{\langle m^{(0)} | \hat{H}' | n^{(0)} \rangle \langle n^{(0)} | \hat{H}' | m^{(0)} \rangle}{E_n^{(0)} - E_m^{(0)}} = \sum_{m \neq n} \frac{| H'_{mn} |^2}{E_n^{(0)} - E_m^{(0)}} \tag{6.1.24}$$

本征态的二级修正在此不做详细计算，直接给出结果如下：

$$\begin{aligned} | n^{(2)} \rangle = & \sum_{l \neq n} \sum_{m \neq n} \frac{H'_{ml} H'_{ln}}{(E_n^{(0)} - E_l^{(0)})(E_n^{(0)} - E_m^{(0)})} | m^{(0)} \rangle \\ & - \sum_{m \neq n} \frac{H'_{nn} H'_{mn}}{(E_n^{(0)} - E_m^{(0)})^2} | m^{(0)} \rangle \end{aligned} \tag{6.1.25}$$

做近似考虑时，一般情况下能量本征值精确到二级修正，本征态精确到一级修正.

下面给出关于非简并微扰的更为紧凑的处理方法——Brillouin-Wigner 方法.

6.1.2 布里渊-维格纳(Brillouin-Wigner)方法

定义算子

$$\hat{Q}_n = \sum_{m \neq n} | m^{(0)} \rangle \langle m^{(0)} | = I - | n^{(0)} \rangle \langle n^{(0)} | \tag{6.1.26}$$

沿用前述(6.1.14)式，即$\langle n^{(0)} | n \rangle = 1$，可以将$| n \rangle$的表达式(6.1.13)写作

$$| n \rangle = | n^{(0)} \rangle + \hat{Q}_n | n \rangle \tag{6.1.27}$$

注意到算子 $\hat{Q}_n$ 与 $\hat{H}_0$ 对易，有

$$\hat{Q}_n(E_n-\hat{H}_0)\mid n\rangle=(E_n-\hat{H}_0)Q_n\mid n\rangle=\hat{Q}_n\hat{H}'\mid n\rangle$$

以算子$(E_n-\hat{H}_0)^{-1}$左乘方程两端，给出

$$\hat{Q}_n\mid n\rangle=(E_n-\hat{H}_0)^{-1}\hat{Q}_n\hat{H}'\mid n\rangle \tag{6.1.28}$$

令

$$\hat{R}_n=(E_n-\hat{H}_0)^{-1}\hat{Q}_n=\hat{Q}_n(E_n-\hat{H}_0)^{-1} \tag{6.1.29}$$

可将(6.1.27)式改写为

$$\mid n\rangle=\mid n^{(0)}\rangle+\hat{R}_n\hat{H}'\mid n\rangle \tag{6.1.30}$$

将(6.1.30)式代入其自身右端的$|n\rangle$，并反复迭代，有

$$\mid n\rangle=\mid n^{(0)}\rangle+\hat{R}_n\hat{H}'\mid n^{(0)}\rangle+(\hat{R}_n\hat{H}')^2\mid n^{(0)}\rangle+(\hat{R}_n\hat{H}')^3\mid n^{(0)}\rangle+\cdots \tag{6.1.31}$$

该级数表示也就是

$$\mid n\rangle=(I-\hat{R}_n\hat{H}')^{-1}\mid n^{(0)}\rangle \tag{6.1.32}$$

至此得到了$\hat{H}_0+\hat{H}'$的本征态$|n\rangle$的任意阶的近似表示. 为了求本征值的近似解，考虑到

$$\langle n^{(0)}\mid(E_n-\hat{H}_0)\mid n\rangle=\langle n^{(0)}\mid\hat{H}'\mid n\rangle$$

立即有

$$E_n=E_n^{(0)}+\langle n^{(0)}\mid\hat{H}'\mid n\rangle \tag{6.1.33}$$

其中，出现的$|n\rangle$由(6.1.31)式确定.

例 6.1.1

弱电场中的带电谐振子.

一个质量为μ、自然频率为ω的一维谐振子，带有电量q，处在均匀的常电场ε中，用微扰论计算其能级的修正.

解 这个系统的哈密顿量为

$$\hat{H}=-\frac{\hbar^2}{2\mu}\frac{\mathrm{d}^2}{\mathrm{d}x^2}+\frac{1}{2}\mu\omega^2x^2-q\varepsilon x$$

很自然地，我们对它做如下的划分：

$$\hat{H}_0=-\frac{\hbar^2}{2\mu}\frac{\mathrm{d}^2}{\mathrm{d}x^2}+\frac{1}{2}\mu\omega^2x^2$$

$$\hat{H}'=-q\varepsilon x$$

对弱电场言，微扰是小项.

$\hat{H}_0$ 的能级和本征态是

$$E_n^{(0)} = (n+1/2)\hbar\omega$$

$$\psi_n(x) = N_n H_n(\alpha x) e^{-\alpha^2 x^2/2}, \quad n = 0,1,2,\cdots$$

这是个非简并系统.在计算微扰修正中最重要的是计算微扰项的矩阵元.

$$H'_{mn} = \langle m \mid \hat{H}' \mid n \rangle = \int dx \psi_m^* \hat{H}' \psi_n$$

$$= -q\varepsilon \int dx \psi_m^* x \psi_n = -q\varepsilon x_{mn}$$

在上册的我们已得公式(用波函数积分算或在粒子数表象做),矩阵元

$$x_{mn} = \frac{1}{\sqrt{2}\alpha}\sqrt{m+1}\,\delta_{n,m+1} + \frac{1}{\sqrt{2}\alpha}\sqrt{m}\,\delta_{n,m-1} \tag{6.1.34}$$

其中,$\alpha = \sqrt{\mu\omega/\hbar}$,于是有

$$H'_{mn} = \lambda(\sqrt{m+1}\,\delta_{n,m+1} + \sqrt{m}\,\delta_{n,m-1})$$

$$\lambda = -\frac{q\varepsilon}{2}\sqrt{\frac{2\hbar}{\mu\omega}}$$

一级微扰修正

$$E_n^{(1)} = H'_{nn} = 0$$

一般总要求计算出非零的微扰修正,于是看二级修正

$$E_n^{(2)} = \sum_m{}' \frac{|H'_{mn}|^2}{E_n - E_m}$$

$$= \sum_m{}' \frac{1}{[(n+1/2)-(m+1/2)]\hbar\omega}\lambda^2(\sqrt{m+1}\delta_{n,m+1} + \sqrt{n+1}\delta_{m,n+1})^2$$

$$= -\frac{\lambda^2}{\hbar\omega} = -\frac{q^2\varepsilon^2}{2\mu\omega^2}$$

我们看到,到二级修正后,系统的能量为

$$E_n = \left(n+\frac{1}{2}\right)\hbar\omega - \frac{q^2\varepsilon^2}{2\mu\omega^2}, \quad n = 0,1,2,\cdots$$

所有能级都下降了.如再计算高级修正,皆得零.事实上,这是系统精确解.我们可用另一种办法算.

事实上,前面弱场中的谐振子哈密顿量可改写一下

$$\hat{H} = -\frac{\hbar^2}{2\mu}\frac{d^2}{dx^2} + \frac{1}{2}\mu\omega^2 x^2 - q\varepsilon x$$

$$=-\frac{\hbar^2}{2\mu}\frac{\mathrm{d}^2}{\mathrm{d}x^2}+\frac{1}{2}\mu\omega^2\left(x-\frac{q\varepsilon}{\mu\omega^2}\right)^2-\frac{q^2\varepsilon^2}{2\mu\omega^2}$$

$$=-\frac{\hbar^2}{2\mu}\frac{\mathrm{d}^2}{\mathrm{d}x'^2}+\frac{1}{2}\mu\omega^2x'^2-\frac{q^2\varepsilon^2}{2\mu\omega^2}$$

$$=\hat{H}(x')-\frac{q^2\varepsilon^2}{2\mu\omega^2}$$

$$x'=x-\frac{q\varepsilon}{\mu\omega^2}$$

我们看到，哈密顿量 $\hat{H}(x')$ 描写了一个平移后坐标的谐振子，它的能量本征值我们是知道的，于是就可求得系统 $\hat{H}(x)$ 的本征值，它不过是能级平移一下而已

$$E_n=(n+1/2)\hbar\omega-\frac{q^2\varepsilon^2}{2\mu\omega^2}$$

这确实是个精确结果！

例 6.1.2

非谐振子.

作为一个例子说明定态微扰理论如何应用，我们来讨论一维非谐振子的问题. 以前曾经讨论谐振子问题，求出了它的能级和波函数. 但谐振子一般只是真实力学体系的理想情况，在实际情况下，体系的势能不像 $\mu\omega^2x^2/2$ 那样简单，而是由比较复杂的函数 $V(x)$ 表示的. 如两个原子组成的分子的振动势能正是如此. 设 r 为两个原子之间的距离，则振动势只是 r 的函数，记为 $V(r)$. 我们可以将 $V(r)$ 在振动的平衡位置 r_0 附近展开

$$V(r)=V(r_0)+\frac{1}{2}\frac{\mathrm{d}^2V(r)}{\mathrm{d}r^2}\bigg|_{r=r_0}(r-r_0)^2+\frac{1}{3!}\frac{\mathrm{d}^2V(r)}{\mathrm{d}r^3}\bigg|_{r=r_0}(r-r_0)^3+\cdots$$

引入记号

$$\frac{\mathrm{d}^2V(r)}{\mathrm{d}r^2}\bigg|_{r=r_0}=\mu\omega^2,\quad \frac{1}{6}\frac{\mathrm{d}^3V(r)}{\mathrm{d}r^3}\bigg|_{r=r_0}=\beta$$

$$r-r_0=x$$

则有

$$V(x)=V(r_0)+\frac{\mu\omega^2}{2}x^2+\beta x^3+\cdots \qquad (6.1.35)$$

如果振动势能曲线和理想的谐振子势能 $V(r_0)+\frac{\mu\omega^2}{2}x^2$ 差别很小，则 $V(x)$ 的展开式中我们只要取前几项（如前三项）就可以了. 这就是说，$V(x)$ 还是可以用谐振子

势来作近似，但是要附加一个微小的非谐振项 βx^3，这里的 β 我们认为是一个小量. 这样的振子就称之为非谐振子. 这种近似在讨论分子的振动能级时常用到.

因此，一个非谐振子体系的哈密顿算符可以写成(取平衡位置的势能 $V(r_0)$ 为零)

$$\hat{H} = -\frac{\hbar^2}{2\mu}\frac{\partial^2}{\partial x^2} + \frac{1}{2}\mu\omega^2 x^2 + \beta x^3 = \hat{H}_0 + \hat{H}' \tag{6.1.36}$$

其中，$\hat{H}_0$ 为线性谐振子的哈密顿算符，$\hat{H}'=\beta x^3$ 是非谐振项，可以看作微扰.

现在我们来讨论原来的谐振子处于第 m 个激发态时受到非简谐势 βx^3 微扰后的情况. 根据前面的讨论，直到二级微扰的能量为

$$\begin{aligned} E_m &= \varepsilon_m + H'_{mm} + \sum_n{}' \frac{|H'_{mn}|^2}{\varepsilon_m - \varepsilon_n} \\ &= \varepsilon_m + \beta(x^3)_{mm} + \beta^2 \sum_n{}' \frac{|(x^3)_{mn}|^2}{\varepsilon_m - \varepsilon_n} \end{aligned} \tag{6.1.37}$$

其中，$\sum_n{}'$ 记求和中不包括 $n=m$ 的项. $\varepsilon_m=(m+1/2)\hbar\omega$ 为已知，因此整个问题就归结为计算矩阵元 $(x^3)_{mn}$.

从前面我们已知道，矩阵元

$$x_{mn} = \frac{1}{\sqrt{2}\alpha}\sqrt{m+1}\,\delta_{n,m+1} + \frac{1}{\sqrt{2}\alpha}\sqrt{m}\,\delta_{n,m-1}$$

是已知的，其中 $\alpha=\sqrt{\mu\omega/\hbar}$. 按照矩阵的乘法法则，我们可由矩阵元 x_{mn} 来计算矩阵元 $(x^3)_{mn}$，即

$$\begin{aligned} (x^3)_{mn} &= \sum_k (x^2)_{mn} x_{kn} = \sum_{kl} x_{ml} x_{lk} x_{kn} \\ &= \frac{1}{2\sqrt{2}\alpha^3}\sum_{kl}(\sqrt{m+1}\,\delta_{l,m+1} + \sqrt{m}\,\delta_{l,m-1}) \\ &\quad \cdot (\sqrt{l+1}\,\delta_{k,l+1} + \sqrt{l}\,\delta_{k,l-1})(\sqrt{k+1}\,\delta_{n,k+1} + \sqrt{k}\,\delta_{n,k-1}) \\ &= \frac{1}{2\sqrt{2}\alpha^3}\Big[\sqrt{(m+1)(m+2)(m+3)}\,\delta_{n,m+3} + 3(m+1)\sqrt{m+1}\,\delta_{n,m+1} \\ &\quad + 3m\sqrt{m}\,\delta_{n,m-1} + \sqrt{m(m-1)(m-2)}\,\delta_{n,m-3}\Big] \end{aligned} \tag{6.1.38}$$

由(6.1.38)式可以看出，矩阵元 $(x^3)_{mn}$ 只有当 $n=m\pm1$，$n=m\pm3$ 时才不为零. 因此 $(x^3)_{mm}=0$，即一级能量修正值为零. 二级能量修正

$$E_2 = \beta^2 \sum_n{}' \frac{|(x^3)_{mn}|^2}{\varepsilon_m - \varepsilon_n} \tag{6.1.39}$$

由于 $(x^3)_{mn}$ 是厄米矩阵元，从(6.1.38)式可以看出它又是对称矩阵，即 $(x^3)_{mn}=$

$(x^3)_{nm}$，故有

$$|(x^3)_{mn}|^2=(x^3)^*_{mn}(x^3)_{mn}=(x^3)^+_{nm}(x^3)_{mn}$$
$$=(x^3)_{mn}(x^3)_{mn}=[(x^3)_{mn}]^2$$

所以

$$E_2=\beta^2\left\{\frac{[(x^3)_{m,m+3}]^2}{\varepsilon_m-\varepsilon_{m+3}}+\frac{[(x^3)_{m,m+1}]^2}{\varepsilon_m-\varepsilon_{m+1}}+\frac{[(x^3)_{m,m-1}]^2}{\varepsilon_m-\varepsilon_{m-1}}+\frac{[(x^3)_{m,m-3}]^2}{\varepsilon_m-\varepsilon_{m-3}}\right\}$$
$$=-\frac{15}{4}\frac{\beta^2}{\hbar\omega}\left(\frac{\mu\omega}{\hbar}\right)^{-3}\left(m^2+m+\frac{11}{30}\right) \tag{6.1.40}$$

因此求得非谐振子的能量(至二级微扰)

$$E_m=\varepsilon_m+E^{(2)}=\left(m+\frac{1}{2}\right)\hbar\omega-\frac{15}{4}\frac{\beta^2}{\hbar\omega}\left(\frac{\hbar}{\mu\omega}\right)^3\left(m^2+m+\frac{11}{30}\right) \tag{6.1.41}$$

6.1.3 简并情形

在以上讨论的非简并情形中，$\hat{H}_0$ 的本征值与本征态是一一对应的. 对于用不同的量子数 m 和 n 标记的两个本征态 $|m^{(0)}\rangle$ 和 $|n^{(0)}\rangle$，相应的能量本征值一定是不相同的. 如果存在简并，则允许不同形式的本征态对应于同一个本征值，换句话说，系统的本征态的个数将大于本征值的个数，于是需要引入其他的量子数(如量子数 r)来描述系统的本征态. $\hat{H}_0$ 的本征方程应该是

$$\hat{H}_0\,|\,n^{(0)},r\rangle=E_n^{(0)}\,|\,n^{(0)},r\rangle \tag{6.1.42}$$

新引入的量子数 r 用来区别对应于同一个能级的不同的量子态. $|n^{(0)},r\rangle$ 满足正交归一关系

$$\langle n^{(0)},r\,|\,n'^{(0)},r'\rangle=\delta_{nn'}\delta_{rr'} \tag{6.1.43}$$

所有的 $\{|n^{(0)},r\rangle\}$ 撑开了整个希尔伯特空间. 而对于某个给定的量子数 $n^{(0)}$，以下一系列正交归一的态矢撑开了一个子空间

$$|\,n^{(0)},r_1\rangle,\ |\,n^{(0)},r_2\rangle,\ |\,n^{(0)},r_3\rangle,\cdots \tag{6.1.44}$$

这个子空间与能级 $E_n^{(0)}$ 对应，不妨记作 $\mathfrak{A}_n$，其维数为以上简并的量子态的个数 D_n.

回顾前面描述0级修正的方程(6.1.9)，其本征态在简并情形下更为合适的表示应该是

$$|\,n^{(0)}\rangle=\sum_r c_r\,|\,n^{(0)},r\rangle \tag{6.1.45}$$

其中，系数 c_r 暂时是未知的. 将(6.1.45)式代入(6.1.10)式，并用 $\langle n^{(0)},s|$ 左乘方程两端，有

$$\langle n^{(0)},s\,|\,(H_0-E_n^{(0)})\,|\,n^{(1)}\rangle=\langle n^{(0)},s\,|\,(E_n^{(1)}-\hat{H}')\,|\,n^{(0)}\rangle$$

$$= \sum_r c_r \langle n^{(0)}, s \mid (E_n^{(1)} - \hat{H}') \mid n^{(0)}, r \rangle$$

化简后给出

$$(E_n^{(0)} - E_n^{(0)}) \langle n^{(0)}, s \mid n^{(1)} \rangle = \sum_r c_r [E_n^{(1)} \delta_{s,r} - \langle n^{(0)}, s \mid \hat{H}' \mid n^{(0)}, r \rangle]$$

也就是

$$\sum_r [H'_{n^{(0)}{}_{s}, n^{(0)}{}_{r}} - E_n^{(1)} \delta_{s,r}] c_r = 0 \tag{6.1.46}$$

其中

$$H'_{n^{(0)}{}_{s}, n^{(0)}{}_{r}} = \langle n^{(0)}, s \mid \hat{H}' \mid n^{(0)}, r \rangle \tag{6.1.47}$$

是微扰项在这个子空间的矩阵元,或微扰项在此子空间的表示. 方程(6.1.46)有非零解的充分必要条件是

$$\mathrm{Det}(H'_{n^{(0)}{}_{s}, n^{(0)}{}_{r}} - E_n^{(1)} \delta_{s,r}) = 0 \tag{6.1.48}$$

它称为久期方程,实际就是求微扰项在此子空间的本征方程. 解此方程,求出本征值 $E_{n,t}^{(1)}$ 就得到了能级的一级修正. 在一级近似下,有

$$E_n = E_n^{(0)} + E_{n,t}^{(1)} \tag{6.1.49}$$

这表明,如果能量的一级修正不为零,那么原先简并的能级由于微扰的影响将出现分裂,或者说,简并被微扰有所解除. 能级的分裂如图 6.1.1 所示.

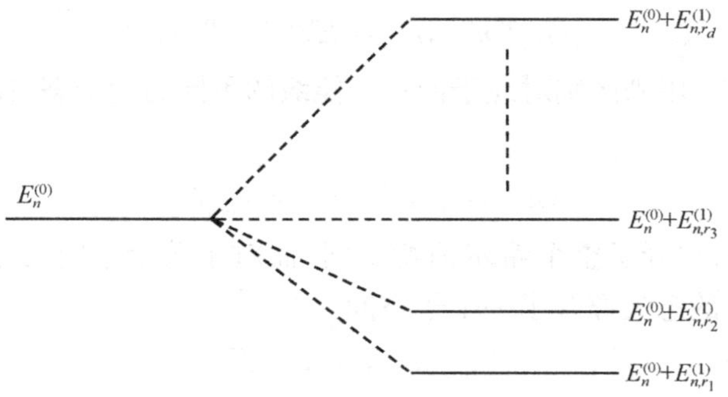

图 6.1.1 微扰对简并的作用

把这本征值 $E_{n,t}^{(1)}$ 代回方程(6.1.46)就可解出相应的一套系数 c_r^t,于是我们得到零级波函数

$$\mid n^{(0)t} \rangle = \sum_r c_r^t \mid n^{(0)}, r \rangle, \quad t = 1, 2, \cdots, D_n \tag{6.1.50}$$

当然,它仍属子空间 $\mathfrak{A}_n$.

我们看到,求简并态微扰修正的过程,也就是重组波函数把微扰项在此子空间的表示对角化的过程.

例 6.1.3

三维各向同性谐振子能级的分裂.

一个质量为μ、自然频率为ω的三维各向同性谐振子，其第一激发态是简并的.今加上一个微扰$\hat{H}'=bxy$，其中b为常量.求此能级的分裂.

解 三维各向同性谐振子的哈密顿量为

$$\hat{H}_0=\frac{1}{2\mu}(p_x^2+p_y^2+p_z^2)+\frac{1}{2}\mu\omega^2(x^2+y^2+z^2)$$
$$=\frac{1}{2}\boldsymbol{p}^2+\frac{1}{2}\mu\omega^2\boldsymbol{r}^2$$

它可以看作三个一维谐振子运动的叠加，因此能级和波函数为

$$E_N^{(0)}=(n_1+n_2+n_3+3/2)\hbar\omega=(N+3/2)\hbar\omega$$
$$n_1,n_2,n_3=0,1,2,\cdots$$
$$N=n_1+n_2+n_3=0,1,2,\cdots$$
$$\psi_{n_1n_2n_3}(x,y,z)=\psi_{n_1}(x)\psi_{n_2}(y)\psi_{n_3}(z)$$
$$\psi_{n_1}(x)=N_{n_1}H_{n_1}(\alpha x)\mathrm{e}^{-\alpha^2x^2/2},\cdots$$

第一激发态$N=1$是三重简并的.

我们也可以跑到粒子数表象中来处理它.

这时能量本征态可记为

$$|n_1n_2n_3\rangle\equiv|n_1\rangle|n_2\rangle|n_3\rangle$$

于是第一激发态可编序为

$$|\psi_1\rangle=|100\rangle,\quad|\psi_2\rangle=|010\rangle,\quad|\psi_3\rangle=|001\rangle$$

现在考虑微扰，它可以利用吸收发射算符改写

$$\hat{H}'=bxy=b\frac{\hbar}{2\mu\omega}(a_1+a_1^+)(a_2+a_2^+)$$
$$=\lambda(a_1+a_1^+)(a_2+a_2^+)$$

其中，a_1,a_2分别代表x和y方向的吸收算符.

算出微扰项在第一激发态之间的矩阵元$H'_{mn}=\langle\psi_m|\boldsymbol{H}'|\psi_n\rangle$，实际上就是算得微扰在此子空间的表示矩阵.费些功夫可得

$$\boldsymbol{H}' = \lambda \begin{pmatrix} 0 & 1 & 0 \\ 1 & 0 & 0 \\ 0 & 0 & 0 \end{pmatrix}$$

解久期方程

$$\det|\boldsymbol{H}' - E^{(1)}| = 0$$

就可求得能量修正值，它们也就是矩阵 $\boldsymbol{H}'$ 的本征值. 从 $\boldsymbol{H}'$ 的形式看，它的左上方块是泡利矩阵 $\boldsymbol{\sigma}_1$，本征值我们熟悉.

于是我们可得三维各向同性谐振子第一激发态的能级修正值和相应的零级波函数

$$\Delta E_1^{(1)1} = \lambda = b\hbar/2\mu\omega, \quad |\psi_1^{(0)}\rangle = (|\psi_1\rangle + |\psi_2\rangle)/\sqrt{2} = (|100\rangle + |010\rangle)/\sqrt{2}$$

$$\Delta E_1^{(1)2} = -\lambda = -b\hbar/2\mu\omega, \quad |\psi_2^{(0)}\rangle = (|\psi_1\rangle - |\psi_2\rangle)/\sqrt{2} = (|100\rangle - |010\rangle)/\sqrt{2}$$

$$\Delta E_1^{(1)3} = 0, \quad |\psi_3^{(0)}\rangle = |\psi_3\rangle = |001\rangle$$

于是在微扰作用下，一条能级分裂为三条能级，简并完全解除.

例 6.1.4

弱电场中的具电偶极矩的刚性转子.

如果在一根长为 $2r$ 的无质量轻杆的两端各固定有一个质量为 μ 的粒子，当限制两粒子绕其质心做平面转动时，其哈密顿量可写为

$$\hat{H}_0 = \hat{L}_z^2/2I = -\frac{\hbar^2}{2I}\frac{\partial^2}{\partial\theta^2} \tag{6.1.51}$$

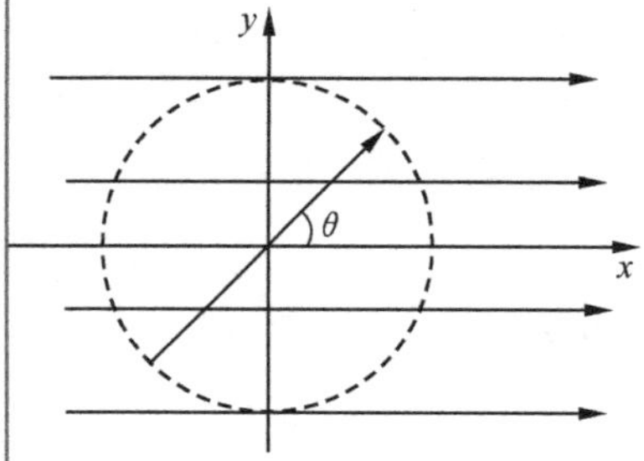

图 6.1.2　弱场中的电偶极矩

其中，$I = 2\mu r^2$ 是系统的转动惯量，已经设转动平面为 xOy 面，转动轴则为 z 轴（图 6.1.2）. 这也相当于一个质量为 2μ 的粒子，在平面上绕离其距离为 r 处的中心转动时的哈密顿量. 这样的系统称为转子（rotator）.

转子的能谱容易求出. 薛定谔方程

$$\hat{H}_0\psi = E\psi$$

$$-\frac{\hbar^2}{2I}\frac{\mathrm{d}^2\psi}{\mathrm{d}\theta^2} = E\psi \tag{6.1.52}$$

在周期边界条件

$$\psi(\theta + 2\pi) = \psi(\theta) \tag{6.1.53}$$

下，其能量本征值和相应的波函数为

$$E_m^{(0)}=m^2\hbar^2/2I$$
$$\psi_m^{(0)}(\theta)=e^{im\theta}/\sqrt{2\pi},\quad m=0,\pm1,\pm2,\cdots \tag{6.1.54}$$

我们看到，基态($m=0$)是非简并的，而其他激发态皆是两重简并的.

如果两粒子带有相反的电荷$\pm q$，于是系统就有了电偶极矩，大小为$p=2rq$，方向则由负电粒子指向正电粒子.现在外加一沿x轴方向的均匀恒定弱电场ε，问系统的能量将发生怎样的变化.

受到外场作用后，系统受到了微扰，相应的微扰哈密顿量为

$$\hat{V}=-\boldsymbol{p}\cdot\boldsymbol{\varepsilon}=-p\varepsilon\cos\theta=\lambda\cos\theta$$
$$\lambda=-p\varepsilon \tag{6.1.55}$$

我们来计算由于微扰引起的能量变化.

对于基态，由于是非简并的，可以利用非简并微扰论算.一级修正为

$$\Delta E_0^{(1)}=\langle 0\mid\hat{V}\mid 0\rangle=\int d\theta\sqrt{1/2\pi}\lambda\cos\theta\sqrt{1/2\pi}=0 \tag{6.1.56}$$

二级修正为

$$\Delta E_0^{(2)}=\sum_{m\neq0}\frac{|\langle 0\mid\hat{V}\mid m\rangle|^2}{E_0^{(0)}-E_m^{(0)}} \tag{6.1.57}$$

矩阵元计算

$$\begin{aligned}\langle 0\mid\hat{V}\mid m\rangle&=(\lambda/2\pi)\int d\theta\cos\theta e^{im\theta}\\&=(\lambda/4\pi)\int d\theta(e^{i(m+1)\theta}+e^{i(m-1)\theta})\\&=(\lambda/2)(\delta_{m,1}+\delta_{m,-1})\end{aligned} \tag{6.1.58}$$

于是有基态的二级能量修正为

$$\Delta E_0^{(2)}=-\lambda^2I/\hbar^2=-p^2\varepsilon^2I/\hbar^2=-8\mu r^4q^2\varepsilon^2/\hbar^2 \tag{6.1.59}$$

对于第一激发态，能级双重简并，需要用简并态微扰论.实际上要把微扰V在此态空间的表示矩阵对角化.微扰项在此空间的矩阵元为

$$\begin{aligned}V_{mn}&=\langle m\mid\hat{V}\mid n\rangle=\lambda\langle m\mid\cos\theta\mid n\rangle\\&=(\lambda/2\pi)\int d\theta e^{-im\theta}\cos\theta e^{in\theta}\\&=(\lambda/2)(\delta_{m,n+1}+\delta_{m,n-1})\end{aligned} \tag{6.1.60}$$

易得

$$V_{mn}=0,\quad m,n=\pm1 \tag{6.1.61}$$

一级微扰修正为零！简并未能解除，怎么办？

这时最好回到原来的出发点来做.

加上微扰的薛定谔方程为

$$\begin{aligned}\hat{H}\psi &= E\psi \\ (\hat{H}_0+\hat{V})\psi &= (\hat{H}_0+\lambda\cos\theta)\psi = E\psi\end{aligned} \tag{6.1.62}$$

由于 $\hat{H}_0$ 的解是完备的，精确解可按它们进行展开

$$\psi = \sum_{m=-\infty}^{\infty} C_m\psi_m^{(0)} \tag{6.1.63}$$

代入方程后利用 $\psi_m^{(0)}$ 的正交性得系列方程

$$(E-E_n^{(0)})C_n-(\lambda/2)C_{n-1}-(\lambda/2)C_{n+1}=0 \tag{6.1.64}$$

这里已经用了微扰矩阵元的表达式.

对弱场，λ 可视作小量，用它来展开波函数和能量本征值

$$E=\sum_{r=0}^{\infty}E^{(r)}\lambda^r,\quad C_n=\sum_{r=0}^{\infty}C_n^{(r)}\lambda^r \tag{6.1.65}$$

代到上面方程，取同幂次项系数，得各阶微扰方程

$$\begin{aligned}
\lambda^0:&\quad (E^{(0)}-E_n^{(0)})C_n^{(0)}=0\\
\lambda^1:&\quad (E^{(0)}-E_n^{(0)})C_n^{(1)}+E^{(1)}C_n^{(0)}-(1/2)C_{n-1}^{(0)}-(1/2)C_{n+1}^{(0)}=0\\
\lambda^2:&\quad (E^{(0)}-E_n^{(0)})C_n^{(2)}+E^{(1)}C_n^{(1)}+E^{(2)}C_n^{(0)}-(1/2)C_{n-1}^{(1)}-(1/2)C_{n+1}^{(1)}=0\\
&\quad\cdots\cdots
\end{aligned} \tag{6.1.66}$$

先考虑第一激发态，取

$$E^{(0)}=E_1^{(0)} \tag{6.1.67}$$

则由零级方程得

$$C_n^{(0)}=a_1\delta_{n,1}+a_{-1}\delta_{n,-1} \tag{6.1.68}$$

a_1 和 a_{-1}不能同时为零. 把(6.1.67)和(6.1.68)式代到一级方程

$$(E_1^{(0)}-E_n^{(0)})C_n^{(1)}+E^{(1)}C_n^{(0)}-(1/2)(C_{n-1}^{(0)}+C_{n+1}^{(0)})=0 \tag{6.1.69}$$

当 $n=\pm1$ 时，得

$$E^{(1)}=0 \tag{6.1.70}$$

即上面得到过的结果：一级修正为零. 把此值代回上面方程，对于非±1 的项，得到波函数的修正

$$C_n^{(1)}=(-1/2)(C_{n-1}^{(0)}+C_{n+1}^{(0)})/(E_n^{(0)}-E_1^{(0)}),\quad n\neq\pm1 \tag{6.1.71}$$

现在把 $E^{(0)}$,$E^{(1)}$,$C_n^{(1)}$ 代到二级方程,并取 $n=\pm1$,则得

$$\begin{aligned}E^{(2)}C_n^{(0)} &= (1/2)(C_{n-1}^{(1)}+C_{n+1}^{(1)})\\ &= -(1/4)[(C_{n-2}^{(0)}+C_n^{(0)})/(E_{n-1}^{(0)}-E_n^{(0)})\\ &\quad +(C_{n+2}^{(0)}+C_n^{(0)})/(E_{n+1}^{(0)}-E_n^{(0)})],\quad n=\pm1\end{aligned}\tag{6.1.72}$$

展开出来

$$\begin{aligned}E^{(2)}C_1^{(0)} &= -(1/4)\{[C_1^{(0)}[1/(E_2^{(0)}-E_1^{(0)})-1/E_1^{(0)}]-C_{-1}^{(0)}/E_1^{(0)}\}\\ E^{(2)}C_{-1}^{(0)} &= -(1/4)\{-C_1^{(0)}/E_1^{(0)}+C_{-1}^{(0)}[1/(E_2^{(0)}-E_1^{(0)})-1/E_1^{(0)}]\}\end{aligned}\tag{6.1.73}$$

或者写成齐次方程形式

$$\begin{aligned}&\{-(1/4)[1/(E_2^{(0)}-E_1^{(0)})-1/E_1^{(0)}]-E^{(2)}\}C_1^{(0)}+C_{-1}^{(0)}/4E_1^{(0)}=0\\ &C_1^{(0)}/4E_1^{(0)}+\{-(1/4)[1/(E_2^{(0)}-E_1^{(0)})-1/E_1^{(0)}]-E^{(2)}\}C_{-1}^{(0)}=0\end{aligned}\tag{6.1.74}$$

由于 $C_1^{(0)}=a_1$ 和 $C_{-1}^{(0)}=a_{-1}$ 不能同时为零,即上面方程要有非零解,于是其行列式为零,即得久期方程. 解此久期方程可得

$$\begin{aligned}E_1^{(2)+} &= 1/4E_1^{(0)}-(1/4)[1/(E_2^{(0)}-E_1^{(0)})-1/E_1^{(0)}]\\ E_1^{(2)-} &= -1/4E_1^{(0)}-(1/4)[1/(E_2^{(0)}-E_1^{(0)})-1/E_1^{(0)}]\end{aligned}\tag{6.1.75}$$

代入具体表达式后,得第一激发态的非零能级修正值为

$$\begin{aligned}\Delta E_1^{(2)+} &= 5\lambda^2 I/6\hbar^2\\ \Delta E_1^{(2)-} &= -\lambda^2 I/6\hbar^2\end{aligned}\tag{6.1.76}$$

简并度解除了.

其他激发态能级的处理完全一样.

在很多情形下,量子体系的能级出现简并的原因是体系具有某种对称性. 例如,对于力学量 $\hat{L}^2$,即角动量的平方,它的本征态可以用角动量量子数 l 来标记,记作 $|l\rangle$,而角动量的 z 分量 $\hat{L}_z$ 和 $\hat{L}^2$ 具有共同的本征态,于是引入量子数 m 以更全面地描述量子态. $\hat{L}^2|l,m\rangle=l(l+1)\hbar^2|l,m\rangle$, $\hat{L}_z|l,m\rangle=m\hbar|l,m\rangle$. 对于 $\hat{L}^2$ 而言,具有本征值 $l(l+1)\hbar^2$ 的态一共有 $2l+1$ 个,它们是简并的. 简并的起因可以解释为绕 z 方向的旋转变换不会改变 $\hat{L}^2$ 的本征值,或者更严格地说体系关于 z 方向的旋转变换是对称的. 在以后将要讨论的问题中,我们会看到,引入别种形式的力学量或者相互作用,将破坏这种对称性,从而导致 $\hat{L}^2$ 的本征值的分裂.

6.2 斯塔克效应

以前我们讨论过的塞曼效应缘于磁场对于原子能级的影响,本节将考察原

子在外加电场中的一些行为，它被称为斯塔克效应，是1919年诺贝尔奖的研究对象.

6.2.1 外电场中的氢原子

考虑单电子原子——氢原子或类氢原子，在外壳层只有一个电子. 设电子的质量为μ，带电量为$-e(e>0)$. 没有外电场的时候，电子处于原子核（或者更一般地说，原子实）的有心力场V_0中，哈密顿量为

$$\hat{H}_0 = \frac{p^2}{2\mu} + V_0(r) \tag{6.2.1}$$

我们又知道，电子相对于原子核的位置为$\boldsymbol{r}$，则电子与原子核之间存在电偶极矩为$-e\boldsymbol{r}$（注意电偶极矩的方向是从电子指向原子核，即$-\boldsymbol{r}$方向）. 绝大多数情形下，电子处于基态，波函数的空间分布是均匀的，且没有简并，于是$\boldsymbol{r}$的期望值$\langle \boldsymbol{r} \rangle$为零，原子不会表现出永久的电偶极矩. 从对称性的角度说，若系统的哈密顿量在空间反射变换下不变，而且系统的量子态没有简并，那么该量子系统不存在永久电偶极矩.

如果原子处于匀强电场$\boldsymbol{E}$中，电场指向$+z$方向，即$\boldsymbol{E}=E\boldsymbol{e}_z$，则电子电偶极矩与电场之间会有相互作用$\hat{H}'$

$$\hat{H}' = e\boldsymbol{r} \cdot \boldsymbol{E} = eEz = eEr\cos\theta \tag{6.2.2}$$

此时电子的哈密顿量由两部分构成

$$\hat{H} = \hat{H}_0 + \hat{H}' \tag{6.2.3}$$

通常外电场强度$\leqslant 10^5\,\text{V/cm}$，而原子内部电场强度可估计为$e/4\pi\varepsilon_0 a_0^2$（$a_0$为玻尔半径），其数值约为$[4.8\times10^{-10}/(5.29\times10^{-9})^2]\times300\sim5\times10^9\,\text{V/cm}$. 由此可见，外电场强度比原子内部电场强度要小好几个数量级，外电场可以当作微扰处理.

对于单电子的类氢原子，$\hat{H}_0$的本征方程为

$$\hat{H}_0 \mid nlm\rangle = \varepsilon_{nl} \mid nlm\rangle$$

其中，n为主量子数，l和m为轨道角动量量子数. 为避免与电场的记号混淆，用ε表示能量.

6.2.2 基态的微扰

首先考虑非简并情形，即原子的基态，$n=1$，$l=m=0$. 能级的一级修正由(6.1.18)式给出，在这里是$\langle 100|\hat{H}'|100\rangle = eE\langle 100|z|100\rangle$. 在求$z$关于态$|100\rangle$的期望值时，要在全空间积分，而$z$是奇函数，该式的结果为零. 于是

$$\varepsilon_{100}^{(1)} = \langle 100 \mid \hat{H}' \mid 100\rangle = 0 \tag{6.2.4}$$

实际上，容易看出，对于原子的任意态$|nlm\rangle$，总有$\langle nlm|z|nlm\rangle=0$.

(6.2.4)式表明，对于非简并的基态，不存在线性斯塔克效应，即不存在正比于电场强度的能量修正项. 电场引起的能级偏移将表现为电场大小的平方项或者更高次项.

6.2.3 激发态能级的修正

下面我们讨论激发态的修正，作为简并情况下微扰论应用的物理实例. 这里涉及氢原子的一级斯塔克效应，斯塔克效应就是原子的光谱在外电场中产生分裂的现象. 当外电场不存在时，电子在氢原子中受球对称的有心力场作用，能级由总量子数n决定，存在着n^2度简并. 如果从外面加上一个沿z轴方向的电场，则势场的球对称性就被破坏，而只保留围绕z轴旋转的对称性，这时简并的电子能级就会分裂，使一部分简并被消除. 由于能级的分裂，使得由于能级之间跃迁而产生的光谱线也就发生了分裂. 这种分裂可以用微扰论计算出来.

我们考虑第一激发态$n=2$的情形. 氢原子第一激发态的能量本征值为

$$\varepsilon_2=-\frac{\mu e^4}{32\pi\varepsilon_0\hbar^2}=-\frac{e^2}{32\pi\varepsilon_0 a_0}$$

此能级是$2^2=4$度简并的，坐标空间中四个简并波函数为

$$\begin{aligned}
\varphi_{21}&=\psi_{200}=R_{20}(r)\mathrm{Y}_{00}(\theta,\varphi)=\frac{1}{4\sqrt{2\pi}}\left(\frac{1}{a_0}\right)^{3/2}\left(2-\frac{r}{a_0}\right)\mathrm{e}^{-r/2a_0}\\
\varphi_{22}&=\psi_{210}=R_{21}(r)\mathrm{Y}_{10}(\theta,\varphi)=\frac{1}{4\sqrt{2\pi}}\left(\frac{1}{a_0}\right)^{3/2}\left(\frac{r}{a_0}\right)\mathrm{e}^{-r/2a_0}\cos\theta\\
\varphi_{23}&=\psi_{211}=R_{21}(r)\mathrm{Y}_{11}(\theta,\varphi)=-\frac{1}{8\sqrt{\pi}}\left(\frac{1}{a_0}\right)^{3/2}\left(\frac{r}{a_0}\right)\mathrm{e}^{-r/2a_0}\sin\theta\mathrm{e}^{\mathrm{i}\varphi}\\
\varphi_{24}&=\psi_{21-1}=R_{21}(r)\mathrm{Y}_{1-1}(\theta,\varphi)=\frac{1}{8\sqrt{\pi}}\left(\frac{1}{a_0}\right)^{3/2}\left(\frac{r}{a_0}\right)\mathrm{e}^{-r/2a_0}\sin\theta\mathrm{e}^{-\mathrm{i}\varphi}
\end{aligned}\tag{6.2.5}$$

由(6.1.48)式可知，欲求一级能量修正，必须解久期方程. 为此必须先求出$\hat{H}'$在$\hat{H}_0$的简并本征态波函数$\varphi_{21},\varphi_{22},\varphi_{23},\varphi_{24}$之间的矩阵元$H'_{2i,2j}=\langle\varphi_{2i}|\hat{H}'|\varphi_{2j}\rangle$. 直接计算给出，非零矩阵元只有两个

$$H'_{21,22}=H'_{22,21}=-3eEa_0\tag{6.2.6}$$

其余皆为零.

将这些矩阵元代入6.1节中的久期方程(6.1.39)，得到

$$\begin{vmatrix} -E_2^{(1)} & -3eEa_0 & 0 & 0 \\ -3eEa_0 & -E_2^{(1)} & 0 & 0 \\ 0 & 0 & -E_2^{(1)} & 0 \\ 0 & 0 & 0 & -E_2^{(1)} \end{vmatrix} = 0 \tag{6.2.7}$$

或

$$-E_2^{(1)2}[-E_2^{(1)2}-(3eEa_0)^2]=0$$

解此方程得到 $E_2^{(1)}$ 的四个根为

$$E_{2,1}^{(1)}=3eEa_0,\quad E_{2,2}^{(1)}=-3eEa_0,\quad E_{2,3}^{(1)}=E_{2,4}^{(1)}=0 \tag{6.2.8}$$

它们也就是一级能级修正，其大小与外电场呈线性关系. 加上一级修正后的第一激发态能量为

$$\varepsilon_{2,i}=\varepsilon_2+E_{2,i}^{(1)},\quad i=1,2,3,4 \tag{6.2.9}$$

这说明原来四度简并的一条能级 ε_2 在外电场的微扰作用下分裂成为三条能级，简并部分地消除了，但仍然还有一个能级是两重简并的. 我们可以用图 6.2.1 来表示能级和相应光谱线的分裂情况，这就是斯塔克效应.

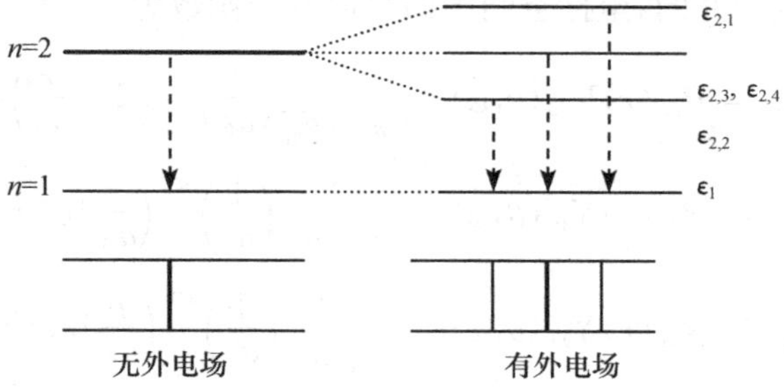

图 6.2.1　斯塔克效应

图 6.2.1 中，左图为原来的能级，从 ε_2 到 ε_1 跃迁时只有一条光谱线，右图为加了电场后，第一激发态分裂为三条能级，从而在实验上就可以观察到光谱线的分裂. 不过这种分裂是很小的. ε_2 分裂后的上下能级差 $\Delta\varepsilon=6eEa_0\approx3\times10^{-8}E\text{eV}$（$E$ 用 V/cm 为单位），甚至当 $E=10^4$V/cm 时，$\Delta\varepsilon=3\times10^{-4}$eV，而 $\varepsilon_2-\varepsilon_1\approx10$eV，所以 $\Delta\varepsilon\ll\varepsilon_2-\varepsilon_1$.

利用(6.1.50)式还可以求得与分裂的能级相对应的零级近似波函数. 为此将 $V_{2i,2j}$ 的值代入，可得一组线性代数方程

$$\begin{cases}3eEa_0c_2^{(0)}+E_2^{(1)}c_1^{(0)}=0\\3eEa_0c_1^{(0)}+E_2^{(1)}c_2^{(0)}=0\\E_2^{(1)}c_3^{(0)}=0\\E_2^{(1)}c_4^{(0)}=0\end{cases}\tag{6.2.10}$$

(1) 当 $E_2^{(1)}=E_{2,1}^{(1)}=3eEa_0$ 时，解(6.1.46)式可得

$$c_1^{(0)1}=-c_2^{(0)1},\quad c_3^{(0)1}=c_4^{(0)1}=0$$

故对应于能级 $\varepsilon_{2,1}=\varepsilon_2+3eEa_0$ 的零级近似波函数为

$$\psi_{2,1}^{(0)}=\frac{1}{\sqrt{2}}(\varphi_{21}-\varphi_{22})=\frac{1}{\sqrt{2}}(\psi_{200}-\psi_{210})\tag{6.2.11}$$

(2) 当 $E_2^{(1)}=E_{2,2}^{(1)}=-3eEa_0$ 时，可解得

$$c_1^{(0)2}=c_2^{(0)2},\quad c_3^{(0)2}=c_4^{(0)2}=0$$

故对应于能级 $\varepsilon_{2,1}=\varepsilon_2-3eEa_0$ 的零级近似波函数为

$$\psi_{2,2}^{(0)}=\frac{1}{\sqrt{2}}(\varphi_{21}+\varphi_{22})=\frac{1}{\sqrt{2}}(\psi_{200}+\psi_{210})\tag{6.2.12}$$

注意 $\psi_{2,1}^{(0)}$ 和 $\psi_{2,2}^{(0)}$ 中，轨道角动量在 z 轴上的投影是零，但现在分别是 $(l,m)=(0,0)$ 与 $(l,m)=(1,0)$ 两个波函数的组合.

(3) 当 $E_2^{(1)}=E_{2,3}^{(1)}=0$ 或 $E_2^{(1)}=E_{2,4}^{(1)}=0$ 时，可解得

$$c_1^{(0)3}=c_2^{(0)3}=0,\quad c_3^{(0)3}c_4^{(0)3}\neq 0$$
$$c_1^{(0)4}=c_2^{(0)4}=0,\quad c_3^{(0)4}c_4^{(0)4}\neq 0$$

也即 $c_3^{(0)3}$ 和 $c_4^{(0)3}$ 不能同时为零；同样，$c_3^{(0)4}$ 和 $c_4^{(0)4}$ 也不同时为零. 于是可知零级波函数仍不定

$$\begin{aligned}\psi_{2,3}^{(0)}&=c_3^{(0)3}\varphi_{23}+c_4^{(0)3}\varphi_{24}=c_3^{(0)3}\psi_{211}+c_4^{(0)3}\psi_{21-1}\\\psi_{2,4}^{(0)}&=c_3^{(0)4}\varphi_{23}+c_4^{(0)4}\varphi_{24}=c_3^{(0)4}\psi_{211}+c_4^{(0)4}\psi_{21-1}\end{aligned}\tag{6.2.13}$$

这说明，$(l,m)=(1,1)$ 和 $(l,m)=(1,-1)$ 的两个波函数仍然属于同一能量，即角动量相同而在 z 轴上的投影只差负号的两个态仍然是简并的. 这个结果一般在均匀电场引起的斯塔克效应中都存在.

以上只讨论了 $n=2$ 的情况，用同样的方法也可以讨论 $n>2$ 的情况.

6.3 磁 共 振

前面两节讨论了定态微扰论，可以用它讨论塞曼效应和斯塔克效应等. 而微扰论还应该涉及随时间变化的情形，即含时微扰论. 在介绍含时微扰论之前，我们来

考察一个可以精确求解的问题——两能级系统在正弦振荡的势场中的运动. 常见的也是经常被讨论的两能级系统的实例是自旋为 1/2 的粒子. 具有自旋角动量 $\hat{\boldsymbol{S}}$ 的粒子有相应的磁矩 $\hat{\boldsymbol{\mu}}$.

$$\hat{\boldsymbol{\mu}} = \gamma \hat{\boldsymbol{S}} \tag{6.3.1}$$

常数 γ 与粒子的性质有关，对于电子而言，$\gamma_e = -e/m_e$，注意电子的带电量 $-e<0$，故 γ_e 为负. 下面以电子为例讨论自旋磁矩在磁场中的运动.

6.3.1 自旋进动

设匀强磁场 $\boldsymbol{B}_0$ 指向 $+z$ 方向，$\boldsymbol{B}_0 = B_0 \boldsymbol{e}_z$. 某个自旋为 1/2 的粒子有磁矩 $\hat{\boldsymbol{\mu}} = \gamma \hat{\boldsymbol{S}}$. 自旋角动量 $\hat{\boldsymbol{S}}$ 可以用泡利矩阵表示为 $\hat{\boldsymbol{S}} = \frac{\hbar}{2}\hat{\boldsymbol{\sigma}}$. 故粒子的哈密顿量为

$$\begin{aligned} \hat{H} &= -\hat{\boldsymbol{\mu}} \cdot \boldsymbol{B}_0 = -\gamma \hbar B_0 \hat{\sigma}_z / 2 = \hbar \omega_0 \hat{\sigma}_z \\ \omega_0 &= -\gamma B_0 / 2 \end{aligned} \tag{6.3.2}$$

泡利矩阵 $\hat{\boldsymbol{\sigma}}_z$ 的本征值为 $+1$ 和 -1，相应的本征态记作 $|+\rangle$ 和 $|-\rangle$. 本征态 $|+\rangle$ 对应的能量本征值为 $\hbar\omega_0 = -\gamma \hbar B_0/2$，本征态 $|-\rangle$ 对应的能量本征值为 $-\hbar\omega_0 = \gamma\hbar B_0/2$.

上册中我们用变换法解过此问题，现在换一种做法. 可以将一个二维的复的希尔伯特空间的基向量设为 $|+\rangle$ 和 $|-\rangle$，也就是说，选择 $\hat{\sigma}_z$ 表象，那么该空间中的任意一个向量可以在这组基向量上展开. 对应于正在考虑的具体问题，这意味着，在 t 时刻自旋 1/2 粒子的态可以表示为

$$|\psi(t)\rangle = c_1(t)\,|+\rangle + c_2(t)\,|-\rangle \tag{6.3.3}$$

其中，$c_1(t)$ 和 $c_2(t)$ 是时间的复函数. 描述粒子运动的薛定谔方程为

$$\mathrm{i}\hbar \begin{pmatrix} \dot{c}_1(t) \\ \dot{c}_2(t) \end{pmatrix} = \hat{H} \begin{pmatrix} c_1(t) \\ c_2(t) \end{pmatrix} = \hbar\omega_0 \begin{pmatrix} 1 & 0 \\ 0 & -1 \end{pmatrix} \begin{pmatrix} c_1(t) \\ c_2(t) \end{pmatrix} \tag{6.3.4}$$

容易解出

$$c_1(t) = a_1 \mathrm{e}^{-\mathrm{i}\omega_0 t}, \quad c_2(t) = a_2 \mathrm{e}^{\mathrm{i}\omega_0 t} \tag{6.3.5}$$

其中，a_1 和 a_2 由初条件确定. 设 $t=0$ 时刻的态是

$$|\psi(0)\rangle = \begin{pmatrix} \cos\dfrac{\theta}{2} \\ \sin\dfrac{\theta}{2} \end{pmatrix} = \begin{pmatrix} a_1 \\ a_2 \end{pmatrix} \tag{6.3.6}$$

则有

$$|\psi(t)\rangle=\begin{pmatrix}e^{-i\omega_0 t}\cos\dfrac{\theta}{2}\\ e^{i\omega_0 t}\sin\dfrac{\theta}{2}\end{pmatrix} \tag{6.3.7}$$

这实际上就是算子

$$\hat{\sigma}_n=\hat{\sigma}_x\sin\theta\cos 2\omega_0 t+\hat{\sigma}_y\sin\theta\sin 2\omega_0 t+\hat{\sigma}_z\cos\theta \tag{6.3.8}$$

的本征值为$+1$的本征态. 继续考虑自旋角动量$\hat{\boldsymbol{S}}$的各个分量于任意时刻t在态$|\psi(t)\rangle$中的期望值,可以发现平均值$\langle\hat{S}_z\rangle$不变,而$\langle\hat{\boldsymbol{S}}\rangle$在$xy$平面上的投影则以角速度$2\omega_0$绕$z$轴转动,于是$\langle\hat{\boldsymbol{S}}\rangle$是以角速度$2\omega_0$做进动.

6.3.2 海森伯图像

以前我们解量子力学定态问题的种种方法,都是在薛定谔图像中进行的. 薛定谔图像是一类表象的总称. 在此图像中,力学量不随时间变化,而状态则随时间演化. 于是系统的性质、力学量的平均值会随时变化. 可用下面一套公式简明表达这一方案.

$$\begin{aligned}&i\hbar\frac{\partial}{\partial t}\hat{F}^{S}=0\\&i\hbar\frac{\partial}{\partial t}|\Psi^{S}\rangle=\hat{H}^{S}|\Psi^{S}\rangle\\&|\Psi^{S}(t=0)\rangle=|\psi_0^{S}\rangle\\&\langle F\rangle=\langle\Psi^{S}|\hat{F}^{S}|\Psi^{S}\rangle\end{aligned} \tag{6.3.9}$$

上标S是用来标记薛定谔图像的. 定态问题的形式解为

$$\begin{aligned}&|\Psi^{S}(t)\rangle=\hat{U}(t)|\psi_0^{S}\rangle\\&\hat{U}(t)=e^{-i\hat{H}^{S}t/\hbar}\end{aligned} \tag{6.3.10}$$

我们也可以用另外的图像来看同样的问题. 如海森伯图像,其中可以让系统的状态完全由初态给定,不随时间演化;而力学量则随时间演化;于是系统的性质、力学量的平均值随时而变. 从薛定谔图像到海森伯图像的变换是个酉变换:

$$\begin{aligned}&|\Psi^{H}\rangle=\hat{U}^{-1}(t)|\Psi^{S}(t)\rangle=e^{i\hat{H}^{S}t/\hbar}|\Psi^{S}(t)\rangle\\&\hat{F}^{H}=\hat{U}^{-1}(t)\hat{F}^{S}\hat{U}(t)=e^{i\hat{H}^{S}t/\hbar}\hat{F}^{S}e^{-i\hat{H}^{S}t/\hbar}\end{aligned} \tag{6.3.11}$$

从前面薛定谔图像的表达式马上可得

$$\begin{aligned}&\hat{H}^{H}=e^{i\hat{H}^{S}t/\hbar}\hat{H}^{S}e^{-i\hat{H}^{S}t/\hbar}=\hat{H}^{S}\equiv\hat{H}\\&\hat{U}(t)=e^{-i\hat{H}^{S}t/\hbar}=e^{-i\hat{H}^{H}t/\hbar}=e^{-i\hat{H}t/\hbar}\end{aligned} \tag{6.3.12}$$

而那套定解系统可改写为

$$
\begin{aligned}
&\mathrm{i}\hbar\frac{\partial}{\partial t}\hat{F}^{\mathrm{H}}=[\hat{F}^{\mathrm{H}},\hat{H}]\\
&\mathrm{i}\hbar\frac{\partial}{\partial t}\mid\boldsymbol{\Psi}^{\mathrm{H}}\rangle=0\\
&\mid\boldsymbol{\Psi}^{\mathrm{H}}\rangle=\mid\boldsymbol{\Psi}^{\mathrm{H}}(t=0)\rangle=\mid\psi_0^{\mathrm{S}}\rangle\\
&\langle F\rangle=\langle\boldsymbol{\Psi}^{\mathrm{H}}\mid\hat{F}^{\mathrm{H}}\mid\boldsymbol{\Psi}^{\mathrm{H}}\rangle=\langle\boldsymbol{\Psi}^{\mathrm{H}}(0)\mid\hat{F}^{\mathrm{H}}\mid\boldsymbol{\Psi}^{\mathrm{H}}(0)\rangle
\end{aligned}
\tag{6.3.13}
$$

(6.3.13)式中第一个方程也称为海森伯方程，在量子力学中其地位相当于薛定谔方程. 因此在海森伯图像中解量子力学问题，主要就是解海森伯方程.

现在我们跑到海森伯图像中去看上面自旋的进动. 此时运动方程为

$$
\begin{aligned}
&\mathrm{i}\hbar\frac{\mathrm{d}}{\mathrm{d}t}\hat{S}^{\mathrm{H}}=[\hat{S}^{\mathrm{H}},\hat{H}]\\
&\hat{H}=-\gamma\hat{\boldsymbol{S}}^{\mathrm{H}}\cdot\boldsymbol{B}_0
\end{aligned}
\tag{6.3.14}
$$

利用自旋角动量的对易关系，上面的方程也可以等价地表示为

$$
\frac{\mathrm{d}}{\mathrm{d}t}\hat{\boldsymbol{S}}^{\mathrm{H}}=\hat{\boldsymbol{S}}^{\mathrm{H}}\times\gamma\boldsymbol{B}_0 \tag{6.3.15}
$$

这是表示自旋矢量旋转运动的方程：自旋矢量 $\hat{\boldsymbol{S}}$ 以频率 $2\omega_0=-\gamma B_0$ 绕磁场 $\boldsymbol{B}_0$ 方向做右手螺旋进动. 直接计算给出(6.3.15)式的解($\boldsymbol{B}_0=B_0\boldsymbol{e}_z$)

$$
\begin{aligned}
&\hat{S}_x^{\mathrm{H}}(t)=\hat{S}_x^{\mathrm{H}}(0)\cos2\omega_0t-\hat{S}_y^{\mathrm{H}}(0)\sin2\omega_0t\\
&\hat{S}_y^{\mathrm{H}}(t)=\hat{S}_x^{\mathrm{H}}(0)\sin2\omega_0t+\hat{S}_y^{\mathrm{H}}(0)\cos2\omega_0t\\
&\hat{S}_z^{\mathrm{H}}(t)=\hat{S}_z^{\mathrm{H}}(0)
\end{aligned}
\tag{6.3.16}
$$

其中，$\hat{S}_{x,y,z}^{\mathrm{H}}(0)$由初始条件确定.

6.3.3 电子自旋共振(ESR)

若只有静磁场 $\boldsymbol{B}_0$ 存在，则粒子的能量保持不变，没有能级的跃迁. 现在引入随时间变化的磁场 $\boldsymbol{B}_1(t)$

$$
\boldsymbol{B}_1(t)=\boldsymbol{e}_xB_1\cos\omega t+\boldsymbol{e}_yB_1\sin\omega t \tag{6.3.17}
$$

$\boldsymbol{B}_1(t)$位于 xy 平面中，并且以角速度 ω 绕 z 轴转动. 自旋 1/2 的粒子处于磁场 $\boldsymbol{B}(t)$中

$$
\boldsymbol{B}(t)=\boldsymbol{B}_0+\boldsymbol{B}_1(t) \tag{6.3.18}
$$

相应的哈密顿量为

$$
\begin{aligned}
\hat{H}&=-\hat{\boldsymbol{\mu}}\cdot\boldsymbol{B}=-\gamma\hat{\boldsymbol{S}}\cdot[\boldsymbol{B}_0+\boldsymbol{B}_1(t)]\\
&=-\gamma B_0\hat{S}_z-\gamma B_1\hat{S}_n
\end{aligned}
\tag{6.3.19}
$$

其中，$\hat{S}_n$ 表示粒子自旋沿磁场 $\boldsymbol{B}_1$ 方向的分量，即

$$\hat{S}_n = \hat{S}_x \cos\omega t + \hat{S}_y \sin\omega t \tag{6.3.20}$$

可以将 $\hat{S}_n$ 表示为

$$\hat{S}_n = \mathrm{e}^{-\mathrm{i}\omega t\hat{S}_z/\hbar}\hat{S}_x \mathrm{e}^{\mathrm{i}\omega t\hat{S}_z/\hbar} \tag{6.3.21}$$

于是(6.3.19)式所示的哈密顿量可改写为

$$\hat{H} = -\gamma B_0 \hat{S}_z - \gamma B_1 \mathrm{e}^{-\mathrm{i}\omega t\hat{S}_z/\hbar}\hat{S}_x \mathrm{e}^{\mathrm{i}\omega t\hat{S}_z/\hbar} \tag{6.3.22}$$

在薛定谔图像中求解方程

$$\mathrm{i}\hbar \frac{\partial}{\partial t} |\psi\rangle = \hat{H} |\psi\rangle \tag{6.3.23}$$

在方程两端左乘酉算子 $\mathrm{e}^{\mathrm{i}\omega t\hat{S}_z/\hbar}$，有

$$\begin{aligned}\mathrm{i}\hbar \mathrm{e}^{\mathrm{i}\omega t\hat{S}_z/\hbar} \frac{\partial}{\partial t} |\psi\rangle &= \mathrm{e}^{\mathrm{i}\omega t\hat{S}_z/\hbar}\hat{H}\mathrm{e}^{-\mathrm{i}\omega t\hat{S}_z/\hbar}\mathrm{e}^{\mathrm{i}\omega t\hat{S}_z/\hbar} |\psi\rangle \\ &= -(\gamma B_0 \hat{S}_z + \gamma B_1 \hat{S}_x)\mathrm{e}^{\mathrm{i}\omega t\hat{S}_z/\hbar} |\psi\rangle \end{aligned} \tag{6.3.24}$$

对态 $|\psi\rangle$ 作变换，令

$$|\psi\rangle = \mathrm{e}^{-\mathrm{i}\omega t\hat{S}_z/\hbar} |\varphi\rangle \tag{6.3.25}$$

并代入(6.3.24)式，有

$$\begin{aligned}&\mathrm{i}\hbar \frac{\partial}{\partial t} |\varphi\rangle = -[(\gamma B_0 + \omega)\hat{S}_z + \gamma B_1 \hat{S}_x] |\varphi\rangle = \hat{H}_{\mathrm{eff}} |\varphi\rangle \\ &\hat{H}_{\mathrm{eff}} = -[(\gamma B_0 + \omega)\hat{S}_z + \gamma B_1 \hat{S}_x]\end{aligned} \tag{6.3.26}$$

其中，$\hat{H}_{\mathrm{eff}}$被当作等效哈密顿量，它是不随时间变化的. 我们看到，通过(6.3.25)式所示的变换，原先的含时问题变为定态问题了. 这可以形象地理解为，在绕 z 轴以角速度 ω 旋转的参考系中，磁场 $\boldsymbol{B}_1$ 不再是旋转的了，而是等效于一个 x 方向的分量为 B_1、z 方向的分量为 ω/γ 的静磁场.

设 $t=0$ 时刻，在匀强的静磁场 $\boldsymbol{B}_0$ 中，自旋 1/2 粒子处于 $\hat{S}_z$ 的本征值为 $\hbar/2$ 的本征态 $|+\rangle = \begin{pmatrix}1\\0\end{pmatrix}$(当 $\gamma>0$ 时，这是体系的基态；对电子而言，$\gamma_e<0$，这是激发态). 同时假定，旋转磁场(6.3.17)式介入并且仅在时间间隔 $0\leqslant t\leqslant T$ 中存在；当 $t>T$ 后，旋转磁场去除. 我们关注这样的问题：粒子有多大的概率与旋转磁场交换能量而发生能级的改变？

对于初态 $|\psi(0)\rangle = |+\rangle$，相应 $|\varphi(0)\rangle = |+\rangle$，$|\varphi(t)\rangle$ 的时间演化由(6.3.26)式确定. 在 T 时刻，$|\varphi(T)\rangle = \mathrm{e}^{-\mathrm{i}\hat{H}_{\mathrm{eff}}T/\hbar}|+\rangle$，故

$$|\psi(T)\rangle = \mathrm{e}^{-\mathrm{i}\omega T\hat{S}_z/\hbar}\mathrm{e}^{-\mathrm{i}\hat{H}_{\mathrm{eff}}T/\hbar} |+\rangle \tag{6.3.27}$$

令 $-\gamma B_0 = 2\omega_0$，$-\gamma B_1 = 2\omega_1$，有效哈密顿量改写为

$$\hat{H}_{\text{eff}} = \hbar[(\omega_0 - \omega/2)\hat{\sigma}_z + \omega_1\hat{\sigma}_x] \tag{6.3.28}$$

考虑 xz 平面中一个具有如下形式的方向单位矢量 $\boldsymbol{u}$

$$\boldsymbol{u} = [\omega_1\boldsymbol{e}_x + (\omega_0 - \omega/2)\boldsymbol{e}_z]/[(\omega_0 - \omega/2)^2 + \omega_1^2]^{1/2} \tag{6.3.29}$$

那么可以看出,$\hat{H}_{\text{eff}}$与 $\hat{\boldsymbol{\sigma}} \cdot \boldsymbol{u} = \hat{\sigma}_u$ 有关,即

$$\hat{H}_{\text{eff}} = \hbar\Omega\hat{\sigma}_u \tag{6.3.30}$$

其中

$$\Omega = [(\omega_0 - \omega/2)^2 + \omega_1^2]^{1/2} \tag{6.3.31}$$

有效哈密顿量 $\hat{H}_{\text{eff}}$确定了时间演化算子

$$\begin{aligned}\exp\left[-\frac{\mathrm{i}\hat{H}_{\text{eff}}t}{\hbar}\right] &= I\cos\Omega t + \mathrm{i}\hat{\sigma}_u\sin\Omega t \\ &= \begin{pmatrix} \cos\Omega t + \dfrac{\mathrm{i}(\omega_0 - \omega/2)}{\Omega}\sin\Omega t & \dfrac{\mathrm{i}\omega_1}{\Omega}\sin\Omega t \\ \dfrac{\mathrm{i}\omega_1}{\Omega}\sin\Omega t & \cos\Omega t - \dfrac{\mathrm{i}(\omega_0 - \omega/2)}{\Omega}\sin\Omega t \end{pmatrix}\end{aligned} \tag{6.3.32}$$

(6.3.32)式作用于初态$\begin{pmatrix}1\\0\end{pmatrix}$上,得到 t 时刻的$|\varphi(t)\rangle$

$$|\varphi(t)\rangle = \exp\left[-\frac{\mathrm{i}\hat{H}_{\text{eff}}t}{\hbar}\right]\begin{pmatrix}1\\0\end{pmatrix} = a_1(t)\,|+\rangle + a_2(t)\,|-\rangle$$

其中,系数 $a_1(t)$和 $a_2(t)$分别是(6.3.32)式中矩阵的第一列中的两个矩阵元. 由(6.3.25)式,我们得到$|\psi(t)\rangle$的形式

$$\begin{aligned}|\psi(t)\rangle &= \exp\left[-\frac{\mathrm{i}\omega\hat{\sigma}_z t}{2}\right]|\varphi(t)\rangle \\ &= \mathrm{e}^{-\mathrm{i}\omega t/2}a_1(t)\,|+\rangle + \mathrm{e}^{\mathrm{i}\omega t/2}a_2(t)\,|-\rangle, \quad 0 \leqslant t \leqslant T\end{aligned} \tag{6.3.33}$$

(6.3.33)式描述的是在时间间隔 $0 \leqslant t \leqslant T$ 中态的演化情况,当 $t > T$ 时,旋转磁场被移去,粒子在固定的静磁场 B_0 中继续演化. 于是,$t > T$ 时,有

$$|\psi(t)\rangle = \mathrm{e}^{-\mathrm{i}\omega_0(t-T)}\mathrm{e}^{-\mathrm{i}\omega T/2}a_1(T)\,|+\rangle + \mathrm{e}^{\mathrm{i}\omega_0(t-T)}\mathrm{e}^{\mathrm{i}\omega T/2}a_2(T)\,|-\rangle \tag{6.3.34}$$

$|\psi(t)\rangle$为$|+\rangle$和$|-\rangle$的叠加态,它们分别对应于能级 $\hbar\omega_0$ 和$-\hbar\omega_0$. 从(6.3.34)式可以得到粒子处在能级$-\hbar\omega_0$ 的概率

$$|\langle -|\,\psi(t \geqslant T)\rangle|^2 = |a_2(T)|^2 = \frac{\omega_1^2}{\Omega^2}\sin^2\Omega T \tag{6.3.35}$$

这就是前面提到的由于旋转磁场的介入,粒子的自旋方向发生翻转的概率. 上述讨

论中，初态为$|+\rangle$，经历了T时间的演化后，系统有一定的概率处于能量不同的另一个态，说明粒子与旋转磁场发生了能量交换. 如果初态设为$|-\rangle$(对电子言就是基态)，那么类似的计算也会给出时刻T以后粒子处于高能级$\hbar\omega_0$的概率.

如果将(6.3.35)式给出的概率视作旋转磁场的作用时间T的函数，那么其最大值为

$$\frac{\omega_1^2}{\Omega^2}=\frac{\omega_1^2}{(\omega_0-\omega/2)^2+\omega_1^2}\leqslant 1$$

进一步地，还可以调整旋转磁场的进动频率，使得$\omega_0-\omega/2=0$，即$\omega=-\gamma B_0$或者$\Omega=\omega_1$，那么上式给出的概率为1，意味着粒子的自旋方向一定发生翻转，$\omega_0-\omega/2=0$就是共振条件.

共振情形下，自旋发生翻转的概率(6.3.35)式重新被表示为

$$|\langle -|\psi(t\geqslant T)\rangle|^2=\sin^2\omega_1 T \tag{6.3.36}$$

选择旋转磁场的进动频率，使之满足共振条件，然后调节其大小和作用时间，可以使粒子的自旋方向在$+z$方向和$-z$方向之间发生周期性的改变，这就实现了对于粒子自旋方向的操控. 这一原理被用于核磁共振.

对于共振及共振条件可以有形象的描述. 与静磁场$\boldsymbol{B}_0$及相应的哈密顿量$-\boldsymbol{\mu}\cdot\boldsymbol{B}_0$对应的时间演化算子为$\exp[\mathrm{i}\gamma B_0 t\hat{S}_z/\hbar]$，若$\gamma>0$，粒子的自旋方向将绕$z$轴顺时针旋转；引入选择变换(6.3.25)式，即$\exp[-\mathrm{i}\omega t\hat{S}_z/\hbar]$，它使得粒子绕$z$轴逆时针旋转. 当$\omega=-\gamma B_0$时，两者相互抵消. 在旋转参考系中，粒子仅仅受到指向x方向的大小为B_1的静磁场的作用并绕其旋转，故自旋方向在$+z$和$-z$之间连续变化.

虽然我们讨论的是自旋1/2粒子，但是其本质是二维复希尔伯特空间中的态，所以上述分析和推导过程适用于所有的两能级系统(或者说两态系统). 如果某个原子有较大的概率处于基态或者第一激发态，而处于更高的激发态的概率很小并可以被忽略，那么这样的原子也可以被当作两态系统对待，也可以将其置于周期性变化的外场中，实现原子状态的操控.

原子磁矩不为零的原子，在外磁场中它们的磁矩有向磁场方向取向的趋势，所以称作顺磁原子. 上面对自由电子的讨论也适用于自由的顺磁原子. 只是要将电子自旋磁矩改为原子的总角动量磁矩μ_J.

电子自旋共振是1944年由俄罗斯物理学家查伏斯基(Ye. K. Zavoisky)首先观察到的. 现在电子自旋共振谱仪已是许多物理和化学实验室的标准设施. 图6.3.1是电子顺磁共振(EPR)装置的示意图. 谱仪工作时通常用固定的频率，通过改变磁场来满足共振条件，得到共振吸收跃迁(或发射跃迁). 通常样品放在微波共振腔内；经常用的波长是在3cm. 由速调管产生微波辐射，用高频二极管或辐射

探测器进行测量.

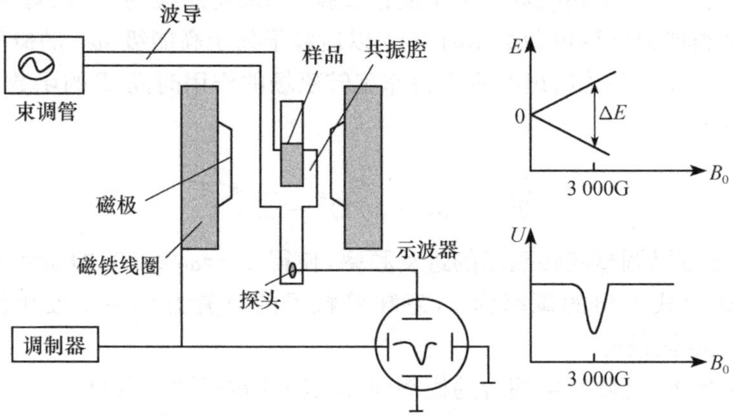

图 6.3.1　电子顺磁共振仪

左图：仪器示意图；右上图：自由电子的能级随外磁场的变化；

右下图：在调制外场 B_0 时高频二极管获得的信号

电子自旋共振研究对象是原子和分子、离子中含有不配对的电子或轨道磁矩未完全淬灭的情形，如含有自由基的化合物、过渡金属离子、稀土元素离子及化合物、固体中的杂质和缺陷等.

6.4 跃　　迁

可以严格地得到解析解的定态薛定谔方程已然为数不多，能够精确求解的含时薛定谔方程更是少之又少. 在 6.3 节中讨论的自旋 1/2 粒子在旋转磁场中的运动是为数不多的可以精确求解的含时问题之一. 绝大多数情形下我们不得不借助微扰论的方法寻求近似解. 本节将阐述含时微扰论.

6.4.1　含时微扰论

考虑含时薛定谔方程

$$i\hbar\frac{\partial}{\partial t}\mid\psi(t)\rangle=[\hat{H}_0+\lambda\hat{H}'(t)]\mid\psi(t)\rangle \tag{6.4.1}$$

与时间有关的项 $\lambda\hat{H}'(t)$ 为微扰项. 非微扰项 $\hat{H}_0$ 的本征值和本征态被当作是已知的.

$$\hat{H}_0\mid n\rangle=E_n\mid n\rangle \tag{6.4.2}$$

相比于(6.1.2)式，这里省去了本征值和本征态的上标(0). 所有态 $|n\rangle$ 的集合是完备的，故任何一个态均可以展开为

$$|\psi(t)\rangle = \sum_n a_n(t) e^{-iE_n t/\hbar} |n\rangle \tag{6.4.3}$$

显然地，若 $\lambda=0$，则方程(6.4.2)的解形如(6.4.3)式，但 a_n 为常数. 可以想象，若 $\lambda\neq 0$ 但较小，则 $a_n(t)$ 对于时间的依赖将表现得不甚明显，换句话说，$\mathrm{d}a_n(t)/\mathrm{d}t$ 较小，含时微扰论正是基于这样的直观的想法.

将(6.4.3)式代入(6.4.1)式，有

$$\sum_n \left[i\hbar \frac{\mathrm{d}a_n(t)}{\mathrm{d}t} + E_n a_n(t) \right] e^{-iE_n t/\hbar} |n\rangle = \sum_n \left[E_n a_n(t) + \lambda \hat{H}'(t) a_n(t) \right] e^{-iE_n t/\hbar} |n\rangle$$

考虑到$\{|n\rangle\}$的正交归一性，以$\langle m|$左乘上式两端，继续有

$$i\hbar \frac{\mathrm{d}a_m(t)}{\mathrm{d}t} = \lambda \sum_n \langle m | \hat{H}'(t) | n \rangle e^{i\omega_{mn}t} a_n(t) \tag{6.4.4}$$

其中，$\omega_{mn}=(E_m-E_n)/\hbar$. 至此尚未作任何近似处理，(6.4.4)式表明含时展开式中的系数 $a_n(t)$ 完全由微扰项 $\lambda\hat{H}'(t)$(或其矩元)确定.

现在作近似处理，将 $a_n(t)$ 展开为参数 λ 的级数

$$a_n(t) = a_n^{(0)}(t) + \lambda a_n^{(1)}(t) + \lambda^2 a_n^{(2)}(t) + \cdots \tag{6.4.5}$$

把它代入(6.4.4)式并按照 λ 的幂次整理. λ^0 项给出

$$\mathrm{d}a_n^{(0)}(t)/\mathrm{d}t = 0 \tag{6.4.6}$$

即 $a_n^{(0)}(t)$ 为常数，始终等于由初条件给定的 $a_n^{(0)}(0)$，这对应于不存在微扰时的情形. 一级修正由 λ^1 项给出

$$i\hbar \frac{\mathrm{d}a_m^{(1)}(t)}{\mathrm{d}t} = \sum_n \langle m | \hat{H}'(t) | n \rangle e^{i\omega_{mn}t} a_n^{(0)}(t) \tag{6.4.7}$$

一般地，对于第 $r+1$ 级微扰，有

$$i\hbar \frac{\mathrm{d}a_m^{(r+1)}(t)}{\mathrm{d}t} = \sum_n \langle m | \hat{H}'(t) | n \rangle e^{i\omega_{mn}t} a_n^{(r)}(t) \tag{6.4.8}$$

整个过程表明，系统的初始状态 $|\psi(0)\rangle = \sum_n a_n^{(0)} |n\rangle$ 作为初条件给出了0级展开的系数 $a_n^{(0)}$，方程(6.4.7)给出态的展开系数的一级修正，依此类推，(6.4.8)式给出第 $r+1$ 级的修正结果.

回顾6.3节中讨论的自旋共振，有这样一类典型的含时问题. 当 $t\leqslant 0$ 时，量子系统的哈密顿量为不含时的 $\hat{H}_0$，系统处于能级 E_i，相应的态标记为$|i\rangle$，随时间的演化可以表示为

$$|\psi(t)\rangle = e^{-iE_i t/\hbar} |i\rangle, \quad t \leqslant 0$$

在时间间隔 $0\leqslant t\leqslant T$ 内,含时微扰项 $\lambda\hat{H}'(t)$ 介入,其间系统的态 $|\psi(t)\rangle$ 有形如(6.4.3)式的展开表示,并且系数 $a_n(t)$ 随时间变化. T 时刻以后,即 $t\geqslant T$ 时,微扰消失,系数 $a_n(t)$ 重又表现为常数 $a_n(T)$,即

$$|\psi(t)\rangle=\sum_n a_n(T)\mathrm{e}^{-\mathrm{i}E_nt/\hbar}|n\rangle,\quad t\geqslant T \tag{6.4.9}$$

进而关注这样的问题:由于微扰项对系统有干扰,当微扰消失后,系统处于 H_0 的某个能级 $E_f(f\neq i)$ 的概率为多少? 为了使描述简洁,我们暂且假设 $\hat{H}_0$ 的所有的能级 E_n 为非简并的,那么系统处于能级 E_f 的概率即为 $|a_f(T)|^2$,这被称为跃迁概率. 在一级近似下,由初条件 $a_f^{(0)}=0$ 以及(6.4.5)式可知,$a_f(T)\approx\lambda a_f^{(1)}(T)$,而 $a_f^{(1)}(T)$ 可以从方程(6.4.7)解出

$$a_f^{(1)}(T)=\frac{1}{\mathrm{i}\hbar}\int_0^T\langle f|\hat{H}'(t)|i\rangle\mathrm{e}^{\mathrm{i}\omega_{fi}t}\mathrm{d}t,\quad f\neq i \tag{6.4.10}$$

既然微扰使系统有一定的概率处于别的能级(如能级 E_f),那么系统处于初始能级 E_i 上的概率 $|a_i(T)|^2$ 将有所减小. 通过类似的推导当然可以给出 $|a_i(T)|^2$ 的近似结果,不过也可以做量级上的估算. 在时间间隔 $0\leqslant t\leqslant T$ 内,由 $|\psi(t)\rangle$ 的归一化,有

$$1=\langle\psi(t)|\psi(t)\rangle=|a_i(t)|^2+\sum_{n\neq i}|a_n(t)|^2$$

在一级近似下,对于 $n\neq i$, $|a_n(t)|\sim O(\lambda)$,故

$$|a_i(t)|\sim[1-O(\lambda^2)]^{1/2}=1-O(\lambda^2)$$

这表明在一级近似下,含时微扰只是对 $a_i(t)$ 的相位有影响,概率的减小则体现于更高级的近似修正.

现在可以阐述本节标题的意义了. 设系统的初态是简单的 $|i\rangle$ 并处于能级 E_i,含时微扰 $\hat{H}'(t)$ 的介入使得系统的状态变为叠加的形式,即(6.4.9)式. 对此最为朴素的说法是,系统从微扰场中吸收(或放出)能量,量子态从原先的定态变为非定态. 所谓的跃迁只是体现为从初始时刻的非叠加态变化为叠加形式的组合态,而不是从一个定态转变为另一个定态. 我们还可以说,由于微扰的影响,T 时刻以后,系统处于能级 E_f 的概率为 $|a_f(T)|^2$.

下面通过几个具体的含时微扰形式说明跃迁过程.

6.4.2 自旋共振

自旋 1/2 粒子在旋转磁场中的行为已在 6.3 节内容中讨论过并得到了精确解,这里采用微扰论的方法,并将近似解的结果与精确解作比较.

设粒子的初态为 $|i\rangle=|+\rangle$,对应的能级为 $E_i=\hbar\omega_0$,在从 0 到 T 的时间间隔

内旋转磁场存在，T 时刻以后，粒子处于能级 $E_f=-\hbar\omega_0$（相应的能量本征态为 $|f\rangle=|-\rangle$）的概率由(6.3.35)式严格地给出，即

$$|a_f(T)|^2=\frac{\omega_1^2}{\Omega^2}\sin^2\Omega T \tag{6.4.11}$$

其中，$\Omega=[(\omega_0-\omega/2)^2+\omega_1^2]^{1/2}$.

若采用含时微扰论，则将哈密顿量中的含时部分当场微扰项. 与旋转磁场

$$\boldsymbol{B}_1(t)=\boldsymbol{e}_x B_1\cos(\omega t)+\boldsymbol{e}_y B_1\sin(\omega t)$$

相关的哈密顿量为 $\hat{H}'(t)=-\boldsymbol{\mu}\cdot\boldsymbol{B}_1(t)$. 根据(6.4.10)式，有

$$\begin{aligned}a_f^{(1)}(T)&=\frac{1}{\mathrm{i}\hbar}\int_0^T\langle f\mid\hat{H}'(t)\mid i\rangle \mathrm{e}^{\mathrm{i}\omega_{fi}t}\mathrm{d}t\\&=\frac{1}{\mathrm{i}\hbar}\int_0^T\langle-|\,(-\hat{\boldsymbol{\mu}}\cdot\boldsymbol{B}_1(t))\,|+\rangle \mathrm{e}^{\mathrm{i}\omega_0 t}\mathrm{d}t\\&=\mathrm{i}\,\frac{\omega_1}{2(\omega_0-\omega/2)}[\mathrm{e}^{-\mathrm{i}(2\omega_0-\omega)T}-1]\end{aligned}$$

相应的概率为

$$|a_f^{(1)}(T)|^2=[\sin(\omega_0-\omega/2)T]^2\frac{\omega_1^2}{(\omega_0-\omega/2)^2} \tag{6.4.12}$$

因为 $a_f^{(0)}$ 始终为零，故(6.4.12)式结果即为 T 时刻以后粒子处于能级 $E_f=-\hbar\omega_0$ 的概率的一级近似值. 与精确结果(6.4.11)式比较，当 $|\omega_1/(\omega_0-\omega/2)|\ll 1$（这意味着旋转磁场的强度很弱）时，精确结果关于 ω_1 的一级展开给出近似值(6.4.12)式. 需要注意的是共振情形，共振条件是 $\omega_0-\omega/2=0$，此时上述条件不可能被满足. 精确解给出

$$|a_f(T)|^2=\sin^2\omega_1 T$$

而近似解为

$$|a_f^{(1)}(T)|^2=(\omega_1 T)^2$$

显然，微扰论的结果只有当 $|\omega_1 T|\ll 1$ 时才成立，或者说，在共振情形下，不论旋转磁场的强度有多小，只要它起作用的时间稍长，那么微扰论给出的结果将失去意义.

6.4.3 常微扰

设微扰项 $\hat{H}'$ 是不随时间变化的，但是在某一个特定的时刻它才被引入，而且 $\hat{H}'$ 可以与其他力学量有关，如位置、动量、自旋等. 为简单起见，这里不明确写出 $\hat{H}'$ 所依赖的力学量，但需明白 $\hat{H}'$ 不是简单的常数.

$$\hat{H}'(t)=\begin{cases}0, & t<0\\ \hat{H}', & t\geqslant 0\end{cases} \tag{6.4.13}$$

设 $t=0$ 时，系统处于未受扰的哈密顿量 $\hat{H}_0$ 的一个本征态 $|i\rangle$ 上，$|\psi(0)\rangle=|i\rangle$，即初条件为

$$a_n(0)=\delta_{ni} \tag{6.4.14}$$

在微扰的影响下，t 时刻系统的状态 $|\psi(t)\rangle$ 被表示为 $\sum\limits_n a_n(t)\mathrm{e}^{-\mathrm{i}E_nt/\hbar}\,|\,n\rangle$，即(6.4.3)式. 对于有着如此形式的终态，让我们考虑系统处于某个能级(如 E_f)的概率. 在一级近似下，$a_f(t)\approx a_f^{(0)}(t)+a_f^{(1)}(t)=a_f^{(1)}(t)$. 由(6.4.7)式，有

$$\begin{aligned}a_f^{(1)}(t)&=\frac{1}{\mathrm{i}\hbar}\int_0^t\langle f\mid\hat{H}'\mid i\rangle\mathrm{e}^{\mathrm{i}\omega_{fi}t'}\mathrm{d}t'=\frac{H'_{fi}}{\mathrm{i}\hbar}\int_0^t\mathrm{e}^{\mathrm{i}\omega_{fi}t'}\mathrm{d}t'\\&=\frac{H'_{fi}}{E_f-E_i}(1-\mathrm{e}^{\mathrm{i}\omega_{fi}t})\end{aligned} \tag{6.4.15}$$

其中，$H'_{fi}=\langle f|\hat{H}'|i\rangle$，需要在具体情形下计算. 由(6.4.15)式可以得到 t 时刻系统处于能级 E_f 的概率，即跃迁概率

$$\begin{aligned}|\,a_f^{(1)}(t)\,|^2&=\frac{|\,H'_{fi}\,|^2}{(E_f-E_i)^2}(2-2\cos\omega_{fi}t)\\&=\frac{4\,|\,H'_{fi}\,|^2}{(E_f-E_i)^2}\sin^2\left[\frac{(E_f-E_i)t}{2\hbar}\right]\end{aligned} \tag{6.4.16}$$

跃迁概率不但依赖于 $|H'_{fi}|^2$，而且和终态能级 E_f 有关. 如果能级的分布是离散的，那么该结果可以近似说明微扰导致的态的变化和能量的改变. 6.4.2 小节中有关自旋共振的近似处理即属于此类情形.

如果能级分布是连续的，则情况要复杂一些，我们只能追问这样的问题：系统的能量处于 E_f 的一个小邻域内的概率是多少？令

$$\omega=(E-E_i)/\hbar$$

考察函数 $4\sin^2\dfrac{\omega t}{2}\Big/\omega^2$. 该函数在 $\omega=\omega_{fi}$ 附近的行为有助于回答上述问题. 图 6.4.1 给出了函数图像.

可以看出，在偏离 $\omega=0$ 附近的区域，函数衰减得很快，最大值(峰值)为 t^2，中间最大的波包的宽度正比于 $1/t$. 系统有较大的可能性跃迁至分布于区域 $\omega\in(-2\pi/t,2\pi/t)$ 内的能级，而跃迁至其他能级上的概率很小而可被忽略.

设微扰作用于系统的时间为 Δt，其间系统的能级可能有所变化，有些变化量以较大的概率所发生，将这些较为显著的变化量记作 $\Delta E=E-E_i$. 那么有

$$\Delta E\Delta t=\omega\hbar\Delta t\sim\frac{2\pi\hbar}{\Delta t}\Delta t=h \tag{6.4.17}$$

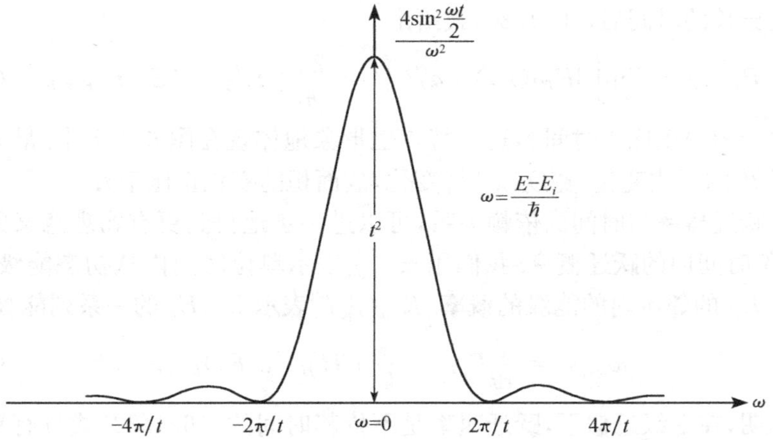

图 6.4.1　对于给定的 t，函数$4\sin^2\frac{\omega t}{2}\Big/\omega^2$ 关于 ω 的图像

这是不确定关系的一个体现.若微扰的影响时间较短，Δt 较小，图中的最高峰较低而平缓，微扰引起的能级的弥散较大，其不确定性也大.反之，若微扰作用了较长时间，图中的最高峰变得很尖锐，能级的改变就很小.

现在计算系统从初始能级 E_i 跃迁至连续地分布于某个 E_f 的邻域内的能级上的概率 $P_{fi}(t)$，而图 6.4.1 表明，E_f 不能偏离 E_i 太多，否则相应的跃迁概率很小，故我们要考虑的实际上就是

$$\sum_{f,E_f\approx E_i}|a_f^{(1)}|^2 \tag{6.4.18}$$

由于终态能级呈连续分布，故(6.4.18)式用求和号是不严格的.为此，定义位于能量间隔$(E,E+\mathrm{d}E)$内的能级所对应的量子态的数目为

$$\rho(E)\mathrm{d}E \tag{6.4.19}$$

$\rho(E)$被称为态密度.(6.4.18)式可改写为

$$\begin{aligned}\sum_{f,E_f\approx E_i}|a_f^{(1)}|^2\Rightarrow P_{fi}(t)&=\int\mathrm{d}E_f\rho(E_f)\,|a_f^{(1)}|^2\\&=4\int\sin^2\left[\frac{(E_f-E_i)t}{2\hbar}\right]\frac{|V_{fi}|^2}{(E_f-E_i)^2}\rho(E_f)\mathrm{d}E_f\end{aligned} \tag{6.4.20}$$

当微扰作用于系统的时间越长，可以为(6.4.20)式积分带来明显贡献的 E_f 的分布区域就越小.注意到极限

$$\lim_{t\to\infty}\frac{1}{(E_f-E_i)^2}\sin^2\left[\frac{(E_f-E_i)t}{2\hbar}\right]=\frac{\pi t}{2\hbar}\delta(E_f-E_i)$$

于是在充分长的时间后，(6.4.20)式给出

$$P_{fi}(t)=\lim_{t\to\infty}\int \mathrm{d}E_f\rho(E_f)\mid a_f^{(1)}\mid^2=\frac{2\pi}{\hbar}\mid H'_{fi}\mid^2\rho(E_f)t\mid_{E_f\approx E_i} \tag{6.4.21}$$

跃迁概率 $P_{fi}(t)$ 正比于时间 t，这一特点也形象地体现在图 6.4.1 中. 最大的波包的高度以 t^2 的形式变化，宽度以 $1/t$ 变化，故面积的变化正比于 t.

有了跃迁概率与时间的依赖关系，可以进一步地得到更有物理意义的跃迁速率，即单位时间内的跃迁概率. 我们用 $w_{i\to[f]}$ 表示单位时间内从初态能级 E_i 跃迁到末态的 E_f 的邻域内的能级的概率. 其中，$[f]$表示 $E\approx E_f$ 的一系列能级.

$$w_{i\to[f]}=\frac{\mathrm{d}}{\mathrm{d}t}P_{fi}=\frac{2\pi}{\hbar}\mid H'_{fi}\mid^2\rho(E_f)_{E_f\approx E_i} \tag{6.4.22}$$

该结果表明，在一级近似下，跃迁速率是不依赖时间的. (6.4.22)式具有重要的实际意义，被称作费米黄金规则. 也可以将(6.4.22)式写成更简单的形式，即

$$w_{i\to f}=\frac{2\pi}{\hbar}\mid H'_{fi}\mid^2\delta(E_f-E_i) \tag{6.4.23}$$

不过在实际应用中应将 $w_{i\to f}$ 与 $\rho(E_f)\mathrm{d}E_f$ 相乘然后作积分.

6.4.4 简谐微扰

前面讨论过的旋转磁场中的自旋共振现象属于一类更一般的含时微扰问题，即微扰项简谐地依赖于时间. 具有这样形式的微扰称为谐微扰，其形式为

$$\hat{H}'(t)=\hat{F}\mathrm{e}^{-\mathrm{i}\omega t}+\hat{F}^+\mathrm{e}^{\mathrm{i}\omega t},\quad 0\leqslant t\leqslant T \tag{6.4.24}$$

其中，$\hat{F}$ 和 $\hat{F}^+$ 是不依赖于时间的算子. 微扰项只在 $0\sim T$ 的时间间隔内作用于系统. 在 $t\leqslant 0$ 和 $t\geqslant T$ 时，不存在微扰项，系统的演化仅仅由未受扰的哈密顿量 $\hat{H}_0$ 确定.

设系统的初态是未受扰的 $\hat{H}_0$ 的能级为 E_i 的本征态 $|i\rangle$. 在 $t\geqslant T$ 的某个时刻，系统的状态由(6.4.9)式表示，即

$$|\psi(t)\rangle=\sum_n a_n(T)\mathrm{e}^{-\mathrm{i}E_nt/\hbar}\mid n\rangle,\quad t\geqslant T$$

根据前面已有的结论(6.4.10)式，其中与某个 $|f\rangle$ $(f\neq i)$ 对应的 $a_f(t)$ 的一级修正为

$$\begin{aligned}a_f^{(1)}(T)&=\frac{1}{\mathrm{i}\hbar}\int_0^T\langle f\mid\hat{H}'(t)\mid i\rangle\mathrm{e}^{\mathrm{i}\omega_{fi}t}\mathrm{d}t\\&=\frac{1}{\mathrm{i}\hbar}\langle f\mid\hat{F}\mid i\rangle\int_0^T\mathrm{e}^{\mathrm{i}(\omega_{fi}-\omega)t}\mathrm{d}t+\frac{1}{\mathrm{i}\hbar}\langle f\mid\hat{F}^+\mid i\rangle\int_0^T\mathrm{e}^{\mathrm{i}(\omega_{fi}+\omega)t}\mathrm{d}t\\&=\frac{\langle f\mid\hat{F}\mid i\rangle}{\hbar}\frac{1-\mathrm{e}^{\mathrm{i}(\omega_{fi}-\omega)T}}{\omega_{fi}-\omega}+\frac{\langle f\mid\hat{F}^+\mid i\rangle}{\hbar}\frac{1-\mathrm{e}^{\mathrm{i}(\omega_{fi}+\omega)T}}{\omega_{fi}+\omega}\end{aligned} \tag{6.4.25}$$

在能级非简并的情形下，$|a_f^{(1)}(T)|^2$ 即是从初态能级 E_i 跃迁到末态能级 E_f 的概率.

对(6.4.25)式做进一步分析. 其形式暗示着，只有当两项中某一项的分母接近于零时，振幅才有明显值. 当 $\omega\to\omega_{fi}$ 时，第一项重要；当 $\omega\to-\omega_{fi}$ 时，第二项重要. 在这两种情形下，$|a_f^{(1)}(T)|^2$ 有着较显著的变化(参看图 6.4.1)，$\omega=\pm\omega_{fi}$ 即为共振条件. 若 $\omega>0$，(6.4.25)式的第一项对应着能量的共振吸收，即系统吸收能量 $\hbar\omega=E_f-E_i$，从初态能级 E_i 跃迁至较高的末态能级 E_f；第二项意味着共振辐射，即系统放出能量 $\hbar\omega=E_i-E_f$，从初态能级 E_i 跃迁至较低的末态能级 E_f.

以共振吸收为例，此时(6.4.25)式右端第一项是主要的，而第二项表现为振荡，是有界的，故共振吸收的概率为

$$
\begin{aligned}
|a_f^{(1)}(T)|^2 &= \frac{|\langle f|\hat{F}|i\rangle|^2}{\hbar^2}\frac{|1-\mathrm{e}^{\mathrm{i}(\omega_{fi}-\omega)T}|^2}{(\omega_{fi}-\omega)^2} \\
&= \frac{|\langle f|\hat{F}|i\rangle|^2}{\hbar^2}\left(\frac{\sin\frac{\omega-\omega_{fi}}{2}T}{\frac{\omega-\omega_{fi}}{2}}\right)^2
\end{aligned}
\tag{6.4.26}
$$

设微扰存在的时间很长，$T\to\infty$，则有

$$
\begin{aligned}
\lim_{T\to\infty}|a_f^{(1)}(T)|^2 &= \frac{|\langle f|\hat{F}|i\rangle|^2}{\hbar^2}\lim_{T\to\infty}\left(\frac{\sin\frac{\omega-\omega_{fi}}{2}T}{\frac{\omega-\omega_{fi}}{2}}\right)^2 \\
&= \frac{|\langle f|\hat{F}|i\rangle|^2}{\hbar^2}2\pi T\delta(\omega-\omega_{fi}) \\
&= \frac{2\pi T}{\hbar}|\langle f|\hat{F}|i\rangle|^2\delta(\hbar\omega-E_f+E_i)
\end{aligned}
\tag{6.4.27}
$$

结果中出现的 δ 函数意味着(6.4.27)式不是等于零便是趋向于无穷大，这表明它不能用于初态能级和末态能级都是离散分布的情形[①]. 但是可以考虑这样的跃迁：系统从离散的初态能级跃迁至连续分布的末态能级，也就是说，末态能级 E_f 可被视为高度简并的，于是需要对所有可能的简并的末态能级作积分. 设 $\rho(E)\mathrm{d}E$ 为系统的能量处于 E 到 $E+\mathrm{d}E$ 内的态的数目，那么当微扰时间足够长，由(6.4.26)式可以得到系统从初始能级 E_i 吸收能量 $\hbar\omega$ 跃迁至末态能级的概率为

$$
P_{i\to[f]}(T)=\int\frac{2\pi T}{\hbar}|\langle f|\hat{F}|i\rangle|^2\delta(\hbar\omega-E_f+E_i)\rho(E_f)\mathrm{d}E_f
$$

---

① 自旋 1/2 粒子在旋转磁场中的跃迁属于初态和末态能级均为离散的情形，在前面给出的有关讨论中我们提到过，当共振发生时，若旋转磁场的作用时间较长，微扰论给出的结果就失去其意义.

$$= \frac{2\pi T}{\hbar} |\langle f | \hat{F} | i \rangle|^2 \rho(E_i + \hbar\omega) \tag{6.4.28}$$

其中，$[f]$表示 $E \approx E_f$ 的一系列能级. 接着有跃迁速率

$$w_{i\to[f]} = \frac{\mathrm{d}P_{i\to[f]}}{\mathrm{d}t} = \frac{2\pi}{\hbar} |\langle f | \hat{F} | i \rangle|^2 \rho(E_i + \hbar\omega) \tag{6.4.29}$$

再次得到费米黄金规则.

6.5 原子辐射

含时微扰论最早被用来研究物质的辐射现象. 较为形象而直观的辐射现象是，处于外加电磁场中的原子吸收能量跃迁到较高能级，或者从较高能级跃迁至较低能级而放出光子. 这些现象分别是光的吸收和辐射，它们缘于原子与外场（一般是电磁场或光场，统称为辐射场）的相互作用，光的吸收和放出是由外场诱导所致. 解决这类问题时，可以将外场视作对于原子的含时干扰. 本节将采用半经典的近似处理. 所谓半经典，指的是，一方面将原子视作量子体系，并且只考虑单个原子而不涉及原子间的关联与合作现象；另一方面将辐射场作为经典意义上的场对待. 另外还存在原子的自发辐射现象，即在没有外场的情况下，处于激发能级的原子跃迁至能量较低的能级而放出光子. 处理自发辐射问题需把电磁场量子化，这属于量子电动力学的内容. 本节将介绍爱因斯坦提出的一个半唯象地处理自发辐射的理论. 该理论出现的时候，量子力学的理论体系尚未完全建立，而其结果在现代量子电动力学看来依然成立.

6.5.1 哈密顿量

在本小节中，我们使用含时微扰论的方法讨论原子中的电子与经典辐射场的相互作用，解释外场诱导原子产生光的吸收和放出.

首先给出电磁场中电子的哈密顿量. 设电子的质量为 μ，带电量为 $-e<0$，在原子的势能 V 中的运动. 电磁场的标量势和矢量势分别为 ϕ 和 $\boldsymbol{A}$，则电子的哈密顿量为

$$\hat{H} = \frac{1}{2\mu}(\hat{\boldsymbol{p}} + e\boldsymbol{A})^2 - e\phi + V \tag{6.5.1}$$

对于微扰论而言，可以选择未受扰的哈密顿量为自由原子中电子的哈密顿量，即

$$\hat{H}_0 = \frac{\hat{\boldsymbol{p}}^2}{2\mu} + V \tag{6.5.2}$$

而含时微扰项则是

$$\hat{H}'(t)=\frac{e}{2\mu}(\hat{\boldsymbol{p}}\cdot\boldsymbol{A}+\boldsymbol{A}\cdot\hat{\boldsymbol{p}})+\frac{e^2}{2\mu}(\boldsymbol{A}\cdot\boldsymbol{A})-e\phi \tag{6.5.3}$$

$\hat{H}'(t)$描述了电子与辐射场的相互作用.

6.5.2 规范变换问题

以前我们提到过,给定电场强度 $\boldsymbol{E}$ 和磁感应强度 $\boldsymbol{B}$,可以用多种形式的标量势和矢量势与之对应,这实际上是在经典电磁学的意义上的规范变换. 在量子理论中,还需要考虑对量子态作相应的变换.

场与势之间的关系为

$$\boldsymbol{E}=-\nabla\phi-\frac{\partial\boldsymbol{A}}{\partial t},\quad \boldsymbol{B}=\nabla\times\boldsymbol{A} \tag{6.5.4}$$

容易验证,薛定谔方程在如下变换下是不变的:

$$\begin{aligned}\boldsymbol{A}\rightarrow\boldsymbol{A}'&=\boldsymbol{A}+\nabla\chi\\ \phi\rightarrow\phi'&=\phi-\frac{\partial\chi}{\partial t}\end{aligned} \tag{6.5.5}$$

$$\psi\rightarrow\psi'=\psi\mathrm{e}^{-\mathrm{i}(e/\hbar)\chi} \tag{6.5.6}$$

其中,$\psi=\psi(\boldsymbol{x},t)$是电子状态在坐标表象中的波函数,$\chi=\chi(\boldsymbol{x},t)$是任意的标量函数. 上述三个变换构成了量子情形下的规范变换. 但是,在我们将要考虑的含时微扰方法中,以上变换将带来一些含混之处.

我们已经知道,处理含时微扰问题的第一步是将量子态在未受扰的哈密顿量 $\hat{H}_0$ 的本征态上做展开,即

$$|\psi(t)\rangle=\sum_n c_n(t)\,|\,n\rangle \tag{6.5.7}$$

这里的含时展开系数 $c_n(t)$实际上就是(6.4.3)式中的 $a_n(t)\mathrm{e}^{-\mathrm{i}E_nt/\hbar}$. 再设想通过规范变换,用不同的势来描述原有问题,$|\psi'(t)\rangle$表示规范变换后的态,有

$$|\psi'(t)\rangle=\sum_n c'_n(t)\,|\,n\rangle \tag{6.5.8}$$

而原先的态$|\psi\rangle$与变换后的态$|\psi'\rangle$之间的联系由(6.5.6)式给出,于是系数 $c_n(t)$和 $c'_n(t)$之间有如下联系:

$$c'_n(t)=\sum_m\langle n\,|\exp\left(-\frac{\mathrm{i}e\chi}{\hbar}\right)|\,m\rangle c_m(t) \tag{6.5.9}$$

显然,一般情形下$|c_n(t)|^2$ 和$|c'_n(t)|^2$ 未必相等,就是说,$|c_n(t)|^2$ 不是规范不变的. 于是$|c_n(t)|^2$ 就失去了作为概率密度的明确的物理意义了.

为此,我们再次强调并运用处理含时微扰时常用的说法:微扰在 $0\sim T$ 的时间

间隔内起作用，当 $t>T$ 时微扰解除. 也就是说，$t>T$ 时电场和磁场为零，于是自然地令 $\boldsymbol{A}=0$ 和 $\phi=0$. 虽然规范变换意味着具有形如 $\boldsymbol{A}=\nabla\chi$ 和 $\phi=-\partial\chi/\partial t$ 的势依然可以对应于零场强，但是我们选择 $\chi(\boldsymbol{x},t)=0(t>T)$ 以使得当 $t>T$ 时恒有 $|\psi(t)|=|\psi'(t)|$，于是将 $|c_n(t)|^2$ 理解为系统处于终态能级 E_n 的概率再无歧义.

再有一点需要指出的是，上述关于 $|c_n(t)|$ 必须为规范不变的要求是针对薛定谔方程的严格解而言的，而并不意味着某一级的近似修正也必须满足规范不变. 实际上，由(6.5.3)式表示的微扰项本身并不是规范不变的，故在实际问题中仍有充分的自由选择适当的规范条件.

6.5.3 电偶极近似

首先让我们来比较一下原子的大小与辐射波的波长. 频率为 ω 的辐射波具有能量 $\hbar\omega$，其量级应该相当于原子的能级差，即

$$\hbar\omega\sim\frac{Ze^2}{a_0/Z}\approx\frac{Ze^2}{R_{\text{atom}}}$$

其中，Z 为核电荷数，R_{atom} 指原子半径. 注意到 $c/\omega=\lambdabar$，有

$$\lambdabar\sim\frac{\hbar cR_{\text{atom}}}{Ze^2}\approx\frac{137R_{\text{atom}}}{Z}$$

也就是说

$$\frac{R_{\text{atom}}}{\lambdabar}\sim\frac{Z}{137}$$

对于轻原子，上式远小于 1，就是说，绝大多数情形下，辐射场的波长比原子的尺度大得多，于是可以忽略在原子尺度范围内的场的变化.

再来考虑电场和磁场对于原子中的电子的作用力的大小. 辐射场的电场成分和磁场成分有着相同的量级，而对于以速度 v 运动的电子，磁场力的大小在量级上相当于电场力乘以 v/c，可见磁场力很小而可被忽略. 我们所谓的电偶极近似便建立在这两个条件上：①在原子尺度的范围内辐射场的变化可以忽略；②磁场的影响可以忽略.

既然磁场可忽略，那么对于电场 $\boldsymbol{E}(x,t)$ 以及磁场 $\boldsymbol{B}=0$，可以选择矢量势和标量势为

$$\boldsymbol{A}=0,\quad \phi=-\int_0^{\boldsymbol{x}}\boldsymbol{E}(x',t)\cdot\mathrm{d}\boldsymbol{x}'$$

由于 $\boldsymbol{B}=0$，$\nabla\times\boldsymbol{E}=-\partial\boldsymbol{B}/\partial t=0$，故上式中的积分不依赖于路径. 又因为在原子大小的范围内辐射场的变化可以忽略，我们可以通过规范变换使得矢量势和标量势具有如下形式：

$$\boldsymbol{A} = 0, \quad \phi = -\boldsymbol{x} \cdot \boldsymbol{E}(0,t) \tag{6.5.10}$$

设原子核(或者说原子的正电荷中心)位于 $\boldsymbol{x}=0$ 处,则电子具有的电势能 $-e\phi$ 来自于电子与原子核间的电偶极矩与电场间的相互作用. 在电场较弱时,(6.5.3)式表示的微扰哈密顿量为

$$\hat{H}_1 = e\boldsymbol{x} \cdot \boldsymbol{E}(0,t) \tag{6.5.11}$$

(6.5.11)式是微扰项(6.5.3)式基于电偶极近似的结果,下面给出另外一种处理方法并作比较.

处理微扰项(6.5.3)式的一个常见的方法是将它以势的幂次作展开. 由于在辐射场中有$\nabla \cdot \boldsymbol{E}=0$,可以通过规范变换使得 $\phi=0$ 以及$\nabla \cdot \boldsymbol{A}=0$,然后以 $\boldsymbol{A}$ 的幂次对 $\hat{H}'$ 作展开. 让我们考虑精确到 $\boldsymbol{A}$ 的一次幂的情形. 由于采用了库仑规范$\nabla \cdot \boldsymbol{A}=0$,式中 $\boldsymbol{A}$ 的一次项可写为

$$\hat{H}'_1 = \frac{e}{2\mu}(\hat{\boldsymbol{p}} \cdot \boldsymbol{A} + \boldsymbol{A} \cdot \hat{\boldsymbol{p}}) = \frac{e}{\mu}\boldsymbol{A} \cdot \hat{\boldsymbol{p}} \tag{6.5.12}$$

这就是所谓的相互作用的“$\boldsymbol{A} \cdot \hat{\boldsymbol{p}}$”项.

当电偶极近似成立的时候,电场为 $\boldsymbol{E}=\boldsymbol{E}(\boldsymbol{x},t)\approx\boldsymbol{E}(\boldsymbol{0},t)$,磁场为 $\boldsymbol{B}=0$,相应的矢量势可以选择为

$$\boldsymbol{A}(\boldsymbol{x},t) = -\int \boldsymbol{E}(\boldsymbol{x},t)\,\mathrm{d}t$$

标量势则是简单的 $\phi(\boldsymbol{x},t)=0$. 若电场对时间的依赖关系为 $\mathrm{e}^{-\mathrm{i}\omega t}$,那么我们可以将矢量势写作 $\boldsymbol{A}=\boldsymbol{E}/\mathrm{i}\omega$. 注意到 $\hat{\boldsymbol{p}}/\mu=(\mathrm{i}/\hbar)[\hat{H}_0,\boldsymbol{x}]$,我们有

$$\hat{H}'_1 = \frac{e}{\hbar\omega}[\hat{H}_0,\boldsymbol{x}] \cdot \boldsymbol{E}$$

$\hat{H}'_1$在 $\hat{H}_0$ 的表象中的矩阵元为

$$\langle m \mid \hat{H}'_1 \mid n\rangle = \frac{e}{\hbar\omega}(E_m - E_n)\langle m \mid \boldsymbol{x} \cdot \boldsymbol{E} \mid n\rangle = \frac{\omega_{mn}}{\omega}\langle m \mid \hat{H}_1 \mid n\rangle$$

其中,$\omega_{mn}=(E_m-E_n)/\hbar$. 至此我们发现,两种不同的处理方法给出的矩阵元相差一个因子 ω_{mn}/ω,只有在共振发生的时候,即 $\omega=\omega_{mn}$,它们才是等价的. 导致这种差别的原因是,我们已经设定微扰项在 $0\sim T$ 的时间间隔内起作用,而在 $t<0$ 和 $t>T$ 时是没有微扰的. 在 $t=0$ 和 $t=T$ 时刻,微扰发生了不连续的变化. 对于(6.5.11)式所示的微扰形式,只需要求电场 $\boldsymbol{E}(0,t)$ 有不连续的变化,而对于(6.5.12)式所示的微扰形式,则要求 $\boldsymbol{A} \cdot \hat{\boldsymbol{p}}$ 从零突变为有限值或者从有限值突变为零,这导致电场 $\boldsymbol{E}=-\partial\boldsymbol{A}/\partial t$ 在 $t=0$ 和 $t=T$ 时刻为 δ 函数,在实际情形中是难以接受的.

为了利用 6.4 节中有关简谐微扰的分析讨论原子受外场影响的诱导辐射和吸

收，我们设(6.5.11)式的函数微扰具有如下形式：

$$\hat{H}'(t)=\begin{cases}e\boldsymbol{x}\cdot\boldsymbol{E}_0(\mathrm{e}^{-\mathrm{i}\omega t}+\mathrm{e}^{\mathrm{i}\omega t}), & 0<t<T\\ 0, & t<0\text{ 和 }t>T\end{cases}\tag{6.5.13}$$

其中，$\boldsymbol{E}_0$ 是常矢量，给出了辐射场的强度和极化方向. 辐射场的频率是单一的 ω，表明这里采用的辐射场模型相当于单色光场. (6.5.13)式给出的微扰相当于在(6.5.2)式中令 $\hat{F}=\hat{F}^+=e\boldsymbol{x}\cdot\boldsymbol{E}_0$. 若 $t=0$ 电子的初态为 $\hat{H}_0$ 的具有能量 E_i 的本征态，那么在 $t>T$ 时刻，电子处于终态能级 E_f 的概率为 $|a_f^{(1)}|^2$，而概率幅 $a_f^{(1)}$ 由(6.4.25)给出.

如果初态能级和末态能级都是离散分布的，那么我们所关注的跃迁相当于发生在一个两能级系统内的能级跃迁，于是这种情形就非常类似于自旋共振. 而需要注意的是，由含时微扰方法得到的跃迁概率在很大程度上依赖于微扰项的作用时间.

接下来让我们考虑(6.5.13)式所示的微扰项引起系统发生共振吸收($E_f>E_i$)的概率，当辐射场的频率 ω 近似等于 $\omega_{fi}=(E_f-E_i)/\hbar$ 的时候，(6.4.25)式的第一项是主要的，辐射场引起原子的共振(或近共振)吸收的概率为

$$|a_f^{(1)}(T)|^2=\frac{e^2\,|\langle f|\boldsymbol{x}\cdot\boldsymbol{E}_0|i\rangle|^2}{\hbar^2}\left(\frac{\sin\dfrac{\omega-\omega_{fi}}{2}T}{\dfrac{\omega-\omega_{fi}}{2}}\right)^2\tag{6.5.14}$$

这个表达式告诉我们的，仅仅是具有单一频率 ω 并且是线性极化的辐射场引起的能级跃迁概率. 我们可以也应该考虑更为一般的情形，于是做如下两种的推广：①辐射场不是单一频率(单色)的平面波，而是由一系列频率呈连续分布的单色光非相干地叠加而成；②辐射场不是线性极化的，而是非极化的自然光，就是说，电场 $\boldsymbol{E}_0$ 的指向在空间中是各向同性的.

对于第①种推广，可以对辐射场作频谱分析从而知道频谱密度，再注意到组成辐射场的单色光是非相干地叠加的，于是可以将(6.5.14)式给出的 $|a_f^{(1)}(T)|^2$ 乘以频谱密度然后对频率积分. 对于第②种推广，我们将 $\boldsymbol{E}_0$ 的方向做平均，有

$$\begin{aligned}|\langle f|\boldsymbol{x}\cdot\boldsymbol{E}_0|i\rangle|^2&\xrightarrow{\text{对 }\boldsymbol{E}_0\text{ 方向平均}}\frac{1}{3}|\boldsymbol{E}_0|^2|\langle f|\boldsymbol{x}|i\rangle|^2\\&=\frac{1}{3}|\boldsymbol{E}_0|^2\langle f|\boldsymbol{x}|i\rangle\cdot\langle i|\boldsymbol{x}|f\rangle\end{aligned}$$

这里出现了 $|\boldsymbol{E}_0|^2$，这与电磁场的能量密度有关，提示我们需将频谱密度和能量密度联系起来. 我们知道，电磁场的瞬时能量密度可以表示为 $|\boldsymbol{E}|^2/4\pi$，这里包括了来自电场和磁场的贡献. 回顾(6.5.13)式，微扰项中的电场为 $\boldsymbol{E}=2\boldsymbol{E}_0\cos\omega t$，故一

个周期内$|\boldsymbol{E}|^2$的平均值为$2|\boldsymbol{E}_0|^2$. 设在ω的邻域$(\omega,\omega+\mathrm{d}\omega)$内，能量密度的时间平均为$u(\omega)\mathrm{d}\omega$，我们有

$$\frac{2|\boldsymbol{E}_0|^2}{4\pi}=u(\omega)\mathrm{d}\omega$$

将$|\boldsymbol{E}_0|^2$代之以$2\pi u(\omega)\mathrm{d}\omega$，考虑微扰作用的时间较长，即

$$\lim_{T\to\infty}\left(\frac{\sin\dfrac{\omega-\omega_{fi}}{2}T}{\dfrac{\omega-\omega_{fi}}{2}}\right)^2=2\pi\delta(\omega-\omega_{fi})T$$

于是得到共振吸收的跃迁概率

$$P_{吸收}=\int|a_f^{(1)}(T)|^2=\frac{4\pi^2}{3}\left(\frac{e}{\hbar}\right)^2u(\omega_{fi})|\langle f|\boldsymbol{x}|i\rangle|^2T \quad (6.5.15)$$

为了形式上的简洁，(6.5.15)式的积分表达式中没有明确注明积分参量，但是其意义已经体现于上述讨论中，即考虑了辐射场的频率的连续变化和电场方向的随机分布.

单位时间内发生跃迁的概率，即跃迁速率为

$$\begin{aligned}R_{吸收}&=T^{-1}\int|a_f^{(1)}(T)|^2=\frac{4\pi^2}{3}\left(\frac{e}{\hbar}\right)^2u(\omega_{fi})|\langle f|\boldsymbol{x}|i\rangle|^2\\&\equiv B_{i\to f}u(\omega_{fi})\end{aligned} \quad (6.5.16)$$

$$B_{i\to f}=\frac{4\pi^2}{3}\left(\frac{e}{\hbar}\right)^2|\langle f|\boldsymbol{x}|i\rangle|^2$$

其中，$B_{i\to f}$称为(偶极辐射)吸收系数.

若原子受外场诱导发生退激发，即从较高能级E_f跃迁至较低能级E_i，则放出光子. 基本上相同的计算过程可以给出这种受激辐射的概率

$$P_{发射}=\frac{4\pi^2}{3}\left(\frac{e}{\hbar}\right)^2u(\omega_{fi})|\langle i|\boldsymbol{x}|f\rangle|^2T \quad (6.5.17)$$

受激辐射的跃迁速率为

$$\begin{aligned}R_{发射}&=P_{发射}/T=\frac{4\pi^2}{3}\left(\frac{e}{\hbar}\right)^2u(\omega_{fi})|\langle i|\boldsymbol{x}|f\rangle|^2\\&\equiv B_{f\to i}u(\omega_{fi})\end{aligned} \quad (6.5.18)$$

$$B_{f\to i}=\frac{4\pi^2}{3}\left(\frac{e}{\hbar}\right)^2|\langle i|\boldsymbol{x}|f\rangle|^2$$

其中，系数$B_{f\to i}$称为(偶极辐射)发射系数.

6.5.4 选择定则

要能发生跃迁,则至少吸收系数或发射系数不为零. 这些系数依赖于矩阵元

$$\langle f \mid \boldsymbol{x} \mid i \rangle$$

原子的初态和末态可分别一般地表示为

$$\mid i\rangle = \mid nlm\rangle, \quad \mid f\rangle = \mid n'l'm'\rangle$$

而从球谐函数的表达式知

$$\begin{aligned} x &= r\sqrt{\frac{2\pi}{3}}(\mathrm{Y}_{11} - \mathrm{Y}_{1-1}) \\ y &= ir\sqrt{\frac{2\pi}{3}}(\mathrm{Y}_{11} + \mathrm{Y}_{1-1}) \\ z &= \sqrt{\frac{4\pi}{3}} r\mathrm{Y}_{10} \end{aligned} \tag{6.5.19}$$

于是知矩阵元为

$$\langle f \mid \boldsymbol{x} \mid i \rangle \sim \langle n'l'm' \mid r\mathrm{Y}_{1q} \mid nlm \rangle, \quad q = 1, 0, -1 \tag{6.5.20}$$

我们看这个矩阵元中的角向积分

$$\langle l'm' \mid \mathrm{Y}_{1q} \mid lm \rangle = \int \mathrm{d}\Omega \mathrm{Y}^*_{l'm'} \mathrm{Y}_{1q} \mathrm{Y}_{lm} \tag{6.5.21}$$

利用公式

$$\begin{aligned} \mathrm{Y}_{10}\mathrm{Y}_{lm} &= \sqrt{\frac{3}{4\pi}\frac{(l+1)^2 - m^2}{(2l+1)(2l+3)}}\mathrm{Y}_{l+1,m} + \sqrt{\frac{3}{4\pi}\frac{l^2 - m^2}{(2l-1)(2l+1)}}\mathrm{Y}_{l-1,m} \\ \mathrm{Y}_{11}\mathrm{Y}_{lm} &= -\sqrt{\frac{3}{8\pi}\frac{(l-m)(l-m-1)}{(2l-1)(2l+1)}}\mathrm{Y}_{l-1,m+1} \\ &\quad + \sqrt{\frac{3}{8\pi}\frac{(l+m+1)(l+m+2)}{(2l+1)(2l+3)}}\mathrm{Y}_{l+1,m-1} \\ \mathrm{Y}_{1-1}\mathrm{Y}_{lm} &= -\sqrt{\frac{3}{8\pi}\frac{(l+m)(l+m-1)}{(2l-1)(2l+1)}}\mathrm{Y}_{l-1,m+1} \\ &\quad + \sqrt{\frac{3}{8\pi}\frac{(l-m+1)(l-m+2)}{(2l+1)(2l+3)}}\mathrm{Y}_{l+1,m-1} \end{aligned} \tag{6.5.22}$$

由球谐函数的正交归一性知道,积分不为零的条件是

$$\begin{aligned} \Delta l &= l' - l = \pm 1 \\ \Delta m &= m' - m = 0, \pm 1 \end{aligned} \tag{6.5.23}$$

也就是说,它们是原子发生辐射跃迁的必要条件,称为原子偶极跃迁的选择定则.

6.5.5 自发辐射

在前面小节中，我们讨论的是原子受到外场的诱导而发生能级跃迁，包括能量的吸收和辐射. 另一方面，我们又知道，处于激发态的原子可以自发地放出能量而跃迁到基态，这种现象不能用我们已知的含时微扰论加以解释. 其主要原因在于我们把原子当作量子系统而把电磁场作为经典场处理的. 在没有外场的时候，微扰项 $\hat{H}'$ 恒为零，非微扰项 $\hat{H}_0$ 的所有的本征态均为定态，于是引发能级跃迁的机制无从谈起.

当我们把电磁场作为量子系统看待的时候，有其相应的哈密顿量 $\hat{H}_{em}$，其量子态为一定态 $|em\rangle$. 设原子的哈密顿量为 $\hat{H}_{at}$（这也就是前面提到的 $\hat{H}_0$），原子处于 $\hat{H}_{at}$ 的某一个本征态 $|atom\rangle$——不论是基态或者是激发态. 如原子与电磁场之间没有相互耦合，那么原子和场的整体的哈密顿量为 $\hat{H}=\hat{H}_{at}+\hat{H}_{em}$. 由于 $\hat{H}_{at}$ 和 $\hat{H}_{em}$ 描述的是不同的体系，故这两个哈密顿量是彼此对易的，而整个体系的态可以表示为 $|atom\rangle\otimes|em\rangle$，这是一个定态，即使原子的状态为激发态，也不可能跃迁到能量较低的能级. 但是，原子和场之间是有相互作用的，更为合理的描述原子和场的哈密顿量应该是

$$\hat{H}=\hat{H}_{at}+\hat{H}_{em}+\hat{H}_{int}$$

表示相互作用的项 $\hat{H}_{int}$ 与其他两项不对易，一般来说，描述原子的哈密顿量 $\hat{H}_{at}$ 与整体哈密顿量 $\hat{H}$ 也是不对易的，故 $\hat{H}_{at}$ 的本征态不再是 $\hat{H}$ 的本征态，随着时间的演化，原子有可能发生能级跃迁.

只有把辐射场作为量子体系处理才能解释原子的自发辐射，而这么做是需要量子电动力学. 而爱因斯坦在 1917 年——那时量子理论尚未完全建立——给出了关于自发辐射的最重要的结论，下面我们做简要介绍.

不妨设处于能级 E_n 的原子数为 $N(n)$，并考虑原子在能级 E_i 和 $E_f(>E_i)$ 之间跃迁. 原子受外场激发从低能级跃迁到高能级需要从外场中吸收能量，相应的跃迁概率和跃迁速率（即单位时间内的跃迁概率）已经在 6.5.4 小节中给出. (6.5.16)式表明，单个原子从 E_i 激发至 E_f 的跃迁速率具有形式 $B_{i\to f}u(\omega_{fi})$，$u(\omega_{fi})$ 是电磁场在频率 ω_{fi} 附近的能量密度. 而处于能级 E_i 的原子个数为 $N(i)$，故单位时间内发生跃迁 $E_i\to E_f$ 的概率为 $B_{i\to f}u(\omega_{fi})N(i)$. 原子从高能级退激发而跃迁至低能级则分为两种情况：受外场诱导而发生的受激辐射以及无外场时的自发辐射. 由(6.5.18)式，受激辐射的跃迁速率可以表示为 $B_{f\to i}u(\omega_{fi})N(f)$，其中 $N(f)$ 为处于激发态能级 E_f 的原子的个数. 对于自发辐射，爱因斯坦唯象地将其跃迁速率表示为 $A_{f\to i}N(f)$，并且认为，原子的激发与退激发应该达到平衡，也就是

$$B_{f\to i}u(\omega_{fi})N(f)+A_{f\to i}N(f)=B_{i\to f}u(\omega_{fi})N(i) \tag{6.5.24}$$

进一步地，爱因斯坦假设原子的受激辐射的概率等于原子吸收能量发生激发的概率. 实际上，比较(6.5.16)和(6.5.18)两式可以发现

$$B_{i\to f}=\frac{4\pi^2}{3}\left(\frac{e}{\hbar}\right)^2\ |\langle f\mid \boldsymbol{x}\mid i\rangle|^2=\frac{4\pi^2}{3}\left(\frac{e}{\hbar}\right)^2\ |\langle i\mid \boldsymbol{x}\mid f\rangle|^2=B_{f\to i}$$

即这个假设与量子理论的计算结果是吻合的. 回到(6.5.24)式，可以将电磁场在频率 ω_{fi} 附近的能量密度 $u(\omega_{fi})$ 表示为

$$u(\omega_{fi})=\frac{A_{f\to i}N(f)}{B_{f\to i}[N(i)-N(f)]}$$

再来考虑 $N(i)$ 与 $N(f)$ 的关系. 在热平衡状态下，原子占据不同能级上的个数（或概率）服从玻尔兹曼分布. 在温度为 T 时，有

$$\frac{N(i)}{N(f)}=\exp\left(\frac{E_f-E_i}{kT}\right)=\exp\left(\frac{\hbar\omega_{fi}}{kT}\right) \tag{6.5.25}$$

能量密度就此改写为

$$u(\omega_{fi})=\frac{A_{f\to i}/B_{f\to i}}{\exp(\hbar\omega_{fi}/kT)-1} \tag{6.5.26}$$

到目前为止，尚未完全确定的量有 $u(\omega_{fi})$ 和 $A_{f\to i}$. 注意到这个结果非常类似于普朗克的黑体辐射的频谱公式，这提示我们去寻求 $u(\omega_{fi})$ 与普朗克公式的对应. (6.5.26)式中的 $A_{f\to i}$ 和 $B_{f\to i}$ 实际上来自于量子力学意义上的概率，它们与温度无关，所以可以将(6.5.26)式看成是普朗克公式在高温低频时的形式，即瑞利-金斯公式

$$u(\omega_{fi})=\frac{2\omega_{fi}^2}{\pi c^3}kT \tag{6.5.27}$$

于是有

$$A_{f\to i}=\frac{2\hbar\omega_{fi}^3}{\pi c^3}B_{f\to i} \tag{6.5.28}$$

这就是爱因斯坦关于自发辐射跃迁速率的公式. 虽然这一结果是通过唯象的考虑——即(6.5.24)式——而得到的，但是在量子电动力学中仍然成立.

6.5.6 激发态寿命

处于受激态的原子可以自发地跃迁到低能态，这说明原子处于受激态的时间是有限的. 显然，自发跃迁的概率越大，原子越容易产生自发跃迁，因此原子处于受激态的时间就越短. 现在我们设原子处于受激态 $|f\rangle=|\varepsilon_2\rangle\equiv|2\rangle$ 的原子个数为 N_2，在时间 t 到 $t+\mathrm{d}t$ 间隔内自发跃迁到低能态 $|i\rangle=|\varepsilon_1\rangle\equiv|1\rangle$ 的数目是

$$-\mathrm{d}N_2 = A_{21}N_2\mathrm{d}t \tag{6.5.29}$$

(6.5.29)式左边取负号的原因是,自发跃迁的原子数目就等于受激态原子数目的减少($-\mathrm{d}N_2$).将(6.5.29)式积分,就得到 N_2 随时间变化的规律

$$N_2 = N_{20}\mathrm{e}^{-A_{21}t} \tag{6.5.30}$$

其中,N_{20}是 $t=0$ 时 N_2 的数值,即自发跃迁之前原子的总数.现在我们来求受激态$|2\rangle$的平均寿命.我们知道 $A_{21}N_2\mathrm{d}t$ 表示在 t 到 $t+\mathrm{d}t$ 内从 ε_2 跃迁到 ε_1 的原子数,而它同时也就是在受激态寿命为 t 秒的原子数.它们的寿命之和就等于 $tA_{21}N_2\mathrm{d}t$,而在时间从 $0\to\infty$ 经历了跃迁的所有一切原子的寿命的总和将是 $\int_0^\infty tA_{21}N_2\mathrm{d}t$,于是平均寿命 τ_{21} 为

$$\tau_{21} = \int_0^\infty tA_{21}N_2\mathrm{d}t/N_{20}$$

将(6.5.30)式代入上式,就得

$$\begin{aligned}\tau_{21} &= \int_0^\infty tA_{21}\mathrm{e}^{-A_{21}t}\mathrm{d}t = -\int_0^\infty t\frac{\mathrm{d}}{\mathrm{d}t}(\mathrm{e}^{-A_{21}t})\mathrm{d}t \\ &= \int_0^\infty \mathrm{e}^{-A_{21}t}\mathrm{d}t = 1/A_{21}\end{aligned} \tag{6.5.31}$$

(6.5.31)式表示,原子从激发态$|2\rangle$自发跃迁到$|1\rangle$态的平均寿命等于相应的自发跃迁概率 A_{21}的倒数.将(6.5.31)式代入(6.5.30)式,就得到

$$N_2 = N_{20}\mathrm{e}^{-t/\tau_{21}} \tag{6.5.32}$$

从(6.5.29)式可以看出,$\mathrm{d}t$ 时间内发生自发跃迁的原子数为 $A_{21}N_2\mathrm{d}t$,每一个原子跃迁时放出能量为 $\hbar\omega_{21}$ ($\omega_{21}=(\varepsilon_2-\varepsilon_1)/\hbar$),因此单位时间内放出的能量,即光照强度为

$$J = \hbar\omega_{21}A_{21}N_{20}\mathrm{e}^{-t/\tau_{21}} = J_0\mathrm{e}^{-t/\tau_{21}} \tag{6.5.33}$$

其中,$J_0=A_{21}N_{20}\hbar\omega_{21}$.这就是说,一个受激体系的光照强度必须按照一个指数的规律随着时间而减少.实验上证实了这一规律的存在,同时还可以利用这一规律来测定受激态的平均寿命 τ_{21}.在下面的表 6.5.1 中,我们列出了若干种原子激发态的平均寿命.

表 6.5.1　各种原子激发态的平均寿命

原　子	谱线符号	λ/nm	τ/s
H	$1^2S_{1/2}$-2^2P	121.6	1.2×10^{-8}
Na	$3^2S_{1/2}$-3^2P	589.659	1.6×10^{-8}
K	$4^2S_{1/2}$-4^2P	769.979	2.7×10^{-8}
Cd	5^1S_0-5^3P_1	326.1	2.5×10^{-6}
Hg	6^1S_0-6^3P_1	253.7	1×10^{-7}

从表6.5.1可以看出，原子处于激发态的平均寿命是非常短的，一般为10^{-8}s左右，经过这样长的时间，原子就会从激发态自发地跃迁到基态，并放出光子. 但是，在某些原子中，还存在着一种特殊的激发态，它们的寿命特别长，平均寿命可达到10^{-3}～1s数量级的时间，也就是说，它们比通常的原子激发态平均寿命要长10^5～10^8倍. 这种比较稳定的状态，称为亚稳态. 在氦原子中，激发态$1S2^3S_1$和$1S2^1S_0$就是两个亚稳态，从它们自发跃迁到氦的基态$1S1^1S_0$的概率都很小，根据(6.5.31)式，因而寿命都很长. 在其他，如氖原子、氪原子、氩原子、铬离子、钕离子、二氧化碳分子等量子体系中，都有这样亚稳态能级. 在后面我们将看到，这些亚稳能级的存在，提供了形成激光的重要条件.

6.6 激　光

激光已是现代光谱学中不可缺少的光源. 另外，激光的产生过程也是一个具体运用光和原子相互作用的基本知识的很好的例子.

激光(laser)是英文"light amplification by stimulated emission of radiation"的缩写.

6.6.1 激光基本原理

激光器由三个基本单元组成：

(1) 激活介质. 它可以是固体，如含钕的石榴石(钕作为发射激光的活性原子)、红宝石(掺铬离子的氧化铝晶体)，也可以是半导体(如砷化镓GaAs)、气体(如He-Ne，CO_2，Ar)或某些染料溶液. 染料激光器由于它可以连续调频，在实际应用中起了特别重要的作用.

(2) 谐振腔. 激活介质的两端是由镜子密封的. 两端放置的两块相互平行，并与激活介质的轴线垂直的反射镜和激活介质一起构成了光学谐振腔. 只有轴向运动的光子在两镜子间来回反射，而其他方向运动的光子会很快地离开激光器.

(3) 泵浦. 由6.5节的讨论已知，在热平衡条件下在不同能级上的原子数服从玻尔兹曼分布，一般情况下原子总是集中在较低能级. 而要产生激光必须要使原子数的分布反转，即占有较高能级上的粒子数比低能级的多(称为粒子数反转或粒子数布居反转)，如图6.6.1所示，从而产生大量的辐射跃迁，放出大量光子，提高激光强度. 为此，激光器必须不断地由外界泵入能量到激活介质中，把原子从低能级提升到高能级.

泵浦的方法取决于激活介质的原子. 如氦-氖激光器装有2～3mmHg的氦、氖混合气体(85%的氦和15%的氖气)的放电管. 放电过程中的高速电子使氦原子处于2^1S的亚稳态，然后氦原子通过和氖原子的碰撞，将能量传给氖原子，使氖原子

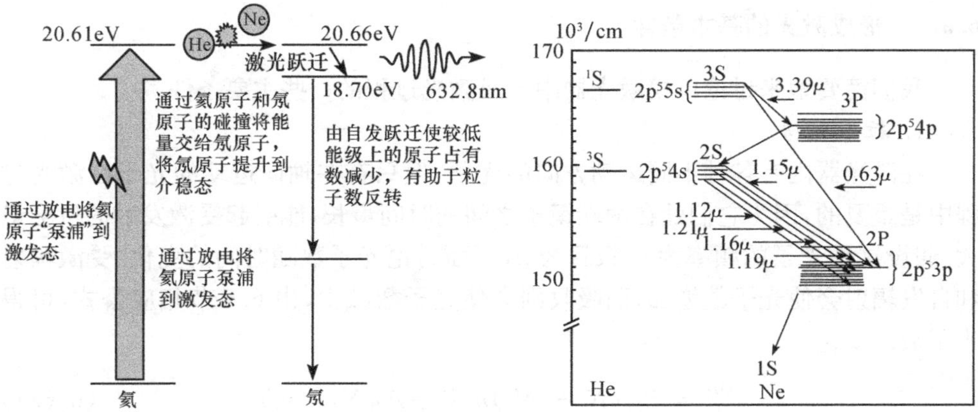

(a) (b)

图 6.6.1

(a) 氦-氖激光器工作机制的示意图；(b) 相关的氦和氖原子的能级

处在激发态，图 6.6.1(a)是激活过程的示意图，(b)给出氦原子和氖原子相应的能级. 于是处在激发态的原子会自发发射出光子，光子和其他的激发原子相互作用而使原子受激发射光子. 不断地重复这过程，就形成了光子雪崩. 当然，同时会越来越多的原子落到基态，所以需要通过泵浦不断地补充能量，增加在激发态上的原子，使系统达到平衡. 图 6.6.2 是氦-氖激光器的示意图.

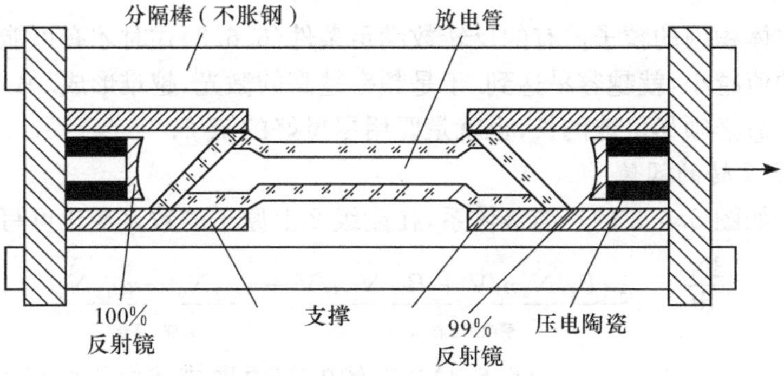

图 6.6.2 氦-氖激光器的示意图

He-Ne 激光器是最普通和便宜的气体激光器，一般它工作在 632.8nm 的波长上，放出红光. 它也可建造成产生波长为 543.5nm 的绿光或波长为 1 523nm 的红外线. 在光线到达一端反射镜的光路上放置棱镜(或光栅)，调整到只有某个波长的光通过棱镜后能垂直射在反射镜上，这样可调制激光器使得其只输出某个波长的光.

6.6.2 形成激光的基本条件

我们简要地来讨论单模激光器中形成激光过程的一些主要条件.

1. 粒子反转

在激光器内有各种不同运动方向的光子，但只有在轴向运动的光子在激光过程中是重要的，因为它们处在两端镜子之间的时间最长，能引起受激发射的机会最大. 假设这种光子的频率为 ν，数目为 n，下面讨论光子数随时间的变化. 受激辐射和自发辐射会使光子数增加，而吸收则会使光子数减少，由 6.5 节相应公式，可得光子数的变化

$$\frac{\mathrm{d}n}{\mathrm{d}t}=B_{21}(N_2-N_1)n/V+A_{21}N_2-n/t_0 \tag{6.6.1}$$

其中，V 是介质的体积，t_0 是光子在激光器中的寿命，n/t_0 是光子的单位时间损失率. 我们只对与 n 成正比的项（与光子雪崩有关）感兴趣，且自发辐射项基本上只是引起噪声，所以可忽略. 将爱因斯坦关系式代入，又 $A_{21}\approx 1/\tau$，τ 是能级的寿命，于是

$$\frac{\mathrm{d}n}{\mathrm{d}t}\approx\frac{c^3}{8\pi h\nu^3\tau}(N_2-N_1)n/V-n/t_0 \tag{6.6.2}$$

要能形成激光，则一定 $n\neq 0$，$\mathrm{d}n/\mathrm{d}t>0$，这样就有

$$\frac{N_2-N_1}{V}>\frac{8\pi h\nu^3\tau}{c^3t_0} \tag{6.6.3}$$

即只有单位体积内的粒子占有的反转数满足条件(6.6.3)式时才有可能形成激光. 式子右边的值越小，就越容易达到. 于是频率越高的激光，越难形成. 另外光子在激光器中的寿命必须尽可能的长，也就是要用尽量好的镜子.

2. 粒子反转的阈值

对一个如图 6.6.3 的三能级体系，在能级 2 上原子的数目变化可写为

$$\frac{\mathrm{d}N_2}{\mathrm{d}t}=\underbrace{-B_{21}N_2n/V+B_{12}N_1n/V}_{\text{受激相互作用}}+\underbrace{w_{20}N_0-w_{12}N_2}_{\text{泵浦+复合}} \tag{6.6.4}$$

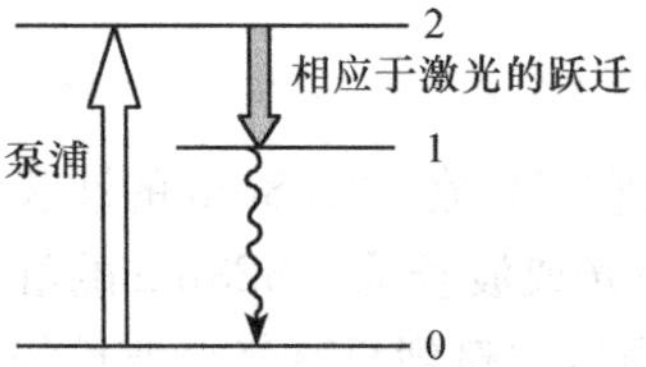

图 6.6.3 三能级系统激光泵浦的配置

(6.6.4)式右侧的前两项描述由于受激发射和吸收而引起占有数 N_2 的变化；第三项是泵浦将基态的原子提升而使 N_2 增加，w_{20} 表示由态 0 提升到态 2 的泵浦率；最后一项是态 2 通过非辐射的复合过程跳到态 1 的效应，这对激光没有贡献. 同样

$$\frac{\mathrm{d}N_1}{\mathrm{d}t}=B_{21}N_2n/V-B_{12}N_1n/V+w_{12}N_2-w_{01}N_1 \tag{6.6.5}$$

$$\frac{dN_0}{dt} = -w_{20}N_0 + w_{01}N_1 \tag{6.6.6}$$

如果忽略态2跳到态1的复合过程，并假设态1到态0的跃迁是非常快的，所以态1基本上不被占有，$N_1 \sim 0$. 于是 dN_2/dt 可写为

$$\begin{aligned}\frac{dN_2}{dt} &= -B_{21}N_2n/V + w_{12}\left(\frac{w_{20}}{w_{12}}N_0 - N_2\right)\\ &= -B_{21}N_2n/V + w_{12}(\overline{N}_2 - N_2)\end{aligned} \tag{6.6.7}$$

其中，$\overline{N}_2 = W_{20}N_0/W_{12}$，代表 $n=0$ 时由泵浦和弛豫过程产生的 N_2. 对光子数的表示式(6.6.2)也可简化为

$$\frac{dn}{dt} \approx B_{21}N_2n/V - n/t_0 \tag{6.6.8}$$

在激光器连续发射运行时，要求 $dn/dt=0$，$dN_2/dt=0$，于是可得

$$N_2 = V/B_{21}t_0 \equiv N_{2,\text{th}} \tag{6.6.9}$$

这说明在激光过程中即使泵浦提供更多的能量，N_2 也保持不变. 泵浦的能量必定是转换为光子的能量，解(6.6.7)式可得

$$n = \frac{V}{B_{21}}\left(\frac{\overline{N}_2}{N_{2,\text{th}}} - 1\right)w_{12} \tag{6.6.10}$$

由(6.6.10)式可知，激光过程只有 $n \geqslant 0$ 才有意义，也就是只有当粒子反转数达到和大于 $N_{2,\text{th}}$ 时激光过程才开始，所以 $N_{2,\text{th}}$ 称为占有数的**阈值**. 另外 $\overline{N}_2$ 随泵浦率 w_{20} 而增加，所以光子数也随之增加. 图 6.6.4 给出单模激光器的一个发射特性，发射本领随泵浦功率的变化. 在阈值以下，即小于临界泵浦功率时，由自发辐射的光子产生的波列形成的是噪声，只有在泵浦功率大于临界值后，激光器才激活.

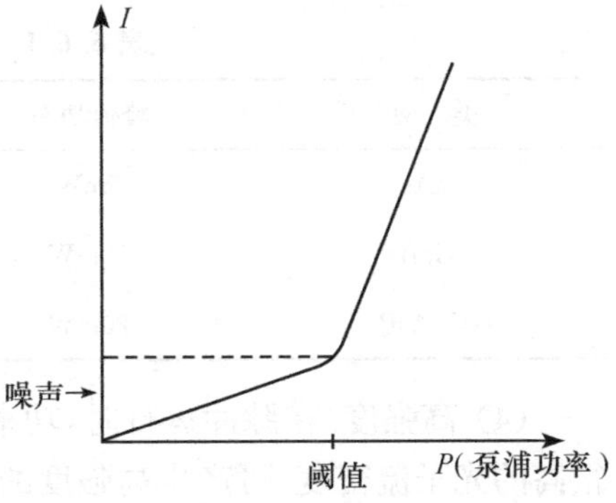

图 6.6.4 泵浦功率和发射电流的关系

6.6.3 激光特点

激光不仅是一个光子放大器，还是一种特殊的光源，它发射的光具有如下的特性.

(1) 高单色性. 激光器只发射单色光，它的线宽在 10Hz 量级，也就是，在可见光区，它的相对线宽 $\Delta\nu/\nu \leqslant 10^{-15}$. 现代各种激光光谱仪能精密测量谱线的频率，对研究原子过程有十分重要的意义. 如染料激光器用在“消多普勒饱和光谱仪”测量

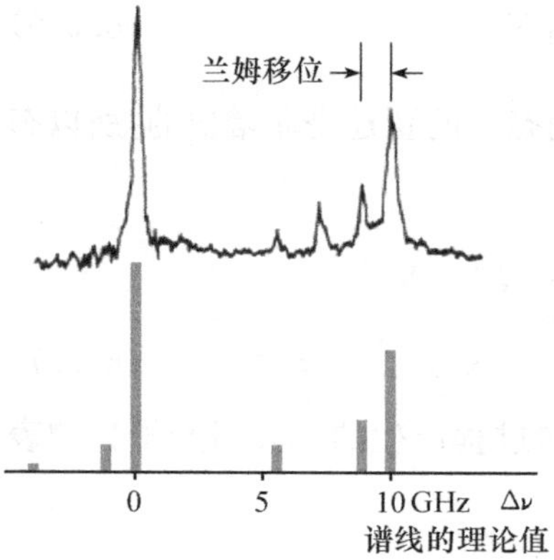

图 6.6.5　氢原子 $n=3\to2$ 能级间跃迁的精细结构和超精细结构

兰姆移位. 图 6.6.5 给出光谱仪实验测得的谱线和理论值.

(2) 具有好的时间相干性和空间相干性. 相干长度($L=c/\Delta\nu$)可达几十万公里. 激光束中不同部位的光在很长时间内保持确定的相位关系. 时间和空间相干性对于全息技术是非常重要的. 而一般光源发出的光是随机地由各个原子在$\sim10^{-8}$s 内发射的，它们是不相干的.

(3) 光子的运动方向平行性极好. 由于光子在激光共振腔两端的反射镜之间不断地来回运动，能维持放大过程的多次来回于反射镜间的光路必定是非常好地垂直于反射镜的，所以激光束是非常窄的光束. 准直性极好的激光束有极大的应用价值，同时也有很大的危险性. 强的平行性很好的激光束可以聚焦在人眼睛视网膜上极小的点，瞬时就会损坏视网膜. 另一方面，激光的高准直性和能聚焦的特点可以在医学用在激光手术刀. CO_2 激光器是效率最高的激光器. 在工业上，如焊接、切割等，有广泛应用. He-Ne 和各种半导体激光器广泛应用于定位和测距等方面，半导体激光器的应用见表 6.6.1.

表 6.6.1　半导体激光器的应用

类　型	峰值功率	波　长	应　用
GaAs	5mW	840nm	激光唱机
AlGaAs	50mW	760nm	激光打印机
GaInAsP	20mW	1 300nm	光纤通信

(4) 高强度. 在脉冲运行时，功率可达 $10^{12}\sim10^{13}$ W，因此可在很窄的光谱区有很高的光子流密度. 可产生高强度的超短(10^{-14} s)光脉冲. 脉冲红宝石激光器曾用作著名的激光测距实验，由阿波罗宇航员将角形反射器放在月球表面测量由美国得克萨斯州和月球间的距离，测量精度达到 15cm.

6.6.4　自由电子激光(free-electron laser)

在外场作用下使自由电子以一定的模式振荡产生的光发射可生成激光，见图 6.6.6. 它和同步辐射光源或微波管很相似，能在相当宽的频率范围产生具有高相干性和高准直性的辐射，可连续调制. 这是其他相干光源难以达到的. 产生交变磁场的这种磁铁称作扭摆磁铁(wiggler magnet). 自由电子激光器可产生波长由

10^{-5}～1cm 的相干辐射. 在某些波段，如毫米波范围，能有很高的功率. 预期在同位素分离、核聚变中等离子体加热、长程高分辨率雷达和加速器加速粒子等方面能有广泛的应用.

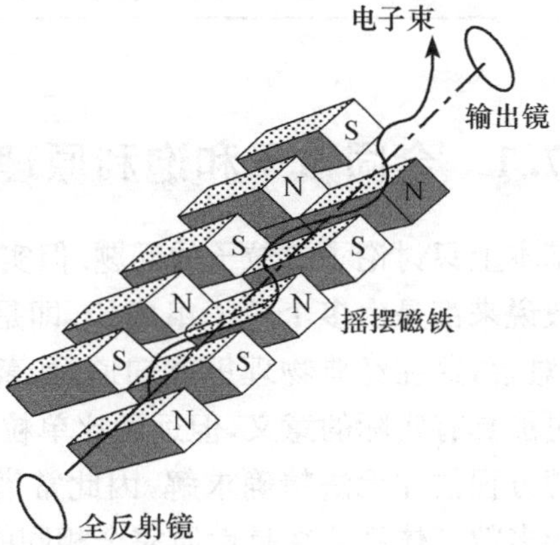

图 6.6.6　自由电子激光器示意图

第7章 多体问题

7.1 全同粒子和泡利原理

到现在为止，我们基本上只讨论了单粒子的问题. 但实际存在的体系(原子、分子、原子核、固体等)一般说来都是由多个粒子组成的，即是个多粒子体系. 多粒子体系问题常常比较复杂难解，这在经典物理里就知道，如著名的引力三体问题. 在量子力学里，多体问题更加具有实际的意义，但远远比单粒子问题要复杂和困难得多. 多粒子体系的薛定谔方程往往无法精确求解，因此常借助于各种近似方法；同时，量子力学中所处理的多粒子体系往往是性质完全相同的微观粒子，即所谓全同粒子，而全同粒子在量子理论中有一些特殊的性质和要求，它们在经典力学中是不存在的.

7.1.1 全同粒子

所谓全同粒子，就是指质量、电荷、自旋等固有性质完全相同的微观粒子. 例如，所有的电子是全同粒子，所有的质子也是全同粒子，所有的光子也是全同的.

量子全同粒子的特点是在同样的条件下(如同样的外场)，它们的行为是完全相同的，不可区分，因而当用一个粒子去代换另一个全同粒子时，不会引起物理状态的改变.

在经典力学中，粒子的全同性不会引起麻烦. 尽管两个粒子的固有性质完全相同，我们依然可以区分这两个粒子. 因为它们在运动过程中，每个粒子都有自己确定的轨道：在任一时刻都有确定的位置和速度. 这样，我们就可以判断哪个是第一个粒子，哪个是第二个粒子.

在量子力学中，情况就不一样了.

由于波粒二象性，我们必须用分布来描写粒子的行为. 而每一时刻，两个粒子的分布常常是重叠的，即每个地点，既有这个粒子，又有那个粒子，根本区分不开.

从坐标的和动量的不确定关系看，如果在某一时刻一个粒子的位置确定，则它的动量就完全不确定，因而在下一时刻，这个粒子走到了哪里，就完全不能确定了. 这就是说，粒子没有确定的轨道. 因此，在全同粒子组成的体系中，我们无法追踪其中的某一个粒子，这就是全同粒子的不可分辨性.

量子粒子的这种全同性会对它们状态的描述带来什么影响？有什么观察的后

果呢?

7.1.2 交换对称

粒子的全同性是种对称性,与对称性相联系的是守恒量.

以两个全同的自旋 1/2 带电粒子(如电子)在均匀恒定外磁场中的自旋运动为例,其哈密顿量为

$$\begin{aligned}\hat{H}(\boldsymbol{S}_1,\boldsymbol{S}_2)&=-\boldsymbol{\mu}_1\cdot\boldsymbol{B}-\boldsymbol{\mu}_2\cdot\boldsymbol{B}=-\gamma(\boldsymbol{S}_1+\boldsymbol{S}_2)\cdot\boldsymbol{B}\\&=\hbar\omega(\sigma_z^{(1)}+\sigma_z^{(2)})\equiv\hat{H}(\sigma_z^{(1)},\sigma_z^{(2)})\end{aligned}\tag{7.1.1}$$

$$\omega=eB/2\mu$$

定态方程为

$$H(\sigma_z^{(1)},\sigma_z^{(2)})\psi(s_1,s_2)=E\psi(s_1,s_2)\tag{7.1.2}$$

其中,s_1、s_2 分别为两个粒子的自旋变量. 定义一个交换算符 $\hat{P}_{12}$,它的作用是交换两个粒子的指标,如

$$\hat{P}_{12}\psi(s_1,s_2)\equiv\psi(s_2,s_1)\tag{7.1.3}$$

那么从(7.1.1)式知,它与哈密顿量是可以交换的

$$\hat{P}_{12}H(\sigma_z^{(1)},\sigma_z^{(2)})=H(\sigma_z^{(1)},\sigma_z^{(2)})\hat{P}_{12}$$

或

$$[\hat{P}_{12},H(\sigma_z^{(1)},\sigma_z^{(2)})]=0\tag{7.1.4}$$

从前面的讨论知道,此交换算符代表系统的一个守恒力学量,它与哈密顿量有共同的完备本征态,即系统的态可选为交换算符的本征态,有确定的交换算符本征值. 这个本征值称为交换宇称,交换算符也称为交换宇称算符. 从(7.1.3)式知,交换宇称只能取+1、−1两个值,因为有

$$\hat{P}_{12}^2=1\tag{7.1.5}$$

于是上面系统运动的波函数可以选成交换对称的或交换反对称的

$$\hat{P}_{12}\psi(s_1,s_2)=\pm\psi(s_1,s_2)\tag{7.1.6}$$

在能级是非简并的情形下,则波函数必须有确定的交换宇称,即要么对称,要么反对称. 这情形和空间宇称一样.

守恒量的量子数是好量子数. 如果体系已开始具有某个交换宇称,则以后此体系永远具有此宇称,即波函数的对称性永远保持着.

7.1.3 泡利原理

泡利在解释氢原子光谱时发现必须引入第四个量子数,后来知道那是自旋;接

着在解释多电子原子能谱时,发现必须假定两个电子不能占据同一个量子态,这就是最早的泡利原理.后来的研究发现,量子粒子的全同性是个非常深刻的概念,是微观世界的普遍特性.

全同量子粒体系整体上必须有确定的交换宇称.至于具有什么宇称,依赖于粒子的自旋.原来,所有的微观粒子都有确定的自旋,其大小是普朗克常量的整数倍或半整数倍.自旋为半整数的粒子叫费米子,如电子 e、质子 p、中子 n 等,它们的自旋为 1/2.核子共振态 Δ 自旋为 3/2,也是费米子.自旋为普朗克常量的整数倍的粒子叫玻色子.π 子自旋为零,是玻色子.光子 γ、ρ 介子、中间玻色子 W、Z、胶子 g 等自旋为 1,也是玻色子.

费米子系统必须遵循费米-狄拉克统计,系统的波函数对任意两个粒子的交换必须反对称,即具有负的交换宇称;玻色子系统必须遵循玻色-爱因斯坦统计,系统的波函数对任意两个粒子的交换必须对称,即具有正的交换宇称.这就是关于全同粒子系统的泡利原理.

泡利原理是对物理态的一个选择.例如,对 7.1.2 小节的例子,在没有泡利原理要求的时候,系统的一般态可以是任意的,可以是对称的,也可以是反对称的,也可以是混合的.但当考虑到电子是费米子,波函数必须具有负的交换宇称,于是此系统的解就只有一个,即总自旋为零,单态.

如果几个粒子紧密地束缚在一起,组成粒子集团或叫复合粒子,则复合粒子的统计性质由它所包含的费米子数目是偶数还是奇数来决定.奇数个费米子组成的复合粒子仍是费米子,而偶数个费米子组成的复合粒子则成为玻色子.

例如,氢原子是由一个电子和质子束缚而成的,交换两个氢原子实际上就是交换一对电子和一对质子.电子和质子都是费米子,交换后,波函数要改变符号两次,因而交换两个氢原子,波函数不变号,所以氢原子是玻色子.同样的道理,像氦 3 (^{3}He)这样的核,它由三个费米子(两个质子,一个中子)组成,就是费米子.

显然,复合粒子若是费米子,则总自旋一定是半整数.同理,复合粒子是玻色子,则它内部必定只包含偶数个费米子,总自旋一定是整数.

7.2 全同粒子体系的波函数

在 7.1 节我们已经讲了,全同粒子体系的波函数只能是对称的或者反对称的,现在我们来讨论如何构造这种对称的或反对称的波函数.

7.2.1 无作用多粒子体系的波函数

考虑 N 个全同粒子组成的体系.假设粒子之间的相互作用可以忽略,则体系的哈密顿算符 $\hat{H}$(设 $\hat{H}$ 不显含时间)可写为

$$\hat{H}=\hat{H}_0(q_1)+\hat{H}_0(q_2)+\cdots+\hat{H}_0(q_N)=\sum_{i=1}^{N}\hat{H}_0(q_i) \tag{7.2.1}$$

其中，$\hat{H}_0$ 是单个粒子的哈密顿算符，q_i 为第 i 个粒子的全部坐标. 以 ε_i 和 φ_i 表示单粒子的本征能量和本征波函数

$$\hat{H}_0(q)\varphi_i(q)=\varepsilon_i\varphi_i(q) \tag{7.2.2}$$

在这种情况下，可以把解多粒子体系薛定谔方程的问题归结为解单个粒子薛定谔方程的问题(分离变量). 事实上，体系的哈顿算符的本征能量和本征波函数是

$$E=\varepsilon_{i_1}+\varepsilon_{i_2}+\cdots+\varepsilon_{i_N} \tag{7.2.3}$$

$$\Phi(q_1,q_2,\cdots,q_N)=\varphi_{i_1}(q_1)\varphi_{i_2}(q_2)\cdots\varphi_{i_N}(q_N) \tag{7.2.4}$$

只需把 $\hat{H}$ 的表达式(7.2.1)代到多粒子体系的定态薛定谔方程

$$\hat{H}\Phi=E\Phi \tag{7.2.5}$$

中去，并考虑到算符 $\hat{H}_0(q_i)$ 作用在 $\varphi_{i_k}(q_k)$ 上，利用(7.2.2)式，就可得出

$$\begin{aligned}\hat{H}\Phi&=\left\{\sum_{i=1}^{N}\hat{H}_0(q_i)\right\}\varphi_{i_1}(q_1)\varphi_{i_2}(q_2)\cdots\varphi_{i_N}(q_N)\\&=(\varepsilon_{i_1}+\varepsilon_{i_2}+\cdots+\varepsilon_{i_N})\varphi_{i_1}(q_1)\varphi_{i_2}(q_2)\cdots\varphi_{i_N}(q_N)\\&=E\Phi\end{aligned}$$

确实，由无相互作用的粒子所组成的多粒子体系的哈密顿算符的本征函数，等于其单粒子的哈密顿算符的本征函数的乘积，而本征能量则等于各单粒子的本征能量之和.

7.2.2 玻色子系统的波函数

但是波函数(7.2.4)式既不交换对称，也不交换反对称，因而不满足全同粒子体系波函数的条件. 因此要设法使它对称化或反对称化，以符合泡利原理，描述全同粒子体系的状态.

如果所讨论的是由玻色子组成的全同粒子体系，则体系的波函数应是对称函数，它可以由(7.2.4)式出发进行对称化

$$\begin{aligned}\Phi_S(q_1,q_2,\cdots,q_N)&=\frac{1}{\sqrt{N!}}\{\varphi_{i_1}(q_1)\varphi_{i_2}(q_2)\cdots\varphi_{i_N}(q_N)\\&\quad+\varphi_{i_1}(q_2)\varphi_{i_2}(q_1)\cdots\varphi_{i_N}(q_N)+\cdots\}\\&=\frac{1}{\sqrt{N!}}\sum_P P\varphi_{i_1}(q_1)\varphi_{i_2}(q_2)\cdots\varphi_{i_N}(q_N)\end{aligned} \tag{7.2.6}$$

(7.2.6)式中的 $\sum\limits_P P$ 代表对 N 个指标 $i_1,i_2,\cdots,i_N$ 的各种可能的置换(相应于 N

个粒子的各种互换)求和. 因此(7.2.6)式一般共有 $N!$ 项，$\frac{1}{\sqrt{N!}}$是归一化常数. 由此可见，Φ_S 是交换对称的，任何两个粒子的交换都不引起 Φ_S 的改变. 例如，对于两个全同玻色子组成的体系，(7.2.6)式变成

$$\Phi_S(q_1,q_2)=\frac{1}{\sqrt{2}}[\varphi_{i_1}(q_1)\varphi_{i_2}(q_2)+\varphi_{i_1}(q_2)\varphi_{i_2}(q_1)] \tag{7.2.7}$$

对两粒子交换是对称的(已假定 $i_1 \neq i_2$).

7.2.3 费米子系统的波函数

对由全同费米子组成的全同粒子体系，体系的波函数应是交换反对称函数. 它也可以由(7.2.6)式中的 φ 来构造，具体为

$$\Phi_A(q_1,q_2,\cdots,q_N)=\frac{1}{\sqrt{N!}}\begin{vmatrix}\varphi_{i_1}(q_1) & \varphi_{i_1}(q_2) & \cdots & \varphi_{i_1}(q_N)\\ \varphi_{i_2}(q_1) & \varphi_{i_2}(q_2) & \cdots & \varphi_{i_2}(q_N)\\ \vdots & \vdots & & \vdots\\ \varphi_{i_N}(q_1) & \varphi_{i_N}(q_2) & \cdots & \varphi_{i_N}(q_N)\end{vmatrix} \tag{7.2.8}$$

它是由单粒子波函数 $\varphi_i(q)$ 组成的一个函数行列式.

显然在略去粒子之间相互作用的情况下，Φ_A 是属于本征值为 E 的哈密顿算符 $\hat{H}$ 的本征函数

$$\hat{H}\Phi_A=E\Phi_A$$

波函数(7.2.8)式是反对称的，因为任何两个粒子之间的交换相当于行列中两列之间的互相交换，因而行列式必然改变一个符号. 如对于由两个全同费米子组成的体系. (7.2.8)式变成

$$\Phi_A(q_1,q_2)=\frac{1}{\sqrt{2}}[\varphi_{i_1}(q_1)\varphi_{i_2}(q_2)-\varphi_{i_1}(q_2)\varphi_{i_2}(q_1)] \tag{7.2.9}$$

(假定了 $i_1 \neq i_2$)，显然它对两粒子的交换是反对称的.

如果行列式中有两行相同，则行列式等于零. 所以从(7.2.8)式可知，如果有两个粒子的状态相同，则 $\Phi_A=0$. 这表示不能有两个或两上以上的费米子同时处在同一状态，这正是当初泡利不相容原理的要求.

上面我们构成全同粒子体系的对称或反对称波函数时，都忽略了粒子之间的相互作用，因而体系的波函数可以由单粒子波函数的直接乘积构成. 但是，当粒子之间存在着相互作用时，全同粒子体系的波函数就很难由(7.2.4)式那样的单粒子波函数乘积构成，但是仍然可以用类似的方法将其对称化.

例如，两个全同粒子体系，当相互作用不能忽略时，体系定态波函数由 $\varphi(q_1,q_2)$

表示，由它可以构成对称函数

$$\Phi_{S}(q_1,q_2)=\varphi(q_1,q_2)+\varphi(q_2,q_1) \tag{7.2.10}$$

和反对称函数

$$\Phi_{A}(q_1,q_2)=\varphi(q_1,q_2)-\varphi(q_2,q_1) \tag{7.2.11}$$

7.2.4 空间和自旋可分开的情形

前面已经讨论到，当不考虑 N 个粒子之间的相互作用时，体系的波函数可以写成 N 个单粒子波函数的乘积. 现在我们考虑 N 个粒子之间有相互作用. 但是不考虑自旋和轨道相互作用，那么，由上面类似的考虑立即可以推知，体系的波函数可以写成坐标的函数和自旋的函数的乘积. 注意 q 包括了粒子的坐标和自旋 $q=(\boldsymbol{r},s)$，因此，粒子体系的波函数

$$\begin{aligned}\Phi(q_1,q_2,\cdots,q_N)&=\Phi(\boldsymbol{r}_1,s_1;\boldsymbol{r}_2,s_2;\cdots,\boldsymbol{r}_N,s_N)\\&=\varphi(\boldsymbol{r}_1,\boldsymbol{r}_2,\cdots,\boldsymbol{r}_N)\chi(s_1,s_2,\cdots,s_N)\end{aligned} \tag{7.2.12}$$

如果是费米子系统，则要求 Φ 是反对称的，这一条件可以由下面两种方式来满足：

(1) φ 对称，χ 反对称；

(2) φ 反对称，χ 对称.

这样当交换两粒子时，不论(1)与(2)哪种情况，φ 与 χ 都是一个变号一个不变号，因而乘积 $\varphi\chi$ 一定变号，所以 Φ 总是反对称的. 我们在第 4 章就轨道角动量和自旋已经演示了这一点.

7.3 变 分 法

前面我们讲过一种近似方法——微扰论，其适用条件是，体系的哈密顿算符可以分成 $\hat{H}_0$ 和 $\hat{H}'$ 两部分，而主体部分 $\hat{H}_0$ 可以精确求解，扰动部分 $\hat{H}'$ 很小. 但有时哈密顿量极不易精确求解，又不方便分为两部分，这时有另一种近似方法——变分法.

7.3.1 薛定谔方程的变分描述

变分法最初用来近似地决定体系的基态能量，其基本出发点是：一个体系的基态能量的上限可以由哈密顿算符在任意一个态上的平均值来决定. 下面来证明这一点.

设 ψ_n 是体系哈密顿算符 $\hat{H}$ 的本征函数，相应的本征值为 E_n. 所有的 ψ_n 构成

一完备正交系. 为了简单，假定所有的 E_n 都是离散的. 现有体系任意的一个归一化波函数 ψ，可以按照 ψ_n 展开

$$\psi = \sum_n c_n \psi_n \tag{7.3.1}$$

$$\hat{H}\psi_n = E_n \psi_n \tag{7.3.2}$$

哈密顿算符 $\hat{H}$ 在态 ψ 上的平均值为

$$\overline{H} = \int \psi^* \hat{H} \psi \mathrm{d}\tau \tag{7.3.3}$$

利用(7.3.1)和(7.3.2)式，以及 ψ_n 的正交归一性，得到

$$\overline{H} = \int \sum_{n'} c_{n'}^* \psi_{n'}^* \hat{H} \sum_n c_n \psi_n \mathrm{d}\tau = \sum_{nn'} c_{n'}^* c_n E_n \delta_{nn'} = \sum_n |c_n|^2 E_n \tag{7.3.4}$$

从(7.3.4)式可以推出一个有用的不等式. 如果在(7.3.4)式的右边把所有的 E_n 用 E_0 代替，就可以得到

$$\overline{H} \geqslant \sum_n |c_n|^2 E_0 = E_0 \sum_n |c_n|^2 \tag{7.3.5}$$

由于 ψ 是归一化的，所以 $\sum\limits_n |c_n|^2 = 1$，这就是得到了不等式

$$E_0 \leqslant \overline{H} = \int \psi^* \hat{H} \psi \mathrm{d}\tau \tag{7.3.6}$$

当 ψ 不是归一化的时候，$\hat{H}$ 的平均值成为

$$\overline{H} = \frac{\int \psi^* \hat{H} \psi \mathrm{d}\tau}{\int \psi^* \psi \mathrm{d}\tau} \tag{7.3.7}$$

(7.3.6)式也随之写成

$$E_0 \leqslant \frac{\int \psi^* \hat{H} \psi \mathrm{d}\tau}{\int \psi^* \psi \mathrm{d}\tau} \tag{7.3.8}$$

(7.3.6)式和(7.3.8)式表明，基态的能量 E_0 小于或等于 $\hat{H}$ 在任意一个态 ψ 上的平均值 $\overline{H}$. 要使 $\overline{H}$ 恰好等于 E_0，则波函数必须是个特别的函数，也就是系统的基态波函数. 在数学上，这就是把 $\overline{H}$ 看成波函数 ψ 的泛函而对 ψ 求变分，令 $\delta\overline{H}=0$ 以使 $\overline{H}$ 取最小值，这种方法称为变分法.

事实上，原来的薛定谔方程求解问题可以表达为一个变分问题.

标准的薛定谔定态方程为

$$\hat{H}\psi = E\psi$$

$$(\psi,\psi) = 1 \tag{7.3.9}$$

今定义一个泛函

$$\overline{H} = (\Psi, \hat{H}\Psi) \tag{7.3.10}$$

因为函数受归一化的约束,故我们用一个实的不定乘子 λ 来做变分条件

$$\delta\overline{H} - \lambda\delta(\Psi,\Psi) = 0 \tag{7.3.11}$$

变分对函数 Ψ 进行.

这个变分条件相当于薛定谔方程,运算如下:

$$\begin{aligned}
0 &= \delta\overline{H} - \lambda\delta(\Psi,\Psi) = \delta(\Psi,\hat{H}\Psi) - \lambda\delta(\Psi,\Psi) \\
&= (\delta\Psi,\hat{H}\Psi) + (\Psi,\hat{H}\delta\Psi) - \lambda(\delta\Psi,\Psi) - \lambda(\Psi,\delta\Psi) \\
&= (\delta\Psi,(\hat{H}-\lambda)\Psi) + (\Psi,(\hat{H}-\lambda)\delta\Psi) \\
&= (\delta\Psi,(\hat{H}-\lambda)\Psi) + ((\hat{H}-\lambda)\Psi,\delta\Psi)
\end{aligned} \tag{7.3.12}$$

由于复函数 Ψ 的变分 $\delta\Psi^*$,$\delta\Psi$ 分别独立且任意,于是有

$$(\hat{H}-\lambda)\Psi = 0 \tag{7.3.13}$$

这就是薛定谔方程,而乘子 λ 就是能量.

变分原理是个选择原理,在一切可能的态中选出物理态.

也有人把上面的推理表达成一个操作性的程序.

设系统的哈密顿量 $\hat{H}$ 有下确界,即对任意态矢,有关系

$$(\psi,\hat{H}\psi)/(\psi,\psi) \geqslant C = \text{const.} \tag{7.3.14}$$

记 ψ_n 为哈密顿量的本征态

$$\hat{H}\psi_n = E_n\psi_n \tag{7.3.15}$$

本征值可排成不降序列

$$E_0 \leqslant E_1 \leqslant E_2 \leqslant \cdots \leqslant E_m \leqslant E_{m+1} \leqslant \cdots \tag{7.3.16}$$

而这些态之间互相正交归一

$$(\psi_i,\psi_j) = \delta_{ij} \tag{7.3.17}$$

则量$(\psi,\hat{H}\psi)/(\psi,\psi)$的最小值是

(1) E_0,如果 ψ 可取任意态矢;

(2) E_1,如果 ψ 可取与基态正交的所有态矢:$(\psi_0,\psi)=0$;

(3) E_2,如果 ψ 可取与基态和第一激发态正交的所有态矢:$(\psi_0,\psi)=0$,$(\psi_1,\psi)=0$,…

7.3.2 里茨变分法

根据变分原理,发展出不少种变分近似方法,下面我们叙述的是里茨(Ritz)变

分法.

我们选择包含有几个独立参数的一定类型函数 $\Phi(c_1,c_2,\cdots)$ 作为试探函数，计算系统哈密顿量的平均值

$$\overline{H}=(\Phi,\hat{H}\Phi)/(\Phi,\Phi)\equiv\overline{H}(c_1,c_2,\cdots) \tag{7.3.18}$$

它是这些参数的函数. 极值条件要求

$$0=\delta\overline{H}=\sum\frac{\delta\overline{H}}{\delta c_i}\delta c_i=\sum\frac{\partial\overline{H}}{\partial c_i}\delta c_i$$

或

$$\frac{\partial\overline{H}}{\partial c_i}=0,\quad i=1,2,\cdots \tag{7.3.19}$$

从这组方程解出参数 $c_i=c_i^*$，代回期望值表达式，即得基态能量近似值；用这组参数表示的试探函数即为近似波函数

$$\begin{aligned}E&=\overline{H}(c_1^*,c_2^*,\cdots)\\ \psi&=\Phi(c_1^*,c_2^*,\cdots)\end{aligned} \tag{7.3.20}$$

例 7.3.1

用变分法求氢原子的基态能量.

选取洛伦兹型函数 $\psi=\exp(-\lambda r)$ 作为试探函数，λ 为参数. 氢原子的哈密顿量

$$H=\frac{\hat{\boldsymbol{p}}^2}{2\mu}-k\frac{e^2}{r}=-\frac{\hbar^2}{2\mu}\nabla^2-k\frac{e^2}{r}$$

在试探函数上的平均值为

$$\overline{H}=(\psi,\hat{H}\psi)/(\psi,\psi)=\frac{\hbar^2}{2\mu}\lambda^2-ke^2\lambda$$

由变分条件

$$0=\frac{\partial\overline{H}}{\partial\lambda}=\frac{\hbar^2}{\mu}\lambda-ke^2$$

得参数值

$$\lambda=\lambda^*=k\mu e^2/\hbar^2=1/a_0$$

其中，a_0 是玻尔半径. 代回得氢原子基态的近似值

$$E=\overline{H}(\lambda^*)=-\frac{1}{2}\frac{ke^2}{a_0}=-\frac{e^2}{8\pi\varepsilon_0a_0}$$

这实际上是个精确值.

例 7.3.2

试用高斯型波函数作为试探函数,估计氢原子的基态能量.

高斯型函数是指形如

$$\psi(r) = \mathrm{e}^{-\lambda r^2}$$

的函数,其中 λ 为参数.计算氢原子哈密顿量的期望值

$$\overline{H} = (\psi, \hat{H}\psi)/(\psi,\psi) = \frac{3\hbar^2\lambda}{2\mu} - 2ke^2\sqrt{2\lambda}/\sqrt{\pi}$$

变分条件给出方程

$$0 = \frac{\partial \overline{H}}{\partial \lambda} = \frac{3\hbar^2}{2\mu} - \frac{ke^2\sqrt{2}}{\sqrt{\lambda\pi}}$$

由此解出参数值

$$\lambda = \lambda^* = \left(\frac{2\sqrt{2}\mu k e^2}{3\hbar^2\sqrt{\pi}}\right)^2 = \frac{8}{9\pi}\frac{1}{a_0^2}$$

于是得基态能量的近似值

$$E = \overline{H}(\lambda^*) = -\frac{ke^2}{2a_0}\left(\frac{8}{3\pi}\right) = -\frac{e^2}{8\pi\varepsilon_0 a_0} \times 0.849$$

例 7.3.3

设质量为 μ 的粒子在吸引 δ 势 $V(x) = -A\delta(x)\,(A>0)$ 中运动,请以氢原子基态型波函数为试探函数,用变分法求束缚态的近似能量.

解 在一维情况下,考虑到位势的对称性以及波函数的基本要求,试探函数应取为下面的形式:

$$\psi(x) = N\mathrm{e}^{-\lambda|x|}$$

其中,λ 为变分参数.

粒子在势中运动的哈密顿量为

$$\hat{H} = -\frac{\hbar^2}{2\mu}\frac{\mathrm{d}^2}{\mathrm{d}x^2} - A\delta(x)$$

根据变分法基本要求,首先计算平均量

$$E(\lambda) = \langle H\rangle = \int \mathrm{d}x\psi^*(x)\hat{H}\psi(x)\Big/\int \mathrm{d}x\psi^*(x)\psi(x)$$

$$=\int_{-\infty}^{\infty}\mathrm{d}x\mathrm{e}^{-\lambda|x|}\left(-\frac{\hbar^2}{2\mu}\frac{\mathrm{d}^2}{\mathrm{d}x^2}-A\delta(x)\right)\mathrm{e}^{-\lambda|x|}\Big/\int\mathrm{d}x\mathrm{e}^{-2\lambda|x|}$$

有几个积分好算

$$\int_{-\infty}^{\infty}\mathrm{d}x\mathrm{e}^{-2\lambda|x|}=2\int_{0}^{\infty}\mathrm{d}x\mathrm{e}^{-2\lambda x}=1/\lambda$$

$$\int_{-\infty}^{\infty}\mathrm{d}x\mathrm{e}^{-\lambda|x|}(-A\delta(x))\mathrm{e}^{-\lambda|x|}=-A$$

但动能项积分要小心，因为试探函数一阶导数有奇异性. 注意

$$\mathrm{e}^{-\lambda|x|}=\begin{cases}\mathrm{e}^{\lambda x}, & x<0\\ \mathrm{e}^{-\lambda x}, & x>0\end{cases}=\mathrm{e}^{\lambda x}\theta(-x)+\mathrm{e}^{-\lambda x}\theta(x)$$

其中

$$\theta(x)=\begin{cases}0, & x<0\\ 1, & x>0\end{cases}$$

是阶跃函数.

$$\begin{aligned}\frac{\mathrm{d}}{\mathrm{d}x}\mathrm{e}^{-\lambda|x|}&=\frac{\mathrm{d}}{\mathrm{d}x}(\mathrm{e}^{\lambda x}\theta(-x)+\mathrm{e}^{-\lambda x}\theta(x))\\&=\lambda\mathrm{e}^{\lambda x}\theta(-x)-\mathrm{e}^{\lambda x}\delta(-x)-\lambda\mathrm{e}^{-\lambda x}\theta(x)+\mathrm{e}^{-\lambda x}\delta(x)\\&=\lambda(\mathrm{e}^{\lambda x}\theta(-x)-\mathrm{e}^{-\lambda x}\theta(x))\\\frac{\mathrm{d}^2}{\mathrm{d}x^2}\mathrm{e}^{-\lambda|x|}&=\frac{\mathrm{d}}{\mathrm{d}x}\lambda(\mathrm{e}^{\lambda x}\theta(-x)-\mathrm{e}^{-\lambda x}\theta(x))\\&=\lambda(\lambda\mathrm{e}^{\lambda x}\theta(-x)-\mathrm{e}^{\lambda x}\delta(-x)+\lambda\mathrm{e}^{-\lambda x}\theta(x)-\mathrm{e}^{-\lambda x}\delta(x))\\&=\lambda^2(\mathrm{e}^{\lambda x}\theta(-x)+\mathrm{e}^{-\lambda x}\theta(x)-2\delta(x))=\lambda(\lambda\mathrm{e}^{-\lambda|x|}-2\delta(x))\end{aligned}$$

于是

$$\int_{-\infty}^{\infty}\mathrm{d}x\mathrm{e}^{-\lambda|x|}\left(-\frac{\hbar^2}{2\mu}\frac{\mathrm{d}^2}{\mathrm{d}x^2}\mathrm{e}^{-\lambda|x|}\right)=-\frac{\hbar^2\lambda^2}{2\mu}\int_{-\infty}^{\infty}\mathrm{d}x(\mathrm{e}^{-2\lambda|x|}-2\delta(x))=\frac{\hbar^2\lambda}{2\mu}$$

所以总的平均积分

$$E(\lambda)=\left(\frac{\hbar^2\lambda}{2\mu}+-A\right)\Big/(1/\lambda)=\frac{\hbar^2\lambda^2}{2\mu}-A\lambda$$

对参数变分求极值

$$0=\frac{\mathrm{d}E}{\mathrm{d}\lambda}=\frac{\hbar^2\lambda}{\mu}-A$$

解出

$$\lambda^*=\frac{A\mu}{\hbar^2}$$

代回平均值表达式得所求近似能量

$$E = E(\lambda^*) = -\frac{\mu A^2}{2\hbar^2}$$

从解薛定谔方程知道，这是一个精确值，因此相应的波函数也为精确解.

在用变分法解问题时，尝试波函数的选取对结果的好坏有决定的意义，至于应当如何选取，则并无固定的规则，一般是根据已有的知识做物理上的考虑.

如果得到了基态能量近似值和相应的近似波函数，要继续用变分法求激发态的能量近似值，则切记选用的新的试探函数要与基态近似波函数正交.

变分法在解定态问题的近似方法中应用范围较广，当微扰法和其他一些近似方法不能应用时，往往可以用变分法，而且在计算步骤上，特别是求基态能量时，变分法较为简单，这些都是变分法的优点. 但是变分法也有它的缺点，主要是难以估计近似的程度，高阶近似也较难进行.

7.4 氦 原 子

7.4.1 氦原子的光谱和能级

1868 年 8 月 18 日在太阳的日珥光谱中首次观察到了一条波长为 587.5nm 的黄色谱线，这条谱线与钠原子的 D1 和 D2 线非常接近，因此称为 D3 线. 这条谱线不属于当时已知元素的光谱线，被认为是一种新元素的谱线，这种元素称作氦，并被称为太阳元素，以为只有太阳上才有此种元素. 在可见光区氦原子的光谱线如图 7.4.1. 谱线的波长(以 nm 为单位)为 438.793 w、443.755 w、447.15 s、471.31 m、492.19 m、501.57 s、504.774 w、587.56 s、667.815 m(以 s 表示强，m 表示中等，w 表示弱).

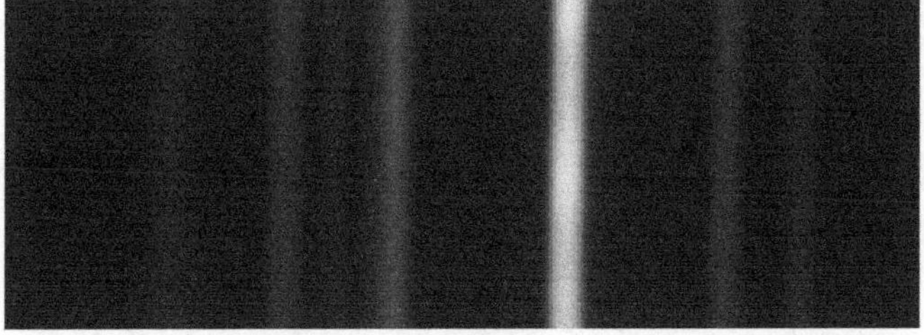

图 7.4.1 氦原子的可见光谱线

氦原子是由原子核和两个电子组成的原子，是最简单的多电子原子. 实验发现，它的光谱也有各个谱线系，但不同的是氦原子的各线系有两套谱线. 其两套谱线的精细结构有显著差别，一套谱线全是单线，而另一套谱线却有复杂的结构. 若用高分辨率的仪器，则可以观察到原来的一条谱线实际上包含有三条波长非常接近的成分，如著名的黄色 D3 线的三个成分的波长为 587.596nm、587.564nm 和 587.560nm. 早期的观察者曾误认为有两种氦，将有复杂结构光谱的称为正氦，单线光谱的称为仲氦.

进一步的实验表明这一假说并不正确. 事实上周期表中所有的第二族元素，如铍(Be)、镁(Mg)、钙(Ca)、锶(Sr)等的光谱均有与氦相似的光谱结构. 由氦原子的光谱可推出它的能级及相应的跃迁如图 7.4.2 所示. 氦原子的能级有以下几个特点：

(1) 有两套能级. 一套能级是单层的，而另一套有三层结构. 与这两套能级相对应的原子多重态称作单态和三重态. 表示氦原子的多重态的符号标在图的第一行. 在实验观测到的光谱中未发现存在三重态和单态之间的跃迁，这说明在两套能级间没有跃迁，只是由每套能级各自的跃迁产生了相应的两套光谱线系.

(2) 基态和第一激发态之间的能量差很大，约为 19.8eV. 而且氦的电离能是所有元素中最大的.

(3) 三重态的能级总是低于相应的单态的能级. 如 2^1S_0 比 2^3S_1 高 0.8eV.

(4) $n=1$ 的原子态没有三重态.

(5) 第一激发态 2^1S_0 和 2^3S_1 都是亚稳态，如果氦原子被激发到这两个状态，则通过辐射跃迁到基态的概率是极小的，这两个能级的寿命很长，实验测得 2^1S_0 的寿命为 19.5ms.

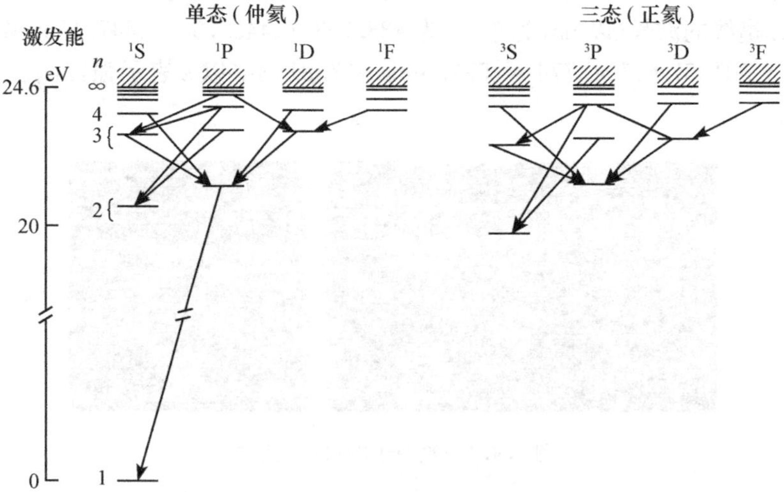

图 7.4.2　氦原子的能级及与其光谱相应的跃迁

7.4.2 氦原子基态能量粗估

由于在氦原子中有两个核外电子，所以除了原子核和两个电子的库仑相互作用，还有两个电子之间的库仑相互作用，以及每个电子的自旋-轨道相互作用、一个电子的自旋和另一个电子的轨道相互作用、两个电子之间的轨道-轨道相互作用和自旋-自旋相互作用. 可以看出氦原子中的相互作用要比氢原子的复杂得多. 在氢原子的讨论中，我们已经知道，自旋、轨道之间的相互作用都是磁相互作用，而且磁相互作用比起静电相互作用来是很小的，在氢原子中由磁相互作用引起的能量约为 10^{-5} eV. 如果我们只考虑能级的主要结构(粗结构)，而不涉及精细结构，则可以忽略这些较小的相互作用.

为叙述方便，我们用数字 1 和 2 来分别标志氦原子中的两个电子. 若以原子核为坐标原点，r_1 和 r_2 分别表示第一个电子和第二个电子与原子核的距离，r_{12} 表示两个电子之间的距离. 于是在只计入库仑相互作用时，氦原子的哈密顿量为

$$\begin{aligned}\hat{H}&=\hat{T}_1+\hat{T}_2+V(r_1,r_2)\\&=-\frac{\hbar^2}{2\mu}\nabla_1^2-\frac{\hbar^2}{2\mu}\nabla_2^2-\frac{Ze^2}{4\pi\varepsilon_0 r_1}-\frac{Ze^2}{4\pi\varepsilon_0 r_2}+\frac{e^2}{4\pi\varepsilon_0 r_{12}}\end{aligned} \tag{7.4.1}$$

其中，Ze 为原子核的电荷量，对氦原子 $Z=2$. 并假设当两个电子都在无限远时的势能为零. 这样得到氦原子的定态薛定谔方程

$$\left[-\frac{\hbar^2}{2\mu}(\nabla_1^2+\nabla_2^2)+V(r_1,r_2)\right]\psi(\boldsymbol{r}_1,\boldsymbol{r}_2)=E\psi(\boldsymbol{r}_1,\boldsymbol{r}_2) \tag{7.4.2}$$

由于位势(7.4.1)式中含有 r_{12}，在解(7.4.2)式时无法进行分离变量运算. 要精确解氦原子的薛定谔方程是很困难的，我们先作最粗略的计算，即忽略两个电子间的库仑相互作用，于是零级哈密顿量可写为

$$\begin{aligned}\hat{H}_0&=-\frac{\hbar^2}{2\mu}\nabla_1^2-\frac{\hbar^2}{2\mu}\nabla_2^2+V_0(r_1,r_2)\\V_0(r_1,r_2)&=-\frac{Ze^2}{4\pi\varepsilon_0 r_1}-\frac{Ze^2}{4\pi\varepsilon_0 r_2}\end{aligned} \tag{7.4.3}$$

也就是说，把氦原子的两个电子看作是彼此独立地运动. 这样，氦原子的薛定谔方程可以写成

$$\left[-\frac{\hbar^2}{2m_e}\nabla_1^2-\frac{\hbar^2}{2m_e}\nabla_2^2-\frac{Ze^2}{4\pi\varepsilon_0 r_1}-\frac{Ze^2}{4\pi\varepsilon_0 r_2}\right]\psi(\boldsymbol{r}_1,\boldsymbol{r}_2)=E\psi(\boldsymbol{r}_1,\boldsymbol{r}_2) \tag{7.4.4}$$

分离变量，令

$$\psi(\boldsymbol{r}_1,\boldsymbol{r}_2)=\psi(\boldsymbol{r}_1)\phi(\boldsymbol{r}_2) \tag{7.4.5}$$

将它代入(7.4.4)式可以分离为两个类氢离子的方程，每个解形式都是 ψ_{nlm}. 由氢

原子情况知，每个电子相应有一组量子化的能量

$$E_{0n}=-\frac{Z^2}{n^2}\left(\frac{e^2}{4\pi\varepsilon_0\cdot 2a_0}\right)=-\frac{4\times 13.6}{n^2}=-\frac{54.4}{n^2}(\mathrm{eV})$$

氦原子能量为两个电子能量的和.

对基态而言，波函数就是

$$\psi(\boldsymbol{r}_1,\boldsymbol{r}_2)=\psi_{100}(\boldsymbol{r}_1)\psi_{100}(\boldsymbol{r}_2) \tag{7.4.6}$$

其中

$$\psi_{100}(\boldsymbol{r})=\frac{1}{\sqrt{\pi}}\left(\frac{Z}{a_0}\right)^{3/2}\mathrm{e}^{-Zr/a_0} \tag{7.4.7}$$

于是，中性氦原子的基态能量为

$$E'_{\mathrm{g}}=2E_1=-108.8\mathrm{eV}$$

由上面的粗略估算得出，氦的电离能(使氦原子失去一个电子所需的最低能量)为 54.4eV. 而实验值为 24.58eV，两者差别达 30eV. 这说明忽略电子间的相互作用的估算和实际相差太远. 电子间的静电相互作用能量会使能级向上移动.

7.4.3 氦原子基态能量(微扰论)

可先用微扰论来计算电子间的库仑斥力对能级的修正. 我们以(7.4.4)式解得的波函数，即将只考虑电子和原子核的相互作用作为零级近似. 然后再来计算两电子间的相互作用($H'=e^2/4\pi\varepsilon_0 r_{12}$)，作为一级微扰修正来处理.

根据非简并态的能量修正公式，我们知道由于电子间作用引起的基态能量修正为

$$\begin{aligned}\Delta E&=\frac{e^2}{4\pi\varepsilon_0}\left\langle\frac{1}{r_{12}}\right\rangle\\&=\frac{e^2}{4\pi\varepsilon_0}\iint \mathrm{d}\tau_1\,\mathrm{d}\tau_2\,\psi^*_{100}(\boldsymbol{r}_1)\psi^*_{100}(\boldsymbol{r}_2)\frac{1}{|\boldsymbol{r}_1-\boldsymbol{r}_2|}\psi_{100}(\boldsymbol{r}_1)\psi_{100}(\boldsymbol{r}_2)\\&=\frac{e^2}{4\pi\varepsilon_0}\left(\frac{Z^3}{\pi a_0^3}\right)^2\iint \mathrm{d}\tau_1\,\mathrm{d}\tau_2\,\mathrm{e}^{-2Z(r_1+r_2)}/r_{12}\end{aligned} \tag{7.4.8}$$

要积出这个值，需要用到展开公式

$$\frac{1}{r_{12}}=\frac{1}{|\boldsymbol{r}_1-\boldsymbol{r}_2|}=\begin{cases}\dfrac{1}{r_1}\displaystyle\sum_{l=0}^{\infty}\left(\frac{r_2}{r_1}\right)^l P_l(\cos\theta), & r_1<r_2\\ \dfrac{1}{r_2}\displaystyle\sum_{l=0}^{\infty}\left(\frac{r_1}{r_2}\right)^l P_l(\cos\theta), & r_1>r_2\end{cases} \tag{7.4.9}$$

其中，θ 为两个矢量 $\boldsymbol{r}_1$、$\boldsymbol{r}_2$ 之间的夹角. 把(7.4.7)式代入积分(7.4.6)式，先完成对角度的积分，然后分区域完成对 r_1、r_2 的积分，可得最后结果

$$\Delta E = \frac{5}{8}\frac{Ze^2}{4\pi\varepsilon_0 a_0} \tag{7.4.10}$$

代以 $Z=2$ 和氢原子电离能，可得

$$\Delta E = 34\text{eV}$$

于是氦原子基态的能量为

$$E_{\text{g}} = E'_{\text{g}} + \Delta E = -108.8 + 34 = -74.8(\text{eV})$$

得出氦的电离能的计算值为 $E_{\text{i}}=37.4\text{eV}$，这数值和实验值有些接近了，但看来还要进行高阶计算才能得到比较好的结果. 从上面的讨论可知，在多电子原子能级的讨论中，电子间的静电相互作用是不可忽略的.

7.4.4 氦原子基态能量(变分法计算)

下面我们用另一种近似法来计算氦原子基态的能量. 应用变分法的关键在于如何适当地选取试探波函数，这要根据已有的知识和物理的考虑. 对于像(7.4.1)式这样的一个哈密顿算符，我们知道，如果项 $e^2/4\pi\varepsilon_0 r_{12}$ 不存在，那么，$\hat{H}_0$ 的基态本征函数就是两个类氢原子基态波函数的乘积，其具体形式为

$$\psi(\boldsymbol{r}_1,\boldsymbol{r}_2) = \psi_{100}(\boldsymbol{r}_1)\psi_{200}(\boldsymbol{r}_2) = \frac{Z^3}{\pi a_0^3}\mathrm{e}^{-Z(r_1+r_2)/a_0} \tag{7.4.11}$$

其中，Z 是原子序数，在现在的情况下，$Z=2$. 现在把 $e^2/4\pi\varepsilon_0 r_{12}$ 考虑进来，会有什么变化呢？$e^2/4\pi\varepsilon_0 r_{12}$ 代表氦原子中两个电子相互作用，如果从物理上考虑，原子中电子受原子核的吸引，原子的能量与原子序数 Z 应有很大的关系. 现在加入了电子与电子的相互作用以后，对每个电子来说，除了受到核正电场的吸引作用之外，还要受到一个负电场的排斥作用，这就相当于对原来的核正电场起了一个库仑屏蔽作用，等效于使得核的原子序数 Z 发生了变化，即 Z 现在不等于 2，而是比 2 要小一些的数. 因此，$e^2/(4\pi\varepsilon_0 r_{12})$ 的加入，就等效于使原子序数 Z 发生实际上的变化. 这样一种物理考虑，就启发我们想到，试探波函数仍可采取(7.4.11)式那样的形式，但是其中的 Z 认为不再是常数而成为变分参数. 下面我们就用这样选取的尝试波函数来进行计算.

氦原子哈密顿量 $\hat{H}$ 在试探波函数(7.4.11)式上的平均值为

$$\begin{aligned}\overline{H} &= \iint \psi^*(\boldsymbol{r}_1,\boldsymbol{r}_2)\hat{H}\psi(\boldsymbol{r}_1,\boldsymbol{r}_2)\mathrm{d}\tau_1\mathrm{d}\tau_2 \\ &= \iint \psi^*\left[-\frac{\hbar}{2\mu}(\boldsymbol{\nabla}_1^2+\boldsymbol{\nabla}_2^2) - \frac{2e^2}{4\pi\varepsilon_0}\left(\frac{1}{r_1}+\frac{1}{r_2}\right) + \frac{e^2}{4\pi\varepsilon_0 r_{12}}\right]\psi\mathrm{d}\tau_1\mathrm{d}\tau_2 \\ &= \left(\frac{Z^3}{\pi a_0^3}\right)^2\iint \mathrm{e}^{-Z(r_1+r_2)/a_0}\left[-\frac{\hbar}{2\mu}(\boldsymbol{\nabla}_1^2+\boldsymbol{\nabla}_2^2)\right.\end{aligned}$$

$$-\frac{2e^2}{4\pi\varepsilon_0}\left(\frac{1}{r_1}+\frac{1}{r_2}\right)+\frac{e^2}{4\pi\varepsilon_0 r_{12}}\Big]\mathrm{e}^{-Z(r_1+r_2)/a_0}\,\mathrm{d}\tau_1\,\mathrm{d}\tau_2$$

$$=A+B+C \tag{7.4.12}$$

其中

$$A=\left(\frac{Z^3}{\pi a_0^3}\right)^2\iint \mathrm{e}^{-Z(r_1+r_2)/a_0}\left(-\frac{\hbar}{2\mu}\right)(\nabla_1^2+\nabla_2^2)\mathrm{e}^{-Z(r_1+r_2)/a_0}\,\mathrm{d}\tau_1\,\mathrm{d}\tau_2 \tag{7.4.13}$$

为两个电子的动能平均值.

$$B=\left(\frac{Z^3}{\pi a_0^3}\right)^2\iint \mathrm{e}^{-Z(r_1+r_2)/a_0}\left(-\frac{2e^2}{4\pi\varepsilon_0}\right)\left(\frac{1}{r_1}+\frac{1}{r_2}\right)\mathrm{e}^{-Z(r_1+r_2)/a_0}\,\mathrm{d}\tau_1\,\mathrm{d}\tau_2 \tag{7.4.14}$$

是两电子受到原子核的吸引能.

$$C=\left(\frac{Z^3}{\pi a_0^3}\right)^2\iint \mathrm{e}^{-Z(r_1+r_2)/a_0}\,\frac{e^2}{4\pi\varepsilon_0 r_{12}}\mathrm{e}^{-Z(r_1+r_2)/a_0}\,\mathrm{d}\tau_1\,\mathrm{d}\tau_2 \tag{7.4.15}$$

是两个电子排斥能的平均值,在前面我们实际上已算过它((7.4.10)式),不过这里 Z 是个待定的参数了.

具体的计算给出如下:

$$A=\frac{Z^2e^2}{4\pi\varepsilon_0 a_0}$$

$$B=-\frac{4Ze^2}{4\pi\varepsilon_0 a_0}$$

$$C=\frac{5}{8}\,\frac{Ze^2}{4\pi\varepsilon_0 a_0}$$

于是我们得到哈密顿量的平均值

$$\overline{H}(Z)=\frac{Z^2e^2}{4\pi\varepsilon_0 a_0}-\frac{Ze^2}{\pi\varepsilon_0 a_0}+\frac{5Ze^2}{32\pi\varepsilon_0 a_0} \tag{7.4.16}$$

因而 $\overline{H}(Z)$ 是参数 Z 的函数,按变分法的步骤,现在要对 Z 求最小值. $\overline{H}(Z)$ 取最小值的条件是

$$\frac{\partial \overline{H}(Z)}{\partial Z}=\frac{Ze^2}{2\pi\varepsilon_0 a_0}-\frac{e^2}{\pi\varepsilon_0 a_0}+\frac{5e^2}{32\pi\varepsilon_0 a_0}=0 \tag{7.4.17}$$

于是可得

$$Z=Z^*=\frac{27}{16}=1.69 \tag{7.4.18}$$

其中, $Z^*<2$, 与最初我们物理上的库仑屏蔽效应的考虑是一致的. 将 Z^* 代入(7.4.16)式,就得到了氦原子基态能量的上限

$$E_0\approx\frac{e^2}{4\pi\varepsilon_0 a_0}\left(Z^{*2}-\frac{27}{8}Z^*\right)=-2.85\,\frac{e^2}{4\pi\varepsilon_0 a_0} \tag{7.4.19}$$

实验上可以测量氦原子在基态的电离能量，来定其态能量，这个电离能量取负号就是氦原子的基态能量，其数值为$-2.904e^2/(4\pi\varepsilon_0 a_0)$.

7.4.5 自旋耦合与交换简并

为什么氦的能谱会分成单线线系和三重线线系？为什么在单线线系和三重线线系的能级之间不可能发生跃迁？这些问题，只有在详细研究了氦原子体系的量子力学性质之后才能做出回答.

氦原子的核外有两个电子，是最简单的多电子原子. 但电子有自旋自由度，因此在讨论氦的能级之前，有必要先写出两个电子的自旋波函数.

前面知道，两个电子自旋耦合，可产生一个单态和一个三态，其波函数如下：

$$\chi_S^{(2)} = \chi_{11}(s_{1z}, s_{2z}) = \chi_{1/2}(s_{1z})\chi_{1/2}(s_{2z}) \tag{7.4.20}$$

$$\chi_S^{(3)} = \chi_{1-1}(s_{1z}, s_{2z}) = \chi_{-1/2}(s_{1z})\chi_{-1/2}(s_{2z}) \tag{7.4.21}$$

$$\chi_S^{(1)} = \chi_{10}(s_{1z}, s_{2z}) = \frac{1}{\sqrt{2}}[\chi_{1/2}(s_{1z})\chi_{-1/2}(s_{2z}) + \chi_{-1/2}(s_{1z})\chi_{1/2}(s_{2z})] \tag{7.4.22}$$

$$\chi_A = \chi_{00}(s_{1z}, s_{2z}) = \frac{1}{\sqrt{2}}[\chi_{1/2}(s_{1z})\chi_{-1/2}(s_{2z}) - \chi_{-1/2}(s_{1z})\chi_{1/2}(s_{2z})] \tag{7.4.23}$$

从(7.4.20)～(7.4.23)式很容易看出，总自旋为1的三重态$\chi_S^{(1)}$，$\chi_S^{(2)}$，$\chi_S^{(3)}$对于两个电子交换不变号，是对称的，而总自旋为0的单态χ_A对于两电子交换变号，是反对称的. 因此，两个电子的自旋角动量在耦合时，自动地得到了三个对称的自旋波函数和一个反对称的自旋波函数.

现在我们用微扰论来计算求氦原子的能级，以$\boldsymbol{r}_1, s_1; \boldsymbol{r}_2, s_2$表示氢原子核外两个电子的坐标和自旋. 由于$\hat{H}$中不含自旋变量，所以描写氦原子状态的波函数可以写为坐标波函数和自旋波函数的乘积

$$\Phi(\boldsymbol{r}_1, \boldsymbol{r}_2; s_{1z}, s_{2z}) = \varphi(\boldsymbol{r}_1, \boldsymbol{r}_2)\chi(s_{1z}, s_{2z}) \tag{7.4.24}$$

其中，坐标波函数$\varphi(\boldsymbol{r}_1, \boldsymbol{r}_2)$是哈密顿算符$\hat{H}$的本征函数

$$\hat{H}\varphi(\boldsymbol{r}_1, \boldsymbol{r}_2) = E\varphi(\boldsymbol{r}_1, \boldsymbol{r}_2) \tag{7.4.25}$$

$\chi(s_{1z}, s_{2z})$是两电子的自旋波函数.

前面已经将$\hat{H}$分为两部分：

$$\hat{H} = \hat{H}_0 + \hat{H}' \tag{7.4.26}$$

$$\hat{H}_0 = -\frac{\hbar^2}{2\mu}\nabla_1^2 - \frac{\hbar^2}{2\mu}\nabla_2^2 - \frac{2e^2}{4\pi\varepsilon_0 r_1} - \frac{2e^2}{4\pi\varepsilon_0 r_2} \tag{7.4.27}$$

两电子之间的相互作用视作微扰

$$\hat{H}' = e^2/(4\pi\varepsilon_0 r_{12}) \tag{7.4.28}$$

算符 $\hat{H}_0$ 的本征值和本征波函数分别是(为简洁起见,我们先忽略轨道量子数和磁量子数)

$$E^{(0)} = \varepsilon_n + \varepsilon_m \tag{7.4.29}$$

$$\Psi_1(\boldsymbol{r}_1,\boldsymbol{r}_2) = \psi_n(\boldsymbol{r}_1)\psi_m(\boldsymbol{r}_2) \tag{7.4.30}$$

波函数(7.4.30)式描写的是第一个电子处于态 $\psi_n(\boldsymbol{r}_1)$,第二个电子处于态 $\psi_m(\boldsymbol{r}_1)$;如果第一个电子处在能量为 ε_m 的态 $\psi_m(\boldsymbol{r}_1)$ 中,第二个电子处在能量为 ε_n 的态 $\psi_n(\boldsymbol{r}_2)$ 中,则体系的波函数为

$$\psi_2(\boldsymbol{r}_1 \cdot \boldsymbol{r}_2) = \psi_m(\boldsymbol{r}_1)\psi_n(\boldsymbol{r}_2) \tag{7.4.31}$$

对应的能量本征值也是 $E^{(0)}=\varepsilon_m+\varepsilon_n$. 这表示能量本征值 $E^{(0)}$ 是简并的:同一个能量 $E^{(0)}$ 对应着两个本征函数 $\psi_1(\boldsymbol{r}_1,\boldsymbol{r}_2)$ 和 $\psi_2(\boldsymbol{r}_1,\boldsymbol{r}_2)$.

在这里遇见了一种从未见过的特殊的简并性,这种简并性的产生是由于两个全同粒子的交换所引起,因此,这种简并称为交换简并.

由于交换简并的存在,我们必须运用简并情况下的微扰理论来计算能级和波函数. 零级近似波函数应当是简并态的叠加

$$\varphi(\boldsymbol{r}_1,\boldsymbol{r}_2) = c_1\psi_1(\boldsymbol{r}_1,\boldsymbol{r}_2) + c_2\psi_2(\boldsymbol{r}_1,\boldsymbol{r}_2) \tag{7.4.32}$$

由微扰论典型公式,知系数 c_1,c_2 必须满足下列方程组:

$$\begin{cases}(H'_{11}-E_1)c_1 + H'_{12}c_2 = 0\\ H'_{21}c_1 + (H'_{22}-E_1)c_2 = 0\end{cases} \tag{7.4.33}$$

其中,H'_{11}、H'_{12}、H'_{21}、H'_{22} 为微扰矩阵元.

$$\begin{aligned}H'_{11} &= \iint \psi_1^* \hat{H}'\psi_1 \mathrm{d}\tau_1 \mathrm{d}\tau_2\\ &= \frac{e^2}{4\pi\varepsilon_0}\iint \frac{|\psi_n(\boldsymbol{r}_1)|^2 |\psi_m(\boldsymbol{r}_2)|^2}{r_{12}} \mathrm{d}\tau_1 \mathrm{d}\tau_2\\ &= \iint \psi_2^* \hat{H}'\psi_2 \mathrm{d}\tau_1 \mathrm{d}\tau_2 = H'_{22} = K\end{aligned} \tag{7.4.34}$$

$$\begin{aligned}H'_{12} &= \iint \psi_1^* \hat{H}'\psi_2 \mathrm{d}\tau_1 \mathrm{d}\tau_2\\ &= \frac{e^2}{4\pi\varepsilon_0}\iint \frac{\psi_n^*(\boldsymbol{r}_1)\psi_m^*(\boldsymbol{r}_2)\psi_m(\boldsymbol{r}_1)\psi_n(\boldsymbol{r}_2)}{r_{12}} \mathrm{d}\tau_1 \mathrm{d}\tau_2\\ &= \iint \psi_2^* \hat{H}'\psi_1 \mathrm{d}\tau_1 \mathrm{d}\tau_2 = H'_{21} = A\end{aligned} \tag{7.4.35}$$

(7.4.34)和(7.4.35)两式都考虑了当 $\boldsymbol{r}_1$ 和 $\boldsymbol{r}_2$ 互换时积分不变而得出.(7.4.33)式有非零解的条件是

$$\begin{vmatrix} H'_{11}-E_1 & H'_{12} \\ H'_{21} & H'_{22}-E_1 \end{vmatrix} = 0 \tag{7.4.36}$$

或者写为

$$\begin{vmatrix} K-E_1 & A \\ A & K-E_1 \end{vmatrix} = 0 \tag{7.4.37}$$

由此得出

$$E_1 = K \pm A$$

以 $E_1=K+A$ 代入(7.4.33)式，我们得到

$$c_1 = c_2$$

同样，以 $E_1=K-A$ 代入，得

$$c_1 = -c_2$$

考虑到归一化条件，最后我们得到两组归一化后的解

$$\begin{aligned} \varphi_S(\boldsymbol{r}_1,\boldsymbol{r}_2) &= \frac{1}{\sqrt{2}}(\psi_1+\psi_2) = \frac{1}{\sqrt{2}}[\psi_n(\boldsymbol{r}_1)\psi_m(\boldsymbol{r}_2)+\psi_m(\boldsymbol{r}_1)+\psi_n(\boldsymbol{r}_2)] \\ \varphi_A(\boldsymbol{r}_1,\boldsymbol{r}_2) &= \frac{1}{\sqrt{2}}(\psi_1-\psi_2) = \frac{1}{\sqrt{2}}[\psi_n(\boldsymbol{r}_1)\psi_m(\boldsymbol{r}_2)-\psi_m(\boldsymbol{r}_1)\psi_n(\boldsymbol{r}_2)] \end{aligned} \tag{7.4.38}$$

相应的本征能量为

$$\begin{aligned} E_S &= \varepsilon_n + \varepsilon_m + K + A \\ E_A &= \varepsilon_n + \varepsilon_m + K - A \end{aligned} \tag{7.4.39}$$

由(7.4.38)式很容易看出：φ_S 是空间对称态，φ_A 是反对称态，因为氦原子的总波函数 Φ((7.4.24)式)描写两个电子的状态，而电子是费米子，根据泡利原理，必须用反对称波函数描写. 因此对称的空间波函数 φ_S 必须与反对称的自旋波函数 χ_A 相乘，而空间反对称的 φ_A 必须与对称的自旋波函数χ_S 相乘，即 Φ 的可能形式是

$$\begin{aligned} \Phi_1 &= \varphi_S(\boldsymbol{r}_1,\boldsymbol{r}_2)\chi_A(s_{1z},s_{2z}) \\ \Phi_2 &= \varphi_A(\boldsymbol{r}_1,\boldsymbol{r}_2)\chi_S(s_{1z},s_{2z}) \end{aligned} \tag{7.4.40}$$

Φ_1 中自旋是单态，Φ_2 中自旋是三态. 处于单态的氦称为仲氦，而处于三重态的氦则称为正氦.

7.4.6 基态、单重项与三重项

氦原子的基态即最低能态，每个电子都应处于最低的能级上，即处于 1s($n=$

$1, l=0, m=0$)态，波函数分别为 $\psi_{100}(\boldsymbol{r}_1)$，$\psi_{100}(\boldsymbol{r}_2)$，能量都是 ε_1. 空间波函数对称，故自旋必须反对称，总自旋必须为 0. 这就是说，只有仲氦能够处于能量最低的态，即基态. 我们可以用符号 $1s1s\,^1S_0$ 来表示基态. 这时，描写氦原子基态的波函数是

$$\begin{aligned}\Phi_1 &= \varphi_S(\boldsymbol{r}_1, \boldsymbol{r}_2)\,\chi_A(s_{1z}, s_{2z}) = \psi_{100}(\boldsymbol{r}_1)\psi_{100}(\boldsymbol{r}_2)\,\chi_A(s_{1z}, s_{2z}) \\ &= \frac{Z^3}{\pi a_0^3} e^{-Z(r_1+r_2)/a_0}\,\chi_A(s_{1z}, s_{2z})\end{aligned} \tag{7.4.41}$$

基态能量是

$$E_1 = 2\varepsilon_1 + K + A \tag{7.4.42}$$

在前面我们用变分法求氦原子的基态能量时，没有考虑电子的自旋及波函数的对称性质. 从现在的分析看来，基态的自旋恰好是 0，所以完全不必考虑它，而且我们在那里所取的尝试空间波函数恰恰对两电子交换是对称的，因此在那里求得的就是仲氦的最低能级.

仲氦的总自旋为 0，所以总角动量就等于轨道角动量，因而对于轨道角动量一定的能级项总是单一的，$^1S_0$、$^1P_1$、$^1D_2$ 等；正氦的总自旋为 1，所以对于一个确定的轨道角动量 $D\neq0$，总角动量 J 可以取 $D+1$、D、$D-1$ 三个数值，考虑到自旋与轨道相互作用之后，这三个不同 J 值的态能量是不同的，因而能级会出现类似于精细结构的三重项. 例如，对于两个电子处于 1s2p 的组态，总轨道角动量 $D=1$，当总自旋为 0 时. 总角动量 $J=D=1$，只能形成单项 $^1P_1$. 当总自旋为 1 时，总角动量可取 $J=0,1,2$，于是可以形成三重项 $^3P_0$、$^3P_1$、$^3P_2$(左上角的"3"标志出它们属于三重项). 这种区分对任何组态 1s3p、1s3d 等都是存在的.

因此，氦的能级有单重项与三重项之分，它取决于氦是处于单态还是三重态.

7.4.7 选择定则

在氦原子的三重态能级与单重态能级之间，除了一条跃迁概率很小的谱线 591.6Å 以外，几乎不可能发生跃迁. 其原因是这里出现了一个新的选择定则，它禁戒了三重态与单态之间的跃迁.

从前面我们知道，电偶极跃迁概率正比于电子电矩的矩阵元，也即正比于电子位置矢径 $\boldsymbol{r}_1$ 在所述状态之间的矩阵元. 对于两个电子系统来说，系统的电矩等于个别粒子电矩之和，因而跃迁概率正比于$(\boldsymbol{r}_1+\boldsymbol{r}_2)$的矩阵元. 现在考虑在氦的三重态与单态之间的跃迁，由于空间波函数在三重态是反对称的 φ_A，在单态是对称的 φ_S，因而偶极跃迁概率正比于

$$(\boldsymbol{r}_1+\boldsymbol{r}_2)_{mn} = \iint \varphi_A^*(\boldsymbol{r}_1+\boldsymbol{r}_2)\varphi_S \mathrm{d}\tau_1 \mathrm{d}\tau_2 \tag{7.4.43}$$

现在将积分中的两粒子坐标 $\boldsymbol{r}_1$，$\boldsymbol{r}_2$ 互换，则相当于只改变积分变量，积分的数

值应该不变. 但互换 $\boldsymbol{r}_1$ 和 $\boldsymbol{r}_2$ 就相当于交换两个电子,所以 φ_S 不变号而 φ_A^* 变号,结果得到

$$(\boldsymbol{r}_1+\boldsymbol{r}_2)_{mn}=-\iint\varphi_A^*(\boldsymbol{r}_1+\boldsymbol{r}_2)\varphi_S\mathrm{d}\tau_2\mathrm{d}\tau_1=-(\boldsymbol{r}_1+\boldsymbol{r}_2)_{mn}=0 \tag{7.4.44}$$

这就是说,三重能级与单重能级之间的跃迁概率是零. 这样,我们就解释了为什么氦存在着单线线系和三重线线系两个独立的线系的问题.

至于 $^3P_1$-$^1S_0$ 这一例外产生 591.6Å 的三重态与单态之间的跃迁,则可以从自旋和轨道角动量的相互作用来解释. 上面我们得出三重态与单态之间跃迁禁戒的选择定则时,只考虑了空间坐标函数的积分. 在忽略自旋-轨道相互作用的情况下,这样做是允许的. 因为这时波函数可以分成空间波函数与自旋波函数的乘积. 但是当考虑自旋-轨道相互作用时,波函数就不能写成空间部分与自旋部分的乘积,结果求选择定则时就不能只考虑空间波函数,还要一起考虑自旋部分,这时就会得到违反上述禁戒的相互组合的可能性.

7.4.8 交换能

下面我们讨论微扰能量的两部分——K 和 A 的物理意义,为此,我们引进新的符号

$$\begin{aligned}\rho_{nn}(\boldsymbol{r}_1)&=-e\psi_n^*(\boldsymbol{r}_1)\psi_n(\boldsymbol{r}_1)\\ \rho_{mm}(\boldsymbol{r}_2)&=-e\psi_m^*(\boldsymbol{r}_2)\psi_m(\boldsymbol{r}_2)\\ \rho_{mn}(\boldsymbol{r}_1)&=-e\psi_m^*(\boldsymbol{r}_1)\psi_n(\boldsymbol{r}_1)\\ \rho_{mn}^*(\boldsymbol{r}_2)&=-e\psi_m(\boldsymbol{r}_2)\psi_n^*(\boldsymbol{r}_2)\end{aligned} \tag{7.4.45}$$

利用这些符号,K 和 A 可以改写为

$$K=\iint\frac{\rho_{nn}(\boldsymbol{r}_1)\rho_{mm}(\boldsymbol{r}_2)}{4\pi\varepsilon_0 r_{12}}\mathrm{d}\tau_1\mathrm{d}\tau_2 \tag{7.4.46}$$

$$A=\iint\frac{\rho_{mn}(\boldsymbol{r}_1)\rho_{mn}^*(\boldsymbol{r}_2)}{4\pi\varepsilon_0 r_{12}}\mathrm{d}\tau_1\mathrm{d}\tau_2 \tag{7.4.47}$$

显然,$\rho_{nn}(\boldsymbol{r}_1)$表示第一个电子在 $\psi_n(\boldsymbol{r}_1)$态时,在 $\boldsymbol{r}_1$ 处所产生的平均电荷密度;$\rho_{mm}(\boldsymbol{r}_2)$表示第二个电子处于 $\psi_m(\boldsymbol{r}_2)$态时,在 $\boldsymbol{r}_2$ 处所产生的平均电荷密度;因此 K 表示两个电子相互作用的库仑能.

$\rho_{mn}(\boldsymbol{r}_1)$和 $\rho_{mn}^*(\boldsymbol{r}_2)$虽然不能直接用通常的电荷密度来解释,但是可以形象地将 $\rho_{mn}(\boldsymbol{r}_1)$理解为由于第一个电子部分地在 $\psi_m(\boldsymbol{r}_1)$态和部分地在 $\psi_n(\boldsymbol{r}_1)$态所产生的电荷密度,这种密度称为交换密度. 同理,$\rho_{mn}^*(\boldsymbol{r}_2)$是第二个电子的交换密度,这样 A 就可以理解为两电子的交换能.

应当指出,实际上 K 和 A 都来自电子的库仑作用. 关于这一点,可以由以下的

讨论看出.

根据微扰理论，能量的一级修正是微扰哈密顿算符 $\hat{H}'$ 在非微扰状态中的平均值，在我们所讨论的问题中，这一点也是容易证实的，因为微扰 $\hat{H}'$ 的平均值是

$$\overline{H}' = \left\langle \frac{e^2}{4\pi\varepsilon_0 r_{12}} \right\rangle = \frac{e^2}{4\pi\varepsilon_0}\iint \frac{1}{r_{12}} \mid \varphi \mid^2 \mathrm{d}\tau_1 \mathrm{d}\tau_2 \tag{7.4.48}$$

其中，φ 应取使 $\hat{H}'$ 对角化的零级近似波函数. 由于全同性要求，这个波函数或者是(7.4.38)式所给出的对称函数 φ_{S}，或者是反对称函数 φ_{A}，即

$$\varphi = \varphi_{\mathrm{S}} = \frac{1}{\sqrt{2}}(\psi_1 + \psi_2)$$

或

$$\varphi = \varphi_{\mathrm{A}} = \frac{1}{\sqrt{2}}(\psi_1 - \psi_2)$$

将它们代入(7.4.48)式中，得

$$\overline{H}' = \frac{1}{2}\iint \frac{e^2}{4\pi\varepsilon_0 r_{12}}[\mid \psi_1 \mid^2 + \mid \psi_2 \mid^2 \pm \psi_1^* \psi_2 \pm \psi_1 \psi_2^*]\mathrm{d}\tau_1 \mathrm{d}\tau_2 \tag{7.4.49}$$

由(7.4.34)式和(7.4.35)式，得到

$$\overline{H}' = K \pm A \tag{7.4.50}$$

因此修正能量就是在态 φ_{S} 或 φ_{A} 中电子库仑作用的平均能量. 微扰能量之所以分成两部分，交换能之所以出现，正是由于描写全同粒子的波函数必须是对称的或反对称的缘故，这一个要求在经典力学中是没有的，因此交换能的出现是量子力学中特有的结果.

由于交换能 A 与交换密度 $\rho_{mn}(\boldsymbol{r}) = -e\psi_m^*(\boldsymbol{r})\psi_n(\boldsymbol{r})$ 有关，因此它与空间波函数 $\psi_m(\boldsymbol{r})$ 与 $\psi_n(\boldsymbol{r})$ 的重合程度有关，如果 ψ_n 和 ψ_m 集中在空间的两个不同部分，以致在 ψ_m 很大的地方 ψ_n 很小，ψ_n 很大的地方 ψ_m 很小，则在这种情况下，交换能就很小，以致趋向于零.

不难看出，交换能不一定是电子间库仑相互作用能量的结果，对于任何相互作用的势能，都可以在形式上将它的平均值分为两个部分，其中之一就是交换能. 事实上，交换能来自(7.4.49)式中括号内后两项.

7.4.9 氦原子的激发态能级

我们用电子组态来描述原子中各个电子所处的状态. 原子中两个电子都处在激发态的情形是很少发生的，与光谱有关的激发态若没有特别指出，一般是指原子中一个电子被激发的情形. 氦原子的激发态就是指，原子中一个电子处在基态即 1s 态，而另一个电子处在 $n>1$ 的各种激发态，这样它的电子组态表示为“1snl”，n

是电子的主量子数，l 是它的轨道量子数. 氢原子(类氢离子)波函数的径向分布显示 1s 电子的分布比 nl 电子更靠近原子核. 因此在 nl 电子看来，1s 电子起着屏蔽原子核的作用，nl 电子受到一个等效核电荷为(Z^*)的静电作用，$1\leqslant Z^*<2$. n、l 的数值越大，这种屏蔽就越完全. 当 n 很大时，nl 电子远离原子核，此时只有 1s 电子完全感受到原子核的静电作用，而 nl 电子和原子核的静电作用由于 1s 电子的完全屏蔽，相当于 $Z^*=1$. 这样氦原子的位势可近似地写成

$$V=-\frac{Ze^2}{4\pi\varepsilon_0 r_{1s}}-\frac{Z^* e^2}{4\pi\varepsilon_0 r_{nl}} \tag{7.4.51}$$

其中，r_{1s}、r_{nl} 表示 1s 电子和 nl 电子与原子核的距离. 因此氦原子的激发态能量在 n 和 l 很大时，应该近似于类氢离子能量 E_{1s} 与氢原子能量 E_{nl} 之和. 表 7.4.1 列出氦原子与氢原子能级的数据.

表 7.4.1　氦原子与氢原子能级比较

氦原子的电子组态	原子的多重态	氦 $(-E)/(10^5/\mathrm{m})$	单态与三重态的能量差$/(10^5/\mathrm{m})$	氢 $(-E)/(10^5/\mathrm{m})$
$1s^2$	^3S	不存在		109.678
	^1S	198.311		
1s2s	^3S	38.461		
	^1S	32.039	6.422	27.419
1s2p	^3P	29.230	2.048	
	^1P	27.182		
1s3s	^3S	15.080	1.628	
	^1S	13.452		
1s3p	^3P	12.752	0.645	12.186
	^1P	12.107		
1s3d	^3D	12.215	0.003	
	^1D	12.212		
1s4s	^3S	8.019	0.643	
	^1S	7.376		
1s4p	^3P	7.100	0.276	
	^1P	6.824		
1s4d	^3D	6.872	0.002	6.854
	^1D	6.870		
4s4f	^3F	6.864 4	0.000 6	
	^1F	6.863 8		

以无限远处一个动能为零的电子及 He^+(1s)所组成系统的能量值作为氦原

子的能量零点. 由表 7.4.1 可看出：①由于电子间的库仑作用，氦的能级对 l 的简并消失了，例如，在 $n=2$ 时，1s2p 组态比 1s2s 组态的能量平均约大 9×10^5/m，这是由于 n 相同而 l 不同的电子出现在空间各处的概率不同，因此原子核被屏蔽的程度也就不同；②同一电子组态中三重态的能量比单态要低，且差别相当大，如 1s2s 组态中两者的能量差约为 6.4×10^5/m；③随 n 的增大，氦能级的数值与氢能级越来越接近.

氦原子激发态的能级，尤其是具有三重态和单态的特性使早期薛定谔理论陷入困境，对当时没有自旋的量子力学提出了挑战.

7.5 托马斯-费米统计方法

7.5.1 多粒子体系的复杂性

多粒子体系问题一般是相当复杂的. 一般原子都是多电子体系，求精确解很困难. 在上册里为了教学的需要，我们引入泡利原理，对周期表的形成的根本原因做了定性的说明. 在第 7.4 节里讲过的氦原子算是最简单的多粒子(两粒子)体系问题了，其次就是氢分子——双原子分子. 但它的能量也只能用近似的方法求得，氢分子和氦原子一样，也是有两个电子的系统. 不同的是，氢分子内部不是一个氢原子核而是有两个氢原子核. 这就给数学上增添了不少麻烦. 对氢分子，也可以和氢原子一样，考虑到波函数的对称性质以后，用微扰论的方法求解，但是工作量要大得多.

至于多电子原子和多原子分子的问题，由于必须处理许多个粒子的相互作用，就更为复杂，要解决这类问题，也只能借助于一些近似方法，如哈特里-福克自洽场方法就是常用来处理多电子体系的近似方法之一. 这种方法的物理思想在于，对于 N 个相互作用的粒子体系，可以把其中一个粒子受其他 $N-1$ 个粒子的作用近似地用一个平均的自洽场来代替，结果使得好像是每个粒子独立地在这个平均场中运动一样. 应用变分法可以得出在通常的势场及这个平均自洽场中运动的单粒子的波函数所满足的方程——哈特里-福克方程. 由于平均场是相互作用算符对其余 $N-1$ 个粒子波函数求平均，其中也含有待求的单粒子波函数，因此哈特里-福克方程只能用逐次迭代法求解，以求“自洽”. 解这个方程，得出单粒子波函数和能量，然后就可以求得体系的总波函数和总能量.

在原子核结构理论中，处理的是多个核子体系. 由于对核子之间的相互作用——核力，目前还了解得不太清楚，因此也经常采用自洽场的概念，把一个核子受其他核子的作用，用一个平均自洽场来代替，然后可以假定这个平均自洽场的具体形式，再用来计算原子核的能级，与实验进行比较. 这种自洽场方法是核结构壳模型理论的基础.

哈特里-福克方程的推导需要比较多的数学运算,我们也不在此详细叙述了.

7.5.2 托马斯-费米模型

下面我们着重介绍另一种处理多电子原子的近似方法——托马斯-费米统计方法.用这种方法可以求得多电子原子中的电子分布.我们知道,统计物理学一般是研究由大量微观粒子(原子、分子)所组成的宏观系统的规律性的,而现在讨论的是一个原子,它不是宏观系统而是一个微观系统.但是对于多电子原子来说,虽然它是微观系统,但它又是由大量更基本的粒子(电子、原子核)所组成的体系,在一定的条件下,这大量的电子集合却可以用统计方法来进行处理.因此,托马斯-费米统计方法就是统计物理对于量子力学微观系统的一种应用.

为了能够对原子体系应用统计方法,托马斯和费米对多电子原子提出了一种模型,称为托马斯-费米模型.他们假设原子中由核及所有电子所产生的势 $\phi(r)$是有心力场,变化很慢,以至于许多电子可以定域在 $\phi(\boldsymbol{r})$明显地为常数(即 $\phi(\boldsymbol{r})$的改变与 $\phi(\boldsymbol{r})$本身比较起来很小)的区域内,这时候对于 $\phi(\boldsymbol{r})$的变化来说,电子(或说电子电荷)可以看成是连续分布的,即看成是一种电子气体.可以用统计方法来处理,它们服从费米-狄拉克统计.

从统计物理知道,电子气体服从费米分布,分布函数为

$$n_\varepsilon = \frac{1}{e^{[\varepsilon-\mu(T)]/kT}+1} \tag{7.5.1}$$

其中,n_ε表示动能为 ε 的电子数,k 为玻尔兹曼常量,T 是绝对温度,$\mu(T)$为化学势.对于绝对零度的电子气体(这时称为完全简并化的电子气),上述分布函数有下面的形状:

$$n_\varepsilon = \begin{cases} 0, & \varepsilon > \varepsilon_0 = \mu(T=0) \\ 1, & \varepsilon < \varepsilon_0 = \mu(T=0) \end{cases} \tag{7.5.2}$$

它表示在这种气体中电子按不同量子态的分布方式,是使得气体的动能具有最小的可能值.由于泡利原理,一个量子态最多只能有一个电子,所以动能从 0 到某个最大值 n_ε的全部状态都被电子占满,在 n_ε 以上的能级全部空着,出现了一个明显的界限能量 ε_0,被称为费米能量.

以上是 $T\to 0$ 时的情况.如果电子气体的温度 T 不是 0,但是只要满足条件

$$kT \ll \varepsilon_0 \tag{7.5.3}$$

则从(7.5.1)式很容易看出,仍然近似地有图 7.5.1 所示的分布,只是边缘部分变得平缓一些,如图中虚线所示,即这时仍然可以近似地看成是完全简并化的电子气.

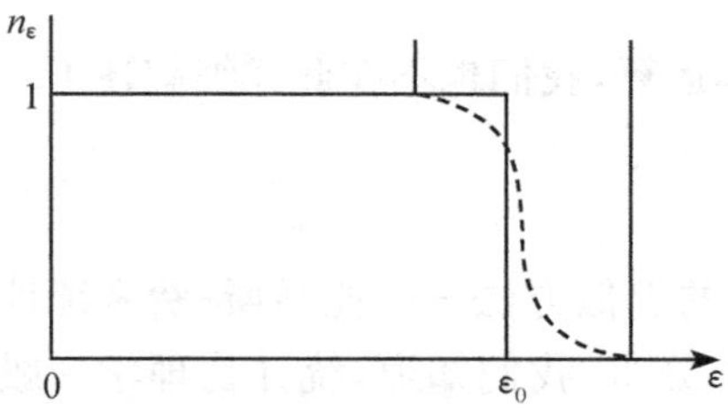

图 7.5.1 费米分布

条件(7.5.3)式在多电子原子的情况下是否满足呢？如果满足，那么重原子中的电子可以当作绝对零度下的简并电子气来处理.

实际上在通常温度(如室温)下，$T=293\text{K}$ 时，$kT=1.38\times10^{-16}\times293\text{erg}=3.46\times10^{-14}\text{erg}(1\text{erg}=10^{-7}\text{J})$. 另一方面，假定在多电子原子中，许多电子定域在距核为 $a_0/5$ 的附近(a_0 为玻尔半径)，则这些电子的位置的不确定度 $\Delta r\sim a_0/5$. 根据不确定关系，动量不确定度为

$$\overline{\Delta p^2}\geqslant\frac{\hbar^2}{4\,\overline{\Delta r^2}}$$

电子的平均动能为

$$\bar{\varepsilon}=\frac{\overline{p^2}}{2\mu}\geqslant\frac{\hbar^2}{8\mu\,\overline{(\Delta r)^2}}\sim\frac{(1.05)^2\times10^{-54}}{8\times9\times10^{-28}\times(0.2\times5\times10^{-9})^2}$$
$$\sim1.5\times10^{-10}\text{erg}$$

而电子的最大动能 ε_0 显然是大于平均动能的，即

$$\varepsilon>\bar{\varepsilon}>1.5\times10^{-10}\text{erg}$$

比较这两个数据可见，条件 $kT\ll\varepsilon_0$ 一般来说是满足的. 只是在原子的边界上有例外，那里电子的动能接近于 0，条件 $kT\ll\varepsilon_0$ 不能满足. 但是电子到达那里的概率是很小的. 因此，我们可以把原子中的电子近似地看作绝对零度时的简并电子气，服从费米-狄拉克统计，原子的这种模型，就是托马斯-费米模型.

7.5.3 托马斯-费米方程

按照费米-狄拉克统计，对于绝对零度下的简并电子气，电子将按照动能增加的顺序填充量子态，并占满动能从 0 起到某一最大值 ε_0 止的全部状态.

问题在于如何计算动能从 $0\to\varepsilon_0$ 的量子的数目？这也就是求态密度的问题.

我们先就一个常遇到的自由粒子情况进行讨论. 设一定能量的自由粒子波函数是动量本征函数

$$\psi(\boldsymbol{r})=L^{-3/2}\mathrm{e}^{\mathrm{i}\boldsymbol{p}\cdot\boldsymbol{x}/\hbar}\tag{7.5.4}$$

可以采用箱归一化，由周期性边界条件得出动量的本征值是

$$p_x=\frac{2\pi\hbar n_x}{L},\quad p_y=\frac{2\pi\hbar n_y}{L},\quad p_z=\frac{2\pi\hbar n_z}{L}\tag{7.5.5}$$

其中，n_x、n_y、n_z 为零或者正负整数，所以动量在

$$p_x \sim p_x + \mathrm{d}p_x, \quad p_y \sim p_y + \mathrm{d}p_y, \quad p_z \sim p_z + \mathrm{d}p_z$$

范围内的数目是

$$\mathrm{d}n = \mathrm{d}n_x \mathrm{d}n_y \mathrm{d}n_z = (L/2\pi\hbar)^{3/2} \mathrm{d}p_x \mathrm{d}p_y \mathrm{d}p_z \tag{7.5.6}$$

如果换成极坐标，则有

$$\mathrm{d}n = (L/2\pi\hbar)^3 p^2 \mathrm{d}p \sin\theta \mathrm{d}\theta \mathrm{d}\varphi \tag{7.5.7}$$

另一方面，状态数 dn 又可以用能级密度表示出来，因此我们有

$$\mathrm{d}n = \rho(n) \mathrm{d}\varepsilon_n = (L/2\pi\hbar)^3 p^2 \mathrm{d}p \sin\theta \mathrm{d}\theta \mathrm{d}\varphi \tag{7.5.8}$$

由 $\varepsilon_n = p^2/2\mu$，有 $\mathrm{d}\varepsilon_n = p\mathrm{d}p/\mu$，代入(7.5.8)式就可得

$$\rho(n) = (L/2\pi\hbar)^3 \mu p \sin\theta \mathrm{d}\theta \mathrm{d}\varphi \tag{7.5.9}$$

这就是动量大小为 p，方向在立体角 $\sin\theta\mathrm{d}\theta\mathrm{d}\varphi$ 内的态能级密度. 这方法的实质在于把相空间分成许多相格，每格占据 $(2\pi\hbar)^3$ 的大小，相应于一个量子态.

(7.5.9)式是对自由粒子得出的，自由粒子能量具有连续谱，但是由于将粒子封闭在边长为 L 的立方箱中，再加上周期性边界条件，才变成了离散谱，因此(7.5.9)式实际处理的是接近连续谱的情况. 而现在是原子中的电子，是处于束缚态具有离散谱的电子，是否也能应用(7.5.9)式呢？可以的. 这是因为，重原子中大多数电子都处于主量子数 n 比较大也即动能很大的状态，这时电子总能量离散能级间隔很小，已很接近连续谱了；同时，我们又假定了势 $\phi(\boldsymbol{r})$ 变化缓慢，因而对处于 $\boldsymbol{r}$ 附近的某一区域内的许多电子来说，势能 $-e\phi(\boldsymbol{r})$ 接近常数，结果电子总能量 $E = \boldsymbol{p}^2/2\mu - e\phi(\boldsymbol{r})$ 的变化就主要取决于动能 $\boldsymbol{p}^2/2\mu$ 的变化，原子中的电子可以看成是"准自由"的. 要计数这些电子可能占据的量子态，就只需计算动能(或说动量)变化在某一范围内的量子态的数目，即仍然可以用(7.5.9)式.

这里我们实际上用了一种近似，即把离散谱当作接近连续谱的情况来处理，由于从离散谱过渡到连续谱(这相应于普朗克常量 $\hbar \to 0$). 就意味着从量子力学过渡到经典力学，而现在的情况是接近连续谱但又不是连续谱，所以这种近似就称为准经典近似. 由上面讨论可见，假定电子的动能很大以及势 $\phi(\boldsymbol{r})$ 变化缓慢，是准经典近似所要求的.

按照准经典近似，可以证明，占满了电子的量子态的最大动能 ε_0 取决于电子气体的密度. 由(7.5.9)式，可以求得在边长为 L 的立方形箱中，动量数值在 $p \sim p + \mathrm{d}p$ 范围内的态的数目是 $8\pi(L/2\pi\hbar)^3 p^2 \mathrm{d}p$，这里我们乘进了一个 2，因为对应于一个动量 $\boldsymbol{p}$，电子可以有两个自旋态. 设电子的最大动量为 p_0，则动量 $p < p_0$ 或动能 $\varepsilon \leqslant p_0^2/2\mu = \varepsilon_0$ 的态的总数为

$$8\pi(L/2\pi\hbar)^3\int_0^{p_0} p^2\mathrm{d}p = \frac{L^3 p_0^3}{3\pi^3\hbar^3} \tag{7.5.10}$$

当这些态均被填充时，单位体积内的电子数为

$$n = \frac{p_0^3}{3\pi^3\hbar^3} \tag{7.5.11}$$

(7.5.11)式就表明了界限动量 p_0 与电子密度 n 的关系.

我们还可以把 n 与势 $\phi(\boldsymbol{r})$ 联系起来. 在束缚态中，电子的总能量只能小于零，设电子的最大能量是 $-e\phi_0$，则电子在位置 $\boldsymbol{r}$ 处的动能的最大值为

$$p_0^2/2\mu = e[\phi(\boldsymbol{r}) - \phi_0]$$

因此

$$p_0 = [2\mu e(\phi(\boldsymbol{r}) - \phi_0)]^{\frac{1}{2}} \tag{7.5.12}$$

将(7.5.12)式代入(7.5.11)式，就得

$$n(r) = [2\mu e(\phi(\boldsymbol{r}) - \phi_0)]^{\frac{3}{2}}/3\pi^3\hbar^3 \tag{7.5.13}$$

(7.5.13)式明显地表示出 n 对 $\boldsymbol{r}$ 的依赖关系.

另一方面，势函数 $\phi(\boldsymbol{r})$ 可以由泊松方程确定

$$\nabla^2\phi = -4\pi\rho \tag{7.5.14}$$

而 $\rho=-en$，n 由(7.5.13)式给出，把这些关系式代入泊松方程中，我们就得到 $\phi(\boldsymbol{r})$ 所满足的方程为

$$\nabla^2\phi = \alpha(\phi - \phi_0)^{\frac{3}{2}} \tag{7.5.15}$$

其中

$$\alpha = \frac{4e}{3\pi^2\hbar^3}(2\mu e)^{\frac{3}{2}} \tag{7.5.16}$$

方程(7.5.15)被称为托马斯-费米方程.

现在我们讨论 $\phi(\boldsymbol{r})$ 应满足的边界条件. 设原子或离子的原子序数为 Z，原子中的电子数为 N(对于中性原子，$Z=N$；对于离子，$Z>N$)，在 $r\to 0$ 处，势仅由原子核产生，$\phi(\boldsymbol{r})\to Ze/r$. 所以

$$\lim_{r\to 0}(r\phi) = Ze \tag{7.5.17}$$

在原子或离子边界 $r=r_0$ 处，电子密度为零，由(7.5.13)式有 $\phi(r_0)=\phi_0$，而在此处的势等于所有电荷集中于原子或离子中心时所产生的势，即

$$\phi(r_0) = \phi_0 = (Z-N)e/r_0 \tag{7.5.18}$$

在边界上的电场强度$-\frac{d\phi}{dr}$应连续过渡到$r>r_0$时的电场强度$(Z-N)e/r^2$,因而有

$$-\left.\frac{d\phi}{dr}\right|_{r=r_0}=\frac{(Z-N)e}{r_0^2} \tag{7.5.19}$$

由于$\phi(\boldsymbol{r})$只是矢径大小r的函数,因此

$$\nabla^2\phi(r)=\frac{1}{r^2}\frac{d}{dr}\left(r^2\frac{d\phi}{dr}\right)=\frac{d^2\phi}{dr^2}+\frac{2}{r}\frac{d\phi}{dr}$$

方程(7.5.15)可以写成

$$\frac{d^2\phi}{dr^2}+\frac{2}{r}\frac{d\phi}{dr}=\alpha(\phi-\phi_0)^{\frac{3}{2}} \tag{7.5.20}$$

做变换

$$\phi(r)-\phi_0=Ze\chi(r)/r \tag{7.5.21}$$

则

$$\frac{d^2\phi}{dr^2}+\frac{2}{r}\frac{d\phi}{dr}=\left(\frac{d^2}{dr^2}+\frac{2}{r}\frac{d}{dr}\right)(\phi-\phi_0)=\frac{Ze}{r}\frac{d^2\chi}{dr^2}$$

方程(7.5.20)变成

$$\frac{Ze}{r}\frac{d^2\chi}{dr^2}=\alpha\chi^{\frac{3}{2}}\left(\frac{Ze}{r}\right)^{\frac{3}{2}}$$

或

$$\frac{d^2\chi}{dr^2}=\alpha\chi^{\frac{3}{2}}\left(\frac{Ze}{r}\right)^{\frac{1}{2}} \tag{7.5.22}$$

令$\xi=\eta r$,其中η待定,则方程(7.5.22)可变成

$$\eta^2\frac{d^2\chi}{d\xi^2}=\alpha\chi^{3/2}(Ze)^{1/2}\frac{\eta^{1/2}}{\xi^{1/2}}$$

由$\eta^2=\eta^{1/2}(\alpha^2Ze)^{1/2}$来确定$\eta$,可得

$$\eta=\alpha^{2/3}(Ze)^{1/3} \tag{7.5.23}$$

于是引进新变数ξ和新函数χ使

$$\xi=\alpha^{2/3}(Ze)^{1/3}r \tag{7.5.24}$$

$$\chi=\frac{1}{Ze}r[\phi(r)-\phi_0]=\frac{\xi}{\alpha^{2/3}}\frac{(\phi-\phi_0)}{(Ze)^{4/3}} \tag{7.5.25}$$

之后,托马斯-费米方程(7.5.15)可以简化为

$$\frac{d^2\chi}{d\xi^2}=\frac{\chi^{3/2}}{\xi^{1/2}}\quad(\xi>0) \tag{7.5.26}$$

同时，边界条件(7.5.17)、(7.5.18)、(7.5.19)式相应变成

$$\lim_{\xi\to 0}\chi(\xi)=1$$
$$\chi(\xi_0)=0 \tag{7.5.27}$$
$$\xi\left(\frac{\mathrm{d}\chi}{\mathrm{d}\xi}\right)_{\xi=\xi_0}=-\frac{Z-N}{Z}$$

其中

$$\xi_0=(Ze)^{1/3}\alpha^{2/3}r_0$$

托马斯-费米方程(7.5.26)式是非线性的. 在 $\xi=0$ 处有奇异点，并在奇异点处要满足边界条件(7.5.27)式，因而无法求出这方程的解析解，贝克(Baker)、布希(Bush)和卡德威尔(Caldwell)等用积分器求出这方程数值解，并以数值表的形式列出. 对于中性原子($N=Z$)，方程的解与 Z 无关. 在 $\xi=0$ 处，χ-ξ 曲线的斜率

$$\left(\frac{\mathrm{d}\chi}{\mathrm{d}\xi}\right)_{\xi=0}=-1.588\,046\,4=-m_1$$

χ 沿 ξ 轴渐近地趋近于零(图 7.5.2)，所以边界半径 $\xi_0=\infty$. 而 $\phi(\infty)=\phi_0=0$，即中性原子中电子的最大能量为零.

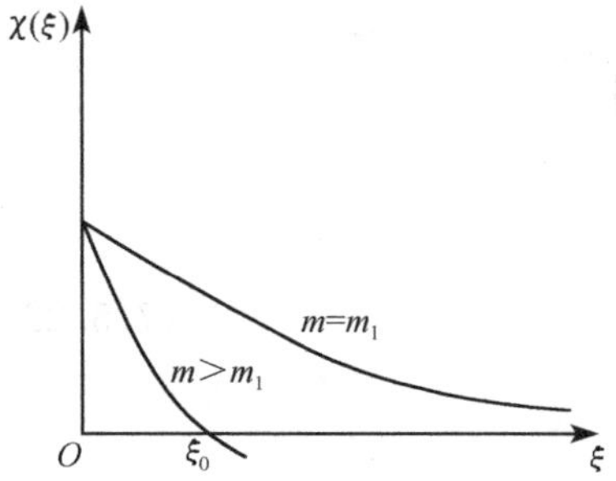

图 7.5.2

对于正离子($Z>N$). $\xi=0$ 处，χ-ξ 曲线的斜率 $\left(\frac{\mathrm{d}\chi}{\mathrm{d}\xi}\right)_{\xi=0}=-m$ 小于中性原子的相应斜率($m>m_1$)，曲线与 ξ 轴相交于 $\xi=\xi_0>0$ 处，由(7.5.27)式的第三式可知正离子的边界半径为有限值. 由(7.5.18)式可知，$-e\phi_0<0$，即正离子中电子的最大能量为负值. 对于负离子，托马斯-费米方程无解，因而在这理论中负离子不可能存在.

由(7.5.13)、(7.5.16)、(7.5.23)、(7.5.25)等式可以求得原子或离子中电子密度为

$$n=\frac{Z^2\alpha^2\varepsilon}{4\pi}\left(\frac{\chi}{\xi}\right)^{3/2} \tag{7.5.28}$$

图 7.5.3 中虚线表示氩原子中电子密度的径向分布

$$D=\iint n\mathrm{d}s=\iint n(r)r^2\mathrm{d}\Omega=4\pi n(r)r^2$$
$$=(Z^4\alpha^2e)^{1/3}\chi^{3/2}\xi^{1/2}$$

实线表示用自洽场法解福克方程所得出的结果，由图中可以看出，托马斯-费米方法得出的结果相当于自洽场法的平均近似，因而通常用托马斯-费米方法得到哈特里-福克方法第一级近似值.

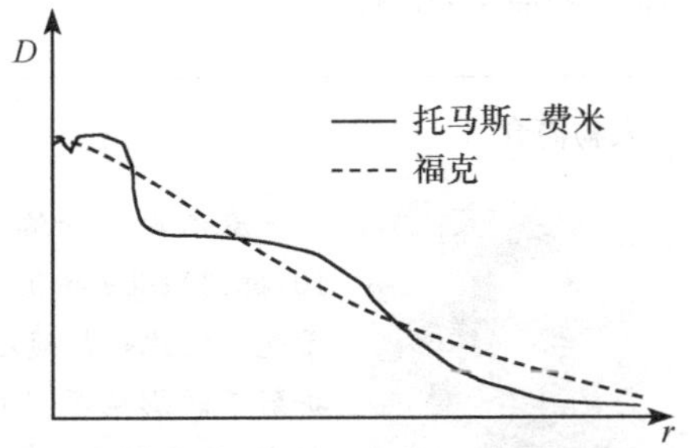

图 7.5.3　氩原子电子密度径向分布图（距离 r 的单位为 a_0，D 的单位为 $1/a_0$）

托马斯-费米模型把电子分布看作是连续的，因而它只对 Z 大的原子（电子数 $N>10$）才能取得较好的结果. 这种方法的优点是计算较为简便，缺点是它对电子之间的相互作用考虑得不够仔细. 为了消除这个缺点，需要对这个模型做许多改进和补充.

7.6　X 射线

7.6.1　X 射线的发现

以前讨论了原子外层或价电子的能态. 现在讨论一下原子内层电子的能态，其主要表现在原子的 X 射线谱. 我们将看到，原子的 X 射线谱可以用单电子模式来处理. 历史上 X 射线谱的研究导向了原子壳层结构理论的发展.

1895 年伦琴（W. C. Roentgen）在进行阴极射线放电管的实验中发现了一种神秘的射线，称为 X 射线. 这种射线具有几个特点：它具有很强的穿透性，能透过纸板、薄铝板和人体等；它以直线传播，不因电磁场作用而偏转；它能使照相底片感光，使气体电离. 1901 年伦琴因发现 X 射线而成为诺贝尔物理奖的第一个获得者. X 射线发现后在全世界引起强烈反响，世界各地的报纸上都刊登了伦琴发现 X 射线的消息及显示人手的骨骼的照片. 物理学家几乎都停下了正在进行的工作，而将兴趣集中在研究这射线的性质并试图去理解新发现的含义. 经过 17 年的努力，最后由劳厄（M. von Lane）建议的 X 射线的晶体衍射实验证实 X 射线是波长很短的电磁波. 它的波长范围一般在 $10^{-3}\sim 1\text{nm}$. 这个波长范围和晶体的格点间隔相当. X 射线发现后不久，很快就在医学、晶体学等领域得到了广泛的应用.

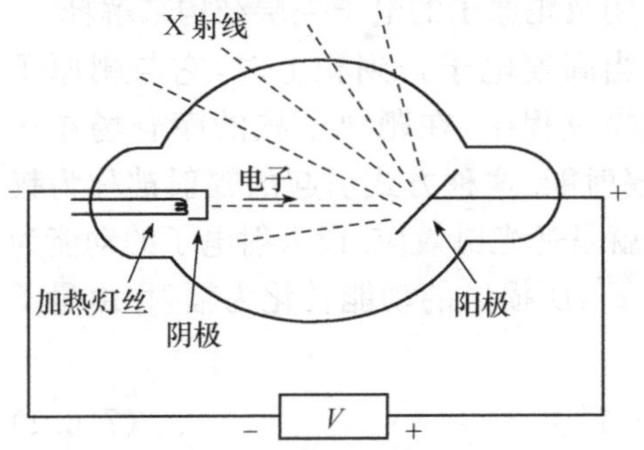

图 7.6.1　X 射线管示意图

X 射线一般采用高速电子轰击靶的方法产生，如图 7.6.1 所示. X 射线可以由照相底片、计数管、闪烁探测器和半导体探测器等测量.

人物简介

威尔姆·伦琴(Wilhelm Conrad Roentgen，1845.03.27～1923.02.10，德国)1869年获苏黎世大学的博士学位，1870年发表第一篇论文《关于气体的比热》，随后的研究工作涉及晶体的导热等特性，压力对流体的折射率的影响等. 1895年他在研究低压气体放电、阴极射线时发现了X射线，并用实验证明了这不是紫外线而是一种具有强穿透性的未知射线. 1901年获第一届诺贝尔物理奖. 他因此而获得许多荣誉，一些城市、街道以他的名字命名，不过他依然始终保持谦虚和平和. 他不申请任何专利："我的发现属于所有的人. 但愿我的这一发现能被全世界科学家所利用. 这样，它就会更好地服务于全人类……".

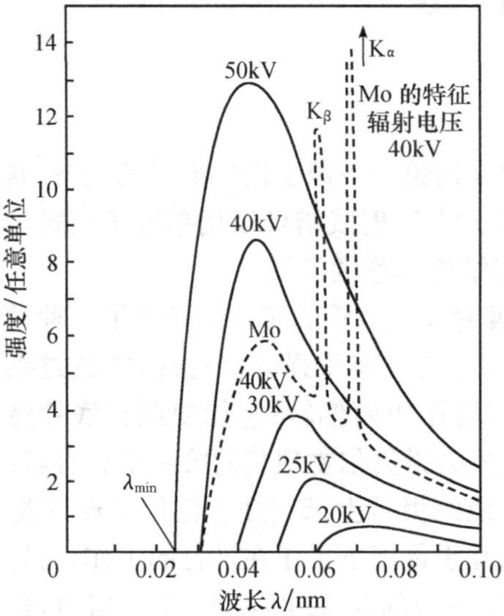

图 7.6.2 不同电压及靶材料(钼和钨)的X射线谱

7.6.2 韧致辐射谱

X射线管产生的X射线谱如图7.6.2，它包括两个部分：一部分是波长连续变化的连续谱，用不同动能的电子轰击不同材料的靶时，所产生的连续谱有相似的形状，都有确定的最短波长 λ_{min}. λ_{min} 的数值只和电子的动能有关，与靶材料无关；另一部分是具有离散的线状谱，这些谱线的波长只取决于靶材料的化学元素. 每种元素有一套特定的波长的谱线，可作为该元素的标识，故X射线的线状谱称为标识谱. X射线谱的这些特点可由电子和靶材料原子的相互作用及靶原子的电子壳层结构来解释.

当高速电子打到靶上时，它与靶原子的碰撞过程中，在靶原子核的库仑场作用下，其速度骤然减小，所损失的能量转化为辐射能. 这种方式引起的辐射被称为**韧致辐射**——减速过程中产生的辐射，实际上就是逆光电效应. 设入射电子的动能为 T，电子与靶原子一次碰撞后动能由 T 减至 T'，所损失的动能转化为辐射. 由量子论的观点来看，光子的能量应为

$$h\nu = T - T' \tag{7.6.1}$$

一般，入射电子要经过许多次的碰撞后才失去全部动能，最后才停止在阳极靶内.

电子每次碰撞损失的能量都不相同,可为小于 T 的任何值. 这过程如图 7.6.3. 因此,韧致辐射产生的 X 射线的波长呈现连续谱. 在极限情况,入射电子在一次碰撞中失去全部动能,则辐射出的光子就具有最短的波长 $\lambda_{\min}$

$$\lambda_{\min} = hc/T \tag{7.6.2}$$

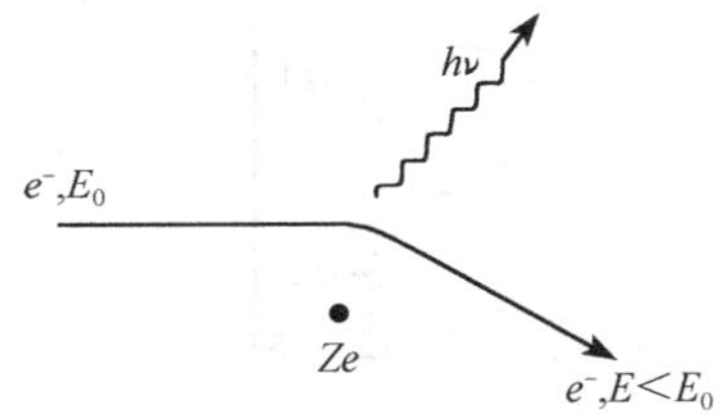

图 7.6.3 韧致辐射 X 射线发射的物理过程

可见短波限只取决于轰击靶阳极的电子的动能 T. 在 X 射线管中电子是通过电势差为 V_a 的电场加速而获得动能的,即有 $T=eV_a$,所以

$$\lambda_{\min} = hc/T = hc/eV_a \tag{7.6.3}$$

这式子说明,只要精确测定 $\lambda_{\min}$ 和 V_a,可由 e 和 c 定出普朗克常量 h 的值. 经典电动力学计算得到的辐射谱是不存在短波限的,短波限的存在是量子论的一个实验证据.

韧致辐射的强度和靶原子核的电荷 Z 有关,强度随 Z 而增加,而它的频率分布与靶材料无关,只由入射粒子的能量,即 X 射线管的加速电压所决定. 实验结果证实了理论的正确性.

7.6.3 线状特征谱

当外加电压大于某个定值时,在连续谱上出现离散的线状谱(谱线). 谱线的波长与入射电子的能量无关,而只取决于靶极材料组成的化学元素,即为标识谱. 1913 年莫塞莱(Moseley)系统地测量了从铝到金共 39 种元素的特征谱. 他观察到大多数元素的特征谱包含两组谱线,按波长次序称为 K 系和 L 系. 对各种元素 X 射线特征谱的线系如 K 系或 L 系都有相似的结构. 对原子序数大的元素会出现更多的谱系,它们是 M 系、N 系. 对同一元素,L 系谱线的频率较 K 系的低.

莫塞莱发现,谱线的频率随原子序数的增加而缓慢增加. K 系一般可以观察到三条谱线 K_α、K_β、K_γ,其中 K_α 线最强,波长最长. 如果把各元素的 K_α 线频率的平方根对原子序数作图,就得到如图 7.6.4 所示的线性关系,显示出元素的特征 X 射线是由原子序数决定的. 莫塞莱首先指出原子序数实质上就是原子核的电荷数,并且总结出 K_α 线的波数服从下面的经验公式:

$$\tilde{\nu}_{K_\alpha} = R(Z-1)^2\left(\frac{1}{1^2}-\frac{1}{2^2}\right) \tag{7.6.4}$$

其中,R 是里德伯常量,Z 是原子核电荷数. 同样对 L 线系的研究,发现波数的平方根与 Z 也有线性关系,对 L 线系的第一条谱线 L_α 也有类似的公式

$$\tilde{\nu}_{L_\alpha} = R(Z-7.4)^2\left(\frac{1}{2^2}-\frac{1}{3^2}\right) \tag{7.6.5}$$

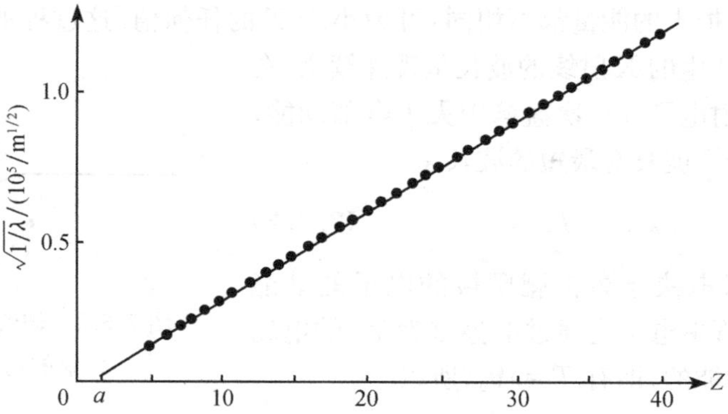

图 7.6.4　元素的 K_α 线波数与原子序数的关系

由此他提出：X 射线特征谱各线系谱线的波数平方根$\sqrt{\tilde{\nu}}$与原子序数 Z 有线性关系的**莫塞莱定律**. 这些式子和玻尔氢原子的公式非常相似，所不同的是用$(Z-1)$代替了 Z，这是因为在多电子原子的内壳层($n=1$ 层)出现空位时，考虑到电子的屏蔽效应，在 $n=2$ 层中的电子感受到的是$(Z-1)$个正电荷的库仑作用，所以 X 射线的 K_α谱线频率有(7.6.4)式的形式. 同理可将 L_α 谱线解释为对应于内层电子在 $n=3$ 和 $n=2$ 之间的跃迁. 这些都说明 X 射线特征谱是由原子中内层电子的跃迁产生的.

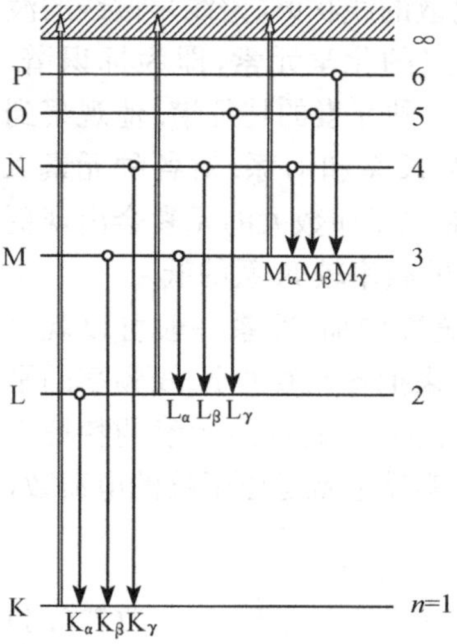

图 7.6.5　X 射线名称的定义

一般情况下，原子的内壳层都是被电子占满的，由泡利不相容原理可以知道，内层电子态之间不可能发生跃迁. 因此要产生特征 X 射线的先决条件是原子内层有未满壳层，即内层有电子空位或空穴. 在某些情形下，用高速带电粒子如电子轰击原子，或用 X 射线照射，使原子内层电子电离而会出现空穴，从而原子处在较高的能量状态即处于激发态，这时较外层的电子才有可能填充到空穴上，发出 X 射线. 内层电子受到原子核的束缚要比外层电子强得多. 对重原子，使它的内层电子电离需要的能量约为 10^4 eV，所以用来轰击原子的电子或光子的能量必须要大于这电离能，才能出现特征谱. K 线系是 $n>1$ 各层的电子到 $n=1$ 壳层的跃迁，而 L 线是 $n>2$ 各层到$n=2$ 层跃迁，相关谱线的名称定义如图 7.6.5 所示.

7.6.4 原子的内层能级

X射线特征谱发射的过程中,外壳层电子填入内壳层中的空位后在外壳层中留下了一个空位,所以也可以把产生特征谱的过程等效地看成内壳层的空位跃迁到外壳层. 内层电子能量主要由主量子数 n 决定,随 n 增加而增加(即随 n 增大束缚减弱). 对内层电子,在同一 n 值时,由于对不同 l 量子数的电子的屏蔽不同,随 l 量子数的增大而增大. 另外必须考虑精细结构,自旋-轨道相互作用能随 Z^4 很快地增加. 对重原子,如铀,自旋-轨道作用引起的分裂可达 2keV! 我们知道在满壳层中有一个空位时,这个支壳层的角动量与所失去的电子角动量是相同的,只是方向相反. 因此满壳层中具有一个空位的状态可以用原来占据该空位的电子的量子数 (n,l,j) 来表示. 内层电子的能量是负的,所以要在原子内层产生空穴必须给以正的能量. X射线的特征谱相应的能级图如图 7.6.6 所示. 图 7.6.6 只是示意图,图上的能级间隔并不是按比例的. 图上标出和 X 射线有关的跃迁与名称(历史沿用,有的和定义不符). 图上向上的箭头表示吸收,向下的表示发射. 这些跃迁服从与单电子原子同样的选择定则,即

$$\Delta l = \pm 1, \quad \Delta j = 0, \pm 1$$

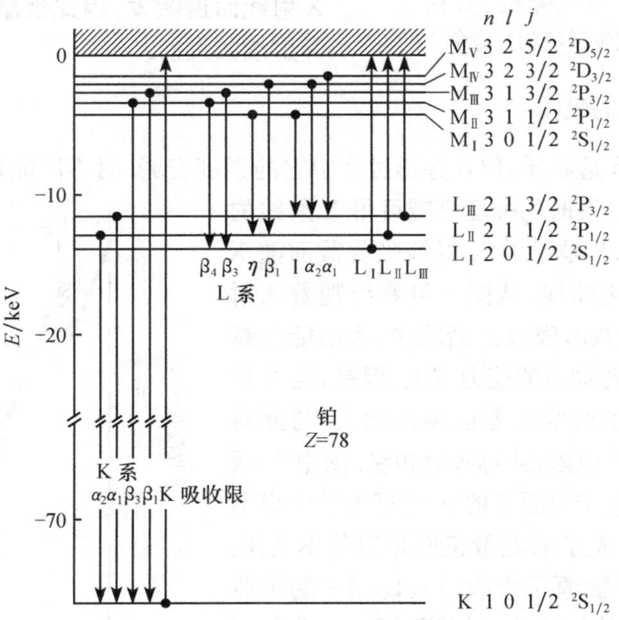

图 7.6.6 铂(Z=78)X射线谱相应的内层电子能级示意图

7.6.5 俄歇效应

原子的内层电子被激发、电离后原子处于激发状态，外层电子跃入内层空位时，其多余的能量通过发射 X 射线释放，仅是一种可能的退激发过程. 另一种是非辐射过程，通过库仑相互作用将能量转移给另一个外层电子. 这种非辐射效应可用图 7.6.7 表示，称为**俄歇效应**. 所发射出的电子在 1925 年由法国物理学家俄歇(P. P. Auger)首先发现. 俄歇电子的能量决定于原子内层能级的结构，因此对俄歇电子的能量和强度的研究能使我们得到关于原子的结合能、状态量子数信息. 测量固体材料俄歇电子谱，可以用来分析材料，特别是关于表面的一些组成和结构的情况. 对于 Z 小的原子，外层电子跃入内层空位通过俄歇效应的概率比发射 X 射线的概率大. 当 Z 超过 35 时，发射 X 射线的概率将超过俄歇效应. 在原子发射俄歇电子后，原子中将出现两个空位，它往往通过发射 X 射线而退激发，因此俄歇效应常伴随有 X 射线的发射.

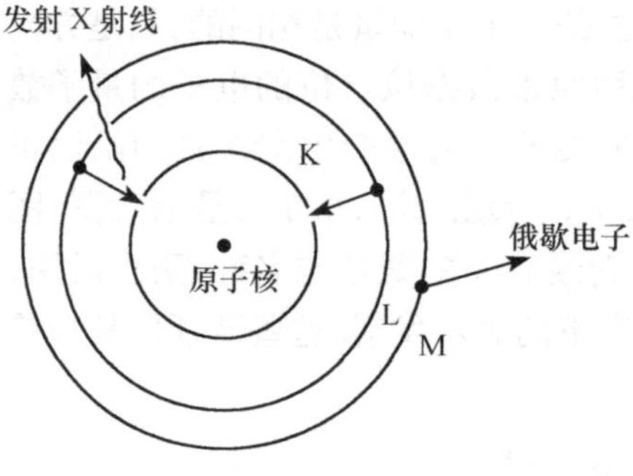

图 7.6.7　发射俄歇电子过程与 X 射线发射的相互竞争

7.6.6 X 射线的吸收

X 射线能穿透物质，但在穿透过程中它的强度变弱. 对不同能量的 X 射线，测量它透过吸收物质时的强度衰减可得 X 射线的吸收谱. 图 7.6.8 是铅的 X 射线吸收截面随 X 射线能量的变化曲线. 从图中可看出随着入射 X 射线能量的增加，吸收逐渐减少，表明能量越大的 X 射线穿透物质的能力越大. 但是，当 X 射线能量在某些值时吸收截面突然增大，与此对应的能量称为吸收限，或称吸收边缘. 图中 K 吸收限的能量对应于铅原子的 K 壳层电子电离的能量. 因为此时光子的能量正好足以使 K 层电子电离，该光子被原子吸收. L_{I}、L_{II}、L_{III} 的吸收限反映了 L 层精细结构的情形，所以吸收限对应于 X 射线发射谱各线系的线系限. 吸收限对应的频率和发射谱线的频率之间有着简单的关

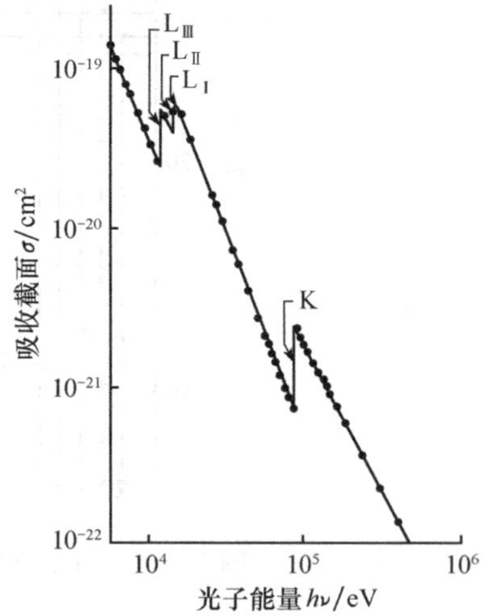

图 7.6.8　铅的 X 射线吸收截面

系.例如,K_α 线是由 K 能级和 L 能级之间的跃迁产生的,因此 K_α 线的频率就等于 K 吸收限与 L 吸收限的频率之差.采用高分辨本领的仪器观察 X 射线吸收谱时可发现在吸收限附近能量高的一侧吸收截面并不是简单地单调下降,而是具有精细结构.这些精细结构称为广延 X 射线吸收精细结构(EXAFS),这是由于吸收 X 射线后被电离的内层电子为邻近的原子散射所引起的干涉效应.对这一精细结构的分析可以确定吸收心周围环境的具体结构,这种方法现已成为结构研究的一种重要手段.

7.6.7 产生 X 射线的各种机制

引起原子发射 X 射线有各种机制,常见的有高能粒子激发(图 7.6.9(a)),光激发(图 7.6.9(b)),γ 内转换(图 7.6.9(c)),β 伴随的 γ 内转换(图 7.6.9(d)),以及 K 俘获(图 7.6.9(e))等,见图 7.6.9.

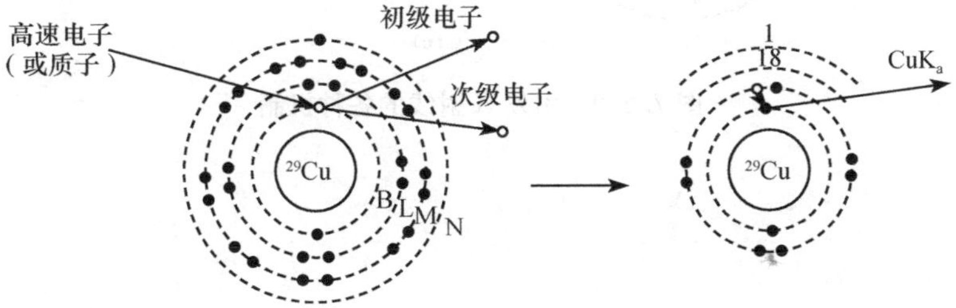

(a)

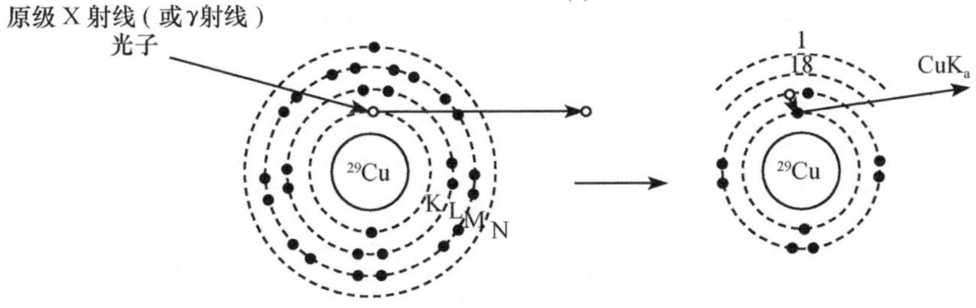

(b)

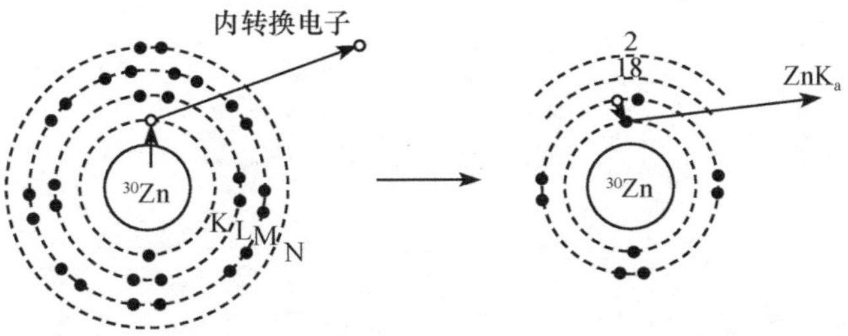

(c)

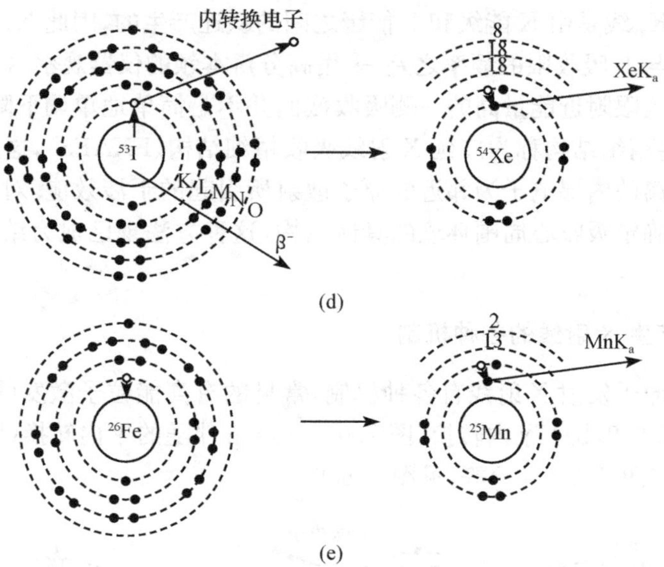

图 7.6.9　引发 X 射线的各种机制

第 8 章 分子结构和能谱

宏观物质的基础结构是分子. 分子由原子组成,两个或两个以上的原子结合在一起可能形成稳定的分子. 本章将讨论分子的结构、能级和光谱. 与前面原子结构的讨论相似,利用分子光谱提供的信息,用量子力学的理论和方法来研究分子的结构.

8.1 分子的化学键

分子结构的一个重要部分就是研究将几个原子结合在一起形成分子时原子间的相互作用,化学上通常用**化学键**来表示这种相互作用. 一个稳定的分子的能量一定比分开的组成原子的能量之和要低. 分子在形成一对键时所放出的能量或在分离一对键时所需要的能量称为**键能**,键能的大小一般在电子伏量级. 当原子组成分子时,每个原子的内层电子受到各自的原子核的紧密束缚,受到的扰动很小;而原子最外层的价电子由于和原子核结合得较松,容易受到其他原子的影响. 所以,主要是原子的价电子参与化学键的形成,原子内部满壳层上的电子几乎不参与化学键的形成. 价电子参与成键的情况不同就形成不同的化学键. 离子键和共价键是最常见的化学键.

8.1.1 离子键

原子间可以共有或转移它们的价电子而形成化学键. 一种极端的情况是,一个或多个电子从一个原子移到另一个原子,而使它们每一个都有类似惰性气体原子的电子组态,成为一个正的离子或负的离子,它们相互吸引而形成的键就是**离子键**. 碱金属和碱土金属的原子只有一个或两个价电子. 从原子电离能的周期性变化可知,这些元素的电离能很小,价电子与原子核结合得很松,原子容易失去价电子而成为正离子. 电离能在一个周期中自左向右逐渐增加,惰性气体原子的电离能最大,如锂的电离能为 5.39eV,而氖原子的电离能是 21.6eV. 卤族和氧族元素原子有六、七个价电子,它们有较强的电子亲和势,即当它俘获一个电子形成负离子时会释放能量,这些原子称作**负电性原子**. 例如,气态的一个中性氯原子得到一个电子后形成一价的氯离子时,它释放 3.62eV 的能量. 通常称它具有的电子亲和势为 −349kJ/mol. 在周期表中ⅥA 和ⅦA 族有最大的电子亲和势. 当电离能很小的金属原子和电子亲和势很大的非金属原子接近时，金属原子容易失去价电子而形成正离子，非金属原子获得电子而成为负离子. 已具有满壳层电子组态的正负离子之间的库仑引力使它们进一步靠近，使两个离子间的势能降低. 离子间的静电引力形成键. 但当两个离子靠得很近时，它们的电子云相互重叠，产生强烈的排斥作用. 当引力和斥力平衡时能量最低，形成稳定的分子. 在固态情况，每个负离子被正离子包围，同样正离子周围是负离子，从而形成**离子晶体**.

氯化钠分子是离子键的典型例子. 当原子离得很远时，使一个钠原子和氯原子成为一个钠正离子和一个氯负离子时，需要给予 1.53eV 的能量. 正负离子间的库仑力使它们接近，势能降低，当它们间的距离在约 0.94nm 时它们的库仑势约为−1.53eV. 这意味着，假如中性钠和氯原子靠近到小于 0.94nm 时，在能量上，它们趋于使电子从钠原子转移到氯，而形成离子键. 这两个离子系统的势能随它们中心间距 R 变化的曲线如图 8.1.1 所示. 形成分子的过程决定于：产生正离子的电离能，负离子的亲和势，离子间的库仑势和泡利排斥能，以及这些能量的平衡. 势能有最小值时的能量就是离子键的键能，或称作分子的结合能、分子的**解离能**. 它可以写成

$$E^{+}+E^{-}-\frac{e^2}{4\pi\varepsilon_0 r}+C\frac{e^{-ar}}{r}=E_{\text{解离}} \tag{8.1.1}$$

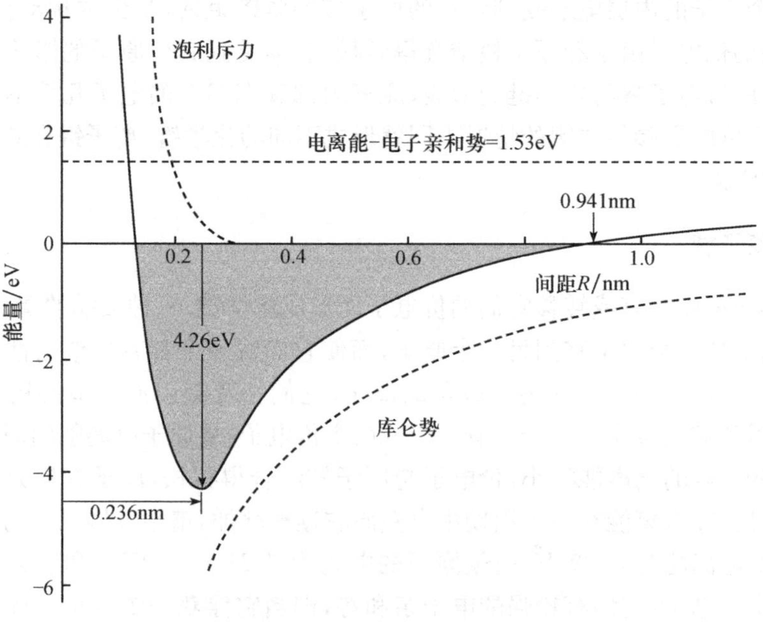

图 8.1.1　Na 离子和 Cl 离子间的势能随离子间距的变化

等式左侧 E^{+}、E^{-} 是电离能和亲和势，第三、四项是库仑势和泡利排斥能. 泡利能并不容易计算，这里的两个参数 C 和 a 可根据实验数据来确定. 泡利斥力不是简

单的静电斥力，它主要来源于泡利不相容原理. 当两个离子的间隔很大时，它们的电子波函数没有重叠，所以它们的电子可以有相同的量子数. 但当两个离子逐渐靠近时，波函数的重叠越来越严重而迫使电子进入更高的能态，这就需要能量，也就是相当于有一种斥力. 电离能、电子亲和势及解离能都可由实验测得. 键的长度(及分子的平衡位置)可以由其他实验，如分子谱(转动谱)的数据得到. 这样利用关系式(8.1.1)就可以估算泡利斥能. 表 8.1.1 列出碱金属卤化物的一些数据.

表 8.1.1 碱金属卤化物分子的基本数据

分子	正离子的电离能/eV	负离子的亲和势/eV	解离能/eV	离子的间隔(键长)/nm	平衡时的库仑能/eV	平衡时的泡利斥能/eV
NaCl	5.14	3.62	4.27	0.236	6.10	0.31
NaF	5.14	3.41	5.38	0.193	7.46	0.35
KCl	4.34	3.62	4.49	0.267	5.39	0.19
KBr	4.34	3.37	3.94	0.282	5.11	0.20

气态 NaCl 分子的两个离子间的平衡距离 $R_0=0.236\text{nm}$. 它的正离子和负离子在空间是分离的，正负电荷的中心不重合，由此 NaCl 分子具有电偶极距. 由离子键形成的分子通常都是极性分子.

8.1.2 共价键

前面讨论的离子键比较容易理解，价电子由一个原子转移到另一个原子形成正离子和负离子，由库仑静电引力而结合在一起. 还有其他成键的方式. 两个氢原子能形成氢分子，它们之间是什么键？氢原子的电离能为 13.6eV，它的亲和势很小只有−0.8eV. 要使两个离子靠近，一定需要正的能量，所以不可能形成离子键. 一定还有其他成键方式. 两个氢原子是通过共价键结合为分子的. **共价键**是指一对价电子为两个原子所共有，价电子在两个核中间势能较低的区域，使两个原子系统的能量最低，形成稳定的分子. 这时每个原子都具有惰性气体的组态. 两个氢原子组成的氢分子是最简单的共价键分子. O_2、N_2、Cl_2 和 CO 都是共价键的分子.

为了解释共价键的形成，必须运用量子力学的知识. 但在物理上仍还没有能完全地解决这些问题. 要了解化学键需要考虑多粒子的各种相互作用：给定的 n 个原子核和 m 个电子，要找到系统的波函数和相应的能量. 在解决这问题时只能采取一些近似方法. 我们先近似将原子核的质量看作是无穷大，并忽略核的运动. 这里以最简单的氢分子为例来讨论.

8.1.3 氢分子离子 H_2^+

氢分子离子的化学键是最简单的情形. 在氢的放电过程中氢分子失去一个电

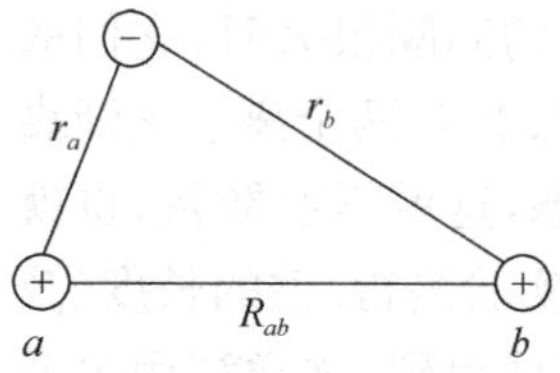

图 8.1.2 氢分子离子

子而成为氢分子离子. 测得它的束缚能,即解离能是 2.65eV. 这里涉及的是两个氢原子核和一个电子. 以 a 和 b 标记两个核,见图 8.1.2. 如果两个核相距很远,电子可以在原子 a 附近或在 b 附近,它的波函数应该就是氢原子的波函数. 电子与核 a 或核 b 的距离分别记为 r_a 或 r_b.

设与原子核 a 相应的氢原子的波函数为 ϕ_a,它对应的薛定谔方程为

$$\left(-\frac{\hbar^2}{2\mu}\nabla^2-\frac{e^2}{4\pi\varepsilon_0 r_a}\right)\phi_a(r_a)=E_a^0\phi_a(r_a) \tag{8.1.2}$$

同样有 ϕ_b、E_b^0,且有

$$E_a^0=E_b^0=E^0 \tag{8.1.3}$$

当两个核互相靠近时,对原来束缚在核 a 的电子,它就会受到核 b 的库仑引力. 同样如果电子原来束缚在核 b,将受到核 a 的库仑引力. 所以就要包含两个核对电子的库仑引力及核之间的库仑斥力. 核之间的斥力引起的能量不会直接影响电子的能量,它会使所有的能量本征值移动一个常量,我们讨论时先不加上这项,等最后再加上它. 这样得到薛定谔方程为

$$\left(-\frac{\hbar^2}{2\mu}\nabla^2-\frac{e^2}{4\pi\varepsilon_0 r_a}-\frac{e^2}{4\pi\varepsilon_0 r_b}\right)\psi=E\psi \tag{8.1.4}$$

其中,波函数 ψ 和相应的 E 就是我们要计算的.

要定出波函数,可以用微扰的方法. 电子可能在核 a 或 b 附近,如(8.1.2)式和(8.1.3)式,具有相同的能量. 这两个能态 ϕ_a 和 ϕ_b 是简并的. 离得较远的核对电子的作用可以看作是对电子态的微扰. 这样就会将简并解除,即退简并. (8.1.4)式的解可写为

$$\psi=c_1\phi_a+c_2\phi_b \tag{8.1.5}$$

其中,c_1、c_2 是两个待定的系数. 将(8.1.5)式代入(8.1.4)式,且利用(8.1.2)式和(8.1.3)式,整理后可得

$$\left(E^0-E-\frac{e^2}{4\pi\varepsilon_0 r_b}\right)c_1\phi_a+\left(E^0-E-\frac{e^2}{4\pi\varepsilon_0 r_a}\right)c_2\phi_b=0 \tag{8.1.6}$$

将(8.1.6)式分别乘 ϕ_a^*,再积分. 氢原子基态的波函数是实函数,所以 ϕ_a 和 ϕ_b 为实函数,且不是正交的,即 $\int\phi_a\phi_b\mathrm{d}V=S\neq0$. 我们不做具体的计算,令

$$\int\phi_a(r_a)\left(\frac{e^2}{4\pi\varepsilon_0 r_b}\right)\phi_a(r_a)\mathrm{d}V=C$$

$$\int\phi_a(r_a)\left(\frac{e^2}{4\pi\varepsilon_0 r_a}\right)\phi_b(r_b)\mathrm{d}V=D$$

将这些积分代入(8.1.6)式,并令

$$E = E^0 + \Delta E$$

于是得

$$(\Delta E + C)c_1 + (\Delta E \cdot S + D)c_2 = 0$$

同样,如将(8.1.6)式乘 ϕ_b^*,再积分,得

$$(\Delta E + C)c_2 + (\Delta E \cdot S + D)c_1 = 0$$

得到有两个解:$\Delta E = -\dfrac{C+D}{1+S}$,相应的是对称波函数 $\psi_S = \dfrac{1}{\sqrt{2(1-S)}}(\phi_a + \phi_b)$

$\Delta E = -\dfrac{C-D}{1-S}$,相应的是反对称波函数 $\psi_A = \dfrac{1}{\sqrt{2(1+S)}}(\phi_a - \phi_b)$

可以看出电子能量的分裂和波函数的空间对称性有关,波函数及概率密度分布如图 8.1.3所示. S、C 和 D 的具体数值取决于两个核的间距 R_{ab}. 当两个核靠近时,

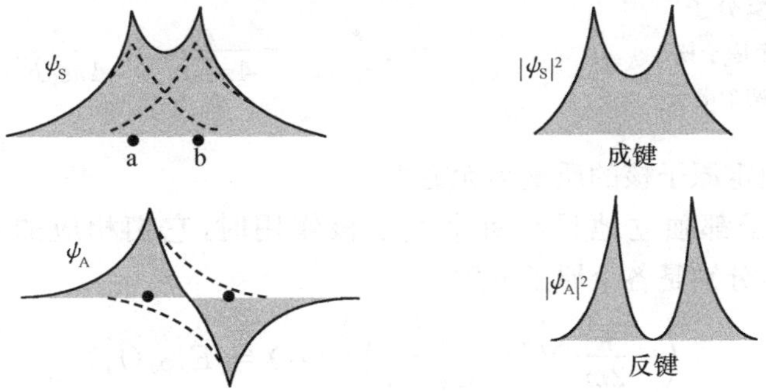

图 8.1.3 对称波函数 ψ_S 和反对称波函数 ψ_A 及对应的概率密度

在对称波函数的情形,能量是减小的,是**成键态**,或称是**成键轨函**(bonding orbital). 而在反对称波函数的情形,能量是增加的,或称是**反键态**. 为决定氢分子离子是否能形成束缚态,一定要考虑核 a 和 b 的库仑排斥能. 总能量随两个原子核的间距变化的情形如图 8.1.4 所示. 由两种态电子的概率密度分布可看出,在对称波函数的情形,电子密度集中在两个氢核之间有较大的概率,两个核对电子的库仑吸引力使 H_2^+ 的能量下降,电子成为两个核共有. 在 $R = 0.106$nm

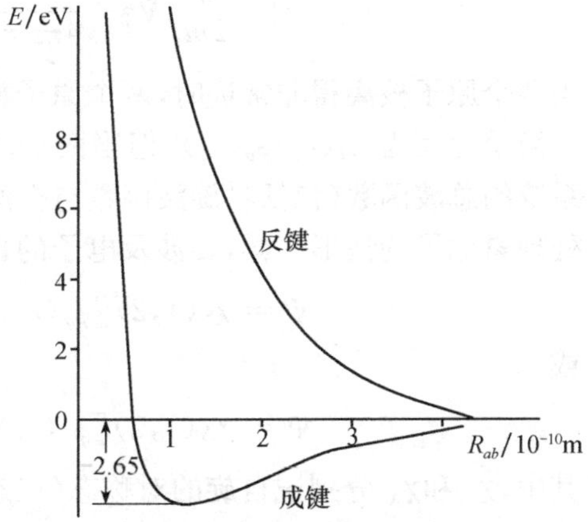

图 8.1.4 氢分子离子成键态和反键态的能量与原子核间距的关系

时，能量有极小值，能量为－2.65eV，构成稳定的氢分子离子. 而反对称波函数的能量总是为正，它是不稳定的反键态.

8.1.4 氢分子

在氢分子的情形就不是只有一个电子了，涉及两个原子和两个电子. 以 a、b 标记两个原子核，以 1 和 2 标记两个电子. 各个粒子之间有库仑力，粒子间的距离用图 8.1.5 说明.

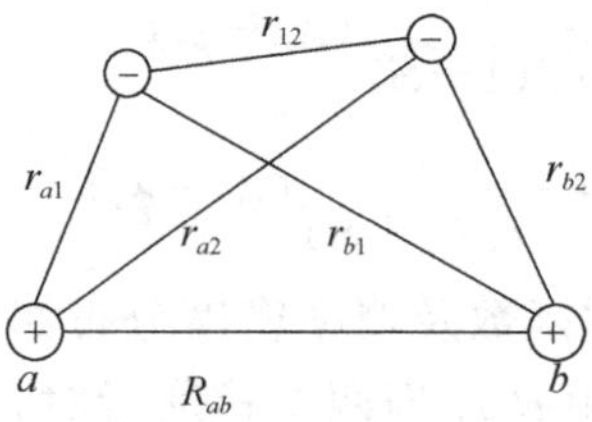

图 8.1.5 氢分子
以 a、b 标记两个原子核，
以 1 和 2 标记两个电子

要计算氢分子的能量就要解它的薛定谔方程

$$\hat{H}\psi(r_1,r_2)=E\psi(r_1,r_2) \tag{8.1.7}$$

哈密顿算符包含电子 1、电子 2 的动能和各粒子间的库仑势

$$\hat{H}=-\frac{\hbar^2}{2\mu}\nabla_1^2-\frac{e^2}{4\pi\varepsilon_0 r_{a1}}-\frac{\hbar^2}{2\mu}\nabla_2^2-\frac{e^2}{4\pi\varepsilon_0 r_{b2}}-\frac{e^2}{4\pi\varepsilon_0 r_{b1}}-\frac{e^2}{4\pi\varepsilon_0 r_{a2}}+\frac{e^2}{4\pi\varepsilon_0 R_{ab}}+\frac{e^2}{4\pi\varepsilon_0 r_{12}} \tag{8.1.8}$$

这里，我们仍假定原子核的质量为无穷大.

当每个电子都独立地只和每个原子核作用时，它们相应的波函数分别为 $\phi_a(r_1)$、$\phi_b(r_2)$，分别是各个原子的解

$$\left(-\frac{\hbar^2}{2m_e}\nabla_1^2-\frac{e^2}{4\pi\varepsilon_0 r_{a1}}\right)\phi_a(r_1)=E_0\phi_a(r_1)$$

和

$$\left(-\frac{\hbar^2}{2m_e}\nabla_2^2-\frac{e^2}{4\pi\varepsilon_0 r_{b2}}\right)\phi_b(r_2)=E_0\phi_b(r_2)$$

当两个原子核离得非常远时，两个原子相互间可看作没有作用，这时系统的波函数可简单地写为 $\phi_a(r_1)\phi_b(r_2)$. 但当两个原子靠近时，必须考虑泡利不相容原理，即系统的总波函数（包括自旋波函数与空间波函数）必须是交换反对称的. 就如同在处理氦原子的情形一样，要涉及电子的自旋波函数，所以总波函数可以是

$$\Psi=\chi_S(1,2)[\phi_a(r_1)\phi_b(r_2)-\phi_a(r_2)\phi_b(r_1)]$$

或

$$\Psi=\chi_A(1,2)[\phi_a(r_1)\phi_b(r_2)+\phi_a(r_2)\phi_b(r_1)]$$

其中，χ_S 和 χ_A 分别记自旋的对称态（三态）和反对称态（单态）. 当自旋波函数对称时，空间波函数一定是反对称的或称是"奇"函数，记作 ψ_u

$$\psi_u=\phi_a(r_1)\phi_b(r_2)-\phi_a(r_2)\phi_b(r_1)$$

下标 u 是由德文(ungerade)得来的,表示是反对称的意思. 当自旋波函数反对称时,空间波函数一定是对称的或称是"偶"函数,记作 ψ_g,下标 g 由德文(gerade)得来.

$$\psi_g = \phi_a(r_1)\phi_b(r_2) + \phi_a(r_2)\phi_b(r_1)$$

将这两个波函数代入(8.1.7)式并用在处理氢分子离子相似的方法可以求得能量. 这里我们不做计算了,但可以预期这两个不同的波函数会使能量有不同值,这里会出现量子力学效应即交换能. 由氢分子离子的结果可以知道,与对称的波函数对应的态的电子云集中在两个原子中间,受到两个原子核的库仑吸引力,相应的能量要比"奇"波函数的低. 交换效应使氢分子有很强的键,它的能量比两个独立氢原子的能量要低得多. 两种波函数的能量与原子核的间距的关系可用图 8.1.6 表示. 由此可知,只有两个电子自旋反平行的状态才能形成稳定的氢分子.

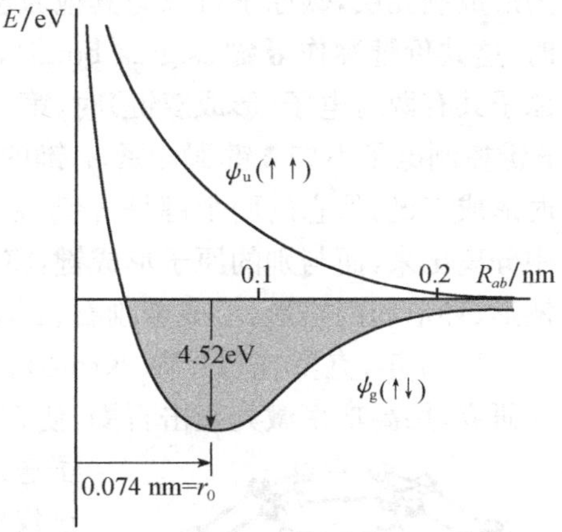

图 8.1.6 氢分子的束缚能与核间距离的关系

共价键具有**饱和性**,即一个原子只能形成一定数目的共价键. 当一个原子靠近另一个原子时,它的外层的自旋未配对的电子可以和另一原子中自旋未配对的电子组成共价键. 由反键轨道的势能可解释,第三个氢原子不可能与氢分子的两个原子组成束缚态,因为必定会和一个原子形成反键,一定是被排斥的. 所以,氢分子的键是饱和的,它不可能再接受另一个键.

由异类原子所组成的共价分子,虽然分子的总电荷是零,但电荷分布是不对称的,会产生永久的电偶极矩. 这样的键称为**极性键**. 由同类原子组成的共价分子,如 H_2 和 O_2,它的电荷分布是对称的,正负电荷的中心是重合的,这样的分子没有永久的电偶极矩,分子的共价键是非极性的.

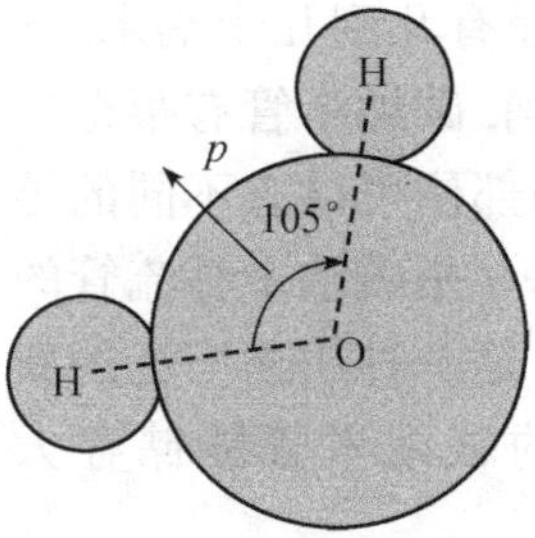

图 8.1.7 具有永久电偶极矩的水分子

一个原子只能在某个特定的方向上形成共价键,因此,共价键有方向性. 根据共价键的量子理论,共价键的强弱决定于形成共价键的两个电子轨道的相互交叠程度. 原子在它价电子波函数最大的方向上形成共价键. 例如,p 态的电子云具有哑铃状,因此它在旋转对称轴的方向上形成共价键. 水分子的结构如图 8.1.7,它有永久电偶极距 p,其方向在对称平面上. 异类原子组成的具有镜像对称的分子，如 CO_2、CCl_4 没有永久电偶极距.

8.1.5 碳键，C_{60}分子和纳米技术

碳原子有两个 1s 内层电子，是满壳层. 它的 $n=2$ 层有四个电子，是未满壳层. 为形成满壳层，碳原子可以与其他原子形成四个共价键. 当两个原子共有一对电子时，这共价键称作 **σ 键**(sigma bond)，它将电子很紧地束缚在两个原子间. 当两个原子共有两对电子(形成双键)时，第一对电子形成 σ 键，而第二对电子形成 **π 键**. π 键控制电子不如 σ 键那样紧，π 键的电子就比较活跃. 当两个原子共有三对电子时形成三键，那它的两个键是 π 键. π 键的电子比 σ 键的电子活跃，比较容易从键中分离出来，而与别的原子形成键，将这些原子牵加到分子中. 碳原子的键能形成链形、环形和网格形，形成金刚石、石墨和多孔碳等同素异形体.

1985 年，克罗托(H. W. Kroto)、科尔(R. F. Curl)和斯莫利(R. E. Smally)合作研究，用高功率激光轰击石墨，使石墨中的碳原子气化，再用氦气流把气态碳原子送入真空室，迅速冷却后形成碳原子簇，并用质谱仪检测. 在解析质谱图后发现，该实验产生了含不同碳原子数的原子簇. 其中相当于 60 个碳原子、质量数落在 720 处的信号最强，其次是相当于 70 个碳原子、质量数为 840 处的信号，说明 C_{60} 和 C_{70} 是相当稳定的原子簇分子. 他们提出了 C_{60} 的封闭球形笼状结构的设想，如图 8.1.8 所示，C_{60} 称为富氏烯或布基球. 这实际上是由碳元素结合成的稳定分子，直径为 0.71nm. 他们三人因此获得 1996 年的诺贝尔化学奖.

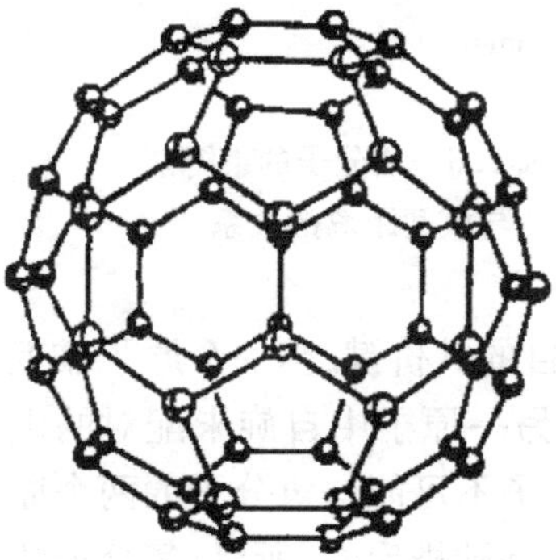

图 8.1.8 C_{60} 的笼状结构

1990 年科学家又产生出由 C_{60} 团簇构成的 C_{60} 固体，成为碳的又一种同素异形体. 1991 年贝尔实验室发现在 C_{60} 中掺杂，引入碱金属、碱土金属原子，可以得到各向同性的超导性，制成了有机超导体.

1991 年日本科学家又得到碳纳米管或布基管，它的直径有几到几十纳米. 碳纳米管是由碳原子按一定规则排列形成的空心笼状管式结构. 碳纳米管有很奇异的导电性，在同一根纳米管上，由于结构的变化，在它的不同部位可以有不同的导电性质. 在交接处会形成一个异质结，具有整流作用. 图 8.1.9 是碳纳米整流管的示意图. 碳纳米管的强度是钢的 100 倍，具有韧度高等特性，是一种用途广泛的新材料. 用碳纳米管可以制成像纸一样薄的弹簧. 高质量的碳纳米管能储存大量氢气.

碳是纳米材料家族的重要成员. 纳米结构通常是指尺寸在 100nm 以下(1～100nm)的微小结构. 在纳米尺寸上对物质和材料进行研究处理的技术称为纳米技

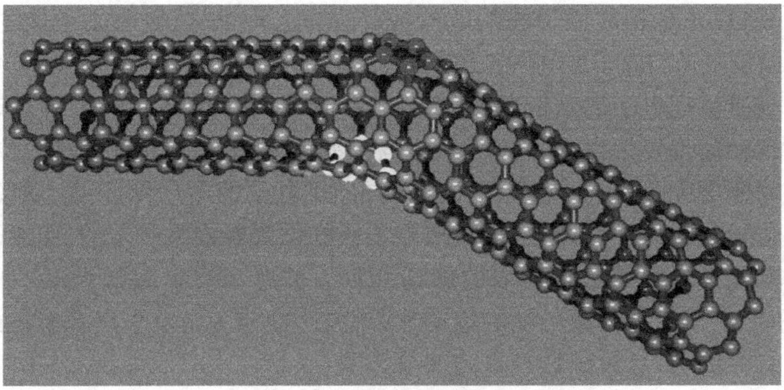

图 8.1.9 碳纳米整流管

术.纳米科技是 20 世纪 80 年代初迅速发展起来的前沿学科,它使人们认识、改造微观世界的水平提高到了一个新的高度.纳米材料的特殊性能是由于纳米材料的特殊结构而引起的效应,例如,小尺寸效应、量子效应、表面效应和界面效应,从而具有传统材料所不具备的物理、化学性能.当尺寸达到纳米量级,能级间距会发生分裂,这会导致纳米微粒的磁、光、热、电等性能发生显著的变化.纳米微粒尺寸小,表面能高,位于表面的原子占相当大的比例.由于表面原子数增多,原子配位不足以及高的表面能,使这些表面原子具有高的化学活性、催化活性、吸附活性等.这些奇异特性使纳米材料在诸多领域有着非常广泛的应用前景,并已经成为当今世界科技前沿的热点之一.例如,纳米技术将用于下一代的微电子器件即纳米电子器件,使未来的电脑、电视机、卫星、机器人等的体积变得越来越小.

8.2 分子结构和能谱

在 8.1 节讨论分子的结构写哈密顿函数时,我们简单地假设原子核的质量无穷大且也没有考虑原子核的运动.分子光谱具有复杂的结构,它提供的信息指出,必须包含原子核的运动.分子的薛定谔方程可表示为

$$\hat{H}\psi(r_i,R_a)=E\psi(r_i,R_a) \tag{8.2.1}$$

双原子分子的非相对论的哈密顿算符如下,两个原子核 a 和 b,以 R 代表原子核的空间坐标,以 r 表示电子的坐标,有

$$\begin{aligned}\hat{H}=&-\frac{\hbar^2}{2m_e}\sum_i\nabla_i^2-\frac{\hbar^2}{2M_a}\nabla_a^2-\frac{\hbar^2}{2M_b}\nabla_b^2+\frac{Z_aZ_be^2}{4\pi\varepsilon_0R_{ab}}\\&-\sum_i\frac{Z_ae^2}{4\pi\varepsilon_0r_{ai}}-\sum_i\frac{Z_be^2}{4\pi\varepsilon_0r_{bi}}+\sum_{i,j<i}\frac{e^2}{4\pi\varepsilon_0r_{ij}}\end{aligned} \tag{8.2.2}$$

其中,第一、第二项和第三项是电子和原子核的动能算符,m 是电子的质量,M 是

原子核的质量. Z 是相应原子核的电荷数，R_{ab}、r_{ai}、r_{bi} 和 r_{ij} 表示原子核之间、核与电子之间以及电子与电子之间的距离. 要解这样的方程几乎是不可能的，必须简化.

原子核质量比电子的质量要大数千倍以上，在分子体系中电子的运动速度比原子核的运动速度要快得多. 可以认为，电子的波函数取决于原子核的位置 R，但和原子核的速度无关，也就是，原子核运动很慢，电子的运动都能迅速地建立对应于原子核位置变化的平衡，于是可以把原子核的位置看成是一定的，而原子核运动时只受到高速运动电子的平均场的影响. 因此，玻恩和奥本海默提出一种近似方法，把分子中电子运动和原子核的运动分开，波函数分为与电子坐标有关的项和与核的位置有关的项，总波函数是这两部分相乘

$$\psi(r_i, R_\alpha) = \psi_e(r_i, R_\alpha)\psi_N(R_\alpha) \tag{8.2.3}$$

其中，电子波函数 ψ_e 的参数依赖原子核的坐标，决定于电子状态；ψ_N 描述在势场中原子核的运动状态，振动和转动. 这种处理方法称为**玻恩-奥本海默近似**.

分子光谱的实验结果表明，分子的能级由三个主要部分组成：电子能级、振动能级和转动能级. 分子中的电子在两个或几个原子核的库仑场中运动，形成不同的电子态. 分子的电子能级的能量间隔和原子能级的间隔相近. 分子的电子能级间的跃迁所产生的光谱一般是在紫外和可见光区域. 组成分子的各原子核在其平衡位置附近做微小振动，其能量量子化的结果形成振动能级. 在同一电子态的振动能级间跃迁所产生的光谱称作**纯振动光谱**，一般是在近红外区域，它们的波长在微米的数量级. 分子可以做整体运动，如双原子分子绕通过质心并垂直于两个原子核连线的轴做转动，这会形成转动能级. 转动能级间的跃迁所产生的光谱叫转动光谱，是在远红外和微波区域，波长在毫米或厘米的量级.

把分子的运动分成电子运动和原子核的振动与转动，这是近似的描写. 将这三种运动分别处理，分子的能量就近似地表示为这三部分能量的总和. 用 E_e、E_v 和 E_J 分别代表电子能量、振动能量和转动能量，则

$$E = E_e + E_v + E_J \tag{8.2.4}$$

分子中势能随核间距的变化和能级如图 8.2.1. 由图可知分子的能级是分离得很宽的一些组，每一组对应于分子的一种电子态. 对于给定的电子态，能级又分成几乎是等间隔的一些组，每一组相应于分子的一种振动态. 而在同一个振动态中又有属于不同转动态的能级.

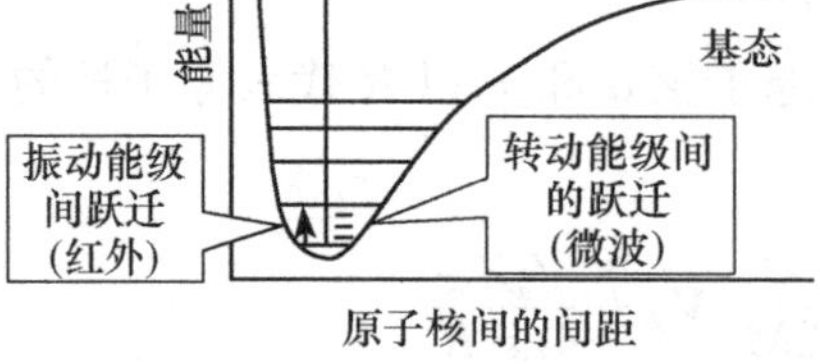

图 8.2.1　分子中势能随核间距的变化和能级的示意图

8.3 双原子分子的光谱

分子光谱可对分子结构提供丰富而重要的资料. 由于前面介绍的分子内部复杂的运动状态,分子光谱要比原子光谱复杂得多. 由于转动能级、振动能级和电子能级的间隔有很大的差别,各种能级间的跃迁引起的辐射波长覆盖很宽范围,有远红外光谱、近红外光谱和可见及紫外光谱,并且可能形成复杂的带状光谱.

8.3.1 刚性双原子分子纯转动能级和光谱

电磁波可以激发极性分子的转动能级,分子转动能级间跃迁所对应的谱线在微波区.

我们可把双原子分子的转动运动简化为一个刚体绕它的质心的转动. 刚性双原子分子的转动能量可以由薛定谔方程求得. 分子的质心位于两个原子核的连线上,由两个质量分别为 m_1 和 m_2 质点,相距 R_0 组成的刚性转子,如图 8.3.1. 按照经典力学,它的转动惯量

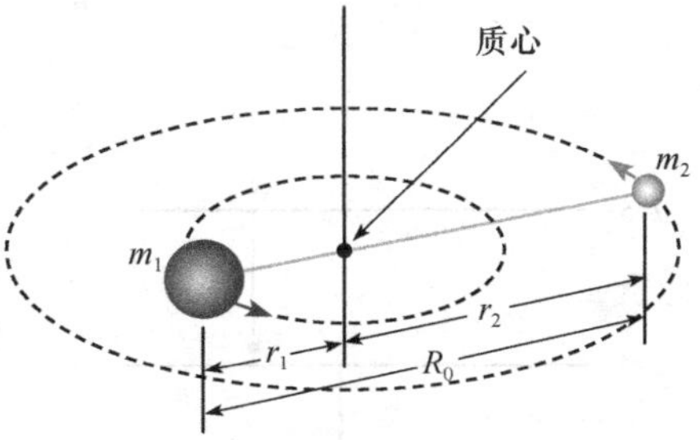

图 8.3.1 两个质量为 m_1 和 m_2,相距 R_0 的原子核绕质心的转动

$$I = \mu R_0^2 = \frac{m_1 m_2}{m_1 + m_2} R_0^2$$

其中,μ 是分子的折合质量. 转动角动量 L 垂直于两核连线,如图 8.3.2. 绕固定轴转动的动能可以表示为

$$\frac{1}{2} I\omega^2 = \frac{L^2}{2I}$$

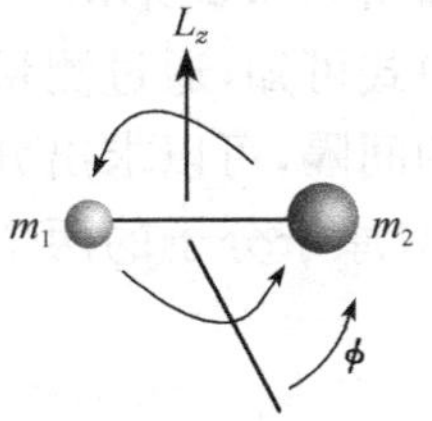

图 8.3.2 双原子分子的转动

其中,I 是系统绕该轴转动的转动惯量. 量子力学相应的哈密顿算符可写为

$$\hat{H} = -\frac{\hbar^2}{2I}\frac{\partial^2}{\partial \phi^2}, \quad L_z = -\mathrm{i}\hbar \frac{\partial}{\partial \phi}$$

分子的转动轴可以在任一方向,这时系统的转动动能为

$$\hat{H} = \frac{\hat{\boldsymbol{L}}^2}{2I} \tag{8.3.1}$$

相应的薛定谔方程为

$$\hat{H}\psi = \frac{\hat{\boldsymbol{L}}^2}{2I}\psi = E\psi \tag{8.3.2}$$

根据前面角动量的理论,我们知道,转动的能量为

$$E_J = \frac{\hbar^2}{2I}J(J+1), \quad J = 0,1,2,\cdots \tag{8.3.3}$$

其中,J 为转动能级的转动量子数.

假如双原子分子具有电偶极距,则可观察到转动能级间的跃迁,它的谱线基本在微波区.

对双原子分子的刚性转子,转动跃迁的选择定则是

$$\Delta J = \pm 1, \quad \Delta M_J = 0 \tag{8.3.4}$$

在纯转动跃迁中,$\Delta J = +1$ 相当于吸收谱线,$\Delta J = -1$ 对应发射谱线. 由(8.3.3)式和(8.3.4)式可得转动谱线的频率和波数分别为

$$\nu = \frac{\Delta E_J}{h} = \frac{E_J - E_{J-1}}{h} = \frac{\hbar}{2\pi I}J \tag{8.3.5}$$

$$\tilde{\nu} = \frac{\Delta E_J}{hc} = \frac{\hbar}{2\pi Ic}J \tag{8.3.6}$$

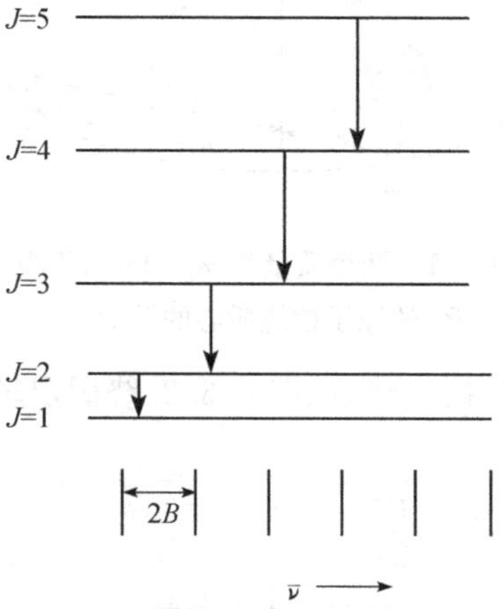

图 8.3.3 双原子分子的转动能级和相应的光谱线

其中,J 是上能级的转动量子数. 由此可知,转动谱线的频率和 J 成正比. 定义一个转动常数 B

$$B = \frac{\hbar}{4\pi Ic} \tag{8.3.7}$$

则相邻转动谱线间的波数差

$$\Delta\tilde{\nu} = 2B \tag{8.3.8}$$

所以在以波数为坐标时,各谱线的位置是等间隔的,这是转动谱的特点,如图 8.3.3 所示.

由(8.3.7)式和(8.3.8)式可知,通过测量转动光谱的两条相邻谱线的间隔,可以求出分子的转动惯量 I,从而得到双原子分子的两个核的平衡距离 R_e.

例 8.3.1

HCl 分子的转动谱线如表所示,试计算氢核和氯核的平衡间距(或称键长)及谱线相应的转动量子数.

波数 $\tilde{\nu}$/(1/cm)	83.03	103.73	124.3	145.03	165.51	185.86	206.38	226.5

解 由谱线的间隔得 $2B$:

20. 7/cm,20. 57/cm,20. 73/cm,20. 48/cm,20. 35/cm,20. 52/cm,20. 12/cm

转动惯量

$$I = \frac{\hbar}{4\pi Bc} = 2.8 \times 10^{-44}/B,$$

$$R_e = \sqrt{\frac{I}{\mu}}$$

HCl 分子的折合质量 $\mu = 0.98 \times 1.66 \times 10^{-27}\,\mathrm{kg} - 1.616 \times 10^{-27}\,\mathrm{kg}$，谱线波数 $-2BJ$，J 为上能级的量子数. 计算结果列表如下：

波数 $\tilde{\nu}$/(1/cm)	83. 03	103. 73	124. 3	145. 03	165. 51	185. 86	206. 38	226. 5
J	4	5	6	7	8	9	10	11
$\Delta\tilde{\nu}$/(1/cm)		20. 7	20. 57	20. 73	20. 48	20. 35	20. 52	20. 12
R_e/nm		0. 129 3	0. 129 7	0. 129 2	0. 130 0	0. 130 4	0. 129 9	0. 131 2

8.3.2 非刚性双原子分子纯转动能级和光谱

由上面的例题看到用刚性转子模型得到的结果基本和实验数据符合，但实验数据显示，当转动量子数增大时，谱线间距有变小的现象，因而相应的核间距的平衡值有增大的趋势. 当 J 增大时，分子的转动角速度增大，由于离心力的作用，核间的距离会被拉长，这时就不能再用刚性模型.

设转动时的核间距离为 R，当转动达到平衡时，转动时的离心力和分子拉长的弹性力相等，即

$$\mu\omega^2 R = k(R - R_e)$$

其中，k 是弹性常数. 于是

$$R - R_e = \frac{\mu\omega^2 R}{k} = \frac{L^2}{k\mu R^3} = \frac{L^2}{k\mu R_e^3}\left(1 + \frac{R - R_e}{R_e}\right)^{-3}$$

令 $\alpha = \dfrac{L^2}{k\mu R_e^4}$，由于 $R \approx R_e$，所以 $\alpha \ll 1$，在计算中忽略 α^2 及高次项，于是

$$R - R_e = \frac{L^2}{k\mu R_e^3}(1 - 3\alpha) \tag{8.3.9}$$

非刚性转子的总能量是转动动能和弹性势能的和，即

$$E_J = \frac{L^2}{2\mu R^2} + \frac{1}{2}k(R - R_e)^2$$

将(8. 3. 9)式代入上式，并略去 α^2 及高次项，得

$$E_J = \frac{L^2}{2\mu R_e^2} - \frac{L^4}{2k\mu^2 R_e^6}$$

用量子数 $L^2=J(J+1)\hbar^2$ 代入，则

$$E_J=\frac{\hbar^2}{2\mu R_e^2}J(J+1)-\frac{\hbar^4}{2k\mu^2R_e^6}J^2(J+1)^2$$

利用刚性分子中的定义 B，再定义一个新的量 D

$$D=\frac{\hbar^3}{4\pi k\mu^2R_e^6c},\quad B=\frac{\hbar}{4\pi\mu R_e^2c} \tag{8.3.10}$$

于是有

$$E_J=hc\left[BJ(J+1)-DJ^2(J+1)^2\right] \tag{8.3.11}$$

当分子由转动能级 J 跃迁到$(J-1)$时，所发射谱线的波数为

$$\tilde{\nu}=2BJ-4DJ^3 \tag{8.3.12}$$

8.3.3 分子在不同转动能级上的布居

由氯化氢分子的例子，可以得到其转动能级 $J=1$ 时的能量为 3×10^{-3}eV. 我们知道室温时的 $kT\sim2.5\times10^{-2}$eV，所以在室温时就可能有一些分子转动能级被激发. 在热平衡时，处在各个能态的分子的数目，取决于状态的能量和温度，其布居遵循玻尔兹曼分布. 设处在转动量子数为 J 的分子的数目为 N_J，则

$$N_J(E_J)\propto g_J\mathrm{e}^{-hcBJ(J+1)/kT}=(2J+1)\mathrm{e}^{-hcBJ(J+1)/kT} \tag{8.3.13}$$

(8.3.13)式中 g_J 是在转动量子数 J 状态的统计权重，即能级的简并度. 对于转动量子数为 J 的状态，能级的简并度为$(2J+1)$. N_J 随 J 的分布，在系数上随 J 线性增加，但在指数项又随 J 而减少，不是单调的变化，有最大值. 可以通过对 J 的微分求其最大值相应的 J

$$\frac{\mathrm{d}N_J}{\mathrm{d}J}(J=J_{\max})=0$$

得

$$J_{\max}=\sqrt{\frac{kT}{2hcB}}-\frac{1}{2} \tag{8.3.14}$$

在 300K 时，$kT=0.0259$eV，对氯化氢分子，$J_{\max}=2.7$，所以对 HCl 的远红外吸收谱，与 $J=2$ 和 $J=3$ 的态相关的跃迁的强度最大.

8.3.4 双原子分子振动能级和光谱

在讨论转动能级和转动谱时，我们讨论的是两个原子核间距的平衡位置，由于分子的转动的频率比起核的振动的频率要小得多，所以只有核的平衡位置对转动有影响. 实际上两个核会在它的平衡位置附近做微小振动.

在双原子分子中，由于原子核和电子间及原子核之间的相互作用，其势能曲线在核间距离为 R_e 时有一极小值，R_e 就是核间的平衡距离. 在 R_e 附近，势能曲线近似地可看作为一抛物线，原子核可以在平衡位置做简谐振动. 若以 R 表示两个核之间的距离，当 R 偏离平衡位置 R_e 有微小位移时，原子核受到一个准弹性力的作用，可表示为

$$f=-k(R-R_e) \tag{8.3.15}$$

其中，k 称为**键力常数**. 由量子力学对简谐振子的解可知，振动能量 E_υ 有如下关系式：

$$E_\upsilon=(\upsilon+\frac{1}{2})h\nu_0,\quad \upsilon=0,1,2,\cdots \tag{8.3.16}$$

其中，υ 为振动量子数，ν_0 是振动频率

$$\nu_0=\frac{1}{2\pi}\sqrt{\frac{k}{\mu}} \tag{8.3.17}$$

其中，μ 是折合质量. 简谐振动的能级是等间距的，间隔为 $h\nu_0$，最低能级的能量(零点能)为 $h\nu_0/2$. 由于有零点能，因此分子的解离能不等于势阱的深度.

对极性分子，分子振动状态的改变将伴随有光的发射或吸收，振动能级的选择定则是

$$\Delta\upsilon=\pm1 \tag{8.3.18}$$

所以纯振动能级跃迁时，谱线的频率为

$$\nu=\frac{\Delta E_\upsilon}{h}=\nu_0 \tag{8.3.19}$$

它与简谐振动的频率相同. 振动光谱的谱线波长在红外区域，波长一般在微米的量级.

对于非极性分子，振动不会改变分子的电偶极距，因此不会有光的吸收和发射，必须通过其他途径(如拉曼散射)来获得分子振动的信息.

如果分子振动的幅度较大，对那些 υ 值大的状态，势能曲线将偏离抛物线(图 8.3.4)，相互作用力不再是纯弹性力了，在(8.3.15)式中将出现 $(R-R_e)$ 的高次项，两个核之间的振动就不再是简谐振动了. 此时的振动能量可近似地表示为

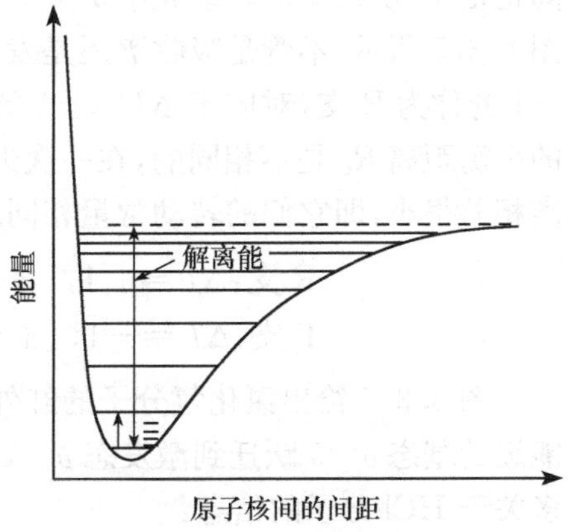

图 8.3.4　分子的势能曲线及解离能的示意图

$$E_{\upsilon}=\left(\upsilon+\frac{1}{2}\right)a-\left(\upsilon+\frac{1}{2}\right)^{2}b \tag{8.3.20}$$

其中，$a=h\nu_0$，b 为另一常量，$b\ll a$. 若设 $x=b/a$，则(8.3.20)式可写为

$$E_{\upsilon}=a\left[\left(\upsilon+\frac{1}{2}\right)-x\left(\upsilon+\frac{1}{2}\right)^{2}\right]$$

这样振动能级不再是等间距的了，随 υ 值增大，能级间距逐渐减小. 对于 υ 值小的能级，能量的第二项很小，可以忽略.

在这种情况下，分子的吸收振动谱（从 $\upsilon=0$ 跃迁到 υ 时）所吸收光子的波数为

$$\tilde{\nu}=\upsilon\tilde{\nu}_0(1-x)-\upsilon^2x\tilde{\nu}_0,\quad \upsilon=1,2,3,\cdots$$

在分析分子的振动光谱时，一般将上式写成

$$\begin{cases}\tilde{\nu}=C_1\upsilon-C_2\upsilon^2, & \upsilon=1,2,\cdots\\ C_1=\tilde{\nu}_0(1-x), & C_2=x\tilde{\nu}_0\end{cases} \tag{8.3.21}$$

考虑到非简谐振动后，振动能级间的电偶极跃迁的选择定则为

$$\Delta\upsilon=\pm1,\quad \pm2,\quad \pm3,\cdots \tag{8.3.22}$$

对 $\Delta\upsilon=\pm2,\pm3$，跃迁的概率很小.

8.3.5 振动转动光谱带

对于同一电子态中 $\Delta\upsilon=\pm1,\quad\pm2,\quad\pm3,\cdots$ 的跃迁将给出振动-转动光谱带. 在跃迁中仍服从转动量子数的选择定则，$\Delta J=\pm1$. 在振动转动光谱带中，振动能级的跃迁决定了谱线波长的区域，转动能级的跃迁决定谱线的间距. 由于谱线的间距很小，所以振动转动光谱实际上是由一组很密集的光谱线所组成的光谱带，如图 8.3.5 所示. 不管是吸收谱还是发射谱，都存在 $\Delta J=\pm1$ 的谱线. 相应于 $\Delta J=+1$ 的称为 R 支，对应于 $\Delta J=-1$ 的称为 P 支. 原则上，对不同的振动能级，核间的平衡距离 R_e 是不相同的，在一次近似下，对那些 υ 较小的能级，可以认为平衡距离相差很小，即它们的转动常量相同. 这样它们对应的谱线的波数

$$\text{R 支:}\ \Delta J=+1,\quad \tilde{\nu}=\tilde{\nu}_0+2BJ,\quad J=0,1,2,\cdots \tag{8.3.23}$$

$$\text{P 支:}\ \Delta J=-1,\quad \tilde{\nu}=\tilde{\nu}_0-2BJ,\quad J=1,2,\cdots \tag{8.3.24}$$

图 8.3.5 给出氯化氢分子的红外吸收谱的谱线结构和强度分布，这是由振动能级的基态 $\upsilon=0$ 跃迁到激发态 $\upsilon=1$，$\Delta J=\pm1$ 的吸收光谱带. 光谱带可以提供许多关于 HCl 分子的信息：

(1) 光谱带中没有 $\nu=\nu_0$ 的谱线，这是由转动能级跃迁的选择定则（$\Delta J=\pm1$）所决定的. 空缺位置很容易从光谱带中辨认，由空缺的位置可以定出 ν_0. 例如，

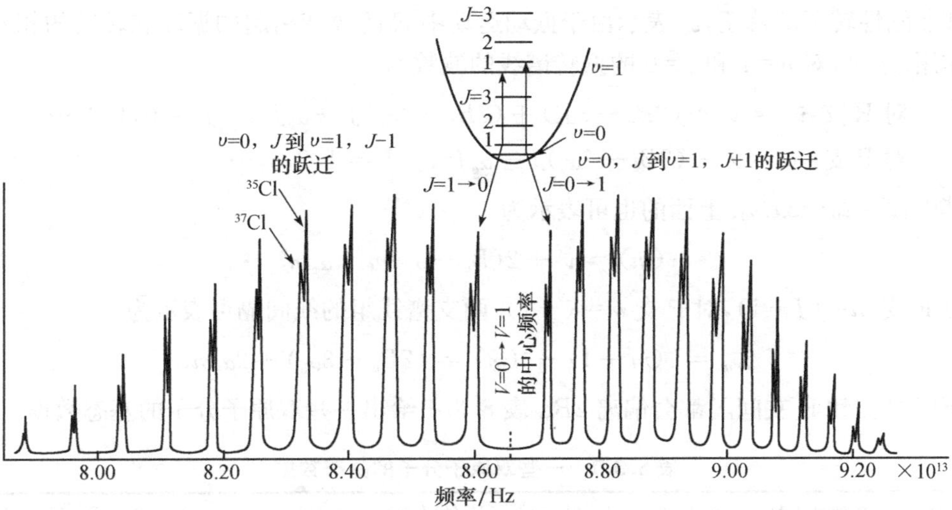

图 8.3.5　HCl 分子近红外的吸收谱带

图 8.3.5中左侧第一条谱线的频率为 8.60×10^{13} Hz，右侧第一条谱线的频率为 8.72×10^{13} Hz，可定出空缺位置在 8.66×10^{13} Hz，从而提供分子的弹性常数（或称键力常数）的数据.

(2) 由谱线的间距得到转动常数，因而可求得分子中两个原子核的平衡距离 R_e.

(3) 同位素效应. 吸收谱线呈现双峰结构，这是由于 Cl 的两种同位素 ^{35}Cl（丰度为 75.5%）和 ^{37}Cl（丰度 24.5%）引起的.

(4) 光谱带中最强的谱线并不在中心，谱线的强度是决定于跃迁中下能级转动能级的布居. 在室温时，分子处在上振动能级的概率是很低的，因为室温时的 $kT\sim0.0259$eV，而上振动能级的能量 $h\nu_0$ 约为 0.359eV. 所以吸收谱的强度分布能反映分子的热布居.

(5) 在光谱带中，转动谱线显出并不是等间距，且 P 支的间距大于 R 支的间距.

由振动转动谱的数据可以看到，用最简单的模型来描述是和实际的情形有偏差的，还需要加上一些修正项. 在上面的讨论中已提到要考虑非简谐势和非刚性分子的修正. 另外，由于势能的非简谐性，在 $R>R_e$ 那边，势能函数上升较缓，随量子数 υ 的增加，平均核间距离增加，有效转动惯量增加，所以我们要考虑转动和振动之间的相互作用. 振转的能量应写为

$$E(\upsilon,J)=hc\left[\tilde{\nu}_0(\upsilon+1/2)-\tilde{\nu}_e x_e(\upsilon+1/2)^2+B_e J(J+1)\right.$$
$$\left.-D_e J^2(J+1)^2-\alpha_e(\upsilon+1/2)J(J+1)\right]$$

其中，下缀 e 代表在分子的平衡距离 R_e 时所定义的量，x_e、D_e 分别是对非简谐势

和非刚性转子的修正，α_e 表示由于振动运动中 R 的改变引起的振动和转动的相互作用. 于是，对 $\upsilon=1$ 和 $\upsilon=0$ 的振转谱线的波数为

$$\text{对 R 支}: \tilde{\nu}_R = \tilde{\nu}' + (2B_e - 3\alpha_e) + (2B_e - 4\alpha_e)J - \alpha_e J^2, \quad J = 0,1,2,\cdots$$

$$\text{对 P 支}: \tilde{\nu}_P = \tilde{\nu}' - (2B_e - 2\alpha_e)J - \alpha_e J^2, \quad J = 1,2,3,\cdots$$

其中，$\tilde{\nu}'=\tilde{\nu}_0-2x_e\tilde{\nu}_0$. 上面的也可表示为

$$\tilde{\nu}(m) = \tilde{\nu}' + 2(B_e - \alpha_e)m - \alpha_e m^2$$

对 R 支 $m=(J+1)$，对 P 支 $m=(-J)$. 两支谱线组的线间隔可表示为

$$\Delta\tilde{\nu}_m = \tilde{\nu}(m+1) - \tilde{\nu}(m) = (2B_e - 3\alpha_e) - 2\alpha_e m$$

所以 P 支和 R 支间隔都会偏离 $2B_e$. 表 8.3.1 给出一些双原子分子的基态数据.

表 8.3.1　一些双原子分子的基态数据

分子	离解能/eV	R_e/nm	$\tilde{\nu}_0$/(1/cm)	B_e/(1/cm)	$x_e\tilde{\nu}_0$/(1/cm)	α_e/(1/cm)	D_e/(1/cm)
H_2	4.5	0.075	4 403	60.85	121.3	3.06	4.7×10^{-2}
HF	5.8	0.092	4 139	20.96	90.0	0.796	2.2×10^{-3}
N_2	9.8	0.11	2 358	1.998	14.1	0.017 7	5.7×10^{-6}
CO	11.2	0.113	2 170	1.931	13.29	0.017 5	6.2×10^{-6}
O_2	5.2	0.12	1 580	1.446	12.0	0.015 8	4.8×10^{-6}

8.3.6　分子的电子态

分子除了有原子核的转动和振动运动形成的能级之外，还有电子运动形成的电子能级. 分子的内层电子在各自的原子核周围组成封闭的电子壳层，它们很少受到扰动，与孤立原子时的情况相同. 但外层电子在两个原子实的联合电场中运动，这个电场失去了球对称性，电子受到的是非中心力，价电子的轨道角动量就不再是守恒量，角动量量子数也就不再是好量子数了. 但这个电场对于通过两个原子核的轴是对称的，作用在电子上的力矩在对称轴方向上的投影为零，因此角动量在对称轴上的分量是守恒量.

对于双原子分子，要用角动量的轴向分量 $\hat{L}_z$ 来描述电子的状态. 按照量子力学的结果，角动量的轴向分量是量子化的，$l_z=m\hbar$. 在电场对称轴方向的正负两个可能值相应的能量是相同的，所以，只需用量子数 $\lambda=|m|$ 来表示电子的状态. 对应不同的 λ 值的价电子状态，用如下符号表示：

λ 值	0	1	2	3
电子态符号	σ	π	δ	φ

处于这些态的电子分别称为 σ 电子、π 电子等，犹如在原子中对具有不同 l 量子数的电子称为 s 电子、p 电子一样.

分子中的电子状态及其能量与电子波函数的对称性有关. 对于同核双原子分子,对质心做空间反演,就相当于将两个核做交换. 在反演时,电子波函数有对称的g(偶)轨道与反对称的u(奇)轨道,它们对应于不同的状态. 对相应的电子态标记为σ_g、σ_u、π_g、π_u等. 对于异核的双原子分子,电子轨道没有奇、偶之分.

对一个分子,它的总轴向轨道角动量是各个电子的轴向轨道角动量的代数和,用$\Lambda\hbar$表示分子的总轴向轨道角动量,则

$$\Lambda = \left| \sum_i m_i \right| \tag{8.3.25}$$

其中,m_i可取正负值. 例如,两个π电子,可以组成$\Lambda=0$或2的态. 对于不同Λ的分子,用如下符号表示:

Λ 值	0	1	2	3
电子态符号	Σ	Π	Δ	Φ

这与原子态的总角动量L分为S、P、D等相对应.

对Σ态,根据分子的电子波函数对包含两个核连线的平面做镜面反演的对称性,分别有Σ^+(对称)和Σ^-(反对称)两种状态. 所以对双原子分子的电子态有:Σ^+,Σ^-,Π,Δ,…,而对同核双原子分子电子态有Σ_g^+,Σ_g^-,Σ_u^+,Σ_u^-,Π_g,Π_u,….

在上面的讨论中没涉及电子的自旋角动量,由于它不受电场的影响,它的合成与原子情况一样. 分子的总自旋角动量S仍是一个好量子数. 用Σ表示总自旋角动量的轴向分量

$$\Sigma = \sum_i (s_i)_z \tag{8.3.26}$$

Σ的数值为:$S, S-1, \cdots, -(S-1), -S$,可取$2S+1$个值.

分子的总角动量为分子的轨道角动量和总自旋角动量的轴向分量之和. 用Ω表示总角动量的量子数

$$\Omega = | \Lambda + \Sigma | \tag{8.3.27}$$

这样,分子的量子态由量子数S、Λ和Ω表示.

8.3.7 分子光谱

分子的状态从基态可能被激发到较高的能态,例如,对H_2分子基态,它的电子组态是$(1\sigma_g)^2$,它的一个电子可能被激发到有较高能量的轨道上,这样被激发的分子就会跃迁到基态而发射光子. 分子的电子能级间跃迁,见图 8.2.1,所对应的是相当复杂的光谱. 这是因为在这过程中还会伴随着振动和转动量子数的改变,就会产生电子振动转动光谱带. 由于这是涉及电子能级的跃迁,所以它是在可见或紫外光区域,光谱带中谱线的波数为

$$\tilde{\nu}=\frac{1}{hc}[(E'_e-E_e)+(E'_{\upsilon'}-E_\upsilon)+(E'_{J'}-E_J)]=\tilde{\nu}_e+\frac{(E'_\upsilon-E_\upsilon)}{hc}+\frac{(E'_{J'}-E_J)}{hc} \tag{8.3.28}$$

其中，$\tilde{\nu}_e$ 表示由两个确定的电子能级 E'_e和 E_e 间跃迁对应的波数.

1. 电子振动光谱带

(8.3.28)式的前两项可表示为

$$\tilde{\nu}_{e\upsilon}=\tilde{\nu}_e+\frac{1}{hc}(E'_{\upsilon'}-E_\upsilon) \tag{8.3.29}$$

其中，$\tilde{\nu}_{e\upsilon}$表示电子振动光谱的波数. 这里涉及两个电子态的振动能级，两个能态的核间作用力并不相同，所以两组振动能级能量表达式(8.3.20)中的常数 a 和 b 的数值可能不同. 如以简谐振动考虑，则

$$\tilde{\nu}_{e\upsilon}=\tilde{\nu}_e+\left(\upsilon'+\frac{1}{2}\right)\tilde{\nu}'_0-\left(\upsilon+\frac{1}{2}\right)\tilde{\nu}_0 \tag{8.3.30}$$

分子的电子态之间电偶极跃迁需满足的选择定则为

$$\Delta\Lambda=0,\pm1 \tag{8.3.31}$$

电子吸收了能量后，在通常条件下会从基态电子态的 $\upsilon=0$ 的振动能级向上电子态的某个 υ'能级跃迁. 例如，跃迁到上电子态的 $\upsilon'=2$ 的能级，当它跃迁回到下电子态时，可以跃迁到下电子态的任一振动能级 υ，发出 $\tilde{\nu}_{20}$，$\tilde{\nu}_{21}$，$\tilde{\nu}_{22}$，…荧光的光谱带. 其中除了 $\tilde{\nu}_{20}$ 与吸收谱的波数相同外，其余的都小于吸收谱的波数，如图 8.3.6(a)所示. 这就是**斯托克斯**(Stokes)**定则**，即分子所发射的荧光光谱的波长大于或至少等于所吸收的入射光的波长. 但如果分子处在热激发的状态，即样品中有一部分的分子处于振动激发态，那它吸收入射光的能量后回跳时发射的谱线就有波长比入射光短的，这种称为反**斯托克斯辐射**，如图 8.3.6(b).

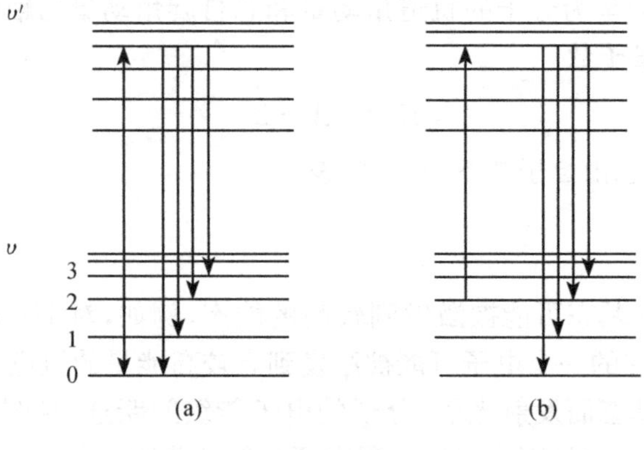

图 8.3.6

(a)斯托克斯辐射；(b)反斯托克斯辐射

2. 电子振动转动光谱带

如果考虑电子态对转动能级的影响，则(8.3.28)式的第三项为

$$\frac{E'_{J'}-E_J}{hc}=B'J'(J'+1)-BJ(J+1) \tag{8.3.32}$$

其中，J 和 J' 是属于两个不同电子态，两个原子核的势能曲线不同，核的平衡间距也不同，因此 $B\neq B'$.

电子振动转动光谱的选择定则为

$$\begin{cases}\Delta\Lambda=0,\pm 1\\ \Delta J=0,\pm 1 \quad (J'=J=0\text{ 的跃迁除外})\end{cases} \tag{8.3.33}$$

由于跃迁时包含有电子状态的变化，所以对非极性分子同样可以有电子振动转动光谱. 与纯振动转动光谱的另一个差别是，电子振动转动光谱中除了有 R 支($\Delta J=+1$)、P 支($\Delta J=-1$)外还有 Q 支($\Delta J=0$). 在光谱线中，$\tilde{\nu}=\tilde{\nu}_{e\upsilon}$的谱线空缺，因为它相当于 $J=J'=0$ 的跃迁.

R 支：$J'=J+1$,

$$\tilde{\nu}=\tilde{\nu}_{e\upsilon}+(B'+B)J'+(B'-B)J'^2,\quad J'=1,2,3,\cdots \tag{8.3.34}$$

P 支：$J'=J-1$

$$\tilde{\nu}=\tilde{\nu}_{e\upsilon}-(B'+B)J+(B'-B)J^2,\quad J'=0,1,2,\cdots \tag{8.3.35}$$

Q 支：$J'=J$

$$\tilde{\nu}=\tilde{\nu}_{e\upsilon}+(B'-B)J'+(B'-B)J'^2,\quad J'=1,2,3,\cdots \tag{8.3.36}$$

电子光谱带的转动结构有如下特点：

(1)在 $\tilde{\nu}$-J'图上，P、R、Q 三支谱线都是抛物线；

(2) $\tilde{\nu}=\tilde{\nu}_{e\upsilon}$的谱线空缺；

(3) 如果 $B'>B$，谱带在波数较高的那一边，谱线间隔越来越大，在 P 支抛物线顶端附近谱线密集，形成明显的边界. 如果 $B'<B$，则在波数较低的那一边，谱线间隔越来越大.

图 8.3.7 给出 CN(氰)分子的光谱，光谱在近紫外区域，包括了电子态间、振动和转动能级间的跃迁. 1915 年对“蛇夫(星)座”星际云观察到的两条吸收谱线也标在图上. 在波长 387.5nm 处一条吸收线，这相应于基态转动量子数 $J=0$ 跃迁到转动量子数 $J=1$ 的电子激发态. 还观察到另一条波长比它短 0.061nm、强度约为它的 1/4 的线. 对它的波长计算应该是 $J=1$ 到 $J=2$ 的跃迁. CN 光谱的谱线在波长较长的那一边，间隔越来越密，在 P 支抛物线的顶端形成一个明显的边界.

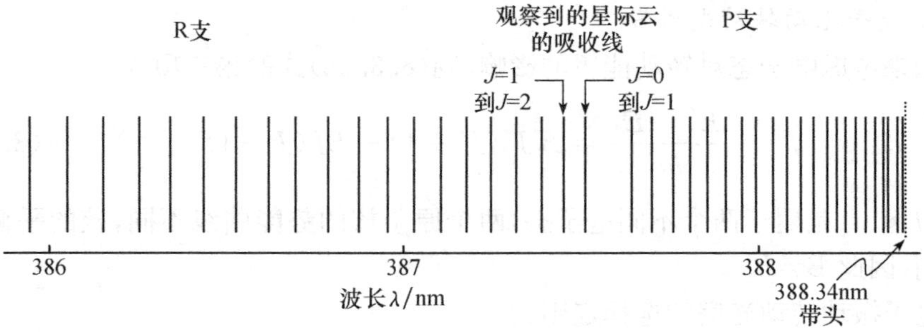

图 8.3.7　CN 分子的光谱

例 8.3.2

由两条观察到的星际云 CN 的吸收谱线的相对强度，确定星体所在环境的温度.

解　那条较短波长的谱线是处在 $J=1$ 的态，一定和环境温度有关. 由玻尔兹曼分布可估算两条谱线的相对强度. 两条谱线的波长分别为 387.5nm 和(387.5−0.061)nm，它们的波数差 $\Delta\tilde{\nu}=4B'-2B$，其中 B' 是上电子态转动常数，B 是基态的转动常数. 如果假设它们之间的差别不大，则这可认为是基态的 $J=1$ 与 $J=0$ 态的差.

$$\Delta\tilde{\nu}=4B'-2B=4.063/\text{cm},\quad \Delta E=5.038\times10^{-4}\text{eV}$$

态的权重因子为$(2J+1)$，谱线的强度比应该是分子的布居之比，所以

$$\frac{n_{J=1}}{n_{J=0}}=3\mathrm{e}^{-\Delta E/kT}=1/4$$

$$T=\frac{\Delta E}{k\ln(12)}=2.35\text{K}$$

综上所述可知，一对振动能级间的跃迁可包含很多转动能级的可能跃迁，因此光谱形成光谱带. 分子的电子态之间跃迁所产生的光谱是在可见和紫外波段，电子态的跃迁可包含很多对振动能级间的可能跃迁，因此光谱是由很多光谱带组成的谱带系. 由分子转动谱可以提供关于分子键长的数据，由振动谱的基频可以得到分子的键力.

8.4　荧光和磷光

在 X 射线荧光光谱分析中，一般都用高能的 X 射线照射物质而产生被照射物质中元素的特征 X 射线，这种发射出来的特征 X 射线称为 X 射线荧光，正确的名称为

二次X射线. 照射物质的X射线称为初级X射线,也叫原级X射线或一次X射线.

物质原子或分子受激发后,退激发有各种途径. 退激发时放出电磁辐射,称为发光. 物质吸收的能量由光辐射提供的,也就是以光为激发源而发出辐射,则称为光致发光. 光致发光有荧光和磷光两种现象. 如果能量是由热能、电能或化学能提供的,也就是说,物质吸收热能、电能或化学能而引起的分子激发而发光,称为化学发光. 物质吸收能量是由高能电子提供的,使分子受激而发光,称为电致发光. 利用荧光现象进行材料化学分析,称为荧光分析;利用磷光现象进行分析称为磷光分析;利用化学发光进行分析称为化学发光分析. 荧光分析、磷光分析、化学发光分析统称为"发光分析".

萤石在暗处受到光的照射,会发出一种蓝白色的光. 1852年斯托克斯把这种光命名为荧光. 当时,已知的荧光物质种类较少,现在很难说是谁最早将荧光现象引入分析领域. 1868年就有戈佩斯罗德报道了利用Al-桑色素的绿色荧光分析微量Al的分析方法. 可见荧光分析是一种历史悠久的分析方法.

物质分子有荧光现象,同样原子也有荧光现象. 光致发光涉及分子吸收光和再发射光的两个过程,荧光和磷光是最常见的两种发光现象.

8.4.1 分子的激发

分子或原子受到足够短波长的光(紫外、X射线、γ射线)照射时,足以引起物质分子中电子能级间的跃迁,使电子从基态跃迁到激发态. 大多数分子含有偶数个电子. 在基态时,根据泡利不相容原理,电子自旋都成对地存在于各个原子或分子轨道上,两个电子自旋方向相反,它们的自旋投影量子数分别为$S=1/2$和$S=-1/2$. 由于自旋成对,分子净的电子自旋为零,即$S=0$,因而光谱多重性($M=2S+1$)为1,即单重态. 所有电子自旋都配对的分子电子态称作单重态;若分子吸收能量,最后在跃迁过程中伴随着自旋方向的改变,分子可能具有两个自旋不配对的电子,$S=1$,则$M=3$,即分子处于三重态.

在图8.4.1中,S_0表示电子基态,S_1为第一电子单重激发态,S_2为第二电子单重激发态,T_1为第一电子三重激发态. 每个电子态都有相应的许多振动能级.

基态分子吸收辐射能而引发电子跃迁,通常是在自旋不变的情况下进行的,因而受激态也常是单重态. 如分子吸收λ_2的光由S_0跃迁到S_2,也可以吸收λ_1的光跃迁到S_1,S_1和S_2都是单重激发态($S=0$). 由于某些原因,电子在跃迁时自旋方向发生改变,受激的电子自旋未配对,净自旋$S=1/2+1/2=1$,这种状态具有多重性3,故称为三重激发态.

三重激发态的两电子因分占不同轨道,而自旋方向相同,电子之间不易接近,故斥力较小,其能量总比自旋相反的单重态要低. 对单重态向三重态激发态(不同能级,低向高的跃迁)跃迁所需的能量比相应的单重态向单重态激发态(能级与三

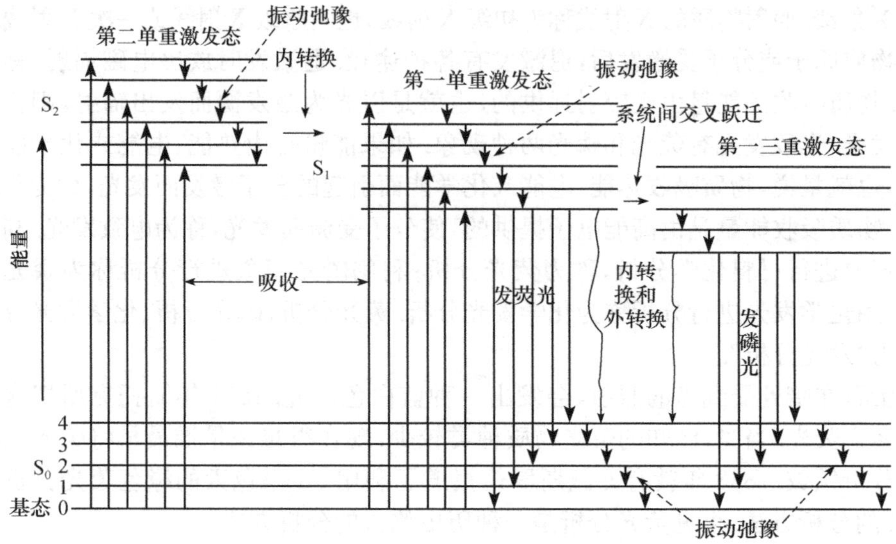

图 8.4.1　分子激发及去活过程示意图

重态激发态相同)跃迁要小.但由于自旋方向的改变在形式上是禁戒的,故一般单重态向三重态激发态跃迁的概率很小,约为相应的单重态-单重态激发态跃迁的 10^{-6}.

8.4.2　分子去活

处于激发态的分子称为受激分子.受激分子可通过发射光子的辐射过程(荧光或磷光)及非辐射跃迁过程(振动弛豫、内转换、外转换、系统间交叉跃迁)而去活(退激发).

(1) 振动弛豫.电子吸收光子受激过程中,开始可能激发到某电子态的任何振动能级上,但在溶液中受激分子与溶剂分子间的碰撞,会向溶剂分子转移能量,很快地(约 10^{-12}s)将过量的振动能量转移到溶剂,而受激分子跃迁到该电子态的最低振动能级上,这一过程称为振动弛豫.这过程中,能量转移到溶剂,是无辐射跃迁.

(2) 内转换.相同多重态的两个电子态间的非辐射跃迁(如 $S_2 \rightarrow S_1$,$T_2 \rightarrow T_1$)过程称为内转换.内转换的难易程度取决于两电子态间的能量差.一般 S_1 与 S_0 间的能量差较大,内转换的效率较低;而 S_2 与 S_1 间的能量差小,且彼此的振动能级相耦合,耦合处的位能相同,内转换很容易.处于 S_2 的分子,能很快地通过内转换及振动弛豫而达到 S_1 的最低振动能级.内转换完成时间约为 10^{-12}s.

(3) 外转换.受激分子与溶剂或其他溶质的分子相互碰撞而失去能量,从激发态回到基态,这种过程称为外转换,这也是无辐射的过程.从 S_1 或 T_1 到 S_0 的无辐射跃迁过程可能涉及内转换及外转换.

(4) 系统间交叉跃迁. 指单重激发态向三重激发态的无辐射跃迁，在此过程中电子的自旋发生了倒转，从而使分子的多重性发生了变化. 如两电子能级的振动能级相重叠，则系统间交叉跃迁的概率就增大. 三重激发态也可向单重激发态跃迁.

(5) 荧光发射. 分子吸收 λ_1 或 λ_2 的光子后，由基态跃迁到较高的能级第一电子激发态 S_1 或第二电子激发态 S_2，然后通过振动弛豫及内转换，无辐射地返回到第一电子激发态 S_1 的最低振动能级上. 再从该能级跃迁到基态 S_0 的各个不同的振动能级上，同时辐射出波长为 λ_3 的荧光. 多余的能量以光的形式释放，整个过程是在单重态之间进行的. 产生荧光的过程极快，约 10^{-8}s，当然比振动弛豫和内转换时间长. 因为发射前后都存在振动弛豫，分子已失去一部分能量，分子从第一电子激发态 S_1 最低振动能级上跃迁到基态，释放的能量当然要比它从基态跃迁到第一电子激发态吸收的能量小，因而此溶液中分子的荧光光谱波长一般要比吸收光谱的波长长. 另外，荧光依赖于激发光源，一旦激发光源移去，则荧光也消失. 荧光对环境温度也不很敏感.

(6) 磷光发射. 分子吸收光后由基态 S_0 直接跃迁到三重态 T_1 的概率很小. 一般分子吸收光后由基态 S_0 跃迁到第一电子激发态 S_1 或第二电子激发态 S_2 的各个振动能级，然后通过振动弛豫、内转换无辐射地跃迁到第一电子激发态 S_1 的最低振动能级. 除发射荧光外，还可以经过系统间交叉跃迁和振动弛豫无辐射跃迁到三重激发态 T_1 的最低振动能级. 再进一步去活可通过外转换、内转换或发射磷光到达基态 S_0. 磷光发射是三重激发态跃迁到基态(或低一级的单重态)，发生的概率很小的. 电子在三重态上寿命较长，大部分是通过与溶剂分子碰撞而损失能量回到基态. 通常只有在低温或黏稠介质中或某些物质如磷，才能观测到磷光的发射. 从分子吸收光到发射磷光时间较长，约 10^{-3}～10s. 磷光现象在照射光撤去后，尚存在一短暂的时间. 荧光现象则仅 10^{-8}s，所以照射光一撤立即消失.

(7) 迟滞荧光. 某些分子到达三重激发态后，通过热激活作用，可以再回升到第一电子激发态的各振动能级上，再通过振动弛豫和内转换无辐射跃迁到第一电子激发态的最低振动能级上；然后再由第一电子激发态的最低振动能级发射荧光，跃迁到基态上. 这种荧光因是滞后了，故称为“迟滞荧光”.

荧光和磷光光谱反映分子的能级排布情况，因此荧光法可作为一种灵敏的物质分析手段. 它还有方法快捷、重现性好、取样容易、试样需要量少等优点，被广泛地应用于各个领域，如工业、农业、生物、医学、环保、地质、考古、医药、卫生和各个科研领域.

8.5 拉曼光谱

当一束光通过透明介质时，一部分光会散射到各个方向. 引起散射的原因，可能是由于介质的不均匀或在介质中悬浮有小的粒子，在均匀介质中分子本身也能引起光的散射. 瑞利提出的关于分子引起散射的经典理论认为，在入射光电磁场的作用下分子的电偶极会以入射光的频率振动，因而发生光的散射，且散射光的频率与入射光的相同. 1925 年，海森伯等提出，如果被照射的分子是处在振动状态，那除了观察到和入射光频率相同的散射光外，还应该观察到频率分别为入射光频率与分子振动频率之和及差的散射光.

1928 年印度物理学家拉曼（C. V. Raman，1888. 11. 07～1970. 11. 21）在对液体和固体散射光的大量研究中，发现单色光的散射光谱中除了有瑞利谱线外，还有一些很弱的谱线. 这些谱线的频率与入射光的频率不同，这一现象称为光的**拉曼散射**. 拉曼由此获得 1930 年的诺贝尔物理奖.

8.5.1 拉曼光谱

拉曼散射辐射的强度随频率的分布所构成的光谱称为拉曼光谱. 由于拉曼散射光的强度很弱，有的只是入射光的 10^{-6}～10^{-7}，因此要求用强度大、单色性好的光源，以及高灵敏的探测器. 激光可以产生一个窄的、单色的光，作为入射光源可以聚焦在很小的样品上，是好的光源. 一个现代拉曼谱仪的示意图如图 8.5.1.

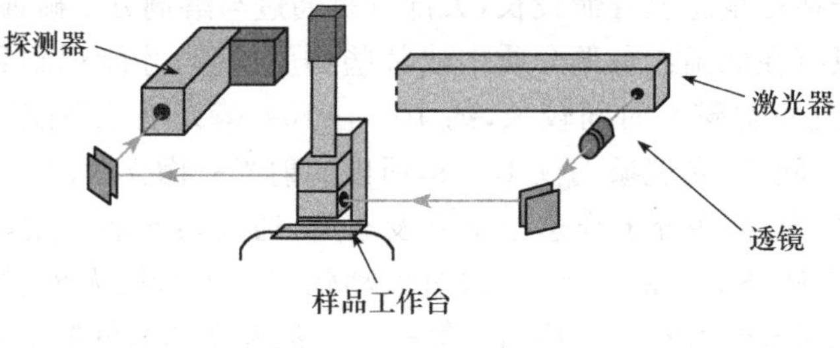

图 8.5.1　拉曼谱仪示意

由拉曼光谱的测量，得到如下实验结果：

(1) 对于频率为 ν_0 的入射光，观察到有频率为 ν_1 和 ν_2 的散射光

$$\nu_1 = \nu_0 - \nu' \tag{8.5.1}$$

$$\nu_2 = \nu_0 + \nu' \tag{8.5.2}$$

ν_1 和 ν_2 对称地分布在 ν_0 线的两侧. 与讨论分子荧光谱类似，对 ν_1 的谱线称为斯托克

斯线(有时又称作红伴线),ν_2称为反斯托克斯线(有时又称作紫伴线).

(2) 散射光频率与入射光频率的差称作**拉曼位移**(Raman shift).拉曼位移只与散射物质分子有关,由散射物质的特性决定而与入射光的频率无关.因此,由拉曼散射的光谱可以获取分子的振动和转动能级有关的信息.

(3) 拉曼位移 ν'是散射分子的振动基频或转动频率.

(4) 斯托克斯线与反斯托克斯线的强度比.当拉曼位移相应于振动能级的跃迁时,反斯托克斯线的强度比斯托克斯线的强度要弱很多.对应于振动能级改变的拉曼谱的示意图见图 8.5.2.

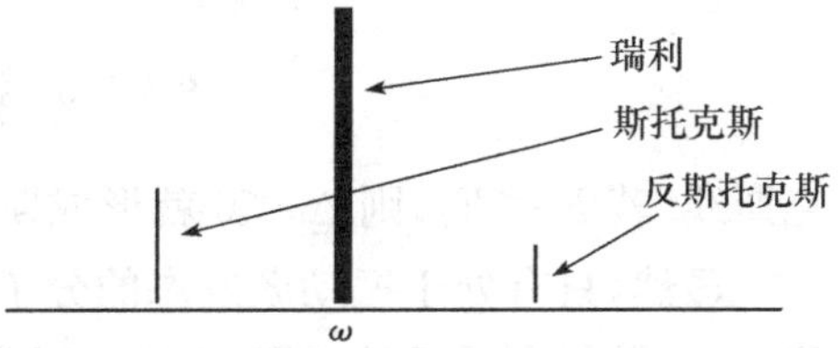

图 8.5.2 拉曼谱的示意图

在一般情况下观察到的频率位移是振动频率,因为转动频率很小,只有在高分辨的仪器才能将瑞利线和转动谱线分开.由图可看到斯托克斯和反斯托克斯线等间隔的分布在瑞利线的两边,这是由于它们相应于振动量子数增加或减少1.另外反斯托克斯线的强度比斯托克斯线要弱得多.

红外光谱和拉曼光谱都能测量分子的振动光谱,但它们遵循不同的选择定则.对红外光谱,分子的电偶极距必须随振动而改变.所以,同核双原子分子及一些对称的异核分子如 CO_2 等非极性分子,它们都没有相应的红外吸收谱.但在拉曼谱中都能观察到相应的振动能级跃迁,这是由于在入射光的作用下,分子不仅感生电偶极距,且极化度随分子的运动而有变化.

8.5.2 拉曼散射的量子解释

拉曼散射的过程可以看作是光子和分子的非弹性散射.当光子射在分子上,和分子发生了相互作用,分子的量子态可能改变或保持不变.如果量子态没有变化,则散射光子与入射光子有相同的能量,就会出现在瑞利线中.如果量子态改变了,散射光子就可能有比入射光子大或小的能量.分子和光子的总能量是守恒的.量子力学的观点可以把散射过程看作是入射光子与散射物质分子的相互作用使处于基状态的分子跃迁到一个"虚"能态,然后退激发到某个激发态(图 8.5.3).用 E_i 和 E_f 表示分子处在初态和终态的能量,根据能量守恒

$$h\nu_0 + E_i = h\nu + E_f \tag{8.5.3}$$

或

$$h(\nu - \nu_0) = h\Delta\nu = E_i - E_f$$

其中,$\Delta\nu$ 是振动能级之间跃迁所对应的频率.若 $E_i > E_f$,则 $\Delta\nu > 0$ 就形成反斯托

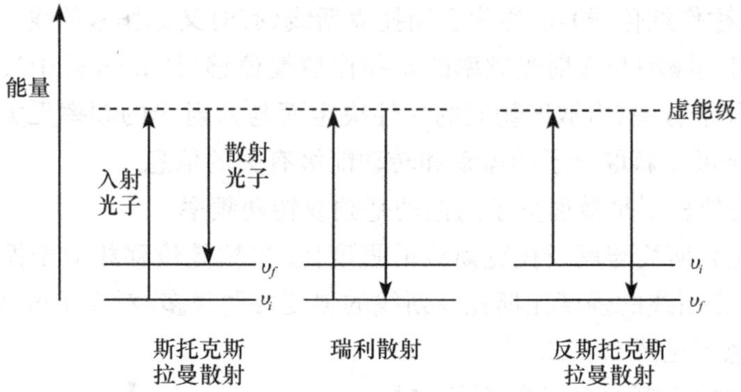

图 8.5.3 拉曼散射的能级图

克斯线. 若 $E_i < E_f$，则 $\Delta\nu < 0$ 就形成斯托克斯线.

显然，只有处于振动激发态的分子和光子的相互作用才可能引起反斯托克斯线. 假如散射介质是处于温度 T 的平衡状态，则分子处在各能态的分布遵循玻尔兹曼统计，所以处于激发态的分子数 N_1 与处于基态的分子数 N_0 的比为

$$\frac{N_1}{N_0} = \frac{g_1}{g_0}\exp\left(-\frac{\Delta E}{kT}\right) = \frac{g_1}{g_0}\exp\left(-\frac{h(\Delta\nu)}{kT}\right)$$

其中，g_1 和 g_0 分别为激发态和基态的简并度，对于振动态 $g_1 = g_0 = 1$. 反斯托克斯线的强度 I_A 与斯托克斯线的强度 I_S 的比可写为

$$\frac{I_A}{I_S} = \left(\frac{\nu_0 + \Delta\nu}{\nu_0 - \Delta\nu}\right)^4 \exp\left(-\frac{h\Delta\nu}{kT}\right) \tag{8.5.4}$$

由于通常温度下的热能远小于振动能级间隔，即 $h\Delta\nu \gg kT$，所以 $I_A \ll I_S$. 也就是说，在通常温度下，反斯托克斯线的强度比斯托克斯线的强度弱得多. 随着温度升高，处在激发态的分子数增加，反斯托克斯线的强度也随着增加. 因此，由这两条谱线的强度比也提供了环境温度的信息.

8.5.3 双原子分子气体的拉曼谱

双原子分子的振动-转动拉曼谱的选择定则，在简谐势近似下为

$$\Delta\upsilon = \pm 1 \tag{8.5.5}$$

$$\Delta J = 0, \pm 2 \tag{8.5.6}$$

对 ΔJ 的选择定则可以用图 8.5.3 的量子解释来理解. 拉曼散射时，在初态和终态间的跃迁要通过一个中间的虚态，要使得从初态到虚态和从虚态到终态都是通常转动跃迁所允许时，才能实现从初态到终态的跃迁. 对于通常的转动跃迁要满足

$\Delta J=\pm 1$,所以拉曼散射是经历两次转动跃迁(虚的)才从一个转动的初态到终态,因此跃迁的转动量子数的改变为0和± 2.

由拉曼谱的选择定则,对$\upsilon=0$和$\upsilon=1$的能级,相应的拉曼谱线如图8.5.4所示,形成O、Q、S三支.对应$\Delta J=0$的谱线称为Q支,$\Delta J=-2$的称为O支,$\Delta J=2$的称为S支.按转动量子数的改变$\Delta J=-2,-1,0,+1,+2$,所对应的谱线组称为O、P、Q、R、S.这里特别要注意,拉曼光谱与红外吸收谱不同,对能量较小的跃迁在拉曼光谱中相应的是较高的频率,因为这种跃迁从入射光中取走的能量较小,所以散射光有较高的频率.所以O支($\Delta J=-2$)是在频率高的那侧.图8.5.5给出CO分子的拉曼振动-转动谱.

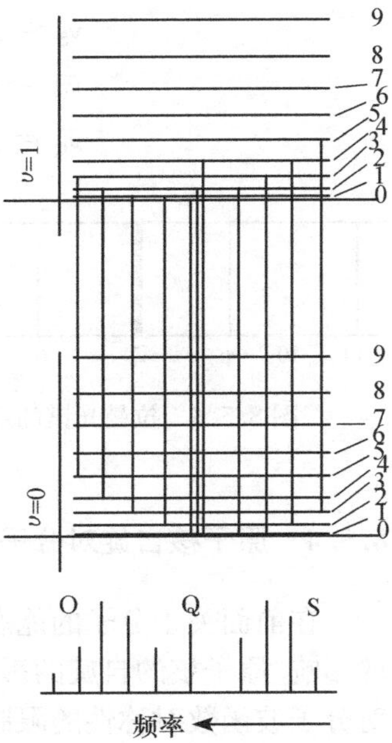

图8.5.4 在振动转动拉曼谱中O、Q、S支谱线组

在图8.5.5中以拉曼位移的波数来表述,设两个振动态的转动常数为B和B',$\tilde{\nu}_0$为振动拉曼位移的波数,则振动转动拉曼光谱线的波数为

$$\tilde{\nu}=\tilde{\nu}_0+B'J'(J'+1)-BJ(J+1) \tag{8.5.7}$$

由对转动量子数的选择定则,得到三支谱线组的波数分别为

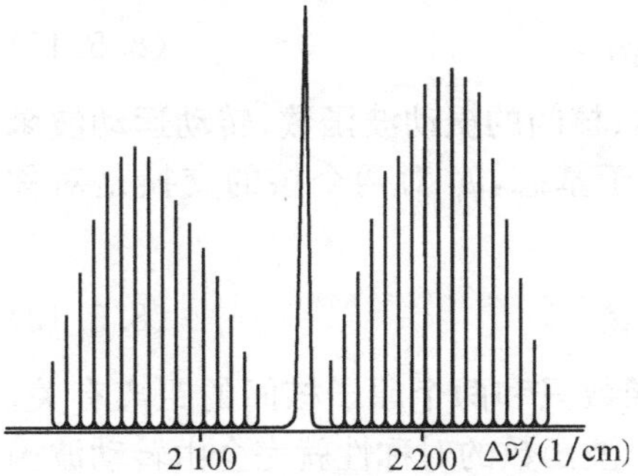

图8.5.5 一氧化碳的振转拉曼谱的O、Q、S的结构

$$\tilde{\nu}_S=\tilde{\nu}_0+[6B'+(5B'-B)J+(B'-B)J^2],\quad J=0,1,2,\cdots \tag{8.5.8}$$

$$\tilde{\nu}_O=\tilde{\nu}_0+[2B'-(3B'+B)J+(B'-B)J^2],\quad J=2,3,4,\cdots \tag{8.5.9}$$

$$\tilde{\nu}_Q=\tilde{\nu}_0+[(B'-B)J+(B'-B)J^2],\quad J=0,1,2,\cdots \tag{8.5.10}$$

对于振动能级$\upsilon=0$、1间的跃迁,B和B'的差别很小,Q支的所有谱线都靠在一起,几乎不可辨认.S支和O支都形成一系列与红外谱带中R支和P支相类似的谱带.若令$B=B'$,则

$$\tilde{\nu}_S = \tilde{\nu}_0 + 2B(2J+3), \quad J = 0,1,2,\cdots$$
$$\tilde{\nu}_O = \tilde{\nu}_0 - 2B(2J-1), \quad J = 2,3,4,\cdots$$
$$\tilde{\nu}_Q = \tilde{\nu}_0, \quad J = 0,1,2,\cdots$$

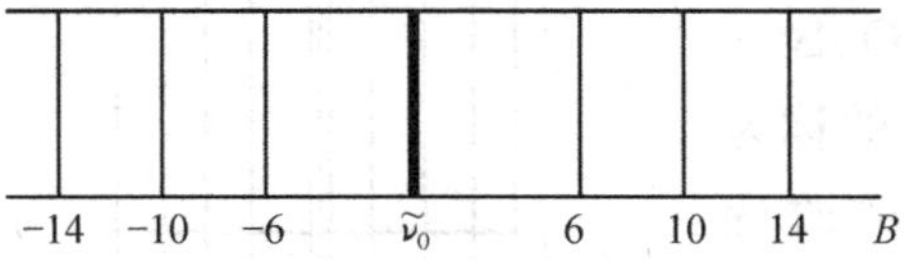

图 8.5.6　拉曼光谱的示意图

若以横坐标表示拉曼位移的波数，拉曼散射谱的结构如图 8.5.6 所示. 散射谱中出现振动的基频线 $\tilde{\nu}_0$，S 支和 O 支的第一条谱线和 $\tilde{\nu}_0$ 的间隔都是 $6B$，S 支及 O 支谱带中谱线的间隔为 $4B$，是红外谱的谱线间隔的两倍.

8.5.4　原子核自旋对分子能态的影响——同核双原子分子的拉曼谱

在前面关于分子的能态和光谱的讨论中，我们完全忽略了核自旋对分子能级的影响. 原子核的自旋的影响有两个部分：核自旋引起的相互作用和核自旋对称性对分子波函数对称性的限制. 核自旋的相互作用对分子能级的影响很小可以忽略，但对对称性的限制会对分子能级的布居有重要的影响. 同核双原子分子的波函数必须满足泡利原理：全同玻色子（自旋为整数的原子核是玻色子）组成体系的波函数一定具有交换对称性；全同费米子（自旋为半整数的原子核是费米子）体系的波函数一定具有交换反对称性. 因此，自旋为整数和半整数的原子核组成的同核双原子分子的波函数会有不同的对称性.

在玻恩-奥本海默近似下，可以把分子的波函数写成

$$\Psi = \psi_e \psi_v \psi_J \psi_I \tag{8.5.11}$$

其中，ψ_e、ψ_v、ψ_J 和 ψ_I 分别是分子的电子波函数、核间的振动波函数、转动运动波函数和核自旋的波函数. 在一般情况下，电子处于基态，ψ_e 对两个核的交换是对称的. 振动波函数可写成

$$\psi_v = \psi_v(|\boldsymbol{R}_1 - \boldsymbol{R}_2|) \tag{8.5.12}$$

其中，$\boldsymbol{R}_1$ 和 $\boldsymbol{R}_2$ 分别是原子核的坐标，振动波函数只和两个原子核间的距离有关，所以它对两个核的交换也是对称的. 这样，分子波函数的对称性就完全由转动波函数和核自旋波函数所决定了. 这样核自旋波函数的对称性就对转动波函数的对称性给出了限制.

对两个原子核的系统，如果把空间坐标原点选在两个核连线的中点，那两个核的交换就相当于空间反演. 因此，它的交换对称性就由波函数的宇称决定. 对于转动波函数，它的宇称为 $(-1)^J$，即 J 为偶数时转动波函数的宇称为正（或偶），对两个核的交换是对称的；J 为奇数时转动波函数的宇称为负（或奇），对两个核的交换是反对称的.

原子核自旋波函数的对称性对同核双原子分子能级布居和光谱的影响，可对三种核自旋的情况分别讨论.

1. *原子核自旋 $I=0$*

两个自旋 $I=0$ 的原子核组成的系统的总自旋也为 0，它的自旋波函数 ψ_I 必定是对称的. $I=0$ 的原子核是玻色子，分子的波函数必须是交换对称的，因此就要求转动波函数也必须是对称的，这就是说只能有 J 为偶数的转动运动状态. 分子不可能处在 J 为奇数的转动态.

分子的拉曼散射跃迁的选择定则是 $\Delta J=\pm2$，在跃迁过程中转动能态的宇称不改变. 所以，同核双原子分子的拉曼谱中有转动谱线，但只有对应于偶数 J 的跃迁，即只有 $0\leftrightarrow2$，$2\leftrightarrow4$，…的谱线. 图 8.5.7 是 $I=0$ 的同核双原子分子的拉曼散射谱的示意图.

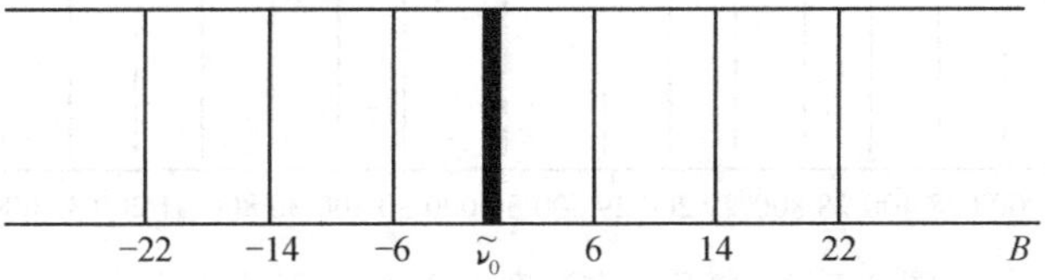

图 8.5.7　$I=0$ 的同核双原子分子的拉曼散射谱的示意图

2. *原子核自旋为半整数*

两个原子核自旋为半整数的核所组成系统的总自旋波函数可以是交换对称和交换反对称的. 自旋为半整数的原子核是费米子，所以分子的波函数必须是反对称的，这样就有两种情况：

(1) 原子核的总自旋波函数 ψ_I 是对称的，则转动波函数必须是反对称的，即转动量子数必定是奇数；

(2) 原子核的总自旋波函数 ψ_I 是反对称的，则转动波函数必须是对称的，即转动量子数必定是偶数.

通常对核的总自旋波函数为对称的分子称为正类分子，具有反对称波函数的称为仲类分子. 这样正类分子的转动量子数 J 必须是奇数，仲类分子的转动量子数 J 就必须是偶数.

例如，氢原子核的自旋为 1/2，两个氢原子核的总自旋可能为 1 和 0，在前面的讨论中已知道，总自旋为 1 的波函数 ψ_I 是对称的，正氢分子的 J 只能是奇数. 而对总自旋为 0 的波函数 ψ_I 是反对称的，所以仲氢分子的转动量子数是偶数. 正氢分子的自旋有三个可能的状态，即 $I_Z=+1,0,-1$，仲氢分子的自旋只有一个可能状态. 因此，氢分子处在 J 为奇数能级的布居就是 J 为偶数状态的 3 倍. 所以，氢分子的拉曼散射谱中 J 为奇数的谱线强度就应是偶数谱线的 3 倍，图 8.5.8 是氢分子在温度为 2 000K 下的拉曼谱. 图上谱线的高度代表谱线的强度. 图上 J 为奇数的谱线强度约是偶数谱线的 3 倍.

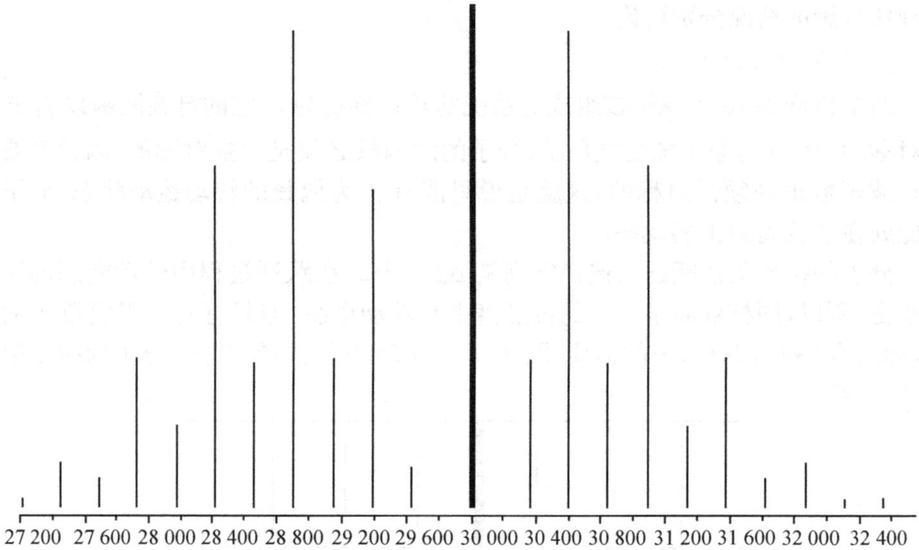

图 8.5.8 氢分子在温度为 2 000K 下的拉曼谱

3. *原子核自旋为非零整数*($I\neq 0$)

自旋为整数的原子核是玻色子,因此正类分子具有对称自旋波函数和对称的转动波函数,仲类分子具有反对称的自旋波函数和反对称的转动波函数. ^{14}N 原子核的自旋 $I=1$,$^{14}N_2$ 分子的总自旋可以是 2、1 和 0,一共可能有 9 个自旋(I,I_Z)状态,其中 6 个状态组成正氮分子,3 个态为仲氮分子,所以处在 J 为偶数的谱线的强度较大,约为 J 为奇数谱线的 2 倍,见图 8.5.9.

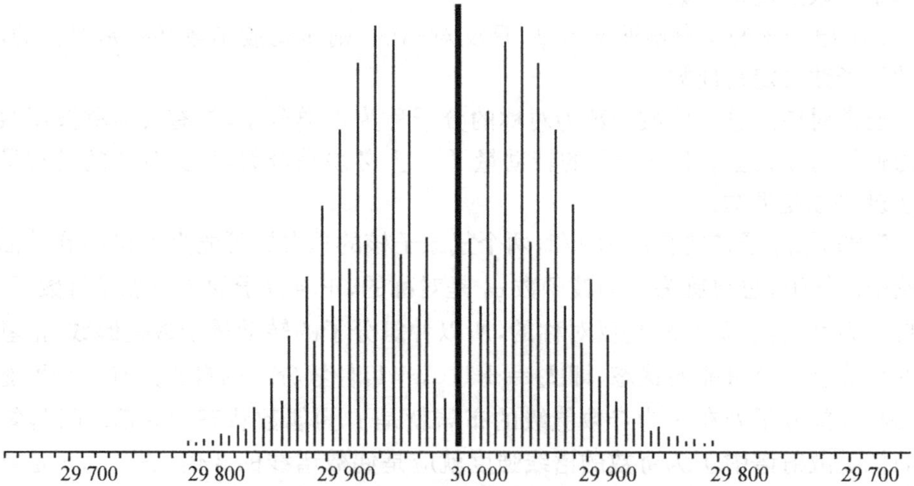

图 8.5.9 氮分子在 300K 温度时的拉曼散射谱

综上所述，由于原子核自旋的影响，同核双原子分子转动能级的跃迁只能发生在宇称奇态与奇态之间，或宇称偶态与偶态之间，不可能出现转动能级奇态与偶态之间的跃迁. 对于分子的红外光谱，转动跃迁的选择定则是 $\Delta J=\pm 1$，这样的跃迁在同核双原子分子是不允许的，因此同核双原子分子没有红外光谱. 对于拉曼散射，转动跃迁的选择定则是 $\Delta J=0,\pm 2$，分子的转动态的宇称不改变，因此能观察到同核双原子分子的振动、转动拉曼散射谱. 在上面关于拉曼谱的强度讨论中已知道谱线的强度比与正类分子数与仲类分子数的比例有关. 从两个自旋耦合时的 K-G 系数的交换对称性，可以计算出核自旋为 I 的两类分子数的比(对称态与反对称态数之比)为

$$\frac{N_{仲}}{N_{正}}=\frac{I}{I+1} \tag{8.5.13}$$

然而，谱线强度除了与分子处在各能级的布居有关，还与能级的热统计布居和能级的简并度有关. 在图 8.5.8 和图 8.5.9 中都能看到这两个因素的影响.

由以上讨论可知，根据入射光的频率，拉曼光谱可出现在不同的频率范围，可在紫外或可见光区，这比用固定的红外或远红外光谱更为方便. 例如，可以使用一般的玻璃或石英作为光学元件和样品的容器. 一般为防止入射光激发分子的电子能级而发射荧光，入射光的频率都选择低于电子能级的激发态能量. 拉曼位移是和分子的红外或远红外光谱的振动或转动频率相对应的. 但由于拉曼谱和分子的红外谱遵循的选择定则不同，有些在吸收谱中不出现的谱线可以在拉曼谱中出现. 此外对于非极性的同核双原子分子，它们没有红外光谱，这些分子就要用拉曼散射光谱来分析研究，所以在测定分子结构参数时，这两种光谱方法可以相互补充. 拉曼散射光谱提供了关于物质结构和原子间相互作用与运动状态的信息，在环境科学和生物学等领域也有广泛的应用.

第9章 散　射

任何对于客观事物的观测都需要借助观测仪器和被观测对象之间的联系或者相互作用. 为考察某个特定的微观个体的运动及内在结构，人们通常会用另外一种微观粒子(测量粒子，也叫入射粒子或束流粒子)与这个待测微观粒子——靶粒子——发生相互作用. 测量粒子扮演着测量仪器的角色，相当于一个“探针”. 测量粒子与靶粒子间的相互作用过程被形象地称为碰撞. 用作探针的测量粒子有很多个，它们被准直后成束地撞向靶粒子，碰撞后测量粒子四散飞开，这便是我们将要讨论的散射. 对碰撞后测量粒子散射现象的研究有助于分析靶粒子的性质和行为. 一个典型的例子是，卢瑟福用一束 α 粒子与金箔碰撞，观测到被反弹回来的 α 粒子，因此而提出了原子的有核模型.

9.1 散射和截面

首先让我们从经典力学的角度简要阐述散射现象. 设想一个质量很大的带电粒子位于图 9.1.1 所示散射中心处，一个质量很小的带电粒子从很远处进入大质量粒子的电荷形成的库仑场中. 两个粒子间的电场力使得小质量的带电粒子的运动路径发生偏转，而大质量的带电粒子受到的影响可以忽略. 入射粒子的入射方向与散射中心的垂直距离称为**碰撞参数**，记作 b；入射粒子的入射方向与出射方向间的夹角 θ 为**散射角**. 图 9.1.1 描绘的是带同种电荷的两个粒子间散射. 经典散射理论关注的问题是，对于给定的散射参数，计算散射角.

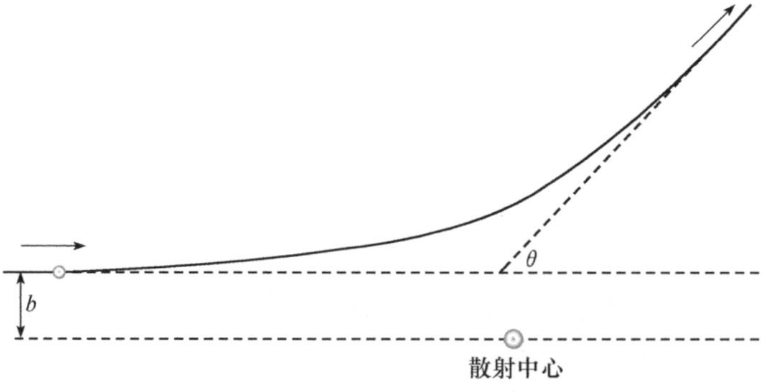

图 9.1.1　入射粒子与靶粒子间存在互相排斥的相互作用

作为简单的例子，考虑一个入射粒子被一个半径为 R 的刚性球散射，如图 9.1.2所示. 容易看出，当 $b<R$ 时，散射角为 $\theta=2\arccos(b/R)$；当 $b\geqslant R$ 时，散射角为 $\theta=0$.

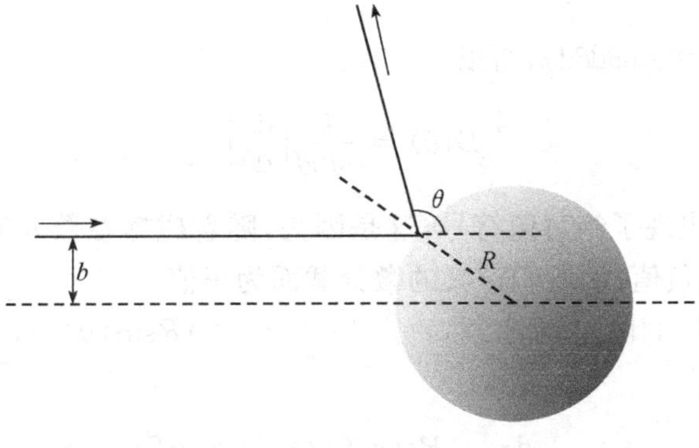

图 9.1.2　硬球散射

9.1.1　微分散射截面

一般地，初始时刻入射粒子距离散射中心很远，受靶粒子影响很弱. 入射粒子流呈柱状沿同一个方向(如 z 方向)运动，并且有着不同的碰撞参数(图 9.1.3). 在入射粒子流的横截面 Σ 上，考虑碰撞参数介于 b 和 $b+\mathrm{d}b$ 之间的粒子，它们分布在图 9.1.3 所示的一个环形区域内. 因为在绝大多数情形下入射粒子被散射后在空间的分布是关于入射方向呈轴对称，而与方位角 φ 无关，所以，只要入射粒子具有相同的碰撞参数，被散射后就有着相同的散射角. 设入射粒子横截面上 $\mathrm{d}\sigma$ 面积元

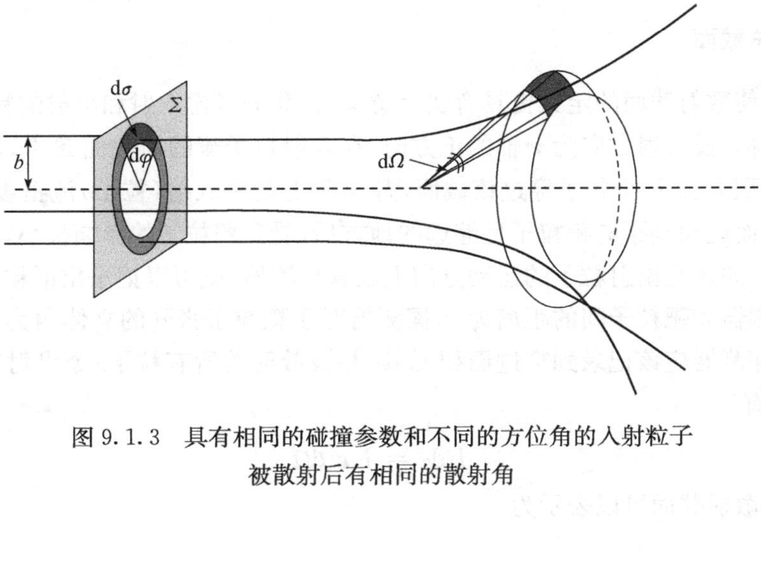

图 9.1.3　具有相同的碰撞参数和不同的方位角的入射粒子被散射后有相同的散射角

内的入射粒子被散射后位于大小为 $\mathrm{d}\Omega$ 的立体角中. 显然，$\mathrm{d}\sigma$ 越大，$\mathrm{d}\Omega$ 也就越大. 定义二者的比值为**微分散射截面**，即

$$D(\theta)=\frac{\mathrm{d}\sigma}{\mathrm{d}\Omega} \tag{9.1.1}$$

而 $\mathrm{d}\sigma=b\mathrm{d}b\mathrm{d}\varphi$，$\mathrm{d}\Omega=\sin\theta\mathrm{d}\theta\mathrm{d}\varphi$，所以

$$D(\theta)=\frac{b}{\sin\theta}\left|\frac{\mathrm{d}b}{\mathrm{d}\theta}\right| \tag{9.1.2}$$

上面的表达式中出现了绝对值符号，这是因为，随着碰撞参数 b 的增大，散射角将减小，故 $\mathrm{d}b/\mathrm{d}\theta$ 是负值，而我们定义的微分截面为正值.

对于前面提到的刚性球散射，$\mathrm{d}b/\mathrm{d}\theta=(-1/2)R\sin(\theta/2)$，所以微分散射截面为

$$D(\theta)\equiv\frac{\mathrm{d}\sigma}{\mathrm{d}\Omega}=\frac{R\cos(\theta/2)}{\sin\theta}\frac{R\sin(\theta/2)}{2}=\frac{R^2}{4} \tag{9.1.3}$$

将微分散射截面 $D(\theta)$ 对于整个立体角积分，得到**总散射截面**，记作 σ

$$\sigma=\int D(\theta)\mathrm{d}\Omega \tag{9.1.4}$$

粗略地说，全截面不过就是有可能被靶粒子散射的入射粒子分布在横截面 Σ 中面积. 例如，硬球散射全截面为

$$\sigma=\frac{R^2}{4}\int\mathrm{d}\Omega=\pi R^2$$

这一结果符合直观图像：只有碰撞参数小于 R 的入射粒子才会与硬球发生碰撞.

9.1.2 总截面

为了使散射截面的定义更具有实际意义，让我们考虑入射和出射的粒子个数. 采用球坐标，设入射方向为 z 轴的正方向，在入射粒子流的横截面 Σ 上，单位时间内单位面积上有 J_i 个粒子穿过该截面，J_i 实际上就是入射（粒子）流密度. 这些粒子被散射而运动到距离靶粒子足够远的地方后，受到靶粒子的影响很小，基本上沿直线运动. 如果在出射粒子的运动方向上放置探测器，就可以记录出射粒子的个数了. 设探测器和靶粒子间的距离为 r，探测器对于靶粒子张开的立体角为 $\mathrm{d}\Omega$. 理想情形下，探测器应该记录到穿过面积元 $\mathrm{d}\sigma$ 并被散射的所有粒子. 令出射粒子流密度为 J_s，有

$$J_i\mathrm{d}\sigma=J_s r^2\mathrm{d}\Omega \tag{9.1.5}$$

于是微分散射截面可以表示为

$$D(\theta,\varphi)=\frac{\mathrm{d}\sigma}{\mathrm{d}\Omega}=\frac{r^2 J_{\mathrm{s}}}{J_{\mathrm{i}}} \tag{9.1.6}$$

可以看出，微分散射截面具有面积的量纲. 虽然(9.1.6)式涉及 r^2，但是 $D(\theta,\varphi)$ 并不依赖于 r，这是因为三维空间出射粒子流密度 J_{s} 反比于 r^2. 另外，出于更为一般的考虑，微分截面的参量包含了角度 φ. 总截面的定义依然由(9.1.4)式给出，即

$$\sigma=\int D(\theta,\varphi)\mathrm{d}\Omega=\int_0^{2\pi}\int_0^{\pi}D(\theta,\varphi)\sin\theta\mathrm{d}\theta\mathrm{d}\varphi \tag{9.1.7}$$

用(9.1.6)式定义微分散射截面的好处在于，入射粒子流密度 J_{i} 和出射粒子流密度 J_{s} 在实验上易于测量，而且在下面的讨论中可以很方便地转换为量子情形下的描述.

最后需要指出的是，在碰撞和散射过程中，入射粒子和靶粒子间的相互作用使得靶粒子也发生运动，不过我们可以选择入射粒子和靶粒子的质心，在质心参考系中考虑一个质量为二者折合质量的粒子在中心力场中的运动. 这种处理两体问题的方法见经典力学中开普勒问题和量子力学中的氢原子. 在下面的讨论中，我们不再区分粒子与固定散射中心的碰撞和质心系中两粒子间的碰撞.

9.1.3 散射振幅

散射现象的量子描述可以借鉴经典描述中的某些说法，虽然经典情形下的直观的图像对我们很有帮助，但是在本质上大不相同. 粒子的行为需要用波函数和薛定谔方程描述，诸如位置和轨道等概念也不再具有形象的意义.

在一维情形中，我们遇到过这样的问题：一个粒子从 $-x$ 区域趋近位于 O 点处的方势垒，透过势垒和被势垒反射的概率是多少？简单的做法是，用平面波表示入射粒子的波函数，势垒的左侧和右侧区域均为零势能区域，用平面波表示反射波和透射波. 如果方势垒的形状(即高度和宽度)已知，那么在势垒起作用的区域求解薛定谔方程，由波函数的连续性即可知道反射波和透射波的概率幅. 有以下细节需要注意：

(1) 平面波是一个抽象的数学模型，并不对应于真实的物理系统. 用平面波描述自由运动的粒子是出于计算上的便利：具有平面波形式的入射波、反射波和透射波都具有确定的动量值，是自由运动粒子的哈密顿量的定态，于是我们只需求解与时间无关的波动方程. 不过，用波包的形式描述自由粒子的运动更为合适，可以更形象地看到粒子以怎样的方式被反射和透射，但是这需要用到与时间有关的波动方程，在数学运算上有很大的困难，而且很可能只有数值解.

(2) 在一维方势垒的散射问题中，薛定谔方程在空间各个区域内都是可以严格求解的，而我们关注的是势垒以外区域中波函数的行为. 这种说法看似很平庸，但是在我们将要讨论的更为一般的情形中，薛定谔方程未必能严格求解，这看似平

庸的观点被推广而被重新表述为:在远离散射中心的区域考察波函数的渐近行为,在这个区域内有入射波函数和散射波函数(一维势垒情形中的反射波和透射波都属于散射波函数).实际上,试验也是这样安排的:我们是在远离靶粒子的地方发射和探测测量粒子的,此时基本没有相互作用了.

现在考虑三维空间中质量为 μ、能量为 E 的粒子从远处趋近中心位于原点的球对称势场 $V(r)$,哈密顿量为

$$\hat{H}=\frac{\hat{p}^2}{2\mu}+V(r) \tag{9.1.8}$$

波函数由薛定谔方程确定

$$-\frac{\hbar^2}{2\mu}\boldsymbol{\nabla}^2\psi(\boldsymbol{r})+V(r)\psi(\boldsymbol{r})=E\psi(\boldsymbol{r}) \tag{9.1.9}$$

令 $k=(2\mu E/\hbar^2)^{1/2}$,$U(r)=(2\mu/\hbar^2)V(r)$,(9.1.9)式改写为

$$\boldsymbol{\nabla}^2\psi(\boldsymbol{r})+[k^2-U(r)]\psi(\boldsymbol{r})=0 \tag{9.1.10}$$

设入射粒子的运动方向为 Oz 轴.起初,距散射势场中心尚远,势能 $V(r)$ 甚弱,几乎可忽略.粒子的运动可视为自由运动,其哈密顿量仅为其动能 $\hat{p}^2/2\mu$.本当以波包形式描述粒子的状态,但为从简计,以平面波描述,故波函数 $\psi(\boldsymbol{r})$ 中必有形如 e^{ikz} 的项.

随后,$V(r)$ 对粒子的影响渐强而不可忽略,相应的波函数也大有改变.从理论的角度说,我们需要求解薛定谔方程(9.1.9)——不论是严格的解析解还是近似的数值解——以分析势能对入射粒子的影响.从实验的角度说,观测到的是散射粒子在远场区域的渐近行为.对于猜想的或形式已知的势能,实验的意义在于验证量子理论;对于未知的势能,人们希望从实验中获得某些相关信息.无论怎样,理论和实验的关联表现在散射粒子的渐近行为上,即距离散射中心甚远时散射粒子的角分布.因此,在理论上所要寻求的是方程(9.1.10)在散射意义上的解 $\psi_k^{\text{sca}}(\boldsymbol{r})$.可以想象,在远场区域,散射粒子已经基本上摆脱了 $V(r)$ 对它的影响而重新具有简单的形式——自由运动的形式.所以,$\psi_k^{\text{sca}}(\boldsymbol{r})$ 应该包含两部分

$$\psi_k^{\text{sca}}(\boldsymbol{r})=\psi_{\text{i}}(\boldsymbol{r})+\psi_{\text{s}}(\boldsymbol{r}) \tag{9.1.11}$$

其中,$\psi_{\text{i}}(\boldsymbol{r})\propto e^{ikz}$.至于散射波函数 $\psi_{\text{s}}(\boldsymbol{r})$,它确是依赖于势能 $V(r)$ 的具体形式,而我们要考虑的是它的渐近行为.当 r 较大时,$\psi_{\text{s}}(\boldsymbol{r})$ 有如下性质:

(1) 对于特定的方向 (θ,φ),其径向部分的行为如同 e^{ikr}/r,这是向外传播的球面波,与入射的平面波具有相同的能量(即相同的 k).因为我们考虑的是弹性散射,故相同的 k 是一个显然的要求.

(2) 一般地,散射波函数不是各向同性的,应该考虑与角度 θ、φ 的依赖关系.所以,对于给定的能量 E,$\psi_k^{\text{sca}}(\boldsymbol{r})$ 具有渐近行为

$$\psi_k^{\text{sca}}(\boldsymbol{r}) \xrightarrow{r\to\infty} \mathrm{e}^{ikz} + f_k(\theta,\varphi)\frac{\mathrm{e}^{ikr}}{r} \tag{9.1.12}$$

这里只有 $f_k(\theta,\varphi)$ 和势能 $V(r)$ 有关，其中包含了势场对于入射粒子的影响. $f_k(\theta,\varphi)$ 被称为**散射振幅**.

经典力学中，微分散射截面可以用入射粒子和散射粒子的流密度表示，即 (9.1.6)式. 在量子力学中，与粒子流密度对应的是概率流密度，其定义为 $\boldsymbol{J}=(\hbar/\mu)\mathrm{Re}(-\mathrm{i}\psi^*\boldsymbol{\nabla}\psi)$. 入射波函数为 e^{ikz}，概率流密度为

$$\boldsymbol{J}_{\mathrm{i}} = \frac{\hbar k}{\mu}\boldsymbol{e}_z \tag{9.1.13}$$

散射波函数的渐近形式为 $f_k(\theta,\varphi)\mathrm{e}^{ikr}/r$，故渐近区域内概率流密度在球坐标中的分量为

$$\begin{aligned}
(\boldsymbol{J}_{\mathrm{s}})_r &= \frac{\hbar k}{\mu}\frac{|f_k(\theta,\varphi)|^2}{r^2} \\
(\boldsymbol{J}_{\mathrm{s}})_\theta &= \frac{\hbar}{\mu}\frac{1}{r^3}\mathrm{Re}\left[\frac{1}{i}f_k^*(\theta,\varphi)\frac{\partial}{\partial\theta}f_k(\theta,\varphi)\right] \\
(\boldsymbol{J}_{\mathrm{s}})_\varphi &= \frac{\hbar}{\mu}\frac{1}{r^3\sin\theta}\mathrm{Re}\left[\frac{1}{i}f_k^*(\theta,\varphi)\frac{\partial}{\partial\varphi}f_k(\theta,\varphi)\right]
\end{aligned} \tag{9.1.14}$$

当 r 很大时，相比于径向分量 $(\boldsymbol{J}_{\mathrm{s}})_r$，角向分量 $(\boldsymbol{J}_{\mathrm{s}})_\theta$ 和 $(\boldsymbol{J}_{\mathrm{s}})_\varphi$ 很小，故散射概率流密度主要是径向的，于是微分散射截面为

$$D(\theta,\varphi) = \frac{r^2(\boldsymbol{J}_{\mathrm{s}})_r}{|\boldsymbol{J}_{\mathrm{i}}|} = |f_k(\theta,\varphi)|^2 \tag{9.1.15}$$

即微分散射截面等于散射振幅的模的平方.

需要说明的是，我们并没有通过(9.1.12)式计算概率流密度，而是分别计算了该式中两个组成部分的概率流密度，就是说，交叉项(或者说干涉项)被忽略了. 这么处理的原因是，在实际情形中，入射粒子是从某个源发出而被准直，入射粒子流总是有一定的宽度的，入射波函数应该是一个波包而不是无限大的平面波. 近似地说，入射波函数在入射流的空间区域内为 $\psi_i(\boldsymbol{r})\sim\mathrm{e}^{ikz}$，而在这个区域以外则为零. 在观测散射波函数的时候，只要将探测器安置在入射流之外，记录到的结果就是针对散射波函数 $\psi_{\mathrm{s}}(\boldsymbol{r})$ 而言的，而与 $\psi_{\mathrm{i}}(\boldsymbol{r})$ 无关.

9.2 分 波 法

9.2.1 分波法

我们看到，在量子力学里微分散射截面由波函数的渐近行为决定，原则上只有

求解了(9.1.9)式才能知道渐近波函数.这并不容易做到，但是我们有这样两方面的考虑：

(1) 在球对称的势场中，方程(9.1.10)的解是哈密顿量的本征函数，具有确定的能量值，即确定的 k；也是角动量 $\boldsymbol{L}^2$ 和 L_z 的本征函数，具有确定的角动量量子数 l 和 m，不妨记作 $\varphi_{klm}(\boldsymbol{r})$. 又 $\varphi_{klm}(\boldsymbol{r})$可以表示为径向部分和角向部分的相乘

$$\varphi_{klm}(\boldsymbol{r}) = R_{kll}(r)\mathrm{Y}_{lm}(\theta,\varphi) = \frac{1}{r}u_{kl}(r)\mathrm{Y}_{lm}(\theta,\varphi) \tag{9.2.1}$$

(2) 在目前讨论的弹性散射过程中，粒子的能量是守恒的，即 k 是恒定的，与此对应的波函数 $\psi_k(r)$应该展开为 $\varphi_{klm}(\boldsymbol{r})$的线性叠加

$$\psi_k(\boldsymbol{r}) = \sum_{l,m} a_{l,m}\varphi_{klm}(\boldsymbol{r}) \tag{9.2.2}$$

其中，$a_{l,m}$为叠加系数.

(3) 关注 r 很大的时候 $\psi_k(\boldsymbol{r})$的渐近行为，实际上是考虑 $\varphi_{klm}(\boldsymbol{r})$的渐近行为. 将渐近表示与(9.1.12)式比较，从而获得散射振幅 $f_k(\theta,\varphi)$和微分散射截面.

以上内容的关键之处在于，将能量值确定的波函数做展开，每一个叠加成分具有确定的角动量量子数. 这些叠加成分(即 $\varphi_{klm}(\boldsymbol{r})$)被称为**分波**. 基于以上考虑计算散射截面的方法称为**分波法**.

在详细讨论分波的渐近表示之前，让我们对(9.1.11)式及其解作粗略的分析. 对于给定的 k，方程(9.1.11)的解可写为

$$\psi_k(\boldsymbol{r}) = \sum_{lm} a_{lm}\mathrm{Y}_{lm}(\theta,\varphi)\frac{u_{kl}(r)}{r} \tag{9.2.3}$$

其中，$u_{kl}(r)$满足方程

$$\frac{\mathrm{d}^2 u_{kl}(r)}{\mathrm{d}r^2} + \left[k^2 - U(r) - \frac{l(l+1)}{r^2}\right]u_{kl}(r) = 0 \tag{9.2.4}$$

考虑 $u_{kl}(r)$的渐近行为. 当 r 足够大的时候，$U(r)$和 $\dfrac{l(l+1)}{r^2}$ 可忽略，于是

$$u_{kl}(r) \xrightarrow{r\to\infty} \mathrm{e}^{\pm \mathrm{i}kr} \tag{9.2.5}$$

为了验证上面的估算，设 $u_{kl}(r)$有更一般的形式，即

$$u_{kl}(r) \sim \mathrm{e}^{h(r)}\mathrm{e}^{\pm \mathrm{i}kr} \tag{9.2.6}$$

针对以上形式，我们希望看到的是，$\mathrm{e}^{h(r)}$ 在 r 较大的区域内变化较慢，$u_{kl}(r)$的渐近行为主要由 $\mathrm{e}^{\pm \mathrm{i}kr}$决定. 将(9.2.6)式代入(9.2.4)式，有

$$\frac{\mathrm{d}^2 h(r)}{\mathrm{d}r^2} + \left[\frac{\mathrm{d}h(r)}{\mathrm{d}r}\right]^2 \pm 2\mathrm{i}k\frac{\mathrm{d}h(r)}{\mathrm{d}r} = U(r) + \frac{l(l+1)}{r^2} \tag{9.2.7}$$

这实际上是 $dh(r)/dr$ 的一阶微分方程. 如果 $U(r)$ 随着 r 的增大而衰减得很快，比如说至少以 $1/r^2$ 的形式衰减，那么可以推知 $\frac{dh(r)}{dr}\sim\frac{1}{r^2}$，(9.2.7)式左端的第三项是主要的. $h(r)$ 可表示为 $b+\frac{c}{r}$，当 $r\to\infty$ 时，$h(r)$ 近似为常数，这符合我们的要求.

但是，对于库仑势 $U(r)\propto r^{-1}$，当 r 较大时，$\frac{dh(r)}{dr}\sim\frac{1}{r}$，于是 $h(r)\sim\lg r$，(9.2.5)式表示的渐近行为不再成立，故库仑散射是需要单独处理的. 以下讨论只涉及短程势能. 由于分波的渐近行为与自由粒子的波函数有密切联系，所以我们先来考察自由粒子的定态波函数.

9.2.2 自由粒子的定态

粒子在三维空间中做自由运动，哈密顿量为 $\hat{H}_0=\hat{\boldsymbol{p}}^2/2\mu$. 动量和角动量均为守恒量，然而动量和角动量不对易，故力学量完全集有两种选择：

$$
\begin{aligned}
&(1)\qquad \hat{H}_0,\hat{p}_x,\hat{p}_y,\hat{p}_z\\
&(2)\qquad \hat{H}_0,\hat{\boldsymbol{L}}^2,\hat{L}_z
\end{aligned}
\tag{9.2.8}
$$

第一组力学量的共同本征态是动量的本征态，可记作 $|\boldsymbol{p}\rangle\equiv|p_x,p_y,p_z\rangle$，它同时也是 $\hat{H}_0$ 的本征态，故动量的本征值为 $p=|\boldsymbol{p}|=\sqrt{2\mu E}$. 令 $\boldsymbol{k}=\boldsymbol{p}/\hbar$，在坐标表象中，共同本征函数可以表示为

$$
\langle\boldsymbol{r}\mid\boldsymbol{k}\rangle=\frac{1}{(2\pi)^{3/2}}e^{i\boldsymbol{k}\cdot\boldsymbol{r}}
\tag{9.2.9}
$$

这是沿 k 方向传播的平面波.

对于(9.2.8)式中第二组力学量完全集，共同本征态有着确定的能量量子数和角动量量子数，记作 $|\varphi_{klm}^{(0)}\rangle$，相应的坐标空间本征函数 $\varphi_{klm}^{(0)}(\boldsymbol{r})$ 可以表示为

$$
\varphi_{klm}^{(0)}(\boldsymbol{r})=R_{kl}^{(0)}(r)Y_{lm}(\theta,\varphi)=\frac{u_{kl}^{(0)}(r)}{r}Y_{lm}(\theta,\varphi)
\tag{9.2.10}
$$

可以通过求解薛定谔方程得到，即

$$
\varphi_{klm}^{(0)}(\boldsymbol{r})=\sqrt{\frac{2k^2}{\pi}}j_l(kr)Y_{lm}(\theta,\varphi)
\tag{9.2.11}
$$

其中，j_l 是球贝塞尔函数，Y_{lm} 为球谐函数. j_l 的定义为

$$
j_l(\rho)=(-1)^l\rho^l\left(\frac{1}{\rho}\frac{d}{d\rho}\right)^l\frac{\sin\rho}{\rho}
\tag{9.2.12}
$$

稍加分析可以发现，$\hat{H}_0$ 的本征值 $E_{k,l}$ 可以为任意正数并且和角动量量子数 l 无关，E_k 关于 l 是无穷简并的. 我们将 $\varphi_{klm}^{(0)}(\boldsymbol{r})$ 称为**自由球面波**.

$\varphi_{klm}^{(0)}(\boldsymbol{r})$满足正交归一性

$$\langle \varphi_{k'l'm'}^{(0)}(\boldsymbol{r}) \mid \varphi_{klm}^{(0)}(\boldsymbol{r}) \rangle = \delta(k-k')\delta_{ll'}\delta_{mm'} \tag{9.2.13}$$

$\varphi_{klm}^{(0)}(\boldsymbol{r})$是完备的

$$\int_0^\infty \mathrm{d}k \sum_{l=0}^{\infty} \sum_{m=-l}^{l} \mid \varphi_{klm}^{(0)} \rangle \langle \varphi_{klm}^{(0)} \mid = 1 \tag{9.2.14}$$

现在对自由球面波(9.2.11)式做进一步的分析. 首先,$\varphi_{klm}^{(0)}(\boldsymbol{r})$与角度的依赖关系完全由球谐函数 $Y_{lm}(\theta,\varphi)$给定,即由角动量量子数 l 和 m 给定,而与能量无关. 接着分析 $\varphi_{klm}^{(0)}(\boldsymbol{r})$在原点附近和无穷远处的渐近行为.

(1) 在原点附近,即 $r\to 0$ 时

$$j_l(\rho) \xrightarrow{\rho\to 0} \frac{\rho^l}{(2l+1)!!} \tag{9.2.15}$$

考虑空间中的一个小体积元 $\mathrm{d}r\mathrm{d}\Omega_0$,这是位于沿方向$(\theta_0,\varphi_0)$张开的小立体角 $\mathrm{d}\Omega_0$ 内且径向距离介于r和$r+\mathrm{d}r$之间的体积元. 给定波函数 $\varphi_{klm}^{(0)}(\boldsymbol{r})$,在 $\mathrm{d}r\mathrm{d}\Omega_0$ 内发现粒子的概率为

$$r^2 j_l^2(kr) \mid Y_{lm}(\theta,\varphi) \mid^2 \mathrm{d}r\mathrm{d}\Omega_0 \tag{9.2.16}$$

当 $r\to 0$ 时,(9.2.16)式趋于 r^{2l+2}. 可见,在原点附近,l 越大,(9.2.16)式增大得越慢.

又发现函数 $\rho^2 j_l^2(\rho)$在 ρ 接近于 0 的区域内一直保持很小. 图 9.2.1 就 $l=4$ 的情形给出了形象的描绘. 我们可以将这一区域表示为

$$\rho < \sqrt{l(l+1)} \tag{9.2.17}$$

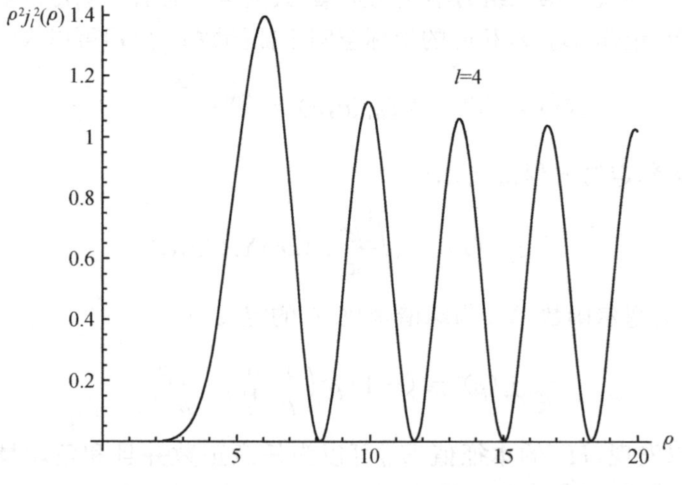

图 9.2.1 $\rho^2 j_l^2(\rho)$的行为

于是可以说，当

$$r<\frac{1}{k}\sqrt{l(l+1)} \tag{9.2.18}$$

时，由(9.2.16)式描述的概率很小而实际上可视为零. 就是说，以自由球面波 $\varphi_{klm}^{(0)}(\boldsymbol{r})$ 描述的具有一定的角动量的自由粒子很少分布在以原点为球心，以 $\sqrt{l(l+1)}/k$ 为半径的区域内.

(2) 在无穷远处，即 $r\to\infty$ 时，注意到

$$j_l(\rho)\xrightarrow{\rho\to\infty}\frac{1}{\rho}\sin\left(\rho-l\frac{\pi}{2}\right) \tag{9.2.19}$$

自由球面波 $\varphi_{klm}^{(0)}(\boldsymbol{r})$ 的渐近形式为

$$\varphi_{klm}^{(0)}(\boldsymbol{r})\xrightarrow{r\to\infty}-\sqrt{\frac{2k^2}{\pi}}\mathrm{Y}_{lm}(\theta,\varphi)\frac{\mathrm{e}^{-\mathrm{i}kr}\mathrm{e}^{\mathrm{i}l\pi/2}-\mathrm{e}^{\mathrm{i}kr}\mathrm{e}^{-\mathrm{i}l\pi/2}}{2\mathrm{i}kr} \tag{9.2.20}$$

表明在无穷远处，$\varphi_{klm}^{(0)}(\boldsymbol{r})$ 是入射波 $\mathrm{e}^{-\mathrm{i}kr}/r$ 和出射波 $\mathrm{e}^{\mathrm{i}kr}/r$ 的叠加，叠加的振幅相差 $l\pi$ 相位.

9.2.3 用自由球面波展开平面波

以上讨论表明，自由粒子的哈密顿量 $\hat{H}_0$ 的本征态可以用两种不同的表象表示：以平面波 $\{|\boldsymbol{k}\rangle\}$ 为基的表象，以自由球面波 $\{|\varphi_{klm}^{(0)}\rangle\}$ 为基的表象. 自然地，任何态矢量在其中一种表象中的表示可以转换到另一种表象中. 考虑动量本征态 $|0,0,k\rangle$，在坐标表象中它表示沿 Oz 方向传播的平面波

$$\langle\boldsymbol{r}\mid 0,0,k\rangle=\left(\frac{1}{2\pi}\right)^{3/2}\mathrm{e}^{\mathrm{i}kz}/(2\pi)^{3/2} \tag{9.2.21}$$

其中，$|0,0,k\rangle$ 同时也是自由粒子的哈密顿量的本征态，相应的能量本征值为 $E=\hbar^2k^2/2\mu$. 现在我们希望用自由球面波函数表示 $|0,0,k\rangle$. 注意到

$$\mathrm{e}^{\mathrm{i}kz}=\mathrm{e}^{\mathrm{i}kr\cos\theta}$$

不依赖于参数 φ，而角动量的 z 分量 $\hat{L}_z$ 在坐标表象中的表示为 $\frac{\hbar}{i}\frac{\partial}{\partial\varphi}$，所以 $|0,0,k\rangle$ 是 $\hat{L}_z$ 的本征态，且本征值为零

$$\hat{L}_z\mid 0,0,k\rangle=0$$

应用(9.2.14)式展开 $|0,0,k\rangle$：

$$|0,0,k\rangle=\int_0^\infty \mathrm{d}k'\sum_{l=0}^{\infty}\sum_{m=-l}^{l}|\varphi_{k'lm}^{(0)}\rangle\langle\varphi_{k'lm}^{(0)}\mid 0,0,k\rangle \tag{9.2.22}$$

$|0,0,k\rangle$ 和 $|\varphi_{klm}^{(0)}\rangle$ 都是 $\hat{H}_0$ 的本征函数，如果它们对应于不同的能量，即 k 不同，则

彼此正交，或者说二者的内积应该为 $\delta(k'-k)$；又它们也都是 $\hat{L}_z$ 的本征态，若二者的 m 量子数不同，则也正交，故(9.2.22)式中只有 $m=0$ 的项存在，于是改写为

$$|0,0,k\rangle = \sum_{l=0}^{\infty} c_{k,l} \mid \varphi_{kl0}^{(0)}\rangle \tag{9.2.23}$$

至此，系数 $c_{k,l}$ 易于计算，这里直接给出展开结果

$$e^{ikz} = \sum_{l=0}^{\infty} i^l \sqrt{4\pi(2l+1)} j_l(kr) Y_{l0}(\theta) \tag{9.2.24}$$

球谐函数 $Y_{l0}(\theta)$ 与勒让德多项式的关系是

$$\overline{Y}_{l0}(\theta) = \sqrt{\frac{2l+1}{4\pi}} P_l(\cos\theta)$$

故(9.2.24)式又可以写为

$$e^{ikz} = \sum_{l=0}^{\infty} i^l (2l+1) j_l(kr) P_l(\cos\theta) \tag{9.2.25}$$

9.2.4 中心势场中的分波

考虑球对称的势能 $V(r)$，我们面临的是(9.1.10)式的薛定谔方程. 分析力学量($H,\boldsymbol{L}^2,L_z$)的共同本征函数，H 是包含势能 $V(r)$ 的总的哈密顿量. 共同本征函数记作 $\varphi_{klm}(\boldsymbol{r})$，为**分波**.

对于任何中心势能 $V(r)$，分波 $\varphi_{klm}(\boldsymbol{r})$ 均可写为

$$\varphi_{klm}(\boldsymbol{r}) = R_{kl}(r) Y_{lm}(\theta,\varphi) = \frac{1}{r} u_{kl}(r) Y_{lm}(\theta,\varphi) \tag{9.2.26}$$

其中，$u_{kl}(r)$ 是以下径向方程的解：

$$\left[-\frac{\hbar^2}{2\mu}\frac{d^2}{dr^2} + \frac{l(l+1)}{2\mu r^2} + V(r)\right] u_{kl}(r) = \frac{\hbar^2 k^2}{2\mu} u_{kl}(r) \tag{9.2.27}$$

在原点处有边界条件 $u_{kl}(0)=0$. 定义有效势能为

$$V_{\text{eff}}(r) = V(r) + \frac{l(l+1)\hbar^2}{2\mu r^2}, \quad r>0 \tag{9.2.28}$$

$$V_{\text{eff}}(r) = \infty, \quad r \leqslant 0 \tag{9.2.29}$$

于是分波的径向部分相当于描述一维运动：质量为 μ 的粒子在势能 $V_{\text{eff}}(r)$ 中的运动. $r\leqslant 0$ 区域内势能无穷大，正对应于边界条件 $u_{kl}(0)=0$.

考虑渐近行为. 当 $r\to\infty$ 时，(9.2.27)式约化为

$$\left(\frac{d^2}{dr^2} + k^2\right) u_{kl}(r) \overset{r\to\infty}{\approx} 0 \tag{9.2.30}$$

简单看来,我们似乎可以用自由粒子的 $u_{kl}^{(0)}(r)$(见(9.2.10)式和(9.2.11)式)作为上述渐近方程的解,然而,这种做法意味着从本质上忽视了势能的影响.毕竟,方程(9.2.30)是粒子在势场 $V(r)$ 中运动的渐近方程而不是自由粒子的渐近方程,波函数的渐近行为应该体现出势能的影响,所以应该考虑该方程的通解,即

$$u_{kl}(r) \overset{r\to\infty}{\approx} A\mathrm{e}^{\mathrm{i}kr} + B\mathrm{e}^{-\mathrm{i}kr} \tag{9.2.31}$$

将方程(9.2.27)以及渐近解(9.2.31)类比于一维运动的情形:粒子的运动被限制在右半轴,原点及原点左侧的势能为无穷大——(9.2.29)式表明了这一点;于是,$\mathrm{e}^{-\mathrm{i}kr}$ 类比于从右向左的入射波,$\mathrm{e}^{\mathrm{i}kr}$ 类比于从左向右的反射波.原点处无穷高的势能壁垒使得入射波完全被反射,即

$$|A| = |B|$$

(9.2.31)式就此改写为

$$u_{kl}(r) \xrightarrow{r\to\infty} |A|\left(\mathrm{e}^{\mathrm{i}kr}\mathrm{e}^{\mathrm{i}\phi_A} + \mathrm{e}^{-\mathrm{i}kr}\mathrm{e}^{\mathrm{i}\phi_B}\right) \tag{9.2.32}$$

其中,ϕ_A 和 ϕ_B 分别是 A 和 B 的幅角.在这里整体系数是不重要的,因为最终要考虑的是叠加形式(9.2.2)式,$u_{kl}(r)$ 以及 $\varphi_{klm}(\boldsymbol{r})$ 的整体系数的变化可以归并到叠加系数 $a_{l,m}$ 中.于是(9.2.32)式总可以表示为

$$u_{kl}(r) \xrightarrow{r\to\infty} C\sin(kr - \beta_l) \tag{9.2.33}$$

其中,C 是某个复常数.根据(9.2.32)式或者(9.2.33)式,$R_{kl}(r)$ 的渐近形式已然明确.将 $R_{kl}(r)$ 的渐近形式与自由球面波 $\varphi_{klm}^{(0)}(\boldsymbol{r})$ 的渐近形式(由(9.2.20)式给出)中的径向部分比较,可以发现相同之处:两者都是 $\mathrm{e}^{-\mathrm{i}kr}/r$ 和 $\mathrm{e}^{\mathrm{i}kr}/r$ 的叠加.又有不同之处:叠加振幅的相对相位不同.对于(9.2.20)式而言,$\beta_l^{(0)} = l\pi/2$,以此为参考,可将(9.2.33)式改写为

$$u_{kl}(r) \xrightarrow{r\to\infty} C\sin\left(kr - l\frac{\pi}{2} + \delta_l\right) \tag{9.2.34}$$

出现在(9.2.34)式中的 δ_l 即是分波 $\varphi_{klm}(\boldsymbol{r})$ 相对于 $\varphi_{klm}^{(0)}(\boldsymbol{r})$ 的**相移**.

为了更清楚地理解相移的物理意义,先来考察分波的渐近行为的完整形式

$$\begin{aligned}\varphi_{klm}(\boldsymbol{r}) &\xrightarrow{r\to\infty} C\frac{\sin(kr - l\pi/2 + \delta_l)}{r}\mathrm{Y}_{lm}(\theta,\varphi) \\ &= -C\mathrm{Y}_{lm}(\theta,\varphi)\frac{\mathrm{e}^{-\mathrm{i}kr}\mathrm{e}^{\mathrm{i}(l\pi/2-\delta_l)} - \mathrm{e}^{\mathrm{i}kr}\mathrm{e}^{-\mathrm{i}(l\pi/2-\delta_l)}}{2\mathrm{i}r}\end{aligned} \tag{9.2.35}$$

并且将自由球面波 $\varphi_{klm}^{(0)}(\boldsymbol{r})$ 的渐近表示(9.2.20)式也抄录于此

$$\varphi_{klm}^{(0)}(\boldsymbol{r}) \xrightarrow{r\to\infty} -\sqrt{\frac{2k^2}{\pi}}\mathrm{Y}_{lm}(\theta,\varphi)\frac{\mathrm{e}^{-\mathrm{i}kr}\mathrm{e}^{\mathrm{i}l\pi/2} - \mathrm{e}^{\mathrm{i}kr}\mathrm{e}^{-\mathrm{i}l\pi/2}}{2\mathrm{i}kr} \tag{9.2.36}$$

为了使这两种渐近形式尽可能地接近，对(9.2.35)式做一个整体相位的调整，即乘以 $e^{i\delta_l}$，再选择适当的常数 C，将它变形为

$$\tilde{\varphi}_{klm}(\boldsymbol{r}) \xrightarrow{r\to\infty} -\mathrm{Y}_{lm}(\theta,\varphi)\frac{e^{-ikr}e^{il\pi/2}-e^{ikr}e^{-il\pi/2}e^{2i\delta_l}}{2ikr} \tag{9.2.37}$$

(9.2.37)式中 e^{-ikr} 项与(9.2.36)式中相应的项是相同的(且不顾及归一化常数的差别)，这给我们带来形象的描述：在远离散射中心的区域，表示向内传播的球面波如同在零势能的情形下自由地运动着．在势能显著的不为零的区域内，向内传播的球面波势必受其影响，形象地说，它们感受到了“碰撞”而被“散射”，随后运动方向“折返”而向外传播．我们并不细究“碰撞”或“散射”的具体过程，而是在远离散射中心的地方静等和观测来自散射中心的向外传播的球面波，并且认为这部分向外传播的球面波包含和携带了势能 $V(r)$ 的影响．再来比较(9.2.37)式中的 e^{ikr} 项和自由球面波(9.2.36)式中的 e^{ikr} 项，二者有相位差 $2\delta_l$（δ_l 与能量和角动量有关，即与 k 和 l 有关），所以说，相移 δ_l 浓缩了散射势场对于具有一定能量和角动量的入射粒子的整体影响．

简单地说，$\varphi_{klm}^{(0)}(\boldsymbol{r})$的渐近形式和 $\varphi_{klm}(\boldsymbol{r})$的渐近形式的主要区别在于相移，相移来自于势能 $V(r)$对 $\varphi_{klm}^{(0)}(\boldsymbol{r})$的影响，获知相移相当于了解散射过程．

例 9.2.1

看一个简单的例子．假设势能 $V(r)$的作用区域是一定的，即

$$V(r)=0,\quad r>r_0$$

$\varphi_{klm}^{(0)}(\boldsymbol{r})$受到 $V(r)$的影响，出现相移，变为 $\varphi_{klm}(\boldsymbol{r})$．我们来估计一下 $\varphi_{klm}^{(0)}(\boldsymbol{r})$受到的影响有多大．在讨论自由球面波 $\varphi_{klm}^{(0)}(\boldsymbol{r})$处于原点附近的渐近行为时提到，粒子只有很小的概率分布在 $r<\sqrt{l(l+1)}/k$ 的球形区域内(见(9.2.18)式)．令 $b_l(k)=\sqrt{l(l+1)}/k$．如果 $b_l(k)\gg r_0$，那么 $V(r)$对 $\varphi_{klm}^{(0)}(\boldsymbol{r})$的影响就很小而可忽略，相应地，相移也就基本上没有改变．形象地说，朝向原点传播的球面波在没有感受到 $V(r)$的时候就开始“折返”了．于是对于给定的入射粒子的能量(即确定的 k)，粒子的角动量量子数有一个临界值 l_{M}，近似地表示为

$$\sqrt{l_{\mathrm{M}}(l_{\mathrm{M}}+1)}\approx kr_0 \tag{9.2.38}$$

只有当角动量量子数 l 小于 l_{M} 或者与 l_{M} 具有同等量级时，相移才有明显的变化．一般地，若入射粒子的能量较低且势能表现为短程相互作用，那么 l_{M} 是较小的，于是只有少数几个 l 较小的分波 $\varphi_{klm}^{(0)}(\boldsymbol{r})$为散射截面做出贡献．

9.2.5 用相移表示散射截面

至此,我们有了两方面的素材:$\psi_k^{\text{sca}}(\boldsymbol{r})$的渐近形式(9.1.12)式,其中包含散射振幅$f(\theta,\varphi)$,由此将获得微分散射截面;另一方面,$\psi_k^{\text{sca}}(\boldsymbol{r})$可以展开为分波$\varphi_{klm}(\boldsymbol{r})$的线性叠加,而$\varphi_{klm}(\boldsymbol{r})$的渐近形式与自由球面波$\varphi_{klm}^{(0)}(\boldsymbol{r})$的渐近形式的区别仅仅体现在相移上.于是,相移和散射截面有必然的联系.

注意到散射过程关于z轴呈轴对称,与角度参数φ无关,故分波涉及的量子数m一律为零.$\psi_k^{\text{sca}}(\boldsymbol{r})$被表示为

$$\psi_k^{\text{sca}}(\boldsymbol{r})=\sum_{l=0}^{\infty}c_{kl}\tilde{\varphi}_{kl0}(\boldsymbol{r}) \tag{9.2.39}$$

其中,$\tilde{\varphi}$是经过整体相位调整后的φ(见(9.2.37)式).问题归结为求解c_{kl}.

当势能为零时,$\psi_k^{\text{sca}}(\boldsymbol{r})$就是平面波$\mathrm{e}^{\mathrm{i}kz}$,而分波$\varphi_{klm}(\boldsymbol{r})$也约化为自由球面波$\varphi_{klm}^{(0)}(\boldsymbol{r})$.(9.2.23)和(9.2.24)两式已经表明了$\mathrm{e}^{\mathrm{i}kz}$是如何用$\varphi_{klm}^{(0)}(\boldsymbol{r})$展开的

$$\begin{aligned}\mathrm{e}^{\mathrm{i}kz}&=\sum_{l=0}^{\infty}\mathrm{i}^l\sqrt{4\pi(2l+1)}\,j_l(kr)\mathrm{Y}_{k0}(\theta)\\&=\sum_{l=0}^{\infty}\mathrm{i}^l\sqrt{4\pi(2l+1)}\,\tilde{\varphi}_{kl0}^{(0)}(\boldsymbol{r})\end{aligned} \tag{9.2.40}$$

其中,$\tilde{\varphi}_{kl0}^{(0)}(\boldsymbol{r})=\sqrt{\pi/2k^2}\,\varphi_{kl0}^{(0)}(\boldsymbol{r})$.当势能不为零时,以分波$\tilde{\varphi}_{klm}(\boldsymbol{r})$展开$\psi_k^{\text{sca}}(\boldsymbol{r})$.$\tilde{\varphi}_{klm}(\boldsymbol{r})$与$\varphi_{klm}^{(0)}(\boldsymbol{r})$的区别仅仅在于相移,于是我们认为(9.2.39)式与(9.2.40)式有类似的形式

$$\psi_k^{\text{sca}}(\boldsymbol{r})=\sum_{l=0}^{\infty}\mathrm{i}^l\sqrt{4\pi(2l+1)}\,\tilde{\varphi}_{kl0}(\boldsymbol{r}) \tag{9.2.41}$$

当$r\to\infty$时,由(9.2.41)式表示的$\psi_k^{\text{sca}}(\boldsymbol{r})$的渐近行为应该与(9.1.12)式一致,为了体现这一点,应用(9.2.37)式,有

$$\begin{aligned}&\sum_{l=0}^{\infty}\mathrm{i}^l\sqrt{4\pi(2l+1)}\,\tilde{\varphi}_{kl0}(\boldsymbol{r})\\&\xrightarrow{r\to\infty}-\sum_{l=0}^{\infty}\mathrm{i}^l\sqrt{4\pi(2l+1)}\,\mathrm{Y}_{l0}(\theta)\frac{1}{2\mathrm{i}kr}(\mathrm{e}^{-\mathrm{i}kr}\mathrm{e}^{\mathrm{i}l\pi/2}-\mathrm{e}^{\mathrm{i}kr}\mathrm{e}^{-\mathrm{i}l\pi/2}\mathrm{e}^{2\mathrm{i}\delta_l})\\&=-\sum_{l=0}^{\infty}\mathrm{i}^l\sqrt{4\pi(2l+1)}\,\mathrm{Y}_{l0}(\theta)\left(\frac{\mathrm{e}^{-\mathrm{i}kr}\mathrm{e}^{\mathrm{i}l\pi/2}-\mathrm{e}^{\mathrm{i}kr}\mathrm{e}^{-\mathrm{i}l\pi/2}}{2\mathrm{i}kr}-\frac{\mathrm{e}^{\mathrm{i}kr}}{r}\frac{1}{k}\mathrm{e}^{-\mathrm{i}l\pi/2}\mathrm{e}^{\mathrm{i}\delta_l}\sin\delta_l\right)\end{aligned} \tag{9.2.42}$$

(9.2.42)式右端第一项正好是$\mathrm{e}^{\mathrm{i}kz}$的展开式(9.2.24)在$r\to\infty$时的渐近表示(见(9.2.20)式),所以我们有

$$\sum_{l=0}^{\infty} \mathrm{i}^l \sqrt{4\pi(2l+1)}\tilde{\varphi}_{kl0}(\boldsymbol{r}) \xrightarrow{r\to\infty} \mathrm{e}^{\mathrm{i}kz} + f_k(\theta)\frac{\mathrm{e}^{\mathrm{i}kr}}{r} \tag{9.2.43}$$

从而得

$$f_k(\theta) = \frac{1}{k}\sum_{l=0}^{\infty}\sqrt{4\pi(2l+1)}\mathrm{e}^{\mathrm{i}\delta_l}\sin\delta_l \mathrm{Y}_{l0}(\theta) \tag{9.2.44}$$

微分散射截面为

$$D(\theta) = |f_k(\theta)|^2 = \frac{1}{k^2}\left|\sum_{l=0}^{\infty}\sqrt{4\pi(2l+1)}\mathrm{e}^{\mathrm{i}\delta_l}\sin\delta_l \mathrm{Y}_{l0}(\theta)\right|^2 \tag{9.2.45}$$

进一步可以得到总散射截面

$$\begin{aligned}\sigma &= \int \mathrm{d}\Omega D(\theta) \\ &= \frac{1}{k^2}\sum_{l,l'} 4\pi\sqrt{(2l+1)(2l'+1)}\mathrm{e}^{\mathrm{i}(\delta_l-\delta_{l'})}\sin\delta_l\sin\delta_{l'}\int \mathrm{d}\Omega \mathrm{Y}_{l'0}^*(\theta)\mathrm{Y}_{l0}(\theta)\end{aligned} \tag{9.2.46}$$

利用球谐函数的正交归一关系，有

$$\begin{aligned}\sigma &= \frac{4\pi}{k^2}\sum_{l=0}^{\infty}(2l+1)\sin^2\delta_l \equiv \sum_{l=0}^{\infty}\sigma_l \\ \sigma_l &= \frac{4\pi}{k^2}(2l+1)\sin^2\delta_l\end{aligned} \tag{9.2.47}$$

其中，σ_l 称为 l-分波截面.

9.2.6 相移的计算

通过前面的讨论，我们知道了利用分波法计算散射截面的原理和主要步骤，到最后，问题归结为相移的计算. 9.2.5 小节的分析表明了相移的出现，但没有明确展示应该如何计算相移. 在本小节中我们将给出更为紧凑的数学描述.

为了简化问题，我们假设势能的作用范围是一定的：当 $r<r_0$ 时，势能起作用；当 $r>r_0$ 时，将势能设为零. 这不过是势能为短程相互作用的粗略的说法. 在远场区域（即 $r>r_0$ 的区域），粒子做自由运动，根据数理方程的相关知识，波函数的径向部分为第一类球贝塞尔函数 $j_l(kr)$ 和第二类球贝塞尔函数 $n_l(kr)$ 的叠加，或者等价地表示为两种球汉克尔（Hankel）函数的叠加. 球汉克尔函数的定义为

$$h_l^{(1)} = j_l + \mathrm{i}n_l, \quad h_l^{(2)} = j_l - \mathrm{i}n_l \tag{9.2.48}$$

它们的渐近行为是

$$h_l^{(1)}(kr) \xrightarrow{r\text{大}} \frac{\mathrm{e}^{\mathrm{i}[kr-(l\pi/2)]}}{\mathrm{i}kr}, \quad h_l^{(2)}(kr) \xrightarrow{r\text{大}} \frac{\mathrm{e}^{-\mathrm{i}[kr-(l\pi/2)]}}{\mathrm{i}kr} \tag{9.2.49}$$

对于弹性散射，能量 E 或者 k 给定，相应的波函数由（9.2.2）式表示. 又散射

过程及结果与角度 φ 无关,故量子数 $m=0$,所以

$$\psi_k(\boldsymbol{r}) = \frac{1}{(2\pi)^{3/2}}\sum_{l=0} \mathrm{i}^l(2l+1)A_{kl}(r)P_l(\cos\theta), \quad r > r_0 \qquad (9.2.50)$$

其中,$A_{kl}(r)$为 $h_l^{(1)}(kr)$和 $h_l^{(2)}(kr)$的线性叠加

$$A_{kl}(r) = c_l^{(1)}h_l^{(1)}(kr) + c_l^{(2)}h_l^{(2)}(kr) \qquad (9.2.51)$$

(9.2.50)式中 $A_{kl}(r)$前的系数选择为 $\mathrm{i}^l(2l+1)$,其目的是,当势能 V 处处为零时,$\psi_k(\boldsymbol{r})$即是平面波 $\mathrm{e}^{\mathrm{i}kz}$,$A_{kl}(r)$简化为 $j_l(kr)$,展开形式与(9.2.25)式一致.

应用(9.2.49)式,可以得到 r 很大时 $A_l(r)$以及 $\psi_k(\boldsymbol{r})$的渐近表示,将 $\psi_k(\boldsymbol{r})$的渐近表达式与下式比较:

$$\frac{1}{(2\pi)^{3/2}}\sum_l (2l+1)P_l(\cos\theta)\left[\frac{\mathrm{e}^{2\mathrm{i}\delta_l}\mathrm{e}^{\mathrm{i}kr}}{2\mathrm{i}kr} - \frac{\mathrm{e}^{-\mathrm{i}kr}\mathrm{e}^{\mathrm{i}l\pi}}{2\mathrm{i}kr}\right] \qquad (9.2.52)$$

(9.2.52)式实际上就是(9.2.42)式. 比较的结果表明

$$c_l^{(1)} = \frac{1}{2}\mathrm{e}^{2\mathrm{i}\delta_l}, \quad c_l^{(2)} = -\frac{1}{2} \qquad (9.2.53)$$

于是在 $r>r_0$ 的区域内 $A_{kl}(r)$可以表示为

$$A_{kl}(r) = \mathrm{e}^{\mathrm{i}\delta_l}[\cos\delta_l j_l(kr) - \sin\delta_l n_l(kr)] \qquad (9.2.54)$$

在 $r=r_0$ 处的对数导数为

$$\gamma_l \equiv \left.\frac{\mathrm{d}[\ln A_{kl}(r)]}{\mathrm{d}r}\right|_{r=r_0} = kr_0\frac{j'_l(kr_0)\cos\delta_l - n'_l(kr_0)\sin\delta_l}{j_l(kr_0)\cos\delta_l - n_l(kr_0)\sin\delta_l} \qquad (9.2.55)$$

其中,$j'_l(kr_0)=[\mathrm{d}j_l(kr)/\mathrm{d}(kr)]_{kr=kr_0}$,$n'_l(kr_0)$与此类似. 除了常数上的差别,$A_{kl}(r)$其实就是径向波函数 $R_{kl}(r)$,而对数导数的结果和常数因子无关. 之所以求波函数径向部分的对数导数,有两个原因:一方面我们可以将相移表示为

$$\tan\delta_l = \frac{kr_0 j'_l(kr_0) - \gamma_l j_l(kr_0)}{kr_0 n'_l(kr_0) - \gamma_l n_l(kr_0)} \qquad (9.2.56)$$

另一方面,为了确定 γ_l 并进一步得到 δ_l,可以考虑薛定谔在 $r<r_0$ 区域内的解并利用波函数在 $r=r_0$ 处的连续性条件. 径向部分的波函数满足(9.2.27)式,即

$$\frac{\mathrm{d}^2u_{kl}(r)}{\mathrm{d}r^2} + \left[k^2 - \frac{2\mu}{\hbar^2}V(r) - \frac{l(l+1)}{r^2}\right]u_{kl}(r) = 0$$

求解该方程,从中获得 $R_{kl}(r)=u_{kl}(r)/r$. 若难以得到解析解,则寻求数值解. 计算 $r=r_0$ 处的对数导数 $\mathrm{d}[\ln R_{kl}(r)]/\mathrm{d}r$,由波函数的连续性,有

$$\gamma_l = \frac{\mathrm{d}[\ln R_{kl}(r)]}{\mathrm{d}r}$$

利用(9.2.56)式,相移 δ_l 可得.

例 9.2.2

量子硬球散射. 势能为

$$V(r)=\begin{cases}0, & r>r_0\\ \infty, & r<r_0\end{cases}$$

假设入射粒子的能量很小，更明确地说，对于入射能量 E，$k=\sqrt{2\mu E}/\hbar$ 满足 $kr_0\ll 1$. 由(9.2.38)式可知，只需考虑 $l=0$ 的 S 分波对于散射振幅的贡献.

$$f_k(\theta)=\frac{1}{k}e^{i\delta_0(k)}\sin\delta_0(k)$$

微分散射截面为

$$D(\theta)=|f_k(\theta)|^2=\frac{1}{k^2}\sin^2\delta_0(k)$$

全截面为

$$\sigma=\frac{4\pi}{k^2}\sin^2\delta_0(k)$$

为了计算相移 $\delta_0(k)$，需要解径向方程

$$\left[\frac{d^2}{dr^2}+k^2\right]u_{k,0}(r)=0,\quad r>r_0$$

在 $r=r_0$ 处的边界条件是 $u(r_0)=0$. 容易有

$$u_{k,0}(r)=\begin{cases}C\sin k(r-r_0), & r>r_0\\ 0, & r<r_0\end{cases}$$

相移由 $u_{k,0}(r)$ 的渐近行为确定.

$$u_{k,0}(r)\xrightarrow{r\to\infty}\sin(kr+\delta_0)$$

于是 $\delta_0(k)=-kr_0$. 随之有全截面 $\sigma=4\pi r_0^2$，它是“硬球”截面大小的 4 倍，是“硬球”的全面积. 这种更大的有效尺寸正是光学中长波散射(或衍射)的特点；形象地说，波可以绕过障碍物，可以“触摸”到硬球四周的区域，而经典的粒子只可能“看到”其前方的路径.

一个自然的设想是，对于高能散射，粒子的行为是半经典的甚至经典的，那么全截面就应该等于硬球的几何尺寸. 随着 k 的增大，对散射截面有明显贡献的分波也逐渐增多. 根据(9.2.38)式，全截面(9.2.47)式的求和可以从 $l=0$ 到 $l\simeq kr_0$

$$\sigma=\frac{4\pi}{k^2}\sum_{l=0}^{l\simeq kr_0}(2l+1)\sin^2\delta_l \tag{9.2.57}$$

在 $r>r_0$ 的区域内,分波的径向部分由(9.2.54)式给出,在 $r=r_0$ 处应该为零,即

$$j_l(kr_0)\cos\delta_l - n_l(kr_0)\sin\delta_l = 0$$

所以对于任何 l,有

$$\tan\delta_l = \frac{j_l(kr_0)}{n_l(kr_0)}$$

于是

$$\sin^2\delta_l = \frac{\tan^2\delta_l}{1+\tan^2\delta_l} = \frac{[j_l(kr_0)]^2}{[j_l(kr_0)]^2+[n_l(kr_0)]^2}$$

利用渐近条件

$$j_l(kr) \xrightarrow{kr\text{大}} \frac{1}{kr}\sin\left(kr-\frac{l\pi}{2}\right)$$

$$n_l(kr) \xrightarrow{kr\text{大}} -\frac{1}{kr}\cos\left(kr-\frac{l\pi}{2}\right)$$

$\sin^2\delta_l$ 可以表示为

$$\sin^2\delta_l \approx \sin^2\left(kr_0-\frac{l\pi}{2}\right)$$

l 增大或者减小 1,$\sin^2\delta_l$ 就变为 $\cos^2\delta_l$. 于是(9.2.57)式中的求和分为 $\sin^2\delta_l$ 和 $\cos^2\delta_l$ 两部分. 当 kr_0 较大时,求和的项数足够多,在很好的近似下,有

$$\sigma = \frac{4\pi}{k^2}\frac{1}{2}(kr_0)^2 = 2\pi r_0^2$$

可见,即使在高能散射情形下,粒子对于硬球的散射仍然表现出波动的特点.

例 9.2.3

球壳散射. 设质量为 μ、能量为 E 的粒子被球壳势

$$V(r) = \alpha\delta(r-r_0)$$

散射,求 S 分波散射截面.

解 只要解角量子数 $l=0$ 的分波满足的薛定谔方程,从解的渐近行为求出 S 分波相移,就能得到截面.

令径向波函数

$$R(r) = u(r)/r$$

代入薛定谔方程,得到

$$u'' - \beta\delta(r-r_0) + k^2 u = 0,\quad u(r\to 0) = 0$$

其中

$$\beta = 2\mu\alpha/\hbar^2, \quad k^2 = 2\mu E/\hbar^2$$

由于 δ 势有奇异性,故我们要分区解

$$r < r_0, \quad u = C\sin kr$$
$$r > r_0, \quad u = B\sin(kr + \delta_0)$$

其中,B、C 都是常数.为求出相移,需利用势的连接条件:波函数连续而波函数导数跳跃

$$u(r_{0-}) = u(r_{0+})$$
$$u'(r_{0+}) - u'(r_{0-}) = \beta u(r_0)$$

第二个条件可直接从方程积分得到.具体代入波函数,得条件

$$C\sin kr_0 = B\sin(kr_0 + \delta_0)$$
$$Bk\cos(kr_0 + \delta_0) - Ck\cos kr_0 = \beta C\sin kr_0$$

这是关于系数 B、C 的齐次方程.要有非零解的条件是行列式为零.

$$\begin{vmatrix} \sin(kr_0 + \delta_0) & -\sin kr_0 \\ k\cos(kr_0 + \delta_0) & -(k\cos kr_0 + \beta\sin kr_0) \end{vmatrix} = 0$$

此方程给出关系

$$\tan(kr_0 + \delta_0) = k\sin kr_0/(k\cos kr_0 + \beta\sin kr_0) = \tan kr_0/[1 + (\beta/k)\tan kr_0]$$

由此可解得 S 波相移 δ_0.

在低能情况下

$$E \to 0, \quad k \to 0, \quad \delta_0 \to 0$$

上式可得近似解

$$\delta_0 \sim kr_0/1 + \beta r_0 - kr_0 = kA$$
$$A = -\beta r_0^2/(1 + \beta r_0) = -r_0[\alpha r_0/(\hbar^2/2\mu + \alpha r_0)]$$

其中,A 被称为散射长度.

于是我们最后得到球壳上的 S 波散射截面为

$$\frac{d\sigma}{d\Omega} = \sigma_0 = \frac{4\pi}{k^2}\delta_0^2 = 4\pi A^2$$

9.2.7 光学定理

从前面散射振幅的表达式(9.2.44)知道,在正前方 $\theta = 0$ 处的散射振幅(朝前

散射振幅)为

$$f(0)=\frac{1}{k}\sum_{l=0}^{\infty}\sqrt{4\pi(2l+1)}\mathrm{e}^{\mathrm{i}\delta_l}\sin\delta_l\mathrm{Y}_{l0}(0)$$
$$=\frac{1}{k}\sum_{l=0}^{\infty}(2l+1)\mathrm{e}^{\mathrm{i}\delta_l}\sin\delta_l \tag{9.2.58}$$

其虚部为

$$\mathrm{Im}f(0)=\frac{1}{k}\sum_{l=0}^{\infty}(2l+1)\sin^2\delta_l \tag{9.2.59}$$

再从前面关于总截面的表达式(9.2.47)可知

$$\sigma_{\mathrm{t}}=\frac{4\pi}{k^2}\sum_{l=0}^{\infty}(2l+1)\sin^2\delta_l=\frac{4\pi}{k}\mathrm{Im}f(0) \tag{9.2.60}$$

这一关于总截面与朝前散射振幅的关系称为光学定理. 由此出发我们还能得到一个关于朝前散射微分截面与总截面的关系

$$\begin{aligned}\sigma(0)=|f(0)|^2&=(\mathrm{Im}f(0))^2+(\mathrm{Re}f(0))^2\\ &\geqslant(\mathrm{Im}f(0))^2=(k/4\pi)^2\sigma_{\mathrm{t}}^2\end{aligned} \tag{9.2.61}$$

或者反过来得到总截面的一个限制

$$\sigma_{\mathrm{t}}\leqslant\frac{4\pi}{k}\sqrt{\sigma(0)} \tag{9.2.62}$$

9.3 玻恩近似

9.3.1 积分方程

回到方程(9.1.10),并将其改写为

$$(\nabla^2+k^2)\psi(\boldsymbol{r})=U(r)\psi(\boldsymbol{r}) \tag{9.3.1}$$

求解这样一个两阶偏微分方程的困难之处在于$U(r)$项,因为没有势的齐次形式是易于求解的.

$$(\nabla^2+k^2)\psi_0(\boldsymbol{r})=0 \tag{9.3.2}$$

设想存在一个函数$G(\boldsymbol{r})$满足如下方程:

$$(\nabla^2+k^2)G(\boldsymbol{r})=\delta^{(3)}(\boldsymbol{r}) \tag{9.3.3}$$

函数$G(\boldsymbol{r})$被称为算子∇^2+k^2的格林函数,那么任何满足如下方程的$\psi(\boldsymbol{r})$势必满足方程(9.3.1)式:

$$\psi(\boldsymbol{r}) = \psi_0(\boldsymbol{r}) + \int \mathrm{d}^3 r' G(\boldsymbol{r}-\boldsymbol{r}')U(r')\psi(\boldsymbol{r}') \tag{9.3.4}$$

这一结论容易证明.将(9.3.4)式代入(9.3.1)式，有

$$\begin{aligned}(\nabla^2+k^2)\psi(\boldsymbol{r}) &= (\nabla^2+k^2)\int \mathrm{d}^3 r' G(\boldsymbol{r}-\boldsymbol{r}')U(r')\psi(\boldsymbol{r}') \\ &= \int \mathrm{d}^3 r'(\nabla^2+k^2)G(\boldsymbol{r}-\boldsymbol{r}')U(r')\psi(\boldsymbol{r}') \\ &= \int \mathrm{d}^3 r' \delta^{(3)}(\boldsymbol{r}-\boldsymbol{r}')U(r')\psi(\boldsymbol{r}') \\ &= U(r)\psi(\boldsymbol{r})\end{aligned}$$

反过来，容易看出，方程(9.3.1)的解也一定满足(9.3.4)式.于是，求解微分方程(9.3.1)就相当于求解积分方程(9.3.4).

首先考察格林函数所满足的方程(9.3.3)，它意味着，在包含原点的所有区域内，$(\nabla^2+k^2)G(\boldsymbol{r})$一律为零，满足这个要求的$G(\boldsymbol{r})$可以表示为$\mathrm{e}^{\pm ikr}/r$.在原点附近，$G(\boldsymbol{r})$的行为应该是$(-1/4\pi r)$.

$$G_{\pm}(\boldsymbol{r}) = -\frac{1}{4\pi}\frac{\mathrm{e}^{\pm ikr}}{r} \tag{9.3.5}$$

方程(9.3.4)是一般形式的积分方程，特定地，在考虑散射问题时，我们关注的是波函数的渐近行为，所以，我们处理(9.3.4)式的目的是希望看到当r很大的时候该方程的解具有形如(9.1.12)式的渐近形式.基于这样的想法，用入射平面波e^{ikz}表示$\psi_0(\boldsymbol{r})$，而(9.3.4)式右端积分中的格林函数应该选用向外传播的形式，即$G_+(\boldsymbol{r})$，所以

$$\psi_k^{\mathrm{sca}}(\boldsymbol{r}) = \mathrm{e}^{ikz} + \int \mathrm{d}^3 r' G_+(\boldsymbol{r}-\boldsymbol{r}')U(r')\psi_k^{\mathrm{sca}}(\boldsymbol{r}') \tag{9.3.6}$$

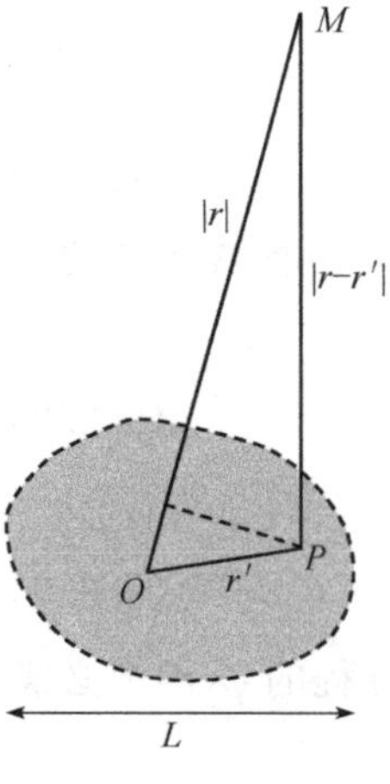

图 9.3.1 坐标

继续考察上面这个积分方程的解.

由于粒子受到的作用力为短程力——这是我们一直沿用的设定，故势能只是在有限大小的范围内对入射粒子有明显的影响.在图9.3.1中势能的中心设为O点，阴影部分表示势能有明显作用的区域，设这个区域的线度为L. M点距离原点O很远，即$r\gg L$. P点在阴影区域内，即$r'\sim L$. MO和MP之间的夹角很小，近似地有

$$|\boldsymbol{r}-\boldsymbol{r}'| \simeq r - \boldsymbol{n}\cdot\boldsymbol{r}'$$

其中，$\boldsymbol{n}=\boldsymbol{r}/r$是$\boldsymbol{r}$方向上的单位矢量.于是格林函数

$$G_+(\boldsymbol{r}-\boldsymbol{r}') = -\frac{1}{4\pi}\frac{\mathrm{e}^{ik|\boldsymbol{r}-\boldsymbol{r}'|}}{|\boldsymbol{r}-\boldsymbol{r}'|} \xrightarrow{r\to\infty} -\frac{1}{4\pi}\frac{\mathrm{e}^{ikr}}{r}\exp(-ik\boldsymbol{n}\cdot\boldsymbol{r}') \tag{9.3.7}$$

将(9.3.7)式代入(9.3.6)式,有

$$\psi_k^{\text{sca}}(\boldsymbol{r}) \xrightarrow{r\to\infty} \mathrm{e}^{ikz} - \frac{1}{4\pi}\frac{\mathrm{e}^{ikr}}{r}\int \mathrm{d}^3 r' \mathrm{e}^{-ik\boldsymbol{n}\cdot\boldsymbol{r}'} U(r')\psi_k^{\text{sca}}(\boldsymbol{r}') \tag{9.3.8}$$

至此可以说(9.3.8)式已经具有形如(9.1.12)式的渐近形式了,这是因为,(9.3.8)式右端第二项中的积分与 r 大小无关,而只是与 $\boldsymbol{r}$ 的方向(即角度 θ 和 φ)有关,所以可以令

$$f_k(\theta,\varphi) = -\frac{1}{4\pi}\int \mathrm{d}^3 r' \mathrm{e}^{-ik\boldsymbol{n}\cdot\boldsymbol{r}'} U(r')\psi_k^{\text{sca}}(\boldsymbol{r}') \tag{9.3.9}$$

由此回到(9.1.2)式,表明积分方程(9.3.4)的解具有我们想要的渐近形式.

将入射平面波的 $\boldsymbol{k}$ 表示为指向 Oz 方向的波矢量 $\boldsymbol{k}_i = k\boldsymbol{n}_0 = k\boldsymbol{e}_z$,于是 $\mathrm{e}^{ikz} = \mathrm{e}^{i\boldsymbol{k}_i\cdot\boldsymbol{r}}$. 而散射波的波矢量有相同的大小 k(因为我们考虑的是弹性散射),方向为 $\boldsymbol{n}$,所以令

$$\boldsymbol{k}_s = k\boldsymbol{n}$$

9.3.2 玻恩近似

用迭代法求解积分方程(9.3.4),即

$$\psi_k^{\text{sca}}(\boldsymbol{r}) = \mathrm{e}^{i\boldsymbol{k}_i\cdot\boldsymbol{r}} + \int \mathrm{d}^3 r' G_+(\boldsymbol{r}-\boldsymbol{r}')U(r')\psi_k^{\text{sca}}(\boldsymbol{r}') \tag{9.3.10}$$

做一个简单的代换:$\boldsymbol{r}\to\boldsymbol{r}'$,$\boldsymbol{r}'\to\boldsymbol{r}''$,我们有

$$\psi_k^{\text{sca}}(\boldsymbol{r}') = \mathrm{e}^{i\boldsymbol{k}_i\cdot\boldsymbol{r}'} + \int \mathrm{d}^3 r'' G_+(\boldsymbol{r}'-\boldsymbol{r}'')U(r'')\psi_k^{\text{sca}}(\boldsymbol{r}'') \tag{9.3.11}$$

将(9.3.11)式代回到(9.3.10)式,有

$$\begin{aligned}\psi_k^{\text{sca}}(\boldsymbol{r}) = {} & \mathrm{e}^{i\boldsymbol{k}_i\cdot\boldsymbol{r}} + \int \mathrm{d}^3 r' G_+(\boldsymbol{r}-\boldsymbol{r}')U(r')\mathrm{e}^{i\boldsymbol{k}_i\cdot\boldsymbol{r}'} \\ & + \int \mathrm{d}^3 r' \int \mathrm{d}^3 r'' G_+(\boldsymbol{r}-\boldsymbol{r}')U(r')G_+(\boldsymbol{r}'-\boldsymbol{r}'')U(r'')\psi_k^{\text{sca}}(\boldsymbol{r}'')\end{aligned} \tag{9.3.12}$$

(9.3.12)式右端的前两项是已知的,而第三项包含未知的 $\psi_k^{\text{sca}}(r'')$,可以按照上述过程继续迭代:

$$\begin{aligned}\psi_k^{\text{sca}}(\boldsymbol{r}) = {} & \mathrm{e}^{i\boldsymbol{k}_i\cdot\boldsymbol{r}} + \int \mathrm{d}^3 r' G_+(\boldsymbol{r}-\boldsymbol{r}')U(r')\mathrm{e}^{i\boldsymbol{k}_i\cdot\boldsymbol{r}'} \\ & + \int \mathrm{d}^3 r' \int \mathrm{d}^3 r'' G_+(\boldsymbol{r}-\boldsymbol{r}')U(r')G_+(\boldsymbol{r}'-\boldsymbol{r}'')U(\boldsymbol{r}'')\mathrm{e}^{i\boldsymbol{k}_i\cdot\boldsymbol{r}''} \\ & + \int \mathrm{d}^3 r' \int \mathrm{d}^3 r'' \int \mathrm{d}^3 r''' G_+(\boldsymbol{r}-\boldsymbol{r}')U(r')G_+(\boldsymbol{r}'-\boldsymbol{r}'')U(r'') \\ & \times G_+(\boldsymbol{r}''-\boldsymbol{r}''')U(r''')\psi_k^{\text{sca}}(\boldsymbol{r}''')\end{aligned} \tag{9.3.13}$$

(9.3.13)式右端前三项为已知，最后一项未知. 迭代过程可以一直持续下去，$\psi_k^{\mathrm{sca}}(\boldsymbol{r})$的这种表示形式称为**玻恩展开**. 可以看出，(9.3.13)式是按照势能的阶数展开的，每一项都比前一项高一阶. 如果势能较弱，则后一项比前一项小. 当玻恩展开的项数足够多，阶数足够高，就可以忽略最后一项而将 $\psi_k^{\mathrm{sca}}(\boldsymbol{r})$表示为若干个已知项的叠加.

把 $\psi_k^{\mathrm{sca}}(\boldsymbol{r})$的展开式(9.3.13)代入(9.3.9)式，可以得到散射振幅的玻恩展开. 如果我们仅仅考虑势能的一阶项，就相当于在(9.3.9)式中用 $\mathrm{e}^{\mathrm{i}\boldsymbol{k}_i\cdot\boldsymbol{r}'}$取代 $\psi_k^{\mathrm{sca}}(\boldsymbol{r}')$，即

$$
\begin{aligned}
f_k^{\mathrm{B}}(\theta,\varphi) &= -\frac{1}{4\pi}\int \mathrm{d}^3 r'\, \mathrm{e}^{-\mathrm{i}k\boldsymbol{n}\cdot\boldsymbol{r}'}U(r')\,\mathrm{e}^{\mathrm{i}\boldsymbol{k}_i\cdot\boldsymbol{r}'} \\
&= -\frac{1}{4\pi}\int \mathrm{d}^3 r'\, \mathrm{e}^{-\mathrm{i}(\boldsymbol{k}_s-\boldsymbol{k}_i)\cdot\boldsymbol{r}'}U(r') \\
&= -\frac{1}{4\pi}\int \mathrm{d}^3 r'\, \mathrm{e}^{-\mathrm{i}\boldsymbol{q}\cdot\boldsymbol{r}}U(r')
\end{aligned}
\qquad (9.3.14)
$$

其中，$\boldsymbol{q}=\boldsymbol{k}_s-\boldsymbol{k}_i=k(\boldsymbol{n}-\boldsymbol{n}_0)$，$\boldsymbol{n}$、$\boldsymbol{n}_0$ 分别为散射方向和入射方向单位矢量. (9.3.14)式被称为散射振幅的**玻恩近似公式**. 由玻恩近似得到的微分散射截面为

$$
D_k^{\mathrm{B}} = \frac{\mu^2}{4\pi^2\hbar^4}\left|\int \mathrm{d}^3 r\,\mathrm{e}^{-\mathrm{i}\boldsymbol{q}\cdot\boldsymbol{r}}V(r)\right|^2 \qquad (9.3.15)
$$

其中的积分实际上是势能的傅里叶变换.

光学上的散射现象有助于我们理解玻恩近似. 将势能对入射粒子有显著作用的区域类比于一种散射介质，介质的密度正比于 $U(r)$. 根据(9.3.4)式及其解(9.3.13)式，格林函数 $G_+(\boldsymbol{r}-\boldsymbol{r}')$被赋予这样的意义：入射的光波引起了介质中位于 $\boldsymbol{r}'$处的原子的电磁振荡，继而有电磁辐射，$\boldsymbol{r}'$处的原子作为一个“点源”发出的辐射在远离介质的 $\boldsymbol{r}$ 处被接受到，其振幅即是 $G_+(\boldsymbol{r}-\boldsymbol{r}')$.

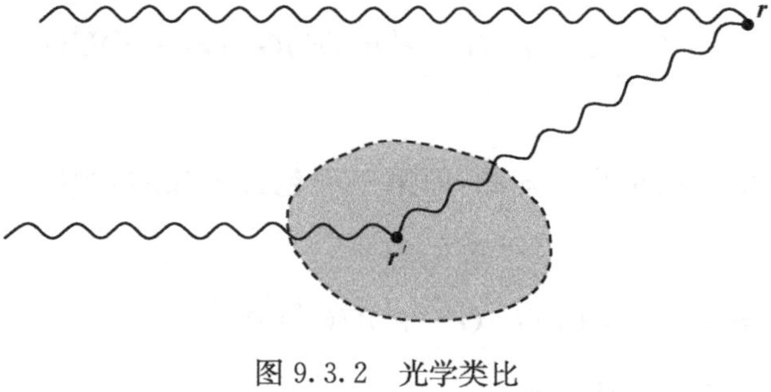

图 9.3.2　光学类比

基于这样的类比(图 9.3.2)，(9.3.13)式右端的前两项的意义是很形象的：空间位置 $\boldsymbol{r}$ 处接受到的光波的振幅来自两部分，一部分是入射波 $\mathrm{e}^{\mathrm{i}\boldsymbol{k}_i\cdot\boldsymbol{r}}$，另一部分是介质中的各个原子作为二级源发出的辐射的振幅的叠加，这些振幅无疑正比于在

$\boldsymbol{r}'$处的入射波(即 $e^{i\boldsymbol{k}_i\cdot\boldsymbol{r}'}$)和散射介质的密度(即 $U(\boldsymbol{r}')$). 实际上,我们在这里陈述的关于光的散射的描述,即是波动光学中的惠更斯(Huygens)原理.

(9.3.13)式中的第三项也有类似的解释. 介质中的原子不但受到来自入射平面波的扰动,而且还受到其他原子的二级辐射的影响. 图 9.3.3 描绘了位于 $\boldsymbol{r}''$的原子的二级辐射引发了位于 $\boldsymbol{r}'$处的原子的三级辐射. 如果介质的密度较小(相当于 $U(\boldsymbol{r}')$较小),那么我们可以忽略介质内部二级辐射源之间的相互扰动.

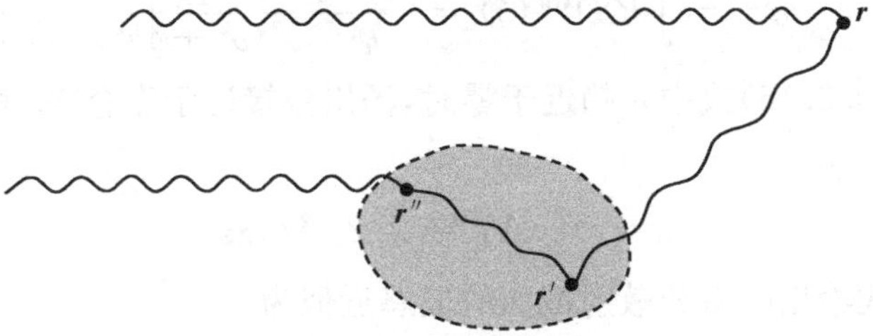

图 9.3.3　二次效应

例 9.3.1

考虑粒子受如下形式的势能的影响而发生散射:

$$V(r) = V_0 \frac{e^{-\alpha r}}{r} \tag{9.3.16}$$

其中,V_0 和 $\alpha>0$ 为常数. 势场对粒子的作用是排斥还是吸引取决于 V_0 的正负. 该势能被称为汤川(Yukawa)势能. 汤川用如此形式的势能描述核子间的相互作用并发现了 π 介子. 当 $\alpha=0$ 时,汤川势即是库仑势. 可以看出,汤川势是一种短程相互作用,其范围大致为

$$r_0 = 1/\alpha$$

假设$|V_0|$较小,玻恩近似适用. (9.3.14)式给出散射振幅

$$\begin{aligned} f_k^{(B)}(\theta,\varphi) &= -\frac{1}{4\pi}\int d^3 r' e^{-i\boldsymbol{q}\cdot\boldsymbol{r}'} U(\boldsymbol{r}') \\ &= -\frac{1}{4\pi}\frac{2\mu V_0}{\hbar^2}\int d^3 r e^{-i\boldsymbol{q}\cdot\boldsymbol{r}} \frac{e^{-\alpha r}}{r} \end{aligned} \tag{9.3.17}$$

这里省略了被积函数中参量上的撇号.

(9.3.17)式实际上是汤川势的傅里叶变换. 在球坐标中积分,有

$$\begin{aligned} f_k^{(B)}(\theta,\varphi) &= -\frac{1}{4\pi}\frac{2\mu V_0}{\hbar^2}\frac{4\pi}{q}\int_0^\infty r\sin(qr)\frac{e^{-\alpha r}}{r}dr \\ &= -\frac{2\mu V_0}{\hbar^2}\frac{1}{\alpha^2+q^2} \end{aligned}$$

注意到 $q=2k\sin\dfrac{\theta}{2}$，则由玻恩近似得到的微分散射截面为

$$D^{(\mathrm{B})}(\theta)=\frac{4\mu^2V_0^2}{\hbar^4}\frac{1}{[\alpha^2+4k^2\sin^2(\theta/2)]^2} \tag{9.3.18}$$

全截面为

$$\sigma^{(\mathrm{B})}=\int\mathrm{d}\Omega D^{(\mathrm{B})}(\theta)=\frac{4\mu^2V_0^2}{\hbar^4}\frac{4\pi}{\alpha^2(\alpha^2+4k^2)} \tag{9.3.19}$$

注意到当(9.3.16)式中 α 趋近于零时，汤川势接近于库仑势. 考察此时的散射截面. 令

$$\alpha=0,\quad V_0=Z_1Z_2e^2/4\pi\varepsilon_0$$

(9.3.19)式给出的微分散射截面的玻恩近似为

$$D_C^{(\mathrm{B})}(\theta)=\frac{4\mu^2}{(4\pi\varepsilon_0)^2\hbar^4}\frac{Z_1^2Z_2^2e^4}{16k^4\sin^4(\theta/2)}=\frac{Z_1^2Z_2^2e^4}{(4\pi\varepsilon_0)^2 16E^2\sin^4(\theta/2)} \tag{9.3.20}$$

(9.3.20)式结果正是卢瑟福公式，描述的是库仑场中的散射截面. 需要指出的是，玻恩近似对于像库仑势这样的长程相互作用并不很适用. 但是我们看到，将汤川势的作用范围无限延伸，玻恩近似确实给出了库仑散射的结果.

9.3.3 电子原子的弹性散射

作为玻恩近似法的一个例子，我们讨论一个高速电子对中性原子的库仑场的散射. 根据(9.3.15)式，微分散射截面

$$\frac{\mathrm{d}\sigma}{\mathrm{d}\Omega}=D_k^{\mathrm{B}}=\frac{\mu^2}{4\pi^2\hbar^4}\left|\int\mathrm{d}\tau V(\boldsymbol{r})\mathrm{e}^{-\mathrm{i}\boldsymbol{q}\cdot\boldsymbol{r}}\right|^2 \tag{9.3.21}$$

其中，$\boldsymbol{q}=k(\boldsymbol{n}-\boldsymbol{n}_0)$，$\hbar\boldsymbol{q}$ 是散射过程中的动量转移. 其中的积分应是电子-原子相互作用在电子-原子初态与末态之间的矩阵元. 由于弹性散射不改变原子的内部运动状态，这个矩阵元对原子态是对角化的，因此(9.3.21)式中的 $V(\boldsymbol{r})$ 应是电子-原子相互作用以内部运动状态求平均，它等于$[-e\phi(\boldsymbol{r})]$，其中，$\phi(\boldsymbol{r})$是原子中的电荷平均分布在点 $\boldsymbol{r}$ 处的电势. 可以认为，原子中的电势 $\phi(\boldsymbol{r})$是由电荷分布密度 $\rho(\boldsymbol{r})$产生的，它满足泊松方程

$$\Delta\phi=-\rho(\boldsymbol{r})/\varepsilon_0 \tag{9.3.22}$$

(9.3.21)式中的积分实际上是 $V(\boldsymbol{r})$（即 $-e\phi(\boldsymbol{r})$）的傅里叶分量 $V(\boldsymbol{q})$，其关系为

$$V(\boldsymbol{r})=\frac{1}{(2\pi)^3}\int V(\boldsymbol{q})\mathrm{e}^{-\mathrm{i}\boldsymbol{q}\cdot\boldsymbol{r}}\mathrm{d}^3q \tag{9.3.23}$$

或

$$\phi(\boldsymbol{r}) = \frac{1}{(2\pi)^3}\int \phi(\boldsymbol{q}) e^{-i\boldsymbol{q}\cdot\boldsymbol{r}} d^3 q \tag{9.3.24}$$

相应有

$$\rho(\boldsymbol{r}) = \frac{1}{(2\pi)^3}\int \rho(\boldsymbol{q}) e^{-i\boldsymbol{q}\cdot\boldsymbol{r}} d^3 q \tag{9.3.25}$$

将(9.3.24)式和(9.3.25)式代入方程(9.3.22)，就可得到

$$\Delta\phi(\boldsymbol{r}) = \frac{1}{(2\pi)^3}\int \phi(\boldsymbol{q}) \Delta e^{-i\boldsymbol{q}\cdot\boldsymbol{r}} d\boldsymbol{q} = \frac{1}{(2\pi)^3}\int d^3 q(-q^2)\phi(\boldsymbol{q}) e^{-i\boldsymbol{q}\cdot\boldsymbol{r}}$$

另一方面

$$\Delta\phi(\boldsymbol{r}) = -\rho(\boldsymbol{r})/\varepsilon_0 = -(1/\varepsilon_0)\int \rho(\boldsymbol{q}) e^{-i\boldsymbol{q}\cdot\boldsymbol{r}} d^3 q$$

比较上面两式，因此得

$$\begin{aligned} -q^2\phi(\boldsymbol{q}) &= \rho(\boldsymbol{q})/\varepsilon_0 \\ \phi(\boldsymbol{q}) &= -\rho(\boldsymbol{q})/\varepsilon_0 q^2 \end{aligned} \tag{9.3.26}$$

即

$$\int \phi(\boldsymbol{r}) e^{-i\boldsymbol{q}\cdot\boldsymbol{r}} d\tau = \frac{1}{\varepsilon_0 q^2}\int \rho(\boldsymbol{r}) e^{-i\boldsymbol{q}\cdot\boldsymbol{r}} d\tau \tag{9.3.27}$$

原子的电荷密度 $\rho(\boldsymbol{r})$ 由电子的电荷密度与原子核看作点电荷分布这两部分组成，即

$$\rho(\boldsymbol{r}) = -e\theta(\boldsymbol{r}) + Ze\delta(\boldsymbol{r}) \tag{9.3.28}$$

其中，$-e\theta(\boldsymbol{r})$ 是电子电荷密度. 代入(9.3.27)式就得到

$$\begin{aligned} \int \phi(\boldsymbol{r}) e^{-i\boldsymbol{q}\cdot\boldsymbol{r}} d\tau &= \frac{1}{\varepsilon_0 q^2}\int [-e\theta(\boldsymbol{r}) + Ze\delta(\boldsymbol{r})] e^{-i\boldsymbol{q}\cdot\boldsymbol{r}} d\tau \\ &= \frac{e}{\varepsilon_0 q^2}\left[Z - \int \theta(\boldsymbol{r}) e^{-i\boldsymbol{q}\cdot\boldsymbol{r}} d\tau\right] \end{aligned} \tag{9.3.29}$$

因此

$$\int V(\boldsymbol{r}) e^{-i\boldsymbol{q}\cdot\boldsymbol{r}} d\tau = \frac{e^2}{\varepsilon_0 q^2}[Z - F(\boldsymbol{q})] \tag{9.3.30}$$

其中

$$F(\boldsymbol{q}) = \int \theta(\boldsymbol{r}) e^{-i\boldsymbol{q}\cdot\boldsymbol{r}} d\tau \tag{9.3.31}$$

称为原子的形状因子，它是动量转移 $\hbar\boldsymbol{q}$ 的函数.

若电子电荷密度分布是球对称的，则(9.3.31)式便变为

$$F(\boldsymbol{q})=\int\theta(r)\mathrm{e}^{-\mathrm{i}\boldsymbol{q}\cdot\boldsymbol{r}}\mathrm{d}\tau=\int_0^\infty\theta(r)r^2\mathrm{d}r\int_0^{2\pi}\mathrm{d}\varphi\int_0^\pi\mathrm{e}^{-\mathrm{i}qr\cos\theta}\sin\theta\mathrm{d}\theta$$

$$=2\pi\int_0^\infty\theta(r)r^2\mathrm{d}r\int_{-1}^1\mathrm{e}^{-\mathrm{i}qrx}\mathrm{d}x=\frac{4\pi}{q}\int_0^\infty r\mathrm{d}r\theta(r)\sin qr \qquad (9.3.32)$$

可见，此时 $F(\boldsymbol{q})=F(q)$. 将(9.3.30)式代入(9.3.21)式，就得到微分散射截面

$$\frac{\mathrm{d}\sigma}{\mathrm{d}\Omega}=\frac{4\mu^2e^4}{(4\pi\varepsilon_0)^2\hbar^4q^4}[Z-F(\boldsymbol{q})]^2 \qquad (9.3.33)$$

利用

$$q=2k\sin(\theta/2)=(2\mu v/\hbar)\sin(\theta/2)$$

(9.3.33)式可写为

$$\frac{\mathrm{d}\sigma}{\mathrm{d}\Omega}=\frac{e^4}{(4\pi\varepsilon_0)^2 4u^2v^4\sin^4(\theta/2)}\{Z-F[(2\mu v/\hbar)\sin(\theta/2)]\}^2 \qquad (9.3.34)$$

考虑一个特殊情况，设电子与处于基态的类氢原子碰撞，此时电子的密度分布为

$$\theta(r)=|\psi_{100}|^2=\frac{1}{\pi}\frac{Z^3}{a_0^3}\mathrm{e}^{-2Zr/a_0} \qquad (9.3.35)$$

则形状因子为

$$F(q)=\frac{4\pi}{q}\int r\mathrm{d}r\theta(r)\sin(qr)$$

$$=1/[1+(qa_0/2Z)^2]^2 \qquad (9.3.36)$$

于是电子与基态类氢原子散射微分截面为

$$\frac{\mathrm{d}\sigma}{\mathrm{d}\Omega}=\frac{4\mu^2e^4Z^2}{(4\pi\varepsilon_0)^2\hbar^4q^4}\left(1-\frac{1}{Z[1+(qa_0/2Z)^2]^2}\right)^2 \qquad (9.3.37)$$

在(9.3.31)式中，$F(q)$的积分主要在原子大小的范围内. 设原子半径是 a，若

$$qa=2ka\sin(\theta/2)\gg 1 \qquad (9.3.38)$$

则(9.3.31)式被积函数中的因子 $\mathrm{e}^{-\mathrm{i}\boldsymbol{q}\cdot\boldsymbol{r}}$是一个振荡很快的函数，因此该积分接近于零，微分截面(9.3.33)中的 $F(q)$可以略去，这样就得到

$$\frac{\mathrm{d}\sigma}{\mathrm{d}\Omega}=\frac{Z^2e^4}{4\mu^2(4\pi\varepsilon_0)^2v^4\sin^4\frac{\theta}{2}} \qquad (9.3.39)$$

又回到了卢瑟福公式. 得到(9.3.39)式时，忽略了 $F(q)$，这就相当于只考虑电子对原子核的散射而忽略掉核外电子的屏蔽作用.

下面我们来说明形式因子 $F(q)$的物理意义. 由(9.3.31)式可以看出，$F(q)$是与电子在原子内的电荷分布相联系的. 但需指出这里定义的 $F(q)$只与电子电荷分

布联系，而与原子核电荷分布无关. 原子核的电荷分布被认为是点电荷分布. 如果 $F(q)=0$，则原子就只剩下一个裸原子核，核外电子将不存在，这时散射只对原子核发生. 但一般情况下，核外电子总是存在的，因而 $F(q)$ 一般不等于零，这时可以把 $F(q)$ 展成 q 的级数. 由(9.3.32)式，由于

$$4\pi = \iint \sin\theta \mathrm{d}\theta \mathrm{d}\varphi$$

故

$$F(q) = \int \theta(r) \frac{\sin qr}{qr} \mathrm{d}\tau \tag{9.3.40}$$

利用级数展开

$$\frac{\sin qr}{qr} = 1 - \frac{q^2 r^2}{6} + \cdots \tag{9.3.41}$$

代入(9.3.36)式，就得到

$$F(q) = \int \theta(r) \mathrm{d}\tau - \frac{q^2}{6} \int r^2 \theta(r) \mathrm{d}\tau + \cdots \tag{9.3.42}$$

由于

$$\int \theta(r) \mathrm{d}\tau = Z \tag{9.3.43}$$

这是原子中的电子总数，而

$$\int r^2 \theta(r) \mathrm{d}\tau = \overline{r^2} \cdot Z \tag{9.3.44}$$

其中，$\overline{r^2}$ 为原子中电子距离原子核的半径平方平均. 因此

$$F(q) = Z\left(1 - \frac{q^2}{6} \overline{r^2} + \cdots\right) \tag{9.3.45}$$

从(9.3.41)式可以看出，如果把 $F(q)$ 按 q^2 展成级数，则展开式的第一项 $F(0)=Z$，给出了原子中的电子总数. 另一方面，从(9.3.31)式可以看出，若取电子的密度分布为

$$\theta(\boldsymbol{r}) = Z\delta(\boldsymbol{r}) \tag{9.3.46}$$

即 Z 个电子全部集中于原点，则

$$F(q) = \int Z\delta(\boldsymbol{r}) \mathrm{e}^{\mathrm{i}\boldsymbol{q}\cdot\boldsymbol{r}} \mathrm{d}\tau = Z = F(0)$$

因此，$F(0)$ 就相应于原子中的 Z 个电子集中于一点产生的形状因子，从电荷分布来看，$-eF(0)$ 即 Z 个电子的总电荷集中在一起看成一个点电荷 $-Ze$ 时所产生的

形状因子. 而从 $F(q)$ 的第二项,可以看出有

$$\left.\frac{\mathrm{d}F(q)}{\mathrm{d}q^2}\right|_{q^2=0}=-\frac{Z\overline{r^2}}{6} \tag{9.3.47}$$

将给出电子在原子中的半径平方的平均$\overline{r^2}$. $\sqrt{\overline{r^2}}$也称为原子的电形状因子的平均半径,它给出原子中电子电荷分布范围的一种估计. 如果实验上知道了 $F(q)$-q^2 的曲线,则从此曲线在 $q^2=0$ 点的斜率就可以定出电子在原子中的平方平均半径. 这同时也就说明 $F(q)$展开式中第二项以及高次项的存在表明 Z 个电子的分布不是完全集中于一点,而是与集中于一点的分布有偏离,而这正是原子不是一个点而是有内部结构的表现.

形状因子与电荷分布的对应关系不仅存在于原子中,而且存在于基本粒子当中. 例如,实验发现,高能电子与核子(质子、中子)的散射矩阵元中也会出现类似的形状因子. 这就表明,核子的电荷不是一个点电荷而是有某种分布的,这反映了核子不是一个点而是有内部结构的. 核子存在电磁形状因子的事实,是最初促使人们去进一步探索基本粒子内部结构的原因之一.

9.4 带自旋的玻恩近似

9.4.1 渐近条件

如果散射相互作用 V 中包含有自旋(如自旋轨道耦合、自旋交换力等),那么 9.3 节的公式要做适当的修改.

薛定谔方程依然是

$$(\nabla^2+k^2)\psi(\boldsymbol{r})=U(r)\psi(\boldsymbol{r}) \tag{9.4.1}$$

不过 $U=2\mu V/\hbar^2$ 中可能包含有自旋变量. 我们假定,在无限远处,粒子自由入射,因此自旋部分和轨道部分可以分开. 于是 9.1 节的散射边界条件可改写为

$$\psi_k^{\text{sca}}(\boldsymbol{r})\xrightarrow{r\to\infty}\mathrm{e}^{\mathrm{i}kz}\chi_i+f_k(\theta,\varphi)\chi_f\frac{\mathrm{e}^{\mathrm{i}kr}}{r} \tag{9.4.2}$$

其中,χ_i 和χ_f 分别为被散射粒子的自旋初态和自旋末态.

9.4.2 散射振幅

应用玻恩近似那套程式

$$\begin{aligned}\psi&=\mathrm{e}^{\mathrm{i}kz}\chi_i+u\\u&\to f_k(\theta,\varphi)\chi_f\frac{\mathrm{e}^{\mathrm{i}kr}}{r}\end{aligned} \tag{9.4.3}$$

代入方程(9.4.1)有

$$(\nabla^2+k^2)u = U\chi_i e^{ikz} \tag{9.4.4}$$

设初态自旋已归一化,末态自旋也可分出(远离相互作用),末态自旋也已归一化

$$\chi_i^+\chi_i = 1,\quad u = v\chi_f,\quad \chi_f^+\chi_f = 1 \tag{9.4.5}$$

则轨道部分 v 满足方程

$$(\nabla^2+k^2)v = \frac{2\mu}{\hbar^2}\chi_f^+U\chi_i e^{ikz} \tag{9.4.6}$$

现在我们可以利用 9.3 节的格林函数法求出轨道部分

$$v = -\frac{1}{4\pi}\int d^3r'\,\frac{\chi_f^+U\chi_i e^{ik(z'+|\boldsymbol{r}-\boldsymbol{r}'|)}}{|\boldsymbol{r}-\boldsymbol{r}'|} \tag{9.4.7}$$

它的渐近行为如

$$\begin{aligned} v &\xrightarrow{r\to\infty} -\frac{1}{4\pi}\frac{e^{ikr}}{r}\int d^3r'\,\chi_f^+U\chi_i e^{-i\boldsymbol{q}\cdot\boldsymbol{r}'} \\ &= -\frac{1}{4\pi}\frac{2\mu}{\hbar^2}\frac{e^{ikr}}{r}\int d^3r'\,\chi_f^+V\chi_i e^{-i\boldsymbol{q}\cdot\boldsymbol{r}'} \end{aligned} \tag{9.4.8}$$

与散射条件(9.4.2)式比较,就得到此时的轨道散射振幅

$$f_{k,fi} = -\frac{1}{4\pi}\frac{2\mu}{\hbar^2}\int d^3r'\,\chi_f^+V\chi_i e^{-i\boldsymbol{q}\cdot\boldsymbol{r}'} \tag{9.4.9}$$

从这个式子可以看出,它和通常的玻恩近似公式的差别仅在于,这里要对初末态的自旋投影分别考虑.而基本办法是把位势向自旋空间投影,然后常规操作.当然,这样做出的只是一个道的散射振幅,即从一个固定的自旋初态到一个固定的自旋末态的散射振幅.如果过程包含有不同的道,则总截面要把各个道总合起来.

例 9.4.1

费米子碰撞.

设两个自旋都是 1/2 的粒子碰撞,靶粒子 2 可看作无限重;相互作用是有自旋交换力的汤川势

$$V = A\hat{\boldsymbol{S}}_1\cdot\hat{\boldsymbol{S}}_2\,\frac{e^{-\lambda r}}{r}$$

其中,A,$\lambda(>0)$皆为参量,$\hat{\boldsymbol{S}}_1$ 和 $\hat{\boldsymbol{S}}_2$ 分别是两个粒子的自旋算符.请计算它们的高能散射截面.

解 我们分别用$\chi(1)$和$\chi(2)$代表两个粒子的自旋波函数. 设入射粒子1从原来的初始自旋状态$\chi_i(1)$变为末态$\chi_f(1)$,靶粒子2从原来的初始自旋状态$\chi_i(2)$变为末态$\chi_f(2)$. 于是在玻恩近似下相应于这一道的散射振幅是

$$
\begin{aligned}
f_{fi} &\equiv f(k,\theta,\varphi,\chi_i(1)\to\chi_f(1),\chi_i(2)\to\chi_f(2)) \\
&= -\frac{1}{4\pi}\frac{2\mu}{\hbar^2}\int \mathrm{d}^3 r'\,\chi_f^+(1)\,\chi_f^+(2)V\chi_i(1)\,\chi_i(1)\mathrm{e}^{-\mathrm{i}\boldsymbol{q}\cdot\boldsymbol{r}'}
\end{aligned}
$$

把具体的势代入,计算出散射振幅

$$
\begin{aligned}
f_{fi} &= -\frac{1}{4\pi}\frac{2\mu A}{\hbar^2}\chi_f^+(1)\,\chi_f^+(2)\hat{\boldsymbol{S}}_1\cdot\hat{\boldsymbol{S}}_2\,\chi_i(1)\,\chi_i(1)\int \mathrm{d}^3 r'\,\frac{\mathrm{e}^{-\lambda r'}}{r'}\mathrm{e}^{-\mathrm{i}\boldsymbol{q}\cdot\boldsymbol{r}'} \\
&= f_0\,\chi_f^+(1)\,\chi_f^+(2)\hat{\boldsymbol{S}}_1\cdot\hat{\boldsymbol{S}}_2\,\chi_i(1)\,\chi_i(2)
\end{aligned}
$$

其中,f_0为不考虑自旋的散射幅,以前算过

$$
\begin{aligned}
f_0 &= -\frac{1}{4\pi}\frac{2\mu A}{\hbar^2}\int \mathrm{d}^3 r'\,\frac{\mathrm{e}^{-\lambda r'}}{r'}\mathrm{e}^{-\mathrm{i}\boldsymbol{q}\cdot\boldsymbol{r}'} \\
&= -\frac{2\mu A}{\hbar^2}\frac{1}{(q^2+\lambda^2)}
\end{aligned}
$$

现在关键是计算自旋投影部分. 我们可以利用角动量理论里的升降算符来做.

$$
\begin{aligned}
\boldsymbol{P}_{1fi}\cdot\boldsymbol{P}_{2fi} &\equiv \chi_f^+(1)\,\chi_f^+(2)\hat{\boldsymbol{S}}_1\cdot\hat{\boldsymbol{S}}_2\,\chi_i(1)\,\chi_i(2) \\
&= \chi_f^+(1)\hat{\boldsymbol{S}}_1\,\chi_i(1)\cdot\chi_f^+(2)\hat{\boldsymbol{S}}_2\,\chi_i(2) \\
&= \chi_f^+(1)\hat{S}_{1z}\,\chi_i(1)\,\chi_f^+(2)\hat{S}_{2z}\,\chi_i(2)+\chi_f^+(1)\hat{S}_{1+}\,\chi_i(1)\,\chi_f^+(2)\hat{S}_{2-}\,\chi_i(2) \\
&\quad +\chi_f^+(1)\hat{S}_{1-}\,\chi_i(1)\,\chi_f^+(2)\hat{S}_{2+}\,\chi_i(2) \\
&= S_i(1)S_i(2)\delta_{S_i(1)S_f(1)}\delta_{S_i(2)S_f(2)}+(1/4-S_i(1)S_i(2))\delta_{S_i(1),-S_f(1)}\delta_{S_i(2),-S_f(2)}
\end{aligned}
$$

其中,$S_i(1)$代表粒子1的初态自旋量子数,余类推. 从上面这个表达式清楚看出,第一项代表自旋保持项,第二项代表两个自旋都反转的项. 可以把各种初末态组合的值列成表9.4.1.

表9.4.1 自旋道期望值

$\boldsymbol{P}_{1fi}\cdot\boldsymbol{P}_{2fi}$		f			
		↑↑	↓↓	↑↓	↓↑
i	↑↑	1/4	0	0	0
	↓↓	0	1/4	0	0
	↑↓	0	0	−1/4	1/2
	↓↑	0	0	1/2	−1/4

为简明起见，表中用箭头朝上表示量子数为 1/2，朝下表示为 −1/2；第一个箭头代表第一个粒子，第二个箭头代表第二个粒子.

现在可以写出各个道的散射振幅，例如

$$f(\uparrow\uparrow\longrightarrow\uparrow\uparrow)=f(\downarrow\downarrow\longrightarrow\downarrow\downarrow)=\frac{1}{4}f_0$$

$$f(\uparrow\downarrow\longrightarrow\uparrow\downarrow)=f(\downarrow\uparrow\longrightarrow\downarrow\uparrow)=-\frac{1}{4}f_0$$

$$f(\uparrow\downarrow\longrightarrow\downarrow\uparrow)=f(\downarrow\uparrow\longrightarrow\uparrow\downarrow)=\frac{1}{2}f_0$$

其余道为振幅为零. 有了散射振幅，就可以求出各道的微分截面. 例如

$$\frac{d\sigma}{d\Omega}(\uparrow\uparrow\longrightarrow\uparrow\uparrow)=|f(\uparrow\uparrow\longrightarrow\uparrow\uparrow)|^2=\frac{1}{16}f_0^2$$

$$=\frac{1}{4}\left(\frac{\mu A}{\hbar^2}\right)^2\frac{1}{(q^2+\lambda^2)^2}$$

这就是两个初始自旋都朝上的粒子经散射后还是自旋都朝上的散射微分截面. 其余道的微分截面也可类似算得.

有时系统(束流粒子与靶粒子)的自旋是耦合好的，如两个粒子总自旋为单态(自旋为零)，那怎么办？利用波函数的叠加性，可把这样的道的散射振幅化为上面各道的叠加. 如单态道，系统总自旋处于态

$$\chi_{00}=\frac{1}{\sqrt{2}}(\chi_{1/2}(1)\,\chi_{-1/2}(2)-\chi_{-1/2}(1)\,\chi_{1/2}(2))$$

由于角动量守恒，末态也如此. 于是计算自旋交换期望值变为

$$\chi_{00}^{+}\hat{\boldsymbol{S}}_1\cdot\hat{\boldsymbol{S}}_2\,\chi_{00}=\frac{1}{2}\{(\langle\uparrow\downarrow|-\langle\downarrow\uparrow|)\hat{\boldsymbol{S}}_1\cdot\hat{\boldsymbol{S}}_2(|\uparrow\downarrow\rangle-|\downarrow\uparrow\rangle)\}$$

$$=\frac{1}{2}\{\langle\uparrow\downarrow|\hat{\boldsymbol{S}}_1\cdot\hat{\boldsymbol{S}}_2|\uparrow\downarrow\rangle-\langle\uparrow\downarrow|\hat{\boldsymbol{S}}_1\cdot\hat{\boldsymbol{S}}_2|\downarrow\uparrow\rangle$$

$$-\langle\downarrow\uparrow|)\hat{\boldsymbol{S}}_1\cdot\hat{\boldsymbol{S}}_2|\uparrow\downarrow\rangle+\langle\downarrow\uparrow|)\hat{\boldsymbol{S}}_1\cdot\hat{\boldsymbol{S}}_2|\downarrow\uparrow\rangle\}$$

$$=\frac{1}{2}\left(-\frac{1}{4}-\frac{1}{2}-\frac{1}{2}-\frac{1}{4}\right)=-\frac{3}{4}$$

用振幅写出来就是

$$f_{00}=\frac{1}{2}\{f(\uparrow\downarrow\longrightarrow\uparrow\downarrow)-f(\uparrow\downarrow\longrightarrow\downarrow\uparrow)-f(\downarrow\uparrow\longrightarrow\uparrow\downarrow)$$

$$+f(\downarrow\uparrow\longrightarrow\downarrow\uparrow)\}=-\frac{3}{4}f_0$$

于是我们得到单道微分散射截面为

$$\frac{d\sigma}{d\Omega}(0\rightarrow 0)=|f_{00}|^2=\frac{9}{4}\left(\frac{\mu A}{\hbar^2}\right)^2\frac{1}{(q^2+\lambda^2)^2}$$

如果求三道(总自旋等于1)的散射微分截面,怎么做呢?或者要求自旋被打翻的微分截面又该如何运算?请读者自己动动手.

9.5 全同粒子散射

前面的碰撞理论只考虑了不是全同的两粒子碰撞.量子力学关于全同粒子有着特殊的处理,在散射问题上也如此.

我们首先假想两个实验,一个是全同粒子的碰撞,一个是不同粒子的碰撞,假定全同粒子之间的相互作用与不同粒子之间的相互作用是完全相同的.在经典力学中,这样进行的两个实验是没有区别的,因为在全同粒子与不同粒子两种情况下,都有可能区别入射粒子和靶粒子,但实际上往往只在不同粒子的碰撞中进行区分,而在全同粒子的碰撞中不做区分.这样,根据经典力学,在全同粒子碰撞中测得的微分截面就表示两个粒子中的任意一个被散射的微分截面.它等于不同粒子碰撞中测得的相应于入射粒子与靶粒子散射微分截面之和.但是在量子力学中,微观粒子运动没有确定的轨道,不可能由轨道来辨认哪一个粒子.因而区分哪一个是入射粒子哪一个是靶粒子就失去了意义.这样,我们将看到,原来在经典力学中得到的两个实验结果之间的简单的截面相加的关系就不再存在.这一差别的出现,是由于在量子力学中全同粒子的不可分辨性.

如果两个粒子是全同粒子,则这两个粒子所组成的体系的波函数应具有确定的对称性(泡利原理).当粒子之间的相互作用不包含自旋和轨道相互作用时,体系的波函数可以写为空间部分和自旋部分的乘积;如果再不包含自旋和自旋的相互作用,则体系的总自旋波函数又可以写成两粒子自旋波函数的乘积.现在我们先讨论波函数的空间部分,然后再讨论波函数的自旋部分.

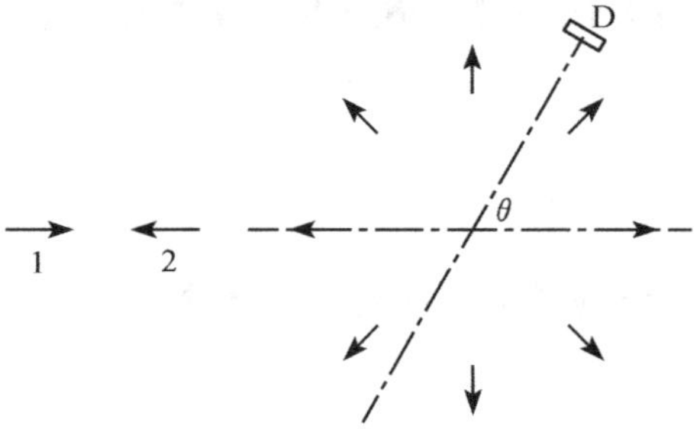

图 9.5.1

考虑一个具体的例子:两个全同粒子在质心参考系中的碰撞和散射(图9.5.1).碰撞前,假设两个粒子距离很远,不妨将左边的粒子标记为粒子1,右边的为粒子2.碰撞后,两个粒子向四面八方散开.在某个方向上放置的一个探测器D检测到了一个粒子,可以推知另一个粒子一定沿相反的方向运动.但是,我们无法断定D中检测到的是粒子1还是粒子 2. 因此,有两种不同的"路径"符合实验结果. 图 9.5.2(a),(b)分别描绘了这两种"路径"的示意图.

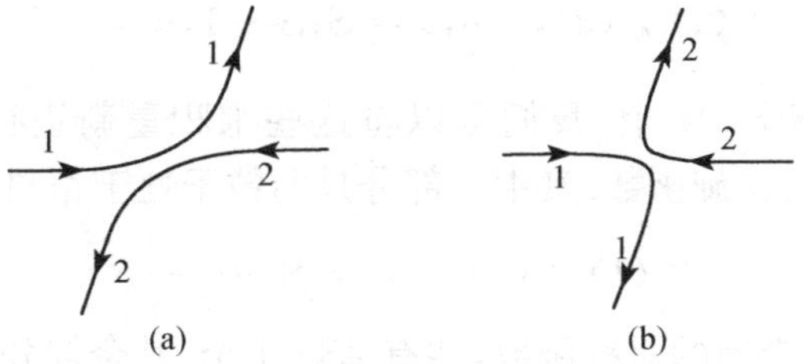

图 9.5.2

在 9.1 节中讨论过散射波函数的渐近形式,即

$$\psi_k^{\text{sca}}(r) \xrightarrow{r\to\infty} e^{ikz} + f_k(\theta,\varphi)\frac{e^{ikr}}{r} \tag{9.5.1}$$

其中,r 可视为两个粒子间相对位置. 微分散射截面 $D(\theta,\varphi)=|f_k(\theta,\varphi)|^2$. 现在需要考虑粒子的全同性以及量子态的交换对称或反对称. 在这里粒子的互换相当于 $\boldsymbol{r}\to-\boldsymbol{r}$. 对于玻色子,波函数是交换对称的;而对于费米子,波函数为交换反对称. 所以(9.5.1)式所示的渐近形式需要改写为

$$(e^{ikz} \pm e^{-ikz}) + [f_k(\theta,\varphi) \pm f_k(\pi-\theta,\pi+\varphi)]\frac{e^{ikr}}{r} \tag{9.5.2}$$

一般情形下,散射振幅 f_k 与角度 φ 无关. 微分散射截面为

$$\begin{aligned}\frac{d\sigma_S}{d\Omega} &= |f_k(\theta)+f_k(\pi-\theta)|^2 \\ &= |f_k(\theta)|^2+|f_k(\pi-\theta)|^2+2\mathrm{Re}|f_k^*(\theta)f_k(\pi-\theta)| \\ \frac{d\sigma_A}{d\Omega} &= |f_k(\theta)-f_k(\pi-\theta)|^2 \\ &= |f_k(\theta)|^2+|f_k(\pi-\theta)|^2-2\mathrm{Re}|f_k^*(\theta)f_k(\pi-\theta)|\end{aligned} \tag{9.5.3}$$

其中,下标 S 和 A 分别标志空间对称和空间反对称.

若粒子是可区分的,则无需构造对称化或者反对称化的波函数,(9.5.3)式右端的最后一项(即干涉项)随之消失,$D(\theta)$ 正好变为所观察的入射粒子的微分截面 $|f_k(\theta)|^2$ 和靶粒子的微分截面 $|f_k(\pi-\theta)|^2$ 之和,事实正该如此.

现在我们来讨论波函数的自旋部分,同时不考虑自旋和自旋的相互作用. 我们所关心的只是体系总自旋波函数的对称性问题. 设粒子自旋为 S,自旋本征值为 $\mu\hbar$,μ 可取的值有 $2S+1$ 个,即

$$S, S-1, \cdots, -S+1, -S$$

相应的自旋本征函数也有 $2S+1$ 个. 分别以 $\chi_\mu(1)$ 和 $\chi_\nu(2)$ 表示第一个和第二个粒子的自旋波函数，则体系的总自旋波函数为

$$\chi_\mu(1)\,\chi_\nu(2),\quad \mu,\nu = S, S-1, \cdots, -S \tag{9.5.4}$$

它的数目一共有 $(2S+1)^2$ 个. 我们可以将这些乘积重新进行线性组合，来构成 $(2S+1)^2$ 个对称化的自旋函数. 其中一部分是两粒子处于相同的自旋态的乘积

$$\chi_\mu(1)\,\chi_\mu(2),\quad \mu = S, \cdots, -S \tag{9.5.5}$$

显然，它们是两粒子交换的对称函数，共有 $2S+1$ 个. 其余部分应该由乘积

$$\chi_\mu(1)\,\chi_\nu(2)\quad (\mu \neq \nu)$$

线性组合构成. 这种 $\mu\neq\nu$ 的乘积项的数目应该等于(9.5.4)式的数目减去(9.5.5)式的数目，即为

$$(2S+1)^2 - (2S+1) = 2S(2S+1)$$

对称的态

$$\chi_\mu(1)\,\chi_\nu(2) + \chi_\mu(2)\,\chi_\nu(1),\quad \mu \neq \nu$$

与反对称的态

$$\chi_\mu(1)\,\chi_\nu(2) - \chi_\mu(2)\,\chi_\nu(1),\quad \mu \neq \nu$$

是一一对应的. 因此，它们的个数相等，都等于 $S(2S+1)$.

这样，我们就得到了 $(2S+1)+S(2S+1)=(S+1)(2S+1)$ 个对称的自旋波函数，$S(2S+1)$ 个反对称的自旋波函数.

在碰撞的过程中，每一个自旋态出现的概率相同的，因而体系处于对称自旋态的概率为

$$\frac{(S+1)(2S+1)}{(2S+1)^2} = \frac{S+1}{2S+1} \tag{9.5.6}$$

而处于反对称自旋波函数的概率为

$$\frac{S(2S+1)}{(2S+1)^2} = \frac{S}{2S+1} \tag{9.5.7}$$

如果粒子是费米子，S 为半整数，总波函数是反对称的，则对称自旋函数应和反对称空间波函数相乘，而反对称的自旋波函数应和对称的空间波函数相乘. 根据这种考虑，由(9.4.3)式，我们可以写出两个全同费米子弹性散射微分截面为

$$\begin{aligned}\frac{d\sigma}{d\Omega} = \frac{S}{2S+1}\frac{d\sigma_S}{d\Omega} + \frac{S+1}{2S+1}\frac{d\sigma_A}{d\Omega} &= |\, f(\theta)\,|^2 + |\, f(\pi-\theta)\,|^2 \\ &\quad - \frac{1}{2S+1}\left[f(\theta)f^*(\pi-\theta) + f^*(\theta)f(\pi-\theta)\right]\end{aligned} \tag{9.5.8}$$

同样可以得到两个全同玻色子(自旋为整数)的弹性散射微分截面

$$\frac{d\sigma}{d\Omega}=\frac{S+1}{2S+1}\frac{d\sigma_S}{d\Omega}+\frac{S}{2S+1}\frac{d\sigma_A}{d\Omega}=|f(\theta)|^2+|f(\pi-\theta)|^2$$
$$+\frac{1}{2S+1}[f(\theta)f^*(\pi-\theta)+f^*(\theta)f(\pi-\theta)] \tag{9.5.9}$$

这两个公式可以合写为

$$\frac{d\sigma}{d\Omega}=|f(\theta)|^2+|f(\pi-\theta)|^2+\frac{(-1)^{2S}}{2S+1}[f(\theta)f^*(\pi-\theta)+f^*(\theta)f(\pi-\theta)] \tag{9.5.10}$$

由此式可看到全同粒子散射的一个特征

$$\frac{d\sigma}{d\Omega}(\pi/2+\theta)=\frac{d\sigma}{d\Omega}(\pi/2-\theta) \tag{9.5.11}$$

即微分截面相对于前后是对称的.

例 9.5.1

两个自旋 1/2 的全同粒子在汤川势作用下的高能散射截面.

两个质量为 μ、自旋为 1/2 的全同粒子,它们之间有着汤川型相互作用

$$V(r)=Ae^{-\lambda r}/r$$

其中,A、λ 皆为常量,而 r 为两粒子之间的距离. 现在来计算质心系中的微分散射截面.

由于相互作用与自旋无关,因此可以先算出轨道方面的散射振幅,然后加上自旋权重. 在质心系中,粒子完全对称,相当于在两粒子连线中点有一个力心,故一个粒子受到的作用势为

$$V(\rho)=Ae^{-2\lambda\rho}/2\rho$$

其中,$\rho=r/2$ 是一个粒子离力心的距离.

对高能散射,可用玻恩近似,散射振幅为

$$f(\theta)=-\frac{\mu}{2\pi\hbar^2}\int d^3\rho e^{-i\boldsymbol{q}\cdot\boldsymbol{\rho}}V(\rho)=-\frac{\mu A}{q\hbar^2}\int d\rho\sin(q\rho)e^{-2\lambda\rho}$$
$$=-\frac{\mu A}{\hbar^2[q^2+(2\lambda)^2]}$$

其中,动量转移 $q=2k\sin(\theta/2)$.

现在考虑全同粒子系统的对称性,对不同的总自旋态,轨道方面的微分截面不同.

对反对称的自旋单态,$S=0$

$$\sigma_S = |f(\theta)+f(\pi-\theta)|^2$$
$$= \left(\frac{\mu A}{2\hbar^2}\right)^2\left[\frac{1}{k^2\sin^2(\theta/2)+\lambda^2}+\frac{1}{k^2\cos^2(\theta/2)+\lambda^2}\right]^2$$

对对称的自旋三态，$S=1$

$$\sigma_A = |f(\theta)-f(\pi-\theta)|^2$$
$$= \left(\frac{\mu A}{2\hbar^2}\right)^2\left[\frac{1}{k^2\sin^2(\theta/2)+\lambda^2}-\frac{1}{k^2\cos^2(\theta/2)+\lambda^2}\right]^2$$

如果入射粒子是非极化的，则我们可得平均的微分截面

$$\sigma_T = \frac{1}{4}\sigma_S+\frac{3}{4}\sigma_A$$
$$= \left(\frac{\mu A}{4\hbar^2}\right)^2\frac{(k^2+2\lambda^2)^2+3(k^2\cos\theta)^2}{[(k^2\sin^2(\theta/2)+\lambda^2)(k^2\cos^2(\theta/2)+\lambda^2)]^2}$$

于是可知，末态粒子处于总自旋为1的概率为

$$P(S=1)=\frac{3\sigma_A/4}{\sigma_T}=\frac{3(k^2\cos\theta)^2}{(k^2+2\lambda^2)^2+3(k^2\cos\theta)^2}$$

而发现两个粒子的自旋都沿 z 方向的概率为上面概率的 1/3

$$P(\uparrow\uparrow)=\frac{\sigma_A/4}{\sigma_T}=\frac{(k^2\cos\theta)^2}{(k^2+2\lambda^2)^2+3(k^2\cos\theta)^2}$$

而两粒子自旋平行的概率则为上式的两倍.

第10章 量子测量

量子力学的理论体系建立在几个公理性的假设之上. 在这些假设中,有些是用来构建量子理论的数学形式的. 比如,量子系统的状态,即量子态,可以表示为希尔伯特空间中的向量;与量子系统有关的力学量可以表示为希尔伯特空间上的厄米算符. 这些数学形式上的假设只能为我们展现抽象的符号和运算,它们并不能给出可观测的结果和效应. 可观测的结果和效应不可能存在于抽象的希尔伯特空间中,而只能体现在经典世界中. 因此,需要有一座桥梁,一座联系着抽象的数学形式和具体的观测结果的桥梁. 有了这样一座桥梁,量子力学才能被用来在较为保守的意义上描述并解释微观的量子世界中的过程在宏观的经典世界中的表现行为. 量子测量假设正是扮演了这一角色. 从微观到宏观,从量子到经典,这是一个尺度巨大的跨越. 在如此巨大的跨越上建桥,绝非易事. 量子测量假设也就成为量子理论中令人困惑不已的内容. 在本章中,我们将简要介绍量子测量理论,为量子测量过程赋予操作上的意义,使所谓的量子态或波函数的“塌缩”不至于显得抽象而突兀.

10.1 物理理论的形式系统和对应规则

物理理论的基本任务是对人们观察到的现象作出描述,提供解释,发现其中的规律,总结为规则或定律,明确这些规则或定律的适用范围,并进一步用于对新现象的预言. 物理定律的表示形式是符号和公式,进而形成各种定义和命题,命题之间构成逻辑关系. 这就是物理理论的形式系统,即逻辑自洽的数学系统. 然而,物理理论不仅仅是一个纯粹的数学理论,物理理论是要有所指的,是要面向物质世界的. 因此,需要一套对应规则,对应规则将赋予形式系统中的符号以具体的涵义,并建立命题或定律中的数学公式与人们观测到的现象之间的联系,进而以具体的形象的方式阐述其中的规律,也就是说,物理理论不仅仅是数学的或逻辑的推导和演算,而更应该在现实场合和实际应用中有所体现. 对应规则就是这样一座桥梁,它的一端是数学符号和方程,另一端是我们看到的现象. 借助对应规则,人们能够以数学的语言描述并预言客观世界中出现的现象. 反过来,人们也可以通过对客观世界的观测来检验物理理论的正确性.

例如,在牛顿力学的数学形式中,方程 $\boldsymbol{F}=\mathrm{d}\boldsymbol{p}/\mathrm{d}t$ 不仅是由抽象的符号组成的

数学公式，而且是关于客观物体运动行为及规律的描述. 对这个数学形式的方程的解释需要用到对应规则，即，$\boldsymbol{F}$ 表示物体受到的力，$\boldsymbol{p}$ 是物体的动量，于是就有了物理意义上的叙述：物体的受力等于其动量的时间变化率. 我们还知道，牛顿力学的适用范围是低速的宏观物体. 对于高速运动的物体或微观世界中的粒子，牛顿力学难以胜任. 也就是说，随着人们对客观世界认识的深入，观测到的现象越来越多，新出现的现象和固有的物理理论之间出现了分歧，而正是在这样的分歧中孕育了新的物理理论，其中之一就是我们正在学习的量子理论.

量子理论的形式系统，或者说量子理论的数学形式，与经典力学是截然不同的. 更重要的，同时也是更令人困惑的并且是众说纷纭的，是对量子理论的理解和阐释. 这就涉及量子理论的对应规则. 在讨论这个问题之前，需要对我们使用的语言作一番规范.

10.2 现象和描述现象的语言

在量子力学诞生之前，经典力学的发展已经渐趋完善. 经典的物理对象，或者说经典系统，可以具有多种不同的性质，比如位置、动量、能量、电荷等. 在原则上，我们能够以任意精确的方式测得这些性质的具体的数值，而且丝毫不用担心测量一种性质的时候会对另一种性质产生影响和破坏. 例如，我们可以在相空间中对某个质点的动力学行为进行明确而全面的描述. 质点的运动对应于相空间中的一条路径，路径上的每一个点的坐标对应于该质点在某个时刻的位置和动量. 在任意时刻，该质点的位置和动量都具有确定的值，而且这些值都是事先存在的，测量不过是一种使这些物理性质以数值的形式显现出来的手段而已. 用一个比喻来说就是，月亮总是在那里，不论天晴天阴，也不论是农历初一还是农历十五. 经典力学的巨大成功，以及它所描绘的符合人们直觉的世界图像，使人们渐渐地习惯采用一种“所见即所得”的方式来看待世界. 我们相信观测到的现象就是事物在本体论意义上的性质，通过分析和归纳，我们便可以获得关于事物的本质的认识. 于是，在经典力学的术语被用来描述现象的同时，它们也在不知不觉中被用来界定事物的性质.

当深入到微观的量子世界的时候，情况将大为不同. 回顾在原子物理学中讨论过的一些实验，可以看到，这些实验本身是针对微观粒子和微观过程的，而实验结果却总是要表现在宏观的经典世界中. 例如，在电子的杨氏双缝实验中，会看到屏幕上出现明暗变化的干涉条纹. 在施特恩-格拉赫实验中，观测到的结果是接收屏上的亮点或者计数器中的声响. 在碰撞或散射实验中，观测到的是不同方向上的出射粒子的计数或者云室中的径迹. 为了描述这些出现在经典世界中的实验结果，我们自然而然地同时也是不可避免地借用了经典力学的术语. 我们可能会用这样的语言描述杨氏双缝实验的结果："明暗相间的干涉条纹表明电子具有波动性."但是，当我们说这句话的时候，应该提醒自己注意的是，我们看到的现象仅仅是微观世界中发生的事情在宏观世界中的反映. 那里的"事情"和这里的"现象"之间有着巨大的尺度上的差异，以至于是本质上的差异. 实际上我们是根据这里的"现象"来推知那里的"事情". 如果我们把现象所表现出来的具有经典意味的特性(如波动性)随意地延伸或移植到现象的载体(即微观粒子)身上，认为后者也具有同样的性质，那么就在有意无意中将分属不同层面(即微观层面和宏观层面)的事物混为一谈，由此将带来理解上的混乱. 因此，我们宁愿以保守而稳妥的态度描述实验现象："电子在杨氏双缝实验中表现出波动性."也就是说，把波动性视作对现象的描述而不是对性质的界定. 更明确地，我们还应该在关于实验现象的陈述中考虑具体的实验环境，不避其繁地将其表述为："在电子的杨氏双缝实验中，不考虑、也不探测电子的路径，即不去追问'电子到底穿过了哪一条缝'这样的问题，那么观测到干涉条纹，说明电子在这样的实验条件下表现出波动性."如此这般繁琐的叙述是必要的，这是因为，如果我们追问"电子到底穿过了哪一条缝"这个问题，那么干涉条纹将受到破坏. 这说明，在这样的实验环境中(即存在所谓的路径探测器)，电子会表现出一定程度的粒子性. 这就是在第1章就提到过的微观粒子具有的波粒二象性. 这里，我们着重指出，不论是波动性还是粒子性，都是关于实验现象的描述，这些描述借用了经典力学的术语，而并不意味着微观粒子本身确实具有波动或粒子的性质. 或者说，微观粒子在一定的实验环境中的表现行为像是经典的波，而在另一种不同的实验环境中表现得像是经典的粒子. 当我们说"A像是B"的时候，我们应该明白A实际上并不是B. 同样地，在本书中经常使用的"微观粒子"这个词指的是某个量子系统，而并不表示一个在空间中占据了某个小区域的真实的个体.

因此，我们应该将语言的使用限制在对现象的描述上. 回避事物本身而只是关注表面现象，这看起来是对客观世界认识上的一种倒退. 但同时需要注意到，这是面对未知世界时应该采取的谨慎的态度. 微观世界在尺度上距离我们非常"遥远"，在那里发生的事情只能间接地而不是直接地、隐秘地而不是显现地影响着我们的感官. 我们站在这个大尺度的此岸，只能用此岸的语言描述我们的感受，甚至可以想象彼岸的场景，但是，我们不能贸然地将感受到和观测到的现象当作彼岸世界中的事物，不能将臆想中的图像视作彼岸世界本身. 柏拉图在《理想国》中有一个关于"洞穴人"的比喻：

我们想像在一个洞穴里住着一些人，宽阔的洞口大开，能透进亮光. 他们被固定在一个位置上，只能背着洞口看眼前的洞壁，头也不能掉转，因为他们的腿和脖子从一出生就被链子锁定了. 在他们背后洞外较高的地方有一处火焰在燃烧，在火焰和囚徒之间有一条路，路边有一道矮墙，好像演木偶戏的人表演木偶戏时用的屏幕……有些人从这道矮墙的后面走过．携带着各种各样的东西，用石头、木头或其他材料制作的人或动物的偶形……他们［囚徒，洞穴人］是像我们自己一样的人．他们只看见被火光映照在洞穴壁上的自己的影子和彼此的影子，此外他们什么也看不到．［洞外的］人们走过这里时携带的那些东西，囚徒们也只能看见它们的影子．如果囚徒们能互相谈话，他们在谈论看到的影子时，不会把影子当成经过这里的实物吗？再说，要是有个经过这里的人发出声音，囚禁他们的洞穴传来回音，他们只能认为那是他们看见的影子发出的声音，此外还能有什么想法吗？……对他们来说，唯一真实的东西就是那些偶形的影子．

我们就像是这些被囚禁的洞穴人，我们看到的现象也如同是墙上的投影．一个人形的影子从墙上闪过，我们能说些什么呢？是洞外的人的影子还是木偶的影子？我们甚至不知道洞外有些什么．也许有一天，正如柏拉图说的那样，有一个人挣脱了束缚，走出洞穴，看到了洞外发生的一切，终于明白原先墙上的二维的影像来自于一个三维的世界．对于我们来说，这样的一天就是真正地触及微观世界的时刻．但是目前，我们只能停留在现象的描述和分析上，提供一个关于量子力学的现象学的文本．

10.3 量子态对应着什么

如果希望建立量子力学的对应规则，那么首先碰到的问题就是：量子态对应着什么？我们经常说某个量子系统处于量子态$|\psi\rangle$．而且，基本上所有的话题都是关于量子态展开的．但是，在这句话中，有两个显得模糊的概念．量子系统的定义是什么？量子态的定义又是什么？

对于量子系统，我们采用一个略带调侃意味的说法：世上本没有量子系统，观测到的现象多了，就有了量子系统．我们用下面三句话说明其中的含义．

(1) 我们在经典世界中看到了一些不能用经典理论解释的现象．

(2) 这些现象得自于面向微观世界的观测或实验．

(3) 想象在微观世界中有某个量子系统，它是这些被观测到的现象的承载体．

关于第一句话，我们作如下解释．在量子力学诞生之前，人们可以用经典力学理论解释客观世界中的诸多现象，这些现象及其经典力学给出的解释具有确定性和实在性．虽然也需要使用统计学的语言（即经典概率论）描述一些随机现象，但是这些随机现象的本质仍然是确定的．我们可以形象地把这一时期人们看到的现象说成是经典世界中的“土著居民”，即由经典理论（牛顿力学和经典概率论）统治的“居民”．随着对客观世界认识的深入，人们的认识能力发展到可以致远而显微．逐渐地，人们发现，对有些现象的解释是经典理论力所不及的．这些现象就像是一些“外来者”，它们虽然“生活”在经典世界中，但不受经典理论的制约，表现出异于人们直觉的特性．那么，这些“外来者”来自何方呢？

在上述第二句话中，我们说，这些“外来”的现象出现在面向微观世界的实验结果中．例如，让一束经过准直的银原子穿过施特恩-格拉赫实验装置，出射的粒子分为两束．经典力学无法解释这个现象，这就是所谓的量子现象．量子现象并不是出现在微观世界中的现象，而是出现在现实的经典世界中，比如出现在实验室中．所以，概括地说，量子现象就是发生在微观世界中的事情在经典世界中的投影，就如同“洞穴人”的比喻中洞外的世界在洞内墙壁上的投影．

上述第三句话说的是，对于这样一些“外来的”的现象，即量子现象，我们想象在微观层面上有相应的承载体．这个承载体就是与特定的实验中观测到的现象相关联的量子系统．银原子穿过施特恩-格拉赫装置中的非均匀磁场后发生了偏转，就这个现象而言，我们可以说，在这个特定的实验中，身处微观世界中的银原子表现在经典世界中的现象就像是一个具有磁矩 $\boldsymbol{\mu}$ 的小磁针．于是，我们可以为银原子赋予一个物理量，也称之为磁矩．但是，需要注意的是，这里所说的银原子的磁矩只是借用的经典物理学的一个词汇（或者说一个称谓），而并不认为银原子的所谓的磁矩具有经典力学意义上的内涵①．为了有所区别，不妨将银原子的磁矩称为量子磁矩，记作 $\hat{\boldsymbol{\mu}}$．经典磁矩 $\boldsymbol{\mu}$ 和量子磁矩 $\hat{\boldsymbol{\mu}}$ 的不同之处在于，经典磁矩无法解释出射粒子始终分为两束这一实验现象，而量子磁矩的任务就是要对这个现象给出解释．因此，与施特恩-格拉赫实验相关联的量子系统就是承载了量子磁矩 $\hat{\boldsymbol{\mu}}$ 的想象中的某个结构，我们把这个结构称为自旋 1/2 粒子，而量子磁矩 $\hat{\boldsymbol{\mu}}$ 是该系统的力学量②．当然，更形象地，我们或许可以把银原子看成是量子系统．不过，考虑到施特恩-格拉赫实验并不关心银原子的能级结构一类的问题，我们宁愿把该实验涉及的量子系统视为一个自旋 1/2 系统．

关于量子系统及其表现出来的现象，我们还要指出以下三点．①量子系统是属于微观层面的一个概念，它在宏观层面的表现就是人们在该实验中观测到的现象．于是，需要具体的实验过程和观测结果来界定量子系统，量子系统的定义也因此具有操作上的意义．②我们说量子系统是量子现象的载体，这并不意谓着量子系统等同于现象．现象是存在于经典世界中的真实的事件，而量子系统则是微观世界中（或者量子理论的形式系统中）的概念．它们分属不同的层面，需要一座桥梁才能建立二者的联系，这座桥梁就是我们将要讨论的量子测量，或者更广义地说，通过这座桥梁，难以捉摸的量子系统最终在经典世界中表现出令人惊异的量子

---

① 这就如同在叙述波粒二象性的时候，我们只是说，微观粒子有的时候表现出波动性，有的时候表现出粒子性，波动性或粒子性只是现象，它们并不是微观粒子的固有的性质．

② 或者更广义地说成是双值系统．双值系统是这样一类量子系统，对它的力学量的测量结果有且只有两个．

现象. ③量子现象是量子系统表现在经典层面上的现象，它是体现在测量仪器上的被观测到的现象. 例如，人们是根据仪表上指针的读数、计数器中的声响、云室中的径迹等等这类事件描述现象的. 因此，在叙述量子现象的时候，测量仪器是不可或缺的重要因素.

我们知道，量子现象是不确定的、随机的，只能用概率来描述. 我们还知道，即便用概率来描述量子现象，经典概率论也是不能胜任的. 作为量子理论的形式系统中的一个重要概念，量子态承担了量子现象的概率描述这一任务. 如果说量子系统是现象的载体，那么量子态就是概率的载体. 如果说量子系统是为了定性地叙述量子现象而构造的概念，那么量子态就是进一步定量化的描述所需要的数学形式——虽然这里说的"定量"只能局限在概率意义上. 量子系统本身并不是现象，量子态也不是概率. 量子系统需要经由一座桥梁才能表现为量子现象，量子态也要经由这座桥梁才能最终具有概率意义上的描述. 重复上一段落中说过的话，这座桥梁就是量子测量，而且，这座桥梁构成了量子理论的对应规则，它用来理解并阐释形式系统中的符号所对应的实际的物理意义. 于是，我们可以为量子态给出操作意义上的定义，这就是说，设想对量子系统进行各种可能的测量，所有测量结果的概率分布构成了对量子态特性的刻画.

至此，我们看到，不论是量子系统还是量子态，都不像经典物理学中的物理量那样明确而清晰，也都不能以一种直观、形象、直接的方式建立与现实世界的对应. 为了说明量子理论的对应规则，量子测量是一个无法回避的过程. 我们知道，量子测量是量子力学的理论框架中的一个基本假设，以下，我们回顾这一基本假设并作必要的评述.

10.4 作为基本假设的量子测量

在量子力学的理论框架中，量子测量假设显得有些抽象. 在本节中，我们遵循这种抽象的描述，稍微具体的说明将在以后各节中讨论.

设想某个量子系统，记作 S，处于量子态 $|\psi\rangle$. 我们希望了解这个量子系统，就需要测量该系统的某个力学量，记作 $\hat{A}$. 力学量 $\hat{A}$ 是希尔伯特空间 $\mathcal{H}$ 上的厄米算符[①]，即 $\hat{A}=\hat{A}^{\dagger}$. 为了数学形式上的简洁，我们假设希尔伯特空间 $\mathcal{H}$ 的维数是有效维的，即 $\dim(\mathcal{H})=n$. 系统的量子态 $|\psi\rangle$ 需要在 $\hat{A}$ 的本征向量上表示. 分两种情况讨论，力学量 $\hat{A}$ 的本征值没有简并和存在简并.

① 数学意义上的希尔伯特空间指的是无穷维的线性空间，即定义了内积的并且是完备的线性空间. 我们将定义了内积的有限维线性空间也称为希尔伯特空间，这是约定俗成的无伤大雅的做法.

10.4.1 非简并情形

如果 $\hat{A}$ 不存在简并，那么它的本征值和本征向量是一一对应的. 将 $\hat{A}$ 的本征值记作 a_i，相应的本征向量记作 $|\alpha_j\rangle$，即

$$\hat{A}=\sum_{i=1}^{n}a_i\mid\alpha_i\rangle\langle\alpha_i\mid$$

本征向量是彼此正交的，即 $\langle\alpha_i|\alpha_j\rangle=\delta_{ij}$. 这样一组正交归一的本征向量 $\{|\alpha_i\rangle\}$ 构成了 $\mathcal{H}$ 的基向量. 态矢量 $|\psi\rangle$ 可以表示为

$$\mid\psi\rangle=\sum_{i=1}^{n}c_i\mid\alpha_i\rangle \tag{10.4.1}$$

其中，$c_i=\langle\alpha_i|\psi\rangle$.

量子测量假设的内容是：

(1) 测量力学量 $\hat{A}$ 得到的结果只能属于它的本征值的集合.

(2) 得到某个结果 a_j 的概率是

$$P_j=|c_j|^2=|\langle\alpha_j|\psi\rangle|^2 \tag{10.4.2}$$

这就是玻恩规则.

(3) 如果测量得到的结果是 a_j，那么在测量刚刚结束后，系统的状态由原先的 $|\psi\rangle$ 变为 $|\alpha_j\rangle$. 这就是通常说的量子态在测量后的塌缩.

可以看到，通过量子测量假设，量子态和力学量这两个量子理论形式系统中的概念与实际观测结果建立了联系，更确切的说，与实际观测结果的概率分布建立了联系. 特别地，如果系统的初态是 $|\psi\rangle=|\alpha_k\rangle$，那么，测量结果一定是 a_k，换句话说，得到结果 a_k 的概率是 1，而得到其他结果的概率一律为 0.

从数学形式上说，可以定义一组一维投影算符 $\hat{\Pi}_i=|\alpha_i\rangle\langle\alpha_i|$，这些一维投影算符具有如下性质：

$$\hat{\Pi}_i=\hat{\Pi}_i^{\dagger},\quad \hat{\Pi}_i\hat{\Pi}_j=\hat{\Pi}_i\delta_{ij},\sum_{i=1}^{n}\hat{\Pi}_i=\mathbb{1}_n$$

其中，$\mathbb{1}_n$ 是 $n\times n$ 的单位矩阵. 用 $\hat{\Pi}_j$ 作用于 $|\psi\rangle$，有

$$\hat{\Pi}_j|\psi\rangle=|\alpha_j\rangle\langle\alpha_j|\psi\rangle=c_j|\alpha_j\rangle$$

于是概率 P_j 可以表示为

$$P_j=|c_j|^2=\langle\psi|\Pi_j|\psi\rangle=\mathrm{Tr}[\hat{\Pi}_j(|\psi\rangle\langle\psi|)] \tag{10.4.3}$$

即投影算符 $\hat{\Pi}_j$ 在 $|\psi\rangle$ 中的期望值.

10.4.2 简并情形

假设力学量 $\hat{A}$ 的本征值存在简并，则它的本征值的个数 m 小于 $\mathcal{H}$ 的维数 n. 将本征值 a_i 的简并度记作 g_i，对应于本征值 a_i 的本征向量记作 $|\alpha_{i,\mu_i}\rangle$，其中 $\mu_i=$

$1,\cdots,g_i$. 希尔伯特空间 $\mathcal{H}$ 的维数 $n=\sum_{i=1}^{m}g_i$. 对于给定的 i,简并的 g_i 个本征向量 $|\alpha_{i,\mu_i}\rangle$ 的线性叠加仍然是 $\hat{A}$ 的本征向量,并且对应的的本征值仍然是 a_i,于是它们构成了 $\mathcal{H}$ 的一个子空间,称为简并子空间,记作 $\mathcal{H}_i$. 将这 g_i 个本征向量 $|\alpha_{i,\mu_i}\rangle$ 正交化,使其成为 $\mathcal{H}_i$ 的基向量. 于是,整个空间 $\mathcal{H}$ 是 m 个子空间 $\mathcal{H}_i(i=1,\cdots,m)$ 的直和,即 $\mathcal{H}=\bigoplus_{i=1}^{m}\mathcal{H}_i$. 空间 $\mathcal{H}$ 的基向量组就是 $\{|\alpha_{i,\mu_i}\rangle\}$,它们是正交归一的,即 $\langle\alpha_{i,\mu_i}|\alpha_{j,\mu_j}\rangle=\delta_{ij}\delta_{\mu_i\mu_j}$. 在这组基向量上,量子态 $|\psi\rangle$ 展开为

$$|\psi\rangle=\sum_{i=1}^{m}\sum_{\mu_i=1}^{g_i}c_{i,\mu_i}|\alpha_{i,\mu_i}\rangle \tag{10.4.4}$$

其中,$c_{i,\mu_i}=\langle\alpha_{i,\mu_i}|\psi\rangle$. 我们还可以把 $|\psi\rangle$ 表示为它落在各个子空间上的分量的线性叠加. 令 $|\tilde{\psi}_i\rangle=\sum_{\mu_i=1}^{g_i}c_{i,\mu_i}|\alpha_{i,\mu_i}\rangle$,这是一个未归一化的态矢量. 量子态 $|\psi\rangle$ 又可以写为

$$|\psi\rangle=\sum_{i=1}^{m}\left|\tilde{\psi}_i\right\rangle \tag{10.4.5}$$

在简并情形下,测量力学量 $\hat{A}$ 得到结果 a_j 的概率是由 $|\psi\rangle$ 落在子空间 $\mathcal{H}_j$ 中的那一部分决定的,它就是

$$P_j=\langle\tilde{\psi}_j|\tilde{\psi}_j\rangle=\sum_{\mu_j=1}^{g_j}|c_{j,\mu_j}|^2=\sum_{\mu_j=1}^{g_j}|\langle\alpha_{j,\mu_j}|\psi\rangle|^2 \tag{10.4.6}$$

定义 g_j 维简并子空间上的投影算符

$$\hat{\Pi}_{\mathcal{H}_j}=\sum_{\mu_j=1}^{g_j}|\alpha_{j,\mu_j}\rangle\langle\alpha_{j,\mu_j}| \tag{10.4.7}$$

容易验证,$\hat{\Pi}_{\mathcal{H}_i}=\hat{\Pi}^{\dagger}_{\mathcal{H}_i}$,$\hat{\Pi}_{\mathcal{H}_i}\hat{\Pi}_{\mathcal{H}_j}=\hat{\Pi}_{\mathcal{H}_i}\delta_{ij}$,$\sum_{i=1}^{m}\hat{\Pi}_{\mathcal{H}_i}=1_n$. 概率 P_j 可以表示为

$$P_j=\langle\psi|\hat{\Pi}_{\mathcal{H}_j}|\psi\rangle=\mathrm{Tr}[\hat{\Pi}_{\mathcal{H}_j}(|\psi\rangle\langle\psi|)] \tag{10.4.8}$$

这是(10.4.3)式的推广形式.

为了确认简并情形下的概率表达式(10.4.8)是合理的,它还需要满足这样一个要求,P_j 不依赖于简并子空间 $\mathcal{H}_j$ 的基向量的选择,或者说,对于 $\mathcal{H}_j$ 的不同的基向量,投影算符 $\hat{\Pi}_{\mathcal{H}_j}$ 的形式是相同的. 初看起来,这是很显然的事实,但是在物理意义上却有着很不寻常的含义,在 11.5.1 节我们将讨论这个问题.

10.4.3 关于量子测量假设的评述

以上叙述是量子测量的数学形式,其物理的或者操作意义上的过程显得抽象而模糊. 在这一小节中,我们将对此作一些解释和说明. 为了便于理解,我们在下面的讨论中只考虑非简并情形. 设量子系统 S 的被测力学量 A 可以表示为厄米算

符 $\hat{A}=\sum_{i=1}^{n}a_i\mid\alpha_i\rangle\langle\alpha_i\mid$，其中 $\mid\alpha_i\rangle$ 是 $\hat{A}$ 的本征向量，a_i 是相应的本征值. 系统 S 的初态是 $\mid\psi\rangle=\sum_{i=1}^{n}c_i\mid\alpha_i\rangle$，其中 $c_i=\langle\alpha_i\mid\psi\rangle$. 我们把上一小节中描述的量子测量过程在形式上分为如下两个阶段来讨论.

在第一个阶段中，量子系统从初态 $|\psi\rangle$ 演变为一种混合状态，我们把这种混合状态记作 $\mathcal{E}=\{P_i,\alpha_i\}$，即

$$|\psi\rangle\longrightarrow\mathcal{E}=\{P_i,\alpha_i\}\tag{10.4.9}$$

其中 $i=1,2,\cdots,n$，$P_i=\mid c_i\mid^2=\mid\langle\alpha_i\mid\psi\rangle\mid^2$. 它的意思是，系统 S 以概率 P_i 处于被测力学量 $\hat{A}$ 的某一个本征态 $\mid\alpha_i\rangle$. 在下一小节中，我们将详细讨论混合状态 $\mathcal{E}$，这里只是强调一点：混合状态 $\mathcal{E}$ 描述的对象是不同的量子态以一定概率的混合，而不是形如 $\mid\psi\rangle=\sum_{i=1}^{n}c_i\mid\alpha_i\rangle$ 表达式中的以一定概率幅(即 c_i)的叠加. 还需要注意的是，混合状态 $\mathcal{E}$ 是量子态的一种表述形式，它仍然是微观层面上的或者说量子理论的形式系统中的概念，因此，由(10.4.9)式描述的过程也仍然属于微观层面上的或者形式系统中的过程. 这种过程涉及到开放量子系统的演化，它不是一个酉演化的过程，不能用我们熟悉的薛定谔方程描述. 第一阶段没有涉及观测结果，也没有提供关于经典层面上的现象的描述.

在测量的第二阶段中，我们可以在测量仪器上看到真实而客观的现象. 比如说，我们会看到仪器的读数. 经过多轮次的实验观测，发现仪器的读数不是确定的，而是随机的. 进一步地可以得到某个读数(记作 m_i)出现的概率①. 关于仪器的读数 m_i 和被测力学量 $\hat{A}$ 的本征值 a_i 之间的关系，量子测量理论描述了一个理想的情形：m_i 和 a_i 之间存在一一对应的函数关系，即 $a_i=f(m_i)$，通过读数 m_i，就可以推知本征值 a_i，通过 m_i 出现的概率，就可以得知力学量 $\hat{A}$ 在量子态 $|\psi\rangle$ 中取值 a_i 的概率.

仪器的读数是真实而客观的，仪器本身也具有一定的客观性. 在玻尔等人提出的量子力学的哥本哈根诠释中，量子世界和经典世界之间有明确的界限，并且认为，测量仪器属于经典世界，我们需要根据体现在测量仪器上的现象来认识量子世界，也只有那些确实被观测到的现象才是有意义的. 这种解释当然保证了仪器的经典性以及仪器读数的客观性，但是，仍然存在理解上的困境，这表现在如下两个方面. ① 测量过程需要建立被测系统和测量仪器之间的相互作用，一个经典系统如何与一个量子系统建立关联？② 从大的方面来说，我们希望量子理论是一个普适理论，它应该包括对测量仪器的描述，也就是说，应该把测量仪器视作量子系统，

① 在具体的观测中，我们得到的是某个结果出现的频度，只有当实验次数很多，才能在渐近的意义上趋于概率.

而哥本哈根诠释没有采用这一观点.

在《量子力学的数学基础》一书中，冯·诺依曼首先考虑了上述问题. 测量仪器(记作 M)被看成量子系统，与被测系统 S 一起构成了两体量子系统 $S+M$. 系统和仪器之间的相互作用以及整体的演化过程使得有关系统的被测力学量的信息转移到了仪器的特定的力学量上，进而表现为经典世界中的现象. 这种做法带来的问题是，测量仪器的经典性以及测量结果的客观性如何体现?

为了进一步讨论上述观点及相关的问题，我们需要一些数学上的铺垫，这包括两体量子系统量子态的描述和混合量子态的概念.

10.5 两体量子系统

两体量子系统是一个复合系统，由子系统 A 和另一个子系统 B 构成. 可以把两个子系统形象地想象为两个微观粒子，也可以把它们视作同一个粒子的两个不同性质的自由度. 例如，在施特恩-格拉赫实验中，需要考虑银原子的磁矩和空间位置，这是两种不同性质的自由度，需要在不同的希尔伯特空间中分别描述它们，于是在分析该实验的时候，可以说我们面对的是一个两体量子系统.

10.5.1 两体系统的量子态

设 $\mathcal{H}^A$ 和 $\mathcal{H}^B$ 分别是描述子系统 A 和子系统 B 的希尔伯特空间. 为简明起见，我们只考虑它们是有限维情形，设其维数分别是 $\dim(\mathcal{H}^A)=d^A$ 和 $\dim(\mathcal{H}^B)=d^B$，并且分别为它们赋予自然基向量组 $\{|i\rangle\}$ 和 $\{|\mu\rangle\}$，其中 $i=0,1\cdots,d^A-1$，$\mu=0,1,\cdots,d^B-1$，这里我们分别用拉丁字母和希腊字母表示 $\mathcal{H}^A$ 和 $\mathcal{H}^B$ 的基向量. 所谓自然基向量 $|i\rangle$ 是这样的：在它的列向量表示形式中，第 $i+1$ 行的分量是 1，其余各行均为 0，即

$$|0\rangle=\begin{pmatrix}1\\0\\0\\\vdots\\0\end{pmatrix},\quad |1\rangle=\begin{pmatrix}0\\1\\0\\\vdots\\0\end{pmatrix},\quad \cdots,\quad |d^A-1\rangle=\begin{pmatrix}0\\0\\0\\\vdots\\1\end{pmatrix}$$

$\mathcal{H}^B$ 的基向量组 $\{|\mu\rangle\}$ 与此类似.

描述两体量子系统 AB 的量子态的希尔伯特空间 $\mathcal{H}$ 是 $\mathcal{H}^A$ 和 $\mathcal{H}^B$ 的直积，即 $\mathcal{H}=\mathcal{H}^A\otimes\mathcal{H}^B$，它是一个 d^Ad^B 维的复空间，自然基向量组记作 $\{|i\rangle\otimes|\mu\rangle\}$，简写为 $\{|i\rangle|\mu\rangle\}$，或者 $\{|i\mu\rangle\}$. 这里，符号 $\otimes$ 表示直积(direct product)，它的运算规则是这样的. 设 X 是一个 $m\times n$ 的矩阵，Y 是另一个矩阵. X 的第 i 行第 j 列的矩阵元记作 x_{ij}. 那么 X 和 Y 的直积就是

$$X\otimes Y=\begin{pmatrix} x_{11}Y & x_{12}Y & \cdots & x_{1n}Y \\ x_{21}Y & x_{22}Y & \cdots & x_{2n}Y \\ \vdots & \vdots & & \vdots \\ x_{m1}Y & x_{m2}Y & \cdots & x_{mn}Y \end{pmatrix}$$

简单地说，把 $X\otimes Y$ 看成是一个由 $m\times n$ 个小矩阵拼成的大矩阵，每一个小矩阵是 $x_{ij}Y$. 于是，$\mathcal{H}$ 的某个基向量，比如 $|0\rangle|1\rangle$，它的列向量形式可以表示为

$$|0\rangle|1\rangle=\begin{pmatrix}1\\0\\0\\\vdots\\0\end{pmatrix}\otimes\begin{pmatrix}0\\1\\0\\\vdots\\0\end{pmatrix}=\begin{pmatrix}0\\1\\0\\\vdots\\\vdots\\0\end{pmatrix}$$

希尔伯特空间 $\mathcal{H}$ 中任意一个态矢量 $|\Psi\rangle$ 可以在 $\{|i\mu\rangle\}$ 上展开

$$|\Psi\rangle=\sum_{i=0}^{d^A-1}\sum_{\mu=0}^{d^B-1}c_{i\mu}|i\rangle|\mu\rangle \tag{10.5.1}$$

其中系数 $c_{i\mu}=\langle i\mu|\Psi\rangle$，并且满足 $\sum_{i,\mu}|c_{i\mu}|^2=1$. 以后，在不会引起歧义的情况下，我们将略去求和的上下限. 另外，我们把这样的两体系统简称为 $d^A\otimes d^B$ 系统.

虽然希尔伯特空间 $\mathcal{H}$ 是 $\mathcal{H}^A$ 和 $\mathcal{H}^B$ 的直积，但是 $\mathcal{H}$ 中的量子态却并不是总能表示为 $\mathcal{H}^A$ 中的量子态和 $\mathcal{H}^B$ 中的量子态的直积. 如果 $|\Psi\rangle\in\mathcal{H}$ 可以表示为 $|\psi^A\rangle\otimes|\psi^B\rangle$，其中 $|\psi^A\rangle\in\mathcal{H}^A$，$|\psi^B\rangle\in\mathcal{H}^B$，那么 $|\Psi\rangle$ 被称为直积态(product state).

可以选择 $\mathcal{H}^A$ 或 $\mathcal{H}^B$ 的其他形式的基向量，将 $|\Psi\rangle$ 表示成其他形式. 下面的定理给出了最简单的表示形式.

定理 10.5.1(施密特(Schmidt)分解)　对于给定的某个量子态 $|\Psi\rangle\in\mathcal{H}$，总能找到 $\mathcal{H}^A$ 和 $\mathcal{H}^B$ 的特定的基向量，记作 $\{|e_i\rangle\}$ 和 $\{|f_\mu\rangle\}$，使得 $|\psi\rangle$ 在 $\{|e_i\rangle|f_\mu\rangle\}$ 上的展开形式为

$$|\Psi\rangle=\sum_{j=0}^{d}c_j|e_j\rangle|f_j\rangle \tag{10.5.2}$$

其中 $d=\min\{d^A,d^B\}-1$，并且每一个 c_j 都是正的.

该定理的证明在 10.6.7 节的末尾给出.

10.5.2 两体系统的算符

一般形式的算符和对算符的操作　考虑 d^Ad^B 维的空间 $\mathcal{H}$ 上的的算符 $\hat{X}$，它

可以表示为矩阵形式[①],在自然基向量$|i\rangle|\mu\rangle$上

$$\hat{X}=\sum_{ij\mu\nu}x_{i\mu,j\nu}\mid i\mu\rangle\langle j\nu\mid \tag{10.5.3}$$

其中矩阵元$x_{i\mu,j\nu}$就是

$$x_{i\mu,j\nu}=\langle i\mu|\hat{X}|j\nu\rangle=\mathrm{Tr}(\hat{X}|j\nu\rangle\langle i\mu|)$$

这里,用双指标标记矩阵的行和列,对行的标记是$i\mu$,对列的标记是$j\nu$. 还可以把矩阵$\hat{X}$表示为

$$\hat{X}=\sum_{ij\mu\nu}x_{i\mu,j\nu}\mid i\rangle\langle j\mid\otimes\mid\mu\rangle\langle\nu\mid$$

一般地,希尔伯特空间$\mathcal{H}$上任意一个矩阵不一定总能表示为$\mathcal{H}^A$上的矩阵和$\mathcal{H}^B$上的矩阵的直积.

常见的对希尔伯特空间$\mathcal{H}$上的矩阵的操作有转置、厄米共轭和求迹. 矩阵$\hat{X}$的转置记作$\hat{X}^{\mathrm{T}}$

$$\hat{X}^{\mathrm{T}}=\sum_{ij\mu\nu}x_{i\mu,j\nu}\mid j\nu\rangle\langle i\mu\mid$$

也可以等价地写为$\hat{X}^{\mathrm{T}}=\sum_{ij\mu\nu}x_{j\nu,i\mu}x_{j\nu,i\mu}\mid i\mu\rangle\langle j\nu\mid$. 厄米共轭是

$$\hat{X}^{\dagger}=\sum_{ij\mu\nu}x^*_{i\mu,j\nu}\mid j\nu\rangle\langle i\mu\mid$$

可以等价地写为$\hat{X}^{\dagger}=\sum_{ij\mu\nu}x^*_{j\nu,i\mu}\mid i\mu\rangle\langle j\nu\mid$. 对矩阵$\hat{X}$在整个空间上求迹,结果是

$$\begin{aligned}\mathrm{Tr}(\hat{X})&=\sum_{i'\mu'}\langle i'\mu'\mid\hat{X}\mid i'\mu'\rangle\\&=\sum_{i'\mu'}\sum_{ij\mu\nu}x_{i\mu,j\nu}\langle i'\mu'\mid i\mu\rangle\langle j\nu\mid i'\mu'\rangle\\&=\sum_{i\mu}x_{i\mu,i\mu}\end{aligned}$$

除了上述常见的操作以外,还有一些仅仅涉及子空间$\mathcal{H}^A$或$\mathcal{H}^B$的操作,即部分转置(partial transpose)和部分迹(partial trace).

定义 10.5.1(部分转置) 希尔伯特空间$\mathcal{H}=\mathcal{H}^A\otimes\mathcal{H}^B$上的矩阵$\hat{X}$表示为(10.5.3)式,在$\mathcal{H}^A$空间中的转置记作$\hat{X}^{T_A}$,其形式是

$$\hat{X}^{\mathrm{T}_A}=\sum_{ij\mu\nu}x_{i\mu,j\nu}\mid j\mu\rangle\langle i\nu\mid=\sum_{ij\mu\nu}x_{i\mu,j\nu}\mid j\rangle\langle i\mid\otimes\mid\mu\rangle\langle\nu\mid \tag{10.5.4}$$

在$\mathcal{H}^B$空间中的转置记作$\hat{X}^{T_B}$,其形式是

$$\hat{X}^{\mathrm{T}_B}=\sum_{ij\mu\nu}x_{i\mu,j\nu}\mid i\nu\rangle\langle j\mu\mid=\sum_{ij\mu\nu}x_{i\mu,j\nu}\mid i\rangle\langle j\mid\otimes\mid\nu\rangle\langle\mu\mid \tag{10.5.5}$$

定义 10.5.2(部分迹) 对形如(10.5.3)式的矩阵$\hat{X}$在空间$\mathcal{H}^B$中求迹,得到一个$\mathcal{H}^A$上的矩阵,记作$\hat{X}^A$

① 若非特别指明,所说的矩阵是$d^Ad^B\times d^Ad^B$的方阵.

$$\hat{X}^A = \mathrm{Tr}_B(\hat{X}) = \sum_{ij\mu} x_{i\mu,j\mu} \mid i\rangle\langle j \mid \tag{10.5.6}$$

类似地，对 $\hat{X}$ 在空间 $\mathcal{H}^A$ 中求迹，得到一个 $\mathcal{H}^B$ 上的矩阵，记作 $\hat{X}^B$

$$\hat{X}^B = \mathrm{Tr}_A(\hat{X}) = \sum_{i\mu\nu} x_{i\mu,i\nu} \mid \mu\rangle\langle \nu \mid \tag{10.5.7}$$

$\hat{X}^A$ 和 $\hat{X}^B$ 分别称为 $\hat{X}$ 在 $\mathcal{H}^A$ 和 $\mathcal{H}^B$ 上的约化矩阵.

一般地，$\hat{X}\neq\hat{X}^A\otimes\hat{X}^B$. 还可以看到，在整个空间 $\mathcal{H}$ 上求迹等于先在 $\mathcal{H}^{A(B)}$ 上求迹，然后继续在 $\mathcal{H}^{B(A)}$ 上求迹

$$\mathrm{Tr}(\hat{X})=\mathrm{Tr}_A[\mathrm{Tr}_B(\hat{X})]=\mathrm{Tr}_B[\mathrm{Tr}_A(\hat{X})]$$

在讨论两体问题的时候，对于某个子空间上的矩阵，比如说，$\hat{A}$ 是 $\mathcal{H}^A$ 上的矩阵，更严格的写法是 $\hat{A}\otimes 1^B$，这里，1^B 是 $\mathcal{H}^B$ 上的单位算符. 类似地，$\mathcal{H}^B$ 上的矩阵 $\hat{B}$ 应该理解为 $1^A\otimes\hat{B}$. 添加的单位算符意谓着对相应的子空间中的向量不作任何操作. 如果矩阵 $\hat{A}$ 和 $\hat{B}$ 分属不同的希尔伯特空间，它们一定是对易的，即

$$[\hat{A},\hat{B}]=[\hat{A}\otimes 1^B, 1^A\otimes\hat{B}]=0$$

在讨论两体量子系统作为一个整体随时间演化的时候，需要给出整个系统的哈密顿量，例如

$$\hat{H}=\hat{H}^A+\hat{H}^B+\hat{H}^{\mathrm{int}}$$

其中 $\hat{H}^A$ 和 $\hat{H}^B$ 分别是是子系统 A 和 B 的局部的定域的哈密顿量，它们分别是 $\mathcal{H}^A$ 和 $\mathcal{H}^B$ 上的厄米算符，$\hat{H}^{\mathrm{int}}$ 则表示二者间的相互作用，它是 $\mathcal{H}$ 上的厄米算符，所以，上式应该写为

$$\hat{H}=\hat{H}^A\otimes 1^B+1^A\otimes\hat{H}^B+\hat{H}^{\mathrm{int}} \tag{10.5.8}$$

以后，在不致混淆的情况下，我们有时会省略表明子系统的上标.

酉算符 作用于 $\mathcal{H}$ 中的量子态的酉变换 $\hat{U}$ 一般不能表示为 $\mathcal{H}^A$ 上的酉变换 $\hat{U}^A$ 和 $\mathcal{H}^B$ 上的酉变换 $\hat{U}^B$ 的直积. 我们称 $\hat{U}^A$ 和 $\hat{U}^B$ 为局部酉变换，或者定域酉变换. 例如，考虑由(10.5.8)式决定的随时间的演化，其过程可以通过酉算符 $\hat{U}(t)$ 描述

$$\hat{U}(t)=\exp\left\{-\frac{\mathrm{i}\hat{H}t}{\hbar}\right\}=\exp\left\{-\frac{\mathrm{i}t}{\hbar}(\hat{H}^A\otimes 1^B+1^A\otimes\hat{H}^B+\hat{H}^{\mathrm{int}})\right\}$$

如果 $\hat{H}^{\mathrm{int}}=0$，即两个子系统之间没有相互作用，那么 $\hat{U}(t)$ 可以简化为 $\hat{U}^A(t)\otimes\hat{U}^B(t)$，这里 $\hat{U}^A(t)=\mathrm{e}^{-\mathrm{i}\hat{H}^At/\hbar}$，$\hat{U}^B(t)=\mathrm{e}^{-\mathrm{i}\hat{H}^Bt/\hbar}$，它们描述的是每个子系统在其自身哈密顿量支配下的随时间的演化过程. 如果 $\hat{H}^{\mathrm{int}}\neq 0$，那么 $\hat{U}(t)\neq\hat{U}^A(t)\otimes\hat{U}^B(t)$，相互作用项影响了整体的演化过程.

厄米算符 设 $\hat{X}$ 是希尔伯特空间 $\mathcal{H}$ 上的厄米算符，$\hat{X}=\hat{X}^\dagger$. 比如，前面提到的两体系统的整体的哈密顿量就是 $\mathcal{H}$ 上的厄米算符. 再比如，两个粒子的自旋角动量分别是 $\hat{\boldsymbol{S}}^A$ 和 $\hat{\boldsymbol{S}}^B$，总的角动量 $\hat{\boldsymbol{S}}=\hat{\boldsymbol{S}}^A+\hat{\boldsymbol{S}}^B=\hat{\boldsymbol{S}}^A\otimes 1^B+1^A\otimes\hat{\boldsymbol{S}}^B$ 是 $\mathcal{H}$ 上的厄米算符，它是两体系统的整体力学量. 在讨论两体问题的时候，每一个子系统的力学

量也视作 $\mathcal{H}$ 上的厄米算符，在具体的运算过程中，需采用形如 $\hat{A}\otimes 1$ 或者 $1\otimes\hat{B}$ 的表示. 下面我们着重讨论一下测量算符，就是说，把量子测量假设用于两体量子系统.

设两体系统 AB 的整体的量子态是 $|\Psi\rangle$. 再设想 $\hat{X}$ 是 AB 的整体力学量，$\hat{X}=\hat{X}^\dagger$，本征值和相应的本征向量分别用 x_i 和 $|\xi_i\rangle$ 表示，即 $\hat{X}|\xi_i\rangle=x_i|\xi_i\rangle$. 在 $|\Psi\rangle$ 中测量 $\hat{X}$ 得到结果 x_i 的概率是 $P(x_i)=|\langle\xi_i|\Psi\rangle|^2$. 这种对于两体系统整体的测量被称为**联合测量**. 不过，在很多时候（尤其是讨论子系统之间的关联行为的时候），同时测量两个子系统的局部的力学量也被看成是联合测量. 设 $\hat{A}$ 和 $\hat{B}$ 分别是子系统 A 和子系统 B 的力学量，它们的本征方程分别是 $\hat{A}=\sum_i a_i|\alpha_i\rangle\langle\alpha_i|$ 和 $\hat{B}=\sum_j b_i|\beta_j\rangle\langle\beta_j|$. 测量 $\hat{A}$ 得到结果 a_i，同时测量 $\hat{B}$ 得到结果 b_j 的概率是

$$P(a_i,b_j)=|(\langle\alpha_i|\otimes\langle\beta_j|)|\Psi\rangle|^2$$

有时候，我们也把上述概率写为 $P(a_i,b_j|\hat{A},\hat{B})$，在竖线右边标明了每个子系统的被测力学量，它们的观测结果写在竖线的左边. 这个形式看起来像是条件概率，我们也确实可以把竖线右边的内容视作条件. 定义投影算符 $\hat{\Pi}_i^A=|\alpha_i\rangle\langle\alpha_i|$ 和 $\hat{\Pi}_j^B=|\beta_j\rangle\langle\beta_j|$，概率 $P(a_i,b_j)$ 又可以写为

$$P(a_i,b_j)=\langle\Psi|(\hat{\Pi}_i^A\otimes\hat{\Pi}_j^B)|\Psi\rangle=\mathrm{Tr}[(\hat{\Pi}_i^A\otimes\hat{\Pi}_j^B)(|\Psi\rangle\langle\Psi|)] \quad (10.5.9)$$

这是观测到结果 a_i 和 b_j 这两个事件同时出现的概率，是联合概率. 对此有以下两点需要说明.

(1) 可以从联合概率得到边缘(marginal)概率. 若联合概率 $P(a_i,b_j)$ 是已知的，那么可以有

$$P(a_i)=\sum_j P(a_i,b_j),\quad P(b_j)=\sum_i P(a_i,b_j)$$

$P(a_i)$ 和 $P(b_j)$ 就是边缘概率，它们分别是在 $|\Psi\rangle$ 中仅仅测量 $\hat{A}$ 和仅仅测量 $\hat{B}$ 得到结果 a_i 和 b_j 的概率. 这种从整体到部分，从联合到边缘的过渡是经典概率论的内容，但也符合玻恩规则给出的结论. 注意到与结果 a_i 对应的投影算符是 $\hat{\Pi}_i^A$，根据玻恩规则，有

$$P(a_i)=\langle\Psi|(\hat{\Pi}_i^A\otimes 1^B)|\Psi\rangle$$

将 1^B 表示为 $\sum_j\hat{\Pi}_j^B$，概率 $P(a_i)$ 可以继续写为

$$P(a_i)=\sum_j\langle\Psi|(\hat{\Pi}_i^A\otimes\hat{\Pi}_j^B)|\Psi\rangle=\sum_j P(a_i,b_j)$$

类似地可以得到 $P(b_j)=\sum_i P(a_i,b_j)$.

(2) 这里说的同时并不一定必须是严格的时间上的同步，实际上可以分两步进行. 例如，我们可以先测量 $\hat{B}$，以一定的概率 $P(b_j)$ 得到结果 b_j，在此基础上再测量 $\hat{A}$，以条件概率 $P(a_i|b_j)$ 得到结果 a_i，于是联合概率 $P(a_i,b_j)=P(a_i|b_j)P(b_j)$.

这种叙述同样也是经典概率论的内容,而在量子力学中也有同样的结论. 选择 $\mathcal{H}^B$ 的基向量为$\{|\beta_j\rangle\}$,总可以将$|\Psi\rangle$表示为

$$|\Psi\rangle=\sum_j|\tilde{\varphi}_j\rangle\otimes|\beta_j\rangle$$

这里$|\tilde{\varphi}_j\rangle$未归一,彼此也不一定正交. 从这个表达式可以看出,测量 $\hat{B}$ 得到结果 b_j 的概率就是$\langle\tilde{\varphi}_j|\tilde{\varphi}_j\rangle$. 令$|\varphi_j\rangle=\dfrac{1}{\sqrt{P(b_j)}}|\tilde{\varphi}_j\rangle$,这里 $P(b_j)=\langle\tilde{\varphi}_j|\tilde{\varphi}_j\rangle$. 结果 b_j 出现之后,两体系统的状态是$|\varphi_j\rangle\otimes|\beta_j\rangle$. 继续测量 $\hat{A}$,得到结果 a_i 的概率就是条件概率 $P(a_i|b_j)$,即

$$P(a_i|b_j)=(\langle\varphi_i|\otimes\langle\beta_j|)(\hat{\Pi}_i^A\otimes\mathbb{1}^B)(|\varphi_i\rangle\otimes|\beta_j\rangle)=\langle\varphi_j|\hat{\Pi}_i^A|\varphi_j\rangle$$

如果根据 $P(a_i,b_j)=P(a_i|b_j)P(b_j)$计算联合概率,那么结果是

$$P(a_i,b_j)=P(a_i|b_j)P(b_j)=\langle\varphi_j|\hat{\Pi}_i^A|\varphi_j\rangle P_j=\langle\tilde{\varphi}_j|\hat{\Pi}_i^A|\tilde{\varphi}_j\rangle$$

如果直接计算投影算符 $\hat{\Pi}_i^A\otimes\hat{\Pi}_j^B$ 在$|\Psi\rangle$的期望值,那么有

$$\begin{aligned}P(a_i,b_j)&=\langle\Psi|(\hat{\Pi}_i^A\otimes\hat{\Pi}_j^B)|\Psi\rangle\\&=\sum_{m,m'}(\langle\tilde{\varphi}_m|\otimes\langle\beta_m|)(\hat{\Pi}_i^A\otimes\hat{\Pi}_j^B)(|\tilde{\varphi}_m{}'\rangle\otimes|\beta_m{}'\rangle)=\langle\tilde{\varphi}_j|\hat{\Pi}_i^A|\tilde{\varphi}_j\rangle\end{aligned}$$

所以,两种看法给出了相同的结果.

10.5.3 最简单的两体量子系统:两个双值系统

前面说过,双值系统的力学量的测量结果只有两个. 自旋 1/2 粒子,两能级系统都属于双值系统. 更一般地说,可以用二维希尔伯特空间描述的系统都是双值系统. 这里我们考虑自旋 1/2 粒子.

描述单个自旋 1/2 粒子的希尔伯特空间是二维的复空间$\mathbb{C}^2$. 它的自然基向量是$\{|0\rangle,|1\rangle\}$,其具体形式是

$$|0\rangle=\begin{pmatrix}1\\0\end{pmatrix},\quad |1\rangle=\begin{pmatrix}0\\1\end{pmatrix}$$

它们分别是泡利矩阵 $\hat{\sigma}_z$ 的本征值为$+1$和-1的本征向量,也就是说,自旋角动量的 z 分量 $\hat{S}_z$ 在$|0\rangle$和$|1\rangle$上的取值分别为$+\hbar/2$和$-\hbar/2$. 任意的$|\psi\rangle\in\mathbb{C}^2$都可以表示为

$$|\psi\rangle=c_0|0\rangle+c_1|1\rangle$$

如果$|\psi\rangle$表示了某个量子态,那么需满足归一化条件$|c_0|^2+|c_1|^2=1$.

对于由两个自旋 1/2 粒子(分别记作 A 和 B)组成的两体系统,即 $2\otimes2$ 系统,希尔伯特空间是 $\mathcal{H}=\mathbb{C}^2\otimes\mathbb{C}^2$,它的自然基向量是$\{|i\rangle\otimes|\mu\rangle\}$,$i=0,1$,$\mu=0,1$,具体地写出来就是,$|0\rangle\otimes|0\rangle$,$|0\rangle\otimes|1\rangle$,$|1\rangle\otimes|0\rangle$,$|1\rangle\otimes|1\rangle$,简写为$|0\rangle|0\rangle$,$|0\rangle|1\rangle$,$|1\rangle|0\rangle$,$|1\rangle|1\rangle$,或者$|00\rangle$,$|01\rangle$,$|10\rangle$,$|11\rangle$. 量子态$|\Psi\rangle\in\mathcal{H}$可以表示为

$$|\Psi\rangle = c_{00}\,|00\rangle + c_{01}\,|01\rangle + c_{10}\,|10\rangle + c_{11}\,|11\rangle,\quad \sum_{i,\mu=0}^{1} |c_{i\mu}|^2 = 1$$

根据定理 10.5.1，总可以在每个$\mathbb{C}^2$中找到适当的基向量，使得$|\Psi\rangle$表示为

$$|\Psi\rangle = c_0|e_0\rangle|f_0\rangle + c_1|e_1\rangle|f_1\rangle,\quad c_0, c_1 \geqslant 0,\quad c_0^2 + c_1^2 = 1$$

空间$\mathbb{C}^2 \otimes \mathbb{C}^2$上的矩阵的部分转置和部分迹可以分别通过图 10.5.1 和图 10.5.2 表示.

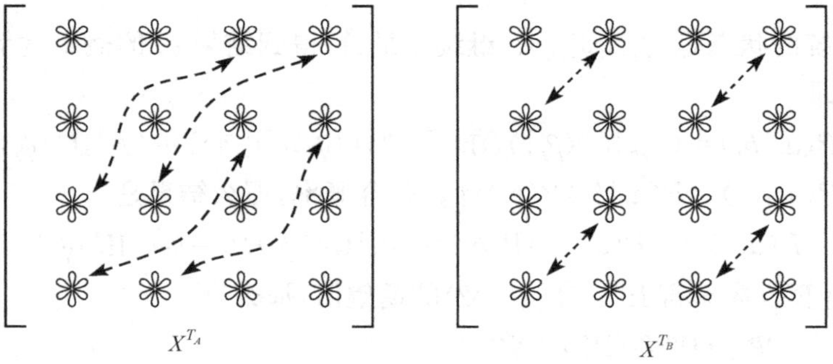

图 10.5.1　部分转置

将图中用虚线连接的矩阵元对调，得到关于矩阵 X 的部分转置.

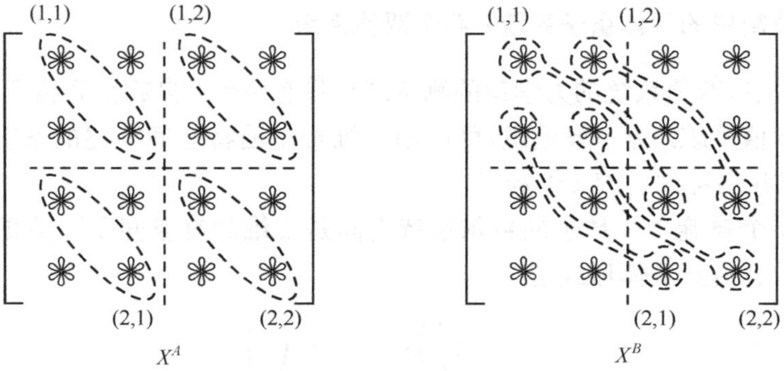

图 10.5.2　部分迹

将图中用虚线圈起来的矩阵元相加，再将相加的结果放在 2×2 矩阵的相应的位置，得到关于矩阵 X 的部分迹.

作为一个简单的例子，我们来计算一下量子态随时间的演化. 设 $2\otimes 2$ 系统的初态是一个直积态，

$$|\Psi(t=0)\rangle = |\Psi(0)\rangle = |0\rangle \otimes |0\rangle$$

如果两个自旋 1/2 粒子之间没有相互作用，那么每一个粒子自身的哈密顿量决定了$|\Psi(0)\rangle$随时间的演化，即

$$|0\rangle \otimes |0\rangle \longrightarrow [\hat{U}^A(t) \otimes \hat{U}^B(t)](|0\rangle \otimes |0\rangle) = \hat{U}^A(t)|0\rangle \otimes \hat{U}^B(t)|0\rangle$$

这里 $\hat{U}^A(t)$和 $\hat{U}^B(t)$分别是 A 和 B 的自身的或者说局部的时间演化算符. 显然，

在这种情况下，任意时刻的两体量子态都具有可以分离的直积态的形式. 另一方面，设想 A 和 B 之间存在相互作用，比如二者之间有 x 方向上自旋角动量的耦合，则相互作用哈密顿量可以表示为

$$\hat{H}^{\text{int}}=4J\hat{S}_x\otimes\hat{S}_x=\hbar^2 J\hat{\sigma}_x\otimes\hat{\sigma}_x$$

其中 J 为耦合常数. 为了使计算简单，我们暂不考虑 A 和 B 局部的哈密顿量，于是整个体系的哈密顿量就是 $\hat{H}=\hat{H}^{\text{int}}$，时间演化算符是

$$\begin{aligned}\hat{U}(t)&=\mathrm{e}^{-\mathrm{i}\hat{H}t/\hbar}=\exp\{-\mathrm{i}\hbar Jt\hat{\sigma}_x\otimes\hat{\sigma}_x\}\\&=1\otimes 1\cos(\hbar Jt)-\mathrm{i}(\hat{\sigma}_x\otimes\hat{\sigma}_x)\sin(\hbar Jt)\\&=\begin{pmatrix}\cos(\hbar Jt)&0&0&-\mathrm{i}\sin(\hbar Jt)\\0&\cos(\hbar Jt)&-\mathrm{i}\sin(\hbar Jt)&0\\0&-\mathrm{i}\sin(\hbar Jt)&\cos(\hbar Jt)&0\\-\mathrm{i}\sin(\hbar Jt)&0&0&\cos(\hbar Jt)\end{pmatrix}\end{aligned}$$

将 $\hat{U}(t)$ 作用于 $|\Psi(0)\rangle$ 之后得到

$$|\Psi(t)\rangle=\hat{U}(t)|\Psi(0)\rangle=\cos(\hbar Jt)|00\rangle-\mathrm{i}\sin(\hbar Jt)|11\rangle \qquad (10.5.10)$$

容易验证，当演化时间 t 满足 $\hbar Jt=0,\dfrac{\pi}{2},\pi,\cdots$ 的时候，$|\Psi(t)\rangle$ 是直积态，而其他时刻则不能表示为直积形式.

10.6 混合态

为了介绍混合态的概念，我们首先需要叙述系综的概念，然后，从两个方面讨论混合量子态，一是量子态的制备，另一个是复合系统中子系统的量子态.

10.6.1 系综

系综是一个想象中的假想的概念，为了说假想的东西，先得说与此相关的真实的事情. 以自旋 1/2 粒子的施特恩-格拉赫实验为例.

设想我们制备了 100 个处于状态 $|0\rangle=|\uparrow\rangle$ 的自旋 1/2 的粒子. 接着，让这 100 个粒子通过 $SG(x)$ 装置. $SG(x)$ 的意思是，在施特恩-格拉赫(SG)实验装置中，非均匀磁场的梯度方向指向 x 方向. 根据量子力学的预言，即玻恩规则，每一个粒子偏向 $+x$ 方向和或偏向 $-x$ 方向的概率都是 1/2. 但是，在实际的实验结果中，我们未必能看到 50 个粒子偏向 $+x$ 方向或 $-x$ 方向. 说不定只有 45 个粒子偏向 $+x$ 方向，55 个偏向 $-x$ 方向. 甚至还可能根本没有任何粒子偏向 $+x$ 方向，所有的 100 个粒子都偏向了 $-x$ 方向. 当然，这件事情发生的可能性很小. 实际上，当进入 $SG(x)$ 的粒子数 N 越来越多，以至于 $N\to\infty$ 的时候，事件“偏向 $+x$ 和 $-x$ 方向的粒子数各占一半”发生的可能性变得越来越大，以至于在极限情形下成为一

个确定的必然发生的事件. 这时，我们才可以说偏向$\pm x$的概率各为1/2，才能说量子理论的预言有了操作意义上的对应.

但是，极限情形下已经是假想中的描述了——我们不可能对无穷多个粒子进行测量. 于是，在想象中，我们拥有无穷多个处于$|0\rangle$的粒子，这些粒子经过了$SG(x)$之后的结果直接对应于由玻恩规则给出的理论预言. 这想象中的无穷多个处于相同状态的粒子就组成了所谓的纯态系综. 引入系综的概念是为了叙述概率，因为我们需要无穷多的样本、无穷多个事件才能使频度趋近于概率.

想象中的系综还有一个有别于实际情况的特点：系综并不对应于多体量子系统. 在施特恩-格拉赫实验中，为了描述100个自旋1/2的入射粒子，需要的希尔伯特空间是100个$\mathbb{C}^2$的直积，即

$$\mathcal{H}=\mathbb{C}^2\otimes\mathbb{C}^2\otimes\cdots\otimes\mathbb{C}^2$$

如果粒子数更多，则$\mathcal{H}$的维数更大. 对于N个粒子，我们需要2^N维的复的希尔伯特空间. 而对于系综则不然. 构成系综的量子系统是想象中的，不是真实的. 不需要利用更多更大的希尔伯特空间描述这些想象中的系统. 我们用系综描述自旋1/2粒子的量子态，所在的希尔伯特空间仍然是二维的.

10.6.2 量子态的制备

系综是基于真实的多体系统的抽象的想象的概念，反过来，真实的多体系统可以为我们提供关于系综的形象的具有操作意义的理解. 而且，在具体的实验中，比如对量子系统的操控，需要从系统的特定的初态开始，对之进行一些列的操作，这就涉及量子态的制备过程.

还是以自旋1/2粒子为例. 如果希望得到自旋角动量$\hat{S}_z$的取值为$+\hbar/2$的量子态，即$|0\rangle$态，可以让粒子通过$SG(z)$装置，并在出射粒子中选择向$+z$方向偏转的那一部分. 在理想情形下，这些被选择的粒子都处于$|0\rangle$态. 可以让它们继续通过第二个$SG(z)$装置，其结果是，所有的出射粒子都偏向$+z$方向. 于是，通过对某个测量结果的选择，可以制备出若干个以至大量的处于相同量子态的粒子. 一方面，从具体的实际的角度说，制备过程得到的结果是由处于相同状态的子系统构成的多体量子系统；另一方面，从抽象的想象的角度说，我们建立了**纯态系综**的概念：在想象中的构成系综的无穷多个系统具有相同的量子态，比如$|\psi\rangle$，我们称之为纯态，系综的状态可以用$|\psi\rangle$描述，是为纯态系综. 此前，我们接触的量子态基本上都是纯态. 纯态$|\psi\rangle$的特性是，在原则上存在具有确定结果的测量方式，即，测量处于量子态$|\psi\rangle$的量子系统的某个特定的力学量，得到的结果是确定的而不是随机的.

现在考虑量子态制备的另一种方式及结果. 设想有两个施特恩-格拉赫实验装置，它们都是$SG(z)$. 通过第一个$SG(z)$制备了N_0个处于$|0\rangle$态的粒子，通过第二个$SG(z)$制备了N_1个处于$|1\rangle$态的粒子，然后，将它们混合在一起，构成总数为

$N=N_0+N_1$ 的多体系统. 为了描述这个多体系统的状态,让这 N 个粒子通过第三个 $SG(z)$装置. 显然,出射粒子中将会有 N_0 个偏向 $+z$ 方向,有 N_1 个偏向 $-z$ 方向. 如果用概率的语言描述,那么可以说,N 个粒子中的任何一个处于$|0\rangle$态的概率是 $P_0=N_0/N$,处于$|1\rangle$的概率是 $P_1=N_1/N$. 进而抽象为**混合系综**的概念:系综 $\mathcal{E}$ 中每一个想象中的系统以概率 P_0 处于$|0\rangle$态,以概率 P_1 处于$|1\rangle$态;或者说,系综 $\mathcal{E}$ 是两个纯态系综 $\mathcal{E}_0$ 和 $\mathcal{E}_1$ 分别以概率 P_0 和 P_1 混合的结果,这里 $\mathcal{E}_0$ 是以$|0\rangle$描述的系综,$\mathcal{E}_1$ 是以$|1\rangle$描述的系综. 可以把这个说法形式地表示为

$$\mathcal{E}=P_0\mathcal{E}_0+P_1\mathcal{E}_1 \tag{10.6.1}$$

更一般地,可以让若干个纯态系综 $\mathcal{E}_i$ 以相应的概率 P_i 混合,得到混合系综 $\mathcal{E}$

$$\mathcal{E}=\sum_i P_i\mathcal{E}_i,\quad P_i\geqslant 0,\quad \sum_i P_i=1 \tag{10.6.2}$$

其中的求和没有设定上限,原则上可以用任意多个纯态系综进行混合. 而且,描述 $\mathcal{E}_i$ 的量子态$|\psi_i\rangle$也未必是彼此正交的. 例如,我们可以使用两个不同的施特恩-格拉赫实验装置,一个是 $SG(z)$,另一个是 $SG(x)$. 通过 $SG(z)$制备出处于$|0\rangle$的粒子;通过 $SG(x)$制备出处于$|x_+\rangle$的粒子,这里$|x_+\rangle$是 $\hat{\sigma}_x$ 的本征值为$+1$的本征向量,即$|x_+\rangle=\frac{1}{\sqrt{2}}(|0\rangle+|1\rangle)$. 然后将它们混合在一起. 用概率和系综的语言来说,得到了混合系综 $P_0\mathcal{E}_0+P_{x_+}\mathcal{E}_{x_+}$. 描述其中的两个纯态系综的态矢量不是正交的,即$\langle 0|x_+\rangle=\frac{1}{\sqrt{2}}$.

以上讨论的量子态的制备过程实际上是一种过滤操作,即选择某个特定的实验结果. 可以通过其他途径进行量子态的制备,这里不再叙述.

10.6.3 混合系综

我们用(10.6.2)式示意性地表示了通过特定的制备过程得到的混合系综 $\mathcal{E}$,更具体地,可以把 $\mathcal{E}$ 写为

$$\mathcal{E}=\{P_i,\psi_i\} \tag{10.6.3}$$

需要注意的是,混合系综 $\mathcal{E}$ 描述的是不同的量子态$|\psi_i\rangle$以概率 P_i 混合,而不是以概率幅叠加. 对此需要稍加说明.

以(10.6.1)式表示的系综为例. 再重复说一遍它的意思:自旋 1/2 粒子以概率 P_0 处于$|0\rangle$态,以概率 P_1 处于$|1\rangle$态. 如果让处于该状态的粒子通过 $SG(z)$装置,那么观测结果将体现这样的概率分布. 现在,构造如下形式的量子态:

$$|\psi\rangle=\sqrt{P_0}|0\rangle+\sqrt{P_1}\mathrm{e}^{\mathrm{i}\delta}|1\rangle \tag{10.6.4}$$

让处于状态$|\psi\rangle$的自旋 1/2 粒子通过 $SG(z)$装置,玻恩规则给出的预言是,出射粒子偏向$+z$ 方向的概率是 P_0,偏向$-z$ 方向的概率是 P_1. 如果对大量的粒子进行

实验，那么观测到的两个现象(偏向$\pm z$方向)出现的频度将趋近于理论预言给出的概率. 在这种情况下，由(10.6.1)式描述的混合系综与(10.6.4)式描述的纯态系综给出了相同的实验现象. 但这只是一个偶然的结果，只要换一种观测方式，我们就能看到它们的不同. 让(10.6.1)式描述的粒子通过$SG(x)$. 不论粒子处于$|0\rangle$态或是$|1\rangle$态，穿过$SG(x)$之后偏向$\pm x$方向的概率都是1/2. 因此，不论P_0和P_1取怎样的值，最终的实验结果都是，出射粒子等概率地偏向$\pm x$方向. 然而，对于(10.6.4)式描述的自旋1/2粒子，通过$SG(x)$之后偏向$\pm x$方向的概率分别是

$$P(\pm x)=|\langle x_\pm|\psi\rangle|^2=\frac{1}{2}\left|\sqrt{P_0}\pm\sqrt{P_1}\mathrm{e}^{\mathrm{i}\delta}\right|^2$$

简单地，令$\delta=0$，将上式简化为$P(\pm x)=\frac{1}{2}(1\pm 2\sqrt{P_0P_1})$. 显然，一般情况下纯态系综$|\psi\rangle$的实验结果是不同于混合系综的实验结果的. 总之，混合系综$\mathcal{E}=\{P_i,\psi_i\}$的数学形式不可能表示为希尔伯特空间的态矢量.

为了对下一小节讨论的密度算符作必要的铺垫，我们来计算力学量在混合系综上的期望值. 对于纯态系综，可以用态矢量$|\psi\rangle$描述. 力学量$\hat{A}$在$|\psi\rangle$上的期望值$\langle\hat{A}\rangle_\psi$就是$\langle\psi|\hat{A}|\psi\rangle$. 可以换一种表示，设空间的基向量是$|\varphi_i\rangle$，有

$$\begin{aligned}\langle\hat{A}\rangle_\psi &= \langle\psi\mid\hat{A}\mid\psi\rangle\\ &=\sum_i\langle\psi\mid\varphi_i\rangle\langle\varphi_i\mid\hat{A}\mid\psi\rangle\\ &=\sum_i\langle\varphi_i\mid\hat{A}\mid\psi\rangle\langle\psi\mid\varphi_i\rangle\\ &=\mathrm{Tr}(\mid\psi\rangle\langle\psi\mid\hat{A})=\mathrm{Tr}(\hat{\Pi}_\psi\hat{A})\end{aligned}$$

这里$\hat{\Pi}_\psi=|\psi\rangle\langle\psi|$是关于$|\psi\rangle$的投影算符.

对于混合系综$\mathcal{E}=\{P_i,\psi_i\}$，力学量$\hat{A}$的期望值是它在每一个$|\psi_i\rangle$上的期望值的加权平均，权重即是$P_i$

$$\langle\hat{A}\rangle_{\mathcal{E}}=\sum_i P_i\langle\psi_i\mid\hat{A}\mid\psi_i\rangle=\sum_i P_i\mathrm{Tr}(\hat{\Pi}_{\psi_i}\hat{A})=\mathrm{Tr}\Big\{\sum_i P_i\hat{\Pi}_{\psi_i}\hat{A}\Big\}\tag{10.6.5}$$

这里$\hat{\Pi}_{\psi_i}=|\psi_i\rangle\langle\psi_i|$是关于$|\psi_i\rangle$的投影算符. 上式最后的形式表明，可以把混合系综$\{P_i,\psi_i\}$表示为

$$\mathcal{E}=\{P_i,\psi_i\}\longrightarrow\sum_i P_i\mid\psi_i\rangle\langle\psi_i\mid$$

这种形式就是将要在下一小节中讨论的密度算符(Density Operator).

10.6.4 密度算符

对于给定的混合系综，其密度算符有如下定义.

定义 10.6.1(密度算符)　对于混合系综$\mathcal{E}=\{P_i,\psi_i\}$，用$\hat{\rho}$表示它的密度算

符，其数学形式是

$$\hat{\rho}=\sum_i P_i\mid\psi_i\rangle\langle\psi_i\mid,\quad P_i\geqslant 0,\quad \sum_i P_i=1 \tag{10.6.6}$$

在有限维的希尔伯特空间中，通常称为**密度矩阵**(Density Matrix). 密度算符有如下性质.

性质1 密度算符的迹为1，即 $\mathrm{Tr}(\hat{\rho})=1$.

性质2 密度算符是厄米的，即 $\hat{\rho}=\hat{\rho}^{\dagger}$.

性质3 密度算符是半正定的[①]，即对于任意的向量 $|\phi\rangle\in\mathcal{H}$，总有 $\langle\phi|\hat{\rho}|\phi\rangle\geqslant 0$.

根据密度算符的定义，上述性质容易证明. 设希尔伯特空间 $\mathcal{H}$ 的是有限维的，基向量为 $\{|\varphi_i\rangle\}$.

$$\begin{aligned}\mathrm{Tr}(\hat{\rho}) &= \sum_i\langle\varphi_i\mid\hat{\rho}\mid\varphi_i\rangle\\ &=\sum_{i,k}P_k\langle\varphi_i\mid\psi_k\rangle\langle\psi_k\mid\varphi_i\rangle\\ &=\sum_k P_k\sum_i\mid\langle\varphi_i\mid\psi_k\rangle\mid^2\\ &=\sum_k P_k=1\end{aligned}$$

这里用到了 $\mid\psi_k\rangle$ 的归一化条件，$\sum_i\mid\langle\varphi_i\mid\psi_h\rangle\mid^2=1$. 这是性质1.

因为(10.6.6)式的求和表达式中的每一项都是厄米的，故 $\hat{\rho}$ 是厄米的. 这是性质2.

对于任意的 $|\varphi\rangle\in\mathcal{H}$，有

$$\langle\phi\mid\hat{\rho}\mid\phi\rangle=\sum_k P_k\langle\phi\mid\psi_k\rangle=\sum_k P_k\mid\langle\phi\mid\psi_k\rangle\mid^2\geqslant 0$$

即性质3.

从性质3可知，密度算符的所有的本征值是非负的；从性质1和性质3可知，密度算符的本征值属于区间[0,1]，且所有本征值的和为1.

关于密度算符的理解，有两点需要说明.

(1) 重申密度算符的数学形式中的求和涉及概率，量子力学的叠加原理也表现为求和的形式，但涉及概率幅，二者有本质上的不同. 与概率有关的相加不会带来干涉效应，而与概率幅有关的相加则导致干涉效应. 故可将密度算符视为量子态的非相干叠加，而叠加原理描述的是量子态的相干叠加.

(2) 密度算符提供的是关于量子系综的数学形式上的描述，但是不能说明系综的具体的构成. 系综的具体形式，即 $\mathcal{E}=\{P_i,\psi_i\}$，来自量子态的制备过程. 如果混合系综 $\mathcal{E}$ 的制备者并不把具体的制备过程告知随后的观测者，那么观测者面对

---

① 有些时候，为了叙述上的省事，我们会简单地说 $\hat{\rho}$ 是正定的.

的只能是用密度算符 $\hat{\rho}$ 表示的量子态. 而对于给定的 $\hat{\rho}$,却有很多的甚至是无穷多的系综与此对应. 以自旋 1/2 粒子的系综 $\left\{\frac{1}{2},|0\rangle\langle 0|;\frac{1}{2},|1\rangle\langle 1|\right\}$ 为例. 从制备过程来说,该系综是两个纯态系综 $|0\rangle$ 和 $|1\rangle$ 的等概率的混合. 它的密度算符是

$$\hat{\rho}=\frac{1}{2}|0\rangle\langle 0|+\frac{1}{2}|1\rangle\langle 1|=\begin{pmatrix}\frac{1}{2} & 0\\ 0 & \frac{1}{2}\end{pmatrix}$$

有无穷多中不同的系综与此对应

$$\begin{aligned}\hat{\rho}&=\begin{pmatrix}\frac{1}{2} & 0\\ 0 & \frac{1}{2}\end{pmatrix}\\&=\frac{1}{2}|x_+\rangle\langle x_+|+\frac{1}{2}|x_-\rangle\langle x_-|\\&=\frac{1}{2}|y_+\rangle\langle y_+|+\frac{1}{2}|y_-\rangle\langle y_-|\\&=\frac{1}{2}|z_+\rangle\langle z_+|+\frac{1}{2}|z_-\rangle\langle z_-|\\&=\frac{1}{2}|n_+\rangle\langle n_+|+\frac{1}{2}|n_-\rangle\langle n_-|\end{aligned}$$

其中,$|n_\pm\rangle$ 表示在空间任意某个方向 $\boldsymbol{n}$ 上的泡利矩阵 $\hat{\boldsymbol{\sigma}}$ 的两个本征向量. 上式表明了同一种数学形式对应于无穷多种物理上的可能的实现方式.

如前所述,如果系综里的每个系统处于相同的态,那么系综的态可以用右矢符号 $|\psi\rangle$ 表示,相应的密度算符为 $\hat{\rho}=|\psi\rangle\langle\psi|$,等价于投影算符,这种情形称为**纯态**;反之,需要用混合系综表示的状态则称为**混合态**,其密度算符是若干个投影算符的凸和. 更一般地,可以用若干个混合系综 $\mathcal{E}_i$ 以一定的概率混合成更大的混合系综 $\mathcal{E}$,也就是说,在(10.6.2)中,$\mathcal{E}_i$ 不一定非是纯态系综不可. 这样,可以将混合系统 $\mathcal{E}$ 描述为 $\{P_i,\hat{\rho}_i\}$,其中的 $\hat{\rho}_i$ 是混合系综 $\mathcal{E}_i$ 的密度算符,系综 $\mathcal{E}$ 相应的密度算符就是

$$\hat{\rho}=\sum_i P_i\hat{\rho}_i,\quad P_i\geqslant 0,\quad \sum_i P_i=1$$

对于纯态或纯态系综,显然有 $\hat{\rho}^2=\hat{\rho}$,而且 $\mathrm{Tr}(\hat{\rho}^2)=1$. 纯态的矩阵算符有且只有一个非零的本征值,且为 1. 对于混合态,$\hat{\rho}^2\neq\hat{\rho}$,而且 $\mathrm{Tr}(\hat{\rho}^2)<1$. 实际上,设 $\hat{\rho}$ 的对角化的形式为 $\mathrm{diag}(\lambda_1,\lambda_2,\cdots,\lambda_n)$,$\lambda_i$ 为 $\hat{\rho}$ 的本征值,希尔伯特空间的维数设为 n

$$\mathrm{Tr}(\hat{\rho}^2) = \sum_i \lambda_i^2 < \sum_i \lambda_i = 1$$

可见 $\mathrm{Tr}(\hat{\rho}^2)$等于 1 还是小于 1 可作为纯态或混合态的一个判据.

给定密度算符 $\hat{\rho}$,设想与之对应的混合系综是$\{P_i, |\psi_i\rangle\langle\psi_i|\}$. 力学量 $\hat{A}$ 的期望值为 $\hat{A}$ 在各个$|\psi\rangle$上的期望值的加权平均,即

$$\begin{aligned}\langle\hat{A}\rangle_{\hat{\rho}} &= \sum_k P_k \langle\psi_k \mid \hat{A} \mid \psi_k\rangle \\ &= \sum_k P_k \mathrm{Tr}(\mid \psi_k\rangle\langle\psi_k \mid \hat{A}) \\ &= \mathrm{Tr}\Big(\hat{A}\sum_k P_k \mid \psi_k\rangle\langle\psi_k \mid\Big) = \mathrm{Tr}(\hat{A}\hat{\rho})\end{aligned}$$

虽然将 $\hat{\rho}$ 设想为某个量子系综$\{P_i, |\psi_i\rangle\langle\psi_i|\}$的密度算符,但是 $\hat{A}$ 的期望值的最终结果和具体的系综形式无关.

考虑混合量子态随时间的演化. 设系统的哈密顿量为 $\hat{H}$,初态为混合态$\hat{\rho}(0)$,在时间演化算符 $\hat{U}(t) = \mathrm{e}^{-\mathrm{i}\hat{H}t/\hbar}$的作用下随时间演化. 假设与 $\hat{\rho}$ 对应的系综是$\{P_i, |\psi_i(0)\rangle\langle\psi_i(0)|\}$. 对于每一个$|\psi_i(0)\rangle$,有

$$|\psi_i(0)\rangle \longrightarrow |\psi_i(t)\rangle = U(t)|\psi_i(0)\rangle$$

于是 $\hat{\rho}(0)$的随时间的演化过程是

$$\begin{aligned}\hat{\rho}(0) &= \sum_i P_i \mid \psi_i(0)\rangle\langle\psi_i(0) \mid \\ \longrightarrow \hat{\rho}(t) &= \sum_i P_i \hat{U}(t) \mid \psi_i(0)\rangle\langle\psi_i(0) \mid \hat{U}^\dagger(t) \\ &= \hat{U}(t)\hat{\rho}(0)\hat{U}^\dagger(t)\end{aligned} \tag{10.6.7}$$

演化结果由初态和系统的哈密顿量决定,与具体的系综形式无关.

对 $\hat{\rho}(t)$求时间的导数,有

$$\begin{aligned}\frac{\mathrm{d}\hat{\rho}(t)}{\mathrm{d}t} &= \frac{\mathrm{d}\hat{U}(t)}{\mathrm{d}t}\hat{\rho}(0)\hat{U}^\dagger(t) + \hat{U}(t)\hat{\rho}(0)\frac{\mathrm{d}\hat{U}^\dagger(t)}{\mathrm{d}t} \\ &= \frac{1}{\mathrm{i}\hbar}\hat{H}\hat{U}(t)\hat{\rho}(0)\hat{U}^\dagger(t) - \frac{1}{\mathrm{i}\hbar}\hat{U}(t)\hat{\rho}(0)\hat{U}^\dagger(t)\hat{H} \\ &= \frac{1}{\mathrm{i}\hbar}[\hat{H}, \hat{\rho}(t)]\end{aligned} \tag{10.6.8}$$

虽然看起来与海森堡图像中力学量的运动方程有几分相似(需注意对易子中哈密顿量的位置),但是自始至终所有的推导都是在薛定谔图像中进行的. 密度算符随时间的演化方程可以和经典力学中的刘维尔方程作类比.

10.6.5 两维希尔伯特空间中的混合态和密度算符

作为一个很有实际意义的例子,我们来讨论两维希尔伯特空间中的密度算符. 具体的物理对象可以是任意的双值系统,比如自旋 1/2 粒子.

对于简单的纯态情形，$\hat{\rho}=|\psi\rangle\langle\psi|$，$|\psi\rangle$是二维复空间$\mathbb{C}^2$中的归一化的态矢量. $\mathbb{C}^2$空间有一个很好的性质：其中任何一个(数学意义上的)向量都一定对应于某个方向上的自旋角动量的本征态. 而对于更高维的空间,其中任意一个数学意义上的向量并不总是对应于自旋角动量的本征态的.

下面让我们来看看$\mathbb{C}^2$空间上的这个形式.

设$|\psi\rangle$是$\mathbb{C}^2$中的单位向量(即归一化的向量). 我们可以将它表示为$|\psi\rangle=c_0|0\rangle+c_1|1\rangle$，$|c_0|^2+|c_1|^2=1$. 系数$c_0$和$c_1$是两个复数，共有四个实参数. 归一化条件使实参数减少为三个，我们可以引入三个实数θ，φ和γ，将$|\psi\rangle$写为

$$|\psi\rangle=e^{i\gamma}\begin{pmatrix}\cos\dfrac{\theta}{2}e^{-i\frac{\varphi}{2}}\\ \sin\dfrac{\theta}{2}e^{i\frac{\varphi}{2}}\end{pmatrix}$$

显然，在密度矩阵$|\psi\rangle\langle\psi|$中不会出现参数γ.

另一方面，我们来考虑自旋角动量$\hat{\boldsymbol{S}}$在某个方向$\boldsymbol{n}$上的分量，$\hat{S}_n=\boldsymbol{n}\cdot\hat{\boldsymbol{S}}$，其中$\boldsymbol{n}$为三维实空间$\mathbb{R}^3$中任意某个方向矢量，用球坐标表示就是

$$\boldsymbol{n}=(\sin\theta\cos\varphi,\sin\theta\sin\varphi,\cos\theta)$$

由于$\hat{\boldsymbol{S}}=\dfrac{\hbar}{2}\hat{\sigma}$，故我们只需要考虑$\hat{\sigma}_n=\boldsymbol{n}\cdot\hat{\boldsymbol{\sigma}}=n_x\hat{\sigma}_x+n_y\hat{\sigma}_y+n_z\hat{\sigma}_z$，具体的矩阵形式是

$$\hat{\sigma}_n=\begin{pmatrix}\cos\theta & e^{-i\varphi}\sin\theta\\ e^{i\varphi}\sin\theta & -\cos\theta\end{pmatrix}$$

容易算出$\hat{\sigma}_n$的本征值为$+1$和-1的本征向量分别是

$$|n_+\rangle=\begin{pmatrix}\cos\dfrac{\theta}{2}e^{-i\frac{\varphi}{2}}\\ \sin\dfrac{\theta}{2}e^{i\frac{\varphi}{2}}\end{pmatrix},\quad |n_-\rangle=\begin{pmatrix}-\sin\dfrac{\theta}{2}e^{-i\frac{\varphi}{2}}\\ \cos\dfrac{\theta}{2}e^{i\frac{\varphi}{2}}\end{pmatrix}$$

注意到$|\psi\rangle$和$|n_+\rangle$只是相差一个相因子(即一个单位复数). 继续写出密度矩阵$|n_+\rangle\langle n_+|$和$|n_-\rangle\langle n_-|$，容易验证

$$|n_\pm\rangle\langle n_\pm|=\frac{1}{2}(\mathbb{1}\pm\boldsymbol{n}\cdot\hat{\sigma})$$

这里$\mathbb{1}$是2×2的单位矩阵. 于是,如果用密度矩阵的形式描述自旋1/2粒子的纯态$|\psi\rangle$,那么就有了很形象的几何图像：密度矩阵与$\mathbb{R}^3$中的一个单位向量有密切联系. 需要指出的是,密度矩阵的形式完全掩盖了态矢量的整体相位. 如果我们感兴趣的不是量子态的相位,那么可以认为密度矩阵$\hat{\rho}=|\psi\rangle\langle\psi|$和态矢量$|\psi\rangle$是等价的. 但是,如果我们关注的正是与相位有关的问题,比如几何相,那么仅仅考虑

密度矩阵是不够的.

再考虑混合态. 令 $\hat{\rho}=\sum_k P_k|\psi_k\rangle\langle\psi_k|$. 对于每一个 $|\psi_k\rangle$,有

$$\hat{\rho}_k=|\psi_k\rangle\langle\psi_k|=\frac{1}{2}(\mathbb{1}+\boldsymbol{n}_k\cdot\hat{\boldsymbol{\sigma}})$$

因此 $\hat{\rho}$ 表示为

$$\hat{\rho}=\sum_k P_k|\psi_k\rangle\langle\psi_k|=\frac{1}{2}\left(\sum_k P_k+\hat{\sigma}\cdot\sum_k P_k\boldsymbol{n}_k\right)=\frac{1}{2}(\mathbb{1}+\boldsymbol{r}\cdot\hat{\boldsymbol{\sigma}})$$

(10.6.9)

这里,$\boldsymbol{r}=\sum_k P_k\boldsymbol{n}_k\in\mathbb{R}^3$. 向量 $\boldsymbol{r}$ 被称为布洛赫(Bloch)向量. 对于纯态,$|\boldsymbol{r}|=1$;对于混合态,$|\boldsymbol{r}|<1$.

布洛赫向量为两能级体系的量子态提供了形象描述. $\boldsymbol{r}$ 分布在三维实空间中的一个单位球的表面及其内部,这个单位球称为布洛赫球. 球的表面上的点对应于纯态,而球内的点则对应于混合态. 不难验证,布洛赫向量的三个分量分别是三个泡利矩阵关于 $\hat{\rho}$ 的期望值,即

$$r_x=\langle\hat{\sigma}_x\rangle_{\hat{\rho}},\quad r_y=\langle\hat{\sigma}_y\rangle_{\hat{\rho}},\quad r_z=\langle\hat{\sigma}_z\rangle_{\hat{\rho}} \tag{10.6.10}$$

实际上,(10.6.9)反映了一个更为一般的事实:任何 2×2 的厄米矩阵都可以表示为单位矩阵和三个泡利矩阵的实系数展开. 令 $\hat{\sigma}_0=\mathbb{1}$,$\hat{\sigma}_1=\hat{\sigma}_x$,$\hat{\sigma}_2=\hat{\sigma}_y$,$\hat{\sigma}_3=\hat{\sigma}_z$,则任何一个 2×2 的厄米矩阵 M 可以表示为

$$M=\sum_{j=0}^{3}m_j\hat{\sigma}_j \tag{10.6.11}$$

其中 m_j 均为实数,且 $m_j=\frac{1}{2}\mathrm{Tr}(M\hat{\sigma}_j)$.

布洛赫向量的长度可以反映态的"混乱度". 纯态对应于长度为 1 的布洛赫向量,是"最不混乱"的态. 当布洛赫向量的长度为 0 时,密度矩阵为$\mathbb{1}/2$,系统处于"最混乱"的态,我们称之为最大混合态.

借助布洛赫向量,量子态随时间的演化也有形象的描述. 设哈密顿量为 $\hat{H}=\hbar\omega\hat{\sigma}_z/2$,系统的初态为

$$\hat{\rho}(0)=\frac{1}{2}[\mathbb{1}+\boldsymbol{r}(0)\cdot\hat{\boldsymbol{\sigma}}]$$

而其中的布洛赫向量是 $\boldsymbol{r}(0)=(\sin\theta,0,\cos\theta)$. 由(10.6.7)式,系统在 t 时刻的态为

$$\hat{\rho}(t)=\frac{1}{2}[\mathbb{1}+\boldsymbol{r}(t)\cdot\hat{\boldsymbol{\sigma}}]=\exp\left\{-\mathrm{i}\frac{\omega t}{2}\hat{\sigma}_z\right\}\hat{\rho}(0)\exp\left\{\mathrm{i}\frac{\omega t}{2}\hat{\sigma}_z\right\}$$

注意到 $\mathrm{e}^{-\mathrm{i}\omega t\hat{\sigma}_z/2}=\mathbb{1}\cos\frac{\omega t}{2}-\mathrm{i}\hat{\sigma}_z\sin\frac{\omega t}{2}$,直接计算可以给出 t 时刻的布洛赫向量

$$\boldsymbol{r}(t)=(\sin\theta\cos\omega t, \sin\theta\sin\omega t, \cos\theta)$$

显然，布洛赫向量绕 z 轴以角速度 ω 旋转. 由(10.6.10)式可知，泡利矩阵的期望值 $\langle\hat{\boldsymbol{\sigma}}\rangle$ 随时间的变化也正是如此.

10.6.6 两体系统的密度算符

在 10.5 节中我们已经讨论了两体量子系统的纯态形式，现在关注混合态. 两体量子系统的两个子系统分别记作 A 和 B，相应的希尔伯特空间分别是 $\mathcal{H}^A$ 和 $\mathcal{H}^B$，设它们都是有限维的，自然基向量分别是 $\{|i\rangle\}$ 和 $\{|\mu\rangle\}$. 整个空间 $\mathcal{H}=\mathcal{H}^A\otimes\mathcal{H}^B$ 的基向量则是 $\{|i\rangle\otimes|\mu\rangle\}$.

空间 $\mathcal{H}$ 中的任意一个混合态的密度矩阵 $\hat{\rho}$ 可以在自然基上表示为

$$\hat{\rho}=\sum_{ij\mu\nu}\rho_{i\mu,j\nu}\mid i\mu\rangle\langle j\nu\mid=\sum_{ij\mu\nu}\rho_{i\mu,j\nu}\mid i\rangle\langle j\mid\otimes\mid\mu\rangle\langle\nu\mid \tag{10.6.12}$$

当然，矩阵元 $\rho_{i\mu,j\nu}$ 须满足密度矩阵的要求(即定义 10.6.1 以及相关的三个性质). 我们先来考虑力学量在混合态 $\hat{\rho}$ 中的期望值. 设 $\hat{X}$ 是两体系统整体的力学量，那么它的期望值是

$$\langle\hat{X}\rangle_{\hat{\rho}}=\mathrm{Tr}(\hat{X}\hat{\rho})=\sum_{ij\mu\nu}\langle i\mu\mid\hat{\rho}\mid j\nu\rangle\langle j\nu\mid\hat{X}\mid i\mu\rangle \tag{10.6.13}$$

如果我们仅仅考虑属于子系统 A 的某个力学量 $\hat{A}$，那么应该如何求得它在 $\hat{\rho}$ 上的期望值呢？在 10.5.2 节中我们说过，考虑两体系统的时候，子系统的力学量 $\hat{A}$ 应该写为 $\hat{A}\otimes 1^B$. 因此 $\hat{A}$ 的期望值就是

$$\begin{aligned}\langle\hat{A}\rangle_{\hat{\rho}}&=\mathrm{Tr}[(\hat{A}\otimes 1^B)\hat{\rho}]\\&=\mathrm{Tr}\Big[(\hat{A}\otimes 1^B)\sum_{ij\mu\nu}\rho_{i\mu,j\nu}\mid i\rangle\langle j\mid\otimes\mid\mu\rangle\langle\nu\mid\Big]\\&=\sum_{ij\mu\nu}\rho_{i\mu,j\nu}\mathrm{Tr}[\hat{A}\mid i\rangle\langle j\mid\otimes\mid\mu\rangle\langle\nu\mid]\end{aligned} \tag{10.6.14}$$

上述求迹是对整个空间 $\mathcal{H}$ 而言的，等价于先后在两个子空间上求迹，即 $\mathrm{Tr}=\mathrm{Tr}_A\,\mathrm{Tr}_B=\mathrm{Tr}_B\,\mathrm{Tr}_A$. 对(10.6.14)式求 Tr_B，导致 $\mu=\nu$，求和指标中不再出现 ν，接着还要计算 Tr_A，即

$$\langle\hat{A}\rangle_{\hat{\rho}}=\mathrm{Tr}_A\Big[\hat{A}\sum_{ij\mu}\rho_{i\mu,j\mu}\mid i\rangle\langle j\mid\Big]=\mathrm{Tr}_A[\hat{A}\hat{\rho}^A] \tag{10.6.15}$$

这里，$\hat{\rho}^A$ 是 $\hat{\rho}$ 在 $\mathcal{H}^A$ 上的约化密度矩阵(见定义 10.5.2)，即

$$\hat{\rho}^A=\mathrm{Tr}_B(\hat{\rho})=\sum_{ij\mu}\rho_{i\mu,j\mu}\mid i\rangle\langle j\mid \tag{10.6.16}$$

需要检验 $\hat{\rho}^A$ 是否满足密度矩阵的三个性质. 容易看出 $\mathrm{Tr}(\hat{\rho}^A)=1$ 以及 $\hat{\rho}^A=(\hat{\rho}^A)^\dagger$. 以下过程可以说明它的正定性. 对于任意的 $|\chi\rangle\in\mathcal{H}^A$，有

$$\begin{aligned}\langle\chi\mid\hat{\rho}^A\mid\chi\rangle&=\mathrm{Tr}_A(\hat{\rho}^A\mid\chi\rangle\langle\chi\mid)=\mathrm{Tr}[\hat{\rho}(\mid\chi\rangle\langle\chi\mid\otimes 1^B)]\\&=\mathrm{Tr}\Big[\hat{\rho}(\mid\chi\rangle\langle\chi\mid\otimes\sum_{\mu}\big|\mu\rangle\langle\mu\mid)\Big]\end{aligned}$$

$$= \sum_{\mu} \mathrm{Tr}[\hat{\rho}(|\chi\rangle \otimes |\mu\rangle)(\langle\chi| \otimes \langle\mu|)]$$
$$= \sum_{\mu} (\langle\chi| \otimes \langle\mu|)\hat{\rho}(|\chi\rangle \otimes |\mu\rangle) \geqslant 0$$

这里求迹运算 Tr 是在整个空间 $\mathcal{H}$ 上进行的. 上式的结果表明,对于任意的$|\chi\rangle$,$\langle\chi|\hat{\rho}^A|\chi\rangle \geqslant 0$,即 $\hat{\rho}^A$ 是正定的. 于是 $\hat{\rho}^A$ 满足密度矩阵的要求,描述了子系统 A 的局部的定域的量子态. 同理,约化密度矩阵 $\hat{\rho}^B = \mathrm{Tr}_A(\hat{\rho})$描述了子系统 B 的局部的量子态. 一般情况下,$\hat{\rho} \neq \hat{\rho}^A \otimes \hat{\rho}^B$,即整体的量子态不一定具有局部量子态的直积形式.

特别地,考虑 $\mathcal{H}^A$ 和 $\mathcal{H}^B$ 上的投影算符(不一定是一维的)$\hat{\Pi}^A$ 和 $\hat{\Pi}^B$,把它们视作测量算符,对应的观测结果记作 a 和 b,那么得到结果 a 和 b 的概率分别是 $\hat{\Pi}^A$ 和 $\hat{\Pi}^B$ 的期望值

$$P(a) = \mathrm{Tr}[\hat{\rho}(\hat{\Pi}^A \otimes 1^B)] = \mathrm{Tr}_A[\hat{\rho}^A \hat{\Pi}^A]$$
$$P(b) = \mathrm{Tr}[\hat{\rho}(1^A \otimes \hat{\Pi}^B)] = \mathrm{Tr}_B[\hat{\rho}^B \hat{\Pi}^B]$$

这意味着局部测量结果的概率分布取决于相应的约化密度算符. 另一方面,联合测量结果(a,b)的概率等于 $P(a,b) = \mathrm{Tr}[\hat{\rho}(\hat{\Pi}^A \otimes \hat{\Pi}^B)]$. 虽然我们可以从联合测量结果的概率分布得到边缘概率分布(见 10.5.2 节末尾的讨论),但是,在一般情形下,$P(a,b) \neq P(a)P(b)$.

10.6.7 2⊗2 系统的混合态

两个双值系统构成的两体系统简称为 2⊗2 系统,比如两个自旋 1/2 粒子. 量子态可以在自然基$\{|i\rangle|\mu\rangle\}$ $(i,\mu=0,1)$上展开为(10.6.12)式的形式. 注意到在 10.6.5 节中,我们将单个双值系统的混合态的密度矩阵在1 和 $\hat{\sigma}_i (i=1,2,3)$上展开为(10.6.9)式. 在现在讨论的 2⊗2 情形中有类似的做法. 引入如下 16 个矩阵:

$$1^A \otimes 1^B, \quad 1^A \otimes \hat{\sigma}_j^B, \quad \hat{\sigma}_i^A \otimes 1^B, \quad \hat{\sigma}_i^A \otimes \hat{\sigma}_j^B, \quad i,j=1,2,3$$

2⊗2 系统的密度矩阵 $\hat{\rho}$ 可以表示为

$$\hat{\rho} = \frac{1}{4}\left[1 \otimes 1 + \boldsymbol{r} \cdot \hat{\boldsymbol{\sigma}} \otimes 1 + 1 \otimes \boldsymbol{s} \cdot \hat{\boldsymbol{\sigma}} + \sum_{m,n=1}^{3} t_{mn} \hat{\sigma}_m \otimes \hat{\sigma}_n\right] \tag{10.6.17}$$

这里,我们略去了用以标记子系统的上标 A 和 B. 上式中 $\boldsymbol{r} = (r_1, r_2, r_3) \in \mathbb{R}^3$,$\boldsymbol{s} = (s_1, s_2, s_3) \in \mathbb{R}^3$,$t_{mn} \in \mathbb{R}$. 这些实参数的具体形式是

$$r_i = \mathrm{Tr}[\hat{\rho}(\hat{\sigma}_i \otimes 1)], \quad s_j = \mathrm{Tr}[\hat{\rho}(1 \otimes \hat{\sigma}_j)], \quad i,j=1,2,3 \tag{10.6.18}$$

$$t_{mn} = \mathrm{Tr}[\hat{\rho}(\hat{\sigma}_m \otimes \hat{\sigma}_n)], \quad m,n=1,2,3 \tag{10.6.19}$$

向量 $\boldsymbol{r}$ 和 $\boldsymbol{s}$ 是三维实空间中的向量,且$|\boldsymbol{r}| \leqslant 1$,$|\boldsymbol{s}| \leqslant 1$. 九个 t_{mn}可以排成一个 3×3 的实数矩阵,记作 $T = (t_{mn})$. 矩阵 T 的矩阵元与$\hat{\sigma}_m \otimes \hat{\sigma}_n$ 有关,故被称为关联矩阵. 我们还可以把 16 个实数,$1, r_i, s_j, t_{mn}$,排成一个 4×4 的矩阵,记作 $R_{\hat{\rho}}$,其形式是

$$R_{\hat{\rho}}=\begin{pmatrix}1 & \vec{s}\\ r^{\downarrow} & T\end{pmatrix} \tag{10.6.20}$$

这里，$\vec{s}$ 采用行向量的形式，$r^{\downarrow}$ 采用列向量的形式，而 T 则是一个 3×3 的矩阵.

考虑 $\hat{\rho}$ 的约化密度矩阵 $\hat{\rho}^A$ 和 $\hat{\rho}^B$. 直接计算给出

$$\hat{\rho}^A=\frac{1}{2}(1+\boldsymbol{r}\cdot\hat{\boldsymbol{\sigma}})$$

$$\hat{\rho}^B=\frac{1}{2}(1+\boldsymbol{s}\cdot\hat{\boldsymbol{\sigma}})$$

表明出现在(10.6.17)式中的 $\boldsymbol{r}$ 和 $\boldsymbol{s}$ 分别是关于子系统 A 和 B 约化密度矩阵的布洛赫向量.

作为一个简单的例子，重新看看 10.5.3 小节末尾处的计算结果. 在那里，我们得到了 2×2 系统的初态 $|00\rangle$ 在整体酉变换 $\hat{U}(t)=\exp\{-\mathrm{i}\hbar Jt\hat{\sigma}_x\otimes\hat{\sigma}_x\}$ 作用下的结果 $|\Psi(t)\rangle$，即(10.5.10)式. 我们用 $\hat{\Psi}(t)$ 表示它的密度矩阵，即 $\hat{\Psi}(t)=|\Psi(t)\rangle\langle\Psi(t)|$，具体形式是

$$\hat{\Psi}(t)=\begin{pmatrix}\cos^2(\hbar Jt) & 0 & 0 & \sin(\hbar Jt)\cos(\hbar Jt)\\ 0 & 0 & 0 & 0\\ 0 & 0 & 0 & 0\\ \sin(\hbar Jt)\cos(\hbar Jt) & 0 & 0 & \sin^2(\hbar Jt)\end{pmatrix}$$

计算 $\mathrm{Tr}[\hat{\Psi}(t)(\sigma_\alpha\otimes\sigma_\beta)]$，这里，$\alpha,\beta=0,1,2,3$，且 $\sigma_0=1$. 可以得到由(10.6.20)式给出的 $R_{\hat{\Psi}}$

$$R_{\hat{\Psi}}=\begin{pmatrix}1 & 0 & 0 & \cos(2\hbar Jt)\\ 0 & \sin(2\hbar Jt) & 0 & 0\\ 0 & 0 & -\sin(2\hbar Jt) & 0\\ \cos(2\hbar Jt) & 0 & 0 & 1\end{pmatrix}$$

从中可以直接看出描述两个子系统局部行为的约化密度矩阵，记作 $\hat{\Psi}^A$ 和 $\hat{\Psi}^B$. 在这个简单的例子中它们是相等的

$$\hat{\Psi}^A=\hat{\Psi}^B=\frac{1}{2}[1+\hat{\sigma}_z\cos(2\hbar Jt)]$$

虽然它们的形式相同，但不属于同一个希尔伯特空间. 在一些特定时刻，$2\hbar Jt=0,\pi,2\pi,\cdots$，局部量子态是纯态；而在另一些时刻，$2\hbar Jt=\frac{\pi}{2},\frac{3\pi}{2},\cdots$，局部量子态处于最大混合态 $\frac{1}{2}1$. 这些情形是周期性交替出现的.

现在我们来证明 10.5.1 节中提到的施密特分解(定理 10.5.1). 施密特分解的形式对于任意两体量子系统的纯态都是成立的，但是对于三体及三体以上的系

统则不适用. 下面我们给出 2⊗2 量子纯态施密特分解的证明,证明过程可以推广到高维情形.

任意的 2⊗2 的量子纯态可以在自然基向量$|00\rangle$,$|01\rangle$,$|10\rangle$,$|11\rangle$上展开为

$$|\Psi\rangle = c_{00}\,|00\rangle + c_{01}\,|01\rangle + c_{10}\,|10\rangle + c_{11}\,|11\rangle, \quad \sum_{i,\mu=0}^{1} |c_{i\mu}|^2 = 1$$

将粒子 A 的约化密度算符记作$\hat{\rho}^A = \mathrm{Tr}_B(\hat{\rho})$. 设$\hat{\rho}^A$ 的两个正交归一的本征态为$|e_0\rangle$和$|e_1\rangle$,相应的本征值为 p_0 和 p_1,且 $p_0,p_1>0$,$p_0+p_1=1$. 考虑对 A 粒子作西变换

$$|0\rangle \longrightarrow |e_0\rangle, \quad |1\rangle \longrightarrow |e_1\rangle$$

在基向量$|e_0\rangle$和$|e_1\rangle$上,$|\Psi\rangle$改写为

$$|\Psi\rangle = |e_0\rangle|\tilde{\phi}_0\rangle + |e_1\rangle|\tilde{\phi}_1\rangle \tag{10.6.21}$$

其中$|\tilde{\phi}_0\rangle$和$|\tilde{\phi}_1\rangle$是空间 $\mathcal{H}^B$ 中的向量,但尚未归一. 现在我们希望证明$|\tilde{\phi}_0\rangle$和$|\tilde{\phi}_1\rangle$是彼此正交的.

以$|e_0\rangle$和$|e_1\rangle$为 $\mathcal{H}^A$ 的基向量,将$\hat{\rho}$表示为

$$\begin{aligned}\hat{\rho} = {} & |e_0\rangle\langle e_0| \otimes |\tilde{\phi}_0\rangle\langle\tilde{\phi}_0| + |e_0\rangle\langle e_1| \otimes |\tilde{\phi}_0\rangle\langle\tilde{\phi}_1| \\ & + |e_1\rangle\langle e_0| \otimes |\tilde{\phi}_1\rangle\langle\tilde{\phi}_0| + |e_1\rangle\langle e_1| \otimes |\tilde{\phi}_1\rangle\langle\tilde{\phi}_1|\end{aligned} \tag{10.6.22}$$

再来计算关于 A 粒子的约化密度矩阵. 注意到

$$\mathrm{Tr}[\,|\tilde{\phi}_i\rangle\langle\tilde{\phi}_j|\,] = \langle 0|\tilde{\phi}_i\rangle\langle\tilde{\phi}_j|0\rangle + \langle 1|\tilde{\phi}_i\rangle\langle\tilde{\phi}_j|1\rangle = \langle\tilde{\phi}_j|\tilde{\phi}_i\rangle, \quad i,j=0,1$$

约化密度矩阵$\hat{\rho}^A$ 可以表示为

$$\hat{\rho}^A = |e_0\rangle\langle e_0|\langle\tilde{\phi}_0|\tilde{\phi}_0\rangle + |e_0\rangle\langle e_1|\langle\tilde{\phi}_1|\tilde{\phi}_0\rangle + |e_1\rangle\langle e_0|\langle\tilde{\phi}_0|\tilde{\phi}_1\rangle + |e_1\rangle\langle e_1|\langle\tilde{\phi}_1|\tilde{\phi}_1\rangle$$

另一方面,我们知道,在表象$\{|e_0\rangle,|e_1\rangle\}$中$\hat{\rho}^A$ 是对角的,即

$$\hat{\rho}^A = p_0|e_0\rangle\langle e_0| + p_1|e_1\rangle\langle e_1|$$

将$\hat{\rho}^A$ 的上述两种形式对比,可以得到

$$\langle\tilde{\phi}_i|\tilde{\phi}_j\rangle = \delta_{ij}p_i$$

将$|\tilde{\phi}_i\rangle$归一化,令

$$|f_i\rangle = \frac{1}{\sqrt{p_i}}|\tilde{\phi}_i\rangle$$

这相当于将 $\mathcal{H}^B$ 的基向量选择为$\{|f_0\rangle,|f_1\rangle\}$. 回到(10.6.21),最终可以将$|\Psi\rangle$写为

$$|\Psi\rangle = \sqrt{p_0}\,|e_0\rangle|f_0\rangle + \sqrt{p_1}\,|e_1\rangle|f_1\rangle \tag{10.6.23}$$

证明完毕.

10.7 最简单的量子测量模型

经过以上两节的铺垫,现在回到量子测量的讨论. 在 10.4.3 节中,我们提到,冯·诺依曼首先将测量仪器视作量子系统,并进一步考虑被测系统和测量仪器作

为整体的演化过程. 这是一个可以用量子理论描述的过程，在本节中我们将讨论这个过程的最简单的模型，即 $2\otimes2$ 的两体量子系统.

10.7.1 模型

被测系统(记作 S)是一个自旋 1/2 粒子，用作测量仪器(记作 M)的也是一个自旋 1/2 粒子. 我们希望了解系统的力学量 $\hat{A}$ 的一些性质，比如它的本征值的概率分布、期望值等. 力学量 $\hat{A}$ 被表示为 2×2 厄米矩阵，可以在 $\mathbb{1}$，$\hat{\sigma}_i(i=1,2,3)$上展开，且展开系数均为实数(见(10.6.11)式).

$$\hat{A}=a_0\mathbb{1}+a_1\hat{\sigma}_1+a_2\hat{\sigma}_2+a_3\hat{\sigma}_3$$

$$a_0=\frac{1}{2}\mathrm{Tr}(\hat{A}),\quad a_i=\frac{1}{2}\mathrm{Tr}(\hat{A}\hat{\sigma}_i)$$

其中的单位矩阵意义不大，可以略去，从而

$$\hat{A}=a_1\hat{\sigma}_1+a_2\hat{\sigma}_2+a_3\hat{\sigma}_3=a\hat{\sigma}_n \tag{10.7.1}$$

这里 $a=\sqrt{a_1^2+a_2^2+a_3^2}$，$\hat{\sigma}_n$ 是 $\boldsymbol{n}$ 方向上的泡利矩阵，即 $\hat{\sigma}_n=\boldsymbol{n}\cdot\hat{\boldsymbol{\sigma}}$，而方向 $\boldsymbol{n}$ 是

$$\boldsymbol{n}=\left(\frac{a_1}{a},\frac{a_2}{a},\frac{a_3}{a}\right)$$

或者用球坐标中的角度 θ 和 φ 表示

$$\boldsymbol{n}=(\sin\theta\cos\varphi,\sin\theta\sin\varphi,\cos\theta)$$

于是被测力学量 $\hat{A}$ 的两个本征值是 $+a$ 和 $-a$，相应的本征向量是 $|n_+\rangle$ 和 $|n_-\rangle$

$$|n_+\rangle=\begin{pmatrix}\cos\dfrac{\theta}{2}\mathrm{e}^{-\mathrm{i}\frac{\varphi}{2}}\\ \sin\dfrac{\theta}{2}\mathrm{e}^{\mathrm{i}\frac{\varphi}{2}}\end{pmatrix},\quad |n_-\rangle=\begin{pmatrix}-\sin\dfrac{\theta}{2}\mathrm{e}^{-\mathrm{i}\frac{\varphi}{2}}\\ \cos\dfrac{\theta}{2}\mathrm{e}^{\mathrm{i}\frac{\varphi}{2}}\end{pmatrix}$$

(10.7.1)式的被测力学量又可以写为

$$\hat{A}=a|n_+\rangle\langle n_+|-a|n_-\rangle\langle n_-|$$

假设系统 S 的初态是 $|\psi\rangle$. 为了计算简单，我们令 $\hat{A}=\hat{\sigma}_z^S$，上标 S 表示系统. 将 $|\psi\rangle$ 在 $\hat{\sigma}_z$ 的本征向量 $|0\rangle$ 和 $|1\rangle$ 上展开

$$|\psi\rangle=c_0|0\rangle+c_1|1\rangle \tag{10.7.2}$$

根据量子测量理论的预言，测量力学量 $\hat{\sigma}_z^S$ 的结果只能是 $+1$ 或 -1，我们把这两个结果写作 $\hat{\sigma}_z^S=+1$ 和 $\hat{\sigma}_z^S=-1$. 它们的概率分别是

$$P(\hat{\sigma}_z^S=+1)=|c_0|^2,\quad P(\hat{\sigma}_z^S=-1)=|c_1|^2 \tag{10.7.3}$$

现在，我们希望从具体的操作过程中体现这个结果. 按照 10.2 节和 10.3 节的讨论，实验结果体现在测量仪器上. 因此我们需要设置系统 S 和仪器 M 之间的相互作用以及仪器 M 的初态，分析它们作为一个整体的演化过程.

仪器 M 的初态记作 $|\phi\rangle\in\mathbb{C}^2$. 系统和仪器整体的初态则是 $|\psi\rangle\otimes|\phi\rangle$. 在以下

讨论中,直积符号的左侧表示系统,右侧表示仪器. 在不致引起混淆的时候,我们会略去直积符号,也会略去表示系统和仪器的上标 S 和 M. 系统和仪器之间的相互作用用哈密顿量 $\hat{H}^{\mathrm{int}}$表示. 由于我们目前关注的是二者间的相互作用,为简单起见,略去它们自身的哈密顿量. 系统和仪器作为一个整体随时间演化的过程由酉变换 $\hat{U}(t)$描述

$$\hat{U}(t)=\mathrm{e}^{-\mathrm{i}\hat{H}^{\mathrm{int}}t/\hbar} \tag{10.7.4}$$

在时刻 t,两体系统的量子态是

$$|\Psi(t)\rangle=\hat{U}(t)(|\psi\rangle\otimes|\phi\rangle) \tag{10.7.5}$$

在作具体的计算并给出$|\phi\rangle$和 $\hat{H}^{\mathrm{int}}$的具体形式之前,先定性地讨论一下. 设想在某个时刻 t,整体量子态$|\Psi(t)\rangle$具有如下形式:

$$|\Psi_{\mathrm{opt}}\rangle=c_0|0\rangle\otimes|0\rangle+c_1|1\rangle\otimes|1\rangle \tag{10.7.6}$$

这里下标 opt 的意思是最优的(optimal). 这实际上就是 2⊗2 量子系统的纯态的 Schmidt 分解形式(定理 10.5.1). 在$|\Psi_{\mathrm{opt}}\rangle$中,如果我们看到仪器 M 处于$|0\rangle$态,那么就可以得知系统 S 处于$|0\rangle$态,被测力学量 $\hat{A}=\hat{\sigma}_z^S$ 取值+1; 如果看到 M 处于$|1\rangle$态,那么就得知 S 处于$|1\rangle$态,$\hat{\sigma}_z^S$ 取值−1. 当然,这里说"看到仪器如何如何"并不合适,既然仪器被当作量子系统,我们就不能说"看到"它的量子态,而只能说,当它处于$|0\rangle$或$|1\rangle$的时候,在经典层面上有怎样的明确的现象. 换句话说,我们需要对仪器 M 进行测量,观测它的力学量 $\hat{\sigma}_z^M$ 取值±1 的概率. 然而,这样一来,就要引入第二个测量仪器(记作 M')并建立与 M 的相互作用来测量 $\hat{\sigma}_z^M$. 仪器 M'仍然是一个量子系统,同样的问题依旧存在,需要借助第三个量子系统 M''测量 M'. 以此类推,需要不断地引入新的仪器测量前一个仪器. 面对这样一个测量链,难免令人困惑. 测量过程在何处终止? 我们何时才能在现实世界中看到具体的结果? 这个问题稍后讨论,先进行必要的计算.

10.7.2 相互作用以及仪器的初态

现在,我们的目的是,对于被测系统的初态$|\psi\rangle=c_0|0\rangle+c_1|1\rangle$,找到两体的酉演化过程 $\hat{U}(t)$以及仪器 M 的初态$|\phi\rangle$,使得在某个时刻整体的量子态达到形如(10.7.6)式的最优形式.

首先,考虑一个较为直观的酉变换,$\hat{U}(t)=\hat{U}_{\mathrm{CNOT}}$. 这里,CNOT 的意思是 control not,即"控制非"操作,其矩阵形式是

$$\hat{U}_{\mathrm{CNOT}}=\begin{pmatrix}1&0&0&0\\0&1&0&0\\0&0&0&1\\0&0&1&0\end{pmatrix} \tag{10.7.7}$$

或者表示为

$$\hat{U}_{\rm CNOT}=|0\rangle\langle 0|\otimes 1+|1\rangle\langle 1|\otimes\hat{\sigma}_x \tag{10.7.8}$$

让 $\hat{U}_{\rm CNOT}$作用于 $2\otimes 2$ 系统的量子态，其效果是：如果第一个粒子处于$|0\rangle$，那么对第二个粒子不作任何操作，单位算符1 表示恒等变换；如果第一个粒子处于$|1\rangle$，那么对第二个粒子进行 $\hat{\sigma}_x$ 操作. 注意到. $\hat{\sigma}_x$ 操作就是经典逻辑中的“非”运算，故 $\hat{U}_{\rm CNOT}$就是第一个粒子控制第二个例子的控制非操作. 控制非操作不能表示为两个局部的酉变换的直积的形式，它是面向两体量子态的整体的酉变换.

令仪器的初态是$|\phi\rangle=|0\rangle$，用 $\hat{U}_{\rm CNOT}$作用于 S 和 M 的初态，有

$$\begin{aligned}|\psi\rangle\otimes|\phi\rangle&=(c_0|0\rangle+c_1|1\rangle)\otimes|0\rangle\\ &\longrightarrow\hat{U}_{\rm CNOT}[(c_0|0\rangle+c_1|1\rangle)\otimes|0\rangle]\\ &=c_0|0\rangle|0\rangle+c_1|1\rangle|1\rangle=|\Psi_{\rm opt}\rangle\end{aligned}$$

这就达到了我们的目的.

再来考虑仪器的力学量 $\hat{\sigma}_z^M$ 取值± 1 的概率 $P(\hat{\sigma}_z^M=\pm 1)$，这就是仪器的投影算符 $\hat{\Pi}_0^M=|0\rangle\langle 0|$和 $\hat{\Pi}_1^M=|1\rangle\langle 1|$在$|\Psi_{\rm opt}\rangle$中的期望值. 用 $\hat{\Psi}_{\rm opt}$表示$|\Psi_{\rm opt}\rangle$的密度算符，即 $\hat{\Psi}_{\rm opt}=|\Psi_{\rm opt}\rangle\langle\Psi_{\rm opt}|$

$$\hat{\Psi}_{\rm opt}=\begin{pmatrix}|c_0|^2 & 0 & 0 & c_0c_1^*\\ 0 & 0 & 0 & 0\\ 0 & 0 & 0 & 0\\ c_0^*c_1 & 0 & 0 & |c_1|^2\end{pmatrix}$$

于是

$$\begin{aligned}P(\hat{\sigma}_z^M=+1)&={\rm Tr}[\Psi_{\rm opt}(1^S\otimes\hat{\Pi}_0^M)]=|c_0|^2\\ P(\hat{\sigma}_z^M=-1)&={\rm Tr}[\Psi_{\rm opt}(1^S\otimes\hat{\Pi}_1^M)]=|c_1|^2\end{aligned}$$

它们等于玻恩规则预言的系统被测力学量 $\hat{\sigma}_z^S$ 取值± 1 的概率，见(10.7.3)式. 现在我们看到，如果不考虑上一小节末尾提到的问题，那么仪器的力学量 $\hat{\sigma}_z^M$ 完全反映了系统的被测力学量 $\hat{\sigma}_z^S$ 在系统的初态$|\psi\rangle$中的性质. 整体量子态$|\Psi_{\rm opt}\rangle$的最优性也正体现于此.

前面说过，控制非操作是对 $2\otimes 2$ 量子态的整体的酉变换，需要用到两个子系统之间的相互作用. 在 $\hat{U}_{\rm CNOT}$的表达式(10.7.7)或者(10.7.8)中，尚未体现系统和仪器之间相互作用的哈密顿量. 在具体的实验中，需要建立或利用这种相互作用，因此我们需要了解 $\hat{U}_{\rm CNOT}$描述的演化过程的核心，即对应于该种酉变换的相互作用形式. 下面的定理有所帮助.

定理 10.7.1(整体酉变换的正则形式) 用 A 和 B 表示 $2\otimes 2$ 量子系统的两个子系统. 任何一个整体酉变换可以表示为

$$\hat{U}=(\hat{V}^A\otimes\hat{V}^B)\hat{U}_{\rm can}(\hat{W}^A\otimes\hat{W}^B) \tag{10.7.9}$$

其中 $\hat{V}^{A(B)}$和 $\hat{W}^{A(B)}$是作用于 $A(B)$的局部酉变换，而 $\hat{U}_{\rm can}$的形式是

$$\hat{U}_{\text{can}}=\exp\{-\mathrm{i}(\xi_x\hat{\sigma}_x^A\otimes\hat{\sigma}_x^B+\xi_y\hat{\sigma}_y^A\otimes\hat{\sigma}_y^B+\xi_z\hat{\sigma}_z^A\otimes\hat{\sigma}_z^B)\}\tag{10.7.10}$$

其中 ξ_x,ξ_y 和 ξ_z 均为实数,下标 can 表示正则(canonical)形式.

该定理表明,整体酉变换的核心部分是 $\hat{U}_{\text{can}}$. 例如,对于 $\hat{U}_{\text{CONT}}$,可以验证如下等式:

$$\hat{U}_{\text{CNOT}}=\left[\begin{pmatrix}-\frac{1}{\sqrt{2}} & \frac{1}{\sqrt{2}}\\ \frac{1}{\sqrt{2}} & \frac{1}{\sqrt{2}}\end{pmatrix}\otimes\begin{pmatrix}\frac{1}{\sqrt{2}} & -\frac{\mathrm{i}}{\sqrt{2}}\\ -\frac{\mathrm{i}}{\sqrt{2}} & \frac{1}{\sqrt{2}}\end{pmatrix}\right]\exp\left\{-\mathrm{i}\frac{\pi}{4}(\hat{\sigma}_x\otimes\hat{\sigma}_x)\right\}$$
$$\times\left[\begin{pmatrix}-\frac{1}{\sqrt{2}} & \frac{\mathrm{i}}{\sqrt{2}}\\ \frac{1}{\sqrt{2}} & \frac{\mathrm{i}}{\sqrt{2}}\end{pmatrix}\otimes\begin{pmatrix}1 & 0\\ 0 & 1\end{pmatrix}\right]\tag{10.7.11}$$

就是说,控制非操作的核心部分是两个粒子之间形如 $\hat{\sigma}_x\otimes\hat{\sigma}_x$ 的相互作用. 实际上,利用形如 $\hat{\sigma}_i\otimes\hat{\sigma}_j\,(i,j=x,y,z)$ 的相互作用也可以构造出控制非操作,与上式相比,仅仅在局部的酉变换上有所不同. 控制非操作是整体酉变换的一种特殊形式,它不但涉及形如 $\hat{\sigma}_i\otimes\hat{\sigma}_j$ 的相互作用,而且对相互作用的强度和相互作用持续的时间也有要求,简单地说,这体现在 $\hat{U}_{\text{can}}$ 的展开形式(10.7.11)式中算符 $\mathrm{e}^{-\mathrm{i}\frac{\pi}{4}(\hat{\sigma}_x\otimes\hat{\sigma}_x)}$ 的指数上的因子$\frac{\pi}{4}$. 下面,我们将在更为一般的演化过程中量子态的演化,从中揭示在什么情况下可以得到最佳的测量效果. 这涉及相互作用持续的时间和仪器的初态选择.

设系统 S 和仪器 M 之间的相互作用哈密顿量是

$$\hat{H}^{\text{int}}=-\hbar g\hat{\sigma}_z^S\otimes\hat{\sigma}_y^M\tag{10.7.12}$$

其中 g 是耦合常数,设 $g>0$,它的大小反映了相互作用的强弱. 在不致引起混淆的时候,上标 S 和 M 将被省去. 略去系统和仪器自身的哈密顿量,两体系统的时间演化算符由(10.7.4)式给出.

$$\hat{U}(t)=\mathrm{e}^{-\mathrm{i}\hat{H}^{\text{int}}t/\hbar}=\begin{pmatrix}\cos gt & \sin gt & 0 & 0\\ -\sin gt & \cos gt & 0 & 0\\ 0 & 0 & \cos gt & -\sin gt\\ 0 & 0 & \sin gt & \cos gt\end{pmatrix}\tag{10.7.13}$$

如果把上述矩阵左上角的 2×2 的子矩阵记作 $\hat{U}_0$,把右下角的子矩阵记作 $\hat{U}_1$,那么 $\hat{U}(t)$ 可以写为 $\hat{U}(t)=|0\rangle\langle0|\otimes\hat{U}_0+|1\rangle\langle1|\otimes\hat{U}_1$. 显然,这是一个控制酉操作:当系统处于 $|0\rangle$ 时,对仪器的操作是酉变换 $\hat{U}_0$;当系统处于 $|1\rangle$ 时,对仪器的操作是酉变换 $\hat{U}_1$.

首先,我们要说明将整体的酉演化设为(10.7.13)的意义. 为此,计算系统的被测力学量$\hat{\sigma}_z^S$在海森堡图像中随时间的演化．将$\hat{\sigma}_z^S$写作$\hat{\sigma}_z\otimes 1$．在海森堡图像中

$$(\hat{\sigma}_z\otimes 1)(t)=\hat{U}^\dagger(t)(\hat{\sigma}_z\otimes 1)\hat{U}(t)=\hat{\sigma}_z\otimes 1=(\hat{\sigma}_z\otimes 1)(0)$$

上述结果缘于$\hat{\sigma}_z\otimes 1$与$\hat{H}^{\text{int}}$对易．因此，在(10.7.12)式的相互作用下，被测力学量$\hat{\sigma}_z^S$不随时间变化．这是一件好事情，因为我们不希望在系统和仪器发生相互作用的过程中被测力学量有所改变，不希望被测力学量受到测量过程的干扰．至于在$\hat{H}_{\text{int}}$中出现的$\hat{\sigma}_y^M$，作如此设定的原因只是为了在计算上的简洁——酉变换$\hat{U}(t)$是一个实数矩阵．完全可以把$\hat{\sigma}_y^M$替换成任意方向上的泡利矩阵$\hat{\sigma}_n^M$，不过这会影响到仪器的初态的选择，在下面的讨论中将看到这一点．

现在再来计算仪器的一些典型的力学量随时间的变化．将$\hat{\sigma}_i^M$写作$1\otimes\hat{\sigma}_i$，在海森堡图像中

$$(1\otimes\hat{\sigma}_x)(t)=\hat{U}^\dagger(t)(1\otimes\hat{\sigma}_x)\hat{U}(t)=(1\otimes\hat{\sigma}_x)\cos 2gt-(\hat{\sigma}_z\otimes\hat{\sigma}_z)\sin 2gt \tag{10.7.14}$$

$$(1\otimes\hat{\sigma}_y)(t)=\hat{U}^\dagger(t)(1\otimes\hat{\sigma}_y)\hat{U}(t)=1\otimes\hat{\sigma}_y \tag{10.7.15}$$

$$(1\otimes\hat{\sigma}_z)(t)=\hat{U}^\dagger(t)(1\otimes\hat{\sigma}_z)\hat{U}(t)=(1\otimes\hat{\sigma}_z)\cos 2gt+(\hat{\sigma}_z\otimes\hat{\sigma}_x)\sin 2gt \tag{10.7.16}$$

上面的三个结果可以帮助我们设定仪器的初态．例如，可以分以下三种情况讨论．

(1) 设仪器的初态是$|\phi\rangle=|0\rangle$，即$\hat{\sigma}_z$的本征态．系统的初态依旧是$|\psi\rangle=c_0|0\rangle+c_1|1\rangle$．根据(10.7.14)～(10.7.16)式，计算t时刻仪器力学量的期望值

$$\langle 1\otimes\hat{\sigma}_x\rangle(t)=\langle 0|\hat{\sigma}_x|0\rangle\cos 2gt-\langle\psi|\hat{\sigma}_z|\psi\rangle\langle 0|\hat{\sigma}_z|0\rangle\sin 2gt=-\langle\psi|\hat{\sigma}_z|\psi\rangle\sin 2gt$$
$$\langle 1\otimes\hat{\sigma}_y\rangle(t)=\langle 0|\hat{\sigma}_y|0\rangle=0$$
$$\langle 1\otimes\hat{\sigma}_z\rangle(t)=\langle 0|\hat{\sigma}_z|0\rangle\cos 2gt+\langle\psi|\hat{\sigma}_z|\psi\rangle\langle 0|\hat{\sigma}_x|0\rangle\sin 2gt=\cos 2gt$$

如果在t时刻我们得到了仪器的力学量$\hat{\sigma}_x^M$的期望值，那么根据上面的第一个方程就可以知道系统的被测力学量$\hat{\sigma}_z^S$在初态$|\psi\rangle$中的期望值，即

$$\langle\psi|\hat{\sigma}_z|\psi\rangle=-\frac{\langle 1\otimes\hat{\sigma}_x\rangle(t)}{\sin 2gt} \tag{10.7.17}$$

而仪器的$\hat{\sigma}_y^M$和$\hat{\sigma}_z^M$在t时刻的期望值则不能提供关于$\langle\psi|\hat{\sigma}_z|\psi\rangle$的任何信息．

(2) 设仪器的初态是$|\phi\rangle=|x_+\rangle$，即$\hat{\sigma}_x$的本征态，类似的计算给出

$$\langle 1\otimes\hat{\sigma}_x\rangle(t)=\cos 2gt$$
$$\langle 1\otimes\hat{\sigma}_y\rangle(t)=0$$
$$\langle 1\otimes\hat{\sigma}_z\rangle(t)=\langle\psi|\hat{\sigma}_z|\psi\rangle\sin 2gt$$

只有仪器的$\hat{\sigma}_z^M$是有用的

$$\langle\psi|\hat{\sigma}_z|\psi\rangle=\frac{\langle 1\otimes\hat{\sigma}_z\rangle(t)}{\sin 2gt} \tag{10.7.18}$$

(3) 设仪器的初态是$|\phi\rangle=|y_+\rangle$，即$\hat{\sigma}_y$的本征态，对此，我们有

$$\langle 1\otimes\hat{\sigma}_x\rangle(t)=\langle 1\otimes\hat{\sigma}_z\rangle(t)=0,\quad \langle 1\otimes\hat{\sigma}_y\rangle(t)=1$$

从仪器身上看不到关于被测系统的任何信息.

通过以上讨论,我们大体上知道了如何设定仪器的初态. 概括地说,如果系统和仪器的相互作用具有 $\hat{\sigma}_z\otimes\hat{\sigma}_y$ 的形式,那么我们需要将仪器的初态选择为与 $\hat{\sigma}_y^M$ 互补的力学量(比如 $\hat{\sigma}_x^M$ 或 $\hat{\sigma}_z^M$)的本征向量. 然后,相互作用之后的仪器的第三个互补力学量的期望值可以反映被测力学量在系统的初态中的期望值①.

针对上面的第二种情况分析系统和仪器的整体量子态的演化过程. 时间演化算符是(10.7.13)式,系统和仪器的初态是 $|\Psi(0)\rangle=|\psi\rangle|\phi\rangle$,其中 $|\phi\rangle=|x_+\rangle$,时刻 t 的整体量子态是 $|\Psi(t)\rangle=\hat{U}(t)|\Psi(0)\rangle$

$$|\Psi(t)\rangle=\hat{U}(t)|\Psi(0)\rangle=c_0|0\rangle\otimes|\tilde{\phi}_0\rangle+c_1|1\rangle\otimes|\tilde{\phi}_1\rangle \tag{10.7.19}$$

$$|\tilde{\phi}_0\rangle=\cos\left(\frac{\pi}{4}-gt\right)|0\rangle+\sin\left(\frac{\pi}{4}-gt\right)|1\rangle \tag{10.7.20}$$

$$|\tilde{\phi}_1\rangle=\cos\left(\frac{\pi}{4}+gt\right)|0\rangle+\sin\left(\frac{\pi}{4}+gt\right)|1\rangle \tag{10.7.21}$$

或者

$$\begin{aligned}|\Psi(t)\rangle=&\frac{1}{\sqrt{2}}[c_0(\cos gt+\sin gt)|0\rangle+c_1(\cos gt-\sin gt)|1\rangle]\otimes|0\rangle\\&+\frac{1}{\sqrt{2}}[c_0(\cos gt-\sin gt)|0\rangle+c_1(\cos gt+\sin gt)|1\rangle]\otimes|1\rangle\end{aligned} \tag{10.7.22}$$

(10.7.18)式表明,如果选择相互作用的强度 g 和相互作用持续的时间 τ 使得 $g\tau=\frac{\pi}{4},\frac{3\pi}{4},\cdots$,那么在这些时刻,仪器的力学量 $\hat{\sigma}_z^M$ 的期望值可以很好地反映系统的被测力学量在系统的初态中的期望值,二者至多相差一个负号. 在这些时刻,(10.7.19)式中的 $|\tilde{\phi}_0\rangle$ 和 $|\tilde{\phi}_1\rangle$ 是正交的,它们实际上就是 $|0\rangle$ 或 $|1\rangle$. 当 $|\tilde{\phi}_0\rangle=|0\rangle$, $|\tilde{\phi}_1\rangle=|1\rangle$ 的时候,$\hat{\sigma}_z^M$ 取值 $+1$ 和 -1 的概率分别是 $|c_0|^2$ 和 $|c_1|^2$,它们也正是 $\hat{\sigma}_z^S$ 在系统的初态 $|\psi\rangle$ 中取值 ±1 的概率. 我们把这些情形下的测量过程称为**理想测量过程**.

当 gt 不等于 $\frac{\pi}{4}$ 的奇数倍的时候,测量结果是不理想的. 这表现在两个方面. 一个是,t 时刻仪器的 $\hat{\sigma}_z^M$ 期望值需要经过修正(即乘以因子 $(\sin 2gt)^{-1}$)才能给出系统的 $\hat{\sigma}_z^S$ 在初态中的期望值; 另一个是,这种情况下(10.7.18)式中的 $|\tilde{\phi}_0\rangle$ 和 $|\tilde{\phi}_1\rangle$

① 在有限的 n 维希尔伯特空间中,两个力学量 $\hat{A}$ 和 $\hat{B}$ 的本征向量分别用 $|\alpha_i\rangle$ 和 $|\beta_i\rangle$ 表示,如果对于任意的 i 和 j,总是有 $|\langle\alpha_i|\beta_j\rangle|=\frac{1}{\sqrt{n}}$,那么这两个力学量就是互补力学量.

不是正交的，它们中的每一个都会对 $\hat{\sigma}_z^M$ 的取值 $+1$（或 -1）给出贡献．仪器的 $\hat{\sigma}_z^M$ 取值 ±1 的概率可以根据(10.7.18)式计算，它们是

$$P(\hat{\sigma}_z^M=+1)=\frac{1}{2}[1+(|c_0|^2-|c_1|^2)\sin 2gt] \qquad (10.7.23)$$

$$P(\hat{\sigma}_z^M=-1)=\frac{1}{2}[1-(|c_0|^2-|c_1|^2)\sin 2gt] \qquad (10.7.24)$$

这两个概率并不等于 $|c_0|^2$ 和 $|c_1|^2$．

另一方面，当 gt 等于 $\frac{\pi}{4}$ 的偶数倍的时候，即 $gt=\frac{\pi}{2},\pi,\cdots$，(10.7.18)式的分母为零．为了解释这个矛盾，注意到当 gt 等于 $\frac{\pi}{4}$ 的偶数倍的时候，例如当 $gt=\frac{\pi}{2}$ 时，$|\Psi(t)\rangle$ 等于 $(c_0|0\rangle-c_1|1\rangle)\otimes|x_-\rangle$，这是一个直积态，(10.7.18)式的分子等于 $\langle x_-|\hat{\sigma}_z|x_-\rangle=0$．对这个 $\frac{0}{0}$ 的未定式的理解是，此时系统和仪器之间没有任何关联，我们不可能通过对仪器的观测来推知系统的任何信息．

10.7.3　2⊗2 测量模型的讨论

与其说本节讨论的是量子测量的简单模型，不如说是 2⊗2 量子系统的演化．这是因为，在这个模型中，被视作测量仪器的是一个自旋 1/2 粒子，它是典型的量子系统，尚未在经典层面上表现出明确的具有客观性的现象．即便系统 S 和仪器 M 的整体的量子态是最理想的形式，即 $|\Psi_{\text{opt}}\rangle=c_0|0^S\rangle\otimes|0^M\rangle+c_1|1^S\rangle\otimes|1^M\rangle$，仪器和系统之间的对应关系也只是量子态之间的对应，$|0^M\rangle$ 对应于 $|0^S\rangle$，$|1^M\rangle$ 对应于 $|1^S\rangle$，而不是真实而客观的现象（比如仪表的读数）和被测力学量的某个本征值的对应——我们想要的正是这样一种对应关系．因此，为了让这个 2⊗2 量子系统的演化过程具有量子测量的内涵，我们只能模糊地、很不严格地描述 $|\Psi_{\text{opt}}\rangle$ 在量子测量过程中的意义：如果看到 $\hat{\sigma}_z^M$ 表现出 $+1$（或 -1）的结果，那么即可以推知 $\hat{\sigma}_z^S$ 的取值是 $+1$（或 -1）．这种说法之所以很不严格，是因为 $\hat{\sigma}_z^M$ 是量子系统 M 的力学量，它的本征值 ±1 不是仪表上的读数，也不是我们所能"看到"的现象．虽然如此，本节的内容在以下几方面具有一定的启发性．

(1) 任何测量过程都是间接的而不是直接的，被测系统的性质势必要反映在测量仪器上．所以，引入测量仪器并建立系统和仪器之间的相互作用，这使得抽象的量子测量假设具有了实际的操作过程，同时也可以让我们在具体的演化过程中讨论量子测量理论面临的问题．

(2) 将一个自旋 1/2 粒子用作测量仪器，这实在是过于简单而粗糙的模型，借此难以理解测量结果的经典性和客观性．然而，这一困难反过来启发我们对真实

的测量仪器作一番定性的描述. 真实的测量仪器应该具有两方面的特性. ①“小”的一面. 测量仪器能够在微观层面上建立与被测系统之间的相互作用. ②“大”的一面. 测量仪器能够将被测系统的某些性质放大并反映在经典层面上,给观测者提供明确而客观的实验结果[①]. 简单地说,测量仪器应该是一个对微观事件很敏感的宏观物体. 因此,通常可以使用处于亚稳态的系统来建构测量仪器. 例如,气泡室中充满了过热液体(一般是液氢),像原子电离这样的微观事件能够轻易地在气泡室中形成气泡,而后者是可以直接观测到的宏观层面上的现象.

(3) 虽然 $2\otimes 2$ 的测量模型简单而粗糙,但是可以帮助我们理解广义量子测量. 在 10.4.1 节中我们看到,量子测量假设的数学形式(非简并情形下)是一组彼此正交的一维子空间上的投影算符. 我们称这种形式的测量方式是**投影测量**[②],或者**冯·诺依曼测量**. 通过上一小节的分析,我们看到,实现投影测量的前提条件是建造系统和仪器之间的形如 $|\Psi_{\text{opt}}\rangle$ 的最优状态,否则,体现在系统上的将是广义测量,对此我们稍后讨论.

10.8 稍微复杂的但更真实的测量模型

在施特恩-格拉赫实验和杨氏双缝实验中,我们看到的是屏幕上的亮点. 实际上,在很多关于微观粒子的实验中,最终的结果都被说成是“粒子在空间的位置”,这意味着粒子的空间自由度扮演了测量仪器的角色. 所以在本节中,我们讨论与空间自由度有关的测量模型.

10.8.1 模型

以施特恩-格拉赫实验为例,将其过程简化并抽象为如下描述(图 10.8.1). 自旋 1/2 粒子经过了 $SG(z)$ 装置,其中的磁场是

$$B_x = B_y = 0, \quad B_z = zB' \tag{10.8.1}$$

这里,B' 是磁场沿 z 方向的梯度. 当然,这样的磁场是不存在的,因为 $\nabla\cdot\boldsymbol{B}\neq 0$. 更严格地,可以把磁场的分量写为

$$B_x = -xB', \quad B_y = 0, \quad B_z = B_0 + zB'$$

这里,B_0 是一个常数. 在实际情况中,$B_0 \gg B_x$,这导致磁矩在 xy 平面内的分量以很大的角速度绕 z 轴旋转,由于非零的 B_x 导致的粒子的受力的平均效果近乎为零.

---

① 测量结果的客观性仍然是一个存有争议的话题. 仪器的特定的力学量(例如,在 $|\Psi_{\text{opt}}\rangle$ 中所考虑的仪器的力学量 $\hat{\sigma}_z^{(M)}$)就一定会被“大”的一面放大而成为一个经典物理量么? 而且,如何给客观性赋予一个操作意义上的定义? 这些问题尚没有统一的结论,在本章的最后一节我们作简要介绍.

② 有时候,投影测量也包括 10.4.2 节中简并情形. 在 10.12 节中,我们把一维子空间以及简并子空间上的测量统称为投影测量.

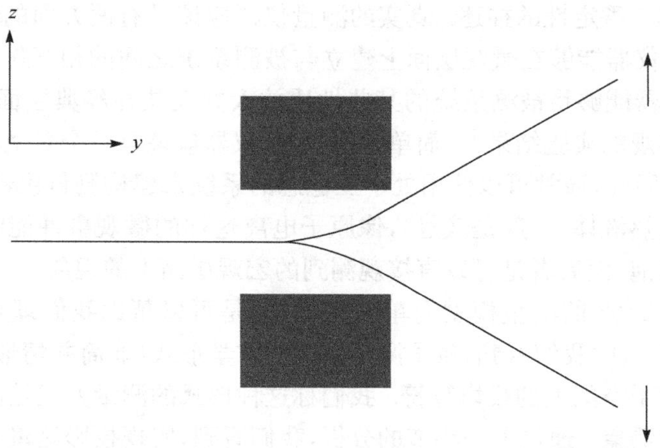

图 10.8.1　施特恩-格拉赫实验示意图

非均匀磁场的梯度为 z 方向，自旋 1/2 粒子穿过磁场区域后分为向上和向下偏转的两束

因此，我们可以简单地考虑(10.8.1)式的磁场，把自旋粒子的哈密顿量表示为 $-\hat{\boldsymbol{\mu}}\cdot\boldsymbol{B}=-\hat{\mu}_z B_z$，进而写为

$$\hat{H}=-2g\hat{S}_z\otimes\hat{z}=-g\hat{\sigma}_z\otimes\hat{z} \tag{10.8.2}$$

这里我们令 $\hbar=1$. 常数 g 包含了粒子的质量、电荷、磁场的梯度等物理量，描述了粒子的自旋自由度和空间自由度之间的耦合强度. 在哈密顿量的表达式(10.8.2)中，我们采用了直积符号 $\otimes$ 联系自旋力学量 $\hat{\sigma}_z$ 和空间位置力学量 $\hat{z}$，这是为了提醒我们这两个力学量分属不同的自由度，需要不同的希尔伯特空间来描述. 描述 $\hat{\sigma}_z$ 的是两维复空间，描述 $\hat{z}$ 的则是无限维的连续的希尔伯特空间. 当然，粒子的量子态也是由这两部分构成的. 我们假设粒子的初态具有直积态的形式，即

$$|\Psi(0)\rangle=|\psi\rangle\otimes|\phi\rangle \tag{10.8.3}$$

这里 $|\psi\rangle$ 表示粒子的自旋量子态，$|\psi\rangle=c_0|0\rangle+c_1|1\rangle$. 而 $|\phi\rangle$ 表示与空间自由度相关的量子态，可以在位置表象中写为空间位置的波函数 $\phi(x,y,z)$，也可以在动量空间中写为动量波函数 $\phi(p_x,p_y,p_z)$. 粒子的量子态随时间的演化由酉变换 $\hat{U}(t)$ 决定

$$\hat{U}(t)=\mathrm{e}^{-\mathrm{i}\hat{H}t}=\mathrm{e}^{\mathrm{i}gt\hat{\sigma}_z\otimes\hat{z}} \tag{10.8.4}$$

我们关注的被测力学量是 $\hat{S}_z$，或者说是 $\hat{\sigma}_z$，希望从粒子的波函数给出概率分布推知被测力学量取值 $\hat{\sigma}_z$ 取值 ±1 的概率以及期望值.

在确定 $|\phi\rangle$ 的具体形式之前，可以先在海森堡图像中计算一下粒子的位置算符和动量算符随时间的变化情况. 容易看到，粒子的位置算符 $\hat{\boldsymbol{r}}=(\hat{x},\hat{y},\hat{z})$ 与 $\hat{H}$ 对易，它们是守恒量. 动量算符 $\hat{p}_x$ 和 $\hat{p}_y$ 也是守恒量. 故只需要考虑 $\hat{p}_z$ 随时间的变化，将 $\hat{p}_z$ 表示为 $\mathbb{1}\otimes\hat{p}_z$.

$$
\begin{aligned}
(1\otimes\hat{p}_z)(t) &= U^{\dagger}(t)(1\otimes\hat{p}_z)U(t)\\
&= 1\otimes\hat{p}_z+[-\mathrm{i}gt\hat{\sigma}_z\otimes\hat{z},1\otimes\hat{p}_z]+\frac{1}{2!}[-\mathrm{i}gt\hat{\sigma}_z\otimes\hat{z},[-\mathrm{i}gt\hat{\sigma}_z\otimes\hat{z},1\otimes\hat{p}_z]]+\cdots\\
&= 1\otimes\hat{p}_z+gt(\hat{\sigma}_z\otimes\mathrm{id})
\end{aligned}
\tag{10.8.5}
$$

其中 id 的意思是恒等变换(identity),它来自于 $\hat{z}$ 和 $\hat{p}_z$ 的对易子$[\hat{z},\hat{p}_z]=\mathrm{i}\hbar\mathrm{id}$. 因为难以将无限维连续的希尔伯特空间中的恒等变换写成一个单位矩阵的形式,所以这里用 id 表示这个意思. 式(10.8.5)建立了 t 时刻动量 p_z 的期望值与测量力学量 $\hat{\sigma}_z$ 在初态中的期望值之间的联系,即

$$
\langle\hat{p}_z\rangle(t)=\langle\hat{p}_z\rangle(0)+gt\langle\hat{\sigma}_z\rangle(0)
$$

我们希望知道的正是$\langle\hat{\sigma}_z\rangle(0)$,它就是

$$
\langle\hat{\sigma}_z\rangle(0)=\frac{\langle\hat{p}_z\rangle(t)-\langle\hat{p}_z\rangle(0)}{gt}
\tag{10.8.6}
$$

上述推导意谓着,我们需要考虑粒子的动量的期望值的变化,于是很自然地,应该选择动量表象描述$|\phi\rangle$.

现在选择动量表象,$|\phi\rangle$被表示为动量波函数 $\phi(\boldsymbol{p})=\phi(p_x,p_y,p_z)$,而酉变换 $\hat{U}(t)$中的位置算符 $\hat{z}$ 则要表示为 $\mathrm{i}\hbar\dfrac{\partial}{\partial p_z}$. 我们已经设定 $\hbar=1$,故 $\hat{z}\to\mathrm{i}\dfrac{\partial}{\partial p_z}$. 在酉变换 $\hat{U}(t)$的作用下,有

$$
\begin{aligned}
|\Psi(t)\rangle &= U(t)|\Psi(0)\rangle\\
&= \mathrm{e}^{\mathrm{i}gt\hat{\sigma}_z\otimes\hat{z}}[(c_0|0\rangle+c_1|1\rangle)\otimes|\varphi\rangle]\\
&= (c_0|0\rangle+c_1|1\rangle)\phi(P_x,P_y,P_z)+\mathrm{i}gt(c_0|0\rangle-c_1|1\rangle)\mathrm{i}\frac{\partial(P_x,P_y,P_z)}{\partial p_z}\\
&\quad+\frac{(\mathrm{i}gt)^2}{2!}(c_0|0\rangle+c_1|1\rangle)\mathrm{i}^2\frac{\partial^2\varphi(P_x,P_y,P_z)}{\partial p_z^2}\\
&\quad+\frac{(\mathrm{i}gt)^3}{3!}(c_0|0\rangle-c_1|1\rangle)\mathrm{i}^3\frac{\partial^3\varphi(P_x,P_y,P_z)}{\partial p_z^3}+\cdots\\
&= c_0|0\rangle\Bigg[\varphi(P_x,P_y,P_z)-gt\frac{\partial\varphi(P_x,P_y,P_z)}{\partial p_z}+\frac{(gt)^2}{2!}\frac{\partial^2\varphi(P_x,P_y,P_z)}{\partial p_z^2}\\
&\quad-\frac{(gt)^3}{3!}\frac{\partial^3\varphi(P_x,P_y,P_z)}{\partial p_z^3}+\cdots\Bigg]\\
&\quad+c_1|1\rangle\Bigg[\varphi(P_x,P_y,P_z)+gt\frac{\partial\varphi(P_x,P_y,P_z)}{\partial p_z}+\frac{(gt)^2}{2!}\frac{\partial^2\varphi(P_x,P_y,P_z)}{\partial p_z^2}\\
&\quad+\frac{(gt)^3}{3!}\frac{\partial^3\varphi(P_x,P_y,P_z)}{\partial p_z^3}+\cdots\Bigg]\\
&= c_0|0\rangle\varphi(p_x,p_y,p_z-gt)+c_1|1\rangle\varphi(p_x,p_y,p_z+gt)
\end{aligned}
$$

至此得到 t 时刻粒子的自旋和动量的整体的量子态

$$|\Psi(t)\rangle=c_0|0\rangle\phi(p_x,p_y,p_z-gt)+c_1|1\rangle\phi(p_x,p_y,p_z+gt) \quad (10.8.7)$$

这个量子态可以类比于最简单的 $2\otimes2$ 测量模型中的(10.7.19)式，但是还不能说它们达到了如同(10.7.6)式的最优形式. 在进一步分析之前，需要说明如下两点.

(1) 在本节的开始，我们说，通过粒子在空间的位置分布推知被测力学量 $\hat{\sigma}_z$ 的性质，这就需要将 $|\Psi(t)\rangle$ 中的动量空间的波函数 $\phi(p_x,p_y,p_z\pm gt)$ 通过傅里叶变换表示为位置空间的波函数，由此会带来计算上的繁琐. 为了叙述的简明直观，这里我们仅仅分析了粒子的动量分布而没有计算其位置分布，换句话说，我们假设测量仪器对粒子的动量有所响应.

(2) 从(10.8.7)式看到，酉变换前后的量子态始终是粒子的动量 $\hat{p}_x$ 和 $\hat{p}_y$ 的本征态，这说明粒子的动量波函数与 p_x 和 p_y 的依赖关系是不重要的. 因此我们把初态中的动量空间的波函数简化为 $\phi(p_z)$，相应地，$|\Psi(t)\rangle$ 中的动量波函数简化为 $\phi(p_z-gt)$ 和 $\phi(p_z+gt)$，即

$$|\Psi(t)\rangle=c_0|0\rangle\phi(p_z-gt)+c_1|1\rangle\phi(p_z+gt) \quad (10.8.8)$$

设初态的动量波函数是一个对称的高斯波包

$$\phi(p_z)=\frac{1}{(2\pi\sigma^2)^{1/4}}\exp\left\{-\frac{p_z^2}{4\sigma^2}\right\} \quad (10.8.9)$$

在 $\phi(p_z)$ 中动量 $\hat{p}_z$ 的期望值为零. 上式中的 σ 是 $\hat{p}_z$ 的标准偏差，即

$$\sigma^2=\langle\hat{p}_z^2\rangle_\phi-\langle\hat{p}_z\rangle_\phi^2=\langle\hat{p}_z^2\rangle_\phi$$

概率密度 $|\phi(p_z)|^2$ 是数理统计中常用的高斯分布. 图 10.8.2 描绘了 $\phi(p_z)$ 和 $\phi(p_z\pm gt)$ 的函数图像.

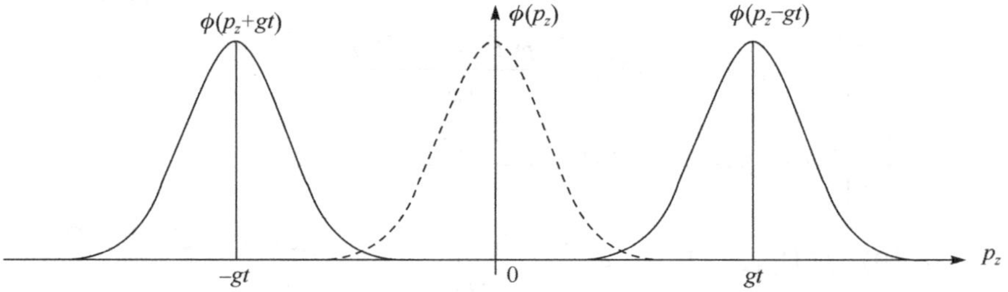

图 10.8.2　自旋与空间位置之间的相互作用导致动量波函数发生平移

从(10.8.8)式中可以写出粒子的自旋部分的量子态. 将 $|\Psi(t)\rangle$ 改写为

$$|\Psi(t)\rangle=c_0|0\rangle\phi_0(p_z,t)+c_1|1\rangle\phi_1(p_z,t) \quad (10.8.10)$$

其中 $\phi_0(p_z,t)=\phi(p_z-gt)$，$\phi_1(p_z,t)=\phi(p_z+gt)$. 令 $\hat{\Psi}(t)=|\Psi(t)\rangle\langle\Psi(t)|$，我们要在动量空间中对 $\hat{\Psi}(t)$ 求迹，为此，将 $\phi_0(p_z,t)$ 和 $\phi_1(p_z,t)$ 分别视作量子态 $|\phi_0(t)\rangle$ 和 $|\phi_1(t)\rangle$ 在动量空间的基向量 $|p_z\rangle$ 上的分量，即

$$|\phi_0(t)\rangle = \int_{-\infty}^{+\infty} \phi_0(p_z,t)\,|\,p_z\rangle \mathrm{d}p_z$$

$$|\phi_1(t)\rangle = \int_{-\infty}^{+\infty} \phi_1(p_z,t)\,|\,p_z\rangle \mathrm{d}p_z$$

于是，$\hat{\Psi}(t)$可以写为(以下省略了积分的上下限)

$$\begin{aligned}\hat{\Psi}(t) =& |c_0|^2\,|0\rangle\langle 0|\iint \phi_0(p'_z,t)\phi_0^*(p''_z,t)\,|p'_z\rangle\langle p''_z|\,\mathrm{d}p'_z\mathrm{d}p''_z \\ &+ c_0c_1^*\,|0\rangle\langle 1|\iint \phi_0(p'_z,t)\phi_1^*(p''_z,t)\,|p'_z\rangle\langle p''_z|\,\mathrm{d}p'_z\mathrm{d}p''_z \\ &+ c_0^*c_1\,|1\rangle\langle 0|\iint \phi_0^*(p'_z,t)\phi_1(p''_z,t)\,|p'_z\rangle\langle p''_z|\,\mathrm{d}p'_z\mathrm{d}p''_z \\ &+ |c_1|^2\,|1\rangle\langle 1|\iint \phi_1(p'_z,t)\phi_1^*(p''_z,t)\,|p'_z\rangle\langle p''_z|\,\mathrm{d}p'_z\mathrm{d}p''_z\end{aligned}$$

然后，对上式右端第一项中的积分形式在动量空间中求迹. 由于这是无穷维连续的希尔伯特空间，求迹就是计算如下形式的积分：

$$\begin{aligned}&\int\langle p_z|\left\{\iint \phi_0(p'_z,t)\phi_0^*(p''_z,t)\,|p'_z\rangle\langle p''_z|\,\mathrm{d}p'_z\mathrm{d}p''_z\right\}|p_z\rangle\mathrm{d}p_z \\ =&\iiint \phi_0(p'_z,t)\phi_0^*(p''_z,t)\delta(p_z-p'_z)\delta(p_z-p_z)\mathrm{d}p_z\mathrm{d}p'_z\mathrm{d}p''_z \\ =&\int \phi_0(p_z,t)\phi_0^*(p_z,t)\mathrm{d}p_z\end{aligned}$$

对其他积分形式进行类似的计算，令

$$I_{ij}(t) = \int_{-\infty}^{+\infty} \phi_i(p_z,t)\phi_j^*(p_z,t)\mathrm{d}p_z,\quad i,j=0,1$$

显然，$I_{ij}(t)=I_{ji}^*(t)$. 考虑到 $\phi_0(p_z,t)$和 $\phi_1(p_z,t)$的归一性，有 $I_{00}(t)=I_{11}(t)=1$，故 $\hat{\rho}^S(t)$的矩阵形式是

$$\hat{\rho}^S(t)=\begin{pmatrix}|c_0|^2 & c_0c_1^*I_{01}(t)\\ c_0^*c_1I_{10}(t) & |c_1|^2\end{pmatrix}\tag{10.8.11}$$

可以看到，在测量过程中，系统量子态的变化表现在密度矩阵的非对角元上.

10.8.2 理想情形

理想情形指的是两个波函数 $\phi(p_z+gt)$和 $\phi(p_z-gt)$之间没有重叠. 虽然实际上它们是有重叠的，但是，如果我们令 gt 很大，那么这两个波包距离很远，其间的重叠就很小，即

$$\int_{-\infty}^{+\infty}\phi^*(p_z+gt)\phi(p_z-gt)\mathrm{d}p_z = \int_{-\infty}^{+\infty}\phi(p_z+gt)\phi(p_z-gt)\mathrm{d}p_z \approx 0$$

可以说它们近乎正交. 这时，$|\Psi(t)\rangle$和(10.7.6)式的最优的$|\Psi_{\text{opt}}\rangle$在本质上是一样的. 如果观测到粒子的动量的值 $p_z>0$，那么这个观测结果的来源应该是

$\phi(p_z-gt)$，由此可以推知粒子的自旋量子态处于$|0\rangle$，且$\hat{\sigma}_z$取值$+1$；类似地，如果观测到$p_z<0$，那么其自旋量子态处于$|1\rangle$，且$\hat{\sigma}_z$取值-1. 注意到$\phi(p_z-gt)$基本上完全分布在p_z的右半轴，$\phi(p_z-gt)$基本上完全分布在p_z的左半轴. 因此在(10.8.8)式中，粒子的动量大于零的概率是

$$P(p_z>0)=\int_0^{+\infty}|c_0|^2|\phi(p_z-gt)|^2\mathrm{d}p_z=|c_0|^2$$

同样地，动量小于零的概率是$P(p_z<0)=|c_1|^2$. 再次重现了自旋量子态$|\psi\rangle$中$\hat{\sigma}_z$取值±1的概率. 而且还需注意到，理想情况下测量后粒子的密度矩阵是对角的，即(10.8.11)式中非对角项变为零.

虽然看起来通过增大gt以减小动量波函数的重叠这一做法是可行的，但是也要注意到，当相互作用强度g给定的时候，延长相互作用的时间t会让系统受到更多的来自周围环境的干扰. 在实际情况中，两个动量波函数难免会有部分重叠，这将导致模糊测量.

10.8.3　非理想的模糊测量

如果在t时刻粒子的整体量子态$|\Psi(t)\rangle$中的动量波函数$\phi(p_z\pm gt)$有明显的重叠，并且，在实验中观测到粒子的动量的值$p_z^{\exp}$正好处于两个动量波函数的交叠区域(图10.8.3)，那么难以断定动量的这个值是来自于$\phi(p_z+gt)$还是来自于$\phi(p_z-gt)$. 这种情况可以与(10.7.19)式进行类比. 这里的动量波函数$\phi(p_z+gt)$和$\phi(p_z-gt)$不正交，如同(10.7.19)式中的$|\tilde{\phi}_0\rangle$和$|\tilde{\phi}_1\rangle$也不正交. 它们都是非理想的测量.

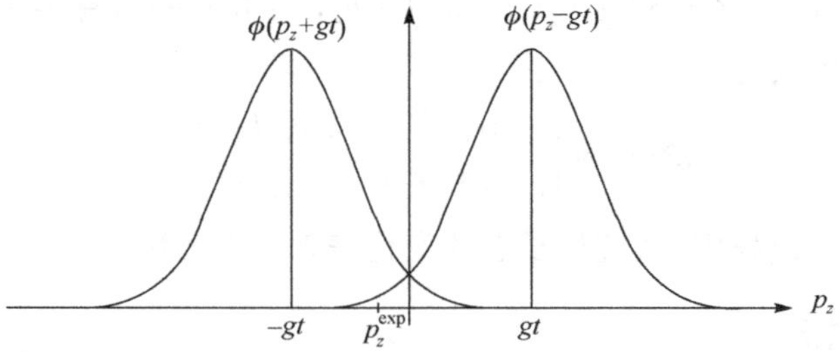

图10.8.3　模糊测量

粒子的动量空间中的波函数$\phi(p_z+gt)$和$\phi(p_z-gt)$之间有明显的重叠.

如果观测到的动量的值$p_z^{\exp}$处于重叠区域，则不能断定这是哪一个动量波函数给出的结果

10.8.4　自旋重聚

看一个具体的实验过程，中子干涉仪，如图10.8.4所示. 一束自旋指向$+z$方向的中子从左侧入射到第一块晶体上. 中子的量子态记作$|0\rangle$. 出射的中子分

为两束，用路径 AB 和 AC 表示. 当然，用“路径”这个词描述微观粒子是不恰当的，只有对微观粒子进行测量才能知道它们的所经之路(就像在气泡室和云室中那样)，这里我们只是采用一个便于描述的形象的说法. 两束入射到第二块晶体的中子继续发生透射和反射，只考虑反射的中子. 经第二块晶体反射后，两束中子的路径分别是 BD 和 CD. 路径 BD 上的中子仍然处于 $|0\rangle$ 态. 在路径 CD 上放置一个自旋翻转装置，使中子的状态从 $|0\rangle$ 变为 $|1\rangle$. 最后，两束中子会聚到第三块晶体的 D 点. 观测从第三块晶体出射的中了，它们的自旋指向什么方向?

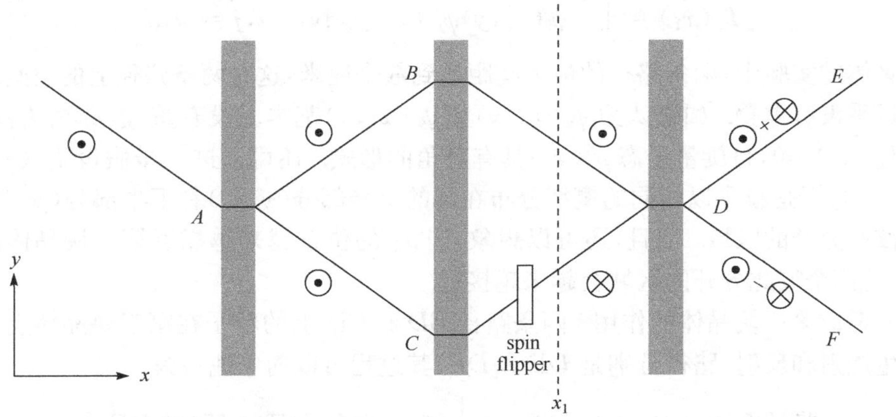

图 10.8.4　中子自旋重聚实验示意图

三个灰色的长方形代表三块晶体，中子可以直接穿过晶体，也可以在布拉格晶面上发生反射. 小的白色长方形代表一个自旋翻转操作(spin flip). ⊙表示自旋指向 $+z$ 方向，⊗表示自旋指向 $-z$ 方向

我们用 $\psi_u(\boldsymbol{r})$ 表示上方路径(即路径 ABD)上粒子的空间波函数，用 $\psi_d(\boldsymbol{r})$ 表示下方路径(即路径 ACD)上粒子的空间波函数，$\boldsymbol{r}$ 表示空间位置向量，$\boldsymbol{r}=(x,y,z)$. 假设空间波函数的分布集中在路径附近的区域. 在上方路径上，粒子的整体量子态可以表示为 $|0\rangle\psi_u(\boldsymbol{r})$；在下方路径上，粒子进入自旋翻转装置之前的量子态是 $|0\rangle\psi_d(\boldsymbol{r})$，从自旋翻转装置出来之后的量子态是 $|1\rangle\psi_d(\boldsymbol{r})$. 粒子的量子态是两条路径上的状态的叠加，当下方路径上的粒子穿过自旋翻转装置之后，叠加形式为

$$\frac{1}{\sqrt{2}}|0\rangle\psi_u(\boldsymbol{r})+\frac{1}{\sqrt{2}}|1\rangle\psi_d(\boldsymbol{r})$$

这里我们添上了归一化因子 $\frac{1}{\sqrt{2}}$，意谓着粒子出现在每一条路径上的概率都是 1/2.

由于空间波函数与 z 的依赖关系是不重要的，我们把上式简化为

$$\frac{1}{\sqrt{2}}|0\rangle\psi_u(x,y)+\frac{1}{\sqrt{2}}|1\rangle\psi_d(x,y) \tag{10.8.12}$$

如果我们在图中的 x_1 位置上放置一排沿 y 方向排列的探测器，或者简单地说放置一块接收屏，那么这就类似于施特恩-格拉赫实验，实际上就是在 x_1 位置处通过探测粒子的空间位置分布推知粒子的自旋状态. 测量后粒子的自旋量子态可以用密度算符 $\hat{\rho}^S(x_1)$表示

$$\hat{\rho}^S(x_1)=\frac{1}{2}\begin{bmatrix} I_{uu}(x_1) & I_{ud}(x_1) \\ I_{du}(x_1) & I_{dd}(x_1) \end{bmatrix} \tag{10.8.13}$$

其中

$$I_{ij}(x_1)=\int_{-\infty}^{+\infty}\psi_i(x_1,y)\psi_j^*(x_1,y)\mathrm{d}y,\quad i,j=u,d$$

在具体的实验中，两条路径的最大间距达到数个厘米，这时两条路径上的空间波函数近乎没有重叠. 如果认为 $\psi_u(x_1,y)$和 $\psi_d(x_1,y)$基本上没有重叠，那么 $I_{ud}(x_1)=I_{du}(x_1)\approx 0$，自旋量子态 $\hat{\rho}^S(x_1)$具有对角的形式. 还可以进一步假设 $I_{uu}(x_1)=I_{dd}(x_1)$，于是粒子以相同的概率分布在屏的上半部分($y>0$)和下半部分($y<0$)两个彼此分开的区域. 而且，还可以想象，当 x_1 的位置越来越靠近第三块晶体的时候，这两个彼此分开的区域会越来越接近.

考虑第三块晶体的作用. 两条路径 BD 和 CD 上的粒子在第三块晶体上都要发生透射和反射，路径分别是 DE 和 DF，其过程可以简单地写为

$$\begin{aligned}\text{路径 }BD\text{：}\quad |0\rangle\psi_u(x,y)&\longrightarrow\frac{1}{\sqrt{2}}|0\rangle[|\text{路径 }DE\rangle+|\text{路径 }DF\rangle]\\&=\frac{1}{\sqrt{2}}|0\rangle[\psi_u(x,y)+\psi_d(x,y)]\end{aligned}$$

$$\begin{aligned}\text{路径 }CD\text{：}\quad |1\rangle\psi_d(x,y)&\longrightarrow\frac{1}{\sqrt{2}}|1\rangle[|\text{路径 }DE\rangle-|\text{路径 }DF\rangle]\\&=\frac{1}{\sqrt{2}}|1\rangle[\psi_u(x,y)-\psi_d(x,y)]\end{aligned}$$

(10.8.12)式描述的第三块晶体左侧的量子态，右侧的出射粒子的量子态变化为

$$\begin{aligned}&\frac{1}{\sqrt{2}}|0\rangle\psi_u(x,y)+\frac{1}{\sqrt{2}}|1\rangle\psi_d(x,y)\\&\longrightarrow\frac{1}{\sqrt{2}}|0\rangle\frac{1}{\sqrt{2}}[\psi_u(x,y)+\psi_d(x,y)]+\frac{1}{\sqrt{2}}|1\rangle\frac{1}{\sqrt{2}}[\psi_u(x,y)-\psi_d(x,y)]\\&=\frac{1}{\sqrt{2}}\left[\frac{1}{\sqrt{2}}|0\rangle+\frac{1}{\sqrt{2}}|1\rangle\right]\psi_u(x,y)+\frac{1}{\sqrt{2}}\left[\frac{1}{\sqrt{2}}|0\rangle-\frac{1}{\sqrt{2}}|1\rangle\right]\psi_d(x,y)\\&=\frac{1}{\sqrt{2}}|x_+\rangle\psi_u(x,y)+\frac{1}{\sqrt{2}}|x_-\rangle\psi_d(x,y)\end{aligned}$$

从上面的推导过程可以看出，对于从 D 点出射的两束粒子，我们无法判断路径 DE

上的粒子来自路径 BD 还是来自路径 CD，对路径 DF 上的粒子也同样如此. 如果在路径 DE 上或者路径 DF 上放置施特恩-格拉赫实验装置 $SG(x)$，那么可以分别看到粒子向 $+x$ 方向和向 $-x$ 方向偏转的现象. 如果放置 $SG(z)$，那么将得到完全随机的结果，即偏向 $+z$ 方向和偏向 $-z$ 方向的概率都是 1/2. 这就是自旋重聚实验的结果.

自旋重聚实验的结果告诉我们这样一些事情.

(1) 即使两条路径的间隔很大，粒子的空间波函数没有重叠，相干性依旧存在. 相干性体现在 $|0\rangle$ 和 $|1\rangle$ 最终能够通过线性叠加成为 $|x_{\pm}\rangle$.

(2) 形如(10.8.12)式的量子态并没有表现出具体的观测结果，它是粒子的自旋角动量和粒子的动量有了相互作用之后，自旋量子态和空间波函数共同演化后的形式，这仍然是相干叠加的形式. 如果在这个形式中通过求迹(即对空间波函数积分)的过程将粒子的空间波函数去除，那么可以得到形如(10.8.13)式的自旋量子态. 但是，这是一个从概率幅到概率的变化，这种改变需要经过测量才能实现. 所以，当我们面对(10.8.12)式的时候，即便 ψ_u 和 ψ_d 没有重叠，也不能贸然说，粒子以概率 1/2 处于 $|0\rangle$ 态，以概率 1/2 处于 $|1\rangle$ 态——这样的一些说法是要有依据的，是要对应于测量过程的；概率不是从量子态的数学形式中看出来的，而是由实验结果体现出来的.

(3) 测量导致相干性的破坏. 如前所述，如果在 x_1 位置处进行测量，那么粒子的自旋量子态 $\hat{\rho}^S$ 就是(10.8.13)式. 当 $\psi_u(x_1, y)$ 和 $\psi_d(x_1, y)$ 基本上没有重叠的情况下，表示相干性的非对角项消失，$\hat{\rho}^S$ 是对角的. 还有其他的可能的因素造成了相干性的衰退或消失. 比如说，晶体内部的热运动很剧烈，对粒子的透射和反射造成了影响.

10.9 系统量子态的演化

在前面两节中，我们把抽象的量子测量假设做了相对具体化的处理，其主要步骤是，引入测量仪器，建立被测系统和测量仪器之间相互作用，让系统和仪器的整体的量子态经历一定时间的演化，然后对仪器进行观测，得到相应的观测结果以及结果的概率分布，以此推知系统的被测力学量的性质，这就是所谓的间接测量过程，该过程势必对系统的量子态产生影响，而这就是本节讨论的主题.

10.9.1 系统量子态演化的一般描述

在 10.4.3 小节中我们说过，在测量过程中系统的演化不是简单的用酉变换. 在前两节中，我们引入了测量仪器，系统和仪器作为一个整体的演化过程是一个酉演化的过程. 因此，在得到了 t 时刻的整体量子态之后，再对仪器的希尔伯特空间求迹(即求整体量子态的部分迹),就可以获得系统在 t 时刻的量子态. 现在按照这个思路推导系统的量子态的演化过程.

系统 S 和仪器 M 的希尔伯特空间分别记作 $\mathcal{H}^S$ 和 $\mathcal{H}^M$. 考虑有限维情形,$\mathcal{H}^S$ 的维数设为 n,$\mathcal{H}^M$ 的维数应该至少为 n,暂时设为 n. 设系统和仪器的初态均为纯态,它们分别是 $|\psi\rangle\in\mathcal{H}^S$ 和 $|\phi\rangle\in\mathcal{H}^M$,二者整体的初态是直积态 $|\Psi(0)\rangle=|\psi\rangle\otimes|\phi\rangle\in\mathcal{H}^S\otimes\mathcal{H}^M$. 在 t 时刻的整体的量子态 $|\Psi(t)\rangle$ 是由酉变换 $\hat{U}(t)$ 决定的

$$|\Psi(t)\rangle=\hat{U}(t)|\Psi(0)\rangle=\hat{U}(t)(|\psi\rangle\otimes|\phi\rangle)$$

也可以用密度算符表示. 令 $\hat{\psi}=|\psi\rangle\langle\psi|$,$\hat{\phi}=|\phi\rangle\langle\phi|$,$\hat{\Psi}(0)=|\Psi(0)\rangle\langle\Psi(0)|$,$\hat{\Psi}(t)=|\Psi(t)\rangle\langle\Psi(t)|$,有

$$\hat{\Psi}(t)=\hat{U}(t)\hat{\Psi}(0)\hat{U}^\dagger(t)=\hat{U}(t)(\hat{\psi}\otimes\hat{\phi})\hat{U}^\dagger(t)$$

于是,系统的 t 时刻的量子态是

$$\hat{\rho}^S(t)=\mathrm{Tr}_M\hat{\Psi}(t) \tag{10.9.1}$$

如图 10.9.1 所示.

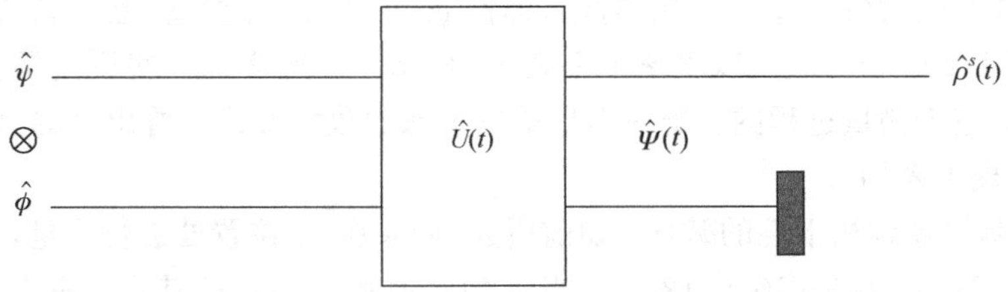

图 10.9.1 一般情形下系统量子态的演化过程

系统和仪器(或者环境)经历了整体的酉演化,在 t 时刻去除仪器部分,得到系统的量子态

以 10.7 节的 $2\otimes2$ 测量模型为例,系统和仪器发生相互作用后整体的态 $|\Psi(t)\rangle$ 由(10.7.22)式给出,写出相应的密度算符之后继续在 $\mathcal{H}^M$ 上求迹,有

$$\hat{\rho}^S(t)=\begin{pmatrix}|c_0|^2 & c_0c_1^*\cos2gt\\ c_0^*c_1\cos2gt & |c_1|^2\end{pmatrix} \tag{10.9.2}$$

当 gt 等于 $\frac{\pi}{4}$ 的奇数倍的时候,系统的密度算符 $\hat{\rho}^S(t)$ 是对角的,非对角项的消失意谓着相干性的消失. 可见,理想测量的过程就是彻底破坏初态中的相干性,使得测量过程结束后系统的态是一个具有经典意味的混合态,即 $|c_0|^2|0\rangle\langle0|+|c_1|^2|1\rangle\langle1|$.

10.9.2 克劳斯(Kraus)算符

虽然(10.9.1)式已经能够告诉我们 t 时刻系统的状态,但是这个形式本身还可以继续运算下去. 设 $\mathcal{H}^M$ 的基向量是 $|\mu\rangle$,$\mu=0,1,\cdots,n-1$,它们可以是自然基向量,也可以是某个非简并力学量的本征向量. 为了使计算 $\mathrm{Tr}_M\hat{\Psi}(t)$ 的过程更清晰,

我们把酉变换 $\hat{U}(t)$表示为

$$\hat{U}(t)=\sum_{\mu,\nu=0}^{n-1}\hat{u}_{\mu\nu}\otimes|\mu\rangle\langle\nu|$$

注意这里的 $\hat{u}_{\mu\nu}$ 是 $\mathcal{H}^S$ 上的 $n\times n$ 的矩阵. 由于 $\hat{U}(t)$是酉矩阵,$\hat{u}_{\mu\nu}$ 须满足

$$\sum_{\nu}\hat{u}_{\mu\nu}\hat{u}_{\mu'\nu}^{\dagger}=\delta_{\mu\mu'}1^S,\quad \sum_{\mu}\hat{u}_{\mu\nu'}^{\dagger}\hat{u}_{\mu\nu}=\delta_{\nu\nu'}1^S \tag{10.9.3}$$

这里1^S是 $\mathcal{H}^S$ 上的单位矩阵.

t 时刻整体的密度算符是

$$\begin{aligned}\hat{\Psi}(t)&=\hat{U}(t)(\hat{\psi}\otimes\hat{\phi})\hat{U}^{\dagger}(t)\\&=\sum_{\mu\nu\mu'\nu'}(\hat{u}_{\mu\nu}\hat{\psi}\hat{u}_{\mu'\nu'}^{\dagger})\otimes(|\mu\rangle\langle\nu|\hat{\phi}|\nu'\rangle\langle\mu'|)\end{aligned} \tag{10.9.4}$$

在空间 $\mathcal{H}^M$上求迹,有

$$\mathrm{Tr}_M\hat{\Psi}(t)=\sum_{\mu\nu\nu'}(\hat{u}_{\mu\nu}\hat{\psi}\hat{u}_{\mu\nu'}^{\dagger})\langle\nu|\phi\rangle\langle\phi|\nu'\rangle$$

关注上式中的$\sum_{\nu}\hat{u}_{\mu\nu}\langle\nu|\phi\rangle$,注意到

$$\begin{aligned}\mathrm{Tr}_M[\hat{U}(1\otimes|\phi\rangle\langle\mu|)]&=\mathrm{Tr}_M\Big[\sum_{\mu'\nu'}(\hat{u}_{\mu'\nu'}\otimes|\mu'\rangle\langle\nu'|)(1\otimes|\phi\rangle\langle\mu|)\Big]\\&=\sum_{\nu'}\hat{u}_{\mu\nu'}\langle\nu'|\phi\rangle=\sum_{\nu}\hat{u}_{\mu\nu}\langle\nu|\phi\rangle\end{aligned}$$

上面的最后一步只是求和指标的替换. 现在令

$$\hat{K}_{\mu}=\sum_{\nu}\hat{u}_{\mu\nu}\langle\nu|\phi\rangle=\mathrm{Tr}_M[\hat{U}(1\otimes|\phi\rangle\langle\mu|)]=\langle\mu|\hat{U}|\phi\rangle \tag{10.9.5}$$

上式最后一个表达式是简化的写法: $\hat{U}$ 是 $\mathcal{H}^S\otimes\mathcal{H}^M$上的酉矩阵,而$|\mu\rangle$和$|\phi\rangle$是$\mathcal{H}^M$中的态矢量,$\langle\mu|\hat{U}|\phi\rangle$中涉及的内积仅仅是 $\mathcal{H}^M$中向量之间的内积,结果得到 $\mathcal{H}^S$上的矩阵,即 $\hat{K}_{\mu}$. 而 $\hat{K}_{\mu}$ 的厄米共轭形式是

$$\hat{K}_{\mu}^{\dagger}=\sum_{\nu}\hat{u}_{\mu\nu}^{\dagger}\langle\phi|\nu\rangle=\mathrm{Tr}_M[\hat{U}^{\dagger}(1\otimes|\mu\rangle\langle\phi|)]=\langle\phi|\hat{U}^{\dagger}|\mu\rangle \tag{10.9.6}$$

综合以上过程以及(10.9.1)式,并将系统的初态写为 $\hat{\psi}=\hat{\rho}^S(0)$,有

$$\hat{\rho}^S(t)=\sum_{\mu=0}^{n-1}\hat{K}_{\mu}(t)\hat{\rho}^S(0)\hat{K}_{\mu}^{\dagger}(t) \tag{10.9.7}$$

算符 $\hat{K}_{\mu}$ 被称为克劳斯(Kraus) 算符. 可以验证$\sum_{\mu}\hat{K}_{\mu}^{\dagger}\hat{K}_{\mu}=1^S$,即

$$\sum_{\mu}\hat{K}_{\mu}^{\dagger}\hat{K}_{\mu}=\sum_{\mu\nu\nu'}\hat{u}_{\mu\nu'}^{\dagger}\hat{u}_{\mu\nu}\langle\phi|\nu'\rangle\langle\nu|\phi\rangle=\sum_{\nu\nu'}1^S\delta_{\nu\nu'}\langle\phi|\nu'\rangle\langle\nu|\phi\rangle=1^S \tag{10.9.8}$$

上面的第二个等式用到了 $\hat{u}_{\mu\nu}$ 的条件(10.9.3) 式. 克劳斯算符满足$\sum_{\mu}\hat{K}_{\mu}^{\dagger}\hat{K}_{\mu}=1^S$,这意味着系统量子态在演化过程中的迹是不变的(即保迹演化)

$$\mathrm{Tr}\hat{\rho}^S(t) = \mathrm{Tr}\sum_\mu \hat{K}_\mu(t)\hat{\rho}^S(0)\hat{K}_\mu^\dagger(t) = \mathrm{Tr}\sum_\mu \hat{K}_\mu^\dagger(t)\hat{K}_\mu(t)\hat{\rho}^S(0) = \mathrm{Tr}\hat{\rho}^S(0)$$

关于系统量子态的演化以及克劳斯算符,有以下说明.

(1) 我们用两种形式,(10.9.1)式和(10.9.7)式,描述了系统和仪器有相互作用的情况下系统量子态的演化过程. 它们的共同特征是,系统和仪器作为一个整体,在酉变换$\hat{U}(t)$的作用下从初态$|\Psi(0)\rangle$演化到t时刻的$|\Psi(t)\rangle$. 然后从$|\Psi(t)\rangle$中抛弃与仪器有关的部分(表现为在$\mathcal{H}^M$上求迹),从而得到t时刻系统的量子态. 不过这两种形式也是有些区别的. 在(10.9.1)式的推导过程中,虽然我们说S和M的初态具有直积态的形式,即$|\psi\rangle\otimes|\phi\rangle$,但是最后的结论并没有用到这个条件. 而为了得到(10.9.7)式,系统和仪器的初态必须是直积态,否则不能得到克劳斯算符. 因此,在此强调指出,这里及以后谈到的系统和仪器的初态或者系统与环境的初态一律设为直积态①.

(2) 上面的推导过程可以不作任何修改而适用于系统的初态是混合态的情形. 而且,我们还可以把测量仪器看成是系统周围的环境,进而用类似的语言描述开放量子系统的演化. 设系统的初态是$\hat{\rho}(0)$,环境的初态是纯态$\hat{\phi}=|\phi\rangle\langle\phi|$. 描述环境的希尔伯特空间的基向量记作$|\mu\rangle$. 系统和环境之间从$t=0$时刻开始发生相互作用,在$t$时刻整体的量子态是$\hat{U}(t)(\hat{\rho}(0)\otimes\hat{\phi})\hat{U}^\dagger(t)$. 就系统的状态而言,在时刻$t$的量子态可以表示为

$$\hat{\rho}(t) = \sum_\mu \hat{K}_\mu(t)\hat{\rho}(0)\hat{K}_\mu^\dagger(t) \tag{10.9.9}$$

其中克劳斯算符是

$$\hat{K}_\mu(t) = \langle\mu\mid\hat{U}(t)\mid\phi\rangle, \quad \sum_\mu \hat{K}_\mu^\dagger(t)\hat{K}_\mu(t) = 1^S$$

还可以推广到非保迹的演化过程以及环境的初态是混合态的情形,在此不作进一步讨论了.

(3) 在(10.9.5)式中,克劳斯算符$\hat{K}_\mu$的具体形式依赖于整体的酉变换$\hat{U}(t)$,仪器的初态以及仪器的希尔伯特空间$\mathcal{H}^M$的基向量,因此,选择不同的基向量就会得到不同形式的克劳斯算符. 设$\mathcal{H}^M$的另外一组基向量是$\{|\alpha\rangle\}$,$\alpha=0,\cdots,n-1$. 重复以上推导过程,得到另一组克劳斯算符,记作$\hat{J}_\alpha$

$$\hat{J}_\alpha=\langle\alpha|\hat{U}|\phi\rangle$$

注意到两组基向量之间的关系是某个酉矩阵$\hat{V}$,矩阵元$v_{\alpha\mu}=\langle\alpha|\mu\rangle$,基向量$|\mu\rangle$可以用$|\alpha\rangle$表示,即

$$|\mu\rangle = \sum_\alpha v_{\alpha\mu}\mid\alpha\rangle$$

---

① 近年的研究涉及了系统和仪器的初态并非直积态的情况下系统的演化过程,这些内容超出了本书范围,故不作讨论.

代入(10.9.6)式

$$\hat{K}_\mu = \sum_\alpha v_{\alpha\mu}^* \langle \alpha \mid \hat{U} \mid \phi \rangle = \sum_\alpha v_{\alpha\mu}^* \hat{J}_\alpha$$

这表明两组克劳斯算符之间的变换是酉变换. 虽然克劳斯算符的形式不是唯一的,但是系统在 t 时刻的量子态却是不依赖与 $\mathcal{H}^M$ 的基向量的选择,下面的计算表明了这一点:

$$\begin{aligned}
\hat{\rho}^S(t) &= \sum_\mu \hat{K}_\mu \hat{\rho}^S(0) \hat{K}_\mu^\dagger \\
&= \sum_{\mu\alpha\alpha'} v_{\alpha\mu}^* v_{\alpha'\mu} \hat{J}_\alpha \hat{\rho}^S(0) \hat{J}_{\alpha'}^\dagger \\
&= \sum_{\alpha\alpha'} \Big(\sum_\mu v_{\alpha\mu}^* v_{\alpha'\mu} \Big) \hat{J}_\alpha \hat{\rho}^S(0) \hat{J}_{\alpha'}^\dagger \\
&= \sum_{\alpha\alpha'} \delta_{\alpha\alpha'} \hat{J}_\alpha \hat{\rho}^S(0) \hat{J}_{\alpha'}^\dagger = \sum_\alpha \hat{J}_\alpha \hat{\rho}^S(0) \hat{J}_\alpha^\dagger
\end{aligned}$$

(4) (10.9.7)式或者(10.9.9)式描述了较为一般的情形下量子态的演化. 有两个极端情形值得一提. 一是酉演化,此时所有的 $\hat{K}_\mu$ 等于某个作于系统的酉变换 $\hat{U}^S(t)$,于是得到我们熟悉的

$$\hat{\rho}^S(t) = \hat{U}^S(t) \hat{\rho}^S(0) \hat{U}^S(t)^\dagger$$

另一个是投影测量,此时克劳斯算符就是投影算符 $\hat{\Pi}_i = |\alpha_i\rangle\langle\alpha_i|$,这里设 $|\alpha_i\rangle$ 是系统的某个力学量 $\hat{A}$ 的本征向量. 于是,测量后系统的状态是

$$\hat{\rho}^S(t) = \sum_i \hat{\Pi}_i \hat{\rho}^S(0) \hat{\Pi}_i = \sum_\mu \langle \alpha_i \mid \hat{\rho}^S(0) \mid \alpha_i \rangle \mid \alpha_i \rangle\langle \alpha_i \mid \qquad (10.9.10)$$

这是对测量后对结果不作任何选择的情况下系统的状态. 可以看出,在基向量 $|\alpha_i\rangle$ 上 $\hat{\rho}^S(t)$ 具有对角形式,非对角的相干项全都消失为零.

10.9.3 正定变换和完全正定变换

量子系统的演化过程的数学表示就是量子态的变换. 我们用 $\hat{\mathcal{T}}$ 表示对量子态的变换. 系统的初态记作 $\hat{\rho}$,变换后的结果结果是 $\hat{\mathcal{T}}(\hat{\rho})$. 由于 $\hat{\rho}$ 是希尔伯特空间上的算符,对算符的变换被称作超算符,$\hat{\mathcal{T}}$ 就是一个超算符. 让我们看看超算符 $\hat{\mathcal{T}}$ 应该具有哪些性质.

首先,变换后的结果 $\hat{\mathcal{T}}(\hat{\rho})$ 应该是厄米的,而且是正定的,否则 $\hat{\mathcal{T}}(\hat{\rho})$ 不满足密度算符的基本要求. 在这个意义上,我们要求变换 $\hat{\mathcal{T}}$ 是一个**正定变换**,即,它把任何正定算符变换为正定算符. 其次,变换后的结果 $\hat{\mathcal{T}}(\hat{\rho})$ 的迹不能大于1,即 $\mathrm{Tr}[\hat{\mathcal{T}}(\hat{\rho})] \leqslant 1$,否则变化过程不满足概率守恒的要求. 看起来 $\mathrm{Tr}[\hat{\mathcal{T}}(\hat{\rho})] < 1$ 似乎也违反了概率守恒的要求,但是,如果允许对不同的变换后的结果进行选择,那么 $\mathrm{Tr}[\hat{\mathcal{T}}(\hat{\rho})] < 1$ 是合理的. 例如,对 $\hat{\rho}$ 进行投影测量,如果对测量后的结果不作任何选择,那么测量

后系统的态是$\sum_i \hat{\Pi}_i\hat{\rho}\hat{\Pi}_i$,测量前后的量子态的迹均为1,保持不变. 如果我们选择其中某个结果j,则相应的过程就是$\hat{\rho}\longrightarrow\hat{\Pi}_j\hat{\rho}\hat{\Pi}_j$. 从态的变换角度看,变换后的结果的迹小于1,$\mathrm{Tr}(\hat{\Pi}_j\hat{\rho}\hat{\Pi}_j)=\mathrm{Tr}(\hat{\Pi}_j\hat{\rho})<1$.

但是,正定变换只是一个很宽泛的要求. 在涉及两体或多体系统的量子态的时候,经常会遇到局部变换,即对其中的某个子系统的变换. 例如,对于由A和B两个粒子组成的两体系统,仅仅对A粒子进行某个操作,记作$\hat{T}^A$,整体的量子态经历的变换是$\hat{\rho}^{AB}\longrightarrow(\hat{T}^A\otimes\mathrm{id}^B)(\hat{\rho}^{AB})$,这里$\mathrm{id}^B$表示对$B$的变换是恒等变换. 在这种情形下,不是所有的正定变换$\hat{T}^A$都能保证$\hat{T}^A\otimes\mathrm{id}^B$也是正定变换.

我们用一个具体而简单的例子说明这个现象. 矩阵的转置是正定变换. 考虑一个$2\otimes2$系统的纯态$|\Psi\rangle=c_0|00\rangle+c_1|11\rangle$,这里设$c_0$,$c_1$为非零实数,且$c_0^2+c_1^2=1$. 对其中的第一个粒子进行转置变换,对于整体而言就是部分转置(见定义10.5.1和图10.1). 写出$|\Psi\rangle$的密度算符$\hat{\Psi}=|\Psi\rangle\langle\Psi|$,部分转置后的形式是

$$\hat{\Psi}^{T_A}=\begin{pmatrix} c_0^2 & 0 & 0 & 0\\ 0 & 0 & c_0c_1 & 0\\ 0 & c_0c_1 & 0 & 0\\ 0 & 0 & 0 & c_1^2\end{pmatrix}$$

矩阵$\hat{\Psi}^{T_A}$有一个负的本征值$-|c_0c_1|<0$,故$\hat{\Psi}^{T_A}$不是一个真正的密度算符. 虽然转置变换T是正定变换,但是部分转置变换$T\otimes\mathrm{id}$不是正定变换,或者说,转置变换不是完全正定变换. 另外,我们还可以注意到,在$\mathbb{C}^2$空间上的转置变换与时间反演变换仅仅相差一个酉变换. 设$\hat{\rho}$是$\mathbb{C}^2$上的密度算符,$\hat{\rho}=\frac{1}{2}(1+r_1\hat{\sigma}_1+r_2\hat{\sigma}_2+r_3\hat{\sigma}_3)$. 转置变换的结果是$\hat{\rho}^T=\frac{1}{2}(1+r_1\hat{\sigma}_1-r_2\hat{\sigma}_2+r_3\hat{\sigma}_3)$. 时间反演变换将改变自旋角动量的方向,即$\hat{S}\rightarrow-\hat{S}$,表现在泡利矩阵上就是,$\hat{\sigma}\rightarrow-\hat{\sigma}$,于是时间反演变换后的量子态是$\frac{1}{2}(1-r_1\hat{\sigma}_1-r_2\hat{\sigma}_2-r_3\hat{\sigma}_3)$. 与转置变换相比,相差一个绕$y$轴转动角度$\pi$的酉变换.

定义 10.9.1(完全正定变换) 设变换$\hat{T}$是系统的希尔伯特空间$\mathcal{H}^S$上的正定变换,id^K是任意的希尔伯特空间$\mathcal{H}^K$上的恒等变换. 当且仅当$\hat{T}\otimes\mathrm{id}^K$是正定变换,$\hat{T}$是完全正定变换.

对于完全正定变换,有如下重要定理.

定义 10.9.2(完全正定变换的算子和表示) 任何完全正定变换可以用克劳斯算符表示,即$\hat{\rho}\longrightarrow\hat{T}(\hat{\rho})$可以表示为

$$\hat{\rho}\longrightarrow\sum_i\hat{K}_i\hat{\rho}\hat{K}_i^\dagger,\quad \sum_i\hat{K}_i^\dagger\hat{K}_i\leqslant 1^S \tag{10.9.11}$$

上式中的$\sum_i \hat{K}_i^\dagger \hat{K}_i \leqslant 1^S$的意思是，$\sum_i \hat{K}_i^\dagger \hat{K}_i - 1^S$是负定的. 如果$\sum_i \hat{K}_i^\dagger \hat{K}_i = 1^S$，则变换是保迹的. 保迹的完全正定变换又被称为**量子通道**(quantum channel).

10.9.4 等距变换(Isometry)

在10.9.1节和10.9.2节中，酉变换$\hat{U}$作用系统和仪器的初态，使得

$$|\psi\rangle \otimes |\phi\rangle \longrightarrow \hat{U}(|\psi\rangle \otimes |\phi\rangle)$$

设仪器的初态$|\phi\rangle$是固定不变的，仅仅关注系统量子态的改变，有

$$|\psi\rangle \longrightarrow \hat{U}(|\psi\rangle \otimes |\phi\rangle) \tag{10.9.12}$$

这是一个从空间$\mathcal{H}^S$到空间$\mathcal{H}^{SM} = \mathcal{H}^S \otimes \mathcal{H}^M$的变换，记作$\hat{V}$. 设系统的希尔伯特空间的基向量是$|i\rangle$，变换$\hat{V}$的作用效果是

$$|i\rangle \xrightarrow{\hat{V}} |\Omega_i\rangle \equiv \hat{U}(|i\rangle \otimes |\phi\rangle) \in \mathcal{H}^{SM} \tag{10.9.13}$$

变换$\hat{V}$保证了变换前后量子态的正交归一性，即

$$\langle i|j\rangle = \delta_{ij} \xrightarrow{\hat{V}} \langle \Omega_i|\Omega_j\rangle = \delta_{ij}$$

可以写出变换$\hat{V}$的矩阵形式

$$\hat{V} = \sum_i |\Omega_i\rangle\langle i| \tag{10.9.14}$$

这是一个$d^{SM} \times d^S$的矩阵，这里d^{SM}和d^S分别是$\mathcal{H}^{SM}$和$\mathcal{H}^S$的维数. 容易验证

$$\hat{V}^\dagger \hat{V} = 1^S \tag{10.9.15}$$

1^S是$\mathcal{H}^S$上的单位算符，故$\hat{V}$是等距变换(isometry). 需注意到$\hat{V}\hat{V}^\dagger \neq 1^M$，这里$1^M$是$\mathcal{H}^M$上的单位算符.

引入等距变换之后，系统量子态的演化被简写为

$$\hat{\psi} \longrightarrow \hat{\Psi} = \hat{V}\hat{\psi}\hat{V}^\dagger \tag{10.9.16}$$

接着还需要对$\hat{\Psi}$在$\mathcal{H}^M$上求迹，$\mathcal{H}^M$的基向量依旧记作$|\mu\rangle$

$$\hat{\psi} \longrightarrow \hat{\Psi} = \hat{V}\hat{\psi}\hat{V}^\dagger \longrightarrow \hat{\rho} = \sum_\mu \langle\mu|\hat{V}\hat{\psi}\hat{V}^\dagger|\mu\rangle$$

定义克劳斯算符

$$\hat{K}_\mu = \langle\mu|\hat{V} = \sum_i \langle\mu|\Omega_i\rangle\langle i|$$

这里，$\langle\mu|\Omega_i\rangle$涉及$\mathcal{H}^M$上的内积，其结果是$\mathcal{H}^S$上的右矢. 容易验证$\sum_\mu \hat{K}_\mu^\dagger \hat{K}_\mu = 1^S$. 另外，还应该注意到，虽然(10.9.16)式说的是系统的纯态在等距变换后的结果，但是同样适用于混合态

$$\hat{\rho}^S \longrightarrow \hat{\rho}^{SM} = \hat{V}\hat{\rho}^S\hat{V}^\dagger$$

当系统和仪器的整体的酉变换难以表述或者不需要有明确表示的时候，可以利用等距变换很方便地写出克劳斯算符，见下一小节的讨论.

10.9.5 几个典型的量子演化过程

量子系统很容易受到周围环境的影响和干扰，演化过程不再是酉变换．如果把系统和环境视作一个整体，并认为整体的演化可以是酉变换，那么就可以利用前几个小节中讨论的内容和得到的结果描述开放量子系统的演化．在本小节中，我们以双值系统的量子态为例说明几个典型的演化过程．

1．相位阻尼(phase damping)

相位阻尼过程指的是，演化过程中量子系统和环境的相互作用使得量子态的相干性逐渐消失，但是没有带来系统的能量的损失．描述环境的希尔伯特空间 $\mathcal{H}^E$ 的维数是相当大的，但是在这个简单的模型中，我们只需要用到环境的无激发的状态（可以视作基态，记作 $|0^E\rangle$）和仅有一个激发的状态（可以视作第一激发态，记作 $|1^E\rangle$）．并且假设初始时刻环境处于基态 $|0^E\rangle$．双值系统的基态和第一激发态分别记作 $|0^S\rangle$ 和 $|1^S\rangle$．系统和环境之间相互作用的唯象的效果是

$$|0^S\rangle|0^E\rangle \longrightarrow |\Omega_0\rangle = |0^S\rangle|0^E\rangle \tag{10.9.17}$$

$$|1^S\rangle|0^E\rangle \longrightarrow |\Omega_1\rangle = \sqrt{1-p}\,|1^S\rangle|0^E\rangle + \sqrt{p}\,|1^S\rangle|1^E\rangle \tag{10.9.18}$$

这里 $p\in[0,1]$．可以看到，系统和仪器之间没有能量交换．再者，上面两个方程不足以给出整体酉变换的具体形式，于是考虑等距变换 $\hat{V}$

$$\hat{V} = |\Omega_0\rangle\langle 0^S| + |\Omega_1\rangle\langle 1^S|$$

克劳斯算符

$$\hat{K}_0 = \langle 0^E|\hat{V} = |0^S\rangle\langle 0^S| + \sqrt{1-p}\,|1^S\rangle\langle 1^S| = \begin{pmatrix} 1 & 0 \\ 0 & \sqrt{1-p} \end{pmatrix}$$

$$\hat{K}_1 = \langle 1^E|\hat{V} = \sqrt{p}\,|1^S\rangle\langle 1^S| = \begin{pmatrix} 0 & 0 \\ 0 & \sqrt{p} \end{pmatrix}$$

设系统的初态是 $\hat{\rho} = \frac{1}{2}(\mathbb{1} + \boldsymbol{r}\cdot\hat{\boldsymbol{\sigma}})$，这里 $\mathbb{1}$ 是 2×2 单位阵，$\boldsymbol{r}$ 是布洛赫向量，$\boldsymbol{r} = (r\sin\theta\cos\varphi, r\sin\theta\sin\varphi, r\cos\theta)$．相位阻尼对 $\hat{\rho}$ 的影响是

$$\hat{\rho} \longrightarrow \hat{\rho}' = \hat{K}_0\hat{\rho}\hat{K}_0^\dagger + \hat{K}_1\hat{\rho}\hat{K}_1^\dagger = \frac{1}{2}(\mathbb{1} + \boldsymbol{r}'\cdot\hat{\boldsymbol{\sigma}})$$

计算结果是

$$r'_x = r\sqrt{1-p}\sin\theta\cos\varphi$$

$$r'_y = r\sqrt{1-p}\sin\theta\sin\varphi$$

$$r'_z = r\cos\theta$$

可以看到，当 p 从 0 增大到 1 的过程中，布洛赫向量在 xy 平面内的分量逐渐减小为零，最后只剩下始终不变的 z 方向上的分量．当 $p=1$ 时，$\hat{\rho}'$ 具有对角形式，相干

性完全消失.

2. 振幅阻尼(amplitude damping)

在振幅阻尼过程中,系统和环境之间的相互作用表现为如下唯象过程:

$$|0^S\rangle|0^E\rangle \longrightarrow |\Omega_0\rangle = |0^S\rangle|0^E\rangle \tag{10.9.19}$$

$$|1^S\rangle|0^E\rangle \longrightarrow |\Omega_1\rangle = \sqrt{1-p}\,|1^S\rangle|0^E\rangle + \sqrt{p}\,|0^S\rangle|1^E\rangle \tag{10.9.20}$$

上面的第二个方程表明系统和环境之间有能量交换. 等距变换 $\hat{V} = |\Omega_0\rangle\langle 0^S| + |\Omega_1\rangle\langle 1^S|$,由此得到克劳斯算符

$$\hat{K}_0 = \begin{pmatrix} 1 & 0 \\ 0 & \sqrt{1-p} \end{pmatrix}, \quad \hat{K}_1 = \begin{pmatrix} 0 & \sqrt{p} \\ 0 & 0 \end{pmatrix}$$

经过振幅阻尼的作用之后,系统量子态的布洛赫向量是

$$r'_x = r\sqrt{1-p}\sin\theta\cos\varphi$$

$$r'_y = r\sqrt{1-p}\sin\theta\sin\varphi$$

$$r'_z = p + r(1-p)\cos\theta$$

当 $p=1$ 时,系统的状态是一个纯态 $|0\rangle\langle 0|$.

3. 退极化(depolarization)

顾名思义,退极化过程导致量子态的布洛赫向量的长度逐渐减小,直至为零,最终变为最大混合态 $\mathbb{1}/2$. 设系统的初态是 $\hat{\rho}$,演化过程是

$$\hat{\rho} \longrightarrow \hat{\rho}' = p\,\frac{\mathbb{1}}{2} + (1-p)\hat{\rho}$$

上式的意思很明确:系统的状态以概率 p 变为最大混合态,以概率 $1-p$ 保持不变. 注意到对于 $\mathbb{C}^2$ 上的任意的量子态 $\hat{\rho}$,有

$$\frac{\mathbb{1}}{2} = \frac{1}{4}(\hat{\rho} + \hat{\sigma}_x\hat{\rho}\hat{\sigma}_x + \hat{\sigma}_y\hat{\rho}\hat{\sigma}_y + \hat{\sigma}_z\hat{\rho}\hat{\sigma}_z)$$

退极化过程的结果可以改写为

$$\hat{\rho}' = \left(1 - \frac{3p}{4}\right)\hat{\rho} + \frac{p}{4}(\hat{\sigma}_x\hat{\rho}\hat{\sigma}_x + \hat{\sigma}_y\hat{\rho}\hat{\sigma}_y + \hat{\sigma}_z\hat{\rho}\hat{\sigma}_z)$$

由此可以得到克劳斯算符

$$\hat{K}_0 = \sqrt{1 - \frac{3p}{4}}\,\mathbb{1}, \quad \hat{K}_1 = \frac{\sqrt{p}}{2}\hat{\sigma}_x, \quad \hat{K}_2 = \frac{\sqrt{p}}{2}\hat{\sigma}_y, \quad \hat{K}_3 = \frac{\sqrt{p}}{2}\hat{\sigma}_z \tag{10.9.21}$$

在本节的最后,我们对开放量子系统的演化作一个补充说明. 虽然量子态的演化可以用克劳斯算符表示,但是这并不是一个随时间变化的微分方程. 在随时间作酉演化的情形下,密度算符的微分方程是(10.6.8)式. 对于非酉演化,也应该有相应的微分方程描述密度算符随时间的变化. 这需要对量子系统和环境进行更详尽的讨论,而本节的内容只是初步的简述.

10.10 广义量子测量

以上我们将量子测量过程的讨论推广到了量子系统的演化，现在不妨反过来从量子系统的演化来看量子测量. 系统的初态暂设为纯态 $\hat{\psi}=|\psi\rangle\langle\psi|$. 用一组克劳斯算符$\{\hat{K}_\mu\}$表示量子态的保迹的演化

$$\hat{\psi}\longrightarrow\hat{\rho}=\sum_\mu\hat{K}_\mu\hat{\psi}\hat{K}_\mu^\dagger,\quad \sum_\mu\hat{K}_\mu^\dagger\hat{K}_\mu=\mathbb{1} \tag{10.10.1}$$

一方面，可以说系统的状态从 $\hat{\psi}$ 到 $\hat{\rho}$ 是一个演化过程，另一方面，也可以说这是一个操作过程. 下面阐述其中的操作意义.

10.10.1 操作算符和效果算符

让我们换一个视角回顾上节中推导 $\hat{K}_\mu$ 的过程. 关注(10.9.4)式，$\hat{\Psi}(t)$ 是 t 时刻系统和仪器的整体量子态的密度算符，设想在这个时刻我们测量仪器的力学量 $\hat{M}$. $\hat{M}$ 的本征值和本征向量分别为 m_μ 和 $|\mu\rangle$，即 $\hat{M}=\sum_\mu m_\mu|\mu\rangle\langle\mu|$. 当我们得到结果 m_μ 的时候，仪器的量子态是 $|\mu\rangle$. 这就是用投影算符 $\hat{\Pi}_\mu^M=|\mu\rangle\langle\mu|$ 作用于仪器的结果. 从整体上来看，就要用$\mathbb{1}^S\otimes\hat{\Pi}_\mu^M$ 作用于 $\hat{\Psi}(t)$，于是我们有

$$\begin{aligned}\hat{\Psi}(t)&\longrightarrow(\mathbb{1}^S\otimes\hat{\Pi}_\mu^M)\hat{\Psi}(t)(\mathbb{1}^S\otimes\hat{\Pi}_\mu^M)\\&=\sum_{\nu\nu'}(\hat{u}_{\mu\nu}\hat{\psi}\hat{u}_{\mu\nu'}^\dagger)\otimes\langle\nu|\hat{\phi}|\nu'\rangle|\mu\rangle\langle\mu|\\&=(\hat{K}_\mu\hat{\psi}\hat{K}_\mu^\dagger)\otimes|\mu\rangle\langle\mu|\end{aligned} \tag{10.10.2}$$

其中最后一步用到了(10.9.5)式. 在仪器上得到结果 m_μ 的概率是

$$P_\mu=\mathrm{Tr}[(\mathbb{1}^S\otimes\hat{\Pi}_\mu^M)\hat{\Psi}(t)(\mathbb{1}^S\otimes\hat{\Pi}_\mu^M)]=\mathrm{Tr}(\hat{K}_\mu\hat{\psi}\hat{K}_\mu^\dagger)=\mathrm{Tr}(\hat{K}_\mu^\dagger\hat{K}_\mu\hat{\psi}) \tag{10.10.3}$$

令

$$\hat{\rho}_\mu=\frac{1}{P_\mu}\hat{K}_\mu\hat{\psi}\hat{K}_\mu^\dagger \tag{10.10.4}$$

显然，$\hat{\rho}_\mu$ 满足密度算符的定义和性质(见定义 10.6.1)，它描述了系统的量子态. 示意图 10.10.1 描述了上述过程. 于是，我们这样描述(10.10.2)式：当系统和仪器建立了特定的相互作用并演化为 $\hat{\Psi}(t)$之后，测量仪器的力学量 $\hat{M}$，以概率 P_μ 得到结果 m_μ，此时仪器的状态是$|\mu\rangle$，系统的状态是 $\hat{\rho}_\mu$. 考虑所有的测量结果，可以说，对仪器的测量导致了系统的状态从初态 $\hat{\psi}$ 变成了一个系综$\{P_\mu,\hat{\rho}_\mu\}$，该系综的平均量子态是

$$\hat{\rho}=\sum_\mu P_\mu\hat{\rho}_\mu=\sum_\mu\hat{K}_\mu\hat{\psi}\hat{K}_\mu^\dagger \tag{10.10.5}$$

这也就是本小节开始的(10.10.1)式，但是在这里，同样形式的方程具有了操作上的涵义. 克劳斯算符不仅被用来描述一般情形下系统量子态的演化，而且还体现了在间接测量的过程中对仪器的操作(即测量)所导致的对系统的影响. 正是在这个意义上，我们把克劳斯算符 $\hat{K}_\mu$ 称为**操作算符**.

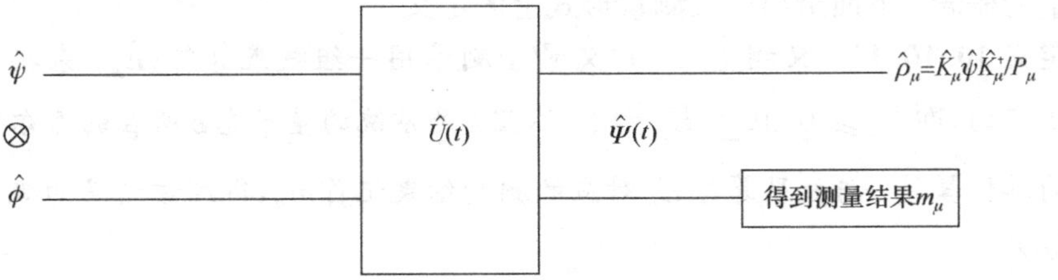

图 10.10.1　广义量子测量

虽然在上面的讨论中，我们借助测量仪器来描述克劳斯算符的操作意义，但是也可以削弱仪器的作用而直接说：对处于初态 $\hat{\psi}$ 的系统进行某种操作，操作过程和结果由一组克劳斯算符 $\{\hat{K}_\mu\}$ 决定，每一个算符 $\hat{K}_\mu$ 对应于一个特定的结果 m_μ，结果 m_μ 出现的概率是 $P_\mu=\mathrm{Tr}(\hat{K}_\mu\hat{\psi}\hat{K}_\mu^\dagger)=\mathrm{Tr}(\hat{K}_\mu^\dagger\hat{K}_\mu\hat{\psi})$，与结果 m_μ 对应的量子态是 $\hat{K}_\mu\hat{\psi}\hat{K}_\mu^\dagger/P_\mu$，考虑所有的结果，有(10.10.5)式.

注意概率 P_μ 的表达式(10.10.3)式，结果 m_μ 出现的概率是由 $\hat{K}_\mu^\dagger\hat{K}_\mu$ 决定的. 令 $\hat{E}_\mu=\hat{K}_\mu^\dagger\hat{K}_\mu$，算符 $\hat{E}_\mu$ 是(半)正定的，简写为 $\hat{E}_\mu\geqslant 0$. 在保迹情形下，$\sum_\mu E_\mu=1^S$. 我们把 $\hat{E}_\mu$ 称为**效果算符**. 它是玻恩规则在较为一般的情形下的体现，即 $\mathrm{Tr}(\hat{E}_\mu\hat{\psi})$ 等于对量子态 $\hat{\psi}$ 进行操作的过程中出现结果 m_μ 的概率. 如果对系统的操作是投影测量，那么一方面投影算符 $\hat{\Pi}_i$ 是操作算符(见(10.9.10)式)，另一方面效果算符 $\hat{E}_i=\hat{\Pi}_i^\dagger\hat{\Pi}_i=\hat{\Pi}_i$，这时操作算符和效果算符是相同的. 但是，在非理想的情形下，操作算符和效果算符则显然是不同的. 实际上，当效果算符给定的时候，有无穷多种不同的操作算符与之对应. 对于给定的效果算符 $\hat{E}_\mu$，与之对应的操作算符可以是 $\hat{K}_\mu=\hat{E}_\mu^{1/2}$，也可以是 $\hat{K}'_\mu=\hat{W}_\mu\hat{E}_\mu^{1/2}$，这里的 $\hat{W}_\mu$ 是任意的酉算符. 显然，$\hat{E}_\mu=\hat{E}_\mu^{1/2}\hat{E}_\mu^{1/2}=\hat{E}_\mu^{1/2}\hat{W}_\mu^\dagger\hat{W}_\mu\hat{E}_\mu^{1/2}$. 两组不同的操作算符 $\{\hat{K}_\mu\}$ 和 $\{\hat{K}'_\mu\}$ 给出了不同的演化过程

$$\hat{\psi}\longrightarrow\hat{\rho}=\sum_\mu\hat{E}_\mu^{1/2}\hat{\psi}\hat{E}_\mu^{1/2}\tag{10.10.6}$$

$$\hat{\psi}\longrightarrow\hat{\rho}'=\sum_\mu\hat{W}_\mu\hat{E}_\mu^{1/2}\hat{\psi}\hat{E}_\mu^{1/2}\hat{W}_\mu^\dagger\tag{10.10.7}$$

一般地，$\hat{\rho}\neq\hat{\rho}'$. 在(10.10.6)式中，与结果 m_μ 对应的未归一的量子态是 $\hat{E}_\mu^{1/2}\hat{\psi}\hat{E}_\mu^{1/2}$. 在(10.10.7)式中，与结果 m_μ 对应的未归一的量子态是 $\hat{W}_\mu\hat{E}_\mu^{1/2}\hat{\psi}\hat{E}_\mu^{1/2}\hat{W}_\mu^\dagger$，二者相差一个酉变换 $\hat{W}_\mu$. 虽然演化过程并不相同，但是从效果上看，与操作算符对应的结果出现的概率是相同的，均为 $\mathrm{Tr}(\hat{E}_\mu\hat{\psi})$.

10.10.2　广义测量

在 10.7 节中我们谈到过非理想的测量,在前一小节中,我们将描述量子态演化过程的克劳斯算符与间接测量建立了联系. 这些内容实际上已经包含了广义量子测量的概念. 下面给出广义测量形式上的定义.

定义 10.10.1(广义测量)　广义量子测量用一组效果算符$\{\hat{E}_\mu\}$来描述. $\hat{E}_\mu$是半正定的,即$\hat{E}_\mu \geqslant 0$,且$\sum\limits_\mu \hat{E}_\mu = \mathbb{1}$,这里$\mathbb{1}$是系统的量子态$\hat{\rho}$所在的希尔伯特空间上的单位算符. 与效果算符$\hat{E}_\mu$对应的测量结果记作$m_\mu$,得到该结果的概率等于$\mathrm{Tr}(\hat{E}_\mu\hat{\rho})$.

在上述定义中,对效果算符的要求只有两个:一个是半正定性,另一个是效果算符的和等于单位算符. 而对效果算符的个数并无限制. 效果算符的集合$\{\hat{E}_\mu\}$构成了单位算符$\mathbb{1}$的正值算符分解,故也被称为**正值算符测度**(positive operator valued measure),简称 POVM. 以下,我们通过两个简单的例子来说明广义测量.

1. $2\otimes2$ 测量模型

作为第一个例子,我们回顾 10.7.2 节关于最简单的测量模型的讨论. 设两个自旋 1/2 粒子(系统 S 和仪器 M)的初态是$|\Psi(t)\rangle=|\psi\rangle\otimes|x_+\rangle=(c_0|0\rangle+c_1|1\rangle)\otimes|x_+\rangle$,整体的随时间演化的酉变换是$\hat{U}(t)=\mathrm{e}^{\mathrm{i}gt(\hat{\sigma}_z\otimes\hat{\sigma}_y)}$,具体的矩阵形式见(10.7.3)式. 在 t 时刻整体的量子态$|\Psi(t)\rangle=\hat{U}(t)|\Psi(0)\rangle$,见(10.7.22)式. 在 t 时刻测量仪器的力学量$\hat{\sigma}_z^M$,可能得到的结果是$+1$和-1,仪器的相应的量子态分别是$|0\rangle$和$|1\rangle$. 根据(10.9.5)式,可以得到克劳斯算符$\hat{K}_0$和$\hat{K}_1$

$$\hat{K}_0=\mathrm{Tr}_M[\hat{U}(\mathbb{1}\otimes|x_+\rangle\langle 0|)]=\begin{pmatrix}\cos\left(\dfrac{\pi}{4}-gt\right) & 0\\ 0 & \sin\left(\dfrac{\pi}{4}-gt\right)\end{pmatrix}$$

$$\hat{K}_1=\mathrm{Tr}_M[\hat{U}(\mathbb{1}\otimes|x_+\rangle\langle 1|)]=\begin{pmatrix}\cos\left(\dfrac{\pi}{4}+gt\right) & 0\\ 0 & \sin\left(\dfrac{\pi}{4}+gt\right)\end{pmatrix}$$

如果 gt 不等于$\dfrac{\pi}{4}$的奇数倍,那么$\hat{K}_0$和$\hat{K}_1$的秩为 2,不可能是投影测量算符,而是广义测量算符,此时系统的量子态的演化是

$$\hat{\psi}\longrightarrow\rho^S=\hat{K}_0\hat{\psi}\hat{K}_0^\dagger+\hat{K}_1\hat{\psi}\hat{K}_1^\dagger=\begin{pmatrix}|c_0|^2 & c_0c_1^*\cos 2gt\\ c_0^*c_1\cos 2gt & |c_1|^2\end{pmatrix}$$

与(10.9.2)式一致. 两个效果算符是$\hat{E}_0=\hat{K}_0^\dagger\hat{K}_0$和$\hat{E}_1=\hat{K}_1^\dagger\hat{K}_1$,于是得到结果$\pm1$的概率分别是

$$P(+1)=\mathrm{Tr}(\hat{E}_0\hat{\psi})=\frac{1}{2}[1+(|c_0|^2-|c_1|^2)\sin 2gt]$$

$$P(-1)=\mathrm{Tr}(\hat{E}_1\hat{\psi})=\frac{1}{2}[1-(|c_0|^2-|c_1|^2)\sin 2gt]$$

与(10.7.23)式及(10.7.24)式一致.

2. 相位阻尼和振幅阻尼

回顾10.9.5节中讨论过了两个典型的演化过程,相位阻尼和振幅阻尼. 我们可以把它们视作不同的广义测量过程,它们的操作算符分别是

$$\hat{K}_0^{\mathrm{PD}}=\begin{pmatrix}1 & 0\\ 0 & \sqrt{1-p}\end{pmatrix},\quad \hat{K}_1^{\mathrm{PD}}=\begin{pmatrix}0 & 0\\ 0 & \sqrt{p}\end{pmatrix}$$

$$\hat{K}_0^{\mathrm{AD}}=\begin{pmatrix}1 & 0\\ 0 & \sqrt{1-p}\end{pmatrix},\quad \hat{K}_1^{\mathrm{AD}}=\begin{pmatrix}0 & \sqrt{p}\\ 0 & 0\end{pmatrix}$$

上标PD表示相位阻尼,AD表示振幅阻尼. 计算相应的效果算符,发现

$$\hat{E}_0^{\mathrm{AD}}=(\hat{K}_0^{\mathrm{AD}})^\dagger\hat{K}_0^{\mathrm{AD}}=(\hat{K}_0^{\mathrm{PD}})^\dagger\hat{K}_0^{\mathrm{PD}}=\hat{E}_0^{\mathrm{PD}}$$

$$\hat{E}_1^{\mathrm{AD}}=(\hat{K}_1^{\mathrm{AD}})^\dagger\hat{K}_1^{\mathrm{AD}}=(\hat{K}_1^{\mathrm{PD}})^\dagger\hat{K}_1^{\mathrm{PD}}=\hat{E}_1^{\mathrm{PD}}$$

表明这两个不同的演化过程有着相同的效果算符. 其次,还可以注意到,对相位阻尼过程来说,当 $p=1$ 的时候,操作算符正好等于理想的投影测量算符.

10.11 广义测量的应用

10.11.1 联合测量

回顾图10.10.1,广义量子测量的过程是:起初,系统和仪器处于彼此分离的直积态,然后建立二者间的相互作用并让它们作为一个整体随时间演化,最后对仪器进行投影测量,投影测量的结果对应于对系统的广义测量. 很显然,系统和仪器相互作用以及它们之间的关联是关键因素. 在图10.10.1的描述中,相互作用的建立和对仪器的测量是彼此分开的两个步骤. 现在,设想对系统和仪器可以进行整体的联合测量,这一操作本身包含了相互作用的因素. 联合测量采用投影测量的形式,测量算符是 $\hat{\Omega}_\ell=|\Omega_\ell\rangle\langle\Omega_\ell|$,这里 $|\Omega_\ell\rangle\in\mathcal{H}^S\otimes\mathcal{H}^M$ 是两体系统(S 和 M)的纯态,所有的 $|\Omega_\ell\rangle$ 构成了 $\mathcal{H}^S\otimes\mathcal{H}^M$ 的基向量,于是 $\sum\limits_\ell\hat{\Omega}_\ell=1^{SM}$,其中 1^{SM} 是 $\mathcal{H}^S\otimes\mathcal{H}^M$ 上的单位算符. 系统和仪器的初态依旧设为直积形式的纯态,$\hat{\Psi}=\hat{\psi}^S\otimes\hat{\phi}^M$,以下略去上标 S 和 M,$\hat{\psi}=|\psi\rangle\langle\psi|$,$\hat{\phi}=|\phi\rangle\langle\phi|$. 我们要考虑的过程是,用投影算子 $\hat{\Omega}_\ell$ 作用于 $\hat{\Psi}$,再在 $\mathcal{H}^M$ 上求迹,得到的结果是 $\mathcal{H}^S$ 上的一个未归一的密度算符,将归一化后的形式记作 $\hat{\rho}_\ell$,而归一化因子就是该结果出现的概率 P_ℓ. 考虑所有的联合测量算符 $\hat{\Omega}_\ell^{SM}$,系统量子态的变化就是

$$\hat{\psi} \longrightarrow \hat{\rho} = \sum_{\ell} P_{\ell} \hat{\rho}_{\ell} \qquad (10.11.1)$$

如图 10.11.1 所示，我们将要说明的是，这样的对两体系统的联合测量同样给出了关于系统的广义测量.

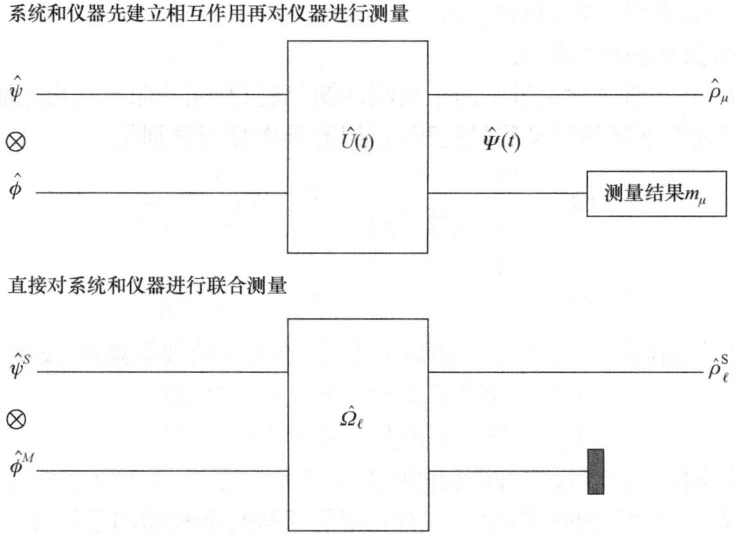

图 10.11.1　两种形式不同但本质相同的测量方式

现在我们作具体的计算. 考虑某个两体量子态的投影算符 $\hat{\Omega} = |\Omega\rangle\langle\Omega|$，这里，为了避免指标过多，暂时省去了下标 ℓ. 空间 $\mathcal{H}^S \otimes \mathcal{H}^M$ 的基向量记作 $|i\rangle \otimes |\mu\rangle = |i\mu\rangle$. 初态 $\hat{\Psi}$ 表示为

$$\hat{\Psi} = \sum_{jk\alpha\nu} \Psi_{j\nu, k\alpha} \mid j\nu\rangle\langle k\alpha \mid = \sum_{jk\alpha\nu} \psi_{jk} \phi_{\nu\alpha} \mid j\nu\rangle\langle k\alpha \mid$$

将两体纯态 $|\Omega\rangle$ 和投影算符 $\hat{\Omega}$ 分别表示为分量和矩阵元的形式

$$\mid \Omega\rangle = \sum_{i\mu} \omega_{i\mu} \mid i\mu\rangle$$

$$\hat{\Omega} = \sum_{ij\mu\nu} (\hat{\Omega})_{i\mu, j\nu} \mid i\mu\rangle\langle j\nu \mid = \sum_{ij\mu\nu} \omega_{i\mu} \omega_{j\nu}^{*} \mid i\mu\rangle\langle j\nu \mid \qquad (10.11.2)$$

再定义一个与 $\mid \Omega\rangle$ 有关的矩阵

$$\hat{\omega} = \sum_{i\mu} \omega_{i\mu} \mid i\rangle\langle \mu \mid \qquad (10.11.3)$$

对 $\hat{\Omega} = |\Omega\rangle\langle\Omega|$ 求部分迹 Tr_M，其结果是 $\mathrm{Tr}_M \hat{\Omega} = \hat{\omega}\hat{\omega}^{\dagger}$. 计算 $\mathrm{Tr}_M(\hat{\Omega}\hat{\Psi}\hat{\Omega})$.

$$\begin{aligned} & \mathrm{Tr}_M(\hat{\Omega}\hat{\Psi}\hat{\Omega}) \\ &= \sum_{im\mu} \Big(\sum_{jk\alpha\nu} [\psi_{jk} \omega_{j\nu}^{*} \phi_{\nu\alpha} \omega_{k\alpha}] \Big) \omega_{i\mu} \omega_{m\mu}^{*} \mid i\rangle\langle m \mid \\ &= \mathrm{Tr}(\hat{\psi}^T \hat{\omega}^{*} \hat{\phi} \hat{\omega}^T) \hat{\omega} \hat{\omega}^{\dagger} \\ &= \mathrm{Tr}[\hat{\psi}(\hat{\omega} \hat{\phi}^T \hat{\omega}^{\dagger})] \hat{\omega} \hat{\omega}^{\dagger} \end{aligned}$$

上述推导过程的第一步需要将前面写出的 $\hat{\Omega}$ 和 $\hat{\Psi}$ 的表达式代入并作直接计算,最后一步用到了关于矩阵相乘并求迹的性质:两个矩阵 A 和 B 相差后的迹 $\mathrm{Tr}(AB)=\mathrm{Tr}[(AB)^T]=\mathrm{Tr}(B^TA^T)=\mathrm{Tr}(A^TB^T)$.

现在我们看到,用投影算符 $\hat{\Omega}$ 作用于系统和仪器的初态 $\hat{\Psi}=\hat{\psi}\otimes\hat{\phi}$ 之后系统的未归一的量子态是

$$\mathrm{Tr}_M(\hat{\Omega}\hat{\Psi}\hat{\Omega})=\mathrm{Tr}[\hat{\psi}(\hat{\omega}\hat{\phi}^T\hat{\omega}^\dagger)]\hat{\omega}\hat{\omega}^\dagger \tag{10.11.4}$$

对这个结果进行讨论.

(1) 首先注意到,对 $\hat{\Psi}$ 进行投影测量的之后,整个两体系统的状态一定是 $\hat{\Omega}=|\Omega\rangle\langle\Omega|$,得到这个结果的概率是 $\mathrm{Tr}(\hat{\Omega}\hat{\Psi})$,计算这个表达式

$$\mathrm{Tr}[\hat{\Omega}(\hat{\psi}\otimes\hat{\phi})]=\sum_{ij\mu\nu}(\hat{\Omega})_{i\mu,j\nu}\phi_{\nu\mu}\psi_{ji}$$

如果将 $\hat{\Omega}$ 的矩阵元用 $\omega_{i\mu}$ 表示(见(10.11.2)式),那么可以验证这个结果是(10.11.4)式中的 $\mathrm{Tr}[\hat{\psi}(\hat{\omega}\hat{\phi}^T\hat{\omega}^\dagger)]$.

(2) 其次,对 $\hat{\Omega}$ 求部分迹Tr_M,得到 $\hat{\Omega}$ 中关于系统的局部的量子态,前面说过,$\mathrm{Tr}_M\hat{\Omega}=\hat{\omega}\hat{\omega}^\dagger$,这也正符合(10.11.4)式中的 $\hat{\omega}\hat{\omega}^\dagger$.

(3) 现在考虑所有的投影测量算符 $\hat{\Omega}_\ell,\ell=1,\cdots,\dim(\mathcal{H}^S\otimes\mathcal{H}^M)$,为(10.11.4)式中相关的算符添上下标 ℓ,有

$$\mathrm{Tr}_M(\hat{\Omega}_\ell\hat{\Psi}\hat{\Omega}_\ell)=\mathrm{Tr}[\hat{\psi}(\hat{\omega}_\ell\hat{\phi}^T\hat{\omega}_\ell^\dagger)]\hat{\omega}_\ell\hat{\omega}_\ell^\dagger \tag{10.11.5}$$

采用 ℓ 作为联合测量结果的标记,我们可以说,得到测量结果 ℓ 的概率是 $P_\ell=\mathrm{Tr}[\hat{\Omega}_\ell(\hat{\psi}\otimes\hat{\phi})]$,它的具体形式是

$$P_\ell=\sum_{ij\mu\nu}(\hat{\Omega}_\ell)_{i\mu,j\nu}\phi_{\nu\mu}\psi_{ji}=\mathrm{Tr}[\hat{\psi}(\hat{\omega}_\ell\hat{\phi}^T\hat{\omega}_\ell^\dagger)] \tag{10.11.6}$$

并且,得到结果 ℓ 的时候,系统的状态是 $\hat{\rho}_\ell=\hat{\omega}_\ell\hat{\omega}_\ell^\dagger$. 考虑所有的测量结果,即可写出(10.11.1)式的具体形式,

$$\hat{\psi}\longrightarrow\hat{\rho}=\sum_\ell P_\ell\hat{\rho}_\ell=\sum_\ell\mathrm{Tr}[\hat{\psi}(\hat{\omega}_\ell\hat{\phi}^T\hat{\omega}_\ell^\dagger)]\hat{\omega}_\ell\hat{\omega}_\ell^\dagger \tag{10.11.7}$$

从概率 P_ℓ 的表达式(10.11.6)式定义关于系统的效果算符

$$\hat{E}_\ell=\hat{\omega}_\ell\hat{\phi}^T\hat{\omega}_\ell^\dagger \tag{10.11.8}$$

写出 $\hat{E}_\ell$ 的矩阵元

$$(\hat{E}_\ell)_{ij}=\sum_{\mu\nu}(\hat{\Omega}_\ell)_{i\mu,j\nu}\phi_{\nu\mu} \tag{10.11.9}$$

为了确认$\{\hat{E}_\ell\}$确实构成了效果算符,需要验证它们是正定的,以及它们的和等于单位算符1^S. 对于任意的$|\xi\rangle\in\mathcal{H}^S$

$$\langle\xi|\hat{E}_\ell|\xi\rangle=\langle\xi|\hat{\omega}_\ell\hat{\phi}^T\hat{\omega}_\ell^\dagger|\xi\rangle\geqslant0$$

这是因为,$\hat{\omega}_\ell^\dagger|\xi\rangle$ 是 $\mathcal{H}^S$中的向量,而 $\hat{\phi}^T$ 是正定算符. 故 $\hat{E}_\ell$ 是正定算符. 利用(10.11.9)式验证效果算符的归一性,注意到$\sum_\ell\hat{\Omega}_\ell=1^{SM}$,$1^{SM}$是$\mathcal{H}^S\otimes\mathcal{H}^M$上的单位算符,有

$$\sum_{\ell}(\hat{E}_{\ell})_{ij}=\sum_{\mu\nu}(1^{SM})_{i\mu,j\nu}\phi_{\nu\mu}=\delta_{ij}\sum_{\mu}\phi_{\mu\mu}=\delta_{ij}$$

于是

$$\sum_{\ell}\hat{E}_{\ell}=1^{S}$$

通过以上讨论，我们看到了广义量子测量的另一种表述，即对系统和仪器进行联合测量，体现在系统上的操作就是一个广义测量. 这里，仪器实际上扮演了辅助系统的角色.

现在，让我们把上述过程和结论用于自旋 1/2 粒子(记作系统 S)量子态的估测(estimation)中. 所谓量子态的估测，就是通过一系列的测量，根据测量结果的统计分布推测未知量子态的具体形式. 用布洛赫向量将自旋 1/2 粒子的量子态写为 $\hat{\rho}=\frac{1}{2}(1+\boldsymbol{r}\cdot\hat{\boldsymbol{\sigma}})$. 为了获知 $\hat{\rho}$ 的具体形式，就需要知道 $\boldsymbol{r}$，它的各个分量是 $r_i=\mathrm{Tr}(\hat{\rho}\hat{\sigma}_i)$，$i=x,y,z$. 为了获知 r_i，需要测量力学量 $\hat{\sigma}_i$，根据结果 ±1 的概率 $P(\hat{\sigma}_i=\pm1)$即可得到 r_i，即

$$r_i=P(\hat{\sigma}_i=+1)-P(\hat{\sigma}_i=-1)$$

概率 $P(\hat{\sigma}_i=\pm1)$等于投影算符 $\Pi_i^{\pm}=\frac{1\pm\hat{\sigma}_i}{2}$ 在 $\hat{\rho}$ 中的期望值. 于是，为了得到 $\boldsymbol{r}$ 的三个分量的估测值，需要对六个投影算符进行测量，并进而获得六个概率分布 $P(\hat{\sigma}_i=\pm1)$. 在具体的实验中，只能根据有限多次实验结果的频度来推测概率，这里我们不考虑由频度到概率的统计学上的处理过程，而只是简单地说，可以通过实验结果获得概率分布.

现在，引入另一个自旋 1/2 粒子作为辅助粒子，记作系统 A. 考虑对两体系统 SA 的联合测量. 我们将看到，利用联合测量，只需要四个投影算符就可以完成对系统量子态 $\hat{\rho}$ 的估测.

设辅助系统 A 的初态是

$$\hat{\varphi}=\frac{1}{2}\left[1+\frac{1}{\sqrt{3}}(\hat{\sigma}_x+\hat{\sigma}_y+\hat{\sigma}_z)\right]$$

即 $\hat{\phi}$ 是纯态，它的布洛赫向量是$\frac{1}{\sqrt{3}}(1,1,1)$. 对处于 $\hat{\rho}\otimes\hat{\varphi}$ 的两体系统进行联合投影测量，投影算符是 $\hat{\Omega}_{\ell}=|\Omega_{\ell}\rangle\langle\Omega_{\ell}|$，$\ell=1,2,3,4$，其中

$$|\Omega_1\rangle=\begin{pmatrix}\frac{1}{\sqrt{2}}\\0\\0\\\frac{-i}{\sqrt{2}}\end{pmatrix},\quad|\Omega_2\rangle=\begin{pmatrix}0\\\frac{1}{\sqrt{2}}\\\frac{-i}{\sqrt{2}}\\0\end{pmatrix},\quad|\Omega_3\rangle=\begin{pmatrix}0\\\frac{-i}{\sqrt{2}}\\\frac{1}{\sqrt{2}}\\0\end{pmatrix},\quad|\Omega_4\rangle=\begin{pmatrix}\frac{-i}{\sqrt{2}}\\0\\0\\\frac{1}{\sqrt{2}}\end{pmatrix}$$

容易验证$\langle\Omega_\ell|\Omega_{\ell}'\rangle=\delta_{\ell\ell'}$，它们构成了$\mathbb{C}^2\otimes\mathbb{C}^2$空间的基向量①. 根据(10.11.3)式写出相应的$\hat{\omega}_\ell$，

$$\hat{\omega}_1=\begin{pmatrix}\frac{1}{\sqrt{2}} & 0\\ 0 & \frac{-i}{\sqrt{2}}\end{pmatrix},\quad \hat{\omega}_2=\begin{pmatrix}0 & \frac{1}{\sqrt{2}}\\ \frac{-i}{\sqrt{2}} & 0\end{pmatrix},\quad \hat{\omega}_3=\begin{pmatrix}0 & \frac{-i}{\sqrt{2}}\\ \frac{1}{\sqrt{2}} & 0\end{pmatrix},\quad \hat{\omega}_4=\begin{pmatrix}\frac{-i}{\sqrt{2}} & 0\\ 0 & \frac{1}{\sqrt{2}}\end{pmatrix}$$

再根据(10.11.8)式写出效果算符

$$\hat{E}_1=\hat{\omega}_1\hat{\varphi}^{\mathrm{T}}\hat{\omega}_1^\dagger=\frac{1}{4}\left[1+\frac{1}{\sqrt{3}}(-\hat{\sigma}_x-\hat{\sigma}_y+\hat{\sigma}_z)\right]$$

$$\hat{E}_2=\hat{\omega}_2\hat{\varphi}^{\mathrm{T}}\hat{\omega}_2^\dagger=\frac{1}{4}\left[1+\frac{1}{\sqrt{3}}(\hat{\sigma}_x-\hat{\sigma}_y-\hat{\sigma}_z)\right]$$

$$\hat{E}_3=\hat{\omega}_3\hat{\varphi}^{\mathrm{T}}\hat{\omega}_3^\dagger=\frac{1}{4}\left[1+\frac{1}{\sqrt{3}}(-\hat{\sigma}_x+\hat{\sigma}_y-\hat{\sigma}_z)\right]$$

$$\hat{E}_4=\hat{\omega}_4\hat{\varphi}^{\mathrm{T}}\hat{\omega}_4^\dagger=\frac{1}{4}\left[1+\frac{1}{\sqrt{3}}(\hat{\sigma}_x+\hat{\sigma}_y+\hat{\sigma}_z)\right]$$

这些效果算符给出的概率$P_\ell=\mathrm{Tr}(\hat{E}_\ell\hat{\rho})$，等于联合测量$\hat{\Omega}_\ell$给出的概率$P_\ell=\mathrm{Tr}[\hat{\Omega}_\ell(\hat{\rho}\otimes\hat{\varphi})]$，具体结果是

$$P_1=\frac{1}{12}[3+\sqrt{3}(-r_x-r_y+r_z)]$$

$$P_2=\frac{1}{12}[3+\sqrt{3}(r_x-r_y-r_z)]$$

$$P_3=\frac{1}{12}[3+\sqrt{3}(-r_x+r_y-r_z)]$$

$$P_4=\frac{1}{12}[3+\sqrt{3}(r_x+r_y+r_z)]$$

注意到$\sum_{\ell=1}^{4}P_\ell=1$，四个概率中只有三个是独立的. 现在，认为这四个概率可以通过实验测得，求解上述四个方程中任意三个就可以得到r_i，也就得到了系统量子态$\hat{\rho}$的具体形式.

在这个例子中还可以看到联合测量中涉及系统与辅助粒子之间的相互作用. 我们可以把$|\Omega_\ell\rangle$看成是整体的酉变换

$$\hat{U}=\exp\left[-\frac{i\pi}{4}(\hat{\sigma}_x\otimes\hat{\sigma}_x)\right]\tag{10.11.10}$$

① 实际上，用11.6节的话来说，这四个$|\Omega_\ell\rangle$都是最大纠缠态. 将$\mathbb{C}^2\otimes\mathbb{C}^2$基向量选择为四个最大纠缠态，用对应的投影算符作为测量算符，这种联合测量的方式被称为贝尔测量.

作用于$\mathbb{C}^2\otimes\mathbb{C}^2$空间的自然基向量的结果，即

$$|\Omega_1\rangle=\hat{U}|00\rangle,\quad |\Omega_2\rangle=\hat{U}|01\rangle,\quad |\Omega_3\rangle=\hat{U}|10\rangle,\quad |\Omega_4\rangle=\hat{U}|11\rangle$$

因此，上述联合测量过程可以分解为两个步骤：第一步，建立 S 和 A 之间的相互作用，演化过程由(10.11.10)式的 $\hat{U}$ 决定，该变换等价于控制非变换（见 10.7.2 节的讨论）；第二步，分别对 S 和 A 进行局部投影测量，对 S 和 A 的测量算符都是 $|0\rangle\langle 0|$ 和 $|1\rangle\langle 1|$，记录测量结果的联合分布概率. 联合概率一共有四个，分别对应于 $P_\ell,\ell=1,2,3,4$.

在上面叙述的过程中，辅助粒子的初态是纯态. 下面的推导过程将告诉我们，即使辅助粒子 A 处于最大混合态，也可以利用联合测量估测系统的量子态 $\hat{\rho}$. 设辅助粒子 A 的初态是最大混合态$\frac{1}{2}$. 对两体系统 SA 进行联合投影测量，投影算符是 $\hat{\Omega}_\ell=|\Omega_\ell\rangle\langle\Omega_\ell|$，其中

$$|\Omega_1\rangle=\begin{pmatrix}\frac{1}{\sqrt{2}}e^{-i\frac{\pi}{8}}\\ -\frac{i}{2}e^{i\frac{\pi}{8}}\\ \frac{1}{2}e^{i\frac{\pi}{8}}\\ 0\end{pmatrix},\quad |\Omega_2\rangle=\begin{pmatrix}0\\ \frac{1}{2}e^{i\frac{\pi}{8}}\\ -\frac{i}{2}e^{i\frac{\pi}{8}}\\ \frac{1}{\sqrt{2}}e^{-i\frac{\pi}{8}}\end{pmatrix},\quad |\Omega_3\rangle=\begin{pmatrix}\frac{1}{\sqrt{2}}e^{-i\frac{\pi}{8}}\\ \frac{i}{2}e^{i\frac{\pi}{8}}\\ -\frac{1}{2}e^{i\frac{\pi}{8}}\\ 0\end{pmatrix},\quad |\Omega_4\rangle=\begin{pmatrix}0\\ \frac{1}{2}e^{i\frac{\pi}{8}}\\ -\frac{i}{2}e^{i\frac{\pi}{8}}\\ -\frac{1}{\sqrt{2}}e^{-i\frac{\pi}{8}}\end{pmatrix}$$

这四个$|\Omega_\ell\rangle$归一且彼此正交，构成$\mathbb{C}^2\otimes\mathbb{C}^2$的基向量. 根据(10.11.3)式写出相应的$\hat{\omega}_\ell$，再由(10.11.8)式写出效果算符，它们是

$$\hat{E}_1=\hat{\omega}_1\ \frac{1}{2}\hat{\omega}_1^\dagger=\frac{1}{4}\left[1+\frac{1}{2}(\sigma_x+\sigma_y+\sigma_z)\right]$$

$$\hat{E}_2=\hat{\omega}_2\ \frac{1}{2}\hat{\omega}_2^\dagger=\frac{1}{4}\left[1+\frac{1}{2}(\sigma_x-\sigma_y-\sigma_z)\right]$$

$$\hat{E}_3=\hat{\omega}_3\ \frac{1}{2}\hat{\omega}_3^\dagger=\frac{1}{4}\left[1+\frac{1}{2}(-\sigma_x-\sigma_y+\sigma_z)\right]$$

$$\hat{E}_4=\hat{\omega}_4\ \frac{1}{2}\hat{\omega}_4^\dagger=\frac{1}{4}\left[1+\frac{1}{2}(-\sigma_x+\sigma_y-\sigma_z)\right]$$

接下去的计算与辅助粒子的初态是纯态的情形是相同的. 概率 $P_\ell=\mathrm{Tr}(\hat{E}_\ell\hat{\rho})$ 的表达式中包含了系统初态 $\hat{\rho}$ 的布洛赫向量的分量 r_i. 然后认为概率可以通过实验观测而获得，求解三个独立的线性方程组即可得到 r_i.

同样地，这里考虑的联合测量也可以分两步来看. 第一步需要建立系统 S 与辅助粒子 A 之间的相互作用，实现四个$|\Omega_\ell\rangle$. 为此，两体系统 SA 的整体的酉变换选择为

$$\hat{U}=\exp\left[-\frac{\mathrm{i}\pi}{8}(\hat{\sigma}_x\otimes\hat{\sigma}_x+\hat{\sigma}_y\otimes\hat{\sigma}_y+\hat{\sigma}_z\otimes\hat{\sigma}_z)\right] \tag{10.11.11}$$

而$|\Omega_\ell\rangle$可以表示为

$$|\Omega_1\rangle=\hat{U}|x_+\rangle|0\rangle,\quad |\Omega_2\rangle=\hat{U}|x_+\rangle|1\rangle,\quad |\Omega_3\rangle=\hat{U}|x_-\rangle|0\rangle,\quad |\Omega_4\rangle=\hat{U}|x_-\rangle|1\rangle$$

这里$|x_\pm\rangle=\frac{1}{\sqrt{2}}(|0\rangle\pm|1\rangle)$. 与(10.11.10)式相比,酉变换(10.11.11)不仅需要S和A的自旋角动量之间有x方向上的耦合,还需要y方向和z方向上的耦合.

10.11.2 非正交量子态的区分

在这第二个例子中,我们讨论广义测量的一个应用,非正交量子态的区分. 在10.6.2节讨论量子态的制备的时候,有这样的制备过程:以概率P_1制备一个量子态$|\psi_1\rangle$,以概率P_2制备量子态$|\psi_2\rangle$,且$P_1+P_2=1$. 对于这样的制备结果,需要用混合系综$\{P_i,\hat{\rho}_i\}$ $(i=1,2)$来描述. 而且,如果$|\psi_1\rangle$和$|\psi_2\rangle$不是正交的,那么即便我们知道$|\psi_1\rangle$和$|\psi_2\rangle$的具体形式,也不能严格区分这两个量子态①. 换句话说,我们只能以一定的概率成功地区分它们,但也有失败的可能.

以自旋1/2粒子的量子态为例继续讨论. 不失一般性地,设

$$|\psi_1\rangle=|z_+\rangle=|0\rangle,\quad |\psi_2\rangle=\cos\frac{\theta}{2}|0\rangle+\sin\frac{\theta}{2}|1\rangle \tag{10.11.12}$$

相应的概率依旧记作P_1和P_2. 如果$\theta=\pi$,则$|\psi_2\rangle=|1\rangle$,这两个量子态是正交的,只要让粒子穿过施特恩-格拉赫装置$SG(z)$,观察出射粒子的偏转方向即可断定粒子的状态. 而现在$|\psi_1\rangle$和$|\psi_2\rangle$并不正交,如果用$SG(z)$装置来检测粒子的状态,那么观察到向$+z$方向偏转的出射粒子并不表明粒子原先处于$|\psi_1\rangle$态,因为处于$|\psi_2\rangle$的粒子会有概率$\cos^2\frac{\theta}{2}$偏向$+z$方向. 同样地,如果用$SG(\theta)$装置(即非均匀磁场的方向在xz平面内且与z轴的夹角是θ,将该方向记作$\boldsymbol{n}$)进行检测,那么根据"偏向$+\boldsymbol{n}$方向"这一观测结果不能断定入射粒子处于$|\psi_2\rangle$. 非正交量子态之间的重叠$|\langle\psi_1|\psi_2\rangle|$阻碍了我们对它们进行严格区分.

虽然如此,仍有一定的概率可以成功地区分它们. 当我们在$SG(z)$实验中看到偏向$-z$方向的粒子的时候,可以断定入射粒子处于$|\psi_2\rangle$. 这是因为,如果入射粒子处于$|\psi_1\rangle$,那么经过$SG(z)$之后只能偏向$+z$方向而不会看到偏向$-z$方向的粒子. 同样地,当我们在$SG(\theta)$实验中看到偏向$-n$的粒子,那么将断定入射粒子处于$|\psi_1\rangle$. 根据这样的考虑,定义下面三个效果算符:

① 如果能为我们提供无穷多的处于相同状态的量子系统,那么可以严格确定系统的量子态. 但这是不切实际的,而且,量子态是不能克隆的.

$$\hat{E}_1=c|\psi_2^{\perp}\rangle\langle\psi_2^{\perp}|,\quad \hat{E}_2=c|\psi_1^{\perp}\rangle\langle\psi_1^{\perp}|,\quad \hat{E}_3=\mathbb{1}-\hat{E}_1-\hat{E}_2 \tag{10.11.13}$$

这里 $c>0$ 是一个尚未确定的因子，$|\psi_1^{\perp}\rangle$和$|\psi_2^{\perp}\rangle$分别是与$|\psi_1\rangle$和$|\psi_2\rangle$正交的量子态.

$$|\psi_1^{\perp}\rangle=|1\rangle,\quad |\psi_2^{\perp}\rangle=-\sin\frac{\theta}{2}|0\rangle+\cos\frac{\theta}{2}|1\rangle$$

引入 c 的目的是为了保持效果算符的正定性，虽然 $\hat{E}_1$ 和 $\hat{E}_2$ 是正定的，但是还需要检验 $\hat{E}_3$ 的正定性. $\hat{E}_3$ 的本征值是 $1-c\pm c\cos\dfrac{\theta}{2}$，因此考虑到 $\hat{E}_3$ 的正定性，对 c 的限制是

$$0<c<\frac{1}{1+\cos\dfrac{\theta}{2}}$$

在这个条件下，三个效果算符都是正定的. 接着考虑对混合系综$\{P_i,\hat{\psi}_i\}$ $(i=1,2)$的广义测量，这个系综的平均量子态是 $\hat{\rho}=P_1\hat{\psi}_1+P_2\hat{\psi}_2$. 与效果算符 $\hat{E}_i$ 对应的测量结果记作 m_i，这些测量结果将体现在测量仪器上. 当得到结果 m_1 和 m_2 的时候，可以明确地知道粒子的状态分别是$|\psi_1\rangle$和$|\psi_2\rangle$. 当得到 m_3 的时候，我们不能确定粒子的状态，结果 m_3 出现的概率就是区分失败的概率，记作 P^{failure}

$$P^{\text{failure}}=\text{Tr}(\hat{E}_3\hat{\rho})=1-c\sin^2\frac{\theta}{2}$$

我们自然希望失败的概率越小越好，而 c 的上限是$\dfrac{1}{1+\cos\dfrac{\theta}{2}}$，将这个值代入上式，得到区分失败的最小的概率

$$P_{\min}^{\text{failure}}=\cos\frac{\theta}{2}$$

这个结果正是两个非正交量子态之间的重叠，$|\langle\psi_1|\psi_2\rangle|$.

10.12 关于量子测量的讨论

在本章的最后一节，我们讨论对量子测量的理解中存在的问题. 为了便于叙述，我们假设系统 S 的初态是纯态$|\psi\rangle$，而且不考虑广义量子测量，只分析投影测量. 投影算符可以是一维子空间上的，也可以是多维子空间上的. 在下面的讨论中，我们首先在 10.4 节中讨论过的量子测量假设中引入测量仪器，重述其内容并借此对量子测量假设在形式上进行一些补充说明. 接着，我们讨论量子测量理论遇到的问题.

10.12.1 一般形式的投影测量

被测系统和测量仪器之间存在相互作用并作为整体随时间演化是量子测量过程的第一个步骤. 在10.7节讨论的最简单的测量模型中,用一个双值系统去测量另一个双值系统,理想情形下,系统和仪器之间的相互作用使得它们的整体量子态达到形如(10.7.6)式最优形式. 推广到更一般的情形,有如下几种类型的测量过程.

(1) 非简并情形的理想测量. 将(10.7.6)式推广到n维空间. 系统S的被测力学量被表示为n维希尔伯特空间上的非简并的厄米算符$\hat{A}$,本征值和对应的本征向量分别是a_i和$|\alpha_i\rangle$,即$\hat{A}=\sum_{i=1}^{n}a_i\hat{\Pi}_i$,这里$\hat{\Pi}_i=|\alpha_i\rangle\langle\alpha_i|$是一维空间上的投影算符. 仪器$M$的初态设为$|\phi\rangle$. 系统和仪器作为整体经历了酉变换$\hat{U}$,酉变换$\hat{U}$的作用效果是

$$|\alpha_i\rangle\otimes|\phi\rangle\xrightarrow{\hat{U}}|\alpha_i\rangle\otimes|\phi_i\rangle \tag{10.12.1}$$

这里$|\phi_i\rangle$构成了仪器的希尔伯特空间$\mathcal{H}^M$的一组基向量. 假设$|\phi_i\rangle$是仪器的某个力学量$\hat{Z}$的本征向量,即$\hat{Z}|\phi_i\rangle=z_i|\phi_i\rangle$. $\hat{Z}$的本征值z_i和$\hat{A}$的本征值之间存在一一对应关系$a_i=f(z_i)$. 于是,从仪器表现出来的值就可以推知被测力学量的值. 另外,对于系统的任意形式的初态$|\psi\rangle=\sum_i c_i|\alpha_i\rangle$,$c_i=\langle\alpha_i|\psi\rangle$,整体量子态的演化结果是

$$|\psi\rangle\otimes|\phi\rangle\longrightarrow|\Psi\rangle=\sum_i c_i|\alpha_i\rangle\otimes|\phi_i\rangle \tag{10.12.2}$$

令$\hat{\Psi}=|\Psi\rangle\langle\Psi|$. 在$\hat{\Psi}$中系统的约化密度算符是

$$\hat{\rho}^S=\mathrm{Tr}_M(\hat{\Psi})=\sum_i P(a_i)\hat{\Pi}_i \tag{10.12.3}$$

这里$P(a_i)$是测量力学量$\hat{A}$得到结果a_i的概率,$P(a_i)=|\langle\alpha_i|\psi\rangle|^2$.

(2) 简并情形的理想测量. 设$\hat{A}$具有简并的本征值,对应于本征值a_j的本征向量是一组$|\alpha_{j,\mu_j}\rangle$,$\mu_j=1,\cdots,g_j$,其中g_j是本征值a_j的简并度. 对于某个固定的j,将$|\alpha_{j,\mu_j}\rangle$正交归一化作为简并子空间$\mathcal{H}_j$的基向量. 这个简并子空间上的投影算符就是$\hat{\Pi}_{\mathcal{H}_j}=\sum_{\mu_j=1}^{g_j}|\alpha_{j,\mu_j}\rangle\langle\alpha_{j,\mu_j}|$. 而力学量$\hat{A}$可以表示为

$$\hat{A}=\sum_{j=1}^{m}a_j\hat{\Pi}_{\mathcal{H}_j} \tag{10.12.4}$$

m是$\hat{A}$的不同本征值的个数. 系统和仪器的整体演化使得

$$|\alpha_{j,\mu_j}\rangle\otimes|\phi\rangle\xrightarrow{\hat{U}}|\alpha_{j,\mu_j}\rangle\otimes|\phi_j\rangle \tag{10.12.5}$$

系统的任意的初态$|\psi\rangle$如今要表示为

$$|\psi\rangle=\sum_{j=1}^{m}\sum_{\mu_j=1}^{g_j}c_{j,\mu_j}\,|\alpha_{j,\mu_j}\rangle,\quad c_{j,\mu_j}=\langle\alpha_{j,\mu_j}|\psi\rangle \tag{10.12.6}$$

整体的酉变换之后，有

$$|\psi\rangle\otimes|\phi\rangle\longrightarrow|\Psi\rangle=\sum_{j=1}^{m}\sum_{\mu_j=1}^{g_j}c_{j,\mu_j}\,|\alpha_{j,\mu_j}\rangle\otimes|\phi_j\rangle \tag{10.12.7}$$

注意到 $|\phi_j\rangle$ 与 μ_j 无关. 把上式中的 $\sum_{\mu_j=1}^{g_j}c_{j,\mu_j}\,|\alpha_{j,\mu_j}\rangle$ 看成一个未归一的态矢量. 令 $N_j^2=\langle\psi|\hat{\Pi}_{\mathcal{H}_j}|\psi\rangle=\sum_{\mu_j=1}^{g_j}|c_{j,\mu_j}|^2$，再令

$$|\psi_j\rangle=\frac{1}{N_j}\sum_{\mu_j=1}^{g_j}c_{j,\mu_j}\,|\alpha_{j,\mu_j}\rangle \tag{10.12.8}$$

$|\psi_j\rangle\in\mathcal{H}_j$ 已经归一，故(10.12.7)式的$|\Psi\rangle$写为

$$|\Psi\rangle=\sum_{j=1}^{m}N_j\,|\psi_j\rangle\otimes|\phi_j\rangle \tag{10.12.9}$$

于是仪器的力学量 $\hat{Z}$ 的本征向量$|\phi_j\rangle$与系统力学量 $\hat{A}$ 的简并子空间中的$|\psi_j\rangle$建立了对应关系，而且还应该注意到$|\psi_j\rangle$是 $\hat{A}$ 的本征向量，对应的本征值是 a_j. 如果仪器表现出结果 z_j，那么根据一一对应关系 $a_j=f(z_j)$ 可以得知系统的力学量 $\hat{A}$ 的值是 a_j，这个事件发生的概率是 $P(a_j)=N_j^2$. 在 $\hat{\Psi}$ 中系统的约化密度算符是

$$\hat{\rho}^S=\mathrm{Tr}_M(\hat{\Psi})=\sum_{j=1}^{m}N_j^2\,|\psi_j\rangle\langle\psi_j|=\sum_{j=1}^{m}P(a_j)\,|\psi_j\rangle\langle\psi_j| \tag{10.12.10}$$

(3) 值关联的测量. 简并情形下的力学量 $\hat{A}$ 被表示为(10.12.4)，酉变换的效果是(10.12.5)，现在把酉变换的效果推广写为

$$|\alpha_{j,\mu_j}\rangle\otimes|\phi\rangle\xrightarrow{\hat{U}}|\gamma_{j,\mu_j}\rangle\otimes|\phi_j\rangle \tag{10.12.11}$$

这里$|\gamma_{j,\mu_j}\rangle$仍然构成了 $\mathcal{H}^S$的基向量，即$\langle\gamma_{i,\mu_i}|\gamma_{j,\mu_j}\rangle=\delta_{ij}\delta_{\mu_i\mu_j}$，并且$|\gamma_{j,\mu_j}\rangle$仍然是 $\hat{A}$ 的本征值为 a_j 的本征向量，即 $\hat{A}|\gamma_{j,\mu_j}\rangle=a_j|\gamma_{j,\mu_j}\rangle$. 不过，这里不再使用 $\mathcal{H}^S$的基向量$|\alpha_{j,\mu_j}\rangle$表示酉变换后的结果，而是换用基向量$|\gamma_{j,\mu_j}\rangle$来描述. 对于(10.12.6)式表示的任意的$|\psi\rangle$，与仪器共同演化后的态是

$$|\Psi\rangle=\hat{U}(|\psi\rangle\otimes\phi\rangle)=\sum_{j,\mu_j}c_{j,\mu_j}\,|\gamma_{j,\mu_j}\rangle\otimes|\phi_j\rangle=\sum_{j}N_j\,|\xi_j\rangle\otimes|\phi_j\rangle \tag{10.12.12}$$

这里 N_j 的形式没有改变，即 $N_j^2=\langle\psi|\hat{\Pi}_{\mathcal{H}_j}|\psi\rangle=\sum_{\mu_j=1}^{g_j}|c_{j,\mu_j}|^2$，而新出现的$|\xi_j\rangle$是

$$|\xi_j\rangle=N_j^{-1}\sum_{\mu_j}c_{j,\mu_j}\,|\gamma_{j,\mu_j}\rangle \tag{10.12.13}$$

$|\xi_j\rangle$仍然是 $\hat{A}$ 的本征态，$\hat{A}|\xi_j\rangle=a_j|\xi_j\rangle$，但是不同于(10.12.8)式的$|\psi_j\rangle$. 比较两个不同形式的$|\Psi\rangle$，(10.12.9)式和(10.12.12)式，可以看到，当系统和仪器作为整

体达到$|\Psi\rangle$时，仪器的量子态$|\phi_j\rangle$与系统力学量$\hat{A}$的本征态的对应关系是不同的，一种是$|\psi_j\rangle \leftrightarrow |\phi_j\rangle$，另一种是$|\xi_j\rangle \leftrightarrow |\phi_j\rangle$. 虽然如此，仪器力学量$\hat{Z}$的本征向量$|\phi_j\rangle$以及相应的本征值$z_j$仍然与被测力学量$\hat{A}$的本征值构成了一一对应的关系. 在这个意义上，我们说这是值关联的测量方式. 当仪器的力学量$\hat{Z}$表现出z_j的值，可以得知系统的$\hat{A}$的值是a_j. 这个事件出现的概率是$P(a_j)=N_j^2$. 另外，在$\hat{\Psi}$中，系统的约化密度算符是

$$\hat{\rho}^S = \mathrm{Tr}_M(\hat{\Psi}) = \sum_{j=1}^{m} N_j^2 \mid \xi_j\rangle\langle\xi_j \mid = \sum_{j=1}^{m} P(a_j) \mid \xi_j\rangle\langle\xi_j \mid$$

在第一种和第二种测量方式中，被测力学量$\hat{A}$在测量前后的期望值没有改变，即

$$\langle\psi|\hat{A}|\psi\rangle = \mathrm{Tr}(\hat{A}\hat{\rho}^S)$$

其中的$\hat{\rho}^S$可以是(10.12.3)式，也可以是(10.12.10)式. 而在第三种测量方式中，测量前后$\hat{A}$的期望值发生了改变，说明在测量过程中，被测力学量受到了影响，在这个意义上，第三种测量方式不是理想的.

以上叙述虽然详细，但显得繁琐. 如果抛开其中的细节，那么其本质就是三种酉变换过程——(10.12.2)式，(10.12.9)式和(10.12.12)式——所体现出的共同特点，这就是

$$\mid \psi\rangle \otimes \mid \phi\rangle \xrightarrow{\hat{U}} \sum_{j=1}^{m} \mid \tilde{\eta}_j\rangle \otimes \mid \phi_j\rangle$$

这里，m表示$\hat{A}$的不同的本征值的个数. 若没有简并，则$m=n$；如果存在简并，则$m<n$. 上式右端的$|\tilde{\eta}_j\rangle$未归一，在前面讨论的三种情况中，$|\tilde{\eta}_j\rangle$是$\hat{A}$的对应于本征值a_j的本征向量. 这个式子反映的事实是，测量仪器的状态或将要表现出来的值与被测力学量的某个本征值是一一对应的. 如果还要再作推广，那么我们可以放松这个要求. 比如说，$|\tilde{\eta}_j\rangle$可以不是$\hat{A}$的本征向量，只要$|\phi_j\rangle$或者$\hat{Z}$的本征值z_j携带了$\hat{A}$的信息，能够指示a_j就可以了.

10.12.2 对量子测量的理解

在量子力学中，力学量或者观测量不具有实在的本体论意义上的性质，不能根据经典力学的观点认为它们具有确定的不依赖于测量手段的值①. 从较为保守的角度说，我们测量得到的结果只是量子系统的力学量在特定的测量过程中表现出来的现象，而且是只能用统计的语言描述的随机的现象. 如果暂且接受这种不确定性，接受这种现象学的描述，那么自然而然地会转而关注现象本身，我们很难反驳这样的陈述："虽然量子现象不能用经典理论解释，但是，量子现象毕竟存在于经典世界中，量子现象本身应该是真实的."是的，如果我们对通过实验观测到的现

① 对于这个问题在下一章中有进一步的讨论.

象仍然抱有怀疑——怀疑实验结果的真实性而不是怀疑实验误差之类的技术性的因素，那么关于物理理论的讨论就陷入了虚无与实在的玄学上的争论.

10.4 节讨论了量子测量假设，但没有引入测量仪器. 从那以后，我们尽量让测量过程显出具体的操作意义，于是讨论了最简单的 2⊗2 测量模型和施特恩-格拉赫测量模型. 但是，测量结果的真实性和客观性仍然难以说清. 下面我们简要叙述和讨论这个问题.

实验结果是表现在测量仪器上的. 为了体现实验结果的真实性，我们需要如下几个条件.

(1) 确定的观测结果. 系统的被测力学量是 $\hat{A}$，如果系统的初态是 $\hat{A}$ 的本征态，对应的本征值是 a，那么测量仪器表现出的结果一定是某个 z，这个结果直接对应于 a，即 $a=f(z)$.

(2) 不确定的随机的结果. 如果系统的状态是任意的 $|\psi\rangle$，那么测量仪器将表现出若干个不同的的结果 z_j，这些结果是真实而客观的，并且，z_j 与 $\hat{A}$ 的本征值 a_j 构成一一对应关系 $a_j=f(z_j)$.

(3) 概率分布. 测量仪器表现出来的结果 z_j 的统计分布应该等于由玻恩规则给出的 a_j 在量子态 $|\psi\rangle$ 中的统计分布.

在上述第二个条件中引入了表现在仪器上的观测结果的真实客观性. 注意，我们没有要求系统的被测力学量具有客观实在的值.

如果上面三个条件都能满足，那么对量子测量过程的理解就会容易一些——虽然量子系统的力学量不具有客观性，但是测量仪器揭示的现象是真实客观的，这让我们在令人困惑的量子现象中寻得一片经典的栖身之地. 然而，上面的第二个条件却带来了麻烦. 测量仪器首先要作为一个量子系统与被测系统进行相互作用，而我们已经放弃了量子系统可以具有确定的值的要求，于是，测量仪器何以表现出真实客观的结果呢? 看一个简单的例子.

在 2⊗2 测量模型中，系统的初态是 $|\psi\rangle=c_0|0\rangle+c_1|1\rangle$，被测力学量设为 $\hat{\sigma}_z^S$. 引入测量仪器之后，系统和仪器的整体的最优状态是(10.7.6)式，即

$$|\Psi_{\text{opt}}\rangle=c_0|0\rangle\otimes|0\rangle+c_1|1\rangle\otimes|1\rangle$$

它表明的意思是，仪器的力学量 $\hat{\sigma}_z^M$ 表现出来的值和概率分布可以反映被测力学量 $\hat{\sigma}_z^S$ 的值和概率分布. 现在令 $c_0=c_1=\dfrac{1}{\sqrt{2}}$，有

$$|\Psi_Z\rangle=\frac{1}{\sqrt{2}}|0\rangle\otimes|0\rangle+\frac{1}{\sqrt{2}}|1\rangle\otimes|1\rangle \tag{10.12.14}$$

这里下标 Z 表示 $\hat{\sigma}_z$ 表象. 但是，$|\Psi_Z\rangle$ 又可以表示为

$$|\Psi_X\rangle=\frac{1}{\sqrt{2}}|x_+\rangle\otimes|x_+\rangle+\frac{1}{\sqrt{2}}|x_-\rangle\otimes|x_-\rangle \tag{10.12.15}$$

这里$|x_{\pm}\rangle$是$\hat{\sigma}_x$的本征值±1的本征态，$|x_{\pm}\rangle=\frac{1}{\sqrt{2}}(|0\rangle\pm|1\rangle)$. (10.12.15)式叙述了另一种测量方式，这就是，用仪器的力学量$\hat{\sigma}_x$测量系统的力学量$\hat{\sigma}_x$. 因此，同一个$|\Psi_{\text{opt}}\rangle$描述了两种不同的测量方式，类似的形式实际上有无穷多. 设想(10.12.14)式描述的是我们想要的测量方式，但是我们无法阻止(10.12.15)式的出现. 量子态$|\Psi_Z\rangle$和$|\Psi_X\rangle$都是形式系统中的描述，都没有表现出明确的经典层面上的现象. 只有当仪器表现出可观测的结果的时候，测量过程才算完成. 但是，我们如何知道仪器表现出来是$\hat{\sigma}_z^M$的结果还是$\hat{\sigma}_x^M$的结果呢？可见，即便在量子力学的测量假设中引入测量仪器，并且以间接测量这种更接近真实情况的方式讨论测量过程，也难以得到测量结果的真实客观性.

另外还可以注意到，系统和仪器的整体量子态是我们将在下一章要讨论的纠缠态，涉及量子关联. 处于纠缠的量子态中包含了一种与实在性相悖的关联现象，从而阻止我们为其中的子系统的物理量赋予确定的值.

虽然作为量子系统而言，测量仪器难以拥有确定的性质，但是，我们在测量仪器上毕竟获得了原则上可以明确区分的真实的观测结果. 对此，通常的解释是，环境和测量仪器之间存在相互作用，这种相互作用消除了仪器的量子性，并进而挑选出一些特殊的力学量，这些力学量的值最终体现在经典层面上，成为我们看到的实验结果. 当然还有其他不同的观点. 人们对量子测量的研究是逐步深入的，会有更好的理论解释从量子的到经典的过渡，而我们的介绍只能到此为止.

第 11 章　量子态的非定域性和量子关联

在这本书的最后一章中，我们来讨论的量子力学发展历史上的一个基本问题与现今的一个研究热点之间的联系．这个基本问题涉及对量子理论的理解和诠释，即隐变量理论；现今的研究热点之一是量子信息处理，包括量子计算和量子通讯，其中需要用到量子态的一个奇特的性质——纠缠特性，从更一般的角度说即量子关联．虽然纠缠态这个词汇很早就由薛定谔提出了，但是，真正让这个词汇显出重要意义的场合却是有关量子信息处理的研究领域．我们将首先叙述人们尝试用隐变量理论去解释量子力学的诸多努力．量子力学的奇特之处表现在，在对微观现象作出正确预言的同时，其理论的内涵和解释常常超出人们的直觉和习以为常的感受．在认识论的意义上，似乎没有哪一种物理理论在其发展过程中经历过像量子理论遭遇到的尖锐质疑和多方争论．随着时间的推移，问题的根源可能被人淡忘，质疑和争论的焦点也逐渐模糊．因此我们缘根溯源，将有关量子理论认识问题的主要观点加以整理，希望能够给出较为清晰的脉络．对量子理论的认识问题主要涉及三个人：爱因斯坦、冯·诺依曼和贝尔．本章的叙述将以他们的观点顺次展开．我们将看到，隐变量模型与量子力学的冲突明显地表现在有关(非)定域性的认识和理解上．接下去的内容则是关于纠缠态的．在描述多粒子系统的时候，会出现一些行为奇特的量子态，如纠缠态．隐变量理论对于某些纠缠态的解释遭遇了失败．正是这种失败体现了隐变量理论与量子力学的不相容，这也导致了量子信息与经典信息的大不同．当我们对于量子态的非定域性和纠缠特性有了一定的了解之后，将进一步比较二者的联系和异同．实际上，量子态的非定域性和量子纠缠是一个更广泛的概念的特殊形式，这个更广泛的概念是量子关联．在本章的最后部分，我们将简要介绍量子关联的特性．

在本章中，需要用到两个或多个量子系统组成的复合系统．在 10.5 节中，我们已经介绍了两体量子系统的量子态和力学量的表示形式．这些表示形式可以很自然地推广到多体情形．例如，我们将三个自旋 1/2 粒子 A，B 和 C 组成的三体系统简称为 $2\otimes2\otimes2$ 系统，描述这个三体系统量子态的希尔伯特空间是 $\mathcal{H}^A\otimes\mathcal{H}^B\otimes\mathcal{H}^C$．选择自然基向量 $|i\rangle\otimes|j\rangle\otimes|k\rangle=|ijk\rangle$ $(i,j,k=0,1)$，三体系统的纯态可以表示为 $\sum\limits_{i,j,k=0}^{1}c_{ijk}\,|ijk\rangle$ 在不至于引起混淆的场合中，上标经常被省略．

11.1 EPR 佯谬

11.1.1 背景

在上一章的前三节中我们说过，在宏观的经典世界中存在一些来自微观过程的现象，这些现象不能用经典理论解释，这些现象被称为量子现象．量子力学为量子现象提供了统计意义上的解释和预言．同时还要注意到，我们可以借用经典力学的词汇描述量子现象，但不能随意地将经典力学的概念的内涵用于界定量子现象的性质．所以，波粒二象性、互补性原理这些说法只是对于现象的描述，而不是对于本质的阐释．如果人们试图在本体论意义上追问这样一些问题：电子是什么？是否有某种“力”决定了电子落在接收屏的此处而非彼处？那么传统的量子理论认为这些问题是没有意义的．这是因为，上述问题的提出需要这样的前提：物质至少在概念上是可以被分析的，当我们谈论“电子”的时候，指的是时空中一个自主而独立的实体．但是，量子理论并不关注这一前提，也不准备回答“电子是什么”这样的问题．正如牛顿给出了万有引力的优美的数学形式，却没有告诉我们“引力是什么”．也正如玻尔说的：“没有量子世界，有的只是抽象的量子物理描述．物理学的任务并不是去发现自然界是怎样的，而是关于自然界我们能说些什么”．

于是人们将面临这样的困惑：作为迄今为止最为基本的物理理论，量子力学没有给出关于物质的组成、结构以及本性的任何解释．量子力学似乎降格为一种计算工具，人们只是用它来计算对那些没有界定(实际上也不可界定)的微观现象进行观测而得到的宏观上的统计结果．“电子”这个词也就没有任何具体而实际的意义，它不过是某个数学函数的简称．而量子理论也似乎变成了一个不知所言或者言之无“物”的话题．量子理论之所以面临这样的困境，或者说人们之所以对量子理论有如此困惑，原因可以归结为：当物理学的理论体系从经典力学演变到量子力学的过程中，量子力学的先驱者们在量子化的过程中引入了一个全新的概念——量子态．量子态的引入不是对于经典力学的态变量的补充说明，而是取而代之．经典理论的内核包含一个重要的假设，即物质具有的本质和形式不依赖于是否被观测．量子理论的先驱者们一开始没有考虑，以后也不愿考虑．如何安置经典力学的这一核心假设．于是，在量子理论中，对于“系统”这个基本概念的定义付之阙如．正如我们曾经调侃地说：世上本没有量子系统，看到的现象多了，就有了量子系统．

尽管存在着诠释或认识论上的困难，量子力学还是对众多微观现象作出了很好的理论预言．这表现在，为了考察微观系统的演化，在实验上可以适当安排宏观的仪器装置，首先制备出由大量的状态近乎相同的微观系统，让它们经历特定的演化过程，然后通过测量得到想要的实验结果；从理论上得到的薛定谔方程的解可以解释实验数据的统计分布，理论和实验在概率或统计意义上是相符的，量子力学的理论预言的正确性停留在概率统计的层面上.

11.1.2 EPR 佯谬——基本定义

爱因斯坦对量子理论的传统诠释持怀疑态度，也难以接受量子理论对于客观物理实在之类的问题表现出的无言或无视. 为了说明量子理论是何等的奇怪，以及为什么说量子理论不是关于物质世界的完备理论，爱因斯坦构造了一系列巧妙的理想实验. 他的的观点集中体现在 1935 年爱因斯坦-波多尔斯基-罗森(Einstein-Podolsky-Rosen) (EPR)发表的题为《量子力学是完备的么?》的论文中. 以此为开端，众多的物理学家和哲学家将量子力学的“奇异性”视作理论不完备的体现，并认为有必要进一步寻求对微观现象的更为令人满意的解释. 人们尤其希望将量子力学在统计意义上的正确性以及关于量子理论的统计意义上的诠释理解为某个更为基本的理论的一种近似，即量子理论与那个有待发现的更基本的理论之间的关系如同经典统计力学和经典力学之间的关系.

在 10.1 节中，我们讨论了物理理论的两个组成部分，形式系统和对应规则. 物理理论包含着概念和命题. 这些概念和命题须满足数学上或者逻辑上的正确和自洽. 然而，与数学理论的不同之处在于，物理理论是面向客观世界的，它应该也必须描述和解释客观现象，发现其中的规律，并作出合理的预言和判断. 因此，物理概念应该与客观对象有所对应，或者更精确地说，物理概念应该与客观实在性相对应，而物理命题则是关于客观现象的正确的断言. 物理理论的正确性体现在理论的结论在多大程度上与客观实在是相符的.

EPR 对客观实在和物理概念作了区分，后者必须与前者对应. 物理概念是物理理论的形式系统的基本元素，于是，对物理理论作评判的时候，我们不仅需要关注数学上或者逻辑上的正确和自洽，也必须追问物理理论对所关注的对象作出的解释是否合理. 人类通过感知和体验对自然界的客观实在有了一定的认识理解. 物理理论是对于客观对象的描述和解释. 物理理论的正确性体现在理论的结论在多大程度上与客观实在是相符的. 为了避免陷于哲学上关于客观实在和认知感受之类的争论，我们保守地将客观实在理解为能够被经典力学所描述的客观对象. 当然，这种理解只是权宜之计.

定义 11.1.1(正确性)　如果理论中的每一个概念都对应于客观世界中的某个客观实在，那么该理论是正确的.

显然，EPR 关于理论的正确性指的是，一个完全正确的理论中不应该包含缺乏客观对应的纯理论意义上的项(可称之为理论项). 需要说明的是，人类对于自然界的感知和体验在持续地进化和积累，客观实在性的内涵也随之在不断地扩大.

例如，现在人们普遍认为电磁场是一种客观实在. 新实证主义者们意图去除理论中所有的缺乏客观对应的理论项，而这些理论项很可能只是暂时缺乏实在性的对应，这种做法虽然使理论看起来很“干净”，但是同时也让理论体系变得僵化而贫乏.

相比于正确性的说法，完备性是从相反的方向对物理理论提出了要求.

定义 11.1.2（完备性） 如果每一种客观实在都能在理论中找到与之对应的项，那么该理论是完备的.

容易看出，正确性和完备性的结合意味着物理理论和客观实在的等价，意味着物理理论提供了对自然界的完好的描述和解释. 这正是 EPR 所要达到的目的.

然而，真的有如此完备的理论么？如果是这样，那么迟早我们将有一个唯一的能够全面反映所有客观实在的终极理论. 但是，就目前的情形而言，众多分属不同学科的自然科学理论还在各自的发展完善过程中，所谓的终极理论基本上是一种神话. 所以，我们宁愿采取较为局限观点同时也是较为宽泛的态度看待理论的完备性，而不是严格地遵照定义 11.1.2 来苛求某一个物理理论. 这种较弱的完备性可以表述为：

定义 11.1.3（较弱的完备性） 每一个理论体系——科学的或者哲学的——必须对其引进并加以分析的客观实在作出本体论意义上的明确的定义和界定.

这是一种退而求其次的也是切实可行的关于理论的完备性的要求. 既然不可能将大千世界的所有层面上的现实存在纳入到一个理论体系中，就只能从中选择一些对象加以描述和分析. 理论的完备性就体现在，理论体系中与对这些被选择的客观对象对应的抽象的符号有着基于本体论的具有现实意义的解释.

而且，在下面将要给出的讨论中可以看出，EPR 论文的目的在于说明这样的现象，可能存在一些与量子理论有明显冲突的实在性元素，这些客观实在对于量子力学能够行之有效至关重要，但是量子力学的理论体系中缺少对此令人满意的解释. 因此，我们无需执着于完备性的严格的定义. 况且，爱因斯坦本人在其他的一些文献中表现出对于理论的完备性的较为变通的看法，原因之一也许是，EPR 论文的执笔者是波多尔斯基，上述完备性的定义很可能出自波多尔斯基自己的观点.

从以上关于正确性和完备性的讨论可以看出，我们并不要求理论体系中出现的每一个符号都对应于现实存在的事物，也并不企图用唯一的理论来解释所有的客观实在，但是，一个完备的物理理论必须承认它将要描述和分析的客观对象具有本体论意义上的客观实在性，在理论的解释系统中也必须包含对这些客观实在性的定义和阐释.

在有关 EPR 论文的众多评述中，一个常见的说法是，EPR 用到了定域性（Locality）原理. 所谓定域性原理，简单地说，就是不可能以超光速传递信号. 然而实际上，EPR 的论述并没有涉及到定域性，EPR 采用的是可分离性原理.

定义 11.1.4(可分离性原理) 两个空间上彼此分离的系统各自拥有真实的物理状态.

可分离性原理表明了物理系统具有个体性. 实际上,"可分离"这个词相当于"独立的"、"动力学无关的"一类描述. 具体地说,对于可分离的物理系统,彼此间没有相互作用. 定域性与信息和物理效应的通道(传递)有关,而可分离性关注的只是,在缺少动力学联系和因果联系的可分离的系统之间不可能存在任何关联.

客观实在性属于哲学范畴内的概念,对此我们可以采取经典力学的观点,即客观实在性表现为不依赖于被观测与否的具有确定的本质和形式的独立的实体. 前面提到的理论的正确性要求出现在物理理论的形式系统中的概念应该具有客观实在性的意义. 而物理学是离不开观测和观测量的,因此我们必须将客观实在性转述为物理实在性,即观测量的实在性,对此 EPR 给出了如下陈述.

命题 11.1.1(实在性) 在对系统没有任何干扰的前提下,如果可以准确地预言某个物理量的值,那么该物理量具有物理实在性.

11.1.3 EPR 论点

EPR 根据实在性的定义,在一个理想实验中发现有一些实在性元素没有被量子力学所包含,或者说 EPR 提出了一些缺乏理论对应的实在性元素,对此 EPR 作出了量子力学是不完备的这一断言. 在量子力学中,彼此不对易的力学量不能同时具有确定的值,因此,根据物理实在性的条件,不对易的观测量不可能同时具有实在性. 但是,如果能够想方设法获知不对易的力学量的确定的值,那么这将是量子力学不能解释的现象,也是对量子理论的完备性的质疑.

设想有 S_1 和 S_2 两个系统,它们在从 t_1 到 t_2 的时间间隔内有过相互作用,而 t_2 时刻以后二者间不再有相互作用,并且彼此相距很远,甚至相距类空间隔. 为了简化讨论,我们考虑一维情形. 系统 S_1 的某个力学量 $\hat{A}$ 有本征值 $a_1, a_2, \cdots$ 等等,相应的本征函数分别为 $\psi_1(x_1), \psi_2(x_1), \cdots$. 系统 S_2 另有某个力学量,其本征函数为 $\xi_1(x_2), \xi_2(x_2), \cdots$. 其中 x_1 是描述系统 S_1 的变量,x_2 是描述系统 S_2 的变量. 设复合系统 S_1+S_2 的整体的波函数具有如下形式:

$$\Psi(x_1, x_2) = \sum_{n=1}^{\infty} \psi_n(x_1)\xi_n(x_2) \tag{11.1.1}$$

这里认为 $\psi_n(x_1)$ 和 $\xi_n(x_2)$ 未归一化,所以可以在其中包含叠加系数. 如果测量系统 S_1 的力学量 $\hat{A}$ 并得到结果 a_k,那么复合系统的态约化为

$$\Psi(x_1, x_2) \longrightarrow \psi_k(x_1)\xi_k(x_2) \tag{11.1.2}$$

但是,我们可以不选择测量力学量 $\hat{A}$,而是测量另一个力学量 $\hat{A}'$. 力学量 $\hat{A}'$ 的本征值为 $a_1', a_2', \cdots$,相应的本征态分别为 $\varphi(x_1), \varphi(x_2), \cdots$. 设复合系统的态可以表示为

$$\Psi(x_1,x_2)=\sum_{n=1}^{\infty}\varphi_n(x_1)\eta_n(x_2) \tag{11.1.3}$$

其中 $\eta_1(x_2),\eta_2(x_2),\cdots$是系统 S_2 的另外某个力学量的本征态. 若测量 $\hat{A}'$并得到结果 a_r',则(11.1.3)式约化为

$$\Psi(x_1,x_2)\longrightarrow\varphi_r(x_1)\varphi_r(x_2) \tag{11.1.4}$$

这给我们的第一个印象是,对于两个彼此曾经有过相互作用而现今毫无关联的系统,即现今是彼此可分离的两个系统,可以通过对系统 S_1 的不同的测量导致系统 S_2处于不同的量子态.

以上讨论尚未给出观测量,本征值和本征态的具体形式. 更具体地,可以设系统 S_1 的两个不对易的观测量为 $\hat{A}=\hat{p}_1$ 和 $\hat{A}'=\hat{q}_1$,即分别为动量和位置. 在位置表象中,动量算符 $\hat{p}_1$ 的本征值为 p 的本征函数为

$$\psi_p(x_1)=\mathrm{e}^{\mathrm{i}px_1/\hbar} \tag{11.1.5}$$

而对于系统 S_2,设

$$\xi_p(x_2)=\mathrm{e}^{-\mathrm{i}(x_2-x_0)p/\hbar} \tag{11.1.6}$$

其中 x_0 是常数. 可以看出,$\xi_p(x_2)$是系统 S_2 的动量算符 $\hat{p}_2$ 的本征函数,在位置表象中,$\hat{p}_2=-\mathrm{i}\hbar\dfrac{\partial}{\partial x_2}$,与 $\xi_p(x_2)$对应的本征值是$-p$.

现在(11.1.1)式可以表示为

$$\Psi(x_1,x_2)=\int_{-\infty}^{+\infty}\mathrm{e}^{\mathrm{i}(x_1-x_2+x_0)p/\hbar}\mathrm{d}p \tag{11.1.7}$$

在这个波函数中,对于 S_1 的力学量 $\hat{A}'=\hat{q}_1$,对应于本征值为 x_1 的本征函数为

$$\varphi_x(x_1)=\delta(x_1-x) \tag{11.1.8}$$

将(11.1.3)式重新写为

$$\Psi(x_1,x_2)=\int_{-\infty}^{+\infty}\varphi_x(x_1)\eta_x(x_2)\mathrm{d}x \tag{11.1.9}$$

因为(11.1.7)式和(11.1.9)式表示的是同一个波函数,二者须相等,所以 $\eta_x(x_2)$应该具有如下形式:

$$\eta_x(x_2)=\int_{-\infty}^{+\infty}\mathrm{e}^{\mathrm{i}(x-x_2+x_0)p/\hbar}\mathrm{d}p=h\delta(x-x_2+x_0) \tag{11.1.10}$$

这表明 $\eta_x(x_2)$是系统 S_2 的位置算符 $\hat{q}_2$ 的本征函数,本征值为 $x+x_0$.

现在可以说,若两个系统满足可分离性条件,对 S_1 的任何操作不会影响到 S_2,根据物理实在性的充分条件,通过对系统 S_1 的两个不对易的力学量 $\hat{A}$ 和 $\hat{A}'$的测量,可以准确无误地预言系统 S_2 的两个不对易的力学量 $\hat{p}_2$ 和 $\hat{q}_2$ 的确定的值. 在第一种情形下,$\hat{p}_2$ 可以对应于一个实在性元素;在第二种情形下,$\hat{q}_2$ 对应于一个实在性元素. 而两个系统间没有任何明显的关联,所以这两个实在性元素应该是早就已经存在的,也不会依赖于对 S_1 的任何测量. 但是,从量子力学观点看,波

函数 ξ_p 和 η_x 给出的关于系统 S_2 的描述是彼此不相容的. 因此，在 EPR 看来，只要量子力学认可物理实在性，只要量子理论被认为是关于个别微观现象的完全的描述，那么该理论是不完备的.

11.1.4 玻姆(Bohm)模型：两个自旋 1/2 粒子组成的系统

在对 EPR 的观点进行更深入的讨论之前，我们来介绍该问题的另一个版本. 这是由玻姆(Bohm)提出的一个模型，迄今为止的很多讨论都是以此模型展开的. 玻姆模型的特点是表述形象，且易于在实验中检验.

考虑两个自旋 1/2 粒子 A 和 B 组成的两体系统，即所谓的 $2\otimes 2$ 系统. 设这个两体系统的总的自旋角动量为零，即处于自旋单态. 设 t_0 时刻以后两粒子开始彼此分离并在 t_1 时刻相距类空间隔，这以后二者间不会有任何相互作用. 若这两个粒子没有受到外界干扰，则它们一直保持在自旋单态上. 实际情况中，一个自旋为零的粒子裂变为两个自旋 1/2 的粒子，由于角动量守恒，两个自旋 1/2 的粒子处于自旋单态上. 自旋单态可以表示为

$$|\Psi_0\rangle=\frac{1}{\sqrt{2}}(|0\rangle\otimes|1\rangle-|1\rangle\otimes|0\rangle) \tag{11.1.11}$$

可以看出，如果测量粒子 A 的自旋角动量的 z 分量 $\hat{S}_z^A$ 并得到$\frac{\hbar}{2}$的结果，那么测量后两体系统的态变为$|0\rangle\otimes|1\rangle$，据此可以推断出粒子 B 处于$|1\rangle$，粒子 B 的自旋角动量的 z 分量 $\hat{S}_z^B$ 应该有确定的值$-\frac{\hbar}{2}$. 从角动量守恒的观点看，这一结论并不奇怪. 但是，态(11.1.11)式具有旋转不变性. 它是 $\hat{\sigma}_z^A\otimes\hat{\sigma}_z^B$ 的本征态，本征值为-1；容易验证，$|\Psi_0\rangle$同时也是 $\hat{\sigma}_x^A\otimes\hat{\sigma}_x^B$ 以及 $\hat{\sigma}_y^A\otimes\hat{\sigma}_y^B$ 的本征态，本征值皆为-1. 因此，若选择粒子 A 的 $\hat{S}_y^A$ 进行测量并得到$\frac{\hbar}{2}$，那么可以推断粒子 B 的 $\hat{S}_y^B$ 具有确定的值$-\frac{\hbar}{2}$.

同样的问题再次出现了：通过测量粒子 A 的 $\hat{S}_z^A$ 的值，在不影响粒子 B 的情况下可以断言 $\hat{S}_z^B$ 的明确的值；通过测量粒子 A 的 $\hat{S}_y^A$ 的值，在不影响粒子 B 的情况下可以断言 $\hat{S}_y^B$ 的明确的值. 所有过程都遵守可分离性条件，根据物理实在性的要求，可以说，$\hat{S}_z^B$ 和 $\hat{S}_y^B$ 二者都具有确定的值，都具有物理实在性，都可以对应于客观实在性. 而这样的说法是量子力学所不允许的. 再者，还可以问这样的问题：如果对粒子 A 的 $\hat{S}_z^A$ 的测量结果不是$+\frac{\hbar}{2}$而是$-\frac{\hbar}{2}$，那么粒子 B 的 $\hat{S}_z^B$ 的值是否就应该为$+\frac{\hbar}{2}$呢？如果是这样的，那么我们将面临这样的情形：对于两个彼此分离的

没有任何关联的粒子，对其中一个测量结果决定了另一个的行为.

在EPR发表了他们的论文之后，相关的争论主要有两个方向：一个质疑可分离性原则，对此提出了尖锐的批评；另一个是承认可分离性，提出了建立在隐变量上的具有确定性的理论，以此对量子理论作修正，使之完备. 薛定谔和玻尔认为在量子理论中可分离性原理是不成立的. 二人的看法又有不同之处. 薛定谔认识到的是，复合量子系统中的子系统是不可分离的，描述整个量子系统的量子态是纠缠的(Entangled). 而玻尔则强调量子系统和测量仪器之间的不可分离性. 于是，玻尔和薛定谔通过反对EPR提出的可分离性原理而解决了EPR佯谬. 在11.2节中，我们首先讨论隐变量问题，而有关纠缠态和可分离性的讨论将在以后给出.

11.2 隐变量理论

在本节中，我们将首先给出关于隐变量模型的较为直观而形象的描述，然后考虑隐变量模型是否可以解释微观实验现象，是否可以作为量子理论的补充和修正.

11.2.1 隐变量的引入

上一节讨论了EPR佯谬，我们看到，EPR对量子力学的完备性的质疑基于这样的提问：不对易的力学量能否具有确定的值？在量子力学中，一般而言，我们不能同时确定任意两个或多个力学量的值，或者说，当且仅当两个或多个力学量是彼此对易的时候，我们才可以在相同的实验环境中对它们进行测量，得到的结果是没有矛盾的，是彼此相容的. 而对于彼此不对易的力学量，则测量结果将受制于不确定原理. 从理论上说，量子力学中的力学量是用算符表示的，其数学基础涉及对易关系的运算；从实验上说，对彼此不对易的力学量的测量需要不同的实验设置. 例如，在施特恩-格拉赫实验中，用于测量粒子自旋角动量的x分量和z分量的磁场方向有着不同的设定. 可以说，量子力学的这一特点是经典力学所不具有的，也无法用经典力学的概念来描述和阐释. 因此，从经典力学的角度来说，量子力学没有为我们提供关于微观世界的全面而完整的图像. 当然，量子力学对微观形象作出了统计意义上正确的解释，这是任何企图对量子理论作诠释或者作修正的时候必须承认的前提. 把宏观上的整体的统计性落实到微观上的个体的确定性，这是人们探究物质世界的时候自然而然的想法，也是一个美好的愿望，况且这种想法和愿望已经得到了经典力学的支持. 但是，如果我们不满足量子力学在统计意义上的正确性，那么就有了接下来的问题：能否在已有的量子理论中加入一些新的元素，引入一些新的概念和说法，使其统计性的理论预言建立在确定的根基之上，或者具体地说，为EPR佯谬提供一种可能的解释.

让我们从一个简单而典型的情形开始讨论. 设某个量子系统有力学量$\hat{A}$，测量$\hat{A}$得到的结果是其本征值. 简单地,我们设$\hat{A}$的本征值是离散的,记作a_1,a_2,…,a_n,其中n为描述该量子系统的希尔伯特空间的维数. 对于某一次特定的测量结果,量子力学给出的描述不是确定性的,而是统计性的,即某个结果(比如a_j)出现的的概率$P(a_j)$. 现在假设,这种不确定的描述起因于人们对于本质问题的无知,于是,我们尝试引入另外某个参量——隐变量λ,并认为隐变量可以明确地指明每一次测量的具体结果. 隐变量λ可以是一个数(一般认为是实数),即一维空间中的向量,也可以是由若干个实数构成的一个数组,即多维空间中的向量. 隐变量的分布可以是连续的,也可以是离散的.

例如,设描述量子系统S的空间是n维希尔伯特空间$\mathcal{H}=\mathbb{C}^n$. 系统S的某个力学量$\hat{A}$的本征值为$a_1,a_2,\cdots,a_n$. 设隐变量λ可以取得若干个离散的值λ_1,λ_2,…,λ_n,并认为当$\lambda=\lambda_j$时,测量力学量$\hat{A}$得到的结果一定是a_j. 可以用条件概率表示为

$$P(a_i|\lambda_j)=\delta_{ij} \tag{11.2.1}$$

于是,引入了隐变量以后,测量结果是确定的而不是随机的了. 上式所示的隐变量模型被称为是确定的隐变量模型,即由隐变量确定的测量结果或者一定出现,或者一定不出现.

隐变量属于概念上的猜想,我们无法通过具体实验探究隐变量的性质. 需要实验来检验猜想是否合理,而实验测得的只是可观测量的期望值,人们需要在理论上给出基于隐变量模型计算得到的可观测量的期望值. 为此,我们假设隐变量作为一个随机变量的取值有一定的分布. 对于离散分布的隐变量,取值为λ_j的概率记作$\mu(\lambda_j)$,且$\sum_{j=1}^{n}\mu(\lambda_j)=1$. 对于连续分布的隐变量,设概率密度为$\mu(\lambda)$,将隐变量所在空间记作$\Lambda$,有$\int_{\Lambda}\mu(\lambda)\mathrm{d}\lambda=1$,这里,若$\Lambda$是多维空间,则$\mathrm{d}\lambda$表示该空间中的体积元.

如果认为力学量$\hat{A}$的测量结果由隐变量确定,而结果的不确定性来自于隐变量的随机性,那么,得到a_j的概率为

$$P(a_j)=\sum_k P(a_j\mid\lambda_k)\mu(\lambda_k)=P(a_j\mid\lambda_j)\mu(\lambda_j) \tag{11.2.2}$$

由于我们已经假设$P(a_j|\lambda_k)=\delta_{jk}$,所以上面的结果实际上就是$P(a_j)=\mu(\lambda_j)$. 看起来这是一个很平庸的结论,这无异于用一种不确定性取代另一种不确定性,用一种不可知去解释另一种不可知. 在隐变量模型中,力学量$\hat{A}$的期望值可以表示为

$$\langle\hat{A}\rangle_{\mathrm{HV}}=\sum_{j=1}^{n}a_jP(a_j\mid\lambda_j)\mu(\lambda_j) \tag{11.2.3}$$

这里下标HV表示隐变量(Hidden Variable).

上面给出的是关于隐变量模型的最为粗浅的说明,有以下几点需要指出:

(1) (11.2.1)式和(11.2.2)式及其相应的解释仅仅是概念上的，就是说，隐变量有如此意义和作用，但是，目前我们尚不知晓如何构造隐变量使得由该模型给出的力学量的期望值(11.2.3)式与量子力学的理论预言相一致. 在以后的讨论中将看到，构造恰当的隐变量模型并不是一件显而易见的事，而且也并不是总能成功的.

(2) 隐变量模型就其本质而言是经典模型，其目的在于从根本上解决量子力学中的不确定性，这意味着隐变量模型需要承担对多种不同形式的测量结果的解释. 在上面的例子中，我们只考虑了一个量子体系的一个观测量，如果再引入另一个与 $\hat{A}$ 不对易的力学量 $\hat{B}$，设 $\hat{B}$ 的本征值为 $b_1, b_2, \cdots, b_n$，那么隐变量模型可以给出联合概率 $P(a_i, b_j|\lambda)$，即力学量 $\hat{A}$ 的观测值为 a_i，同时力学量 $\hat{B}$，的观测值为 b_j 的概率，而这样的说法与量子力学的不确定关系相悖. 为了解释这一矛盾，我们面临两种选择：一是承认量子力学的不确定关系是微观世界本质现象的体现，是基本层次上的原理，而隐变量模型是行不通的，即隐变量理论是失败的；二是认为隐变量本身是不确定的，隐变量的不确定性导致了量子力学的不确定性，但是，这两种不确定性有着层次上的区分，前者被认为是本质的，后者是前者的体现. 于是，量子力学的不确定性就被具有了经典意义上的根基. 如果作第一种选择，那么关于隐变量的所有话题可以就此结束了. 而为了更清楚地揭示隐变量理论和量子力学的冲突与差异，我们暂作第二种选择使关于隐变量的讨论得以进行.

(3) 如果继续考虑由多个子系统组成的复合系统，那么不同子系统之间的关联行为将为我们展开另一个重要的话题. 我们知道，两个相距很远以至于达到类空间隔的系统之间不可能有即时而瞬发的信息传递，一个系统中发生的事件不可能瞬间影响到另一个系统. 这是狭义相对论中所述的定域性原理，简单地说，信号的传递不可能超越光速. 隐变量理论自然满足定域性原理，所以这里谈到的隐变量理论实际上是定域隐变量理论. 在用定域隐变量模型解释量子系统之间的关联行为的时候，得到的结果与量子力学的预言不符，于是有这样的问题：狭义相对论与隐变量理论相容，量子力学与隐变量理论相悖，那么量子力学将违反狭义相对论么？而人们常说的所谓量子理论是非定域性的理论也给我们带来这样的困惑. 以后的讨论中也将解释这样的问题. 在下面几个小节中，我们首先给出隐变量的定义，接着讨论单个量子系统，就是说，暂不考虑多个量子系统之间的关联行为.

11.2.2 隐变量理论的基本问题

对于什么是隐变量，有定义如下.

定义 11.2.1(隐变量) 物理理论 **T** 包含了一系列的对于物理系统 S 的可观测量，如 $\hat{O}, \hat{O}', \cdots$等等. 设想存在一些实验上不能探测到的描述系统 S 的变量，这些变量的集合记作$\{\lambda_{\text{HV}}\}$. 如果每一个可观测量 $\hat{O}$ 的值取决于隐变量的集合$\{\lambda_{\text{HV}}\}$

的某种平均运算，那么$\{\lambda_{HV}\}$被称为关于理论 **T** 的隐变量.

在隐变量定义的基础上，隐变量理论认为，引入隐变量以后，物理系统的状态和观测量的值是完全确定的，系统的动力学演化也是完全确定的. 这种完全确定性堪比于经典力学的确定性. 即使无法获知隐变量的详细信息，仍然可以为量子力学构造隐变量模型以解决量子理论概念上的困境. 隐变量理论将在原则上和逻辑上确立了量子态及物理量在本体论意义上的实在性，如果能够在量子力学原有的理论框架中附加上隐变量理论，如果对量子理论作如此修正是成功的，那么按照 EPR 的观点，量子理论便是完备的了.

然而，隐变量这条路能行得通么？从隐变量的定义中可以看到，隐变量是否存在以及隐变量的效应和作用是无法在具体的实验中体现出来的，因此只能用已有的素材进行分析和推断，分析隐变量存在的证据或不存在的证据，推断隐变量的效应和作用. 假设隐变量存在，那么量子理论中描述微观现象的两个主要概念——态和观测量，将具有经典意义上的确定性. 在忽略实验误差的理想状况下，对于客观对象的观测结果应该是确定的，用统计学术语来说，实验数据的分布是没有偏差的，即方差为零. 我们称这样的情形为无弥散的(Dispersion-free). 因此，首先的问题是，无弥散的态或者观测量是否存在？

11.2.3 冯・诺依曼关于无弥散态不存在的证明

1923 年，冯・诺依曼在《量子力学的数学基础》一书中指出不存在无弥散的态，因此也就不存在隐变量. 由于其论述较为数学化，而且在关于无弥散态的证明之间有大段的铺垫性叙述. 该证明出现在原著(英文版)的第 317 页，全书共 445 页，故在此对原著中有关无弥散态的讨论进行梳理并重述，在叙述过程中保留了原文中使用的符号.

在冯・诺依曼看来，量子力学的典型特征是关于力学量的值的统计性公式，即力学量 $\hat{R}$ 在量子态$|\psi\rangle$中的期望值

$$\langle\hat{R}\rangle=\langle\psi|\hat{R}|\psi\rangle \tag{11.2.4}$$

这个期望值建立了实验结果和量子力学的理论预言之间的联系，或者说建立了经验事实与希尔伯特空间中的向量及算符之间的联系. 作为一个理论体系中的假设，(11.2.4)式是无可厚非的. 实际上，(11.2.4)式是量子测量假设的基本内容(见 10.4 节).

(11.2.4)式的统计性可以更清楚地反映在方差上，令

$$\Delta(\hat{R}^2)=\langle(\hat{R}-\langle\hat{R}\rangle)^2\rangle=\langle\hat{R}^2\rangle-\langle\hat{R}\rangle^2 \tag{11.2.5}$$

其中的期望值是在量子态$|\psi\rangle$上计算的. 一般情形下，$\Delta(\hat{R}^2)\neq 0$. 只有当$|\psi\rangle$碰巧是 $\hat{R}$ 的本征态的时候，方差 $\Delta(\hat{R}^2)$才为零.

是否在更为基本的层面上存在一些我们尚未考虑到的参数，当把这些参数添

加到$|\psi\rangle$中去以后，我们就可以获许对所有的力学量作出确定的无弥散的描述呢？冯·诺依曼认为，这个问题可以简化为一个数学问题：是否存在无弥散的系综？如果存在这样的系综，那么量子力学的一个核心假设——(11.2.4)式对于量子理论的建构是不合适的. 为了回答这些问题，冯·诺依曼在量子力学的统计性框架之外展开考察，而并没有将(11.2.4)式当作考虑问题的出发点. 冯·诺依曼给出的论述中只保留了量子力学的一个基本假设：力学量可以被表示为希尔伯特空间中的厄米算符.

首先需要有不依赖于(11.2.4)式的关于期望值的一般公式. 设希尔伯特空间的维数是有限的，基向量记作$|n\rangle$. 空间的完备性要求

$$\sum_n |n\rangle\langle n| = 1 \tag{11.2.6}$$

算符$\hat{R}$可以表示为

$$\hat{R} = \sum_{m,n} |n\rangle\langle n|\hat{R}|m\rangle\langle m| = \sum_{m,n} |n\rangle R_{nm}\langle m| \tag{11.2.7}$$

其中$R_{nm}=\langle n|\hat{R}|m\rangle$. (11.2.7)式中的$R_{nm}$不过是一些数，此时并未赋之以物理意义. 现在把算符$\hat{R}$和某个物理系统联系在一起，并追问$\hat{R}$有怎样的期望值. 暂且不管期望值是如何计算的，只是从形式上将(11.2.7)式转化为

$$\langle\hat{R}\rangle = \sum_{m,n}\langle(|n\rangle\langle m|)\rangle R_{nm} \tag{11.2.8}$$

于是$\langle(|n\rangle\langle m|)\rangle$不过是与算符$|n\rangle\langle m|$相关的期望值(当然，目前尚不知如何计算期望值). 定义一个算符$\hat{U}$，称之为系综的**统计算符**，它的矩阵元为

$$U_{mn}\equiv\langle m|\hat{U}|n\rangle=\langle(|n\rangle\langle m|)\rangle \tag{11.2.9}$$

这样，力学量$\hat{R}$的期望值可以表示为

$$\langle\hat{R}\rangle = \sum_{m,n}U_{mn}R_{nm} = \mathrm{Tr}(\hat{U}\hat{R}) \tag{11.2.10}$$

现在看到，在量子态中的期望值被表示为$\hat{R}$与另外一个算符$\hat{U}$相乘后的迹，而且$\hat{U}$与态的具体行为有关.

但是，上面的计算过于简化，有一些不恰当的地方尚需调整. 首先，$\hat{U}$尚不是厄米算符；其次，(11.2.8)式涉及到一个数(不一定是实数)与一个算符(而且不是厄米算符)相乘后求期望值的运算，对此我们没有明确指出是否存在某些条件. 下面对此作补充说明.

因为$\hat{R}$是厄米的，故有

$$R_{mn}=R_{nm}^* \tag{11.2.11}$$

也就是说，$\langle n|\hat{R}|m\rangle$的实部是对称的，而虚部是反对称的，即

$$\mathrm{Re}(R_{nm})=\mathrm{Re}(R_{mn}),\quad \mathrm{Im}(R_{nm})=-\mathrm{Im}(R_{mn}) \tag{11.2.12}$$

(11.2.7)式可以表示为

$$\hat{R}=\sum_{n}|n\rangle\langle n|R_{nn}+\sum_{\substack{m,n\\m<n}}(|n\rangle\langle m|+|m\rangle\langle n|)\mathrm{Re}(R_{nm})+\sum_{\substack{m,n\\m<n}}(i|n\rangle\langle m|-i|m\rangle\langle n|)\mathrm{Im}(R_{nm})\tag{11.2.13}$$

由此定义以下厄米算符

$$\begin{aligned}\hat{U}^{(nn)}&=|n\rangle\langle n|\\\hat{V}^{(nm)}&=|n\rangle\langle m|+|m\rangle\langle n|\\\hat{W}^{(nm)}&=i|n\rangle\langle m|-i|m\rangle\langle n|\end{aligned}\tag{11.2.14}$$

重写(11.2.13)式,有

$$\hat{R}=\sum_{n}\hat{U}^{(nn)}R_{nn}+\sum_{\substack{m,n\\m<n}}\hat{V}^{(nm)}\mathrm{Re}(R_{nm})+\sum_{\substack{m,n\\m<n}}\hat{W}^{(nm)}\mathrm{Im}(R_{nm})\tag{11.2.15}$$

算符 $\hat{R}$ 如今被表示为实数与厄米算符相乘后再求和的形式. 如果我们规定,对于实数 α 和厄米算符 $\hat{A}$,有

$$\langle\alpha\hat{A}\rangle=\alpha\langle\hat{A}\rangle\tag{11.2.16}$$

那么(11.2.15)式的期望值为

$$\langle\hat{R}\rangle=\sum_{n}\langle\hat{U}^{(nn)}\rangle R_{nn}+\sum_{\substack{m,n\\m<n}}[\langle\hat{V}^{(nm)}\rangle Re(R_{nm})+\langle\hat{W}^{(nm)}\rangle\mathrm{Im}(R_{nm})]\tag{11.2.17}$$

让我们把统计算符 $\hat{U}$ 的矩阵元表达为以下形式:

$$\begin{aligned}U_{nn}&=\langle\hat{U}^{(nn)}\rangle\\U_{nm}&=\frac{1}{2}\langle\hat{V}^{(nm)}\rangle+\frac{i}{2}\langle\hat{W}^{(nm)}\rangle,\quad m<n\\U_{mn}&=\frac{1}{2}\langle\hat{V}^{(nm)}\rangle-\frac{i}{2}\langle\hat{W}^{(nm)}\rangle,\quad m<n\end{aligned}\tag{11.2.18}$$

上式涉及到的期望值都是针对厄米算符而言的,因此它们均为实数. 于是可以看出,$U_{nm}=U_{mn}^{*}$,即(11.2.18)式定义的统计算符 $\hat{U}$ 是厄米算符. 利用(11.2.18)式,期望值(11.2.17)式可以表示为

$$\langle\hat{R}\rangle=\sum_{m,n}U_{mn}R_{nm}=\mathrm{Tr}(\hat{U}\hat{R})\tag{11.2.19}$$

虽然(11.2.19)式与(11.2.10)式在形式上是相同的,但是本质上已有大的变化. 如今 $\hat{U}$ 是厄米算符,而且还是非负定的. 实际上,设某个归一化的态矢量为$|\xi\rangle$,相应的投影算符为 $\Pi(\xi)=|\xi\rangle\langle\xi|$,显然$\langle\hat{\Pi}(\xi)\rangle\geqslant 0$. 将(11.2.19)式中的 $\hat{R}$ 代之以 $\hat{\Pi}(\xi)$,有

$$\mathrm{Tr}(\hat{U}\hat{\Pi}(\xi))\geqslant 0\tag{11.2.20}$$

由此可以得到

$$\langle\xi|\hat{U}|\xi\rangle\geqslant 0,\quad\forall\,|\xi\rangle\tag{11.2.21}$$

即 $\hat{U}$ 是(半)正定的.

至此,冯·诺依曼没有依靠量子力学的假设(11.2.4)式而成功地得到了力学量在某个系综中的期望值的表达式,即(11.2.19)式. 其中的统计算符 $\hat{U}$ 应该被理解为关于这个系综的描述,于是这个系综就可以用 $\hat{U}$ 来表示. 整个论述过程都是基于数学上的有关希尔伯特空间中的向量和算符的概念,因此其结论具有一般意义①.

既然得到了力学量 $\hat{R}$ 关于系综 $\hat{U}$ 的期望值的一般意义上的(而不仅仅是量子理论的假设)表示,冯·诺依曼就开始着手考察前面提到的问题:是否存在无弥散的系综?如果存在这样的无弥散的系综,那么有

$$\langle \hat{R}^2 \rangle = \langle \hat{R} \rangle^2 \tag{11.2.22}$$

这也就是

$$\mathrm{Tr}(\hat{U}\hat{R}^2) = [\mathrm{Tr}(\hat{U}\hat{R})]^2 \tag{11.2.23}$$

将厄米算符 $\hat{R}$ 选择为投影算符 $\hat{\Pi}(\phi) = |\phi\rangle\langle\phi|$,并注意到 $\hat{\Pi}(\phi) = \hat{\Pi}^2(\phi)$,我们有

$$\langle \phi|\hat{U}|\phi\rangle = (\langle \phi|\hat{U}|\phi\rangle)^2 \tag{11.2.24}$$

这意味着对于任意的 $|\phi\rangle$,$\langle\phi|\hat{U}|\phi\rangle$ 等于 0 或 1,也进一步意味着,无弥散态的统计算符为

$$\hat{U} = 0 \quad 或 \quad \hat{U} = \mathbb{1}\ (即单位算符) \tag{11.2.25}$$

$\hat{U}=0$ 是没有意义的,因为这将导致所有的力学量的期望值均为零. 剩下的情形是 $\hat{U}=\mathbb{1}$. 对于单位算符 $\mathbb{1}$(这当然是一个厄米算符),若 $\hat{U}=\mathbb{1}$,则有

$$\langle \mathbb{1} \rangle = \mathrm{Tr}(\mathbb{1} \cdot \mathbb{1}) = 希尔伯特空间的维数 \tag{11.2.26}$$

如果是在位置表象之类的无穷维希尔伯特空间中,上式为无穷大. 这一点已经是难以接受的了,而且,再来看力学量 $\hat{R}$ 的方差,

$$\langle (\hat{R} - \langle \hat{R} \rangle)^2 \rangle = \langle (\hat{R} - \langle \hat{R} \rangle \mathbb{1})^2 \rangle = \langle \hat{R}^2 \rangle - 2\langle \hat{R} \rangle^2 \langle \mathbb{1} \rangle + \langle \hat{R} \rangle^2 \langle \mathbb{1} \rangle$$

上式或者是无穷大,或者是无穷大项的相减,于是其结果或者是非零的(这意味着系综是弥散的而不是如假设所说的无弥散),或者是一个未定式. 不管怎样,结果与起先所作的假设(11.2.22)式都是矛盾的. 因此,冯·诺依曼断言,不存在无弥散态. 证明完毕.

下面我们把冯·诺依曼在证明过程中涉及到的假设重新归纳一下.

假设 11.2.1 冯·诺依曼在不存在无弥散态的证明过程中,用到了如下假设:

(1) 如果某个观测量 O 可以表示为希尔伯特空间中的厄米算符 $\hat{O}$,那么该观测量的一个函数 $f(O)$ 则被表示为算符 $\hat{f}(\hat{O})$.

---

① 注意到冯·诺依曼定义的统计算符 $\hat{U}$ 实际上就是我们在上一章中讨论过的密度算符 $\hat{\rho}$. 但是,我们的叙述是在量子力学的理论框架中进行的,而冯·诺依曼的讨论则没有用到有关量子测量的假设.

(2) 如果若干个观测量 O,O',…被分别表示为算符 $\hat{O},\hat{O}'$,…,那么这些观测量的和应该被表示为 $\hat{O}+\hat{O}'+\cdots$.

(3) 如果观测量 O 究其本质为非负的(比如 O 是另外某个观测量的平方)，那么与 O 对应的算符 $\hat{O}$ 的期望值 $\langle\hat{O}\rangle$ 也是非负的.

(4) 如果 O,O',…是一系列任意的观测量，a,b,…为任意实数，那么有

$$\langle a\hat{O}+b\hat{O}'+\cdots\rangle=a\langle\hat{O}\rangle+b\langle\hat{O}'\rangle+\cdots$$

回顾冯·诺依曼摆脱量子力学的假设而独立地构造关于力学量的期望值的过程，不难发现上述假设发挥作用的地方. 这里强调指出，冯·诺依曼第四条假设突出应用于从(11.2.15)式到(11.2.17)式的推导中.

显然，冯·诺依曼所用的假设在数学上是合理，其结论在数学意义上也是正确的. 既然无弥散的态已经被证明是不存在的，那么也就不存在由隐变量理论描述的量子态. 也就是说，无法要求所有的物理实在同时具有精确值，不确定性总是存在的，从而量子理论是严格的，必然的. 然而，约翰·斯图沃特·贝尔(John Stwart Bell)敏锐地察觉到如此严格的数学证明中隐藏着物理上的瑕疵.

11.2.4 贝尔对冯·诺依曼观点的质疑

用隐变量理论赋予量子力学以本体实在的意义，这一观点引起了尚在大学时代的贝尔的注意. 后来，贝尔并不同意用“隐变量”这个词来体现该理论的本质内涵. 因为“隐变量”只是表明了一类无法在实验中观测到的变量，而不足以表明这类变量的更为重要的意义. 贝尔选择了另一个词汇“Be-able”或者“Beable”，这个词是相对于观测量“Observable”而言的. “Be”意指本体论上的实在[①]. Beable 可以理解为一种“有能力(-able)”成为实在的个体的量. 有关定域的 Beable 的理论应该“有能力”决定定域观测量的数学结构，也应该为定域观测量的物理意义给予恰当的阐释. 冯·诺依曼给出的不存在无弥散态的证明是对贝尔以及那个时代的物理学家企图发现并发展隐变量的想法的否定.

但是仔细考察冯·诺依曼提出的四个假设，不难发现它们和量子力学的态叠加原理的要求如出一辙. 爱因斯坦曾怀疑过，这是否只是一种逻辑上的循环论证，即以量子力学的原理之一，态叠加原理为前提，得到不存在无弥散态的结论. 贝尔详细地分析了冯·诺依曼的证明，肯定其数学上的合理性，同时指出其物理上的不合理性. 在·诺依曼的第四条假设涉及两个及多个力学量的相加，从纯粹的数学的观点看，求期望值是一个线性运算，故若干个力学量相加后的期望值理应等于它

① 参考笛卡儿说的话：“I reflect, therefore I am.”这里的 am 是 be 的第一人称形式，它不是一个联系动词，而是一个描述状态的动词，它意图表明“我”与他人及他物的区别，体现了理性的思考可以使人成为独立自主的个体这一思想.

们各自的期望值的和，即观测量的期望值满足可加性，这一点似乎是勿庸置疑的．然而，另一方面，观测量所允许的值，即本征值是不满足可加性的．例如，对于自旋1/2粒子，观测量 $\hat{\sigma}_x+\hat{\sigma}_y$ 的本征值不等于 $\hat{\sigma}_x$ 的本征值与 $\hat{\sigma}_y$ 的本征值的和．对于本征值的不可加性，可以解释为：从物理学的角度看，求本征值对应于测量过程，对于彼此不能对易的力学量，测量方式的选择（比如测量自旋的施特恩-格拉赫实验中的磁场方向）是不同的，因此彼此不对易的观测量的本征值将分别体现在不同的实验条件下和不同的物理场合中．然而，求期望值究其物理本质也是要涉及测量过程的，对本征值的不可加性的解释也应该适用于观测量的期望值，就是说，观测量的期望值也应该是不可加的．而实际上，我们一直在使用期望值的可加性进行相关的理论计算，在实验上也一直未有关于期望值可加性的反例，而且理论和实验亦有很好的符合．在贝尔看来，期望值的可加性是量子力学所具有的非常独特的性质，实际上是态的叠加原理的体现．因此，冯·诺依曼的第四条假设得以成立的前提有两个：在数学上，求期望值是线性运算，这一点已经满足了；在物理上，态满足量子力学的叠加原理．而后者本身就是量子力学一条公设，所以不能先验地认为隐变量理论也应该满足这一原理．也就是说，由量子力学的固有原理出发证明隐变量的不存在是不恰当的做法．

贝尔在对冯·诺依曼的观点作了如此分析的同时构造了关于自旋1/2粒子的一系列的隐变量模型，以此可以为每一个自旋观测量赋予确定的值．当若干个观测量彼此对易时，观测量的期望值满足可加性．在贝尔的构造性证明中，考虑了对于自旋1/2粒子测量观测量 $\alpha 1+\boldsymbol{\beta}\cdot\hat{\boldsymbol{\sigma}}$，其中 α 为实数，β 为实向量，1 为 2×2 的单位阵，$\hat{\sigma}=(\hat{\sigma}_x,\hat{\sigma}_y,\hat{\sigma}_z)$ 为泡利矩阵．对于某个态 $|\psi\rangle$，观测量 $\alpha 1+\boldsymbol{\beta}\cdot\hat{\boldsymbol{\sigma}}$ 的可能的测量值为 $\alpha\pm|\beta|$，期望值为

$$\langle\psi|\alpha 1+\boldsymbol{\beta}\cdot\hat{\boldsymbol{\sigma}}|\psi\rangle$$

若采用隐变量，那么旋量 $|\psi\rangle$ 和隐变量 λ 一起构成了无弥散态的描述．设 λ 为实数，并且 $-1/2\leqslant\lambda\leqslant1/2$．通过以下构造，我们将看到，隐变量决定了测量 $\alpha 1+\boldsymbol{\beta}\cdot\hat{\boldsymbol{\sigma}}$ 所能得到的确定的结果，而且，隐变量理论给出的期望值 $\langle\alpha+\boldsymbol{\beta}\cdot\hat{\boldsymbol{\sigma}}\rangle_{\mathrm{HV}}$ 与量子理论一致．

虽然态 $|\psi\rangle$ 的形式可以是任意的，但是不失一般性地，总可以将其通过旋转使之变换为

$$|\psi\rangle=|0\rangle=\begin{pmatrix}1\\0\end{pmatrix}$$

利用隐变量，贝尔将测量 $\alpha 1+\boldsymbol{\beta}\cdot\hat{\boldsymbol{\sigma}}$ 的结果表示为

$$\alpha+|\boldsymbol{\beta}|\,\mathrm{sign}\left[\lambda|\boldsymbol{\beta}|+\frac{1}{2}|\beta_z|\right]\mathrm{sign}(X)$$

其中

$$X=\begin{cases}\beta_z, & 如果\ \beta_z\neq 0\\ \beta_x, & 如果\ \beta_z=0,\beta_x\neq 0\\ \beta_y, & 如果\ \beta_z=\beta_x=0\end{cases}$$

并且 sign(X)表示 X 的符号，即

$$\mathrm{sign}(X)=\begin{cases}+1, & 如果\ X\geqslant 0\\ -1, & 如果\ X<0\end{cases}$$

量子力学所能给出的态的描述仅仅是$|\psi\rangle$，而如今$|\psi\rangle$被理解为对隐变量作统计平均后的结果. 设隐变量 λ 在区间$\left[-\frac{1}{2},\frac{1}{2}\right]$内均匀分布，观测量 $\alpha\mathbb{1}+\boldsymbol{\beta}\cdot\hat{\boldsymbol{\sigma}}$ 基于隐变量的期望值$\langle\alpha\mathbb{1}+\boldsymbol{\beta}\cdot\hat{\boldsymbol{\sigma}}\rangle_{\mathrm{HV}}$为

$$\langle\alpha+\boldsymbol{\beta}\cdot\hat{\boldsymbol{\sigma}}\rangle_{\mathrm{HV}}=\int_{-1/2}^{1/2}\mathrm{d}\lambda\left\{\alpha+|\boldsymbol{\beta}|\ \mathrm{sign}\left[\lambda\ |\boldsymbol{\beta}|+\frac{1}{2}\ |\beta_z|\ \right]\mathrm{sign}(X)\right\}=\alpha+\beta_z$$

这正是量子力学预言的结果.

贝尔强调指出，在以上构造过程中，没有为参量 λ 赋予任何物理意义，也没有企图借此简单而稍显平庸的例证以妄称为量子力学提供了的全面的重新阐释，唯一的目的只是想说明，基于隐变量理论的对量子力学的重新阐释并没有被冯·诺依曼提出的关于无弥散态的不存在以及隐变量的不存在的证明所否定. 贝尔的证明过程是很简单的，而需要注意的是，贝尔考虑的是自旋 1/2 的粒子，或者说，贝尔考虑的是 2 维希尔伯特空间中的量子态. 贝尔得到的结论是，在这种情形下，确有可能构造隐变量模型以解释量子力学的(统计性的)理论预言. 而剩下的问题是，在更一般的情形下，即希尔伯特空间的维数大于 2，隐变量是否存在，隐变量理论是否成立?

11.2.5 格里森(Gleason)定理

1957 年，安德鲁·格里森(Andrew Gleason)分析了希尔伯特空间中闭的子空间上的测度问题，得到了被称为格里森定理的结论. 格里森定理是一个非常重要的理论结果. 这是因为，到目前为止，我们一直用投影算符(以及混合态情形下的密度算符)表示态，尤其是利用这些表示形式计算期望值，但是我们从来没有仔细考虑这样做的合理性. 冯·诺依曼提出的四点假设对此作了肯定的回答. 但是，根据上面的分析，冯·诺依曼的观点涉及到观测量期望值的可加性的假设，而这个假设源于量子力学的态叠加原理，因此他提出的第四点假设并没有得到更为基本的数学上的支持，并且针对于隐变量理论，冯·诺依曼的观点亦有欠妥之处. 在数学上，希尔伯特空间中的投影算符同构于闭的线性子空间. 在物理上，投影算符表明特定的测量方式，测量的结果可以用“是”与“非”来回答. 在逻辑上，投影算符及其物理上的测量结果构成一系列的命题. 量子力学的形式逻辑框架由这一系列的

命题及其相互间的逻辑关系构成. 格里森并没有考虑隐变量问题，而是分析了在希尔伯特空间中的闭的子空间上可以定义怎样的概率测度，意在简化量子力学的(公理化)形式系统. 格里森定理本身的叙述较为数学化，在此略去不提，但是由此得到的推论则很有意义.

推论 11.2.1(格里森) 如果描述量子系统的希尔伯特空间的维数大于或等于3，那么该量子系统的态不可能是无弥散态.

有两点需要说明：其一，当希尔伯特空间的维数大于2时，格里森定理与冯·诺依曼指出的无弥散态不存在的结论一致，但是，前者没有用到观测量期望值的可加性假设(这一假设受到了贝尔的质疑)；其二，格里森定理与贝尔构造出的无弥散态并不矛盾，因为贝尔考虑的是2维希尔伯特空间. 格里森定理的证明较为复杂. 贝尔说到，与其去阅读并理解其原有的证明，不如自己给出其推论的证明，因为格里森定理的推论对于考虑隐变量问题是更有意义的. 贝尔确实给出自己的证明，这就是下面我们将要讨论的.

设与希尔伯特空间中的态矢量$|\zeta\rangle$对应的投影算符为$\hat{\Pi}(\zeta)$. 算符$\hat{\Pi}(\zeta)$作用于任意某个态 $ket\psi$，给出

$$\hat{\Pi}(\zeta)|\psi\rangle=\langle\zeta|\psi\rangle|\zeta\rangle$$

这里认为$|\zeta\rangle$已经被归一化了. 如果$\{|\zeta_i\rangle\}$构成正交归一且完备的基向量，那么

$$\sum_i \hat{\Pi}(\zeta_i)=1 \tag{11.2.27}$$

因为$\hat{\Pi}(\zeta_i)\hat{\Pi}(\zeta_j)=\delta_{ij}\hat{\Pi}(\zeta_i)$，故所有的$\hat{\Pi}(\zeta_i)$是彼此对易的. 因此可以在相同的实验条件下对这些投影算符进行测量，在这个意义上，我们有如下假设.

假设 11.2.2 对于彼此对易的观测量，观测量相加后的期望值等于各个观测量的期望值的和.

上述假设为期望值的相加提供了物理上的而不仅仅是数学上的依据. 对于某个给定的态矢量，(11.2.27)式的期望值满足

$$\sum_i \langle\hat{\Pi}(\zeta_i)\rangle=1 \tag{11.2.28}$$

注意到投影算符的本征值为0和1，故对于任意态矢量，投影算符的期望值是非负的. 根据(11.2.28)式，有如下引理.

引理 11.2.1 设$|\zeta\rangle$和$|\psi\rangle$彼此正交，即$\langle\zeta|\psi\rangle=0$. 如果对于某个给定的态矢量，$\hat{\Pi}(\zeta)$的期望值$\langle\hat{\Pi}(\zeta)\rangle=1$，那么观测量$\hat{\Pi}(\psi)=|\psi\rangle\langle\psi|$在该态矢量上的期望值$\langle\hat{\Pi}(\psi)\rangle=0$.

这个引理促使我们考虑整个希尔伯特空间中的一个二维子空间. 这个二维子空间的两个基向量记作$|\zeta_1\rangle$和$|\zeta_2\rangle$. 但是，也可以换一个表象，即选择另外两个基

向量$|\psi_1\rangle$和$|\psi_2\rangle$. 对于这两个不同的表现,应该有[①]

$$\langle\hat{\Pi}(\psi_1)\rangle+\langle\hat{\Pi}(\psi_2)\rangle=\langle\hat{\Pi}(\zeta_1)\rangle+\langle\hat{\Pi}(\zeta_2)\rangle$$

由于$|\psi_1\rangle$和$|\psi_2\rangle$可以表示为$|\zeta_1\rangle$和$|\zeta_2\rangle$的任意形式的线性叠加,比如$|\psi_1\rangle$可以表示为$|\psi_1\rangle=c_1|\zeta_1\rangle+c_2|\zeta_2\rangle$,相应的投影算符记作$\hat{\Pi}(c_1\zeta_1+c_2\zeta_2)$. 下述引理显然成立.

引理 11.2.2 如果存在某个态矢量,使得$\langle\Pi(\zeta_1)\rangle=\langle\Pi(\zeta_2)\rangle=0$,那么对于所有的复数$c_1,c_2$,有

$$\langle\hat{\Pi}(c_1\zeta_1+c_2\zeta_2)\rangle=0$$

在引理 11.2.1 和 11.2.2 的基础上,贝尔提出了下面的定理.

定理 11.2.1(贝尔) 假设对于某个态矢量,观测量$\hat{\Pi}(\psi)$和$\hat{\Pi}(\zeta)$满足

$$\langle\hat{\Pi}(\psi)\rangle=1,\quad\langle\hat{\Pi}(\zeta)\rangle=0\tag{10.2.29}$$

那么,态矢量$|\psi\rangle$和$|\zeta\rangle$不可能距离任意地接近. 实际上,$|\psi\rangle$和$|\zeta\rangle$须满足

$$\|\,|\psi\rangle-|\zeta\rangle\,\|>\frac{1}{2}\langle\psi|\psi\rangle^{1/2}\tag{10.2.30}$$

上式左端表达式中的$\|\cdot\|$表示的是希尔伯特空间中向量的范数(或者简单而形象地说成是长度),其定义为

$$\|\,|\psi\rangle-|\zeta\rangle\,\|=[(\langle\psi|-\langle\zeta|)(|\psi\rangle-|\zeta\rangle)]^{1/2}$$

当$|\psi\rangle$已经归一化时,(11.2.30)式的右端即为1/2. 下面给出(11.2.30)式的证明.

设$|\psi\rangle$是归一化的. 将$|\zeta\rangle$写作

$$|\zeta\rangle=|\psi\rangle+\varepsilon|\psi^{\perp}\rangle$$

其中$|\psi^{\perp}\rangle$与$|\psi\rangle$正交,ε是实数,而且,暂不考虑$|\zeta\rangle$的归一化. 再设$|\psi^{\perp\perp}\rangle$是一个与$|\psi\rangle$和$|\psi^{\perp}\rangle$正交的归一化的态,这里要求希尔伯特空间的维数至少为 3. 根据引理 11.2.1,既然$\langle\hat{\Pi}(\psi)\rangle$已然为 1,那么

$$\langle\hat{\Pi}(\psi^{\perp})\rangle=0,\quad\langle\hat{\Pi}(\psi^{\perp\perp})\rangle=0\tag{11.2.31}$$

又注意到$|\psi^{\perp\perp}\rangle$和$|\zeta\rangle$彼此正交,且$\langle\hat{\Pi}(\psi^{\perp})\rangle=\langle\hat{\Pi}(\psi^{\perp\perp})\rangle=0$,根据引理 11.2.2,有

$$\langle\hat{\Pi}(\zeta+\gamma^{-1}\varepsilon\psi^{\perp\perp})\rangle=0\tag{11.2.32}$$

其中γ为任意某个非零实数. 类似地,考虑彼此正交的$|\psi^{\perp}\rangle$和$|\psi^{\perp\perp}\rangle$以及(11.2.31)式,可以有

$$\langle\hat{\Pi}(-\varepsilon\psi^{\perp}+\gamma\varepsilon\psi^{\perp\perp})\rangle=0\tag{11.2.33}$$

(11.2.32)式和(11.2.33)式中涉及的态矢量也是正交的,与之对应的投影算符则是对易的,根据假设 11.2.2,这两个投影算符满足期望值的可加性,即

$$\langle\hat{\Pi}(\psi+\varepsilon(\gamma^{-1}+\gamma)\psi^{\perp\perp})\rangle=0\tag{11.2.34}$$

---

① 这可以对应于 10.4.2 节的讨论. 在那里我们说过,简并情形下力学量的本征值的概率分布不依赖于简并子空间的基向量的选择.

如果 $\varepsilon\leqslant\frac{1}{2}$，则存在实的 γ 使得 $\varepsilon(\gamma^{-1}+\gamma)=\pm1$，因此可以有

$$\langle\hat{\Pi}(\psi+\psi^{\perp\perp})\rangle=\langle\hat{\Pi}(\psi-\psi^{\perp\perp})\rangle=0 \tag{11.2.35}$$

注意到 $|\psi\rangle+|\psi^{\perp\perp}\rangle$ 和 $|\psi\rangle-|\psi^{\perp\perp}\rangle$ 正交，上式的两个投影算符彼此对易的，根据假设 11.2.2 和引理 11.2.2，将二者相加后有

$$\langle\hat{\Pi}(\psi)\rangle=0 \tag{11.2.36}$$

这个结论与(11.2.29)矛盾，故只能有

$$\varepsilon>\frac{1}{2} \tag{11.2.37}$$

至此完成了定理 11.2.1 的证明.

利用定理 11.2.1 可以得到推论 11.2.1，即希尔伯特空间维数大于 2 时不存在无弥散态. 这是因为，假设存在无弥散态，则任意观测量关于无弥散态的期望值等于其本征值. 投影算符的本征值为 0 或者 1，故投影算符关于无弥散态的期望值亦为 0 或者 1. (11.2.28)式表明，对于无弥散态，在所有的 $\hat{\Pi}(\zeta_i)$ 中，有且只有一个投影算符的期望值为 1，其余皆为 0. 设 $\langle\hat{\Pi}(\zeta_1)\rangle=1$. 对于另外一组基向量 $|\phi_j\rangle$ 及相应的投影算符的期望值 $\langle\hat{\Pi}(\phi_j)\rangle$ 有相同的结论，设 $\langle\hat{\Pi}(\phi_k)\rangle=1$. 而 $\{|\phi_j\rangle\}$ 的选择是任意的. 总可以找到一组 $\{|\phi_j\rangle\}$，使得 $|\phi_k\rangle$ 与某个 $|\zeta_i\rangle$ $(i\neq1)$ 任意地接近. 而定理 11.2.1 不容许这样，故希尔伯特空间维数大于 2 时，不存在无弥散态. 至此完成了格里森定理的推论的证明.

11.2.6 关于格里森定理的推论的讨论

贝尔完成了对格里森定理的推论(即推论 11.2.1)的证明后说到，所有的一切都来自于一些很显然的质朴的假设，这反倒令人怀疑这些假设的质朴性了. 那么，到底哪一条假设值得怀疑呢?

首先，我们再一次地强调指出，关于是否存在无弥散态以及是否存在隐变量的问题，冯·诺依曼的证明和贝尔的证明在数学上都是正确的，不同的是，贝尔指出了数学上的逻辑上的正确性并不意味着物理过程上的可行性以及合理性，这一点具体地体现在观测量期望值的可加性问题上. 对于不对易的观测量，量子理论依然承认它们的期望值是可加的，这应该被理解为量子力学所独有的奇特行为，而不能先验地认为隐变量理论也应该有如此表现. 因此，在贝尔给出的证明中，我们没有看到不对易的观测量的期望值的相加，就是说，格里森定理及其推论的叙述和证明满足数学上的正确性和物理上的合理性. 但是，贝尔又注意到一个可能存在问题的地方，在引理 11.2.2 中，虽然观测量 $\hat{\Pi}(\zeta_1)$ 和 $\hat{\Pi}(\zeta_2)$ 是对易的，但是一般情形下，观测量 $\hat{\Pi}(c_1\zeta_1+c_2\zeta_2)$ 与前二者是不对易的，所以测量 $\hat{\Pi}(c_1\zeta_1+c_2\zeta_2)$ 的实验条件不同于测量 $\hat{\Pi}(\zeta_1)$ 或者 $\hat{\Pi}(\zeta_2)$ 的实验条件. 于是，引理 11.2.2 便是一个看似质

朴却又值得怀疑的命题.

在数学上，引理 11.2.2 是无懈可击的，它揭示的不过是复的希尔伯特空间中的向量和算符应该满足的一种运算规律或法则. 在物理上，量子力学遵循这一规律. 需要指出的是，如同非对易观测量的期望值的可加性假设一样，引理 11.2.2 也包含着数学上的明晰和物理上的模糊. 量子理论满足这些规律和假设，这可视为量子理论奇特性的表现. 如果我们希望构造别的理论，比如隐变量理论来消除物理上的模糊，那么就不应当认为隐变量理论也满足这些规律或假设.

让我们把整个过程再整理一遍. 贝尔通过引理 11.2.1 和引理 11.2.2 证明了定理 11.2.1，在这个过程中不涉及无弥散态和隐变量问题. 接着利用定理 11.2.1，通过反证法得到结论：无弥散态不存在. 反证法的出发点是假设无弥散态是存在的，接下去的推演势必要用到引理 11.2.1 和引理 11.2.2，也就是说，无弥散态（或者隐变量理论）须满足这两个引理，否则推演过程无法进行. 显然隐变量理论可以满足引理 112.1，但是，正如前面指出的，引理 11.2.2 给隐变量理论带来了理解上的困难. 于是面临的问题是：如果要求引理 11.2.2 适用于无弥散态或者隐变量理论，那么我们应该为隐变量及其理论附加上怎样的条件和限制呢？

贝尔指出，这里隐含的假定是：对某个观测量 $\hat{O}$ 进行测量时，得到的结果不依赖于其他的能够同时测量的观测量的测量结果. 具体地说，设存在一组彼此对易的观测量的集合，记作 $\{\hat{O},\hat{O}'_1,\hat{O}''_1,\cdots\}$. 我们可以在相同的实验条件下测量 $\hat{O},\hat{O}'_1,\hat{O}''_1,\cdots$，并得到 $\hat{O}$ 的测量值，记作 o_1. 再假设还存在一组彼此对易的观测量 $\{\hat{O},\hat{O}'_2,\hat{O}''_2,\cdots\}$. 一般地说，这两组中的观测量是不能够完全对易的，对于后者的测量需要不同于前者的实验条件. 将 $\hat{O}$ 在后一种测量中得到的值记作 o_2，那么 o_1 等于 o_2 么？

从隐变量理论的观点看，我们应该认为 $o_1=o_2$. 因为观测量的测量结果是被隐变量完全决定的，不应该依赖于其他观测量的测量结果，也不会依赖于测量仪器的设置. 这种孤立的与它者无关的行为称为非互文的（Non-contextual）. 因此，如果认为（或假定）隐变量具有非互文的性质（Non-contextuality），那么就避免了将引理 11.2.2 应用于隐变量模型时的含混不清之处，从而可以最终得到推论 11.2.1：当希尔伯特空间的维数大于 2 时，不存在非互文的隐变量①.

在本节的最后，对所述内容作简短的回顾. EPR 承认量子力学对微观现象的统计性预言是正确的，但是，如果认为量子力学也能对个别微观现象作出完备的描述和解释，那么，通过一个构思巧妙的理想实验，EPR 证明了任何满足可分离性原理的理论一定是确定性的. 而具有确定性的物理理论意味着其中的物理量将被赋予预先确定的独立的值，物理量以此体现出实在性. EPR 的结论是，量子理论没有

① 我们将在 11.5.1 中进一步讨论引理 11.2.2 中的互文性问题.

解释这样的实在性,所以它是不完备的. 从另一个方面来说,物理量是否具有确定的值,是否具有实在性,表现在数学形式上就是是否存在无弥散的量子态——物理量在无弥散的量子态上的统计涨落为零. 冯·诺依曼给出了不存在无弥散态的证明,但是贝尔发现在冯·的证明中存在物理意思上的瑕疵,即不对易的力学量的相加后的期望值等于各个力学量的期望值的相加,这个在数学上显然成立的结论缺乏物理上合理性. 贝尔对此作了修正,这体现在格里森定理的推论的证明中,于是,当希尔伯特空间的维数大于 2 的时候,不存在无弥散态,因而不存在隐变量,隐变量理论不能作为量子理论的补充.

目前我们得到的印象是,贝尔对于量子力学基本问题的考察缘起于隐变量模型. 实际上,从隐变量模型出发讨论 EPR 问题只是我们采用的一种叙述方式,而贝尔的原始思路是(用他自己的话说)"我的关于这个问题的第一篇论文是通过对 EPR 观点的总结,从定域性开始讨论至确定性的隐变量模型. 但是,几乎所有的评论者们都普遍地认为我的论文是从确定性的隐变量开始的". 这里说的定域性在很大程度上就是前面提到的可分离性. 定域性指的是不能以超光速传递信号,或者说不能在一定的空间间隔上建立即时联系,或者说在空间中占据一定区域而又彼此分离的系统之间的关联必须满足狭义相对论所定义的因果关系. 可分离性原理和定域性只能应用于具有明确的实在性的客观对象. 从概念的内涵上看,定域性侧重于对系统之间的关联和信息传递的限制,可分离性只是要求系统间没有相互作用. 正如贝尔自己说的那样,贝尔从一开始就注意到了定域性和可分离性在隐变量理论中的意义. 贝尔关于 EPR 问题的第一篇论文发表在 1964 年第一卷的《Physics》上,名为"关于爱因斯坦-波多尔斯基-罗森佯谬"(On Einstein-Podolsky-Rosen Paradox). 但是,这篇论文的铺垫性工作却是两年后(1966 年)发表在《现代物理评论》(Review of Modern Physics)第 38 卷上的的"关于量子力学中的隐变量问题"(On the Problem of Hidden Variables in Quantum Mechanics). 这种时间顺序上的颠倒也许是因为贝尔的论文在《现代物理评论》的编辑部那里搁置得太久了. 在 1966 年的论文中,贝尔提出了自己的关于格里森定理的推论的证明,并暗示了力学量的互文性,进一步地引申出关于定域性和可分离性的讨论. 而在 1964 年的论文中,贝尔给出以后被称为"贝尔定理"的论述: 不存在可以重现量子力学所有预言的满足定域性要求的隐变量理论.

在下一节中,我们讨论贝尔不等式和贝尔定理. 贝尔不等式不仅仅格里森定理的推论在物理上的延伸和拓展,而且还涉及定域隐变量理论和量子力学的非定域性等基本问题,同时,贝尔不等式是可以在实验中检验的,这使得关于量子力学与定域实在性之间的争论不再限于数学的或认识论的范畴. 在 11.5 中我们将讨论互文性.

11.3 贝尔不等式

上一节的讨论尚未涉及隐变量模型在EPR问题中的作用和意义，在本节中，我们将尝试用隐变量理论描述11.1.4节中的玻姆模型，结果表明，隐变量理论与量子力学之间存在统计意义上的矛盾.

11.3.1 经典位形

将两个自旋1/2粒子分别记作A和B，它们相距非常远，以至于达到类空间隔. 二者在过去可能有过相互作用，比如说它们可能是另外某个粒子衰变的结果，但是现在，A和B之间不可能有任何即时的信息传递. 对于粒子A，我们测量它的两个观测量$\hat{A}_1$和$\hat{A}_2$；对于粒子B，测量观测量$\hat{B}_1$和$\hat{B}_2$. 这些观测量是各个粒子的自旋角动量在某个方向上的分量，比如观测量$\hat{A}_1$可以表示为$\boldsymbol{n}_1^A\cdot\hat{\boldsymbol{S}}$，其中$\boldsymbol{n}_1^A$是三维实空间中的单位向量，代表对于$A$粒子的第一种测量方向，$\hat{\boldsymbol{S}}=\frac{\hbar}{2}\hat{\boldsymbol{\sigma}}$是自旋角动量. 在下面的讨论中，我们忽略$\frac{\hbar}{2}$而把$\hat{A}_1$视作$\boldsymbol{n}_1^A\cdot\hat{\boldsymbol{\sigma}}$，其他的观测量也有类似的表示.

观测量$\hat{A}_1$的测量结果有且只有两种可能：$+1$和-1，分别记作a_1和a_1'. 类似地，a_2和a_2'为观测量$\hat{A}_2$的测量结果，b_1和b_1'为观测量$\hat{B}_1$的测量结果，b_2和b_2'为观测量$\hat{B}_2$的测量结果. 它们的取值都分别为$+1$和-1. 现在考虑对于两个粒子的联合测量，可以选择如下四种测量方式：

$$(\hat{A}_1,\hat{B}_1)\quad(\hat{A}_1,\hat{B}_2)\quad(\hat{A}_2,\hat{B}_1)\quad(\hat{A}_2,\hat{B}_2)\tag{11.3.1}$$

对于上述每一种测量方式，有四种可能的结果，比如测量$(\hat{A}_1,\hat{B}_1)$，我们可能得到的结果有

$$(a_1,b_1)\quad(a_1,b_1')\quad(a_1',b_1)\quad(a_1',b_1')\tag{11.3.2}$$

于是四种联合测量一共可以给出16种不同的实验结果，其余的12种为

$$(a_1,b_2)\quad(a_1,b_2')\quad(a_1',b_2)\quad(a_1',b_2')\tag{11.3.3}$$

$$(a_2,b_1)\quad(a_2,b_1')\quad(a_2',b_1)\quad(a_2',b_1')\tag{11.3.4}$$

$$(a_2,b_2)\quad(a_2,b_2')\quad(a_2',b_2)\quad(a_2',b_2')\tag{11.3.5}$$

这些结果可以被视作原始实验数据，我们要做的事情就是分析其统计分布，找寻相应的解释.

隐变量理论采用如下观点看待问题. 针对目前考虑的4个观测量，即$\hat{A}_1$，$\hat{A}_2$，$\hat{B}_1$，$\hat{B}_2$，字母上的∧号原是用来表示量子力学中的算符的，隐变量理论自然不会把力学量视作算符，不过我们依然在这里保留了这一记号. 隐变量模型可以确定所

有可能的观测方式的所有可能的结果，就是说，隐变量不仅仅能够确定测量 $\hat{A}_1$ 会得到什么，而且还可以确定联合测量$(\hat{A}_1,\hat{B}_1)$的结果，甚至可以确定形如$(\hat{A}_1,\hat{A}_2,\hat{B}_1)$，$(\hat{A}_1,\hat{A}_2,\hat{B}_1,\hat{B}_2)$等等形式的联合测量的结果. 当然，你可以说后面两种形式的联合测量是量子力学所不容许的，但是，现在还不是争论量子力学和隐变量理论孰是孰非的时候.

基于这样的观点，隐变量的支持者构造了更为具体的描述，不再用抽象的 λ 表述隐变量，而是用这样一个四元数组$[u_1,u_2;v_1,v_2]$，其中 $u_i(i=1,2)$的值可以是 a_i 或者 a_i'，v_i 的值可以是 b_i 或者 b_i'. 对这个四元数组的一种特定的赋值，比如$[a_1,a_2;b_1,b_2']$，就对应于某个隐变量. 在下面的叙述中，我们就用这样的形式来表示隐变量，这种表示方法清楚地指明了隐变量所起的作用. 对于(11.3.1)式给出的 4 个关联量的测量，隐变量$[a_1,a_2;b_1,b_2']$确定了如下结果：

$$(a_1,b_1)\quad(a_1,b_2')\quad(a_2,b_1)\quad(a_2,b_2')$$

隐变量的一般形式被表示为$[u_1,u_2;v_1,v_2]$，该数组中的每一个数有两种可能的取值，故不同的隐变量的个数为 $2^4=16$. 这 16 个隐变量构成了经典位形. 表示为(11.3.2)式至(11.3.5)式的 16 个不同的关联测量的结果都可以由 16 个隐变量来解释. 在继续分析之前，先注意以下两点.

(1) 如果暂时忘却我们的目的，即探究量子力学与隐变量理论是否相容，那么这一小节的叙述在经典力学的范畴内看来是极其平庸的. 在经典力学中，每一个子系统的每一个观测量已然具有确定的值，(11.3.1)式所示的由两个力学量构成的关联量的测量结果与由四个力学量构成的关联量$(\hat{A}_1,\hat{A}_2,\hat{B}_1,\hat{B}_2)$的测量结果没有任何矛盾之处.

(2) 更一般的情形是，复合系统由 p 个子系统构成，每一个子系统有 m 个可观测量，每一个观测量可能的取值(即可能的观测结果)有 n 个，我们把这种情形简单地记作(p,m,n). 对于(p,m,n)情形，我们从每一个子系统那里选择某一个观测量构成一次关联测量，共有 m^p 种关联观测量. 而每一个关联观测量有 n^p 种可能的测量结果，于是不同的测量结果的总数为$(mn)^p$. 另一方面，我们来考虑隐变量的个数. 如同上面给出的简单情形下的讨论，即把隐变量表示为$[u_1,u_2;v_1,v_2]$，我们把(p,m,n)情形下的隐变量写作

$$[a_1,a_2,\cdots,a_m;b_1,b_2,\cdots,b_m;\cdots\cdots;p_1,p_2,\cdots,p_m]$$

可以看出，上述 mp 个变量的每一个可能的取值为 n 个，故隐变量的个数为 n^{mp}. 因此，一般情形下隐变量的个数远大于关联测量的结果的个数. 只是在(2,2,2)这一简单情形中二者是相等的，均为 16.

继续讨论(2,2,2)情形. 在获得了 16 种不同的原始数据之后，我们需要分析每一种数据出现的概率，并且建立与隐变量之间的联系.

11.3.2 用隐变量表示关联测量的结果

这一小节的目的是，将(11.3.2)式至(11.3.5)式的关联测量的结果的统计分布用隐变量的分布来表示.

首先，我们用一个简单的经典模型说明隐变量如何解释关联测量结果的概率分布. 在经典情形下，联合事件的概率并不总是能够分解为各个独立事件的概率的相乘——这正是独立事件之间有关联的反映. 而隐变量的介入则可以实现这样的分解. 例如，设想有两个经典系统，X_1 和 X_2 是第一个系统的两个随机变量，Y_1 和 Y_2 是第二个系统的两个随机变量. 它们都是双值随机变量，即，X_1 和 X_2 的取值分别是 x_1, x_1' 和 x_2, x_2'；Y_1 和 Y_2 的取值分别是 y_1, y_1' 和 y_2, y_2'. 设取值的概率都是完全随机的

$$P(x_i)=P(x_i')=P(y_i)=P(y_i')=0.5, \quad i=1,2$$

然后观测联合概率，其中两个结果是

$$P(x_1, y_1)=0.09, \quad P(x_2, y_2)=0.09$$

显然，联合随机变量分布概率不等于各个随机变量概率分布的乘积，表明两个随机变量 X 和 Y 之间有关联. 这种关联可以用隐变量来解释. 假设隐变量 λ 有两个取值，λ_1 和 λ_2，取值的概率是完全随机的，即 $P(\lambda_1)=P(\lambda_2)=0.5$. 隐变量的值以如下方式决定了随机变量取值的概率：

$$P(x_1|\lambda_1)=P(x_2|\lambda_1)=0.9, \quad P(x_1|\lambda_2)=P(x_2|\lambda_2)=0.1$$
$$P(y_1|\lambda_1)=P(y_2|\lambda_1)=0.1, \quad P(y_1|\lambda_2)=P(y_2|\lambda_2)=0.9$$

这里我们只列出了对以下计算有用的概率. 于是，X_1 取值 x_1 的概率以及 Y_1 取值 y_1 的概率分别是

$$P(x_1)=P(x_1|\lambda_1)P(\lambda_1)+P(x_1|\lambda_2)P(\lambda_2)=0.9\times0.5+0.1\times0.5=0.5$$
$$P(y_1)=P(y_1|\lambda_1)P(\lambda_1)+P(y_1|\lambda_2)P(\lambda_2)=0.1\times0.5+0.9\times0.5=0.5$$

类似地有 $P(x_2)=P(y_2)=0.5$，符合各个独立的随机变量取值的概率分布. 隐变量的介入使得在隐变量层面上随机变量的联合分布概率是可分解的，即

$$P(x, y|\lambda_i)=P(x|\lambda_i)P(y|\lambda_i) \tag{11.3.6}$$

于是我们有

$$\begin{aligned}P(x_1, y_1)&=P(x_1, y_1|\lambda_1)+P(x_1, y_1|\lambda_2)\\&=P(x_1|\lambda_1)P(y_1|\lambda_1)+P(x_1|\lambda_2)P(y_1|\lambda_2)\\&=0.9\times0.1\times0.5+0.1\times0.9\times0.5=0.09\end{aligned}$$

类似地可以得到 $P(x_2, y_2)=0.09$. 形象地说，(11.3.6)式意谓着隐变量的介入"解除"了两个系统之间的关联. 强调一点，(11.3.6)式是隐变量模型解释联合概率的基本出发点，考虑到我们将要讨论量子情形中的观测量，在这里有必要写出更一般的表达式. 设 $\hat{A}$ 和 $\hat{B}$ 分别是量子系统 A 和 B 的观测量，它们的本征值用 a 和

b 表示. 测量联合观测量$(\hat{A},\hat{B})$,得到结果(a,b)的概率记作 $P(a,b|\hat{A},\hat{B})$. 在量子力学看来,这个概率的理论预言由玻恩规则给出[①].

$$P^{\mathrm{QM}}(a,b|\hat{A},\hat{B})=\mathrm{Tr}[\hat{\rho}(\hat{\Pi}_a^A\otimes\hat{\Pi}_b^B)]$$

这里上标 QM 表示量子力学给出的结果,$\hat{\rho}$ 是系统的量子态的密度算符,$\hat{\Pi}_a^A$ 和 $\hat{\Pi}_b^B$ 是对应于观测结果 a 和 b 的投影算符. 我们知道,虽然 $\hat{\Pi}_a^A\otimes\hat{\Pi}_b^B=(\hat{\Pi}_a^A\otimes 1^B)(1^A\otimes\hat{\Pi}_b^B)$,但是联合概率 $P^{\mathrm{QM}}(a,b|\hat{A},\hat{B})$却并不总是可以分解为边缘概率的乘积. 但是在隐变量理论看来,对$(\hat{A},\hat{B})$进行联合测量,观测到结果(a,b)的概率在隐变量层面上是可分解的,即

$$P_{\mathrm{HV}}(a,b|\hat{A},\hat{B},\lambda)=P(a|\hat{A},\lambda)P(b|\hat{B},\lambda) \tag{11.3.7}$$

这里的下标 HV 表示隐变量理论的说法. 式(11.3.7)被称作贝尔定域性条件. 假设隐变量 λ 是空间 Λ 中连续分布的变量,概率密度为 $\mu(\lambda)$. 考虑隐变量所有的取值并作平均,有

$$P_{\mathrm{HV}}(a,b)=\int_\Lambda P_{\mathrm{HV}}(a,b\mid\hat{A},\hat{B},\lambda)\mu(\lambda)\mathrm{d}\lambda=\int_\Lambda P(a\mid\hat{A},\lambda)P(b\mid\hat{B},\lambda)\mu(\lambda)\mathrm{d}\lambda \tag{11.3.8}$$

接着我们给出隐变量的一个更加形象的表示. 在图 11.3.1 中,纵向排列的是 A 粒子的两个观测量的所有可能的结果,横向是 B 粒子的两个观测量的所有可能的结果. 图中 4 个大区域(简称区域)对应于 4 种关联测量,例如左上区域表示关联量$(\hat{A}_1,\hat{B}_1)$,右下区域表示$(\hat{A}_2,\hat{B}_2)$. 16 个小区域(简称块)对应于关联测量的 16 种不同的结果,例如第一行第一列的块表示测量$(\hat{A}_1,\hat{B}_1)$并得到结果(a_1,b_1),第二行第一列的块表示测量$(\hat{A}_1,\hat{B}_1)$并得到结果(a_1',b_1). 图中的四个顶点上带有星号的虚线方框表示一个隐变量$[a_1,a_2;b_1,b_2]$,没有星号的虚线方框代表另一个隐变量$(a_1',a_2';b_1,b_2')$. 可以看出,这样的虚线方框可以画出 16 个,即 16 个隐变量.

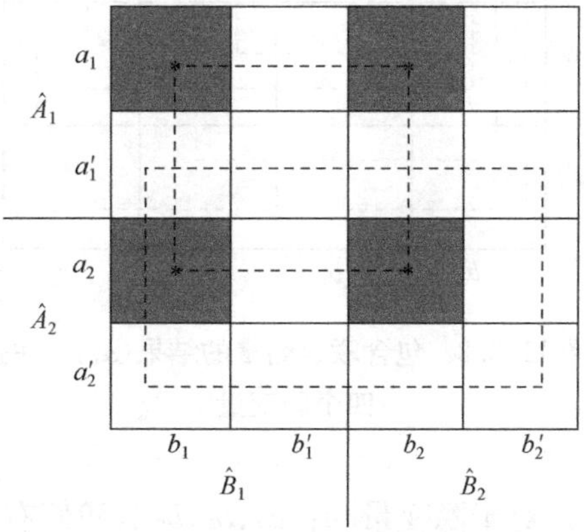

图 11.3.1 隐变量图示. 作一个长方形,它的两条边分别是水平的和竖直的,且四个顶点落在四个区域内,该长方形即是某个特定的隐变量的图示

现在我们用隐变量来表示某个特定的关联测量的结果,比如(a_1,b_1),有四个隐变量可以对该结果作出回答,它们分别是

① 回顾 10.5.2 节末尾的内容.

$$[a_1,a_2;b_1,b_2],\quad [a_1,a_2;b_1,b_2']$$
$$[a_1,a_2';b_1,b_2],\quad [a_1,a_2';b_1,b_2']$$

图 11.3.2 中四个虚线方框表示了这四个隐变量. 于是关联测量的结果(a_1,b_1)出现的概率可以表示为上述四个隐变量的分布概率的和，即

$$\begin{aligned}P(a_1,b_1)=&P([a_1,a_2;b_1,b_2])+P([a_1,a_2;b_1,b_2'])\\&+P([a_1,a_2';b_1,b_2])+P([a_1,a_2';b_1,b_2'])\end{aligned}\tag{11.3.9}$$

从概率论的角度看，上式依然是平庸的，它表达的不过是由联合概率得到边缘(marginal)概率的过程. 这一点并不奇怪，因为隐变量理论在本质上是经典的，我们熟悉的概率论也是对经典现象的统计性描述，二者不会存在冲突和分歧.

接下来的问题是：隐变量理论为关联测量的结果设定了怎样的限制呢？让我们来考察如下四个关联测量的结果的概率，并且将它们组合为

$$-P(a_1,b_1)+P(a_1,b_2')+P(a_2',b_1)+P(a_2,b_2)\tag{11.3.10}$$

上式可以形象地表示为图 11.3.3，图中的+1 和−1 表示相应的联合概率的系数. 我们来分析 16 个隐变量对于(11.3.10)式的作出的预言.

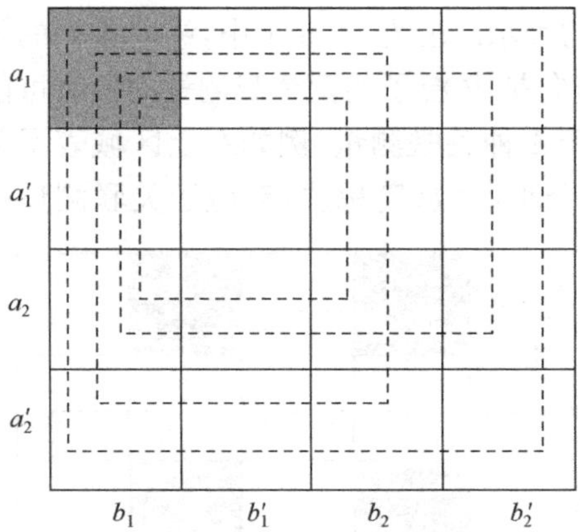

图 11.3.2　包含联合测量的结果(a_1,b_1)的四个隐变量

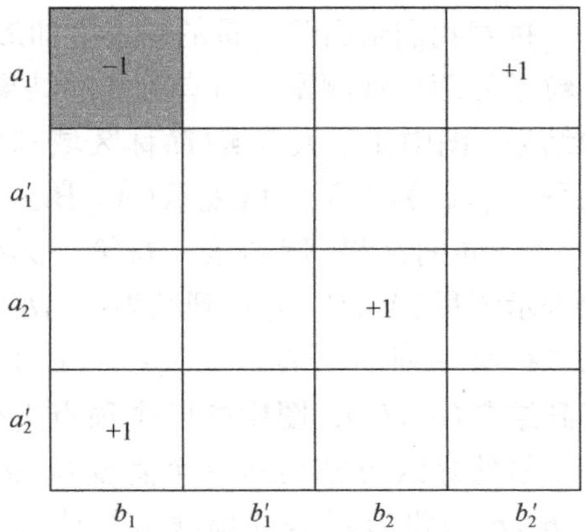

图 11.3.3　四个联合概率的组合，即(11.3.10)式

对于隐变量$[a_1,a_2;b_1,b_2]$，我们有

$$P(a_1,b_1)=1,P(a_1,b_2')=0,P(a_2',b_1)=0,P(a_2,b_2)=1$$

所以(11.3.10)式的值为0. 对于隐变量$[a_1,a_2;b_1',b_2]$，(11.3.10)式中四个概率均为零，故它们的和亦为零. 对于隐变量$[a_1,a_2';b_1',b_2]$，有

$$P(a_1,b_1)=1,P(a_1,b_2')=1,P(a_2',b_1)=1,P(a_2,b_2)=0$$

故(11.3.10)式等于 1. 对于其余的隐变量作类似的分析，可以发现，(11.3.10)式的值不是 0 就是 1，再注意到每一个隐变量是以一定的概率出现的(最简单的想法

是认为16个隐变量等概率地出现)，而这16个隐变量出现的概率之和为1，最终我们有

$$0\leqslant -P(a_1,b_1)+P(a_1,b_2')+P(a_2',b_1)+P(a_2,b_2)\leqslant 1 \quad (11.3.11)$$

上式就是隐变量模型(或者说经典位形)对联合测量的结果的统计分布设定的限制条件，它实际上就是我们将要看到的贝尔类型(Bell-type)不等式中的一种.

形如(11.3.10)式的联合概率的组合还有好几种，它们是通过这样的方式构造的：首先在任意某个区域中的一个块中填上-1，然后在与该区域不相邻的区域中相应位置的块中写入$+1$，接着在剩下的两个区域中找到与-1同行(列)且与$+1$不同列(行)的位置，写入$+1$. 按照这种方法，可以继续写出下面的不等式：

$$0\leqslant -P(a_1',b_1')+P(a_1',b_2)+P(a_2,b_1')+P(a_2',b_2')\leqslant 1 \quad (11.3.12)$$

$$-1\leqslant P(a_1,b_1')-P(a_1,b_2)-P(a_2',b_1')-P(a_2,b_2')\leqslant 0 \quad (11.3.13)$$

$$-1\leqslant P(a_1',b_1)-P(a_1',b_2')-P(a_2,b_1)-P(a_2',b_2)\leqslant 0 \quad (11.3.14)$$

上述4个不等式涉及的是联合概率的线性叠加，它们可以等价地用关联量的期望值来表示. 对于关联测量$(\hat{A}_1,\hat{B}_1)$，我们可以定义关联量$\hat{A}_1\otimes\hat{B}_1$的期望值①

$$C(\hat{A}_1,\hat{B}_1)=a_1b_1P(a_1,b_1)+a_1b_1'P(a_1,b_1')+a_1'b_1P(a_1',b_1)+a_1'b_1'P(a_1',b_1') \quad (11.3.15)$$

由于$a_1=b_1=+1,a_1'=b_1'=-1$，期望值$C(\hat{A}_1,\hat{B}_1)$就是测量结果相同的概率减去测量结果相反的概率. 对于其他形式的关联量，相应的期望值亦有相同的说法. 将(11.3.11)式至(11.3.14)式四个不等式相加，我们有

$$|C(\hat{A}_1,\hat{B}_1)+C(\hat{A}_1,\hat{B}_2)+C(\hat{A}_2,\hat{B}_1)-C(\hat{A}_2,\hat{B}_2)|\leqslant 2 \quad (11.3.16)$$

强调指出，上述所有的不等式都是基于隐变量理论得到的结果. (11.3.16)式也是贝尔不等式的一种，被称为Clauser-Horne-Shimony-Holt (CHSH)不等式.

通过上面的讨论可以看出，定域隐变量模型实际上就是经典观念的延伸. 所谓的经典观念就是牛顿力学带给我们的世界观和方法论：解构，继续解构；还原，继续还原——总会在某个层次上找到解释关联现象的量. 对隐变量的追问就像是一百多年前人们对以太(ether)的追问. 以太已经被证明是不存在的了，是否存在其他类型的隐变量却至今尚无最终结论. 人们曾把以太想象成弥漫在空间中的一种难以察觉的物质，隐变量也像是一种飘荡在未名空间中的气息(pneuma)，所到之处，事物之间的关联就此消失. 在这个世界中，只有树木，没有森林，只有水滴，没有江海，只有粒子，没有熵. 贝尔写下了对这个世界的描述，$P_{\mathrm{HV}}(a,b|\hat{A},\hat{B},\lambda)=P(a|\hat{A},\lambda)P(b|\hat{B},\lambda)$.

① 我们用符号C表示用隐变量模型计算的期望值，在后面的讨论中用符号E表示用量子力学计算的期望值.

11.3.3 贝尔不等式

在上一小节中，我们用简单的隐变量模型描述了关于 $2\otimes2$ 系统的联合测量结果，进而得到了用隐变量模型解释联合测量结果时应该满足的限制条件，即(11.3.11)式至(11.3.14)式，以及(11.3.16)式，这些不等式实际上就是 $2\otimes2$ 情形下的贝尔不等式. 考虑到上一小节中的隐变量模型过于简单，下面采用更为一般的叙述来推导贝尔不等式.

回到玻姆模型——两个自旋 1/2 粒子 A 和 B 组成的量子系统. 用施特恩-格拉赫(SG)实验装置测量粒子 A 在 ℓ 方向上的自旋分量，即测量力学量 $\boldsymbol{\ell}\cdot\hat{\boldsymbol{\sigma}}^A=\hat{\sigma}_\ell^A$. 隐变量理论认为，当隐变量 λ 取某个特定的值的时候，测量 $\hat{\sigma}_\ell^A$ 得到的结果是确定的，我们把这个结果记作 $v^A(\ell|\lambda)$，它的可能的取值是 $+1$ 或 -1. 这里我们将 λ 放在竖线的右边，表示"λ 取某个特定的值"这一条件. 类似地，在方向 $\boldsymbol{m}$ 上用另一个 SG 装置测量粒子 B 的自旋分量，即测量力学量 $\boldsymbol{m}\cdot\hat{\boldsymbol{\sigma}}^B=\hat{\sigma}_m^B$，用隐变量模型描述的测量结果是 $v^B(m|\lambda)$，它的取值也是 $+1$ 或 -1. 在某一次具体的实验中，对粒子 A 的 $\hat{\sigma}_\ell^A$ 和粒子 B 的 $\hat{\sigma}_m^B$ 做联合测量，在隐变量理论看来，应该有

$$v^A(\ell|\lambda)v^B(m|\lambda)=v^{AB}(\ell,m|\lambda) \tag{11.3.17}$$

其中 $v^{AB}(\ell,m|\lambda)$ 的意思是，当隐变量 λ 一定的时候，关联力学量 $\hat{\sigma}_\ell^A\hat{\sigma}_m^B$ 所固有的值①. 注意到(11.3.17)式和(11.3.6)式在本质上是相同的，它们从概率分布和确定的取值两个不同的方面揭示了定域隐变量模型的作用和意义——在隐变量层面上对关联进行解构.

以上叙述是针对隐变量的某一个特定值以及某一次实验而言的. 在概率统计的意义上，求力学量的期望值须对隐变量求平均. 设隐变量 λ 所在的空间为 Λ，在 Λ 中隐变量的分布为 $\mu(\lambda)$. 某个力学量，比如 $\hat{X}$ 的期望值为

$$\langle\hat{X}\rangle_{\mathrm{HV}}=\int_\Lambda \mathrm{d}\lambda\mu(\lambda)v^X(\lambda)$$

其中，$v^X(\lambda)$表示当隐变量取某个确定的值的时候力学量 $\hat{X}$ 的值. 于是联合观测量 $\hat{\sigma}_\ell^A\hat{\sigma}_m^B$ 的期望值为

$$\langle\hat{\sigma}_\ell^A\hat{\sigma}_m^B\rangle_{\mathrm{HV}}=\int_\Lambda v^{AB}(\ell,m\mid\lambda)\mu(\lambda)\mathrm{d}\lambda=\int_\Lambda v^A(\ell\mid\lambda)v^B(m\mid\lambda)\mu(\lambda)\mathrm{d}\lambda \tag{11.3.18}$$

当 $v^A(\ell|\lambda)$和 $v^B(m|\lambda)$相同时，$v^{AB}(\ell,m|\lambda)$为 $+1$，否则 $v^{AB}(\ell,m|\lambda)$为 -1，因此 $\langle\hat{\sigma}_\ell^A\hat{\sigma}_m^B\rangle_{\mathrm{HV}}$就是联合测量的结果相同的概率减去结果相反的概率. 这个量又被称为关联函数(在上一小节中已提及)，记作 $C(\hat{\sigma}_\ell^A,\hat{\sigma}_m^B)$

---

① 隐变量理论中没有直积的运算，故这里省去了 $\hat{\sigma}_a^A$ 和$\hat{\sigma}_b^B$ 之间的直积符号$\otimes$.

$$C(\hat{\sigma}_\ell^A, \hat{\sigma}_m^B) = \int_\Lambda v^A(\ell \mid \lambda) v^B(m \mid \lambda) \mu(\lambda) \mathrm{d}\lambda \tag{11.3.19}$$

上式指的是基于隐变量模型的关联函数. 在量子力学中,关联函数的定义与隐变量理论给出的定义是类似的: 对于给定的量子态 $|\Psi\rangle$ 以及联合观测量 $\hat{\sigma}_\ell^A \otimes \hat{\sigma}_m^B$,关联函数为 $\hat{\sigma}_\ell^A \otimes \hat{\sigma}_m^B$ 的期望值

$$E(\hat{\sigma}_\ell^A, \hat{\sigma}_m^B) = \langle \hat{\sigma}_\ell^A \otimes \hat{\sigma}_m^B \rangle_\Psi = \langle \Psi | \hat{\sigma}_\ell^A \otimes \hat{\sigma}_m^B | \Psi \rangle \tag{11.3.20}$$

那么,定义关联函数的目的是什么呢?

我们知道,没有动力学相互作用的两个系统满足可分离性原理,即便如此,系统之间还是可以存在一定的联系. 比如一个星体一分为二,两个碎片向相反方向运动而相距很远,故彼此间没有即时联系. 由于动量和角动量守恒,可以从一块碎片的动量和角动量的值推知另一块碎片相应的值. 这种关联是不奇怪的,是曾经有过的相互作用的一种体现,可以用经典力学清楚地解释. 当我们把目光转向量子理论时,EPR 佯谬展现出的奇特现象迫使我们提出这样的疑问: 同样是复合系统的两个子系统,宏观上的两块碎片之间的关联和微观上的两个粒子之间的关联有什么不同? 这种不同之处是否超出了经典力学可以解释的范畴? 在这个意义上,(11.3.19)式定义的关联函数是经典意义上的,(11.3.20)式则是量子力学意义上关联函数,我们需要考察二者的联系和差异.

假设两粒子系统的态是自旋单态(11.1.11)式,量子力学给出(11.3.20)式的结果是

$$E(\hat{\sigma}_\ell^A, \hat{\sigma}_m^B) = \langle \Psi_0 | \hat{\sigma}_\ell^A \otimes \hat{\sigma}_m^B | \Psi_0 \rangle = -\boldsymbol{\ell} \cdot \boldsymbol{m} \tag{11.3.21}$$

如果 $\boldsymbol{\ell}$ 和 $\boldsymbol{m}$ 的方向是平行的,那么上式为 $E(\hat{\sigma}_\ell^A, \hat{\sigma}_\ell^B) = -1$. 隐变量模型在该情形下给出的经典关联函数应该有相同的结果,即 $C(\hat{\sigma}_\ell^A, \hat{\sigma}_\ell^B) = -1$,这是经典关联的最小值. 根据(11.3.19)式,应该有

$$v^A(\ell|\lambda) = -v^B(\ell|\lambda) \tag{11.3.22}$$

利用(11.3.22)式,将(11.3.19)式改写为

$$C(\hat{\sigma}_\ell^A, \hat{\sigma}_m^B) = -\int_\Lambda v^A(\ell \mid \lambda) v^A(m \mid \lambda) \mu(\lambda) \mathrm{d}\lambda \tag{11.3.23}$$

现在假设对每一个粒子的进行测量的 SG 装置的测量方向有三个,$\boldsymbol{\ell}, \boldsymbol{m}, \boldsymbol{n}$,考虑经典关联函数 $C(\hat{\sigma}_\ell^A, \hat{\sigma}_m^B)$,$C(\hat{\sigma}_\ell^A, \hat{\sigma}_n^B)$,$C(\hat{\sigma}_m^A, \hat{\sigma}_n^B)$.

$$\begin{aligned} & C(\hat{\sigma}_\ell^A, \hat{\sigma}_m^B) - C(\hat{\sigma}_\ell^A, \hat{\sigma}_n^B) \\ &= \int_\Lambda [v^A(\ell \mid \lambda) v^B(m \mid \lambda) - v^A(\ell \mid \lambda) v^B(n \mid \lambda)] \mu(\lambda) \mathrm{d}\lambda \\ &= -\int_\Lambda [v^A(\ell \mid \lambda) v^A(m \mid \lambda) + v^A(\ell \mid \lambda) v^A(n \mid \lambda)] \mu(\lambda) \mathrm{d}\lambda \\ &= -\int_\Lambda v^A(\ell \mid \lambda) v^A(m \mid \lambda) [1 - v^A(m \mid \lambda) v^A(n \mid \lambda)] \mu(\lambda) \mathrm{d}\lambda \end{aligned} \tag{11.3.24}$$

其中第二步用到了(11.3.23)式,第三步用到了$[v^A(m|\lambda)]^2=1$. 考虑到函数v的取值只能是$+1$或-1,容易看出(11.3.24)式满足如下不等式:

$$|C(\hat{\sigma}_\ell^A,\hat{\sigma}_m^B)-C(\hat{\sigma}_\ell^A,\hat{\sigma}_n^B)|\leqslant\int_\Lambda[1-v^A(m\mid\lambda)v^A(n\mid\lambda)]\mu(\lambda)\mathrm{d}\lambda \tag{11.3.25}$$

将上式右端被积函数中的$v^A(n|\lambda)$改写为$-v^B(n|\lambda)$,最终有

$$|C(\hat{\sigma}_\ell^A,\hat{\sigma}_m^B)-C(\hat{\sigma}_\ell^A,\hat{\sigma}_n^B)|\leqslant 1+C(\hat{\sigma}_m^A,\hat{\sigma}_n^B) \tag{11.3.26}$$

上式被称为贝尔不等式. 现在,贝尔定理有了更具体的陈述.

定理 11.3.1(贝尔定理) 满足可分离性原理的具有确定性的隐变量理论必须满足(11.3.26)式,而在一定的实验条件下量子力学的预言则违反该不等式.

为了证明贝尔定理,只需在量子情形下计算(11.3.26)式中的关联函数并找到其反例即可. 设测量方向$\boldsymbol{\ell},\boldsymbol{m},\boldsymbol{n}$在同一个平面内,且$\boldsymbol{\ell}$和$\boldsymbol{n}$之间的夹角为$\frac{2\pi}{3}$,$\boldsymbol{m}$和$\boldsymbol{\ell}$的夹角以及$\boldsymbol{m}$和$\boldsymbol{n}$的夹角均为$\frac{\pi}{3}$. 对于自旋单态$|\Psi_0\rangle$,直接计算量子情形下的关联函数,可以得到

$$E(\hat{\sigma}_\ell^A,\hat{\sigma}_m^B)-E(\hat{\sigma}_\ell^A,\hat{\sigma}_n^B)=1 \tag{11.3.27}$$

$$1+E(\hat{\sigma}_m^A,\hat{\sigma}_n^B)=\frac{1}{2} \tag{11.3.28}$$

这样的结果显然不能满足基于隐变量模型的不等式(11.3.26).

贝尔在1964年的论文中(即"关于EPR佯谬"),除了阐述贝尔定理和贝尔不等式,还提出了一些很有意义的观点

其一,EPR所建议的隐变量理论的确定性不是一个附加的假设,而是由如下几个因素直接导致的结果:①EPR的定域性(或者说可分离性)条件;②对于处在自旋单态的两个粒子,在相同的方向(比如$\boldsymbol{n}$方向)上分别测量$\hat{\sigma}_n^A$和$\hat{\sigma}_n^B$,得到的结果表现出完好的关联(即,如果$\hat{\sigma}_n^A$的测量值为$+1$,则$\hat{\sigma}_n^B$的测量值一定为-1,反之亦然). 隐变量理论必须对此给出严格的相同的结论. ③EPR提出的存在物理实在性的充分条件.

其二,由于意识到实际测量过程存在误差,贝尔提出这样的问题:是否有可能存在某个确定性的隐变量理论可以近似地解释量子力学的理论结果? 贝尔将不等式(11.3.26)加以推广,并由此给出了否定的回答. 另外,文中还简要地讨论了更一般的情形下的贝尔定理,这包括:两个子系统所处的希尔伯特空间的维数大于2,观测量具有2个以上的测量值.

(11.3.26)式是原始形式的贝尔不等式,随后的研究发掘出形式更为丰富多样的不等式. 除非有特别说明,在以后的叙述中,"贝尔不等式"是一个泛指的说法.

贝尔不等式是定域隐变量理论应该遵守的条件，违反贝尔不等式意味着定域隐变量理论的失败，意味着子系统之间的关联行为表现出非定域性.

CHSH 不等式(11.3.16)也是贝尔不等式的一种，在这里有必要将它和原始形式的贝尔不等式(11.3.26)作比较. 二者的最大区别在于，推导 CHSH 不等式并不需要求助于完全关联(所谓完全关联，见(11.3.22)式)，而形如(11.3.26)式的原始形式的不等式则不然，考察它的推导过程可以看出(11.3.22)式的作用.

以 CHSH 不等式为例对贝尔不等式作一些补充说明. CHSH 不等式为

$$|C(\hat{A}_1,\hat{B}_1)+C(\hat{A}_1,\hat{B}_2)+C(\hat{A}_2,\hat{B}_1)-C(\hat{A}_2,\hat{B}_2)|\leqslant 2$$

只要上式中的力学量 $\hat{A}_1,\hat{A}_2,\hat{B}_1,\hat{B}_2$ 满足隐变量模型且可能的取值为 $+1$ 或 -1，那么该不等式的上限 2 是不变的. 在考察给定的量子态 $|\Psi\rangle$ 是否违反 CHSH 不等式的时候，我们需要在量子力学的理论框架中计算期望值

$$\langle\Psi|[\hat{A}_1\otimes\hat{B}_1+\hat{A}_1\otimes\hat{B}_2+\hat{A}_2\otimes\hat{B}_1-\hat{A}_2\otimes\hat{B}_2]|\Psi\rangle$$

其中方括号内的关联观测量的线性相加被称为贝尔算符或贝尔观测量，也可以更为确切地称为 CHSH 观测量. 我们要求的不仅仅是这个期望值，而且是这个期望值的最大值，这个最大值是否大于 2 就决定了 $|\Psi\rangle$ 是否含有非定域性. 求最大值的时候当然要明确有哪些参数在变化，这些变化的参数包含在力学量 $\hat{A}_1,\hat{A}_2,\hat{B}_1,\hat{B}_2$ 的具体形式中. 例如，$\hat{A}_1=\boldsymbol{n}_1^A\cdot\hat{\boldsymbol{\sigma}}$，三维实空间中的单位向量 $\boldsymbol{n}_1^A$ 就是一个我们要考虑的参量(它有两个独立的变量). 可见，在给定的态中求贝尔算符的期望值的最大值是一件很繁琐的工作. 在 11.4.3 节中我们将给出这个问题的明确答案.

11.4 贝尔不等式的进一步讨论

上一节介绍了隐变量模型和贝尔不等式，我们看到，量子力学关于联合观测量的期望值的预言违反了隐变量模型应该满足的基本条件. 而且，从 1982 年开始，越来越多的实验证实了量子力学理论预言的正确性，因此，基本上可以说，定域隐变量理论是不成立的. 在本节中，我们对贝尔不等式和贝尔定理作进一步的讨论.

11.4.1 墨明(Mermin)装置

大卫·墨明(David Mermin)用了一个直观形象的装置来说明贝尔不等式. 设想从一个源中发出两个粒子，一个向左运动进入探测器 A，一个向右运动进入探测器 B. 如图 11.4.1 所示. 每一个探测器内部都有 3 个测量通道可供选择，记作 1，2，3. 这可以形象地理解为施特恩-格拉赫实验装置中 3 个不同的测量方向. 再设想有一个开关可以随机地控制测量通道(或方向)的选择. 当向左和向右运动的粒子分别进入探测器 A 和 B 并在特定的方向进行测量之后，结果由探测器外部的两种信号灯显示出来——红(记作 R)或绿(记作 G). 这相当于 11.3.1 节中提到的

(2,3,2)情形——2 个粒子，每个粒子有 3 个观测量，每个观测量有 2 个可能的取值.

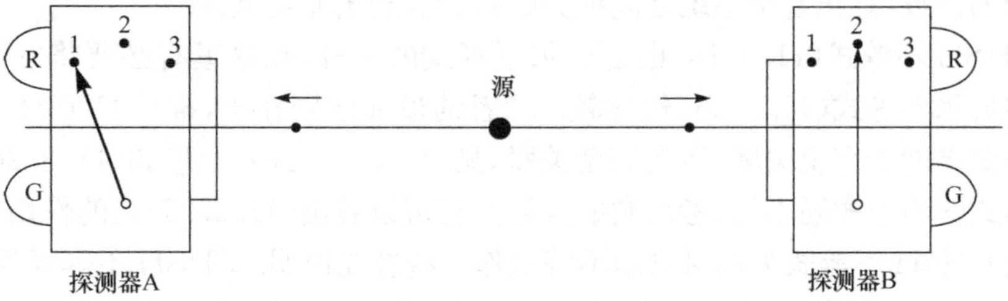

图 11.4.1　墨明(Mermin)装置

两个自旋 1/2 粒子来自同一个源的裂变，分别向左和向右进入探测器 A 和 B，每个探测器中有三种测量方式可供选择，测量结果有两种可能，用信号灯的颜色红或绿表示

探测器 A，B 和源 S 两两之间没有任何联系，也不存在任何信息交换的可能. 探测器内部测量方向的选择与源的行为也是丝毫不相干的. 具体说来，从源 S 中发出的粒子对不可能知道它们将面临哪个方向上的测量. 探测器 A 的测量模式的选择与探测器 B 的模式选择是无关的，反之亦然.

整体看来，A 和 B 的联合测量模式一共有 9 种可能：11，12，13，21，22，23，31，32，33. 比如说 13 模式意即 A 选择在方向 1 上作测量，而 B 选择在方向 3 上作测量. 至于测量结果，则是宏观上的信号灯的颜色，以如下方式被记录下来：23GR，12GR，11GG，…. 一共有 36 种可能情况. 一般地可以记做

$$ijXY, \quad i,j=1,2,3, \quad X,Y=R,G$$

其意义是，以 23GR 为例，它表示 A 的测量方向被设置为 2，并且看到 A 上的绿色信号灯闪亮；B 的测量方向被设置成 3，且 B 上的红灯闪亮.

通过对大量的实验结果进行分析，可以得到如下规律：

(a) 当 A，B 的测量方向一致的时候（以下称之为 a 类设置），双方的信号灯有相同的颜色. 例如 11RR，11GG，22RR，…，33GG. 这就是完好关联(Perfect Correlations).

(b) 当 A，B 的测量方向不一致的时候（以下称为 b 类设置），有 1/4 数据表明双方的信号颜色相同，例如 12RR，23GG 等等. 其中 RR 和 GG 的实验结果等概率出现. 而其余的 3/4 的实验结果显示双方的信号灯不同色. 当然，此时 RG 和 GR 出现的概率也是相同的.

以上是对理想实验(Gedanken Experiment)的实验结果的描述. 以下将寻求对已知事实的理论解释. 如果用量子力学对自旋单态作相应的计算，上述结果是显然的. 但是我们想做的是寻求另外的可能解释.

作为一种具有经典意味的理解，我们引入指令集(Instruction Set)这一说法. 指令集的描述方式实际上就是定域隐变量的更为通俗形象的表述. 设想每一个粒

子可能具备一些性质或信息，使其在某个方向上被测量时可以点亮某种颜色的灯．而这种所谓的性质或信息是属于微观层面上的，是我们无从把握的．在这个意义上，它们对应于隐变量这个晦涩的术语．而信号灯及其颜色则是宏观上的量，是我们可以记录并讨论的实验结果．也就是说，宏观的实验结果是微观上的隐变量的统计分布的结果．我们眼下要做的事就是用指令集来解释理想实验的结果，看看是否行得通．

首先考察怎样为粒子赋予相应的指令．某个粒子进入了 A 或 B 探测器，它将面临 1,2,3 三种不同模式的测量，其结果是 R 或 G．于是暂且认为粒子所具备的性质可以表示为

$$\{RRR, RRG, RGR, RGG, GRR, GRG, GGR, GGG\} \tag{11.4.1}$$

以 RRG 为例．粒子带有 RRG 指令，其意义是，它可以在模式 1 的测量中点亮红色的信号灯，在模式 2 的测量中点亮红色的信号灯，在模式 3 的测量中点亮绿色的信号灯．

对于事实(a)，其前提是 A,B 的测量方向是一致的．事实(a)的特点是双方的信号灯是同一种颜色的．换句话说，在给定的前提下，两边不会亮起不同颜色的灯．用符号来表示，a 类设置将导致形如 $iiXX$ 这样的结果，而决不会有形如 $iiXY$ 的结果，这里 $i\in\{1,2,3\}$．为了解释这样的现象，一个易于想到的途径是：离开源 S 的两个粒子带有相同的指令集．比如说，两个粒子都具有 RRG 指令，那么当它们同样地面对模式 1 或者模式 2 或者模式 3 的测量时，必然会给出相同颜色的信号．于是可以认为，为指令集设立一定的要求便可以解释事实(a)．

再来看看事实(b)．我们的立足点仍然是“两粒子带有相同的指令集”．该说法不依赖于探测器内部的测量模式的选择，这是因为我们前面提到过的事实：源 S 中产生的粒子无法知晓探测器中的开关将指向 1,2 还是 3．另一方面，虽然我们不能够得知指令集的详情，但是我们可以通过考察所有可能的指令来推知有关 b 类设置的实验结果．如果籍由这样的“推知”得到的结论与真实的实验结果一致，则“指令集”以及“两粒子携带相同的指令”这些说法有望成立．否则原有的出发点将有大问题．

b 类设置中有 6 种可能：{12,21,23,32,13,31}．两个粒子中的每一个携带的指令有 8 种可能，即(11.4.1)式，而这两个粒子携带的指令是相同的．我们需要对这 8 种可能逐一分析．例如，对于 RRG 指令，我们可以说，在 b 类的 6 种设置中，只有 12 和 21 类型的测量方向的选择将给出 RR 的结果，即 $12RR$ 和 $21RR$．而其他四种设置均涉及到方向 3，指令 RRG 会在方向 3 的测量时点亮绿灯．具体地说，会有如下可能的结果：$13RG$，$31GR$，$23RG$，$32GR$．于是有这样的结论：如果用大量的携带 RRG 指令的粒子对做实验，并且随机地设置 A,B 中的测量方向，进而考虑 A,B 中的测量方向不一致的情形，即所谓的 b 类设置(b 类设置中的 6 种情形

是等概率出现的)，那么可以推知，在 b 类设置的实验中，有 1/3 的实验结果给出相同颜色的信号.

值得注意的是这里 1/3 这一概率已然和真实的实验结果所显示 1/4 的概率有了明显的差别. 同理，针对 *RGR*，*GRR*，*GGR*，*GRG*，*RGG* 这些可能的指令，仍然可以得到“1/3 的事件显示出相同颜色的信号”这一结论. 还剩下两种可能的指令：*RRR* 和 *GGG*. 很容易看出，在这两种情形下，两个探测器势必给相同颜色的信号. 综合起来说，用“指令”这样的观点可以解释(a)事实，但是会针对 b 类实验给出“至少有 1/3 的概率出现相同颜色的信号”这一结论. 之所以说“最小为 1/3”，是因为 *RRR* 和 *GGG* 类型的指令会必然导致 A，B 出现相同颜色的信号这一结果. 如果不存在具有这两种指令的粒子，那么相应的概率正好是 1/3，反之概率大于 1/3. 于是，理想实验的结果与“指令集”这种描述方式给出的结果是不相吻合的.

11.4.2 量子力学违反相对论的定域性原理么?

我们知道，狭义相对论禁止跨越一定的空间间隔的即时相互作用，禁止以超光速传递能量和信息，就是说，狭义相对论禁止非定域的因果性，我们把这一限制条件称为相对论的定域性原理. 在贝尔不等式的推导中，或者说在隐变量理论中，一种类似的定域性原理起着重要作用，这种定域性原理说：对于在过去曾经有过相互作用，而现在没有任何联系，并且相距类空间隔的两个粒子，对其中一个粒子的任何操作(比如测量)不会影响到另一个粒子. 仅仅从语言的叙述上，我们看不出隐变量理论所要求的定域性原理和相对论的定域性原理有什么异同. 在此基础上，贝尔不等式为关联测量的结果设立了限制，更确切地说，贝尔不等式为存在于两个粒子间的由隐变量模型确定的关联行为设立了限制. 毫无疑问，隐变量模型满足相对论的定域性原理. 令我们惊讶的是，量子理论给出的关联行为的预言将违反贝尔不等式，由此导致的问题是，量子理论违反相对论的定域性原理么? 如果这种冲突——物理学两大基础理论之间的冲突——确实存在，那将是理论物理学的危机. 因此，我们需要仔细分析定域性这个概念的内涵.

设粒子 A 和粒子 B 组成一个两体复合系统，它们分别具有观测量 $\hat{A}$ 和 $\hat{B}$. 观测量 $\hat{A}$ 的可能取值记作 a，观测量 $\hat{B}$ 的取值记作 b. 为了探究两粒子间的关联行为，我们需作关联测量，将得到的结果的统计分布用概率 $P(a,b|\hat{A},\hat{B})$ 表示. 在竖线右侧添加上力学量是为了更清楚地表明对每一个粒子所选择的测量方式. 有了联合概率，接着可以询问的话题是，边缘概率该当如何? 一般情况下，应该有

$$P(a \mid \hat{A},\hat{B}) = \sum_b P(a,b \mid \hat{A},\hat{B}) \tag{11.4.2}$$

上式的左端是 A 粒子这一边获得测量结果 a 的概率. 所谓的“一般情况下”，指的是这个概率不仅仅取决于 A 粒子这边的测量行为，而且还可能依赖于 B 粒子那边

的实验操作，例如，B 粒子可以发出指令给 A 粒子，让后者对实验结果作取舍. 因此，一般情况下是容许 A 和 B 之间有信息的交流和来往，出于这样的考虑，A 粒子的边缘概率写作 $P(a|\hat{A},\hat{B})$. 但是，我们现在考虑的是两个相距类空间隔的子系统之间的关联测量，相对论的定域性原理禁止 A 和 B 之间的即时通讯，禁止 B 粒子对 A 粒子现时的实验结果施加影响，所以，在相对论的定域性原理的要求下，A 粒子这边的边缘概率应该是

$$P(a \mid \hat{A}) = \sum_b P(a,b \mid \hat{A},\hat{B}) \tag{11.4.3}$$

类似地，B 粒子的测量结果的边缘概率为

$$P(b \mid \hat{B}) = \sum_a P(a,b \mid \hat{A},\hat{B}) \tag{11.4.4}$$

(11.4.3)式和(11.4.4)式表明了联合概率和边缘概率的联系，它们是相对论的定域性原理的体现，不论是量子理论还是隐变量理论都是满足这两个公式的，在这个意义上，量子力学并不违反狭义相对论的因果性要求.

让我们来看一个简单的粒子. 设某个 $2\otimes2$ 系统处于态

$$|\Psi\rangle = \cos\alpha|00\rangle + \sin\alpha|11\rangle, \quad \alpha\in(0,\pi/2) \tag{11.4.5}$$

其中 $|0\rangle$ 和 $|1\rangle$ 分别是泡利矩阵 $\hat{\sigma}_z$ 的本征值为 $+1$ 和 -1 的本征态. 令

$$\hat{A} = \hat{\sigma}_x\cos\theta_1 + \hat{\sigma}_y\sin\theta_1, \quad \hat{B} = \hat{\sigma}_x\cos\theta_2 + \hat{\sigma}_y\sin\theta_2$$

这里我们省略了泡利矩阵上的上标 A 和 B，在以前的讨论中它们原是用来标记粒子 A 和粒子 B 的. $\hat{A}$ 和 $\hat{B}$ 的可能的测量结果均为 $+1$ 或 -1. 首先计算 $P(+1,+1|\hat{A},\hat{B})$，它是投影算符 $\frac{1+\hat{A}}{2}\otimes\frac{1+\hat{B}}{2}$ 在量子态 $|\Psi\rangle$ 中的期望值，即

$$P(+1,+1|\hat{A},\hat{B}) = \langle\Psi|\left[\frac{1+\hat{A}}{2}\otimes\frac{1+\hat{B}}{2}\right]|\Psi\rangle = \frac{1}{4}[1+\cos(\theta_1+\theta_2)\sin2\alpha]$$

同理有

$$P(+1,-1|\hat{A},\hat{B}) = \langle\Psi|\left[\frac{1+\hat{A}}{2}\otimes\frac{1-\hat{B}}{2}\right]|\Psi\rangle = \frac{1}{4}[1-\cos(\theta_1+\theta_2)\sin2\alpha]$$

测量 A 粒子的观测量 $\hat{A}$ 得到 $+1$ 的概率为

$$P(+1|\hat{A}) = \langle\Psi|\left[\frac{1+\hat{A}}{2}\otimes1\right]|\Psi\rangle = \frac{1}{2}$$

显然 $P(+1|\hat{A}) = P(+1,+1|\hat{A},\hat{B}) + P(+1,-1|\hat{A},\hat{B})$，即(11.4.3)式成立.

请注意(11.4.3)式和(11.4.4)式所包含的逻辑关系，这就是，可以从联合分布得到边缘分布. 但是相反的说法意味着什么呢？“从边缘分布得到联合分布”这句话可以表示为

$$P(a,b|\hat{A},\hat{B}) = P(a|\hat{A})P(b|\hat{B}) \tag{11.4.6}$$

上式也是一种定域性的表示，但是它比相对论的定域性更强. 注意到 $\sum_a P(a \mid \hat{A})$

$=1$ 和 $P(b\mid\hat{B})=1$,我们可以从(11.4.6)式推出(11.4.3)式和(11.4.4),但相反的过程则是走不通的. 我们将(11.4.6)式所表示的定域性称为强定域性.

回顾11.3节,隐变量模型作了这样的陈述:某个隐变量 λ 确定了观测量 $\hat{A}$,观测量 $\hat{B}$ 以及联合测量 $\hat{A}\otimes\hat{B}$ 的实验结果. 用一个公式来表达这句话,那就是(11.3.7)式,即

$$P(a,b|\hat{A},\hat{B},\lambda)=P(a|\hat{A},\lambda)P(b|\hat{B},\lambda) \tag{11.4.7}$$

这也就是贝尔定域性条件. 如果隐变量 λ 在隐变量空间 Λ 中的分布率是 $\mu(\lambda)$,那么联合测量得到的概率 $P(a,b|\hat{A},\hat{B})$ 就是

$$P(a,b\mid\hat{A},\hat{B})=\int_{\Lambda}P(a,b\mid\hat{A},\hat{B},\lambda)\mathrm{d}\mu(\lambda)=\int_{\Lambda}P(a\mid\hat{A},\lambda)P(b\mid\hat{B},\lambda)\mathrm{d}\mu(\lambda) \tag{11.4.8}$$

因此,隐变量理论是建立在强定域性的基础之上的.

在量子态(11.4.5)中考察强定域性的表示(11.4.7)式,可以发现,在一般情况下

$$P(+1,+1|\hat{A},\hat{B})\neq P(+1|\hat{A})P(+1|\hat{B})=\frac{1}{4}$$

可见,量子力学违反的是强定域性,而不是相对论的定域性原理.

11.4.3 CHSH 不等式

两个双值系统($2\otimes2$ 系统)是最简单的但也是非常典型的包含量子关联的系统. 玻姆利用这个两体系统给出了EPR佯谬的更为清晰的描述. 在玻姆模型中,两个双值系统的整体量子态是自旋单态 $\frac{1}{\sqrt{2}}(|01\rangle-|10\rangle)$. 在这一小节,我们讨论形式更为一般的量子态,确定哪些量子态将违反CHSH不等式.

将 $2\otimes2$ 系统的量子态表示为

$$\hat{\rho}=\frac{1}{4}\left[1\otimes1+\boldsymbol{r}\cdot\hat{\boldsymbol{\sigma}}\otimes1+1\otimes\boldsymbol{s}\cdot\hat{\boldsymbol{\sigma}}+\sum_{m,n=1}^{3}t_{mn}\hat{\sigma}_m\otimes\hat{\sigma}_n\right] \tag{11.4.9}$$

此即(10.6.17)式. 考虑CHSH不等式,令

$$\hat{\Xi}=\hat{A}_1\otimes\hat{B}_1+\hat{A}_1\otimes\hat{B}_2+\hat{A}_2\otimes\hat{B}_1-\hat{A}_2\otimes\hat{B}_2 \tag{11.4.10}$$

将 $\hat{\Xi}$ 称为CHSH观测量. 更为具体地,令

$$\hat{A}_1=\boldsymbol{a}_1\cdot\hat{\boldsymbol{\sigma}},\quad \hat{A}_2=\boldsymbol{a}_2\cdot\hat{\boldsymbol{\sigma}},\quad \hat{B}_1=\boldsymbol{b}_1\cdot\hat{\boldsymbol{\sigma}},\quad \hat{B}_2=\boldsymbol{b}_2\cdot\hat{\boldsymbol{\sigma}} \tag{11.4.11}$$

其中 $\boldsymbol{a}_1,\boldsymbol{a}_2,\boldsymbol{b}_1,\boldsymbol{b}_2$ 为三维实空间中的单位向量,它们是具体实验中测量参数. 我们知道,对于给定的 $\hat{\rho}$,如果对于所有的实验参数的选择,即所有的 $\boldsymbol{a}_1,\boldsymbol{a}_2,\boldsymbol{b}_1,\boldsymbol{b}_2$,恒有

$$-2\leqslant\langle\hat{\Xi}\rangle_{\hat{\rho}}=\mathrm{Tr}(\hat{\Xi}\hat{\rho})\leqslant+2$$

那么 $\hat{\rho}$ 满足CHSH不等式,继而有结论:$\hat{\rho}$ 通过了CHSH形式关联行为的检测,

在此意义上，它是定域的①.

现在我们要把这种较为一般的也是较为抽象的说法转化为明确的数学形式. 量子态(11.4.9)式的关联矩阵 T 是由 t_{mn} 组成的(参见(10.6.19)式). 根据 T 定义一个新的矩阵 $V=T^TT$，这里 T^T 是矩阵 T 的转置. 显然实矩阵 V 是对称的，也是正定的，故可以对角化. 令 V 的三个本征值中较大的两个为 v 和 v'，它们都是正数.

将矩阵 T 作用于三维实空间中任意两个彼此正交的单位向量 c 和 c'，分别得到另外两个向量 Tc 和 Tc'. 分别用符号 $\|Tc\|$ 和 $\|Tc'\|$ 表示向量 Tc 和 Tc' 的长度，容易看出

$$\|Tc\|^2=(c,T^TTc),\quad \|Tc'\|^2=(c',T^TTc') \tag{11.4.12}$$

这里我们用 $(\boldsymbol{x},\boldsymbol{y})$ 表示三维实空间中的两个向量 $\boldsymbol{x}$ 和 $\boldsymbol{y}$ 之间的内积，即标量积 $\boldsymbol{x}\cdot\boldsymbol{y}$. 我们再来定义一个与密度算符 $\hat{\rho}$ 有关的量 $M(\hat{\rho})$：对于任意的彼此正交的两个单位向量 c 和 c'，考虑 $\|Tc\|^2+\|Tc'\|^2$ 的最大值，并把这个最大值定义为 $M(\hat{\rho})$，即

$$M(\hat{\rho})=\max_{c,c'}[\|Tc\|^2+\|Tc'\|^2] \tag{11.4.13}$$

利用(11.4.12)式以及拉格朗日乘子的方法，不难证明

$$M(\hat{\rho})=v+v' \tag{11.4.14}$$

经过上述铺垫，可以叙述并证明如下定理.

定理 11.4.1(霍罗戴克(Horodecki)定理) 当且仅当 $M(\hat{\rho})>1$ 时，$2\otimes2$ 量子系统的量子态 $\hat{\rho}$ 违反 CHSH 不等式.

这是任意 $2\otimes2$ 系统的量子态违反 CHSH 不等式的充分且必要条件，其重要性是显而易见的. 下面是该定理的证明.

首先我们需要计算 CHSH 观测量在量子态 $\hat{\rho}$ 中的期望值，即 $\mathrm{Tr}(\hat{\Xi}\hat{\rho})$，然后考虑它的最大值. 由(11.4.9)式，(11.4.10)式以及(11.4.11)式，并注意到这样的事实

$$\mathrm{Tr}(\hat{\sigma}_i\otimes 1)=\mathrm{Tr}(1\otimes\hat{\sigma}_j)=\mathrm{Tr}(\hat{\sigma}_m\otimes\hat{\sigma}_n)=0,\quad i,j,m,n=1,2,3$$

直接计算后给出

$$\mathrm{Tr}(\hat{\Xi}\hat{\rho})=(\boldsymbol{a}_1,T(\boldsymbol{b}_1+\boldsymbol{b}_2))+(\boldsymbol{a}_2,T(\boldsymbol{b}_1-\boldsymbol{b}_2)) \tag{11.4.15}$$

这里用到了(11.4.12)式中提到的内积符号. 再注意到 $\boldsymbol{b}_1+\boldsymbol{b}_2$ 和 $\boldsymbol{b}_1-\boldsymbol{b}_2$ 是正交的，于是，令

$$\boldsymbol{b}_1+\boldsymbol{b}_2=2\boldsymbol{c}\cos\theta,\quad \boldsymbol{b}_1-\boldsymbol{b}_2=2\boldsymbol{c}'\sin\theta$$

其中 $\theta\in[0,\Pi/2]$. 目前的参数有：$\theta,\boldsymbol{a}_1,\boldsymbol{a}_2,\boldsymbol{c},\boldsymbol{c}'$. 我们希望得到(11.4.15)式关于

① 看起来这个结论说得有些累赘，不过在后面的讨论中将看到，这种说法是严格的，也是必须的.

这些参数的最大值.

$$[\mathrm{Tr}(\hat{\Xi}\hat{\rho})]_{\max}=\max_{\theta,a_1,a_2,c,c'}2[(a_1,Tc)\cos\theta+(a_2,Tc')\sin\theta] \tag{11.4.16}$$

由于 $\boldsymbol{a}_1,\boldsymbol{a}_2$ 与 $\boldsymbol{c},\boldsymbol{c}'$ 是没有联系的，所以我们可以选择 $\boldsymbol{a}_1$ 的方向与 $T\boldsymbol{c}$ 一致，选择 $\boldsymbol{a}_2$ 的方向与 $T\boldsymbol{c}'$ 一致，使得两个内积 $(\boldsymbol{a}_1,T\boldsymbol{c})$ 和 $(\boldsymbol{a}_2,T\boldsymbol{c}')$ 达到最大，这样一来，(11.4.16)式变为

$$[\mathrm{Tr}(\hat{\Xi}\hat{\rho})]_{\max}=\max_{\theta,c,c'}2[\|Tc\|\cos\theta+\|Tc'\|\sin\theta] \tag{11.4.17}$$

又注意到 θ 与 $\boldsymbol{c},\boldsymbol{c}'$ 是没有联系的，因此我们有

$$[\mathrm{Tr}(\hat{\Xi}\hat{\rho})]_{\max}=\max_{\theta,c,c'}2[\|Tc\|\cos\theta+\|Tc'\|\sin\theta]=\max_{c,c'}2\sqrt{\|Tc\|^2+\|Tc'\|^2} \tag{11.4.18}$$

回顾(11.4.13)式，最终我们得到

$$[\mathrm{Tr}(\hat{\Xi}\hat{\rho})]_{\max}=2\sqrt{M(\hat{\rho})} \tag{11.4.19}$$

当且仅当 $[\mathrm{Tr}(\hat{\Xi}\hat{\rho})]_{\max}\leqslant 2$，即 $M(\hat{\rho})\leqslant 1$ 时，$\hat{\rho}$ 满足 CHSH 不等式. 证明完毕.

作为霍罗戴克定理的应用，我们来看看 $2\otimes 2$ 系统的一般形式的纯态是否违反 CHSH 不等式. 将量子态选择为施密特分解的形式

$$|\Psi\rangle=\cos\alpha|00\rangle+\sin\alpha|11\rangle,\quad \alpha\in[0,\pi/2]$$

关联矩阵 T 的形式是

$$T=\begin{pmatrix}\sin 2\alpha & 0 & 0\\ 0 & -\sin 2\alpha & 0\\ 0 & 0 & -1\end{pmatrix}$$

矩阵 $V=T^TT$，具体形式是

$$V=T^TT=\begin{pmatrix}\sin^2 2\alpha & 0 & 0\\ 0 & \sin^2 2\alpha & 0\\ 0 & 0 & 1\end{pmatrix}$$

V 的最大的两个本征值是 1 和 $\sin^2 2\alpha$，故

$$M=1+\sin^2 2\alpha\geqslant 1$$

可见，在一般情形下 $\left(\alpha\neq 0,\dfrac{\pi}{2}\right)$，$2\otimes 2$ 系统的纯态违反贝尔不等式. 而当 $\alpha=0,\dfrac{\pi}{2}$ 时，$|\Psi\rangle$ 是直积态 $|00\rangle$ 或者 $|11\rangle$，此时两个子系统之间的没有任何关联，自然满足贝尔不等式. 再注意到，当 $\alpha=\dfrac{\pi}{4}$ 的时候，量子态的形式是 $\dfrac{1}{\sqrt{2}}(|00\rangle+|11\rangle)$，此时 M 达到最大值 2，而 CHSH 观测量 $\hat{\Xi}$ 在该量子态中的期望值为 $2\sqrt{2}$. 这是所有 $2\otimes 2$ 量子态对 CHSH 不等式的最大违反.

再来看看混合态情形. 设

$$\hat{\rho}=\frac{1-p}{4}\mathbb{1}\otimes\mathbb{1}+p|\Psi_0\rangle\langle\Psi_0|,\quad 0<p<1 \tag{11.4.20}$$

其中$|\Psi_0\rangle=\frac{1}{\sqrt{2}}(|01\rangle-|10\rangle)$是自旋单态. 关联矩阵是 $T=-p\mathrm{diag}(1,1,1)$,矩阵 V 的本征值是三个相同的 p^2,所以 $M(\hat{\rho})=2p^2$,显然,当 $p>\frac{1}{\sqrt{2}}$时,混合态 $\hat{\rho}$ 违反 CHSH 不等式.

11.4.4 无不等式的形式

这一小节用一个更直观的例子体现量子力学和经典的定域实在性的冲突. 两个自旋 1/2 粒子 A 和 B 构成了 $2\otimes2$ 两体量子系统. 描述 A 和 B 的希尔伯特空间分别是 $\mathcal{H}^A$ 和 $\mathcal{H}^B$. 两个粒子分别有观测量 $\hat{A}$ 和 $\hat{B}$,它们的本征向量分别是$|0^A\rangle$,$|1^A\rangle$和$|0^B\rangle$,$|1^B\rangle$,相应的本征值为+1 和−1,即

$$\hat{A}|0^A\rangle=|0^A\rangle,\quad \hat{A}|1^A\rangle=-|1^A\rangle$$
$$\hat{B}|0^B\rangle=|0^B\rangle,\quad \hat{B}|1^B\rangle=-|1^B\rangle$$

实际上 $\hat{A}$ 和 $\hat{B}$ 就是泡利算符$\hat{\sigma}_z$. 设整体的量子态是

$$|\Psi\rangle=\sqrt{ab}|0^A\rangle|1^B\rangle+\sqrt{ab}|1^A\rangle|0^B\rangle+(a-b)|1^A\rangle|1^B\rangle \tag{11.4.21}$$

这里设 a 和 b 均为正实数,且 $a>b$,归一化条件要求 $a^2+b^2=1$. 注意到$|\Psi\rangle$中不包含$|0\rangle|0\rangle$项.

再考虑 A 和 B 的另一组观测量,$\hat{A}'$和$\hat{B}'$,它们的本征方程是

$$\hat{A}'|\alpha_0\rangle=|\alpha_0\rangle,\quad \hat{A}'|\alpha_1\rangle=-|\alpha_1\rangle$$
$$\hat{B}'|\beta_0\rangle=|\beta_0\rangle,\quad \hat{B}'|\beta_1\rangle=-|\beta_1\rangle$$

其中$|\alpha_0\rangle$,$|\alpha_1\rangle$和$|\beta_0\rangle$,$|\beta_1\rangle$是

$$|\alpha_0\rangle=c|0^A\rangle+d|1^A\rangle,\quad |\alpha_1\rangle=-d|0^A\rangle+c|1^A\rangle$$
$$|\beta_0\rangle=c|0^B\rangle+d|1^B\rangle,\quad |\beta_1\rangle=-d|0^B\rangle+c|1^B\rangle$$

这里

$$c=\frac{\sqrt{ab}}{\sqrt{1-ab}},\quad d=\frac{a-b}{\sqrt{1-ab}}$$

通过选择 $\mathcal{H}^A$ 和 $\mathcal{H}^B$ 的不同的基向量,$|\Psi\rangle$可以写成不同的形式. 令 $f=\frac{1-ab}{a-b}$,我们有

$$|\Psi\rangle=f[|\alpha_0\rangle(c|0^B\rangle+d|1^B\rangle)-c^2(c|\alpha_0\rangle-d|\alpha_1\rangle)|0^B\rangle] \tag{11.4.22}$$
$$|\Psi\rangle=f[(c|0^A\rangle+d|1^A\rangle)|\beta_0\rangle-c^2|0^A\rangle(c|\beta_0\rangle-d|\beta_1\rangle)] \tag{11.4.23}$$
$$|\Psi\rangle=f[|\alpha_0\rangle|\beta_0\rangle-c^2(c|\alpha_0\rangle-d|\alpha_1\rangle)(c|\beta_0\rangle-d|\beta_1\rangle)] \tag{11.4.24}$$

量子力学关于$|\Psi\rangle$的不同形式以及不同观测量的测量结果，有如下结论.

① 根据(11.4.21)式，其中不含有$|0^A\rangle|0^B\rangle$项，所以在$|\Psi\rangle$中测量联合观测量$\hat{A}\otimes\hat{B}$，不可能得到它们同为+1的结果，即该事件的概率为零

$$P(\hat{A}=+1,\hat{B}=+1)=0$$

② 根据(11.4.22)式，其中只有$|\alpha_1\rangle|0^B\rangle$一项含有$|\alpha_1\rangle$，所以，如果观测到$\hat{A}'$的值是−1，则表明两体系统的态变为$|\alpha_1\rangle|0^B\rangle$，此时$B$应该处于$|0^B\rangle$，即$\hat{B}$的值是+1，用条件概率表示就是

$$P(\hat{B}=+1|\hat{A}'=-1)=+1$$

③ 根据(11.4.23)式，其中只有$|0^A\rangle|\beta_1\rangle$一项含有$|\beta_1\rangle$，所以，如果观测到$\hat{B}'$的值是−1，则表明两体系统的态变为$|0^A\rangle|\beta_1\rangle$，此时$A$应该处于$|0^A\rangle$，即$\hat{A}$的值是+1，用条件概率表示就是

$$P(\hat{A}=+1|\hat{B}'=-1)=+1$$

④ 在$|\Psi\rangle$中测量联合观测量$\hat{A}'\otimes\hat{B}'$，有一定的非零的概率得到它们同为−1的结果. 根据(11.4.24)式，这个概率等于$|\alpha_1\rangle|\beta_1\rangle$的系数的模的平方，即

$$P(\hat{A}'=-1,\hat{B}'=-1)=f^2c^4d^4\neq 0 \qquad (11.4.25)$$

现在看看隐变量模型能说些什么. 首先，隐变量会对上面的各个观测量赋值，将这些值记作$v(\hat{A})$，$v(\hat{A}')$，$v(\hat{B})$，$v(\hat{B}')$.

❶ 对应于量子力学的结论①，隐变量的说法是

$$v(\hat{A})\text{和}v(\hat{B})\text{的值不能同时为}+1$$

❷ 隐变量模型对结论②的描述是： 如果$v(\hat{A}')=-1$，那么$v(\hat{B})=+1$，用逻辑关系表示为

$$v(\hat{A}')=-1\Rightarrow v(\hat{B})=+1$$

❸ 隐变量模型对结论③的描述是

$$v(\hat{B}')=-1\Rightarrow v(\hat{A})=+1$$

❹ 对于第④点，隐变量模型的结论是：

$$v(\hat{A}')\text{和}v(\hat{B}')\text{有一定的可能性同时为}-1$$

把上述推理过程综合在一起，可以看到，当第❹点中的事件发生的时候，由❷和❸可以推出$v(\hat{A})$和$v(\hat{B})$同时为1，但是这个结论与❶矛盾(图11.4.2). 所以，隐变量理论对观测量赋以确定的值的做法是不成立的. 而在量子理论中，所谓的“值”只是测量结果的体现，不具备经典意义上或者本体论意义上的实在性，从①到④的结论只是观测结果的描述——而且是不同的实验环境中的结果，因而不存在逻辑上的矛盾和抵触.

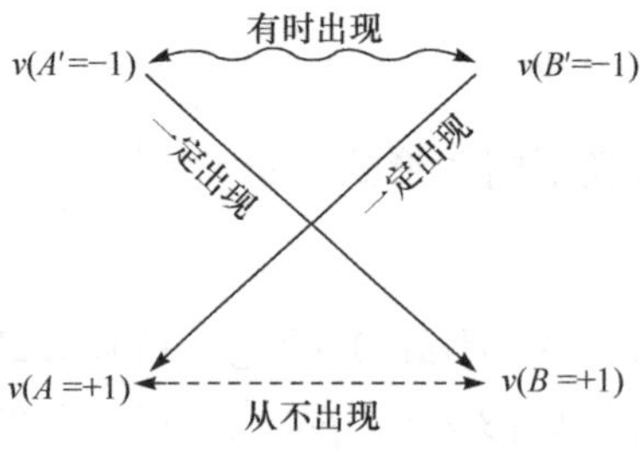

图 11.4.2 隐变量模型中的矛盾

上述推理得到的结论并没有用不等式表示，因而该结论被视作贝尔定理的无不等式的证明.

与上一小节中量子力学对 CHSH 不等式的违反进行比较，有以下两点需要注意.

① 量子力学对 CHSH 不等式的违反体现在联合观测量的期望值上，也就是说，量子力学与隐变量理论的冲突是统计意义上的. 而无不等式的证明过程给出则是直接而明确的“黑”与“白”、“是”与“否”的冲突. 当然，这种明确冲突的起因是一个概率性的事件，即❹中的事件并不是必然发生的，但是，这个事件一旦出现，将直接导致自相矛盾的结果.

② 注意到当(11.4.25)式给出的概率为零的时候不会有矛盾出现. $P(\hat{A}'=-1,\hat{B}'=-1)=f^2c^4d^4=0$ 的条件是，a 和 b 有一个为零(二者不能同时为零，否则 $|\Psi\rangle=0$)，或者 $a=b\neq0$. 当 a 和 b 有一个为零时，$|\Psi\rangle$ 是直积态，不会表现出与隐变量模型的矛盾，与(11.4.3)节的结论是一致的. 当 $a=b\neq0$ 时，由归一化条件 $a^2+b^2=1$ 可得，$a=b=\dfrac{1}{\sqrt{2}}$，此时 $|\Psi\rangle=\dfrac{1}{\sqrt{2}}(|01\rangle+|10\rangle)$，这不是直积态，实际上是下一节要讨论的最大纠缠态，但是仍然没有表现出与隐变量模型的矛盾，这说明，上述无不等式形式的贝尔定理的证明不适用于最大纠缠态.

11.4.5 小结和讨论

虽然贝尔定理的最初的出发点是指向 EPR 问题的，但是让我们暂时抛开 EPR 问题而只关注贝尔不等式，看看贝尔不等式究竟说了些什么. 在本章中，我们已经看到了若干种不同形式的来自经典概率论的不等式，(11.3.11)式～(11.3.14)式，(11.3.16)式，(11.3.26)式，这些不等式统称为贝尔类型(Bell-type)不等式，它们是对经典的联合事件在概率统计意义上的限制条件. 如果用 10.3 节中的叙述方式，那么我们可以说，但凡是经典世界中的“土著居民”就必须满足贝尔不等式，反过来，如果我们观测到违反贝尔不等式的现象，那么这些现象就是所谓的“外来者”，是量子现象. 因此，概括地说，违反贝尔不等式就是量子现象的体现.

接着需要注意到，贝尔不等式的形式多种多样. 在 CHSH 不等式中，每一个自旋 1/2 粒子有两个观测量，而实际上可以引入更多的观测量，构造出形式更为多样的贝尔不等式，进而考虑量子力学的理论预言是否违反这些不等式. 也就是说，如果看到的现象违反某一个或某一些贝尔不等式，那么就可以说这些现象属于量子现象；但是，如果看到的现象满足已知的所有的不等式，那么我们不能就此认为这些现象就是经典现象，是“土著居民”——因为还有很多未知的不等式尚未检验. 可以想象，有些量子现象是很“狡猾”的，需要推理更为缜密的“侦探”用构思更为精巧的办法方能揭示其中的量子性.

然后，再注意到我们使用的模型是两体系统，观测方式是联合测量，这意谓着关注对象是子系统之间的关联行为. 我们又假设两个子系统之间没有相互作用并且空间间隔很远，因此子系统之间的关联来自以往曾经有过而现在已经消失的相互作用. 为了认识这种关联，我们比较两体系统整体的状态与每个子系统的局部状态，确切地说是每个子系统局部状态的总和. 不同的理论根据各自不同的观点描述并度量关联行为. 从经典力学的观点来看，我们既可以说力学量的确定的值，也可以说这些值的概率分布，相当于既可以说相空间中的点，也可以说相空间中的某个区域. 因此，用经典观点描述关联行为的时候，可以像 EPR 那样关注子系统的力学量的值之间的对应关系，也可以把子系统的力学量视作经典的随机变量，进而分析它们取值的统计分布之间的相互联系. 而从量子力学的观点来看，如果我们认识到并且接受量子现象基本上都是随机的而不是确定的这一既成事实，那么只能用力学量的观测结果的概率分布来衡量相互关联. 而观测结果的概率分布可以被表示为投影算符的期望值，进而组合成力学量的期望值. 例如，CHSH 不等式使用了四组联合观测量，并根据量子力学的基本规则计算它们的期望值，这些期望值的某种线性组合构成了量子力学对关联行为的描述. 从关联的意义上说，量子力学对贝尔不等式的违反意谓着两体或多体量子系统中存在**量子关联**，量子关联超出了经典关联所能达到的极限.

在以上叙述中，我们没有提到 EPR 佯谬和隐变量模型，而只是说量子力学所预言的概率分布(不妨称之为量子概率)与经典概率之间的差异. 现在让这两个问题介入我们的讨论. EPR 关注的是力学量的实在性，或者说力学量是否可能具有确定的值. 根据具有经典意味的实在性和可分离性的定义，EPR 分析了两体量子系统的一个特定的量子态，进而指出，那些在量子力学看来不相容(即不对易)的力学量也应该具有确定的值，于是 EPR 说，量子力学是不完备的. 引入隐变量模型的就是为了挽救这种“不完备”. 隐变量模型的任务有两个. 第一个任务是，对于单体量子系统，希望在隐变量的层面上消除测量结果的弥散性. 第二个任务是，希望借助满足 EPR 的实在性和可分离性的隐变量模型(即定域隐变量模型)解释 EPR 佯谬.

先讨论第一个任务. 量子力学关于测量力学量 $\hat{A}$ 得到结果 a_i 的概率的理论预言是玻恩规则，即 $P(a_i)=\langle\psi|\hat{\Pi}_i|\psi\rangle$，这里假设系统处于纯态 $|\psi\rangle$，$\hat{\Pi}_i$ 是与测量结果 a_i 对应的投影算符. 测量结果是随机的，方差不等于零，表现出弥散性. 引入隐变量 λ 的目的是，虽然概率分布 $\{P(a_i)\}$ 表现出弥散性，但是，由隐变量决定的测量结果是确定的. 为了具体说明，我们引入一个函数 $\chi(a_i,\lambda)$. 设隐变量具有连续分布，隐变量的空间记作 Λ. 函数 $\chi(a_i,\lambda)$ 的值只有两个，0 和 1. 虽然 $\chi(a_i,\lambda)$ 的函数形式取决于隐变量模型的具体的构造过程，但是它的含义是明确的：对于隐变量空间 Λ 中的任何一个值，测量结果 a_i 或者一定出现，或者一定不出现，因此，在隐变量层面上，测量结果不再是随机的而是确定的①. 函数 $\chi(a_i,\lambda)$ 实际上就是

① 当然可以考虑更一般的非确定的隐变量模型. 当 λ 取某个值的时候，测量结果 a_i 以一定的概率出现. 但是，总可以将隐变量细化，使非确定的隐变量模型转化为确定的隐变量模型.

(11.2.1)式更一般的表述. 至于在经典层面上我们观测到的测量结果的概率分布则是来自于对隐变量的平均. 令 $\mu(\lambda)$是 λ 在空间 Λ 中的概率分布,有

$$P(a_i)=\int_{\Lambda}\chi(a_i,\lambda)\mu(\lambda)\mathrm{d}\lambda$$

这也就是(11.2.2)式是更一般的形式. 如果能够找到这样的隐变量模型,使得对于系统的任何观测量和所有的观测结果上式均成立,那么就完成了第一个任务. 冯·诺依曼首先指出这是一个不可能完成的任务. 冯·诺依曼的证明没有用到量子力学的测量假设,没有用到玻恩规则,而是从量子力学的理论框架之外从更一般的意义上找寻到了一条通向量子测量假设或者玻恩规则的途径. 如果冯·诺依曼的证明是完全正确的,那么关于隐变量的讨论可以休矣. 这是因为,冯·诺依曼的给出的证明是一般意义上的,是具有普适意义的,既然在一般意义上否定了无弥散态的存在,那么就意谓着隐变量这个特殊的模型也是无法消除弥散性的. 但是,贝尔发现了冯·诺依曼证明中不合理的地方并对之作了修正,但是修正的结果并不令人乐观. 虽然贝尔构造了两维希尔伯特空间的隐变量模型,但是他通过对格里森定理的推论的证明指出,当空间的维数大于 2 的时候不存在无弥散的态,不存在隐变量模型. 在贝尔的证明中,涉及了另一个微妙的话题,即互文性问题,我们将在下一节讨论.

再来看隐变量模型的第二个任务——尝试解释 EPR 佯谬. 在 EPR 的推理过程中,可分离性原理(定义 11.1.4)是一个非常重要同时也是备受质疑的论点. 如果可分离性原理不成立,那么 EPR 的推理过程即失去了重要的根基,量子力学的不完备性也就无从谈起. 相反,如果承认可分离性原理,那么就意谓着承认 EPR 的结论——量子力学是不完备的. 为了挽救这个"不完备的"的理论,就需要在量子理论之外寻求帮助,这就是隐变量模型承担的第二个任务. 和第一个任务相比,在这里隐变量模型更侧重于对关联行为的解释. 这时,可分离性原理是讨论关联行为的一个前提条件,不仅如此,最终获得的解释也应该满足该原理. 在这个意义上,隐变量模型的作用就是"解构"关联,将联合测量的结果分解为局部测量结果的组合. 这有两种强弱程度不同的形式. 较弱的形式是用测量结果的统计分布描述的,即(11.3.7)式——在隐变量层面上,联合概率是完全可分解的. 我们看到,这种描述直接导致了贝尔不等式(例如 CHSH 不等式). 较强的形式是直接用测量结果,即力学量的本征值表示的. 不过,在隐变量理论看来,测量结果是由隐变量决定的,是先验的、固有的,这就是所谓的隐变量为力学量 $\hat{A}$ 赋值 $v(\hat{A})$,而且,对于不同的子系统的力学量 $\hat{A}$ 和 $\hat{B}$,联合测量得到的结果被赋予可分解的形式,即 $v(\hat{A}\hat{B})=v(\hat{A})v(\hat{B})$. 在 11.4.4 节无不等式形式的讨论中用到了隐变量为观测量的赋值. 不论是较弱的形式还是较强的形式,我们讨论的都是确定的定域的隐变

量模型，而且也都看到了量子力学对此的违反．看似巧合的是，在较强的形式中，量子力学与隐变量理论的冲突更为明显，这体现在下一节关于互文性的讨论中．

11.5 互 文 性

在 11.2.6 节中，我们提到了互文性(contextuality)问题，本节作进一步的阐述．

11.5.1 对引理 11.2.2 的讨论

考虑整体希尔伯特空间 $\mathcal{H}$ 中的一个两维子空间 $\mathcal{G}\subset\mathcal{H}$，它的基向量是 $|\zeta_1\rangle$ 和 $|\zeta_2\rangle$，相应的投影算符是 $\hat{\Pi}(\zeta_i)=|\zeta_i\rangle\langle\zeta_i|$，$i=1,2$．子空间 $\mathcal{G}$ 上的投影算符是 $\hat{\Pi}_{\mathcal{G}}=|\zeta_1\rangle\langle\zeta_1|+|\zeta_2\rangle\langle\zeta_2|$．假设有个态矢量 $|\Psi\rangle\in\mathcal{H}$ 使得 $\langle\hat{\Pi}(\zeta_1)\rangle=\langle\hat{\Pi}(\zeta_2)\rangle=0$（这里的期望值是关于 $|\Psi\rangle$ 而言的），那么对于 $\mathcal{G}$ 中任意的态矢量 $|\psi\rangle\in\mathcal{G}$，均有 $\langle\psi|\Psi\rangle=0$．如果将 $|\psi\rangle$ 表示为 $|\psi\rangle=c_1|\zeta_1\rangle+c_2|\zeta_2\rangle$，并定义投影算符 $\hat{\Pi}(\psi)=\hat{\Pi}(c_1\zeta_1+c_2\zeta_2)=|\psi\rangle\langle\psi|$，那么有 $\langle\hat{\Pi}(\psi)\rangle=0$．这就是引理 11.2.2 所说的内容．

首先让我们从纯粹的数学过程进行分析．该引理说的是一个显然的事实：态矢量 $|\Psi\rangle$ 在子空间 $\mathcal{G}$ 上的投影为零，于是子空间 $\mathcal{G}$ 中的任何向量与 $|\Psi\rangle$ 的内积自然为零．用两维投影算符 $\hat{\Pi}_{\mathcal{G}}$ 来说就是 $\hat{\Pi}_{\mathcal{G}}|\Psi\rangle=0$，而且这个结果不依赖于 $\mathcal{G}$ 的基向量的选择．这就是说，虽然我们定义 $\hat{\Pi}_{\mathcal{G}}=|\zeta_1\rangle\langle\zeta_1|+|\zeta_2\rangle\langle\zeta_2|$，但是，也可以选择其他形式的基向量，例如，令

$$|\psi_1\rangle=c_1|\zeta_1\rangle+c_2|\zeta_2\rangle,\quad |\psi_2\rangle=-c_2^*|\zeta_1\rangle+c_1^*|\zeta_2\rangle$$

这里 $|c_1|^2+|c_2|^2=1$，显然 $|\psi_1\rangle$ 和 $|\psi_2\rangle$ 也是 $\mathcal{G}$ 的基向量，并且

$$\begin{aligned}&|\psi_1\rangle\langle\psi_1|+|\psi_2\rangle\langle\psi_2|\\&=(c_1|\zeta_1\rangle+c_2|\zeta_2\rangle)(c_1^*\langle\zeta_1|+c_2^*\langle\zeta_2|)+(-c_2^*|\zeta_1\rangle+c_1^*|\zeta_2\rangle)(-c_2\langle\zeta_1|+c_1\langle\zeta_2|)\\&=|\zeta_1\rangle\langle\zeta_1|+|\zeta_2\rangle\langle\zeta_2|=\hat{\Pi}_{\mathcal{G}}\end{aligned}$$

可见 $\hat{\Pi}_{\mathcal{G}}$ 不依赖于子空间 $\mathcal{G}$ 的基向量的具体形式．我们在 10.4.2 节讨论简并情形下的量子测量假设的时候说道，当被测力学量的某一个本征值是简并的时候，观测到该本征值的概率不依赖于简并子空间的基向量的选择，这个概率可以表示为简并子空间上的投影算符在相应量子态中的期望值．与这里的讨论比较，可以看到，它们在数学的本质上是完全一致的．

接着我们来考虑这其中涉及的物理意义．选择 $\mathcal{G}$ 的基向量就是选择不同的表象，从物理意义上说，选择不同的表象就是选择不同的测量环境，而不同的测量环境却是不相容的．例如在施特恩-格拉赫实验中，$SG(z)$ 装置和 $SG(x)$ 装置是完全不同的实验设置，不同的装置关注不同的被测力学量，不对易的力学量（例如 $\hat{\sigma}_z$ 和 $\hat{\sigma}_x$）是不相容的．在冯·诺依曼关于不存在无弥散量子态的证明中，使用了不对易的力学量的和的期望值等于各自的期望值的和这一数学上正确但是物理上存疑的说法，而如今这个说法又改头换面重新出现在贝尔的关于格里森定理的推论的证

明中. 现在我们把这个在物理上可能存疑的说法换一种形式再叙述一遍. 选择子空间 $\mathcal{G}\subset\mathcal{H}$ 的基向量为 $|\zeta_1\rangle$ 和 $|\zeta_2\rangle$，这个表象记作 ζ-表象，相应的 $\mathcal{G}$ 上的投影算符表示为 $\hat{\Pi}^{\zeta}_{\mathcal{G}}=|\zeta_1\rangle\langle\zeta_1|+|\zeta_2\rangle\langle\zeta_2|$，这里我们添加了上标 ζ，表明这个投影算符是在 ζ-表象中的形式. 如果选择子空间 $\mathcal{G}\subset\mathcal{H}$ 的基向量为 $|\psi_1\rangle$ 和 $|\psi_2\rangle$，就是选择了 ψ 表象，投影算符记作 $\hat{\Pi}^{\psi}_{\mathcal{G}}=|\psi_1\rangle\langle\psi_1|+|\psi_2\rangle\langle\psi_2|$. 前面已经证明了，在数学上 $\hat{\Pi}^{\zeta}_{\mathcal{G}}=\hat{\Pi}^{\psi}_{\mathcal{G}}$. 但是在物理上，它们却不是等价的. 然后，我们问的问题是：如果它们不是等价的，那么将会带来什么样的物理效应？换句话说，我们要通过怎样的物理过程来检验 $\hat{\Pi}^{\zeta}_{\mathcal{G}}=\hat{\Pi}^{\psi}_{\mathcal{G}}$？

考虑自旋为 1 的粒子. 自旋角动量在 x,y,z 方向上的分量是

$$\hat{S}_x=\frac{\hbar}{\sqrt{2}}\begin{pmatrix}0&1&0\\1&0&1\\0&1&0\end{pmatrix},\quad \hat{S}_y=\frac{\hbar}{\sqrt{2}}\begin{pmatrix}0&-\mathrm{i}&0\\\mathrm{i}&0&-\mathrm{i}\\0&\mathrm{i}&0\end{pmatrix},\quad \hat{S}_z=\hbar\begin{pmatrix}1&0&0\\0&0&0\\0&0&-1\end{pmatrix}\tag{11.5.1}$$

以后我们令 $\hbar=1$. 描述自旋 1 粒子的希尔伯特空间是 $\mathbb{C}^3$，将它的基向量选择为 $\hat{S}_z$ 的本征向量，即

$$|z_+\rangle=\begin{pmatrix}1\\0\\0\end{pmatrix},\quad |z_0\rangle=\begin{pmatrix}0\\1\\0\end{pmatrix},\quad |z_-\rangle=\begin{pmatrix}0\\0\\1\end{pmatrix}\tag{11.5.2}$$

它们对应的 $\hat{S}_z$ 的本征值分别为 $+1,0,-1$. 基向量(11.5.2)式实际上是 $\mathbb{C}^3$ 的自然基向量. 再考虑另一个力学量，令 $\hat{X}=\hat{S}_x^2-\hat{S}_y^2$，它的矩阵是

$$\hat{X}=\begin{pmatrix}0&0&1\\0&0&0\\1&0&0\end{pmatrix}\tag{11.5.3}$$

而且 $\hat{X}^2=(\hat{S}_x^2-\hat{S}_y^2)^2=\hat{S}_z^2$. 力学量 $\hat{X}$ 的本征向量是

$$|x_+\rangle=\frac{1}{\sqrt{2}}\begin{pmatrix}1\\0\\1\end{pmatrix},\quad |x_0\rangle=\begin{pmatrix}0\\1\\0\end{pmatrix},\quad |x_-\rangle=\frac{1}{\sqrt{2}}\begin{pmatrix}1\\0\\-1\end{pmatrix}$$

相应的本征值分别是 $+1,0,-1$. 于是 $\mathbb{C}^3$ 空间有了两组不同的基向量，也就有了两种不同的表象，记作 Z-表象和 X-表象

Z-表象：$\{|z_+\rangle,|z_-\rangle,|z_0\rangle\}$

X-表象：$\{|x_+\rangle,|x_-\rangle,|x_0\rangle\}$

两组基向量中共同的一个是 $|z_0\rangle=|x_0\rangle$，将它们记作 $|0\rangle$. 相应地，我们有两组投影算符

$$\hat{\Pi}_{z_+}=|z_+\rangle\langle z_+|,\quad \hat{\Pi}_{z_-}=|z_-\rangle\langle z_-|,\quad \hat{\Pi}_0=|0\rangle\langle 0|$$

$$\hat{\Pi}_{x_+}=|x_+\rangle\langle x_+|,\quad \hat{\Pi}_{x_-}=|x_-\rangle\langle x_-|,\quad \hat{\Pi}_0=|0\rangle\langle 0|$$

与$|0\rangle$正交的两维子空间是我们关注的对象，同样地记作 $\mathcal{G}$. $\mathcal{G}$ 的基向量可以是$|z_\pm\rangle$，也可以是$|x_\pm\rangle$.

下面我们考虑两个实验过程. 一个是在 Z-表象中进行的，另一个是在 X-表象中进行的，如图 11.5.1 所示. 在第一个实验中，一束自旋 1 的粒子通过一个广义的施特恩-格拉赫装置，被检测的力学量是 $\hat{S}_z^2$，它的本征值是 0 和 +1. 出射粒子分为两束，一束对应于本征值 0，本征态是$|0\rangle$；另一束对应于本征值 1，相应的状态应该是$|z_+\rangle$和$|z_-\rangle$的线性叠加. 然后，将对应于本征值 0 处于$|0\rangle$的出射粒子引向左方，将另一束粒子引向右方. 在左方设置探测器，记录粒子的个数，最终获得 $\hat{\Pi}_0$ 的期望值，记作$\langle\hat{\Pi}_0\rangle^Z$，这里的上标 Z 表示在 Z－表象中的测量结果. 在右方，让粒子进入 $SG(z)$装置. 这时入射粒子的量子态是 $\hat{S}_z^2$ 的本征值为 +1 的本征态，出射后分为两束，分别是 $\hat{S}_z$ 的本征值为 +1 和 −1 的本征态$|z_+\rangle$和$|z_-\rangle$. 对出射粒子进行测量后可以得到期望值$\langle\hat{\Pi}_{z_+}\rangle$和$\langle\hat{\Pi}_{z_-}\rangle$. 在理论上有$\langle\hat{\Pi}_0\rangle^Z+\langle\hat{\Pi}_{z_+}\rangle+\langle\hat{\Pi}_{z_-}\rangle=1$，或者写为

$$\langle\hat{\Pi}_0\rangle^Z=1-\langle\hat{\Pi}_{z_+}\rangle-\langle\hat{\Pi}_{z_-}\rangle \tag{11.5.4}$$

在第二个实验中，测量是对 X^2 和 X 进行的，有类似的过程和描述，最终有

$$\langle\hat{\Pi}_0\rangle^X=1-\langle\hat{\Pi}_{x_+}\rangle-\langle\hat{\Pi}_{x_-}\rangle \tag{11.5.5}$$

这里的上标 X 表明期望值$\langle\hat{\Pi}_0\rangle$是在 X-表象中得到的结果.

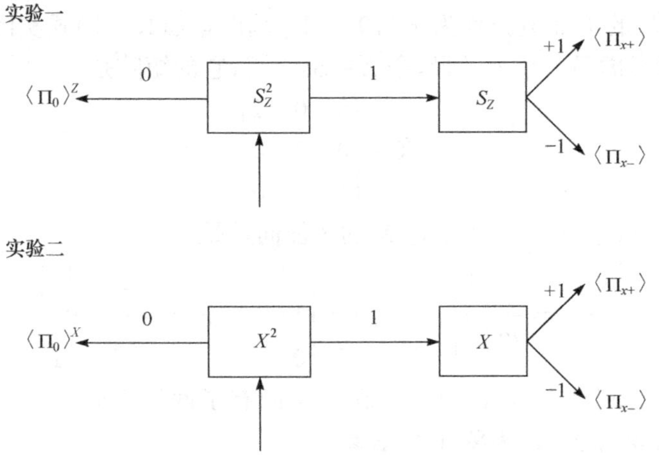

图 11.5.1　自旋 1 粒子的两种不同设置的施特恩-格拉赫实验

我们要考虑的问题是：在两个不同的表象中，$\langle\hat{\Pi}_{\mathcal{G}}^Z\rangle$是否等于$\langle\hat{\Pi}_{\mathcal{G}}^X\rangle$？表现在实验结果上就是，$\langle\hat{\Pi}_{z_+}\rangle+\langle\hat{\Pi}_{z_-}\rangle$能否等于$\langle\hat{\Pi}_{x_+}\rangle+\langle\hat{\Pi}_{x_-}\rangle$？根据(11.5.4)式和(11.5.5)式，问题被转述为，两个实验中左方的观测结果$\langle\hat{\Pi}_0\rangle^Z$ 和$\langle\hat{\Pi}_0\rangle^X$ 会有所不同么？注意到 $\hat{S}_z^2=\hat{X}^2$，因此两个实验过程中的第一步实际上是相同的. 在此之后，向左和向右的粒子可以相隔任意远. 右方的实验者安排了不同的检测装置，

$SG(z)$和$SG(x)$，而左方的观测者无从知晓右方实验者的具体设置. 如果在左方看到了$\langle\hat{\Pi}_0\rangle^Z\neq\langle\hat{\Pi}_0\rangle^X$，那么就可以推知右方的实验安排，至少能够知道右方的实验装置发生了改动. 而且，如果对$\hat{S}_z^2$(或者$\hat{X}^2$)的检测装置距离右方实验者更远，并且粒子的运动速度足够慢，那么左方的探测器将提前有所响应，观测者甚至可以提前知道右方的实验装置. 这将违反基本的因果律. 因此，$\langle\hat{\Pi}_G^Z\rangle$应该等于$\langle\hat{\Pi}_G^X\rangle$，这不仅仅是一个数学的结果，而且是基本物理定律的要求，即信号不能超光速传递.

上述讨论的结果似乎表现出非互文性. 我们把投影算符视作观测量，于是有这样两组观测量的集合

$$\text{集合 I:}\quad \hat{\Pi}_{z_+}\quad \hat{\Pi}_{z_-},\quad \hat{\Pi}_0$$

$$\text{集合 II:}\quad \hat{\Pi}_{x_+},\quad \hat{\Pi}_{x_-},\quad \hat{\Pi}_0$$

$\hat{\Pi}_0$ 是两组观测量中共同的一个. 我们看到，$\hat{\Pi}_0$ 的期望值不依赖于与此对易的(或者说相容的)其他观测量的测量，即不依赖于具体的实验环境. 但是，需要注意的是，互文性问题中关注的是，观测量$\hat{O}$是否具有非互文的值，而不是期望值. 在下面的讨论中将看到，在量子力学中观测量不具有非互文的值.

11.5.2 与量子态有关的互文性

本小节讨论在给定系统的量子态的情形下，观测量不能具有确定的值. 我们将考虑 2⊗2 系统和单个的自旋为 1 的粒子.

1. 2⊗2 的自旋单态

设两个自旋 1/2 的粒子 A 和 B 处于自旋单态中，即这个两体系统的量子态为

$$|\boldsymbol{\Psi}_0\rangle=\frac{1}{\sqrt{2}}(|01\rangle-|10\rangle)$$

可以看出，如果测量 A 粒子的 z 方向上的泡利矩阵 $\hat{\sigma}_z^A$ 并得到结果$+1$，那么测量 $\hat{\sigma}_z^B$ 就一定得到结果-1；如果测量 $\hat{\sigma}_z^A$ 得到结果-1，那么测量 $\hat{\sigma}_z^B$ 就一定会得到结果$+1$. 一般地，如果我们分别测量粒子 A 和粒子 B 在相同方向上的泡利矩阵，得到的值一定是相反的. 其原因在于，对于任意方向 $\boldsymbol{n}$ 以及该方向上的泡利矩阵 $\hat{\sigma}_n=\boldsymbol{n}\cdot\hat{\boldsymbol{\sigma}}$，自旋单态$|\boldsymbol{\Psi}_0\rangle$是$\hat{\sigma}_n^A\otimes\hat{\sigma}_n^B$ 的本征值为-1 的本征态. 玻姆正是利用了这种非常好的关联现象(称为完全关联或完美关联)体现 EPR 提出的实在性命题.

将测量 $\hat{\sigma}_x^A\otimes\hat{\sigma}_x^B$ 得到的值记作 $v_E(\hat{\sigma}_x^A\hat{\sigma}_x^B)$，下标 E 表明这是实验结果. 我们有

$$v_E(\hat{\sigma}_x^A\hat{\sigma}_x^B)=-1 \tag{11.5.6}$$

类似地

$$v_E(\hat{\sigma}_y^A\hat{\sigma}_y^B)=v_E(\hat{\sigma}_z^A\hat{\sigma}_z^B)=-1 \tag{11.5.7}$$

上述结果不仅仅是量子力学的理论预言，也是可以在实验中观测到的确定的事实.

现在来看隐变量模型能告诉我们什么. 援用隐变量模型，就意味着在一定程

度上回归到 EPR 提出的可分离性和实在性的观点上. 由于两个粒子相距很远,根据可分离原理(定义 11.1.4),两个粒子须具有真实的物理状态,力学量也具有预先确定的值. 将力学量 $\hat{\sigma}_x^A$ 的值记作 $v(\hat{\sigma}_x^A)$,那么这个值只能是 +1 或 −1. 类似地,$\hat{\sigma}_x^B$ 的值也是如此. 如果对第一个粒子的 $\hat{\sigma}_x^A$ 和第二个粒子的 $\hat{\sigma}_x^B$ 进行联合测量,并将得到的结果记作 $v(\hat{\sigma}_x^A\hat{\sigma}_x^B)$,那么联合测量的结果应该是 $v(\hat{\sigma}_x^A)$ 和 $v(\hat{\sigma}_x^B)$ 的相乘;另一方面,隐变量理论应该给出与(11.5.6)式和(11.5.7)式相符合的结论,所以我们有

$$v(\hat{\sigma}_x^A)v(\hat{\sigma}_x^B)=v(\hat{\sigma}_x^A\hat{\sigma}_x^B)=-1 \tag{11.5.8}$$

类似地

$$v(\hat{\sigma}_y^A)v(\hat{\sigma}_y^B)=v(\hat{\sigma}_y^A\hat{\sigma}_y^B)=-1 \tag{11.5.9}$$

$$v(\hat{\sigma}_z^A)v(\hat{\sigma}_z^B)=v(\hat{\sigma}_z^A\hat{\sigma}_z^B)=-1 \tag{11.5.10}$$

接着考虑联合测量$(\hat{\sigma}_x^A,\hat{\sigma}_y^B)$和$(\hat{\sigma}_y^A,\hat{\sigma}_x^B)$,根据隐变量模型

$$v(\hat{\sigma}_x^A)v(\hat{\sigma}_y^B)=v(\hat{\sigma}_x^A\hat{\sigma}_y^B) \tag{11.5.11}$$

$$v(\hat{\sigma}_y^A)v(\hat{\sigma}_x^B)=v(\hat{\sigma}_y^A\hat{\sigma}_x^B) \tag{11.5.12}$$

在量子理论看来,$\hat{\sigma}_x^A\otimes\hat{\sigma}_y^B$ 和 $\hat{\sigma}_y^A\otimes\hat{\sigma}_x^B$ 是对易的,对二者的测量可以在相同的实验条件下完成,而且二者的相乘满足

$$(\hat{\sigma}_x^A\otimes\hat{\sigma}_y^B)(\hat{\sigma}_y^A\otimes\hat{\sigma}_x^B)=\hat{\sigma}_z^A\otimes\hat{\sigma}_z^B \tag{11.5.13}$$

而隐变量理论没有对观测量是否对易提出任何说法和要求. 对于(11.5.13)式,隐变量理论面临两种选择:一是不承认这种形式的运算,那么所有的讨论就此中止,两种理论的冲突尚没有明确的体现;二是隐变量模型以自己的语言重新解释(11.5.13)式,那就是承认如下关系:

$$v(\hat{\sigma}_x^A\hat{\sigma}_y^B)v(\hat{\sigma}_y^A\hat{\sigma}_x^B)=v(\hat{\sigma}_z^A\hat{\sigma}_z^B) \tag{11.5.14}$$

上式的右端由(11.5.10)式给出,值为 −1,于是

$$v(\hat{\sigma}_x^A\hat{\sigma}_y^B)v(\hat{\sigma}_y^A\hat{\sigma}_x^B)=-1 \tag{11.5.15}$$

另一方面,根据(11.5.11)式和(11.5.12)式,结合(11.5.9)式和(11.5.10)式,有

$$v(\hat{\sigma}_x^A\hat{\sigma}_y^B)v(\hat{\sigma}_y^A\hat{\sigma}_x^B)=v(\hat{\sigma}_x^A)v(\hat{\sigma}_y^B)v(\hat{\sigma}_y^A)v(\hat{\sigma}_x^B)=+1 \tag{11.5.16}$$

显然,这与(11.5.15)式矛盾. 从前面的过程中可以看到,这一矛盾发端于(11.5.14)式,即尝试用隐变量模型解释量子力学的结论(11.5.13)式. 这表明为力学量赋予非互文的确定的值的做法无法解释实验现象,而且也不能再现量子力学的理论预言.

2. 自旋 1 粒子的量子态

考虑一个自旋为 1 的粒子. 自旋角动量 $\hat{\boldsymbol{S}}$ 的三个分量已经由(11.5.1)式给出,依然设 $\hbar=1$,显然

$$\hat{S}_x^2+\hat{S}_y^2+\hat{S}_z^2=2\,\mathbb{1}$$

这里的 $\mathbb{1}$ 是 3×3 的单位矩阵. 这个关系对于三维实空间 $\mathbb{R}^3$ 上任意一组直角坐标

架都是成立的. 设三个单位向量 $\boldsymbol{n}_1,\boldsymbol{n}_2,\boldsymbol{n}_3$ 构成了$\mathbb{R}^3$的一个直角坐标架,$\hat{\boldsymbol{S}}$ 在这些单位向量上的分量分别是 $\hat{S}_{n_1},\hat{S}_{n_2},\hat{S}_{n_3}$,那么有

$$\hat{S}^2_{n_1}+\hat{S}^2_{n_2}+\hat{S}^2_{n_3}=2\,1 \tag{11.5.17}$$

对于任意两个彼此垂直的方向上的自旋角动量的分量,它们的平方形式是对易的,即

$$[\hat{S}^2_{n_i},\hat{S}^2_{n_j}]=0,\quad i,j=1,2,3 \tag{11.5.18}$$

另外,$\hat{S}^2_{n_i}$ 的本征值为 0 和 +1.

如果用经典的观点看待力学量 $\hat{S}^2_{n_i}$,那么就会有这样的描述:力学量 $\hat{S}^2_{n_i}$ 具有确定的值 0 或者 +1,记作

$$v(\hat{S}^2_{n_i})=0,1 \tag{11.5.19}$$

而且,三个 $v(\hat{S}^2_{n_i})$应该满足如下关系:

$$v(\hat{S}^2_{n_1})+v(\hat{S}^2_{n_2})+v(\hat{S}^2_{n_3})=2 \tag{11.5.20}$$

$$\text{三个}(\hat{S}^2_{n_i})\text{中任意两个不能同时为零} \tag{11.5.21}$$

现在考虑$\mathbb{R}^3$中五个单位向量 $\boldsymbol{k}_j\,(j=1,\cdots,5)$,它们满足如下正交关系(图 11.5.2):

$$\boldsymbol{k}_1\perp\boldsymbol{k}_2,\quad \boldsymbol{k}_2\perp\boldsymbol{k}_3,\quad \boldsymbol{k}_3\perp\boldsymbol{k}_4,\quad \boldsymbol{k}_4\perp\boldsymbol{k}_5,\quad \boldsymbol{k}_5\perp\boldsymbol{k}_1 \tag{11.5.22}$$

可以简单地记作 $\boldsymbol{k}_j\perp\boldsymbol{k}_{j+1}$,并且当 $j+1$ 等于 6 时视作 1. 显然$[\hat{S}^2_{k_j},\hat{S}^2_{k_{j+1}}]=0$. 按照经典的观点,即性质(11.5.19)式至(11.5.21)式,我们可以得到下面的不等式:

$$v(\hat{S}^2_{k_1})+v(\hat{S}^2_{k_2})+v(\hat{S}^2_{k_3})+v(\hat{S}^2_{k_4})+v(\hat{S}^2_{k_5})\geqslant 3 \tag{11.5.23}$$

这个不等式表明$\sum\limits_{j=1}^{5}v(\hat{S}^2_{k_j})$ 的最小值是 3,可以直接验证. 不等式左端每一项的可能的取值为 0 或 1,为了求其最小值,就希望有尽可能多的项取值 0. 例如,令 $v(\hat{S}^2_{k_1})=0$. 由于 $\boldsymbol{k}_1\perp\boldsymbol{k}_2,\boldsymbol{k}_5\perp\boldsymbol{k}_1$,则根据性质(11.5.21),$v(\hat{S}^2_{k_2})$ 和 $v(\hat{S}^2_{k_5})$ 不能为零,故 $v(\hat{S}^2_{k_2})=v(\hat{S}^2_{k_5})=1$. 再注意到 $\boldsymbol{k}_3\perp\boldsymbol{k}_4$,故 $v(\hat{S}^2_{k_3})$ 和 $v(\hat{S}^2_{k_4})$ 不能同时为零,可以令其中任何一个为零,另一个等于 1. 因此,五项相加的结果等于 3. 考虑所有其他情况,容易看出 3 是最小值.

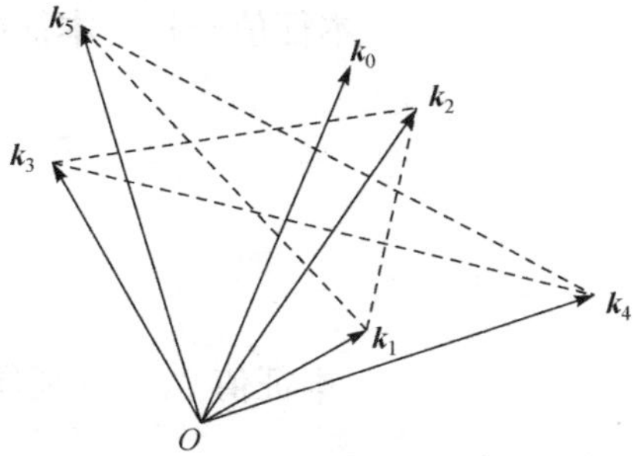

图 11.5.2　$\mathbb{R}^3$空间中的五个方向矢量,满足两两正交的关系(11.5.22)式. 方向 $\boldsymbol{k}_0$ 穿过五角星的中心

式(11.5.23)是根据经典观点得到的结论,更确切地说,是非互文的隐变量模型给出的预言. 根据非互文的隐变量模型,隐变量 λ 的某个固定的取值决定了所有力学量的观测结果,在这里就是 0 或者 1,而且,对于某个观测量(比如 $\hat{S}^2_{k_1}$)而言,观测结果不依赖于与 $\hat{S}^2_{k_1}$ 对易的力学量 $\hat{S}^2_{k_2}$ 和 $\hat{S}^2_{k_5}$ 的观测结果. 进一步考虑隐变量 λ 的所有可能的

取值,就要在隐变量空间 Λ 上对(11.5.23)式积分,得到隐变量模型给出的期望值,显然,积分后的结果依然满足相同的不等式,即

$$\langle v(\hat{S}_{k_1}^2)\rangle+\langle v(\hat{S}_{k_2}^2)\rangle+\langle v(\hat{S}_{k_3}^2)\rangle+\langle v(\hat{S}_{k_4}^2)\rangle+\langle v(\hat{S}_{k_5}^2)\rangle\geqslant 3 \quad (11.5.24)$$

接下去的问题是,在特定的量子态 $|\psi\rangle$ 中,量子力学关于 $\sum_{j=1}^{5}\langle\hat{S}_{k_j}^2\rangle_\psi$ 的预言结果是多少? 这里 $\langle\hat{S}_{k_j}^2\rangle_\psi=\langle\psi|\hat{S}_{k_j}^2|\psi\rangle$. 量子力学给出的结果能否满足不等式(11.5.24)? 为了考虑这个问题,需要分析 $\hat{S}_{k_j}^2$ 的一些性质.

对于 $\mathbb{R}^3$ 中的某个任意的方向 $\boldsymbol{n}=(\sin\theta\cos\varphi,\sin\theta\sin\varphi,\cos\theta)$,自旋角动量的分量 $\hat{S}_n$ 的矩阵是

$$\hat{S}_n=\begin{pmatrix}\cos\theta & \dfrac{e^{-i\varphi}\sin\theta}{\sqrt{2}} & 0\\ \dfrac{e^{i\varphi}\sin\theta}{\sqrt{2}} & 0 & \dfrac{e^{-i\varphi}\sin\theta}{\sqrt{2}}\\ 0 & \dfrac{e^{i\varphi}\sin\theta}{\sqrt{2}} & -\cos\theta\end{pmatrix} \quad (11.5.25)$$

$\hat{S}_n$ 的本征值和本征向量是

$$\text{本征值}+1,\quad \text{本征向量}|\boldsymbol{n}^{(+)}\rangle=\begin{pmatrix}e^{-i2\varphi}\cos^2\dfrac{\theta}{2}\\ \dfrac{1}{\sqrt{2}}e^{-i\varphi}\sin\theta\\ \sin^2\dfrac{\theta}{2}\end{pmatrix} \quad (11.5.26)$$

$$\text{本征值}-1,\quad \text{本征向量}|\boldsymbol{n}^{(-)}\rangle=\begin{pmatrix}e^{-i2\varphi}\sin^2\dfrac{\theta}{2}\\ -\dfrac{1}{\sqrt{2}}e^{-i\varphi}\sin\theta\\ \cos^2\dfrac{\theta}{2}\end{pmatrix} \quad (11.5.27)$$

$$\text{本征值}\ 0,\quad \text{本征向量}|\boldsymbol{n}^{(0)}\rangle=\begin{pmatrix}-\dfrac{1}{\sqrt{2}}e^{-i2\varphi}\sin\theta\\ e^{-i\varphi}\cos\theta\\ \dfrac{1}{\sqrt{2}}\sin\theta\end{pmatrix} \quad (11.5.28)$$

直接计算可以验证下面的等式:

$$\hat{S}_n^2+|\boldsymbol{n}^{(0)}\rangle\langle\boldsymbol{n}^{(0)}|=1 \quad (11.5.29)$$

即 $\hat{S}_n^2$ 可以表示为 $\mathbb{1}-|n^{(0)}\rangle\langle n^{(0)}|$. 类似地,五个 $\hat{S}_{k_j}^2$ 可以表示为 $\mathbb{1}-|k_j^{(0)}\rangle\langle k_j^{(0)}|$,其中 $|k_j^{(0)}\rangle$ 是 $\hat{S}_{k_j}$ 的本征值为 0 的本征向量. 因此,对于给定的 $|\psi\rangle$,有

$$\sum_{j=1}^{5}\langle\hat{S}_{k_j}^2\rangle_\psi=5-\sum_{j=1}^{5}|\langle\psi|k_j^{(0)}\rangle|^2$$

将方向矢量 $\boldsymbol{k}_j$ 写为 $\boldsymbol{k}_j=(\sin\theta_j\cos\varphi_j,\sin\theta_j\sin\varphi_j,\cos\theta_j)$,则 $|k_j^{(0)}\rangle$ 是

$$|k_j^{(0)}\rangle=\begin{pmatrix}-\dfrac{1}{\sqrt{2}}\mathrm{e}^{-\mathrm{i}2\varphi_j}\sin\theta_j\\ \mathrm{e}^{-\mathrm{i}\varphi_j}\cos\theta_j\\ \dfrac{1}{\sqrt{2}}\sin\theta_j\end{pmatrix}$$

如果 $|\psi\rangle$ 是某个 $\hat{S}_n$ 的本征值为 0 的本征向量,即(11.5.28)式,那么计算后发现

$$|\langle\psi|k_j^{(0)}\rangle|^2=|\langle n^{(0)}|k_j^{(0)}\rangle|^2=[\cos\theta\cos\theta_j+\cos(\varphi-\varphi_j)\sin\theta\sin\theta_j]^2=(\boldsymbol{n}\cdot\boldsymbol{k}_j)^2$$

最后的结果被表示为 $\mathbb{R}^3$ 空间中方向矢量的内积的平方①.

现在,选择方向 $\boldsymbol{n}$ 为 $\boldsymbol{k}_0$,方向 $\boldsymbol{k}_0$ 穿过五个 $\boldsymbol{k}_j$ 构成的五角星的中心. 相应的 $|\psi\rangle$ 就是 $|k_0^{(0)}\rangle$. 简单的几何关系表明,对于所有的 $j=1,\cdots,5$,$(\boldsymbol{k}_0\cdot\boldsymbol{k}_j)^2=\dfrac{1}{\sqrt{5}}$. 因此我们得到,当 $|\psi\rangle=|k_0^{(0)}\rangle$ 时

$$\sum_{j=1}^{5}\langle\hat{S}_j^2\rangle_\psi=5-\sqrt{5}\approx 2.764<3 \tag{11.5.30}$$

与(11.5.24)式比较,可以看到,量子力学给出的结果违反非互文性隐变量模型设定的条件,两种理论是矛盾的.

11.5.3 与量子态无关的互文性

在这一小节,考虑与系统的量子态的具体形式无关的互文性,讨论三个例子,$2\otimes2$ 两体系统,$2\otimes2\otimes2$ 三体系统,以及自旋 1 的系统. 在推导中不致引起混淆之处我们会省略直积符号.

1. $2\otimes2$ 两体系统

上述讨论利用了自旋单态的独特性质,即旋转不变性. 实际上,我们可以有更为一般的讨论而无需求助于自旋单态的旋转不变性. 对于两个自旋 1/2 的粒子 A

---

① 可以用更简捷的计算. 把 $\hat{S}_x,\hat{S}_y,\hat{S}_z$ 分别表示为 $\hat{S}_x=\hbar\begin{pmatrix}0&0&0\\0&0&-\mathrm{i}\\0&\mathrm{i}&0\end{pmatrix}$,$\hat{S}_y=\hbar\begin{pmatrix}0&0&\mathrm{i}\\0&0&0\\-\mathrm{i}&0&0\end{pmatrix}$,$\hat{S}_z=\hbar\begin{pmatrix}0&-\mathrm{i}&0\\\mathrm{i}&0&0\\0&0&0\end{pmatrix}$,则 $\boldsymbol{n}$ 方向上的分量 $\hat{S}_n$ 的本征值为零的本征向量在形式上直接对应于 $\boldsymbol{n}$.

和 B，考虑如下 9 个算符：

$$\begin{matrix} \hat{\sigma}_x^A\otimes 1^B & 1^A\otimes\hat{\sigma}_x^B & \hat{\sigma}_x^A\otimes\hat{\sigma}_x^B \\ 1^A\otimes\hat{\sigma}_y^B & \hat{\sigma}_y^A\otimes 1^B & \hat{\sigma}_y^A\otimes\hat{\sigma}_y^B \\ \hat{\sigma}_x^A\otimes\hat{\sigma}_y^B & \hat{\sigma}_y^A\otimes\hat{\sigma}_x^B & \hat{\sigma}_z^A\otimes\hat{\sigma}_z^B \end{matrix} \tag{11.5.31}$$

每一行或者每一列的 3 个算符是彼此对易的，第三列的三个算符相乘的结果是 $-1^A\otimes 1^B$，除此以外，每一行或者每一列的三个算符相乘的结果是 $1^A\otimes 1^B$.

现在尝试用隐变量模型解释上述事实．从隐变量理论看来，每一个力学量 $\hat{\sigma}_x^{A(B)}$ 或者 $\hat{\sigma}_y^{A(B)}$ 都具有确定的值——由隐变量决定的不依赖于测量环境的值．把这些值记作 $v(\hat{\sigma}_x^{A(B)})$ 或者 $v(\hat{\sigma}_y^{A(B)})$．进一步地，对于形如 $\hat{\sigma}_x^A\hat{\sigma}_x^B$ 之类的联合观测量，隐变量理论认为，联合观测量的值等于定域观测量的值的乘积，例如

$$v(\hat{\sigma}_x^A\hat{\sigma}_x^A)=v(\hat{\sigma}_x^A)v(\hat{\sigma}_x^B)$$

需要指出的是，上述关系蕴含了可分离性的要求．例如，在 11.5.2 节中我们假设两个粒子相距很远且没有相互作用，于是才写下相同的公式．因此 $v(\hat{\sigma}_x^A\hat{\sigma}_x^A)=v(\hat{\sigma}_x^A)v(\hat{\sigma}_x^B)$ 是对隐变量模型的一个更强的要求.

逐行考察(11.5.31)式，隐变量模型需要解释每一行的观测量的相乘结果为 $1^A 1^B$ 这一事实．对于第一行和第二行，可以用隐变量模型很轻松地写出

$$v(\hat{\sigma}_x^A)v(\hat{\sigma}_x^B)v(\hat{\sigma}_x^A\hat{\sigma}_x^B)=v(\hat{\sigma}_x^A)v(\hat{\sigma}_x^B)v(\hat{\sigma}_x^A)v(\hat{\sigma}_x^B)=[v(\hat{\sigma}_x^A)]^2[v(\hat{\sigma}_x^B)]^2=1$$

$$v(\hat{\sigma}_y^B)v(\hat{\sigma}_y^A)v(\hat{\sigma}_y^A\hat{\sigma}_y^B)=v(\hat{\sigma}_y^B)v(\hat{\sigma}_y^A)v(\hat{\sigma}_y^A)v(\hat{\sigma}_y^B)=[v(\hat{\sigma}_y^A)]^2[v(\hat{\sigma}_y^B)]^2=1$$

因此仅从这两行来看，量子力学和隐变量模型没有冲突．对第三行，应该有

$$v(\hat{\sigma}_x^A\hat{\sigma}_y^B)v(\hat{\sigma}_y^A\hat{\sigma}_x^B)v(\hat{\sigma}_z^A\hat{\sigma}_z^B)=v(\hat{\sigma}_x^A)v(\hat{\sigma}_y^B)v(\hat{\sigma}_y^A)v(\hat{\sigma}_x^B)v(\hat{\sigma}_z^A\hat{\sigma}_z^B)=1 \tag{11.5.32}$$

类似地，如果逐列考察(11.5.31)式，那么第一列和第二列不能体现量子力学和隐变量模型的矛盾．对于第三列的力学量，根据量子理论得到的结果是，它们相乘的结果为 $-1^A 1^B$，因此，隐变量模型应该给出

$$v(\hat{\sigma}_x^A\hat{\sigma}_x^B)v(\hat{\sigma}_y^A\hat{\sigma}_y^B)v(\hat{\sigma}_z^A\hat{\sigma}_z^B)=v(\hat{\sigma}_x^A)v(\hat{\sigma}_x^B)v(\hat{\sigma}_y^A)v(\hat{\sigma}_y^B)v(\hat{\sigma}_z^A\hat{\sigma}_z^B)=-1 \tag{11.5.33}$$

比较(11.5.32)式和(11.5.33)式，看到明显的矛盾.

有一点需要注意，在上面的推导中，我们没有对 $v(\hat{\sigma}_z^A\hat{\sigma}_z^B)$ 进行分解，也没有使用(11.5.14)式，而且，得到的结论不依赖于系统的状态，所以，相比于 11.5.2 节的讨论，同样是 $2\otimes 2$ 两体系统，这里展示的量子力学与隐变量理论的冲突更为明显.

2. $2\otimes 2\otimes 2$ 三体系统

再来分析考虑三个自旋 1/2 粒子组成的量子系统，即 $2\otimes 2\otimes 2$ 系统．我们用 1,2,3 来标记这三个粒子．每一个粒子有两个观测量，$\hat{\sigma}_x^{(i)}$ 和 $\hat{\sigma}_x^{(j)}$，$i,j=1,2,3$．选定三粒子的联合观测量为

$$\hat{\sigma}_x^{(1)}\otimes\hat{\sigma}_x^{(2)}\otimes\hat{\sigma}_x^{(3)},\quad \hat{\sigma}_y^{(1)}\otimes\hat{\sigma}_y^{(2)}\otimes\hat{\sigma}_x^{(3)},\quad \hat{\sigma}_y^{(1)}\otimes\hat{\sigma}_x^{(2)}\otimes\hat{\sigma}_y^{(3)},\quad \hat{\sigma}_x^{(1)}\otimes\hat{\sigma}_y^{(2)}\otimes\hat{\sigma}_y^{(3)},$$

首先考察量子力学是如何描述这些观测量之间的关系的. 图 11.5.3 中共有五条直线,每条直线上的 4 个观测量是彼此对易的. 彼此对易的力学量是相容的,可以在相同的实验环境中测量. 水平横线 L_1 上的 4 个关联观测量相乘的结果是

$$(\hat{\sigma}_x^{(1)}\hat{\sigma}_x^{(2)}\hat{\sigma}_x^{(3)})(\hat{\sigma}_y^{(1)}\hat{\sigma}_y^{(2)}\hat{\sigma}_x^{(3)})(\hat{\sigma}_y^{(1)}\hat{\sigma}_x^{(2)}\hat{\sigma}_y^{(3)})(\hat{\sigma}_x^{(1)}\hat{\sigma}_y^{(2)}\hat{\sigma}_y^{(3)})=-1^{(1)}1^{(2)}1^{(3)} \tag{11.5.34}$$

这里以及下面的公式中省略了直积符号. 其余四条直线上 4 个观测量相乘的结果是$1^{(1)}1^{(2)}1^{(3)}$,例如,对于直线 L_2 上的 4 个观测量

$$(\hat{\sigma}_y^{(1)}1^{(2)}1^{(3)})(\hat{\sigma}_y^{(1)}\hat{\sigma}_y^{(2)}\hat{\sigma}_x^{(3)})(1^{(1)}1^{(2)}\hat{\sigma}_x^{(3)})(1^{(1)}\hat{\sigma}_y^{(2)}1^{(3)})=1^{(1)}1^{(2)}1^{(3)} \tag{11.5.35}$$

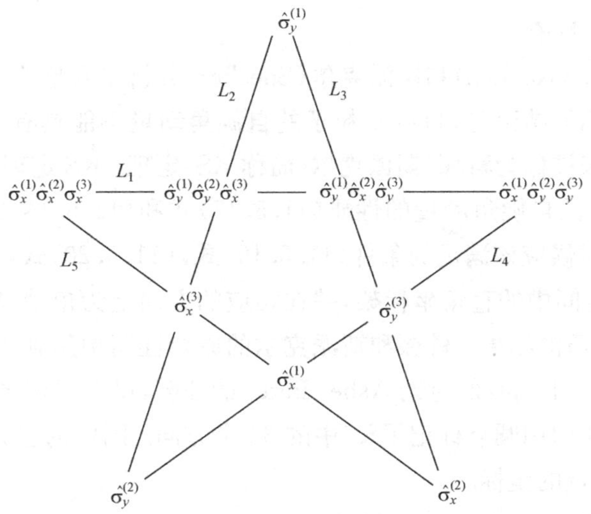

图 11.5.3　三个自旋 1/2 粒子的观测量. 每一条直线上的观测量都是彼此对易的

现在用隐变量的观点考虑这个问题. 如果采用较强的隐变量模型,即认为联合观测量的值可以等于各个局部的观测量的值的乘积,那么考察直线 L_1 的四个观测量即可看出矛盾,这是因为,量子力学的结论是(11.5.34)式,隐变量理论给出的结果应该是,这些联合观测量的值相乘后等于−1,但实际上是

$$v(\hat{\sigma}_x^{(1)}\hat{\sigma}_x^{(2)}\hat{\sigma}_x^{(3)})v(\hat{\sigma}_y^{(1)}\hat{\sigma}_y^{(2)}\hat{\sigma}_x^{(3)})v(\hat{\sigma}_y^{(1)}\hat{\sigma}_x^{(2)}\hat{\sigma}_y^{(3)})v(\hat{\sigma}_x^{(1)}\hat{\sigma}_y^{(2)}\hat{\sigma}_y^{(3)})$$
$$=[v(\hat{\sigma}_x^{(1)})]^2[v(\hat{\sigma}_y^{(1)})]^2[v(\hat{\sigma}_x^{(2)})]^2[v(\hat{\sigma}_y^{(2)})]^2[v(\hat{\sigma}_x^{(3)})]^2[v(\hat{\sigma}_y^{(3)})]^2=+1$$

不妨放松对隐变量模型的限制,即不采用可分离性原理,不认为联合观测量的值可以分解为各个局部观测量的值的乘积,即,不要求的形如 $v(\hat{\sigma}_x^{(1)}\hat{\sigma}_x^{(2)}\hat{\sigma}_x^{(3)})=v(\hat{\sigma}_x^{(1)})v(\hat{\sigma}_x^{(2)})v(\hat{\sigma}_x^{(3)})$的可分离条件. 在这种情况下,对图中每一条直线上的观测量,隐变量模型需要给出与量子力学相符的结论,即

$$v(\hat{\sigma}_x^{(1)}\hat{\sigma}_x^{(2)}\hat{\sigma}_x^{(3)})v(\hat{\sigma}_y^{(1)}\hat{\sigma}_y^{(2)}\hat{\sigma}_x^{(3)})v(\hat{\sigma}_y^{(1)}\hat{\sigma}_x^{(2)}\hat{\sigma}_y^{(3)})v(\hat{\sigma}_x^{(1)}\hat{\sigma}_y^{(2)}\hat{\sigma}_y^{(3)})=-1$$

$$v(\hat{\sigma}_y^{(1)})v(\hat{\sigma}_y^{(1)}\hat{\sigma}_x^{(2)}\hat{\sigma}_y^{(3)})v(\hat{\sigma}_y^{(3)})v(\hat{\sigma}_x^{(2)})=+1$$

$$v(\hat{\sigma}_y^{(1)})v(\hat{\sigma}_y^{(1)}\hat{\sigma}_y^{(2)}\hat{\sigma}_x^{(3)})v(\hat{\sigma}_x^{(3)})v(\hat{\sigma}_y^{(2)})=+1$$

$$v(\hat{\sigma}_x^{(1)}\hat{\sigma}_y^{(2)}\hat{\sigma}_y^{(3)})v(\hat{\sigma}_y^{(3)})v(\hat{\sigma}_x^{(1)})v(\hat{\sigma}_y^{(2)})=+1$$

$$v(\hat{\sigma}_x^{(1)}\hat{\sigma}_x^{(2)}\hat{\sigma}_x^{(3)})v(\hat{\sigma}_x^{(3)})v(\hat{\sigma}_x^{(1)})v(\hat{\sigma}_x^{(2)})=+1$$

然而，上述赋值是不可能的，这是因为，如果把它们相乘，结果应该等于-1，但是请注意一个简单的事实：每一个观测量的值在这样的乘积中都出现两次，因此所有的值的乘积就应该是$+1$，这是一个显然的矛盾．这个矛盾揭示出隐变量理论和量子力学的不相容，量子力学中的观测量是互文的，在特定的情形下，某一个观测量的值依赖于它从属于哪一个彼此对易的力学量的集合．

3．自旋 1 的粒子

1967 年，科琛(Kochen)和斯派克尔(Specker)分析了自旋为 1 的量子系统的隐变量问题，得到的结论是，自旋 1 粒子的自旋角动量不能具有非互文的确定的值，这个结论后来被称为科琛-斯派克尔(简称 KS)定理．KS 定理的证明中用到了 11.5.2 节中提到的自旋角动量的性质(11.5.17)式和(11.5.18)式以及隐变量模型为 $\hat{S}_{n_j}^2$ 赋值的时候应该满足的条件(11.5.19)式，(11.5.20)式，(11.5.21)式，通过不断构造$\mathbb{R}^3$空间中的直角坐标架，并在相应的方向上为角动量的平方赋值，最终得到了自相矛盾的结果．科琛和斯派克尔的原始证明中用到了 117 个方向，在叙述上略显繁琐．下面我们讨论 Asher Peres 的证明，仅用到 33 个方向．

在图 11.5.4 中用圆点标记了$\mathbb{R}^3$中的 33 个方向．图中的立方体的边长为 1，下面给出一部分点的坐标．

$$X:(1,0,0),\qquad Y:(0,1,0),\qquad Z:(0,0,1)$$

$$A:(0,1,1),\quad B:\left(1,\frac{1}{\sqrt{2}},-\frac{1}{\sqrt{2}}\right),\quad C:\left(1,-\frac{1}{\sqrt{2}},\frac{1}{\sqrt{2}}\right)$$

$$D:\left(\frac{1}{\sqrt{2}},1,0\right),\quad E:\left(1,-\frac{1}{\sqrt{2}},0\right),\quad F:\left(\frac{1}{\sqrt{2}},1,-\frac{1}{\sqrt{2}}\right)$$

其他点的坐标也容易写出．这些点代表的向量也用同样的字母表示，例如 A 同时也表示向量(0,1,1)．为了能有直观形象的表示，向量不作归一化的处理．因此 $\hat{S}_A$ 的意思就是自旋角动量 $\hat{\boldsymbol{S}}$ 在 A 对应的方向上的分量．

接着分析隐变量模型的赋值过程．由于 XYZ 构成了直角坐标架，可以设 $v(\hat{S}_X^2)=0$，$v(\hat{S}_Y^2)=v(\hat{S}_Z^2)=1$，将这个赋值简写为 $X(0)Y(1)Z(1)$，图中有相应的的标记．接着注意到 X 和 A 是垂直的，$v(\hat{S}_X^2)$和 $v(\hat{S}_A^2)$不能同时为零，故有 $v(\hat{S}_A^2)=1$，这个推导关系记作 $X(0)A(1)$．于是，我们用这样的标记写下整个推导过程

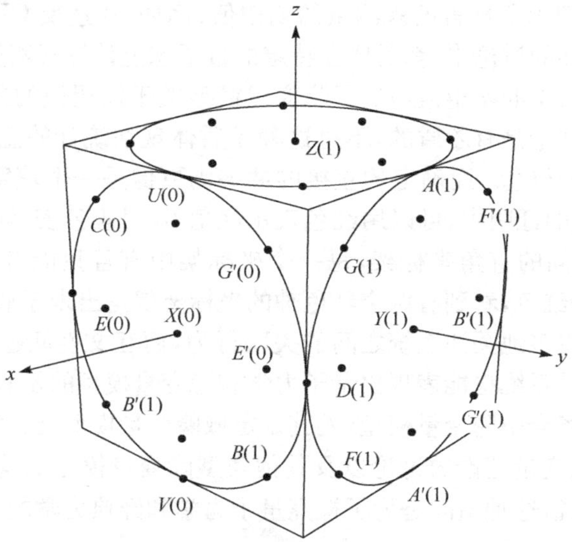

图 11.5.4　图中的圆点表示$\mathbb{R}^3$中的 33 个方向

括号中的 0 和 1 表示隐变量模型为相应方向上自旋角动量平方的可能的赋值. 注意 U 和 V 表示的两个方向是垂直的，但是赋值的结果却是 $v(\hat{S}_U^2)=v(\hat{S}_V^2)=0$，违反了隐变量模型应该遵守的条件(11.5.21)

$$\begin{gathered}X(0)Y(1)Z(1) \quad X(0)A(1) \quad X(0)A'(1) \\ A(1)B(1)C(0) \quad A'(1)B'(1)C'(0) \qquad (11.5.36) \\ C(0)D(1) \quad C'(0)D'(1) \\ Z(1)D(1)E(0) \quad Z(1)D'(1)E'(0) \\ E(0)F(1) \quad E(0)G(1) \quad E'(0)F'(1) \quad E'(0)G'(1) \\ F(1)F'(1)U(0) \quad C(1)G'(1)V(0) \\ U(0)V(0) \qquad (11.5.37)\end{gathered}$$

最后一步是矛盾所在. 因为 U 和 V 是垂直的，故根据(11.5.21)式，值 $v(\hat{S}_U^2)$ 和 $v(\hat{S}_V^2)$ 不能同时为零，但是上述赋值过程却给出了自相矛盾的结果，由此说明非互文的隐变量模型是不成立的.

有两点需要说明. ① 在推导过程的第二步，即(11.5.36)式，也可以采用 $A(1)B(0)C(1)$，$A'(1)B'(0)C'(1)$ 的赋值方式，接下去的过程会有所不同，但同样能得到矛盾的结果. ② 虽然看起来在推导过程中并没有用到所有 33 个向量，但是那些没用到的向量依然是作为不可或缺的. 这是因为，在赋值的第一步有多种选择，我们可以如前所述选择 $X(0)Y(1)Z(1)$，可以选择 $X(1)Y(0)Z(1)$，也可以选择 $A(0)B(1)C(1)$，如此等等. 不同的赋值过程将用到不同的向量组合.

小结一下. 通过前节和本节的讨论，我们看到，量子力学与隐变量(确切地说是定域隐变量)理论之间的矛盾可以表现为统计意义上的冲突，也可以表现为明确而直接的不相容性. 统计意义上的冲突一般涉及到量子态的具体形式，需要比较的是两种不同的理论所预言的观测量的期望值，例如，在违反 CHSH 不等式以及态相关的非互文性的讨论中，都需要在特定的量子态上计算观测量的期望值，当我们发现量子力学给出的期望值违反了隐变量模型关于期望值的预言，就可以说量子力学与隐变量理论是有矛盾的，不过这种矛盾体现在统计的意义上——期望值本身是一个统计的概念. 而确定的直接的冲突则更像是一个填字或涂色的游戏，例如，在 KS 定理的证明中，可以用红色表示赋值 0，用蓝色表示赋值 1，接着分析 $\mathbb{R}^3$ 空间中多种不同的直角坐标架，每一个坐标架中有且只能有两个坐标轴是蓝色，一个坐标轴是红色，看到有两个红色轴的坐标架就是出现矛盾的时候. 贝尔不等式和贝尔定理更多地关注系统之间的关联行为，而互文性问题则有更一般的意义——单独的量子系统也能表现出量子力学和隐变量模型的矛盾.

虽然在很多场合中隐变量模型（尤其是定域隐变量模型）已经被证明是不成立的，但是人们对隐变量理论的讨论以及其他类型隐变量模型的构造仍未停止. 从更大的背景上来说，这种追问是为了探究量子力学和经典力学的差异到底在哪里，差异到底有多大.

11.6 纠缠量子态

在 11.3 节和 11.4 节中我们看到，违反贝尔不等式表明系统之间存在量子关联. 量子关联是不能用经典力学和经典概率论的观点解释的. 实际上，量子关联具有多种表现形式，对贝尔不等式的违反只是量子关联的一个侧面. 在本节中，我们讨论另一种很重要的量子关联，即量子纠缠，它在量子信息领域有广泛应用.

我们注意到，$2\otimes 2$ 量子系统的纯态有两类截然不同的形式，第一类的典型代表是自旋单态，即 $|\Psi_0\rangle=\frac{1}{\sqrt{2}}(|01\rangle-|10\rangle)$，第二类可以表示为形如 $|\varphi\rangle\otimes|\phi\rangle$ 的形式，其中 $|\varphi\rangle$ 和 $|\phi\rangle$ 分别是第一个粒子和第二个粒子局部量子态. 它们的不同表现在两个方面.

(1) 属于第一类的态违反贝尔不等式，两个粒子间的关联行为不能用定域隐变量模型解释，我们把这样的态称为**非定域的量子态**（Non-local states）. 当然，这类量子态表现出的非定域性并不违反狭义相对论的定域性原理，而是违反 (11.4.6) 式表示的强定域性要求，或者更严格地说，违反贝尔定域性条件 (11.3.7) 式. 而第二类量子态则满足贝尔不等式（参见 11.4.3 节的结论），实际上，属于第二类的量子态满足所有的贝尔不等式，我们称之为**定域的量子态**.

(2) 在数学形式上，第一类的量子态无论如何不能表示为简单的直积形式，于是第一类量子态又被称为**纠缠态**. 而第二类的量子态本身就是直积的形式，故称为**非纠缠态**，或者**可分离态**.

需要着重指出的是，上面的两种定义分别用不同的标准对量子态作了划分．非定域的量子态的判定标准是违反贝尔不等式，但是为了确定某个量子态是定域的，则要考虑所有类型的贝尔不等式，这是很困难的一件事．纠缠或非纠缠态的判定标准是数学上的表示形式．二者确有联系，在最简单的 $2\otimes 2$ 系统的纯态情形下，它们是等价的（在以后的讨论中将有所阐述）．但是，这两种划分在本质上是不同的，在稍微复杂的混合态情形中我们将看出它们的区别．下面我们从简单的 $2\otimes 2$ 纯态开始讨论．

11.6.1　$2\otimes 2$ 系统的纯态

希尔伯特空间 $\mathcal{H}=\mathcal{H}^A\otimes\mathcal{H}^B=\mathbb{C}^2\otimes\mathbb{C}^2$ 中的态矢量 $|\Psi\rangle$ 总可以在自然基向量上表示为

$$|\Psi\rangle = c_{00}\ |00\rangle + c_{01}\ |01\rangle + c_{10}\ |10\rangle + c_{11}\ |11\rangle,\quad \sum_{i,\mu=0}^{1} |\ c_{i\mu}\ |^2 = 1$$

而我们知道，通过定域酉变换 $\hat{U}^A\otimes\hat{U}^B$，可以将 $|\Psi\rangle$ 写出施密特分解的形式（定理 10.5.1），于是我们将 $|\Psi\rangle$ 改写为

$$|\Psi\rangle=\cos\alpha|e_0\rangle|f_0\rangle+\sin\alpha|e_1\rangle|f_1\rangle,\quad \alpha\in[0,\pi/2]$$

显然，定域酉变换不会改变量子态的纠缠特性或者可分离性．于是容易看出，当且仅当 $\alpha=0,\pi/2$ 时，$|\Psi\rangle$ 是可分离态．

还可以注意到两个约化密度矩阵

$$\hat{\rho}^A=\begin{pmatrix}\cos^2\alpha & 0\\ 0 & \sin^2\alpha\end{pmatrix},\quad \hat{\rho}^B=\begin{pmatrix}\cos^2\alpha & 0\\ 0 & \sin^2\alpha\end{pmatrix}$$

它们是相等的．确切地说，当 $|\Psi\rangle$ 被表示为施密特分解的形式的时候，两个约化密度矩阵是相等的．一般情况下，$\hat{\rho}^A$ 未必等于 $\hat{\rho}^B$．但是 $\hat{\rho}^A$ 的非零的本征值总是等于 $\hat{\rho}^B$ 的非零的本征值，这个结论对于任意的两体系统的纯态都是成立的．这是因为，任意的两体纯态都可以通过定域酉变换改写为施密特分解的形式，在该形式中两个约化密度矩阵都是对角的，且非零的对角元相等，而对角元就是约化密度矩阵的本征值．我们还发现 当且仅当 $\alpha\neq 0,\pi/2$ 时，即 $|\Psi\rangle$ 是纠缠态时，$\hat{\rho}^A$ 和 $\hat{\rho}^B$ 表示的是混合态．于是我们获得关于纠缠态的一个判据：$|\Psi\rangle$ 是纠缠的，当且仅当它的约化密度矩阵表示的是混合态．

关于 $2\otimes 2$ 纯态和贝尔不等式，有下面的定理．

定理 11.6.1　任何 $2\otimes 2$ 的纠缠态都违反贝尔不等式．

11.6.2　两体量子态可分离性判据

两体纯态的纠缠或可分离性是容易描述的，对于两体混合态，有如下可分离性的定义．

定义 11.6.1(可分离态和纠缠态)　希尔伯特空间 $\mathcal{H}=\mathcal{H}^A\otimes\mathcal{H}^B$ 上的混合态用密度算符 $\hat{\rho}$ 表示. 如果 $\hat{\rho}$ 可以表示为

$$\hat{\rho}=\sum_i P_i\hat{\rho}_i^A\otimes\hat{\rho}_i^B \tag{11.6.1}$$

那么 $\hat{\rho}$ 是可分离态,否则是纠缠态. 上式中 P_i 表示概率且 $\sum_i P_i=1$,$\hat{\rho}^A$ 和 $\hat{\rho}^B$ 分别是 $\mathcal{H}^A$ 和 $\mathcal{H}^B$ 上的密度算符.

可见可分离态或纠缠态的定义是基于数学形式上的考虑.

给定某个两体系统的量子态 $\hat{\rho}$,难以立即看出它的可分离的或纠缠的. 因为 $\hat{\rho}$ 的分解形式有无穷多种,在其中找寻符合(11.6.1)式的形式是非常困难的,所以需要合适的易于操作的判据. 看下面的定理.

定理 11.6.2(可分离态的充要条件)　两体量子系统 AB 处于量子态 $\hat{\rho}$,考虑对其中一个子系统(比如 B)进行正定但不完全正定的变换 $\hat{T}^B$,变换后的量子态(可能是未归一的)是 $[1^A\otimes\hat{T}^B](\hat{\rho})$. 当且仅当对于所有的正定但不完全正定的操作,$[1^A\otimes\hat{T}^B](\hat{\rho})$ 总是正定的,即 $[1^A\otimes\hat{T}^B](\hat{\rho})\geqslant 0$,量子态 $\hat{\rho}$ 是可分离态.

关于正定和完全正定的定义参见 10.9.3 节. 这个定理确实给出了量子态的可分离性的充分必要条件,但是并不具有很好的实用性——需要考虑所有的正定但不完全正定的变换. 不过,可以考虑该定理的否命题:如果存在一个正定但不完全正定的变换 $\hat{T}^B$(当然也可以考虑对 A 的正定但不完全正定的操作 $\hat{T}^A$),使得 $[1^A\otimes\hat{T}^B](\hat{\rho})$ 不是正定的,那么量子态 $\hat{\rho}$ 就是纠缠态. 这个否命题当然是成立的,它就是纠缠量子态的一个判据.

定理 11.6.2 的必要性部分的证明很简单. 如果 $\hat{\rho}$ 是可分离态,那么可以把它视作若干个直积态 $\hat{\rho}_i^A\otimes\hat{\rho}_i^B$ 的凸和. 将操作 $[1^A\otimes\hat{T}^B](\hat{\rho})$ 作用于每一个 $\hat{\rho}_i^A\otimes\hat{\rho}_i^B$,结果是 $\hat{\rho}_i^A\otimes\hat{T}^B(\hat{\rho}_i^B)$. 由于 $\hat{T}^B$ 是正定的(虽然不是完全正定的),故 $\hat{T}^B(\hat{\rho}_i^B)$ 是正定的,故 $\hat{\rho}_i^A\otimes\hat{T}^B(\hat{\rho}_i^B)$ 是正定的,因此 $[1^A\otimes\hat{T}^B](\hat{\rho})=\sum_i P_i\hat{\rho}_i^A\otimes\hat{T}^B(\hat{\rho}_i^B)$ 也是正定的,此即定理中的必要性部分证明. 定理的充分性部分的证明需要更多的数学铺垫,不便叙述. 不过,充分性部分的含义很明确:如果两体量子态是纠缠的,那么在局部范围内的合理的操作不一定是在整体上的合理的操作,局部的正定的变换可能导致整体的非物理的结果,即密度算符经过变换后的形式可能有负的本征值,因而不能描述系统的量子态.

在 10.9.3 节中我们提到,转置变换是一个典型的正定但不完全正定的变换. 结合定理 11.6.2,立即有:如果一个两体系统的量子态 $\hat{\rho}$ 经过部分转置变换之后的结果 $\hat{\rho}^{T_A}$(或 $\hat{\rho}^{T_B}$)不是正定的,那么 $\hat{\rho}$ 是纠缠态. 如果 $\hat{\rho}^{T_{A(B)}}\geqslant 0$,那么我们还不能断定 $\hat{\rho}$ 是可分离的或纠缠的. 不过,对于简单的 $2\otimes 2$ 或 $2\otimes 3$ 量子系统,部分转置正定是可分离态的充分必要条件.

定理 11.6.3 对于 $2\otimes 2$ 或 $2\otimes 3$ 的量子态 $\hat{\rho}$，当且仅当部分转置变换的结果 $\hat{\rho}^{T_A}$ 或 $\hat{\rho}^{T_B}$ 是正定的，$\hat{\rho}$ 是可分离的.

11.6.3 $2\otimes 2$ 量子态纠缠程度的定量度量

前面对量子纠缠进行了简单的定性的讨论，接着需要给出量子纠缠的定量度量，这些内容都侧重于数学形式上的描述，因此，我们有必要简述一下量子纠缠的物理含义.

1935 年，薛定谔用了一个德语单词 verschränkung 描述关联的量子特性，这个词的本意是抱拢胳膊，后来被翻译成英文单词 entanglement，就是纠缠. 在量子力学中，对量子纠缠这个概念有不同的解释和看法. EPR 认为，一个处于纠缠状态的波函数不能以全面而完备的方式描述物理实在. 在薛定谔看来，对于处在纠缠状态的复合物理系统，我们获得了对它的整体上的认识并不意谓着对它的各个组成部分也有充分的了解. 贝尔的观点是，量子纠缠体现了一种比任何经典关联都要更强的关联行为. 墨明(Mermin)说，量子纠缠描述了一种与实在性理论相悖的关联现象. 此外，还有很多物理学家给出各自的看法.

Peres：量子魔术师可以利用量子纠缠做出一些奇特的现象，而经典魔术师是办不到的.

Bennett：量子纠缠可以用来实现远程输运(Teleportation).

Shor：量子纠缠可以帮助我们构造并实现复杂度更低速度更快的算法.

Ekert：量子纠缠是安全通讯的工具.

随着认识的深入，这个条目还将继续写下去.

现在回到量子纠缠的定量度量的讨论. 为了叙述简单，我们只考虑 $2\otimes 2$ 量子态. 给定 $\hat{\rho}$，它的纠缠度用 $E(\hat{\rho})$ 表示，它就是纠缠程度的定量度量. $E(\hat{\rho})$ 应该满足以下条件：

(1) 如果 $\hat{\rho}$ 是可分离态，那么 $E(\hat{\rho})=0$.

(2) 对于最大纠缠态，$E(\hat{\rho})$ 的值设定为 1.

(3) $E(\hat{\rho})$ 在定域酉变换的作用下是不变的，即，如果对 $\hat{\rho}$ 作定域酉变换

$$\hat{\rho}\mapsto\hat{\rho}'=(\hat{U}^A\otimes\hat{U}^B)\hat{\rho}\,(\hat{U}^A\otimes\hat{U}^B)^\dagger$$

那么 $E(\hat{\rho})=E(\hat{\rho}')$.

(4) 如果我们对 $\hat{\rho}$ 的某一个子系统(比如说 B)进行局部量子操作 $\hat{\mathcal{T}}^B$，操作 $\hat{\mathcal{T}}^B$ 是完全正定的保迹的变换(参看 10.9.3 节). 变换后整体的量子态是 $\hat{\rho}'=(\mathrm{id}^A\otimes\hat{\mathcal{T}}^B)(\hat{\rho})$，变换后的纠缠度是不增的，即 $E(\hat{\rho})\geqslant E(\hat{\rho}')$. 进而推广到对 A 进行局部操作 $\hat{\mathcal{T}}^A$，并允许 A 和 B 之间可以进行经典通讯. 经过这些操作后，纠缠度不增大.

以上是纠缠度应该满足的几个重要条件，此外还有连续性，凸性，可加性以及次可加性(subadditivity)，这里不展开叙述了. 在量子纠缠的定量度量中，我们着

重讨论负性(Negativity)和Concurrence,简要介绍几何度量.

前面刚刚提到,对于$2\otimes 2$的量子态$\hat{\rho}$,当且仅当$\hat{\rho}^{T_{A(B)}}\geqslant 0$,量子态$\hat{\rho}$是可分离的. 进一步分析表明,$\hat{\rho}^{T_A}$或$\hat{\rho}^{T_B}$的本征值中最多只能有一个是负数. 这提示我们可以将这个负的本征值的绝对值看作$\hat{\rho}$的纠缠程度的定量度量,称之为**负性**(Negativity),记作$N(\hat{\rho})$.

定义 11.6.2(负性) $2\otimes 2$量子态$\hat{\rho}$的部分转置为$\hat{\rho}^{T_A}$(也可以考虑$\hat{\rho}^{T_B}$),在$\hat{\rho}^{T_A}$本征值中至多有一个是负的. 令$\lambda_{\min}$是$\hat{\rho}^{T_A}$的最小的本征值. 量子态$\hat{\rho}$的负性等于

$$N(\hat{\rho})=\max\{0,-2\lambda_{\min}\} \tag{11.6.2}$$

在定义中我们乘以因子2,是为了在纯态情形下的结果与下面介绍的Concurrence度量相符. 负性的值的范围是$N(\hat{\rho})\in[0,1]$. 对于纯态$|\Psi\rangle=c_{00}|00\rangle+c_{01}|01\rangle+c_{10}|10\rangle+c_{11}|11\rangle$,计算$(|\Psi\rangle\langle\Psi|)^{T_A}$的本征值,得到$|\Psi\rangle$的负性是

$$N(\Psi)=2|c_{00}c_{11}-c_{01}c_{10}|$$

如果用施密特分解的形式表示,$|\Psi\rangle=\cos\alpha|e_0\rangle|f_0\rangle+\sin\alpha|e_1\rangle|f_1\rangle,\alpha\in[0,\pi/2]$,则负性表示为$\sin 2\alpha$. 当$\alpha=\frac{\pi}{4}$时负性达到最大值1,称为最大纠缠态. 有四个典型的最大纠缠态

$$|\Psi_{\pm}\rangle=\frac{1}{\sqrt{2}}(|01\rangle\pm|10\rangle),\quad |\Phi_{\pm}\rangle=\frac{1}{\sqrt{2}}(|00\rangle\pm|11\rangle) \tag{11.6.3}$$

它们被称为贝尔态. 前面经常提到的自旋单态$|\Psi_0\rangle$就是这里的$|\Psi_-\rangle$.

另一个常用的纠缠度量是Concurrence,我们从纯态情形开始分析. 用施密特分解的形式表示$|\Psi\rangle$,注意到在相应的基向量上约化密度算符$\hat{\rho}^A=\hat{\rho}^B=\mathrm{diag}(\cos^2\alpha,\sin^2\alpha)$,当$\alpha$从0增大到$\frac{\pi}{4}$的过程中,$\hat{\rho}^A$或$\hat{\rho}^B$从纯态变为最大混合态$1/2$. 因此我们可以用约化密度算符的纯度(或者混乱程度)衡量$|\Psi\rangle$的纠缠程度. $\hat{\rho}^A$(或者$\hat{\rho}^B$)的纯度可以用$\mathrm{Tr}[(\hat{\rho}^A)^2]$表示,当$\hat{\rho}^A$是纯态时,$\mathrm{Tr}[(\hat{\rho}^A)^2]=1$;当$\hat{\rho}^A$是最大混合态时,$\mathrm{Tr}[(\hat{\rho}^A)^2]=\frac{1}{2}$. 相反地,混乱度可以用$1-\mathrm{Tr}[(\hat{\rho}^A)^2]$来衡量. 当描述子系统的约化密度矩阵越混乱的时候,整体量子态的纠缠就越强,于是定义纯态$|\Psi\rangle$的Concurrence为

$$C(\Psi)=\sqrt{2(1-\mathrm{Tr}[(\hat{\rho}^A)^2])} \tag{11.6.4}$$

计算$|\Psi\rangle=\cos\alpha|e_0\rangle|f_0\rangle+\sin\alpha|e_1\rangle|f_1\rangle$的Concurrence,结果是$C(\Psi)=\sin 2\alpha$.

继续考虑混合态的Concurrence $C(\hat{\rho})$. 将$\hat{\rho}$分解为系综形式$\{P_i,|\Psi_i\rangle\}$,即$\hat{\rho}$是系综的平均态,$\hat{\rho}=\sum_i P_i|\Psi_i\rangle\langle\Psi_i|$. 每一个$|\Psi_i\rangle$都是$2\otimes 2$纯态,有相应的

$C(\Psi_i)$，对于整个系综，可以有平均值$\sum_i P_i C(\Psi_i)$. 考虑所有的可以表示$\hat{\rho}$的系综，定义 $C(\hat{\rho})$ 如下.

定义 11.6.3（混合态的 Concurrence） 对于 $2\otimes 2$ 量子态$\hat{\rho}$，它的 Concurrence 是在所有的分解形式中$\sum_i P_i C(\Psi_i)$ 的最小值，即

$$C(\hat{\rho}) = \min_{\text{所有的}\{P_i, |\Psi_i\rangle\}} \sum_i P_i C(\Psi_i), \quad \sum_i P_i \mid \Psi_i\rangle\langle\Psi_i \mid = \hat{\rho} \tag{11.6.5}$$

举一个简单的例子说明求最小值的必要性. $2\otimes 2$ 系统的最大混合态是$\frac{\mathbb{1}_4}{4}$，其中$\mathbb{1}_4$是 4×4 的单位阵. 这个最大混合态显然是可分离态. 它有两种系综形式的表示

$$\frac{\mathbb{1}_4}{4} = \frac{1}{4}(|00\rangle\langle 00| + |01\rangle\langle 01| + |10\rangle\langle 10| + |11\rangle\langle 11|)$$

$$\frac{\mathbb{1}_4}{4} = \frac{1}{4}(|\Psi_+\rangle\langle\Psi_+| + |\Psi_-\rangle\langle\Psi_-| + |\Phi_+\rangle\langle\Phi_+| + |\Phi_-\rangle\langle\Phi_-|)$$

在第一种表示中，系综里的每一个成分都是可分离态，以相同的概率 1/4 混合后的结果自然是可分离态. 在第二种表示中，系综里的每一个成分都是最大纠缠态，等概率混合后，平均的 concurrence 等于 1，这显然不是我们想要的结果.

定义 11.6.3 涉及在所有系综上进行优化，这在数学计算上是非常困难的. 下面的定理极大地简化了计算过程.

定理 11.6.4 设$\hat{\rho}$是 $2\otimes 2$ 量子态的密度算符. 令$\hat{\rho}' = (\hat{\sigma}_y \otimes \hat{\sigma}_y)\hat{\rho}^*(\hat{\sigma}_y \otimes \hat{\sigma}_y)$. 计算正定矩阵$\sqrt{\hat{\rho}}\hat{\rho}'\sqrt{\hat{\rho}}$的本征值，将它们按照从大到小的次序排列，记作 $\lambda_1 \geqslant \lambda_2 \geqslant \lambda_3 \geqslant \lambda_4 \geqslant 0$. 量子态$\hat{\rho}$的 concurrence 等于

$$C(\hat{\rho}) = \max\{0, \sqrt{\lambda_1} - \sqrt{\lambda_2} - \sqrt{\lambda_3} - \sqrt{\lambda_4}\} \tag{11.6.6}$$

在这个定理中，我们遇到了对密度算符开平方的运算. 可以先通过酉变换 $\hat{U}$ 将密度算符$\hat{\rho}$对角化，对每一个对角元开平方（对角元是非负的），再通过酉变换 $\hat{U}^\dagger$ 得到$\sqrt{\hat{\rho}}$. 虽然如此，计算过程仍然很繁琐. 实际上，$\sqrt{\hat{\rho}}\hat{\rho}'\sqrt{\hat{\rho}}$和$\hat{\rho}\hat{\rho}'$（或者$\hat{\rho}'\hat{\rho}$）的本征值是相同的①，我们只要计算后者的本征值即可.

---

① n 维空间上的矩阵 M 的特征方程可以写为

$$\det(\lambda\mathbb{1}_n - M) = \lambda^n - s_1\lambda^{n-1} + s_2\lambda^{n-2} - \cdots + (-1)^n s_n = 0$$

其中$\mathbb{1}_n$是 n 维空间上的单位矩阵，系数 s_i 可以表示为

$$s_1 = \mathrm{Tr}(M), \quad s_2 = \frac{1}{2}[s_1\mathrm{Tr}(M) - \mathrm{Tr}(M^2)]$$

$$s_k = \frac{1}{k}[s_{k-1}\mathrm{Tr}(M) - s_{k-2}\mathrm{Tr}(M^2) + \cdots + (-1)^{k-1}\mathrm{Tr}(M^k)]$$

容易验证$\sqrt{\hat{\rho}}\hat{\rho}'\sqrt{\hat{\rho}}$和$\hat{\rho}\hat{\rho}'$的特征方程的展开式中的系数是相同的，故本征值是相同的.

我们来分析一个具体的例子. 设两个自旋 1/2 粒子 A 和 B 组成了自旋单态 $|\Psi_0\rangle$，受到了外界因素的干扰而变成了一个混合态，在简单的情况下，这个混合态可以写为

$$\hat{\rho}_W(p)=\frac{p}{4}1\otimes 1+(1-p)|\Psi_0\rangle\langle\Psi_0|,\quad 0\leqslant p\leqslant 1 \tag{11.6.7}$$

其中 1 是 $\mathbb{C}^2$ 上的单位阵，$\frac{1}{4}(1\otimes 1)$ 是 $\mathbb{C}^2\otimes\mathbb{C}^2$ 上的最大混合态，表示外界环境的白噪声. 当 $p=1$ 时，噪声完全掩盖了自旋单态. 我们面对的问题是：当 p 最大为多少时，$\hat{\rho}_W(p)$ 仍然是纠缠的？这个问题具有明显的实际意义，在量子计算和量子信息的理论和实验研究中，纠缠态起着重要作用，而量子态又极易受到环境的干扰和破坏，因此必须考虑在怎样的实验条件下量子态能够保有其纠缠特性. $\hat{\rho}_W(p)$ 被称为维勒(Werner)态. 另外，回顾 10.9.5 节中谈到的退极化过程，可以看到，当处于自旋单态 $|\Psi_0\rangle$ 的两体系统中的 A(或者 B)经历了退极化过程，结果就是维勒态 $\hat{\rho}_W(p)$. 令 $\hat{\Psi}_0=|\Psi_0\rangle\langle\Psi_0|$，利用克劳斯算符(10.9.21)式，有

$$\hat{\Psi}_0\longrightarrow\sum_{i=0}^{3}(\hat{K}_i\otimes 1)\hat{\Psi}_0(\hat{K}_i^\dagger\otimes 1)=\hat{\rho}_W(p)$$

上式中的算符 $\hat{K}_i\otimes 1$ 表明退极化过程仅仅作用于粒子 A，而粒子 B 不受到任何影响.

写出 $\hat{\rho}_W(p)$ 和部分转置 $\hat{\rho}_W^{T_A}(p)$ 的矩阵形式

$$\hat{\rho}_W(p)=\begin{pmatrix}\frac{p}{4} & 0 & 0 & 0\\ 0 & \frac{2-p}{4} & \frac{-1+p}{2} & 0\\ 0 & \frac{-1+p}{2} & \frac{2-p}{4} & 0\\ 0 & 0 & 0 & \frac{p}{4}\end{pmatrix},\quad \hat{\rho}_W^{T_A}(p)=\begin{pmatrix}\frac{p}{4} & 0 & 0 & \frac{-1+p}{2}\\ 0 & \frac{2-p}{4} & 0 & 0\\ 0 & 0 & \frac{2-p}{4} & 0\\ \frac{-1+p}{2} & 0 & 0 & \frac{p}{4}\end{pmatrix}$$

$\hat{\rho}_W^{T_A}(p)$ 的本征值是

$$\frac{2-p}{4},\quad\frac{2-p}{4},\quad\frac{2-p}{4},\quad\frac{-2+3p}{4}$$

容易看到，当 $\frac{2}{3}\leqslant p\leqslant 1$ 时，$\hat{\rho}_W^{T_A}(p)$ 是正定的，$\hat{\rho}_W(p)$ 是可分离态；当 $0\leqslant p<\frac{2}{3}$ 时，$\hat{\rho}_W^{T_A}(p)$ 有负的本征值，此时 $\hat{\rho}_W(p)$ 是纠缠态. 这就是说，为了保证 $\hat{\rho}_W(p)$ 是纠缠态，其中的最大混合态的成分必须低于 $\frac{2}{3}$.

上面介绍了 $2\otimes 2$ 量子系统中量子纠缠的两种度量，负性 $N(\hat{\rho})$ 和 $C(\hat{\rho})$. 需要

注意的是，在对纠缠的定性描述上它们是等价的，即当且仅当 $\hat{\rho}$ 是纠缠的，$N(\hat{\rho})>0$ 并且 $C(\hat{\rho})>0$. 但是，在定量描述上，虽然对于纯态和一些特殊的态，它们的数值是相等的，但是一般情况下它们并不等价. 而且，对于两个不同的量子态 $\hat{\rho}_1$ 和 $\hat{\rho}_2$，可能有 $N(\hat{\rho}_1)>N(\hat{\rho}_2)$，但是 $C(\hat{\rho}_1)<C(\hat{\rho}_2)$.

最后简要介绍量子纠缠的几何度量. 根据可分离态的定义，如果两个两体量子态 $\hat{\rho}_1$ 和 $\hat{\rho}_2$ 都是可分离态，那么它们的凸和 $P_1\hat{\rho}_1+P_2\hat{\rho}_2$ 也是可分离态. 推广来说，若干个可分离态 $\hat{\rho}_i$ 以概率 P_i 相加（$\sum_i P_i=1$）后的结果 $\sum_i P_i\hat{\rho}_i$ 仍然是可分离态. 这说明，所有可分离态构成了一个凸的集合，或者说，在态空间中形成了一个凸的区域，将这个区域记作 $\mathcal{D}$. 在 $\mathcal{D}$ 中，不存在纠缠态，纠缠态只能分布在该区域之外. 设 $\hat{\rho}_{\text{ent}}$ 是某个纠缠态，纠缠的几何度量就是 $\hat{\rho}_{\text{ent}}$ 与区域 $\mathcal{D}$ 的边界之间的最短距离（图 11.6.1）. 有多种不同的数学形式描述量子态之间的距离，涉及算符的范数、相对熵等概念，在此不作进一步讨论了.

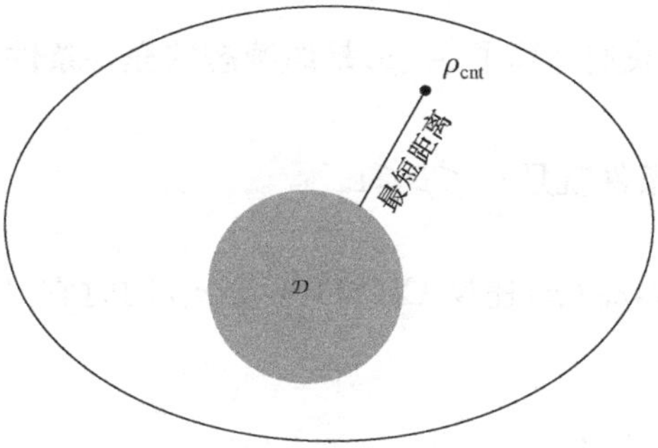

图 11.6.1　纠缠的几何度量

所有的可分离态形成了一个凸的区域 $\mathcal{D}$，纠缠态 $\hat{\rho}_{\text{ent}}$ 与该区域的最短距离就是纠缠的几何度量

11.7　量子纠缠与违反贝尔不等式的关系

前面说过，如果某个两体量子态违反贝尔不等式，那么就表明子系统之间存在量子关联——不能用经典观点解释的关联行为. 在上一节关于量子纠缠的讨论中我们看到，纠缠态不能表示为定域量子态的混合，这也是关联行为的一种反映. 于是有了两种不同的描述关联的方式，我们应该对它们进行比较. 为了利用以前的讨论结果，本节只考虑 $2\otimes2$ 量子态.

首先需要注意到，贝尔不等式是与测量有关的，涉及具体的测量方式和测量结果的统计分布，在数学形式上表示为观测量的期望值或者观测结果出现的概率. 而且，贝尔不等式形式多样，难以穷尽，我们详细讨论过的 CHSH 不等式只是最为简单的一种. 如果 $\hat{\rho}$ 违反某个贝尔不等式 BI (Bell Inequality)，那么我们可以立即说,$\hat{\rho}$ 中包含非定域性,包含由不等式 BI 衡量的量子关联. 但是,如果 $\hat{\rho}$ 满足这个特定的 BI,那么我们难以说出明确的结论. 另一方面,量子纠缠的定义是数学上的定义,不涉及测量过程. 在我们目前讨论的 $2\otimes 2$ 情形下,量子态纠缠与否是可以严格区分的. 现在,把这两个概念放在一起考虑,容易得到如下结论.

定理 11.7.1 可分离的量子态满足贝尔不等式,或者反过来说,违反贝尔不等式的量子态一定是纠缠态.

但是,这个定理的否命题或逆命题却不成立. 下面我们以维勒态为例来说明这个问题.

为了便于比较,我们把(11.6.7)式的维勒态中的参数 p 换为 $1-p$,维勒态改写为

$$\hat{\rho}_W(p)=\frac{1-p}{4}1\otimes 1+p|\Psi_0\rangle\langle\Psi_0|,\quad 0\leqslant p\leqslant 1 \tag{11.7.1}$$

在 11.4.3 节的末尾,我们计算了 $\hat{\rho}_W(p)$ 违反 CHSH 不等式的充要条件,即 $p>\frac{1}{\sqrt{2}}$. 在上一节的末尾,我们计算了 $\hat{\rho}_W(p)$ 是纠缠态的充要条件,将那里的结果中的 p 换为 $1-p$,这个充要条件就是 $\frac{1}{3}<p\leqslant 1$.

- 当 $\frac{1}{\sqrt{2}}<p\leqslant 1$ 时,$\hat{\rho}_W(p)$ 违反 CHSH 不等式,同时它又是一个纠缠态. 符合定理 11.7.1 的结论.

- 当 $0<p\leqslant\frac{1}{3}$ 的时候,$\hat{\rho}_W(p)$ 是可分离态,同时也满足 CHSH 不等式. 这仍然是是定理 11.7.1 的结论.

- 当 $\frac{1}{3}<p\leqslant\frac{1}{\sqrt{2}}$ 的时候,$\hat{\rho}_W(p)$ 是纠缠态,满足 CHSH 不等式. 这时,定理 11.7.1 不适用.

因此,$\frac{1}{3}<p\leqslant\frac{1}{\sqrt{2}}$ 是需要仔细分析的情形.

- 1989 年,维勒证明了,当 $p\leqslant\frac{1}{2}$ 时,可以用隐变量模型解释所有的投影测量结果的统计分布.

- 2002 年,Barrett 证明了,当 $p\leqslant\frac{5}{12}$ 时,可以用隐变量模型解释所有形式的测量(不仅仅是投影测量,也可以是广义测量)结果的统计分布.

- 2006 年,Acín 等人证明了,当 $p\lesssim 0.66$ 的时候,存在隐变量模型解释所有

的投影测量结果的统计分布.

以上结果说明,当$\frac{1}{3}<p\lesssim 0.66$的时候,虽然$\hat{\rho}_W(p)$是纠缠态,但是,如果我们用联合投影测量的方式检验其中的定域性或非定域性,那么将会发现,可以存在一个隐变量模型用以解释测量结果的统计分布. 也就是说,量子纠缠和违反贝尔不等式不是等价的概念(图 11.7.1). 目前,人们仍在研究$p\in[0.66,1/\sqrt{2}]$区域内维勒态中的非定域性.

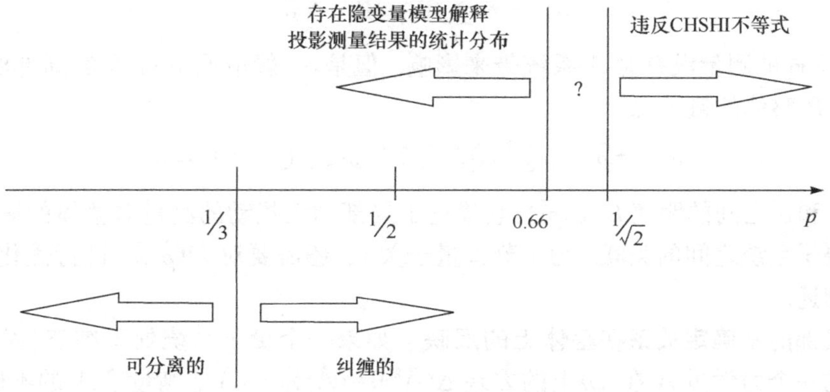

图 11.7.1 维勒态$\hat{\rho}_W(p)$表现出的纠缠特性与非定域性

11.8 小结和讨论

前面谈到的贝尔不等式的违反和量子纠缠都能够反映量子关联,但是,量子关联是一个很广泛的概念,可以有多种不同的表现形式. 违反贝尔不等式和量子纠缠只是量子关联的两个侧面. 在这个意义上,量子关联这个概念就如同量子系统一样表现出"量子性"——从某个视角考察量子关联,得到与该视角有关的结论,换一个视角,则得到另一个的结论,从不同的视角得到的结论不一定是相容的. 虽然如此,不同的视角具有一个共同的特征,那就是,通过考察整体与部分之间的差异研究关联行为. 贝尔不等式的违反和量子纠缠都体现了这个特征. 按照这个思路,可以定义量子关联的其他度量方式,以下是简要介绍. 为了避免引入更多的数学内容,我们只作定性讨论.

局部酉变换对整体的影响 设A和B构成了一个两体量子系统,整体的量子态是$\hat{\rho}$,两个约化密度矩阵分别是$\hat{\rho}^A=\mathrm{Tr}_B\hat{\rho}$和$\hat{\rho}^B=\mathrm{Tr}_A\hat{\rho}$. 考虑对其中一个子系统(比如$A$)的局部酉变换,记作$\hat{U}^A$. 从局部来看,$A$的状态从$\hat{\rho}^A$变为$\hat{U}^A\hat{\rho}^A\hat{U}^\dagger$,从整体来看,$AB$的状态从$\hat{\rho}$变为$\hat{\rho}'=(\hat{U}^A\otimes 1^B)\hat{\rho}(\hat{U}^A\otimes 1^B)^\dagger$. 一般来说,对$A$的酉变

换不但改变了 $\hat{\rho}^A$，也改变了 $\hat{\rho}$. 现在设想对 A 的酉变换没有改变 $\hat{\rho}^A$，即 $\hat{\rho}^A=\hat{U}^A\hat{\rho}^A\hat{U}^\dagger$，那么，$\hat{\rho}$ 和 $\hat{\rho}'$ 的差别就体现了局部酉变换对整体的影响. 用 $D(\hat{\rho},\hat{\rho}')$ 表示 $\hat{\rho}$ 和 $\hat{\rho}'$ 之间的距离，具体的数学形式可以用算符的范数或相对熵表示，这个距离可以用来衡量 A 与 B 之间的关联程度. 但是，为了得到量子关联，我们还需要从 $D(\hat{\rho},\hat{\rho}')$ 中去除经典关联的成分，这涉及更详细的计算，不在此展开叙述了.

局部测量对整体的影响 设想对 A 的操作是投影测量而不是酉变换，而且，投影测量算符 $\hat{\Pi}_i^A$ 与 $\hat{\rho}^A$ 对易，那么测量后 $\hat{\rho}^A$ 的形式是不变的，即

$$\hat{\rho}^A \longrightarrow \sum_i \hat{\Pi}_i^A\hat{\rho}^A\hat{\Pi}_i^A = \hat{\rho}^A$$

于是，这样的测量没有对 A 系统带来影响. 但是，一般情况下对 A 的局部测量会改变 AB 整体的量子态，

$$\hat{\rho} \longrightarrow \hat{\rho}' = \sum_i (\hat{\Pi}_i^A \otimes \mathbb{1}^B)\hat{\rho}(\hat{\Pi}_i^A \otimes \mathbb{1}^B) \neq \hat{\rho}$$

定义 $\hat{\rho}$ 和 $\hat{\rho}'$ 之间的距离 $D(\hat{\rho},\hat{\rho}')$，它描述了局部的无扰动的测量对整体的影响，可以反映子系统之间的关联. 为了刻画量子关联，还需要对 $D(\hat{\rho},\hat{\rho}')$ 进行优化，对此不作细述.

局部的不确定关系在整体上的反映 如果一个量子系统处于纯态 $|\psi\rangle$，那么系统的一个力学量 $\hat{A}$ 在 $|\psi\rangle$ 上的方差 $\Delta(\hat{A}^2)=\langle\hat{A}^2\rangle_\psi-\langle\hat{A}\rangle_\psi^2$ 衡量了 $\hat{A}$ 的不确定程度. 如果系统处于混合态 $\hat{\varrho}$，我们需要用另一个量描述 $\hat{A}$ 的不确定性. 令

$$\mathcal{I}(\hat{\varrho},\hat{A}) = -\frac{1}{2}\mathrm{Tr}\{[\sqrt{\hat{\varrho}},\hat{A}]^2\}$$

$\mathcal{I}(\hat{\varrho},\hat{A})$ 被称为偏斜信息（Skew Information）. 容易验证，当 $\hat{\varrho}$ 是纯态的时候，偏斜信息等于方差 $\Delta(\hat{A}^2)$，而且，当且仅当 $[\hat{\varrho},\hat{A}]=0$ 时，偏斜信息为零. 因此 $\mathcal{I}(\hat{\varrho},\hat{A})$ 被视作力学量 $\hat{A}$ 在量子态 $\hat{\varrho}$ 上的不确定量. 现在在两体量子系统中考虑局部力学量在整体量子态上的不确定量. 虽然对于局部量子态 $\hat{\rho}^A$ 总可以找到 A 系统的某个力学量 $\hat{A}$ 使得 $[\hat{\rho}^A,\hat{A}]=0$，但是一般情况下 $[\hat{\rho},\hat{A}\otimes\mathbb{1}]\neq 0$，这就是说，局部的确定性在整体上表现出不确定性. 这符合我们的常识：分析少数几个粒子是可行的，处理大量粒子则很是不易；把握事件的局部是容易的，掌控全局则是困难的. 按照这个想法，考虑局部力学量 $\hat{A}$ 在整体量子态 $\hat{\rho}$ 上的不确定量

$$\mathcal{I}(\hat{\rho},\hat{A}\otimes\mathbb{1}) = -\frac{1}{2}\mathrm{Tr}\{[\sqrt{\hat{\rho}},\hat{A}\otimes\mathbb{1}]^2\}$$

对这个量优化（细节不在此叙述），视作量子关联的一种度量.

除了上面介绍的观点，还有若干种重要的量子关联的度量形式，例如量子失谐（Quantum Discord），量子关联的几何度量等等. 为了阐述这些概念，需要在算子代数和量子熵等方面进行一番数学准备，这将使得本书的内容过于繁杂，所以我们就此停下，不作进一步的详细叙述. 为了区别于出现在贝尔不等式的违反和量子

纠缠中的量子关联，我们把上述量子关联的度量方式称为**面向操作的量子关联**[①].

目前，人们对量子关联的研究仍在继续，这些内容难以在此尽述. 在本章的最后，我们用一个示意图说明量子关联的多样性. 在图 11.8.1 中，首先注意纠缠态和可分离态的划分，这是数学意义上的划分，因而是较为严格的. 然后注意到，有些纠缠态违反贝尔不等式，表现出非定域性；而对于另外一些纠缠态，则存在隐变量模型解释测量结果的统计分布，就特定的测量方式(例如投影测量)而言，这些纠缠态没有表现出非定域性. 另一方面，从面向操作的量子关联来看，即便在可分离态中也可以存在该种量子关联. 当然，在纠缠态中是一定存在面向操作的量子关联的.

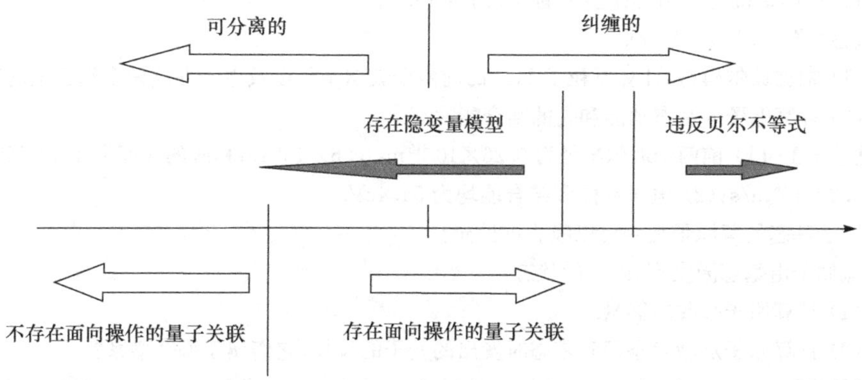

图 11.8.1　量子关联的多样性

① 这个说法并不十分确切，对贝尔不等式的违反也是要通过操作(即测量)来体现的. 但是我们应该注意到，与违反贝尔不等式相关的测量是指向隐变量理论的，是为了检验隐变量模型是否成立. 而这里提到的面向操作的量子关联是希望通过(局部)操作直接揭示量子关联，二者还是有明显的区别的.

习题与答案

第1章

1.1　在汤姆孙的原子模型中，电荷均匀地分布在一个球形区域内. 已知氢原子的电离能是13.6eV，试确定汤姆孙模型中的氢原子半径.

【答案】　0.16×10^{-9}m.

(1) 根据玻尔模型，计算氦粒子 He^+ 的前两个玻尔半径以及电子在这两个轨道上的速度.

(2) 计算电子的基态动能和它的结合能.

【答案】　(1) 前两个玻尔半径为 0.26×10^{-10}m，1.06×10^{10}m，相应的速度为 4.4×10^6m/s，2.2×10^6m/s；(2) 电子动能和结合能均为54.4eV.

1.2　处于基态的氢原子是否可以吸收可见光？

1.3　氢原子由基态激发到 $n=4$ 的状态，

(1) 计算原子吸收的能量.

(2) 计算原子从激发态回到基态时发出的光子的波长，它们属于哪个谱系？

【答案】　(1) 12.75eV；(2) 97.4nm，102.7nm，121.8nm，莱曼系；487nm，653nm，巴耳末系；1911nm，帕邢系.

1.4　能量为 $h\nu$ 的光子与一个静质量为 m 静止的电子发生碰撞，证明：在物理上光子不可能将其所有的能量传递给电子.

【答案】　假设光子将所有的能量传递给了电子，那么根据能量和动量守恒定律，有

$$h\nu + mc^2 = m\gamma c^2$$

$$\frac{h\nu}{c} = m\gamma\beta c$$

其中 $\beta=v/c$，$\gamma=1/\sqrt{1-\beta^2}$，$v$ 是碰撞后电子的速度. 从中解出 $\gamma\beta=\gamma-1$，这意味着 $\beta=0$，与假设是矛盾的.

1.5　波长为0.071nm的X射线被自由电子散射到与入射方向呈135°夹角的方向，求散射光子的能量.

【答案】　16.5keV.

1.6　显微镜可以分辨的最小间隔原则上约等于照射光的波长. 电子显微镜的电子束能量为50keV. 计算这种电子显微镜的分辨本领.

【答案】　5.5×10^{-3}nm.

1.7　粒子的约化康普顿波长为 $\lambda_c=\dfrac{\hbar}{mc}$，$m$ 为粒子的静止质量. 电子的经典半径为 $r_e=$

$\frac{e^2}{4\pi\varepsilon_0 m_e c^2}$，$m_e$ 是电子的静质量. 计算电子的约化康普顿波长及经典半径与氢原子的玻尔半径之比.

【答案】 氢原子的玻尔半径为 $a_0=\frac{4\pi\varepsilon_0\hbar^2}{m_e e^2}\approx 0.53$Å，

$$\frac{\lambda_c}{a_0}=\frac{e^2}{4\pi\varepsilon_0\hbar c}=\alpha,\quad \frac{r_e}{a_a}=\left(\frac{e^2}{4\pi\varepsilon_0\hbar c}\right)^2=\alpha^2$$

α 为精细结构常数，$\alpha\approx\frac{1}{137}$.

1.8 一个 100MeV 的光子被一个质子散射，计算在散射角为 90°的方向上散射光子的能量以及反冲质子的速度.

【答案】 光子能量为 9.6MeV；反冲质子的速度为 0.14c.

1.9 中子的质量为 1.675×10^{-27} kg，在室温(约 25℃)下处于热平衡状态.

(1) 计算中子的动能和相应的德布罗意波长.

(2) 当中子束入射到晶格间距为 2.82Å 的 NaCl 晶体上时，计算反射束出现第一个最大时的入射角度.

【答案】 (1) 0.146nm；(2) 15.5°.

第 2 章

2.1 对于定态薛定谔方程

$$\frac{d^2\psi(x)}{dx^2}+\frac{2m}{\hbar^2}[E-V(x)]\psi(x)=0$$

是否存在束缚态取决于在无穷远处 $\psi(x)$ 是否趋于零. 设 $\lim\limits_{x\to\pm\infty}V(x)=V_\pm$，且 $V_+<V_-$. 确定在以下情况下能量为 E 的波函数 $\psi(x)$ 是否为束缚态.

(1) $E>V_-$；(2) $V_->E>V_+$；(3) $V_+>E$.

2.2 证明一维问题的束缚态的能级总是非简并的.

2.3 对于下图给出的一维势能，计算处于其中的质量为 m 的粒子的束缚态能级.

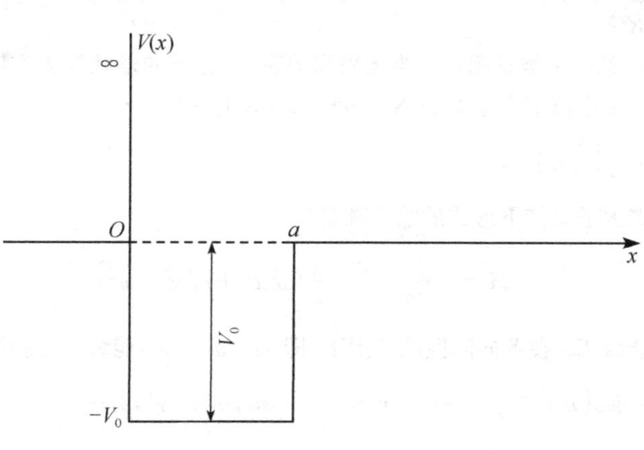

【答案】 当 $a^2V_0 \geqslant \dfrac{\hbar^2\pi^2}{8m}$ 时，至少存在一个束缚态能级.

2.4 证明在一维定态问题中，当势能 $V(x)$ 存在有限间断点时，波函数的一阶导数仍然是连续的.

2.5 金属中的自由电子在金属的表面受到一个阶梯势能的约束（如图所示），根据经典力学的观点，当粒子的能量不足以越过这个阶梯势的时候，透射概率为零，即电子不可能跑到金属外面去. 根据量子理论计算当电子的能量 $E>0$ 以及 $-V_0<E<0$ 时电子在金属表明的反射概率和透射概率.

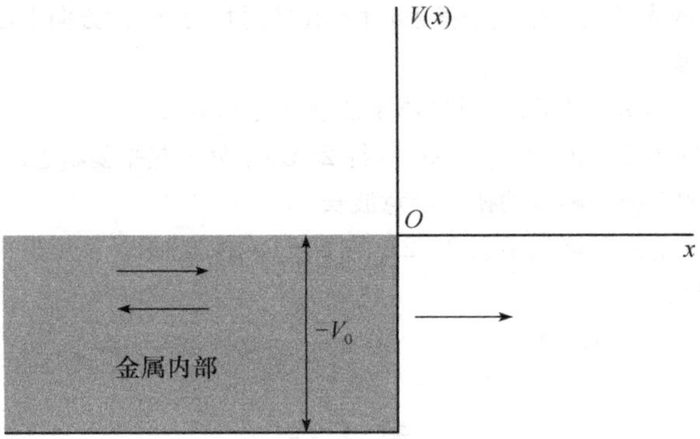

【答案】 当 $E>0$ 时

$$T=\frac{4\sqrt{E(E+V_0)}}{(\sqrt{E+V_0}+\sqrt{E})^2},\quad R=\frac{V_0^2}{(\sqrt{E+V_0}+\sqrt{E})^4}$$

当 $-V_0<E<0$ 时，$T=0$，$R=1$. 但是，电子有一定的概率出现在金属外部，即

$$\text{电子出现在金属外部的概率} \propto 4\frac{V_0-|E|}{V_0}\mathrm{e}^{-x/d}$$

2.6 质量为 m 的粒子被束缚在半径为 R 的球形容器中，当粒子处于基态时，求出粒子对容器壁的压强.

【答案】 $\dfrac{\pi\hbar^2}{4mR^5}$.

2.7 一个质量为 m 的粒子被禁闭在三维无限深势阱中，势阱的形状为立方体，边长为 L. 给出能量小于某个给定值 E 的态数目 N 的表达式，假定 $N\gg 1$.

【答案】 $\dfrac{4\pi}{3}\left(\dfrac{mL^2}{2\pi^2\hbar^2}E\right)^{3/2}$.

2.8 各向异性的谐振子有如下形式的哈密顿量

$$H=-\frac{\hbar^2}{2m}\nabla^2+\frac{m}{2}(\omega_1^2x^2+\omega_2^2y^2+\omega_3^2z^2)$$

确定系统的能级 E_n. 在各向同性的情形下，即 $\omega_1=\omega_2=\omega_3$，能级 E_n 简并度是多少?

【答案】 $E_n=\hbar\omega\left(n+\dfrac{3}{2}\right)$，$n=n_1+n_2+n_3$，$n_1,n_2,n_3=0,1,2,\cdots$

简并情形下，E_n 的简并度为$\frac{1}{2}(n+1)(n+2)$.

2.9 在 $t=0$ 时刻氢原子的波函数为

$$\psi(\boldsymbol{r},0)=\frac{1}{\sqrt{10}}(2\psi_{1,0,0}+\psi_{2,1,0}+\sqrt{2}\psi_{2,1,1}+\sqrt{3}\psi_{2,1,-1})$$

(1) 计算该体系能量的期望值.

(2) 写出 t 时刻体系的波函数 $\psi(\boldsymbol{r},t)$.

(3) t 时刻体系处于状态 $l=1,m=1$ 的概率是多少？

【答案】 (1) 能量期望值$=\frac{11}{20}\times$氢原子基态能量.

(2) $\psi(\boldsymbol{r},t)=\frac{1}{\sqrt{10}}(2e^{-i\omega_1 t}\psi_{1,0,0}+e^{i\omega_2 t}\psi_{2,1,0}+\sqrt{2}e^{-i\omega_2 t}\psi_{2,1,1}+\sqrt{3}e^{-i\omega_2 t}\psi_{2,1,-1})$，其中 $\omega_1=E_1/\hbar,\omega_2=E_2/\hbar$，$E_1$ 和 E_2 分别为基态和的第一激发态的能量.

(3) 概率为 1/5.

第 3 章

3.1 设厄密算子 $\hat{A}$ 的本征值方程为 $\hat{A}|a\rangle=a|a\rangle$，且没有简并.

(1) 证明 $\prod_a(\hat{A}-a)$ 是零算子.

(2) 考虑将算子

$$\prod_{a'\neq a}\frac{A-a'}{a-a'}$$

作用于任意某个态，指出该算子的意义.

【答案】 (2) 该算子相当于投影算子$|a\rangle\langle a|$.

3.2 氢原子的波函数为 $\psi_{nlm}(r,\theta,\varphi)$，证明克拉默(Kramers)公式，

$$\frac{s+1}{n^2}\langle r^s\rangle-(2s+1)a\langle r^{s-1}\rangle+\frac{s}{4}[(2l+1)^2-s^2]a^2\langle r^{s-2}\rangle=0$$

其中$\langle r^s\rangle$为 r^s 在波函数 $\psi_{nlm}(r,\theta,\varphi)$中的期望值，$a$ 为玻尔半径，$s>-2l-3$.

【答案】 设 $\rho=r/a$，氢原子的径向波函数方程为

$$\frac{d^2R_{nl}}{d\rho^2}+\left[\frac{2}{\rho}-\frac{1}{n^2}-\frac{l(l+1)}{\rho^2}\right]R_{nl}=0$$

在该方程的两边同乘以

$$\rho^{s+1}\frac{dR_{nl}}{d\rho}-\frac{1}{2}(s+1)\rho^s R_{nl}$$

然后对 ρ 作积分.

3.3 对于势能为 $V(x)$的一维定态情形，证明

$$\Delta E\Delta x\geqslant\frac{\hbar}{2m}\langle\hat{p}_x\rangle$$

3.4 设三个力学量 $\hat{A},\hat{B},\hat{C}$,如果$[\hat{B},\hat{C}]=\hat{A},[\hat{A},\hat{C}]=\hat{B}$,证明

$$\Delta(\hat{A}\hat{B})\Delta\hat{C}\geqslant\frac{1}{2}\langle\hat{A}^2+\hat{B}^2\rangle$$

3.5 对于厄密算子 $\hat{A}$ 和 $\hat{B}$,证明,当且仅当$[\hat{A},\hat{B}]=0$ 时,$[\hat{A},\hat{B}]$是厄密算子.

(1) 设 x 和 p_x 是经典情形下一维运动的位置和动量,计算经典泊松括号

$$[x,f(p_x)]_{\text{Poisson}}$$

(2) 在量子力学中,位置和动量分别用算子 $\hat{x}$ 和 $\hat{p}_x$ 表示,计算对易子

$$\left[\hat{x},\exp\left(\frac{\mathrm{i}a\hat{p}_x}{\hbar}\right)\right]$$

其中 a 为常数.

(3) 设 $\hat{x}$ 的本征值方程为 $\hat{x}|x'\rangle=x'|x'\rangle$,证明

$$\exp\left(\frac{\mathrm{i}a\hat{p}_x}{\hbar}\right)|x'\rangle$$

是位置算子 $\hat{x}$ 的本征态.相应的本征值是多少?

【答案】 (a) $\dfrac{\partial f(p_x)}{\partial x}$;(b) $-a\exp\left(\dfrac{\mathrm{i}a\hat{p}_x}{\hbar}\right)$;(c) 本征值为 $x'-a$.

3.6 考虑一维谐振子.在海森堡图像中,t 时刻粒子运动的位置算子为 $\hat{x}(t)$,计算如下对易子:(1) $[\hat{x}(t_1),\hat{x}(t_2)]$;(2) $[\hat{x}(t_1),\hat{p}(t_2)]$;(3) $[\hat{p}(t_1),\hat{p}(t_2)]$

【答案】 (1) $-\dfrac{\mathrm{i}\hbar}{m}\sin(\omega t_1-\omega t_2)$;(2) $\mathrm{i}\hbar\cos(\omega t_1-\omega t_2)$;(3) $-\mathrm{i}\hbar m\omega\sin(\omega t_1-\omega t_2)$.

结果表明,即使对于同一个力学量,在不同的时刻也未必是对易的.

3.7 粒子在三维空间中运动,哈密顿量为 $\hat{H}=\dfrac{\hat{p}^2}{2m}+V(\hat{\boldsymbol{x}})$,

(1) 计算$[\hat{\boldsymbol{x}}\cdot\hat{\boldsymbol{p}},H]$,并证明

$$\frac{\mathrm{d}}{\mathrm{d}t}\langle\hat{\boldsymbol{x}}\cdot\hat{\boldsymbol{p}}\rangle=\left\langle\frac{\hat{p}^2}{m}\right\rangle-\langle\hat{\boldsymbol{x}}\cdot\nabla V(\hat{\boldsymbol{x}})\rangle$$

(2) 为了得到量子情形下的位力定理,上式的左端需为零,在什么情况下可以如此?

【答案】 (1) $[\hat{\boldsymbol{x}}\cdot\hat{\boldsymbol{p}},H]=\dfrac{\mathrm{i}\hbar}{m}\boldsymbol{p}^2-\mathrm{i}\hbar\boldsymbol{x}\cdot\nabla V(\hat{\boldsymbol{x}})$;(2) 定态情形.

3.8 一维谐振子的基态记作$|0\rangle$,在位置表象中的具体形式为

$$\psi_0(x)=\langle x\mid 0\rangle=\pi^{-1/4}x_0^{-1/2}\exp\left[-\frac{1}{2}\left(\frac{x}{x_0}\right)^2\right],\quad x_0=\left(\frac{\hbar}{m\omega}\right)^{1/2}$$

(1) 计算 $\exp\left[-\dfrac{\mathrm{i}a\hat{p}}{\hbar}\right]|0\rangle$;

(2) 设 $t=0$ 时刻系统的态由(1)中的结果描述,此时系统处于基态的概率的是多少?当$t>0$ 时这个概率会有所改变吗?

【答案】 (1) $\pi^{-1/4}x_0^{-1/2}\exp\left[-\dfrac{1}{2}\left(\dfrac{x-a}{x_0}\right)^2\right]$;(2) $t=0$ 时,处于基态的概率为 $\exp\left[-\dfrac{a^2}{2x_0^2}\right]$,

$t>0$ 时也如此.

3.9 对于给定的厄密算子 $\hat{x}$ 和 $\hat{p}$ 以及对易关系$[\hat{x},\hat{p}]=\mathrm{i}\hbar$,证明,如果将算子 $\hat{x}$ 表示为一个标量函数 x,那么算子 p 的表示为

$$\hat{p}=-\mathrm{i}\hbar\frac{\partial}{\partial x}+f(x)$$

其中 $f(x)$是 x 下任意函数.

【注】 狄拉克指出,适当地选择波函数的相因子,可以使函数 $f(x)$为零.

3.10 海森伯图像中,位置算子随时间变化,即 $\hat{x}(t)$. 定义关联函数为

$$C(t)=\langle\hat{x}(t)\hat{x}(0)\rangle$$

对于一维谐振子的基态,计算关联函数 $C(t)$.

【答案】 $\dfrac{\hbar}{2m\omega}\mathrm{e}^{-\mathrm{i}\omega t}$.

3.11 一维谐振子的本征态记作$|n\rangle$,$n=0,1,2,\cdots$.

(1) 构造一个由$|0\rangle$和$|1\rangle$线性叠加而成的态,使得 $\hat{x}$ 在这个态中的期望值为最大.

(2) 设 $t=0$ 时刻的系统的量子态为(1)中所得结果,$t>0$ 时系统的态是怎样的?

(3) 分别在薛定谔图像和海森堡图像中计算 $t>0$ 时位置算子 $\hat{x}$ 的期望值.

【答案】 (1) $\dfrac{1}{\sqrt{2}}(|0\rangle+|1\rangle)$;(2) $\dfrac{1}{\sqrt{2}}\mathrm{e}^{-\mathrm{i}\omega t/2}(|0\rangle+\mathrm{e}^{-\mathrm{i}\omega t}|1\rangle)$;(3) $\sqrt{\dfrac{\hbar}{2m\omega}}\cos\omega t$.

3.12 质量为 m 的粒子在一维势能 $V(x)$中运动,哈密顿量为 $H=\dfrac{\hat{p}^2}{2m}+V(\hat{x})$,证明 Thomas-Reiche-Kuhn 公式,即

$$\sum_n(E_n-E_m)\mid x_{nm}\mid^2=\frac{\hbar^2}{2m}$$

其中的求和是对所有的态而言的,x_{nm}是位置算子 $\hat{x}$ 的矩阵元.

第 4 章

4.1 设自旋为 1/2 的粒子处于算子 $\hat{\boldsymbol{S}}\cdot\boldsymbol{n}$ 的本征值为 $\hbar/2$ 的本征态,$\boldsymbol{n}$ 是三维空间中的单位向量,

$$\boldsymbol{n}=(\sin\theta,0,\cos\theta)$$

(1) 如果测量力学量 S_x,那么得到的结果为 $\hbar/2$ 的概率是多少?

(2) 计算力学量 S_x 的弥散(dispersion),即

$$\langle(S_x-\langle S_x\rangle)^2\rangle$$

【答案】 (1) $\dfrac{1}{2}(1+1\sin\theta)$;(2) $\dfrac{\hbar^2}{4}\cos^2\theta$.

4.2 旋转变换的参数可以设为三个欧拉角 α,β,γ. 两维希尔伯特空间中的旋转变换矩阵可以表示为

$$D^{(1/2)}(\alpha,\beta,\gamma)=\exp\left[\frac{-\mathrm{i}\alpha\sigma_z}{2}\right]\exp\left[\frac{-\mathrm{i}\beta\sigma_y}{2}\right]\exp\left[\frac{-\mathrm{i}\gamma\sigma_z}{2}\right]$$

$$=\begin{pmatrix} \mathrm{e}^{-\mathrm{i}(\alpha+\gamma)/2}\cos\dfrac{\beta}{2} & -\mathrm{e}^{-\mathrm{i}(\alpha-\gamma)/2}\sin\dfrac{\beta}{2} \\ \mathrm{e}^{\mathrm{i}(\alpha-\gamma)/2}\sin\dfrac{\beta}{2} & \mathrm{e}^{\mathrm{i}(\alpha+\gamma)/2}\cos\dfrac{\beta}{2} \end{pmatrix}$$

另一方面,旋转变换也可以用"绕空间某个方向 $\boldsymbol{n}$ 旋转角度 ϕ"来描述.求出 ϕ 与三个欧拉角之间的关系.

【答案】 $\phi=\arccos\left[2\cos^2\dfrac{\beta}{2}\cos^2\dfrac{\alpha+\gamma}{2}-1\right]$.

4.3 设粒子在球对称势场中的波函数为

$$\psi(\boldsymbol{r})=(x+y+3z)f(r)$$

(1) $\psi(\boldsymbol{r})$是不是 L^2 的本征态?如果是的,相应的角动量量子数 l 为多少?如果不是的,那么在 $\psi(\boldsymbol{r})$测量 L^2,可能得到的值是多少?

(2) 当角动量量子数 l 给定时,对于不同的 m_l,粒子处于$|l,m_l\rangle$的概率是多少?

【答案】 (1) $\psi(\boldsymbol{r})$是 L^2 的本征态,$l=1$;(2) 处于$|1,0\rangle$,$|1,1\rangle$,$|1,-1\rangle$的概率分别为$\dfrac{9}{11}$,$\dfrac{1}{11}$,$\dfrac{1}{11}$.

4.4 证明:如果一个算子与角动量 $\hat{\boldsymbol{J}}$ 的两个分量对易,那么也将于 $\hat{\boldsymbol{J}}$ 的第三个分量对易.考虑一个自旋为 1 的粒子,即 $s=1$,

(1) 在$(\hat{S}^2,\hat{S}_z)$表象中写出 $\hat{S}_x,\hat{S}_y,\hat{S}_z$ 的矩阵形式.

(2) 证明三个算子 $\hat{S}_x^2,\hat{S}_y^2,\hat{S}_z^2$ 是彼此对易的.

(3) 在$(\hat{S}_x^2,\hat{S}_y^2,\hat{S}_z^2)$表象中再次写出 $\hat{S}_x,\hat{S}_y,\hat{S}_z$ 的矩阵形式.

【答案】 (1) $\hat{S}_x=\dfrac{\hbar}{\sqrt{2}}\begin{pmatrix}0&1&0\\1&0&1\\0&1&0\end{pmatrix}$,$\hat{S}_y=\dfrac{\hbar}{\sqrt{2}}\begin{pmatrix}0&-\mathrm{i}&0\\\mathrm{i}&0&-\mathrm{i}\\0&\mathrm{i}&0\end{pmatrix}$,$\hat{S}_z=\dfrac{\hbar}{\sqrt{2}}\begin{pmatrix}1&0&0\\0&0&0\\0&0&-1\end{pmatrix}$;

(3) $\hat{S}_x=\hbar\begin{pmatrix}0&0&0\\0&0&1\\0&1&0\end{pmatrix}$,$\hat{S}_y=\hbar\begin{pmatrix}0&0&-\mathrm{i}\\0&0&0\\\mathrm{i}&0&0\end{pmatrix}$,$\hat{S}_z=\hbar\begin{pmatrix}0&1&0\\1&0&0\\0&0&0\end{pmatrix}$.

4.5 在对于角动量为 $\hat{\boldsymbol{J}}$ 的量子系统作旋转变换的时候,可以定义矩阵 $\boldsymbol{d}^{(j)}(\beta)$,它的矩阵元为

$$d_{mm'}^{(j)}(\beta)=\langle j,m\mid\exp\left(\frac{\mathrm{i}\beta J_y}{\hbar}\right)\mid j,m'\rangle$$

对于任意的角动量量子数 j(整数或半整数),计算

$$\sum_{m=-j}^{j}\mid d_{mm'}^{(j)}(\beta)\mid m$$

特别地,当 $j=1/2$ 时,上式等于多少?

【答案】 $m'\cos\beta$.

4.6 考虑轨道角动量的 z 分量 $\hat{L}_z$ 以及在球坐标中的表示 $\hat{L}_z=-\mathrm{i}\hbar\dfrac{\partial}{\partial\varphi}$.

(1) 计算对易子$[\hat{\varphi},\hat{L}_z]$.

(2) 设粒子在两维平面上运动，则 $\hat{L}_z$ 的一个本征态可以是 $\psi=\dfrac{1}{\sqrt{2\pi}}$. 计算 $\hat{\varphi}$ 在 ψ 中的方均根偏差 $\Delta\varphi$.

(3) 根据(1)的结果，$\hat{\varphi}$ 和 $\hat{L}_z$ 之间的不确定关系应该是 $\Delta\varphi\Delta L_z\geqslant\hbar/2$，结合问题(2)，说明这一结果是否合理.

【答案】 (1) $[\hat{\varphi},\hat{L}_z]=\mathrm{i}\hbar$；(2) $\Delta\varphi=\pi/\sqrt{3}$；

(3) 如果说 $\Delta\varphi\Delta L_z\geqslant\hbar/2$，那么当 $\Delta L_z=0$ 时，$\Delta\varphi$ 应该趋于无穷大，而(2)给出的上限却是 $\Delta\varphi=\pi/\sqrt{3}$，因此 $\Delta\varphi\Delta L_z\geqslant\hbar/2$ 是不合理的. 原因在于，角度 φ 的变化范围是 $\varphi\in[0,2\pi)$，在这个区间上定义的波函数需满足 $\int_0^{2\pi}\psi^*\psi\mathrm{d}\varphi<\infty$，即波函数是平方可积的. 但是，在满足这个条件的函数所构成的空间中，L_z 不是厄密的. 厄密性的条件意味着 $\langle\psi_1|L_1\psi_2\rangle=\langle L_z\psi_1|\psi_2\rangle$，只有当波函数满足周期性条件 $\psi(0)=\psi(2\pi)$ 的时候，厄密性的条件才成立.

4.7 考虑到上一题中出现的矛盾，Louisell 提出，角度变量可以用 $\sin\varphi$ 和 $\cos\varphi$ 表示.

(1) 证明$[\sin\varphi,\hat{L}_z]=\mathrm{i}\hbar\cos\varphi$，$[\cos\varphi,\hat{L}_z]=-\mathrm{i}\hbar\sin\varphi$

(2) 求出 $\sin\varphi$ 和 $\hat{L}_z$ 之间以及 $\cos\varphi$ 和 $\hat{L}_z$ 之间的不确定关系.

【答案】 (2) $\Delta L_z\Delta(\sin\varphi)\geqslant\dfrac{\hbar\langle\cos\varphi\rangle}{2}$，$\Delta L_z\Delta(\cos\varphi)\geqslant\dfrac{\hbar\langle\sin\varphi\rangle}{2}$.

4.8 两个自旋 1/2 设粒子组成的两体系统的哈密顿量为

$$H=A(S_z^{(1)}+S_z^{(2)})+B\hat{\boldsymbol{S}}^{(1)}\cdot\hat{\boldsymbol{S}}^{(2)}$$

其中，A 和 B 为常数，上标(1)和(2)表示第一个或第二个粒子. 哈密顿量中与 B 有关的项表示的两个粒子间的相互作用或耦合. 求出该哈密顿量的所有能级.

【答案】 $A\hbar+B\dfrac{\hbar^2}{4}$，$B\dfrac{\hbar^2}{4}$，$-A\hbar+B\dfrac{\hbar^2}{4}$，$-\dfrac{3}{4}B\hbar^2$.

4.9 角动量算子 $\hat{J}^2$ 和 $\hat{J}_z$ 的共同本征态记作$|jm\rangle$. 计算

$$(\Delta J_x)^2+(\Delta J_y)^2+(\Delta J_z)^2$$

的最小值.

【答案】 当 $m=j$ 时，有最小值 $j\hbar^2$.

4.10 质量为 m，带电量为 q 的粒子在匀强磁场 $\boldsymbol{B}=\boldsymbol{e}_zB$ 中运动.

(1) 写出哈密顿量，给出正则动量和机械动量的表达式.

(2) 计算速度算子的不同分量间的对易关系.

【答案】 (1) 正则动量 $\boldsymbol{p}$ 在位置表象中仍然被表示为 $-\mathrm{i}\hbar\nabla$. 设磁场的矢量势为 $A(\hat{\boldsymbol{r}})$，则机械动量为 $\hat{\boldsymbol{p}}-qA(\hat{\boldsymbol{r}})$；(2) $[\hat{V}_x,\hat{V}_y]=\mathrm{i}\hbar\dfrac{q}{m^2}B$.

第5章

5.1 根据原子核半径的经验公式,计算以下各原子核的半径:${}^{4}_{2}He$,${}^{107}_{47}Ag$,${}^{238}_{92}U$.

【答案】 2.30fm;6.88fm;8.99fm.

5.2 已知${}^{34}_{16}S$的原子量为$M=33.967\,865u$,计算${}^{34}_{16}S$的质量亏损和比结合能.

【答案】 质量亏损为0.313 305u,比结合能为8.58MeV.

5.3 根据原子核的壳模型,给出${}^{63}_{29}Cu$和${}^{64}_{29}Cu$核基态的自旋和宇称.

【答案】 ${}^{63}_{29}Cu$核基态的宇称为−1,核自旋为3/2;${}^{64}_{29}Cu$核基态的宇称为+1,核自旋为1.

5.4 实验测得${}^{210}Po$发出的α粒子能量为5.3MeV,求其衰变能.

【答案】 5.4MeV.

5.5 天然铀中${}^{238}U$的含量为99.27%,${}^{235}U$的含量为0.72%.它们都具有α放射性,${}^{238}U$的半衰期为4.5×10^{9}年,${}^{235}U$的半衰期为7.05×10^{8}年.假设在铀元素形成的时候,它们的分布是相同的,试由此估算地球的年龄.

【答案】 5.94×10^{9}年.

5.6 已知${}^{238}U$每次衰变放出一个α粒子,实验测得1mg的${}^{238}U$每分钟发射740个α粒子.试计算${}^{238}U$的半衰期.

5.7 说明以下反应不能发生的原因.

(1) $n\longrightarrow p+e^-$

(2) $n\longrightarrow \pi^+ + e^- + \bar{\nu}_e$

(3) $n\longrightarrow p+\gamma$

(4) $n\longrightarrow p+\pi^-$

5.8 求出静止的π介子衰变产生的μ子和中微子的动能.

【答案】 μ子和中微子的动能分别为4.1MeV和29.7MeV.

5.9 已知带电π介子的寿命是2.6×10^{-8}s.在实验室中测得飞行中的π介子的寿命为75ns,求π介子的动能和动量.

【答案】 动能为263MeV,动量为378MeV/c.

5.10 一个高速电子与静止电子碰撞,求出产生正电子的阈动能.

【答案】 3.07MeV.

第6章

6.1 一维谐振子的哈密顿量为$\hat{H}_0=\frac{\hat{p}^2}{2m}+\frac{1}{2}m\omega^2\hat{x}^2$,引入微扰项$\hat{H}'=\lambda x^4$,求能级的一级修正.

【答案】 $\frac{3\lambda}{4\beta^4}[2n(n+1)+1]$,$\beta=\left(\frac{m\omega}{\hbar}\right)^{1/4}$.

6.2 带电量为q的粒子处于一维谐振子势中.设另有强度为E的电场,带电粒子与电场的相互作用为$H'=-qEx$.

(1) 计算粒子能级的一级和二级修正.

(2) 精确求解描述粒子运动的薛定谔方程,并与微扰论得到的结果比较.

【答案】 (1) 一级修正为零,二级修正为$-\dfrac{q^2E^2}{2m\omega^2}$.

6.3 考虑一个转动惯量为 I,电偶极矩为 $\boldsymbol{d}$ 的刚性转子在弱电场 $\boldsymbol{E}$ 中的运动.

(1) 写出转子的哈密顿量,确定微扰项.

(2) 求出未受扰情形下的精确解,指出能级的简并度.

(3) 用微扰论方法解出能级的一级修正.

【答案】 (1) $\hat{H}_0=\dfrac{1}{2I}\hat{L}^2$,$\hat{H}'=-dE\cos\theta$;(2) 未受扰时的波函数为 $Y_{lm}(\theta,\varphi)$,能级为 $\dfrac{l(l+1)\hbar^2}{2I}$,简并度为 $2l+1$;(3) 一级修正为 0,二级修正为

$$\frac{Id^2E^2[l(l+1)-3m^2]}{\hbar^2 l(l+1)(2l-1)(2l+3)}.$$

6.4 设类氢原子的原子核带电量 Ze 均匀地分布在一个半径为 R 的球体内,考虑原子核的有限大小对于类氢原子基态能级的修正.

【答案】 $\dfrac{2}{5}\dfrac{Ze^2}{a}\left(\dfrac{R}{a}\right)^2$,$a$ 为玻尔半径.

6.5 设某个三能级量子系统的哈密顿量为

$$H=V_0\begin{pmatrix}1-\varepsilon & 0 & 0\\ 0 & 1 & \varepsilon\\ 0 & \varepsilon & 2\end{pmatrix}$$

其中 V_0 是常数,$\varepsilon\ll1$,并且认为 $\varepsilon=0$ 对应于系统的未受扰状态.

(1) 写出系统未受扰时的本征值和本征态.

(2) 求解 H 的本征值,并将它们展开为 ε 的级数,精确到二阶近似.

(3) 用微扰论方法求解系统能级的一级和二级修正.

【答案】 (1) 未受扰时的能级为 V_0,$2V_0$;(2) H 的本征值为 $1-e$,$\dfrac{1}{2}(3\pm\sqrt{1+4\varepsilon^2})$

6.6 质量为 m 的粒子在三维势场 $V=\dfrac{1}{2}k(x^2+y^2+z^2+\lambda xy)$ 中运动,

(1) 将 λ 视为小量,计算基态能量的二级微扰修正.

(2) 计算第一激发态能量的一级修正.

【答案】 (1) $-\dfrac{\lambda^2}{32}\hbar\omega$;(2) 处于三重简并的第一激发态能级修正为 0,$\dfrac{1}{4}\lambda\hbar\omega$,$-\dfrac{1}{4}\lambda\hbar\omega$.

6.7 考虑某个系统的角动量 $\hat{\boldsymbol{J}}$. 设角动量量子数为 1,$(\hat{J}^2,\hat{J}_z)$ 的共同本征函数可以表示为 $|+1\rangle$,$|0\rangle$,$|-1\rangle$. 系统的哈密顿量为

$$\hat{H}_0=a\hat{J}_z+\frac{b}{\hbar}\hat{J}_z^2$$

其中 a 和 b 为正的常数.

(1) 计算系统的能级,在什么情况下系统的能级是简并的?

(2) 引入匀强磁场 $\boldsymbol{B}_0$，其方向为 $\boldsymbol{n}$

$$\boldsymbol{n}=\boldsymbol{e}_x\sin\theta\cos\varphi+\boldsymbol{e}_y\sin\theta\cos\varphi+\boldsymbol{e}_z\cos\theta$$

则系统的磁矩为 $\boldsymbol{\mu}=\gamma\hat{\boldsymbol{J}}$，$\gamma(<0)$为旋磁比. 系统与磁场的相互作用可以表示为

$$\hat{H}'=\omega_0\hat{J}_n$$

其中 $\omega_0=-\gamma|\boldsymbol{B}_0|$是磁场中的拉摩(Larmor)频率，$\hat{J}_n$ 的形式为

$$\hat{J}_n=\hat{J}_x\sin\theta\cos\varphi+\hat{J}_y\sin\theta\sin\varphi+\hat{J}_z\cos\theta$$

在 $\hat{H}_0$ 表象中写出 $\hat{H}'$的矩阵形式.

(3) 假设 $b=a$，$\boldsymbol{n}$ 的方向为 Ox 轴，且 $\omega_0\ll a$. 对于系统的哈密顿量 $\hat{H}_0+\hat{H}'$，计算能级的一级近似.

【答案】 (1) 能级为$(a+b)\hbar$，0，$(a-b)\hbar$，当 $a=b$ 时存在简并；

(2) $H'=\omega_0\hbar\begin{pmatrix}\cos\theta & \frac{1}{\sqrt{2}}e^{i\varphi}\sin\theta & 0\\ \frac{1}{\sqrt{2}}e^{i\varphi}\sin\theta & 0 & \frac{1}{\sqrt{2}}e^{-i\varphi}\sin\theta\\ 0 & \frac{1}{\sqrt{2}}e^{i\varphi}\sin\theta & -\cos\theta\end{pmatrix}$；

(3) 未受扰能级为 $2a\hbar$，0，0. 受扰后能级的一级近似为 $2a\hbar$，$\frac{\hbar\omega_0}{\sqrt{2}}$，$-\frac{\hbar\omega_0}{\sqrt{2}}$.

6.8 一个带电的线性谐振子随时间变化的匀强电场中，电场强度与时间的关系为

$$E(t)=\frac{A}{\sqrt{\pi}\tau}e^{-(t/\tau)^2}$$

其中 A 和 τ 均为常数. 假设在 $t=-\infty$时，谐振子处于基态，那么当 $t\to\infty$时，谐振子处于第一激发态的概率是多少？

【答案】 $\frac{e^2A^2}{2m\hbar\omega}e^{-(1/2)(\omega\tau)^2}$，其中 $\omega=(E_2-E_1)/\hbar$.

6.9 设想一个质量很大的带电粒子靠近一个固定在空间某处的氢原子，氢原子中的电子受其影响，所处能级可能发生改变，计算电子从基态能级跃迁到第一激发态能级的概率.

【答案】 设质量很大的粒子的带电量为 Ze，$e>0$，用经典力学的语言说，该粒子在 xy 平面内运动，与固定的氢原子的最近距离是 D，运动的速度为 v，轨迹为$(vt,D,0)$. 一般地，氢原子中的电子从能级 m 跃迁到能级 n 的概率是

$$\frac{4Z^2e^4\ |\ y_{mn}\ |^2}{\hbar^2D^2v^2}$$

其中 y_{mn}是电子的位置算子 $\hat{y}$ 的矩阵元.

6.10 考虑由两个自旋1/2粒子组成系统. 假设当 $t\leqslant0$ 时，系统的量子态为$|+\rangle|-\rangle$. $|+\rangle$是泡利矩阵 $\hat{\sigma}_z$ 的本征值为+1 的本征态，$|-\rangle$是 $\hat{\sigma}_z$ 的本征值为−1 的本征态. $t\leqslant0$ 时系统的哈密顿量没有影响到粒子自旋，故简单地设为零. 当 $t>0$ 时，系统的哈密顿量变为

$$H=\frac{4\Delta}{\hbar^2}\hat{\boldsymbol{S}}_1\cdot\hat{\boldsymbol{S}}_2$$

其中，Δ 为常数，$\hat{S}_1$ 和 $\hat{S}_2$ 分别为两个粒子的自旋角动量. 在 $t>0$ 的某个时刻，系统处于以下 4 个状态的概率分别是多少？

$$|++\rangle,\ |+-\rangle,\ |-+\rangle,\ |--\rangle$$

(1) 给出精确结果.

(2) 假设含时微扰论的一级近似是适用的，将 H 视为在 $t=0$ 时刻开启的微扰项，以此给出上述问题的答案. 在怎样的条件下(2)的结论是正确的？

【答案】 (1) $0,\frac{1}{2}(1+\cos 4\omega t),\frac{1}{2}(1-\cos 4\omega t),0$，其中 $\omega=\frac{\Delta}{\hbar}$；(2) $\Delta\ll\frac{\hbar}{t}$.

6.11 将氢原子置于一个随时间变化的电场 $E(t)$ 中，

$$E(t)=\frac{A\tau}{e\pi}\frac{1}{\tau^2+t^2}$$

其中 A 和 τ 为常数. 设 $t=-\infty$ 时氢原子处于基态，计算当 $t\to\infty$ 时氢原子处于 2p 能级的概率.

【答案】 $\frac{2^{15}A^2\tau^2a^2}{3^{10}\hbar^2\pi^2}\left|\int_{-\infty}^{+\infty}\frac{e^{i\omega t}}{\tau^2+t^2}dt\right|^2=\frac{2^{15}A^2a^2}{3^{10}\hbar^2}e^{-2\omega\tau}$.

6.12 证明自由电子不可能发出或吸收光子.

6.13 证明，在单位时间内，处于激发能级的原子的自发辐射的概率在数量级上为 $\omega/137^3$.

第 9 章

9.1 分别对于如下两种形式的势能计算散射全截面：

(1) $V(r)=\begin{cases}-V_0, & r\leqslant r_0\\ 0, & r>r_0\end{cases}$

(2) $V(r)=\begin{cases}+V_0, & r\leqslant r_0\\ 0, & r>r_0\end{cases}$

其中设 $V_0>0$.

【答案】 (1) s 分波的散射截面 $\frac{4\pi}{k^2}\sin^2\left[\arctan\left(\frac{k}{K}\tan(Kr_0)-kr_0\right)\right]$，其中 $k=\sqrt{\frac{2mE}{\hbar^2}}$，

$K=\sqrt{\frac{2m(E+V_0)}{\hbar^2}}$.

9.2 对于球 δ 函数，

$$V(r)=-V_0\delta(r-r_0)$$

其中 $V_0>0$ 和 r_0 均为常数，计算低能散射的全截面. 在低能散射情形中，可仅考虑 s 分波对于散射振幅的贡献.

【答案】 相移满足

$$\tan\delta=\frac{ka}{1-\frac{2mr_0V_0}{\hbar^2}}$$

其中 $k=\sqrt{-2mE/\hbar^2}$，$E<0$. 总散射截面为$\frac{4\pi}{k^2}\sin^2\delta$.

9.3 对于硬球势场，即

$$V(r)=\begin{cases}0, & r>r_0\\ \infty, & r<r_0\end{cases}$$

我们讨论过势场对于角动量量子数 l 为零的 s 分波的影响，现在来考虑 $l=1$ 的 p 分波的散射振幅，尤其希望看到 p 分波的相移 $\delta_1(k)$ 相比于 s 分波的相移 $\delta_0(k)$ 是可以忽略的.

(1) 写出径向波函数 $u_{k,1}(r)$ 在 $r>r_0$ 区域所满足的方程，并证明 $u_{k,1}(r)$ 的一般形式可以表示为

$$u_{k,1}=C\left[\frac{\sin kr}{kr}-\cos kr+a\left(\frac{\cos kr}{kr}+\sin kr\right)\right]$$

其中 C 和 a 均为常数.

(2) 证明，根据相移的定义，$\delta_1(k)$ 满足 $a=\tan\delta_1(k)$.

(3) 利用径向波函数在 $r=r_0$ 处所满足的条件确定常数 a.

(4) 证明，当 $k\to 0$ 时，$\delta_1(k)$ 趋近于 $(kr_0)^3$. 这说明相比于 $\delta_0(k)$ 而言，$\delta_1(k)$ 是可以忽略的.

9.4 指出玻恩近似的适用条件.

9.5 用玻恩近似的方法重新计算粒子在第 1 题(2)类型的势场中的微分散射截面.

【答案】 $\left(\frac{2mV_0}{\hbar^2K^3}\right)^2(\sin Kr_0-Kr_0\cos Kr_0)$，其中 $\hbar K=2\sqrt{2mE}\sin\frac{\theta}{2}$.

9.6 对于如下两种形式的势能，计算由玻恩近似给出的微分散射截面.

(1) 被屏蔽的库仑势(或汤川势) $V(r)=\frac{A}{r}\exp\left(-\frac{r}{r_0}\right)$.

(2) 高斯势 $V(r)=V_0\exp\left(-\frac{r^2}{2r_0^2}\right)$.

【答案】 (1) $\left(\frac{2mA}{4p^2\sin^2\frac{\theta}{2}+\frac{\hbar^2}{r_0^2}}\right)^2$，其中 $\boldsymbol{p}=\hbar\boldsymbol{k}$；

(2) $2\pi\left(\frac{mr_0^3V_0}{\hbar^2}\right)^2\exp\left(-4k^2r_0^2\sin^2\frac{\theta}{2}\right)$.

9.7 根据一级玻恩近似给出微分散射截面，证明散射全截面可以表示为

$$\sigma\approx\frac{m^2}{\pi\hbar^4}\int d^3r\int d^3r'V(r)V(r')\frac{\sin^2 k|\boldsymbol{r}-\boldsymbol{r}'|}{k^2|\boldsymbol{r}-\boldsymbol{r}'|^2}$$

9.8 求出对应于一维薛定谔方程的格林函数，并用得到的结果给出如下的积分形式的薛定谔方程：

$$\psi(x)=\psi_0(x)-\frac{\mathrm{i}m}{\hbar^2k}\int_{-\infty}^{+\infty}e^{ik|x-x'|}V(x')\psi(x')dx'.$$

9.9 利用上题的结果将玻恩近似应用于一维散射问题. 令 $\psi_0(x)=Ae^{ikx}$，假设 $\psi(x_0)\approx\psi_0(x_0)$ 并以此计算积分，证明反射系数为

$$R\approx\left(\frac{m}{\hbar^2k}\right)^2\left|\int_{-\infty}^{+\infty}e^{2ikx}V(x)dx\right|^2$$

第 11 章

11.1 对于 2×2 量子系统的$(2,m,2)$类型的测量指的是什么？对于$(2,2,2)$的测量方式，用隐变量模型描述联合事件"测量 $\hat{A}_2$ 得到结果 a_2，并且测量 $\hat{B}_1$ 得到结果 b_1'的概率.

11.2 隐变量理论确立了如下形式的不等式：

$$0\leqslant -P(a_1,b_1)+P(a_1,b_2')+P(a_2',b_1)+P(a_2,b_2)\leqslant 1$$

这实际上是与 CHSH 不等式等价的形式，从中推导出 Clauser-Horne(CH)不等式，即

$$0\leqslant P(a_1)-P(a_1,b_2)+P(b_1)-P(a_2,b_1)+P(a_2,b_2)-P(a_1,b_1)\leqslant 1$$

【答案】 运用关系 $P(a_1)=P(a_1,b_2)+P(a_1,b_2')$.

11.3 上题给出的 CH 不等式是以测量结果的概率来表示的，将它转化为用力学量的期望值来表示的形式.

11.4 我们把 $2\times2\times2$ 系统的量子态

$$|\Psi\rangle=\frac{1}{\sqrt{2}}(|000\rangle+|111\rangle)$$

称为 GHZ(Greenberger-Horne-Zeilinger)态. 验证 GHZ 态是如下 4 个算子的共同本征态：

$$\hat{\sigma}_x\otimes\hat{\sigma}_x\otimes\hat{\sigma}_x,\hat{\sigma}_x\otimes\hat{\sigma}_y\otimes\hat{\sigma}_y,\hat{\sigma}_y\otimes\hat{\sigma}_x\otimes\hat{\sigma}_y,\hat{\sigma}_y\otimes\hat{\sigma}_y\otimes\hat{\sigma}_x$$

11.5 设 $t=0$ 时刻自旋 1/2 粒子处于混合态 $\hat{\rho}(0)=\frac{1}{2}(1+\boldsymbol{r}(0)\cdot\hat{\boldsymbol{\sigma}})$中，$\boldsymbol{r}(0)$是布洛赫向量，且

$$\boldsymbol{r}(0)=\boldsymbol{e}_x r\sin\theta+\boldsymbol{e}_z r\cos\theta$$

粒子的哈密顿量为 $\hat{H}=\frac{\hbar}{2}\omega\hat{\sigma}_z$.

(1) 写出时间演化算子的矩阵形式，给出任意时刻的密度算子 $\hat{\rho}(t)$.

(2) 如何在三维实空间中通过对布洛赫向量的变换得到与(1)相同的结果？

【答案】 (2) 在三维实空间中，布洛赫向量经历正交变换，变换矩阵为

$$\begin{pmatrix}\cos\omega t & -\sin\omega t & 0\\ \sin\omega t & \cos\omega t & 0\\ 0 & 0 & 1\end{pmatrix}$$

11.6 2×2 系统的密度矩阵可以表示为

$$\hat{\rho}=\frac{1}{4}\left[1\otimes1+\boldsymbol{r}\cdot\hat{\boldsymbol{\sigma}}^{\mathrm{A}}\otimes1+1\otimes\boldsymbol{s}\cdot\hat{\boldsymbol{\sigma}}^{\mathrm{B}}+\sum_{m,n=1}^{3}t_{mn}\hat{\sigma}_m^{\mathrm{A}}\otimes\hat{\sigma}_m^{\mathrm{B}}\right]$$

考虑对粒子 A 和 B 分别作旋转变换，则 $\hat{\rho}$ 所经历的变换为定域酉变换 $\hat{U}^{\mathrm{A}}\otimes\hat{U}^{\mathrm{B}}$. $\hat{U}^{\mathrm{A}}$ 或 $\hat{U}^{\mathrm{B}}$ 是旋转变换在两维复空间中的表示. 上一题的内容提示我们，借助布洛赫向量，可以更形象地用三维实空间中的正交变换来描述旋转变换. 如何将这种观点体现在上述 $\hat{\rho}$ 的表示形式中？

【答案】 设与 $\hat{U}^A$ 和 $\hat{U}^B$ 对应的正交变换分别是 O^A 和 O^B，则

$$\boldsymbol{r} \to O^A \boldsymbol{r}, \quad \boldsymbol{s} \to O^B \boldsymbol{s}$$

$$T = (t_{mn}) \to O^A T (O^B)^T$$

11.7 对于第 5 题中给出的 $\hat{\rho}$ 的表示，证明

$$\sum_{i=1}^{3} (r_i^2 + s_i^2) + \sum_{m,n=1}^{3} t_{mn}^2 \leqslant 3$$

11.8 求出 CHSH 关联观测量（见(10.7.2)式）的本征值和本征态. 为了避免计算上的繁琐，可以将所有的观测量设置在 xy 平面内. 为了使得到的结果尽可能地一般化，每一个粒子的两个测量方向未必设为正交的. 在得到了本征态之后，分析它的纠缠特性.

【答案】 CHSH 观测量的本征态是最大纠缠态.

11.9 我们知道，贝尔类型不等式是隐变量理论必须遵循的条件，例如，在隐变量理论看来，CHSH 关联观测量的上限是 2. 一个推而广之的问题是：对于同样形式的 CHSH 关联观测量，量子理论有没有为它设定某个上限？当然，你如果说，CHSH 关联观测量在任何量子态中的期望值总小于 4，那么这句话总是不会错的. 但是，我们想知道的是上确界. 分析在上一题中求得的本征值，找到这些本征值中最大的一个，再求这个最大的本征值的最大值. 你得到了怎样的结果？

我们要指出的是，这个结果就是量子理论为 CHSH 关联观测量设定的上确界.

【答案】 最大值为 $2\sqrt{2}$.

11.10 设某个 2×2 系统的混合态可以表示为

$$\hat{\rho} = P \mid \Phi^+ \rangle \langle \Phi^+ \mid + (1-p) \mid \Phi^- \rangle \langle \Phi^- \mid, \quad 0 \leqslant p \leqslant 1$$

其中

$$\mid \Phi^\pm \rangle = \frac{1}{\sqrt{2}} (\mid 00 \rangle \pm \mid 11 \rangle)$$

在什么条件下 $\hat{\rho}$ 是纠缠的？在什么条件下 $\hat{\rho}$ 违反 CHSH 不等式？

【答案】 当 $p \neq \frac{1}{2}$ 时 $\hat{\rho}$ 是纠缠的.

附录A 物理常数

物理量	符号	数值
真空中的光速	c	299 792 458m/s
普朗克常量	h	$6.626\,069\,3(11)\times10^{-34}$J·s
约化普朗克常量	$\hbar\equiv h/2\pi$	$1.054\,571\,68(18)\times10^{-34}$J·s $=6.582\,119\,15(56)\times10^{-22}$MeV·s
电子的电荷量	e	$1.602\,176\,53(14)\times10^{-19}$C
转换常数	$\hbar c$	197.326 968(17)MeV·fm
	$(\hbar c)^2$	0.389 379 323(67)GeV^2·mbarn
电子的质量	m_e	0.510 998 918(44)MeV/c^2 $=9.109\,382\,6(16)\times10^{-31}$kg
质子的质量	m_p	938.272 029(80)MeV/c^2 $=1.672\,621\,71(29)\times10^{-27}$kg
氘核的质量	m_d	1 875.612 82(16)MeV/c^2
原子质量单位	u	931.494 043(80)MeV/c^2 $=1.660\,538\,86(28)\times10^{-27}$kg
真空的介电常量	$\varepsilon_0=1/\mu_0c^2$	$8.854\,187\,817\times10^{-12}$F/m
真空的磁导率	μ_0	$4\pi\times10^{-7}\text{N/A}^2=12.566\,370\,614\times10^{-7}\text{N/A}^2$
精细结构常数	$\alpha=e^2/4\pi\varepsilon_0\hbar c$	$7.297\,352\,568(24)\times10^{-3}$ $=1/137.035\,999\,11(46)$
电子的经典半径	$r_e=e^2/4\pi\varepsilon_0m_ec^2$	$2.817\,940\,325(28)\times10^{-15}$m
电子的康普顿波长	$\lambda\!\!\!^{-}_e=\hbar/m_ec=r_e\alpha^{-1}$	$3.861\,592\,678(26)\times10^{-13}$m
玻尔半径($m_{原子核}=\infty$)	$a_\infty=4\pi\varepsilon_0\hbar^2/m_ee^2$ $=r_e\alpha^{-2}$	$0.529\,177\,210\,8(18)\times10^{-10}$m
动量1eV/c的粒子的波长	$hc/(1\text{eV})$	$1.239\,841\,91(11)\times10^{-6}$m
里德伯能量	$hcR_\infty=m_ec^2\alpha^2/2$	13.605 692 3(12)eV
汤姆孙截面	$\sigma_T=8\pi r_e^2/3$	0.665 245 873(13)barn
玻尔磁子	$\mu_B=e\hbar/2m_e$	$5.788\,381\,804(39)\times10^{-11}$MeV/T
核磁子	$\mu_N=e\hbar/2m_p$	$3.152\,451\,259(21)\times10^{-14}$MeV/T
电子回旋频率/场	$\omega_{cycl}^e/B=e/m_e$	$1.758\,820\,12(15)\times10^{11}$rad/(s·T)
质子回旋频率/场	$\omega_{cycl}^p/B=e/m_p$	$9.578\,833\,76(82)\times10^{7}$rad/(s·T)
引力常数	G_N	$6.674\,2(10)\times10^{-11}\text{m}^3/(\text{kg}\cdot\text{s}^2)$ $=6.708\,7(10)\times10^{-39}\hbar c/(\text{GeV}/c^2)^2$
标准引力加速度	g_n	$9.806\,65\text{m/s}^2$

续表

物理量	符　号	数　值
阿伏伽德罗常量	N_A	6.022 141 5(10)×10^{23}/mol
玻尔兹曼常量	k	1.380 650 5(24)×10^{-23}J/K =8.617 343(15)×10^{-5}eV/K
摩尔体积(标准条件下的理学气体)	$N_A \frac{k(273.15\text{K})}{101\,325\text{Pa}}$	22.413 996(39)×$10^{-3}$$m^3$/mol
维恩位移律的常数	$b=\lambda_{max}T$	2.897 768 5(51)×10^{-3}m·K
斯特藩-玻尔兹曼常量	$\sigma=\pi^2k^4/60\hbar^3c^2$	5.670 400(40)×10^{-8}W/(m^2·K^4)
费米耦合常数	$G_F/(\hbar c)^3$	1.166 37(1)×10^{-5}/GeV^2
弱混合角	$\sin^2\theta_W(M_z)$	0.231 20(15)
$W^{\pm}$玻色子的质量	m_W	80.425(38)GeV/c^2
Z^0 玻色子的质量	m_Z	91.187 6(21)GeV/c^2
强作用耦合常数	$\alpha_s(M_z)$	0.118 7(20)

π=3.141 592 653 589 793 238　　　e=2.718 281 828 459 045 235

1in≡0.025 4m　　1G≡10^{-4}T　　1eV≡1.602 176 53(14)×10^{-19}J　　0℃≡273.15K

1Å≡0.1nm　　1dyn≡10^{-5}N　　1barn≡$10^{-28}$$m^2$　　kT(300K)=[38.681 648(68)]$^{-1}$eV

1erg≡10^{-7}J　　1atm≡760Torr≡101 325Pa

注：此表译自粒子物理手册.

表中括号内的数字表示物理量最后一位数值的标准误差.

附录B 元素周期表

1 IA	2 IIA	3 IIIB	4 IVB	5 VB	6 VIB	7 VIIB	8	9 VIII	10	11 IB	12 IIB	13 IIIA	14 IVA	15 VA	16 VIA	17 VIIA	18 VIIIA
1 H 氢 1.00794																	2 He 氦 4.002602
3 Li 锂 6.941	4 Be 铍 9.012182											5 B 硼 10.811	6 C 碳 12.0107	7 N 氮 14 00674	8 O 氧 15.9994	9 F 氟 18.0084032	10 Ne 氖 20.1797
11 Na 钠 22.989770	12 Mg 镁 24.3050											13 Al 铝 26.981538	14 Si 硅 28.0855	15 P 磷 30.973761	16 S 硫 32.066	17 Cl 氯 35.4527	18 Ar 氩 39.948
19 K 钾 39.0983	20 Ca 钙 40.078	21 Sc 钪 44.955910	22 Ti 钛 47.867	23 V 钒 50.9415	24 Cr 铬 51.9961	25 Mn 锰 54.938049	26 Fe 铁 55.845	27 Co 钴 58.933200	28 Ni 镍 58.6934	29 Cu 铜 63.546	30 Zn 锌 65.39	31 Ga 镓 69.723	32 Ge 锗 72.61	33 As 砷 74.92160	34 Se 硒 78.96	35 Br 溴 79.904	36 Kr 氪 83.80
37 Rb 铷 85.4578	38 Sr 锶 87.62	39 Y 钇 88.90585	40 Zr 锆 91.224	41 Nb 铌 92.90638	42 Mo 钼 95.94	43 Tc 锝 (97.907215)	44 Ru 钌 101.07	45 Rh 铑 102.90550	46 Pd 钯 106.42	47 Ag 银 107.8682	48 Cd 镉 112.411	49 In 铟 114.818	50 Sn 锡 118.710	51 Sb 锑 121.760	52 Te 碲 127.60	53 I 碘 126.90447	54 Xe 氙 131.29
55 Cs 铯 132.90545	56 Ba 钡 137.327	57–71 镧系	72 Hf 铪 178.49	73 Ta 钽 180.9479	74 W 钨 183.84	75 Re 铼 186.207	76 Os 锇 190.23	77 Ir 铱 192.217	78 Pt 铂 195.078	79 Au 金 196.96655	80 Hg 汞 200.59	81 Tl 铊 204.3833	82 Pb 铅 207.2	83 Bi 铋 208.98038	84 Po 钋 (206.982415)	85 Ar 砹 (209.987131)	86 Rn 氡 (222.017570)
87 Fr 钫 (223.010731)	88 Ra 镭 (226.025402)	89–103 锕系	104 Rf Rutherford (261.1089)	105 Db Dubnium (262.1144)	106 Sg Seaborg (263.1186)	107 Bh Bohrium (262.1231)	108 Hs Hassium (265.1306)	109 Mt Meitner (266.1378)	110 Ds Darmstadt (269.271)	111 (272)							

镧系	57 La 镧 138.9055	58 Ce 铈 140.116	59 Pr 镨 140.90765	60 Nd 钕 144.24	61 Pm 钷 (144.012745)	62 Sm 钐 150.36	63 Eu 铕 151.964	64 Gd 钆 157.25	65 Tb 铽 158.92534	66 Dy 镝 162.50	67 Ho 钬 164.93032	68 Er 铒 167.26	69 Tm 铥 168.93421	70 Yb 镱 173.04	71 Lu 镥 174.967
锕系	89 Ac 锕 (227.027747)	90 Th 钍 (232.0381)	91 Pa 镤 (231.03588)	92 U 铀 (238.0289)	93 Np 镎 (237.048166)	94 Pu 钚 (244.064297)	95 Am 镅 (243.061372)	96 Cm 锔 (247.070346)	97 Bk 锫 (247.070298)	98 Cf 锎 (251.079570)	99 Es 锿 (252.08207)	100 Fm 镄 (257.095096)	101 Md 钔 (258.008427)	102 No 锘 (259.1011)	103 Lr 铹 (262.1098)

名词索引

G

H

J

K

L

M

N

O

P

Q

R

S

T

W